U0111507

香港回歸以來大事記

1997-2002

袁求實 —— 編著

目　錄

- 特區政府憲報刊登由行政長官 7 月 2 日公佈從 7 月 1 日起在香港特區實施的五項全國性法律（7 月 4 日）

- 行政會議首次會議（7 月 8 日）

- 行政長官發佈首個行政命令（7 月 9 日）

- 臨時立法會通過《1997 年入境（修訂）（第五號）條例草案》（7 月 9 日）

- 臨時立法會通過《1997 年法律條文（暫時終止實施）條例草案》（7 月 16 日）

- 新華社公佈國務院決定，任命姜恩柱接替周南為新華社香港分社社長（7 月 24 日）

- 中央政府授權香港特區與其他國家商談互免簽證的協議（7 月 25 日）

- 新華社公佈國務院決定，任命廖暉接替魯平為國務院港澳辦主任（7 月 28 日）

- 高等法院上訴法庭裁決確認臨時立法會的法理地位（7 月 29 日）

1997 年 8 月

- 香港回歸後，首艘外國軍艦停靠香港（8 月 4-9 日）

- 馬毓真表示，涉及香港特區的對外事務有兩類：一類由中央政府負責，一類授權特區政府自行處理（8 月 5 日）

- 姜恩柱抵港（8 月 6 日），首次拜訪董建華（8 月 14 日）

- 特區政府擊退國際炒家對港元匯價的嚴重狙擊（8 月 14 日）

- 特區政府計劃向臨時立法會提交 19 條對特區政府運作必不可少的條例草案（8 月 20 日）

- 廖暉與董建華首次會面（8 月 30 日）

1997 年 9 月

- 行政長官首次訪問外國：董建華訪問馬來西亞、新加坡（9 月 3-6 日）

- 董建華訪問美國（9 月 8-13 日）

- 終審法院進行首宗聆訊（9 月 11 日）

- 香港期貨交易所推出紅籌指數期貨及期權（9 月 12 日）

- 入境事務處開始接受加入中國國籍申請（9 月 15 日）

- 李鵬來香港主持第五十二屆世界銀行和國際貨幣基金組織理事會年會，朱鎔基發表演講（9 月 20 日－ 25 日）

- 臨時立法會通過《立法會條例草案》（9 月 27－28 日）

1997 年 10 月

- 特區政府首次舉行國慶升旗儀式和國慶酒會（10 月 1 日）

- 英文《中國日報》香港版創刊（10 月 6 日）

- 香港特區與美國簽署戰略物品貿易管制討論記錄（10 月 6 日）

- 吳儀表示，內地和香港經貿關係將視作對外經貿關係處理（10 月 6－9 日）

- 董建華發表首份施政報告《共創香港新紀元》（10 月 8 日）

- 香港股市連續下挫（10 月 9－15 日）

- 世界經濟論壇 1997 年東亞經濟高峰會在香港舉行（10 月 13－15 日）

- 黃金寶在第八屆全國運動會取得男子自行車 180 公里公路賽金牌（10 月 15 日）

- 董建華訪問日本（10 月 15－17 日）

- 香港與內地跨界大型基建協調會成立（10 月 16 日）

- 董建華訪問比利時和歐洲議會（10 月 19－20 日）

- 董建華訪問英國（10 月 21－23 日）

- 特區政府決定採取三項措施捍衛港元和聯繫匯率（10 月 23 日）

- 恒生指數出現有史以來最大單日點數跌幅與升幅（10 月 28 日、29 日）

- 臨時立法會廢除或修訂前立法局通過的三項勞工法例（10 月 29 日）

- 姜恩柱闡述新華社香港分社在香港回歸後的地位和職能（10 月 30 日）

1997 年 11 月

- 全國人大常委會通過香港特區第九屆全國人大代表選舉會議成員名單（11 月 1 日）

- 《香港法例》活頁版將憲法、基本法列為 "憲法類文件"，刊載於所有其他法例之前（11 月 1 日）

- 曾蔭權表示，特區政府正內部檢討並研究技術層面捍衛港元匯率（11 月 2 日）

- 特區政府發表《香港中醫中藥發展》諮詢文件（11 月 6 日）

- 港基國際銀行被擠提（11 月 10－11 日）

- 香港特區第九屆全國人大代表選舉會議召開第一次全體會議。選出主席團，董建華任常務主席（11 月 10－12 日）

- 公務員事務局通告，四類公務員不應參加港區全國人大代表選舉（11 月 17 日）

- 特區政府決定 1999 年起國際勞動節和佛誕為香港公眾假期（11 月 18 日）

- 香港日資百貨八佰伴申請清盤（11 月 20 日）

- 中國政府將向聯合國提供兩個國際人權公約的有關規定在香港特區的執行情況（11 月 22 日）

- 董建華赴加拿大出席亞太經合組織經濟首腦會議（11 月 22－27 日）

1997 年 12 月

- 江澤民表示，如香港特區政府認為有需要，中央政府會支持（12 月 1 日）

- 香港連續四年被評為全球最自由經濟體系（12 月 1 日）

- 香港特區第九屆全國人大代表選舉在香港舉行（12 月 8 日）

- 董建華首次赴北京述職（12 月 9－11 日）

- 國務院發出關於香港特區簡稱及在全國行政區劃中排列順序的通知（12 月 15 日）

- 傅全有來港檢查解放軍駐港部隊工作（12 月 23－29 日）

- 特區政府首次採取措施處理 H5N1 禽流感事件（12 月 23－31 日）

1998 年

1998 年 1 月

- 江澤民在全國政協新年茶話會發表重要講話（1 月 1 日）

- 陳方安生訪問北京（1 月 5－7 日）

- 特區政府決定取消香港為第一收容港（1 月 6 日）

- 基本法推廣督導委員會舉行首次會議（1月8日）
- 特區政府公佈《香港特別行政區排名表》（1月8日）
- 香港回歸後首個法律年度開啟典禮（1月12日）
- 香港最大華資證券公司百富勤宣佈清盤（1月12日）
- 特區政府公佈行政長官授勳及嘉獎制度（1月26日）

1998 年 2 月

- 喬石訪問香港（2月10－14日）
- 策略發展委員會首次會議（2月12日）
- 房屋局發表長遠房屋策略白皮書（2月14日）
- 李國能、陳兆愷等訪問北京（2月17－20日）
- 曾蔭權發表1998/1999年度政府財政預算案（特區首份財政預算案）《利民紓困 自強不息》（2月18日）
- 保安局表示仍會保留特區與內地邊境禁區政策（2月18日）
- 國家稅務總局發出關於印發《內地和香港特別行政區關於對所得稅避免雙重徵稅的安排》和備忘錄的通知（2月20日）
- 曾蔭權訪問北京（2月23－24日）
- 臨時立法會通過《1998年香港人權法案（修訂）條例草案》（2月25日）

1998 年 3 月

- 港區全國人大代表首次單獨組團赴北京出席全國人大會議（3月2日）
- 香港日資百貨松坂屋宣佈1998年8月結業（3月3日）
- 徐四民批評香港電台（3月4日）
- 董建華首次列席全國人大會議開幕大會，並在主席台就坐（3月5日）
- 李瑞環參加出席全國政協九屆一次會議港澳組討論（3月7日）
- 董建華、鍾士元表示，香港不可變成反對國家的基地（3月8日、9日）

- 江澤民參加出席九屆全國人大一次會議香港特區代表團討論（3 月 9 日）

- 董建華訪問德國、法國（3 月 9-14 日）

- 香港《快報》停刊（3 月 15 日）

- 朱鎔基表示，如果需要幫助，中國將不惜一切代價維護香港的聯繫匯率（3 月 19 日）

- 特區首個植樹日（3 月 21 日）

- 梁愛詩訪問北京（3 月 24-28 日）

- 行政會議接納《全港發展策略檢討》最後建議（3 月 26 日）

- 粵港合作聯席會議成立（3 月 30 日）

1998 年 4 月

- 首屆立法會選舉委員會界別分組選舉正式舉行（4 月 2 日）

- 美國國務院發表向國會提交的首份香港情況報告（4 月 2 日）

- 高等法院對《公務人員（管理）命令》案作出判決（4 月 3 日）

- 臨時立法會通過《法律適應化修改（釋義條文）條例草案》，將原有法律中"官方"改為"國家"（4 月 7 日）

- 臨時立法會舉行最後一次會議和惜別晚宴（4 月 8 日）

- 交通銀行香港分行與香港中銀集團脫鈎（4 月 14 日）

- 特區政府發表《金融市場檢討報告》（4 月 23 日）

- 九屆全國人大常委會第三次委員長會議通過《香港基本法委員會議事規則》（4 月 27 日）

1998 年 5 月

- 外交部發言人要求英方立即停止介入香港特區首屆立法會選舉的行動（5 月 12 日）

- 台灣"陸委會"召開香港回歸後首次"港澳工作會議"（5 月 21-22 日）

- 首屆立法會選舉（5 月 24 日）

- 高等法院原訟法庭裁決姜恩柱勝訴（5 月 26 日）

- 特區政府批准亞洲電視有限公司股權轉讓的申請（5 月 26 日）

- 香港萬宜船民羈留中心關閉，標誌特區政府解決越南船民問題進入最後階段（5月26日）

- 教育署向全港學校發出《升掛國旗指引》（5月27日）

- 董建華表示，目前香港首要的任務是穩定樓價（5月29日）

1998 年 6 月

- 特區政府公佈區域組織檢討諮詢文件（6月1日）

- "亞太經合組織商務旅遊證試驗計劃"開始在香港實施（6月11日）

- 董建華訪問澳大利亞、新西蘭（6月14－19日）

- 港股大幅下跌，創 1995 年 2 月以來新低（6月15日）

- 特區政府首本年報出版（6月18日）

- 機場鐵路正式通車（6月21日）

- 董建華公佈紓緩困境、振興經濟的方案（6月22日）

- 高等法院對香港司法史上首宗藐視法庭案作出判決（6月23日）

- 香港日資大丸百貨宣佈年底結業（6月25日）

- 中央政府贈送特區政府巨型山水國畫（6月26日）

- 江澤民最近簽署中央軍委通令，給駐港部隊記二等功（6月28日）

- 江澤民會見中華青少年歷史文化教育交流團（6月29日）

1998 年 7 月

- 江澤民來港出席香港回歸祖國一周年慶祝活動（7月1日）

- 江澤民檢閱駐港部隊，主持香港新國際機場揭幕典禮（7月2日）

- 首屆立法會第一次會議，范徐麗泰當選立法會主席。通過《立法會議事規則》。律政司指若干規則違反基本法（7月2日）

- 美國總統克林頓訪港（7月2－3日）

- 啟德機場關閉。新國際機場啟用首天運作混亂（7月6日）

- 香港特區政府聯絡澳門和深圳的機場協助分流香港機場貨運（7月11日）

- 國際結算銀行亞太區辦事處在香港成立（7 月 11 日）

- 區域組織檢討諮詢期結束，大部分意見支持改革或解散市政局和區域市政局（7 月 18 日）

- 特區政府、立法會分別決定成立獨立調查委員會調查新機場初期運作混亂問題（7 月 21 日、29 日）

- 董建華表示，有內地合作，香港治安將繼續保持世界一流水平（7 月 22 日）

1998 年 8 月

- 特區政府宣佈特區政府駐北京辦事處職能（8 月 1 日）

- 金融管理局動用外匯基金購入港元，回擊國際炒家對港元狙擊（8 月 5–7 日）

- 董建華呼籲全港市民踴躍援助長江流域百年不遇特大水災災民（8 月 7 日）

- 英國國會外交事務委員會發表首份香港報告書（8 月 7 日）

- 特區政府入市打擊國際炒家操控香港金融市場活動（8 月 14–28 日）

- 特區政府宣佈推出"中小企業特別貸款計劃"（8 月 24 日）

- 特區政府首次從澳大利亞引渡涉嫌犯人回港（8 月 26 日）

- 中銀國際控股宣佈正式遷冊香港（8 月 28 日）

1998 年 9 月

- 香港聯交所公佈維護香港股市正常運作三項措施（9 月 2 日）

- 香港運動員在第四屆世界先進運動會取得好成績（9 月 3 日）

- 金融管理局公佈維護金融市場穩定七項措施（9 月 5 日）

- 特區政府公佈加強證券市場管理 30 項措施（9 月 7 日）

- 香港電訊因減薪引發勞資糾紛（9 月 17–23 日）

- 特區政府宣佈成立基金，負責管理特區政府入市購買的 33 隻藍籌股股票（9 月 30 日）

1998 年 10 月

- 解放軍駐港部隊首次開放昂船洲海軍基地等軍營，供市民參觀（10 月 1 日）

- 董建華發表第二份施政報告《群策群力 轉危為機》（10 月 7 日）

- 特區政府宣佈成立國際顧問委員會（10 月 7 日）

- 創新科技委員會公佈向行政長官提交的第一份報告（10 月 9 日）

- 布萊爾訪問香港（10 月 9－10 日）

- 董建華赴北京述職（10 月 15－17 日）

- 尉健行會見赴北京參加中國工會第十三次代表大會的香港工會代表團（10 月 17 日）

1998 年 11 月

- 香港與歐盟簽署促進海關合作的協議（11 月 3 日）

- 全國人大常委會決定將《中華人民共和國專屬經濟區和大陸架法》列為在香港特區實施的全國性法律（11 月 4 日）

- 七家香港中文報刊登 635 名新聞從業員聯署聲明，譴責個別傳媒報道陳健康事件的手法有損新聞從業員形象和傳媒公信力（11 月 17 日）

- 全國人大常委會辦公廳《關於香港特別行政區全國人民代表大會代表執行代表職務的辦法》送達港區全國人大代表（11 月 19－20 日）

- 董建華指出傳媒是社會公器，應承擔社會責任，其操守應受公眾監督（11 月 23 日）

1998 年 12 月

- 香港連續五年被評為全球最自由經濟體系（12 月 1 日）

- 保安局說明特區政府與內地達成移交逃犯安排的五項原則（12 月 3 日）

- 廣東省高級人民法院對張子強案作出終審判決（12 月 5 日）

- 世界貿易組織日內瓦會議全面檢討香港的貿易政策和措施（12 月 7－8 日）

- 董建華為紀念《世界人權宣言》五十周年發表書面講話（12 月 9 日）

- 李麗珊在曼谷亞運會奪得女子滑浪風帆金牌（12 月 13 日）

- 李嘉誠表示，政治問題已影響香港和諧的投資環境（12 月 22 日）

- 特區政府憲報刊登由行政長官在 12 月 18 日公佈自 12 月 24 日起在香港特區實施一項全國性法律（12 月 24 日）

- 特區政府決定，七個法定機構的負責人及其下屬，不再獲委派作為特區政府代表在立法會發言（12 月 31 日）

1999 年

1999 年 1 月

- 香港銀行首次進行歐元交易（1 月 2 日）

- 董建華表示，香港現在不適合推行"部長制"（1 月 6 日）

- 中國常駐聯合國日內瓦辦事處代表向聯合國轉交香港特區首份參照國際人權公約提交的報告（1 月 11 日）

- 歐洲委員會發表香港回歸後發展情況的首份報告（1 月 11 日）

- 香港運動員在第七屆遠東及南太平洋區傷殘人士運動會取得好成績（1 月 15 日）

- 財政部美元國債首次在香港上市（1 月 18 日）

- 香港《英文虎報》誇大發行量的案件審結（1 月 20 日）

- 董建華赴瑞士出席世界經濟論壇年會（1 月 28–30 日）

- 終審法院對港人內地子女居港權案作出判決（1 月 29 日）

1999 年 2 月

- 新華社香港分社舉辦"香港各界紀念江主席八項主張發表四周年暨《告台灣同胞書》發表二十周年座談會"（2 月 1 日）

- 董建華表示，終審法院 1 月 29 日判決的負面影響可能很深遠，必須小心處理（2 月 4 日）

- 梁愛詩發表聲明解釋特區政府在《英文虎報》誇大發行量案中不檢控胡仙的理由（2 月 4 日）

- 四位內地法律專家批評香港終審法院 1 月 29 日判決（2 月 6 日）

- 董建華就終審法院 1 月 29 日判決發表聲明（2 月 8 日）

- 英國駐港領事館、美國國務院等對香港終審法院 1 月 29 日判決發表聲明（2 月 9 日、11 日）

- 梁愛詩代表行政長官赴北京介紹特區政府對終審法院 1 月 29 日判決的看法，並就有關問題交換意見（2 月 12–13 日）

- 香港特區立法會主席首次訪問外國（2 月 14-25 日）

- 公安部負責人談公安部與香港警務處的關係（2 月 21 日）

- 律政司向終審法院提出申請，請求就該院 1 月 29 日判決中有關全國人大及其常委會的部分
作出澄清（2 月 24 日）

- 特區政府擬將 15 條只約束 "政府"、不約束 "國家" 的香港法例，擴展至適用中央駐港機構
（2 月 25 日）

- 終審法院決定接納律政司請求，就 1 月 29 日判決中有關全國人大及其常委會的部分，正式
作出澄清性判決（2 月 26 日）

- 全國人大常委會法工委發言人就香港終審法院 2 月 26 日澄清性判決發表談話（2 月 27 日）

1999 年 3 月

- 曾蔭權發表 1999/2000 年度財政預算案《強本節用 共創新猷》（3 月 3 日）

- 特區政府宣佈與盈科拓展集團合作發展 "數碼港" 計劃（3 月 3 日）

- 香港特區政府駐北京辦事處成立（3 月 4 日）

- 江澤民會見赴北京列席九屆全國人大二次會議開幕大會的董建華（3 月 6 日）

- 江澤民參加出席九屆全國人大二次會議香港特區代表團討論，並作重要發言（3 月 7 日）

- 立法會否決對律政司司長不信任動議（3 月 11 日）

- 立法會通過《區議會條例草案》，恢復委任議席（3 月 11 日）

- 香港《太陽報》創刊（3 月 18 日）

- 解放軍駐港部隊公佈，劉鎮武升任廣州軍區副司令員，近日調離香港；熊自仁任駐港部隊司
令員（3 月 23 日）

- 行政長官宣佈，陳方安生留任政務司司長至 2002 年 6 月 30 日（3 月 23 日）

- 最高人民法院公佈《關於內地與香港特別行政區法院相互委託送達民商事司法文書的安排》
（3 月 30 日）

1999 年 4 月

- 金融管理局推出改進香港貨幣發行局制度的三項措施（4 月 1 日）

- 美國國務院發表《1999 美國—香港政策法》報告（4 月 3 日）

- 英國外交及聯邦事務大臣庫克訪問香港（4 月 12－13 日）

- 立法會修訂議事規則，將裁定議員提出涉及政府政策的權力賦予立法會主席。特區政府發表聲明認為此項修訂違反基本法（4 月 28 日）

- 星島集團股權變動，胡仙不再任該集團主席（4 月 29 日）

1999 年 5 月

- 特區政府舉行首個訂為法定公眾假期的"五一"國際勞動節酒會（5 月 1 日）

- 朱鎔基會見陳方安生，就終審法院 1 月 29 日判決帶來的問題交換意見（5 月 4 日）

- 特區政府公佈有關 167 萬港人內地子女若全部來香港的影響評估報告（5 月 6 日）

- 董建華就美國為首的北約襲擊中國駐南斯拉夫使館發表聲明（5 月 8 日）

- 香港各界強烈抗議美國為首的北約襲擊中國駐南斯拉夫使館（5 月 8－12 日）

- 江澤民會見李嘉誠（5 月 18 日）

- 行政會議決定由行政長官報請中央政府協助，提請全國人大常委會解釋基本法有關條文（5 月 18 日）

- 解放軍駐港部隊公佈，王玉發升任駐港部隊政治委員（5 月 19 日）

- 立法會通過支持行政長官提請國務院請求全國人大常委會解釋基本法有關條文的議案（5 月 19 日）

- 董建華正式向國務院提交請求全國人大常委會解釋基本法有關條文的報告（5 月 20 日）

- 中國政府首次拒絕美國軍艦來港（5 月 21 日）

- 香港特區政府發言人、中國外交部發言人回應美國考克斯報告對香港的指控（5 月 26 日、27 日）

1999 年 6 月

- 申訴專員職權範圍擴大（6 月 4 日）

- 國務院常務會議通過提請全國人大常委會解釋基本法有關條款的議案（6 月 8 日）

- 高等法院原訟法庭對劉慧卿告姜恩柱案作出判決（6 月 8 日）

- 政制事務局表示，新華社香港分社等三個中央駐港機構均不存在須徵得特區政府同意設立的問題（6月10日）

- 望后石船民羈留中心發生滯港越南人騷亂（6月13日）

- 行政長官委任梁振英接替鍾士元為行政會議召集人（6月15日）

- 特區政府宣佈設立創新及科技基金（6月17日）

- 外匯基金投資有限公司宣佈，計劃推出盈富基金（6月21日）

- 董建華決定前總督府定名為"香港禮賓府"（6月24日）

- 全國人大常委會通過對基本法有關條款的解釋（6月26日）

- 台灣"陸委會"發表《香港移交兩周年情勢研析報告》（6月28日）

- 高等法院原訟法庭裁定"新界"鄉村非原居民有權參選村代表及投票（6月29日）

- 胡錦濤抵港出席慶祝香港回歸祖國兩周年活動（6月29日、30日）

1999 年 7 月

- 胡錦濤主持香港回歸祖國紀念碑揭幕儀式並發表重要講話（7月1日）

- 特區政府憲報公佈，新華社香港分社等三個中央駐港機構為中央人民政府在香港特區設立的機構（7月2日）

- 港島各界聯合會宣佈成立（7月5日）

- 何厚鏵首次以澳門特區候任行政長官身份訪港（7月5日）

- 特區政府公佈《香港中藥產業未來十年的發展大綱》（7月6日）

- 新世紀論壇宣佈成立（7月11日）

- 立法會通過《1999年立法會（修訂）條例草案》（7月15日）

- 董建華批評李登輝"兩國論"（7月16日）

- 立法會通過特區政府修訂《入境條例》附表一的決議案，確定居港權人士資格（7月16日）

- 鄭安國在香港電台節目為李登輝"兩國論"辯解（7月17日）

- 特區政府發言人就民政部宣佈取締法輪大法研究會的決定發表看法（7月22日）

1999 年 8 月

- 李嵐清會見"海外傑青匯中華"訪問團（8 月 9 日）

- 梁愛詩訪問北京（8 月 19－20 日）

- 特區政府就鄭安國有關"兩國論"言論發表聲明（8 月 20 日）

1999 年 9 月

- 江澤民在北京參觀建國五十周年成就展中的香港特區展區（9 月 20 日）

- 香港各界慰問、援助台灣 9．21 大地震受災同胞（9 月 21 日－9 月 24 日）

- 董建華赴上海出席《財富》雜誌 1999 年全球論壇（9 月 26 日）

- 董建華率香港特區國慶觀禮團赴北京參加中華人民共和國成立五十周年慶祝活動（9 月 29 日－10 月 1 日）

1999 年 10 月

- 董建華等部分香港特區國慶觀禮團成員獲邀登上天安門城樓，參加首都各界慶祝中華人民共和國成立五十周年大會（10 月 1 日）

- 董建華在香港主禮特區慶祝國慶五十周年匯演並發表國慶演詞（10 月 1 日）

- 董建華發表第三份施政報告《培育優秀人才 建設美好家園》。指出基本法訂下十年時間，通過實踐去思考 2007 年以後政制發展問題（10 月 6 日）

- 證監會發表《提升香港的金融基礎設施研究報告》（10 月 12 日）

- 解放軍駐港部隊總部舉行解放軍駐港部隊軍史館揭幕典禮（10 月 14 日）

- 特區政府首次將原東江縱隊港九獨立大隊陣亡戰士紀念名錄存放在為保衛香港捐軀人士紀念龕中（10 月 17 日）

1999 年 11 月

- 特區首次向聯合國匯報《公民權利和政治權利國際公約》在香港落實的情況（11 月 1 日）

- 特區政府宣佈將與美國華特迪士尼公司合作在香港興建迪士尼主題公園（11 月 2 日）

- 歐盟簽證工作代表團訪港，參觀香港與內地的邊界管理綫（11 月 8 日）

- 內地與香港特區商貿聯委會在北京舉行第一次會議（11 月 8－9 日）

- 劉山在表示，中資在對香港的境外投資中名列第二，希望香港銀行界與中資企業共渡時艱（11 月 9 日）

- 盈富基金在香港上市（11 月 12 日）

- 董建華就中美達成中國加入世貿組織協議發表談話（11 月 15 日）

- 香港聯交所成立創業板市場（11 月 15 日）

- 董建華赴北京述職（11 月 21－22 日）

- 香港特區首屆區議會選舉（11 月 28 日）

1999 年 12 月

- 解放軍駐港部隊應邀參加特區海上空難搜救演練（12 月 1－3 日）

- 立法會通過《提供市政服務（重組）條例草案》，撤銷兩個市政局（12 月 2 日）

- 終審法院對劉港榕案作出判決，確認全國人大常委會 6 月 26 日對基本法有關條款的解釋對香港特區各級法院均有約束力（12 月 3 日）

- 中英聯合聯絡小組舉行最後一次會議（12 月 7－8 日）

- 董建華訪問韓國（12 月 7－8 日）

- 外交部發言人就香港"法輪功"舉行大規模活動發表談話（12 月 9 日）

- 董建華表示，"法輪功"活動主辦者、參加者切勿做出不利於國家、香港或"一國兩制"的行為（12 月 11 日）

- 姜恩柱表示，香港不應該成為"法輪功"向內地滲透的基地（12 月 11 日）

- 香港特區政府與澳門政府就澳門居民往來香港特區入境安排達成協議（12 月 11 日）

- 孫明揚表示，特區政府擬於 2000 年 9 月就 2007 年後政制發展進行公眾諮詢（12 月 15 日）

- 終審法院對污損國旗、區旗案作出判決（12 月 15 日）

- 陳方安生表示，2000 年 9 月立法會選舉後將開始研究"部長制"（12 月 17 日）

- 輸入優秀人才計劃開始接受申請（12 月 17 日）

- 中國政府對澳門恢復行使主權。董建華及香港特區觀禮團應邀出席澳門交接儀式、澳門特區成立暨特區第一屆政府宣誓就職儀式等活動（12 月 20 日）

- 高等法院原訟法庭就取消兩個市政局案作出判決（12月23日）

- 吳光正發表文章表示，香港不宜普選，2007年後立法會應繼續保持一半議席由功能選舉產生（12月28日）

- 何厚鏵訪問香港（12月29日）

2000 年

2000 年 1 月

- 香港各界慶祝進入21世紀（1月1日）

- 中英聯合聯絡小組中方代表處宣佈結束工作（1月1日）

- 特區政府發言人表示，行政長官已指出到2007年再決定政制發展的策略和步驟（1月3日）

- 董建華重申，依照基本法行事的大原則不會變，應讓目前運作中的政制有一個探索和成熟的過程（1月8日、1月13日）

- 國務院發出《關於更改新華通訊社香港分社、澳門分社名稱問題的通知》（1月15日）

- 中央人民政府駐香港特別行政區聯絡辦公室舉行掛牌儀式（1月18日）

- 新華通訊社香港特別行政區分社舉行掛牌儀式（1月18日）

- 特區政府憲報公佈，新華通訊社香港分社易名為"中央人民政府駐香港特別行政區聯絡辦公室"（1月21日）

- 最高人民法院公佈《關於內地與香港特別行政區相互執行仲裁裁決的安排》（1月24日）

- 中央政府駐港聯絡辦公室舉辦"香港各界紀念江主席八項主張發表五周年座談會"（1月28日）

2000 年 2 月

- 香港美國商會表示深切關注美國眾議院於2月1日通過的《加強台灣安全法》（2月2日）

- 特區政府宣佈，以一筆過撥款的模式取代現有對社會服務機構的津貼及資助機制（2月10日）

- 立法會政制事務委員會就香港未來政制發展進行的公眾諮詢，只收回三份書面意見（2月15日）

- 胡錦濤會見"中華龍騰海內外青年匯長城"活動的代表（2月18日）

- 遲浩田視察駐港部隊深圳基地（2月19日）

- 策略發展委員會發表香港長遠發展策略大綱《共瞻前景 齊創未來》（2月21日）

- 陳方安生談行政長官與終審法院首席法官會面問題（2月23日）

- 盈科數碼動力收購英國大東電報局屬下的香港電訊（2月29日）

2000 年 3 月

- 特區政府宣佈成立香港申辦 2006 年亞運會委員會（3月3日）

- 江澤民、李瑞環看望出席九屆全國政協三次會議的港澳全國政協委員，並作重要講話（3月4日）

- 江澤民會見赴北京列席九屆全國人大三次會議開幕大會的董建華（3月6日）

- 香港交易及結算所有限公司成立（3月6日）

- 江澤民、李鵬參加出席九屆全國人大三次會議香港特區代表團的會議討論，並作重要發言（3月7、8日）

- 曾蔭權發表 2000/2001 年度財政預算案《增值創富 節流裕民》（3月8日）

- 特區政府就台灣地區領導人選舉結果發表聲明（3月18日）

- 參加政制未來檢討研討會的近百名商界、專業界人士，對立法會逐步增加直選議席表示憂慮（3月25日）

- 董建華指出公眾對香港報界一些現象不滿意，呼籲香港新聞界加強專業操守（3月30日）

2000 年 4 月

- 董建華在紀念基本法頒佈十周年研討會發表演講（4月1日）

- 董建華訪問加拿大、美國（4月2－10日）

- 王鳳超發表談話，指出香港傳媒有責任和義務維護國家統一和領土完整（4月12日）

- 陳方安生就王鳳超談話發表聲明（4月12日）

- 外交部發言人、中央政府駐港聯絡辦有關負責人、國務院港澳辦就王鳳超談話發表談話（4月13日、14日）

- 外交部駐港特派員公署、外交部發言人對美、英政府有關言論發表談話（4月17日、18日）

2000 年 5 月

- 兩家外資拍賣行在香港拍賣四件中國國寶級文物引起香港各界譴責（5月1日）
- 金融管理局發出首份電子銀行業務指引（5月5日）
- 立法會通過反對"台獨"動議案（5月10日）
- 董建華宣佈，政府決定延長律政司司長梁愛詩的任期兩年（5月16日）
- 特區政府公佈《鐵路發展策略 2000》大綱（5月16日）
- 歐盟發表《香港特別行政區與歐盟》報告，認為"一國兩制"方針在香港得到完整的貫徹（5月18日）
- 特區政府發言人就台灣地區新領導人就職講話發表談話（5月20日）
- 七家在美國納斯達克上市的美國公司在香港掛牌上市（5月31日）

2000 年 6 月

- 特區政府關閉最後一個越南難民中心，困擾香港 25 年的越南難民問題宣告終結（6月1日）
- 中央政府駐港聯絡辦負責人、外交部駐港特派員公署發言人表示，香港的經濟活動受到基本法的保障（6月1日）
- 安子介逝世。安子介公祭及悼念儀式在香港舉行（6月4日、12日）
- 特區政府發言人解釋推行語文基準測試的目的（6月10日）
- 江澤民、朱鎔基會見香港工商界人士訪京團（6月23日）
- 中央軍委最近發佈命令，授予駐港部隊某部二連榮譽稱號（6月23日）
- 自由黨、專上學聯等團體分別發起較大規模請願遊行（6月25日）
- 警方驅趕在特區政府總部外舉行非法集會的專上學聯成員（6月26日）
- 香港交易及結算所有限公司在香港掛牌上市（6月27日）
- 曾蔭權訪問北京（6月27-28日）
- 立法會通過對王葛鳴和苗學禮的不信任動議（6月28日）

2000 年 7 月

- 專上學聯發起近三千人參加的 "反董大遊行"（7 月 1 日）

- 香港銀行利率限制協議全面撤銷（7 月 3 日）

- 董建華會見主要公務員團體代表。與會公務員團體表示，不會參加 7 月 9 日大遊行（7 月 4 日）

- 王鳳超表示，中央對董建華施政是滿意的，相信絕大多數港人仍支持董建華（7 月 4 日）

- 香港《南華早報》、《信報財經新聞》發表鍾庭耀文章，指責董建華干預民意調查（7 月 7 日）

- 董建華否認鍾庭耀的指責（7 月 7 日、8 日、14 日）

- 第二屆立法會選舉委員會界別分組選舉。794 人選舉委員會組成（7 月 9 日）

- 高祀仁表示，"反董"、"倒董" 遊行是對行政長官三年施政的不客觀評價。呼籲港人繼續支持董建華為首的特區政府（7 月 13 日）

- 霍英東希望大家支持董建華依照基本法施政，不要把香港搞到不可收拾的局面（7 月 16 日）

- 陳方安生在特區政府年報《香港 1999》發表文章，稱市民 "辯論的焦點，將是功能界別的間接選舉方法會多快取消"（7 月 19 日）

- 梁愛詩希望大家支持行政長官，心平氣和評價他回歸以來的工作（7 月 25 日）

- 曾蔭權表示，董建華心在香港，絕不比任何港督遜色，不同意所有問題源於行政長官（7 月 27 日）

- 姜恩柱表示，中央充分肯定董建華為首的特區政府三年來的政績（7 月 28 日）

2000 年 8 月

- 董建華表示不會出席香港大學 "鍾庭耀事件" 調查委員會聆訊活動（8 月 1 日）

- 入境事務處大樓發生爭取居港權人士縱火事件（8 月 2 日）

- 數百個團體合辦 "香港是我家" 系列活動，呼籲全體市民繼續支持董建華為首的特區政府依法施政（8 月 9 日）

- 董建華表示香港出現 "風暴的前兆"，特區政府 "會以不畏不懼的態度對待"（8 月 10 日）

- 約五千名市民參加，由工聯會主辦的 "支持申辦亞運" 巡遊活動（8 月 18 日）

- "中國航天科技成就展覽" 在香港舉行（8 月 21 日）

- 智障少年庚文翰從羅湖出境後失蹤。董建華致電深圳市市長，雙方同意盡力尋找（8月24日）
- 東江－深圳供水改造工程正式動工（8月28日）

2000 年 9 月

- 香港大學校長鄭耀宗、副校長黃紹倫辭職（9月6日）
- 香港《天天日報》停刊（9月8日）
- 香港特區第二屆立法會選舉（9月10日）
- 香港特區體育代表團首次以"中國香港"名義參加第二十七屆奧運會（9月13日）
- 候任立法會議員程介南辭職。民建聯決議撤銷程介南的所有民建聯職務（9月19日）
- 香港《公正報》創刊（9月21日）
- 陳方安生訪問北京。錢其琛希望她和特區政府全體公務員一起更好地支持行政長官的工作（9月26日）

2000 年 10 月

- 香港東風衛星電視正式開播（10月1日）
- 李柱銘等民主黨候任立法會議員參加專上學聯發起的非法遊行集會，要求修訂《公安條例》（10月2日）
- 特區政府發言人表示，現行《公安條例》並非還原1995年前的版本（10月3日）
- 中央政府駐港聯絡辦有關部門表示，梵蒂岡"封聖"儀式是利用宗教干涉中國內政（10月4日）
- 第二屆立法會第一次會議。范徐麗泰連任主席（10月4日）
- 董建華發表第四份施政報告《以民為本 同心同德》。提出研究建立主要官員問責制（10月11日）
- 香港《A報》創刊（10月17日）
- 李鵬會見梁振英率領的香港專業人士訪問團（10月19日）
- 律政司決定不檢控因"6·26事件"被捕的專上學聯成員等人士（10月25日）
- 董建華赴北京述職（10月26－27日）

- 政府決定興建九廣鐵路尖沙咀支綫和馬鞍山鐵路（10 月 27 日）
- 董建華訪問英國（10 月 30 日－11 月 1 日）

2000 年 11 月

- 香港連續七年被評為全球最自由經濟體系（11 月 1 日）
- 香港《成報》出現股權變動。中策集團和東方魅力分別購入該報 65% 和 35% 的股權（11 月 2 日）
- 李瑞環訪問香港，出席中華總商會成立一百周年會慶酒會（11 月 5－9 日）
- 立法會否決吳靄儀提出要求行政長官終止聘用路祥安的動議（11 月 8 日）
- 董建華就香港未能成功申辦 2006 年亞運會發表聲明（11 月 12 日）
- 董建華率中國香港特區代表團赴文萊出席第八屆亞太經合組織領袖會議（11 月 15－16 日）
- 立法會保安事務委員會第一次特別會議，聽取公眾對現行《公安條例》的意見（11 月 18 日）
- 特區政府呼籲對《公安條例》有意見人士以合法途徑發表意見（11 月 19 日）
- 立法會否決李柱銘提出成立專責委員會調查董建華及路祥安是否干預學術自由的動議（11 月 22 日）

2000 年 12 月

- 強制性公積金計劃正式實施（12 月 1 日）
- 吳邦國來港主持 2000 年亞洲電信展開幕式（12 月 2－5 日）
- 梁愛詩訪問北京（12 月 6 日）
- 港島區補選一名立法會議員（12 月 10 日）
- 高等法院裁決劉慧卿須限期清還拖欠的訴訟費（12 月 12 日）
- 特區政府提出《行政長官選舉條例草案》立法建議（12 月 15 日）
- 江澤民在澳門特區成立一周年慶祝大會上發表重要講話（12 月 20 日）
- 立法會通過特區政府提出的保留現行《公安條例》的動議（12 月 20－21 日）
- 終審法院就"新界"非原居民村代表選舉案作出判決（12 月 22 日）

2001 年

2001 年 1 月

- 特區政府憲報公佈，董建華委任梁紹中為高等法院首席法官（1 月 5 日）

- 星島集團股權變動。何柱國任該集團名譽主席（1 月 7 日）

- 亞洲環球電訊的海底光纖電纜在香港登陸（1 月 10 日）

- 國際貨幣基金組織在香港設立分處（1 月 11 日）

- 全國數學奧林匹克競賽首次在香港舉行，四名香港選手獲優異獎（1 月 11-16 日）

- 陳方安生宣佈於 2001 年 4 月底提前離任（1 月 12 日）

- 康樂及文化事務署就批准租場地給 "法輪功" 組織一事發表聲明（1 月 14 日）

- 劉皇發認為終審法院對非原居民村代表選舉案的判決有違基本法（1 月 16 日）

- 特區政府就莊豐源案建議終審法院考慮提請全國人大常委會解釋基本法有關條文（1 月 17 日）

- 警務處發言人回應有關內地公安人員來港調查案件的報道（1 月 17 日）

- 劉山在指出，香港可作為中國西部地區境外籌資和獲取金融服務的首選和主要窗口（1 月 18 日）

- 中央政府駐港聯絡辦負責人指出，香港 "法輪功" 組織近期活動逐步國際化、政治化，矛頭直指中央政府（1 月 30 日）

- 張良任任中華旅行社總經理（1 月 30 日）

2001 年 2 月

- 外交部發言人就 "法輪功" 在香港進行針對中央政府的活動發表談話（2 月 6 日）

- 聯合國人權委員會副主席巴格瓦蒂訪問香港（2 月 6-10 日）

- 劉山在希望港商在中國入世和西部大開發中做好文章（2 月 7 日）

- 董建華指出，"法輪功" 多多少少有邪教的性質（2 月 8 日）

- 國務院任命曾蔭權為政務司司長、梁錦松為財政司司長，免去陳方安生的政務司司長職務（2 月 9 日）

- 香港各界人士舉辦揭批"法輪功"座談會。劉山在介紹"法輪功"癡迷者製造天安門廣場自焚事件真相（2月9日）

- 馬英九訪問香港（2月11-15日）

- 特區政府宣佈進一步放寬打擊炒賣樓市的措施（2月16日）

- 香港《公正報》停刊（2月19日）

- 立法會民政事務委員會舉行邪教性質辯論會議，多個宗教團體代表出席並發言（2月20日）

- 全國人大常委會批准我國簽署《經濟、社會與文化權利的國際公約》，並聲明該公約適用於香港特區（2月28日）

2001 年 3 月

- 葉劉淑儀指出，"法輪功"很有組織性，財源充裕，其學說是左道旁門（3月1日）

- 特區政府首次舉行教師語文基準試（3月4日）

- 江澤民會見赴北京列席九屆全國人大四次會議開幕大會的董建華（3月5日）

- 江澤民、李鵬、李瑞環會見出席九屆全國人大四次會議和九屆全國政協四次會議的港、澳特區代表和委員（3月5日）

- 曾蔭權發表 2001/2002 年度財政預算案《秉要執本 常勤精進》（3月7日）

- 朱鎔基參加出席九屆全國人大四次會議香港特區代表團討論，並作重要發言（3月8日）

- 特區政府憲報刊登《行政長官選舉條例草案》，提交立法會審議（3月9日）

- "崇尚文明 反對邪教"大型圖片展覽在香港舉行（3月17-19日）

- 新華社公佈國務院決定，任命吉佩定接替馬毓真為外交部駐港特派員公署特派員（3月20日）

- 董建華訪問日本（3月20-23日）

- 董建華函賀香港電影《臥虎藏龍》取得第七十三屆奧斯卡金像獎四個獎項（3月26日）

- 2001 年香港人口普查活動結束（3月27日）

- 香港各界文化促進會成立（3月29日）

2001 年 4 月

- 《2000 年知識產權（雜項修訂）條例》生效（4 月 1 日）

- 香港各界要求美國政府就美軍機撞毀中國軍機向中國道歉（4 月 2－4 日）

- 立法會早餐派正名為 "早餐會"（4 月 3 日）

- 董建華就 "法輪功" 計劃在《財富》全球論壇香港年會期間舉行系列活動發表聲明（4 月 25 日）

- 尉健行會見香港工會聯合會和澳門工會聯合會 "五一" 代表團（4 月 29 日）

2001 年 5 月

- 胡錦濤會見香港青年領袖才俊訪問團（5 月 4 日）

- 立法會《行政長官選舉條例草案》委員會舉行第一次公眾諮詢會（5 月 5 日）

- 江澤民來港出席 "2001 年《財富》全球論壇香港年會"，並發表演講（5 月 8－9 日）

- 中央政府駐港聯絡辦舉行新辦公樓啟用儀式（5 月 8 日）

- 立法會《行政長官選舉條例草案》委員會舉行第二次公眾諮詢會（5 月 8 日）

- 錢其琛受江澤民委託在董建華歡迎午宴致詞（5 月 9 日）

- 香港中國企業協會成立十周年慶祝酒會公佈朱鎔基批示（5 月 10 日）

- 特區政府設計 "飛龍" 作為香港國際品牌形象（5 月 10 日）

- 特區政府採取行動處理第二次禽流感（5 月 16－19 日）

- 曾蔭權率香港特區西部訪問團訪問北京和三個西部城市（5 月 20－29 日）

- 朱鎔基會見香港特區西部訪問團（5 月 24 日）

2001 年 6 月

- 港區全國人大代表活動室啟用（6 月 12 日）

- 董建華表示，香港經濟受美、日經濟影響，增長開始放緩（6 月 14 日）

- 國泰航空公司因加薪問題再次引發工潮（6 月 18－30 日）

- 立法會通過《2001 年版權（暫停實施修訂）條例草案》（6 月 20 日）

- 特區政府發表《賭博問題諮詢文件》（6月22日）

2001 年 7 月

- 多名勞工界代表批評對楊光受勳的不公平評論（7月2日）

- 董建華訪問廣東省（7月4-5日）

- 董建華對國泰工潮表示關注，並稱授勳給楊光"是一件對的事"（7月9日）

- 董建華訪問美國（7月10-11日）

- 立法會通過《行政長官選舉條例草案》（7月11日）

- 董建華祝賀北京申辦奧運成功。香港各界以多種形式熱烈慶祝（7月13日）

- 終審法院對莊豐源案作出判決（7月20日）

- 全國人大常委會法工委發言人就香港終審法院對莊豐源案判決發表談話（7月21日）

- 粵港合作聯席會議第四次會議達成六項共識（7月25日）

- 特區政府發言人就李少民事件發表談話（7月30日）

2001 年 8 月

- 房屋委員會放寬公屋申請人的居港年期規定（8月1日）

- 梁錦松表示，香港經濟正在減緩，不太適宜增加稅種（8月9日）

- 李嵐清會見香港特區體育界人士世界大學生運動會觀摩團（8月22日）

- 梁錦松赴北京與有關部門商討增加內地遊客來港（8月22日）

2001 年 9 月

- "反對邪教 崇尚文明"大型圖片展覽在香港舉行（9月2-4日）

- 特區政府決定停售居屋、房協資助房屋及凍結批出興建居屋土地十個月（9月3日）

- 朱鎔基表示，香港人現時最重要的是團結（9月4日）

- 董建華就"9‧11"事件向美國駐港總領事表示震驚及關注（9月11口）

- 選舉委員會補選一名立法會議員（9月16日）

- 選舉管理委員會《2002 年行政長官選舉／選舉委員會界別分組選舉活動指引》的諮詢期開始（9 月 21 日）

- 受美國 "9‧11" 事件影響，香港股市持續暴跌（9 月 21 日）

- 立法會通過特區政府緊急撥款申請，為香港的航空公司、機場管理局等就戰爭、劫機和其他嚴重危險事故引起的第三者責任，提供一個月賠償保證（9 月 24 日）

- 中華全國新聞工作者協會宣佈，允許港澳媒體在內地設立常駐記者站及派遣常駐記者（9 月 29 日）

2001 年 10 月

- 中國銀行（香港）有限公司掛牌開業（10 月 1 日）

- 選舉管理委員會關於《2002 年行政長官選舉／選舉委員會界別分組選舉活動指引的建議》的諮詢期結束（10 月 4 日）

- 賭波合法化問題的諮詢期結束，贊成和反對的人數非常接近（10 月 5 日）

- 香港各界紀念辛亥革命九十周年晚會在香港舉行（10 月 7 日）

- 董建華發表第五份施政報告《鞏固實力 投資未來》。提出主要官員問責制初步構想（10 月 10 日）

- 曾蔭權向傳媒介紹主要官員問責制的構想及背景（10 月 11 日）

- 路甬祥認為香港在科技發展中具有四大優勢產業（10 月 11 日）

- 工聯會舉行 "祝賀楊光顧問榮獲大紫荊勳章聯歡會"（10 月 13 日）

- 董建華、特區政府發言人回應香港電台節目《頭條新聞》將特區政府喻為塔利班政權（10 月 17 日）

- 江澤民在上海會見出席亞太經合組織領導人非正式會議的董建華（10 月 18 日）

- 法國 AXA 集團在香港設立亞太區總部（10 月 18 日）

- 國泰航空工潮暫告平息（10 月 19 日）

- 全國人大常委會審議港、澳特區選舉第十屆全國人大代表的辦法草案（10 月 22 日）

- 李國能發表演講指出，香港回歸後保持司法獨立（10 月 26 日）

- 特區政府為參加九屆全運會的香港特區代表團舉行授旗典禮暨火炬傳遞活動（10 月 28 日）

- 世界經濟論壇第十屆東亞經濟高峰會在香港舉行（10 月 29－31 日）

- 香港連續八年被評全球最自由經濟體系（10 月 31 日）

2001 年 11 月

- 特區政府決定在新機場興建第二個會議展覽中心（11 月 1 日）

- 香港電視廣播有限公司宣佈與中央電視台成立合資公司（11 月 2 日）

- 錢其琛會見香港太古集團主席（11 月 6 日）

- 新華通訊社成立七十周年酒會在香港舉行（11 月 7 日）

- 特區政府建議修訂《入境條例》，將內地駐港機構人員列入不被視為 "通常居於香港" 情況（11 月 7 日）

- 香港複印授權協會成立，訂立影印報章版權收費機制（11 月 8 日）

- 董建華發表聲明，衷心熱誠祝賀中國加入世貿組織（11 月 10 日）

- 解放軍 "深圳" 號導彈驅逐艦和 "豐倉" 號補給艦訪問香港（11 月 10－13 日）

- 董建華赴廣州出席九屆全運會開幕式。首次透露中央與特區已達成香港與內地合作的四方面的共識（11 月 11 日）

- 董建華致電祝賀香港特區代表團在九屆全運會總成績超過上屆（11 月 16 日）

- 教育部決定內地二十所高校為港澳台人士特設全日制獎學金研究生（11 月 21 日）

- 江澤民會見香港中華電力集團主席（11 月 30 日）

2001 年 12 月

- 中央政府放寬內地居民赴港澳商務簽註，取消赴港澳旅遊配額限制。羅湖、皇崗口岸延長開放時間至午夜 12 時（12 月 1 日）

- 中國工商銀行（亞洲）通過收購中保國際部分權益在香港上市（12 月 3 日）

- 路甬祥透露，六名香港科學家當選中國科學院院士（12 月 9 日）

- 許多知名人士和團體表示支持董建華競選連任（12 月 10 日）

- 新華網報道，國務院台灣事務辦公室新聞發佈會首次由香港電視台向港澳台地區和部分國家作實況轉播（12 月 10 日）

- 特區政府宣佈成立物流發展局（12 月 11 日）

- 江澤民表示相信董建華會當選連任香港特區行政長官（12 月 13 日）

- 香港各界"支持董建華連任"大會舉行。董建華宣佈參選第二任行政長官（12 月 13 日）

- 中央政府駐港聯絡辦、外交部駐港特派員公署表示完全支持董建華參選（12 月 13 日、15 日）

- 董建華在香港大學九十周年校慶典禮致詞，提倡新精英主義（12 月 18 日）

- 競選辦公室透露，董建華已獲得 500 名選舉委員簽名支持。前往競選辦公室遞交支持函的各界團體和人士絡繹不絕（12 月 19 日）

- 香港中醫藥管理委員會公佈，全港共有 7707 名申請人獲接納為表列中醫（12 月 19 日）

- 董建華赴北京述職（12 月 19－20 日）

- 民意調查顯示，市民對董建華的支持度大幅上升（12 月 23 日）

- 解放軍駐港部隊總部大廈掛新名牌（12 月 30 日）

2002 年

2002 年 1 月

- 第二條連接香港與非洲的航綫開通（1 月 2 日）

- 第二任行政長官參選人董建華分別會見選舉委員會各界別委員（1 月 2－22 日）

- 特區政府宣佈全面檢討九間法定公營機構高層管理人員的薪酬和福利制度（1 月 4 日）

- 第二任行政長官選舉委員會舉行補選（1 月 6 日）

- 首屆"中國民營企業發展（香港）論壇"在香港舉行（1 月 9 日）

- 終審法院就涉及五千多名港人內地所生子女居港權案作出判決（1 月 10 日）

- 入境事務處宣佈對無居港權人士實行三個月"寬限期"（1 月 11 日）

- 電訊管理局宣佈 2003 年起全面開放固定電訊網絡服務市場（1 月 11 日）

- 董建華表示，一定爭取用三或五年時間消滅財政赤字，香港不宜興建拉斯維加斯式賭城（1 月 18 日）

- 梁錦松與安民同意將董建華有關類似自由貿易區的建議定名為"內地與香港更緊密經貿關係

安排"（1 月 25 日）

- 第二任行政長官參選人董建華發表參選政綱《我對香港的承諾》（1 月 28 日）

- 第二任行政長官參選人董建華出席四場諮詢大會（1 月 30－31 日）

- 內地與香港特區大型基礎設施協作會議在北京召開（1 月 31 日）

2002 年 2 月

- 入境事務處縱火謀殺案判決（2 月 2 日）

- 國際貨幣基金組織指香港財政狀況出現結構性問題，支持香港保持聯繫匯率制度（2 月 5 日）

- 特區政府宣佈，採取措施處理第三次禽流感（2 月 5 日）

- 第二任行政長官選舉候選人提名期開始（2 月 15 日）

- 香港交易所修訂上市規則（2 月 18 日）

- 世界衛生組織在香港首次發現新乙型流感病毒（2 月 18 日）

- 董建華正式報名參選第二任行政長官（2 月 19 日）

- 曾蔭權訪問北京（2 月 19－23 日）

- 新力量網絡宣佈成立（2 月 24 日）

- 梁愛詩訪問北京（2 月 26－27 日）

- 第二任行政長官選舉候選人提名期結束。董建華自動高票當選為第二任行政長官人選（2 月 28 日）

- 江澤民致電祝賀董建華在香港特區第二任行政長官選舉中當選（2 月 28 日）

2002 年 3 月

- 中央政府駐港聯絡辦、外交部駐港特派員公署、解放軍駐港部隊，分別致函祝賀董建華在第二任行政長官選舉中順利當選（3 月 1 日）

- 許多團體和知名人士對董建華順利當選表示歡迎（3 月 1 日）

- 特區政府宣佈檢討 22 間特區政府資助機構高層人員的薪酬（3 月 1 日）

- 朱鎔基簽署國務院第 347 號令，任命董建華為香港特區第二任行政長官（3 月 4 日）

- 九屆全國人大五次會議新聞發言人表示，港區十屆全國人大代表選舉辦法將出現三大變化（3月4日）

- 特區政府公佈新年度賣地計劃以及最新的土地發展計劃（3月4日）

- 朱鎔基作政府工作報告，表示中央政府將繼續全力支持香港特區政府和行政長官依法施政（3月5日）

- 梁錦松發表2002/2003年度財政預算案，也是他上任後第一份財政預算案（3月6日）

- 江澤民會見赴北京列席九屆全國人大五次會議開幕大會的董建華，祝賀他成功連任（3月7日）

- 朱鎔基向董建華頒發國務院第347號令（3月7日）

- 朱鎔基、李瑞環參加九屆全國政協五次會議港澳委員聯組會議（3月8日）

- 工聯會舉行紀念香港海員大罷工勝利八十周年大會（3月9日）

- 李鵬與出席九屆全國人大五次會議的港澳特區代表座談（3月13日）

- 司法部公佈港澳特區律師事務所駐內地代表機構管理辦法（3月13日）

- 九屆全國人大五次會議通過《香港特別行政區選舉第十屆全國人民代表大會代表的辦法》（3月15日）

- 朱鎔基強調香港具有不可替代的優勢地位（3月15日）

- 香港警方首次將"法輪功"成員告上香港特區法院（3月15日）

- 特區發出首張航空營運許可證（3月19日）

- 大學教育資助委員會發表《高等教育檢討報告》（3月26日）

- 居港權敗訴人士寬限期屆滿。4885人領取識別函，其中3727人已返內地（3月31日）

2002年4月

- 特區政府開始逢每月的1日、11日、21日舉行更隆重莊嚴的國旗、區旗升旗禮（4月1日）

- 東亞銀行公佈與第一太平銀行合併（4月1日）

- 李瑞環會見中華歷史文化教育交流團（4月3日）

- 蕭蔚雲表示，基本法沒有寫香港特區法院享有美國式的司法審查權（4月6日）

- 董建華率特區代表團出席"博鰲亞洲論壇"首屆年會（4月11日）

- 朱鎔基表示，中央政府支持香港特區政府推行主要官員問責制（4 月 12 日）
- 全球最大免費報章企業在香港創辦《都市日報》（4 月 15 日）
- 董建華在立法會介紹主要官員問責制方案（4 月 17 日）
- 社會民主論壇宣佈解散，25 名成員宣佈加入前綫（4 月 18 日）
- 張敏儀有關香港電台公司化是一條出路的言論引起關注（4 月 20 日）
- 香港互聯網註冊管理公司成立（4 月 22 日）
- 數百名居港權敗訴人士包圍及損壞保安局局長座駕（4 月 24 日）
- 特區政府對佔據遮打花園多日的數百名居港權敗訴人士採取清場行動（4 月 25 日）
- 資訊科技及廣播局重申香港電台長遠運作模式不變（4 月 29 日）
- 特區政府宣佈將在添馬艦空地興建特區政府總部和立法會新大樓（4 月 30 日）

2002 年 5 月

- 太平洋大律師公會第十二屆年會暨 2002 年年會在香港舉行（5 月 3 日）
- 公務員薪俸調查機構公佈公務員薪酬趨勢調查結果（5 月 6 日）
- 敦煌酒樓全綫 11 家分店清盤（5 月 6 日）
- 特區政府開始入屋拘捕無權留港的居港權敗訴人士（5 月 8 日）
- 行政會議通過金融管理局提出的放寬部分進入銀行業市場準則的建議（5 月 10 日）
- 立法會有關小組委員會召開主要官員問責制第一場公眾聽證會（5 月 11 日）
- 立法會有關小組委員會召開主要官員問責制第二場公眾聽證會（5 月 18 日）
- 香港旅遊發展局統計 2001 年內地遊客人均消費額為所有訪港旅客之冠（5 月 22 日）
- 董建華發表聲明，慰問中華航空公司 CI611 班機的空難事故遇難者親屬（5 月 25 日）
- 行政會議決定通過立法落實公務員減薪方案（5 月 28 日）
- 特區政府首次邀請中央媒體及其駐港媒體訪問香港（5 月 28 日－6 月 3 日）
- 立法會通過特區政府提出的"支持主要官員問責制"議案（5 月 30 日）
- 特區政府預測 2002 年香港經濟的增長幅度為 1%（5 月 31 日）

2002 年 *6* 月

- 民政事務局就村代表選舉安排新方案諮詢新界鄉議局及 27 個鄉事委員會代表意見（6 月 4 日）

- 特區政府宣佈 7 月 1 日起恢復出售居屋（6 月 5 日）

- "民主動力"（前身為"反董連任大聯盟"）宣佈成立（6 月 8 日）

- 《大公報》舉行慶祝創刊一百周年酒會。公佈江澤民、李鵬題詞（6 月 12 日）

- 亞洲電視股權變動。陳永棋任亞視行政總裁（6 月 12 日）

- 立法會通過特區政府提出的"局長法定職能轉移決議案"（6 月 19 日）

- 國務院任命香港特區第二屆政府主要官員（6 月 21 日）

- 錢其琛表示，2007 年後仍需繼續保留功能團體選舉制度（6 月 24 日）

- 董建華公佈香港特區第二屆政府主要官員、行政會議成員及列席人員名單（6 月 24 日）

- 特區政府公佈各政策局常任秘書長名單（6 月 24 日）

- 錢其琛表示，特區政府有必要就基本法第 23 條立法（6 月 25 日）

- 熊自仁介紹解放軍駐港部隊五年來的訓練及防務情況（6 月 25 日）

- 梁愛詩表示，特區政府就基本法第 23 條立法的原則是建基於原有法律基礎（6 月 27 日）

- 董建華出席香港科學園揭幕禮（6 月 27 日）

- 解放軍駐港部隊首次安排香港傳媒參觀三軍演習（6 月 27–28 日）

- 全國人大常委會通過香港特區和澳門特區第十屆全國人大代表選舉會議組成的補充規定（6 月 29 日）

- 董建華表示，推行主要官員問責制，是香港回歸以來進行的最大的行政改革（6 月 29 日）

- 行政長官辦公室證實，香港特區第二屆政府不再設行政長官特別顧問，港台溝通轉由政制事務局負責（6 月 29 日）

- 江澤民抵港參加慶祝香港回歸五周年暨香港特區第二屆政府就職典禮活動（6 月 30 日）

2002 年 *7* 月

- 江澤民主持慶祝香港回歸祖國五周年大會暨香港特區第二屆政府就職典禮，並發表重要講話（7 月 1 日）

後記

1997 年 ....

7月1日 中華人民共和國政府對香港恢復行使主權，香港特別行政區成立

◆零時，中英兩國政府在香港會議展覽中心新翼大會堂舉行的香港交接儀式上，中國國歌奏響，中國國旗和香港特區區旗冉冉升起。中國國家主席江澤民發表重要講話，宣告中國對香港恢復行使主權。交接儀式從 6 月 30 日 23 時 45 分開始，7 月 1 日零時 15 分結束。江澤民和國務院總理李鵬、副總理兼外交部長錢其琛、中央軍委副主席張萬年、香港特區行政長官董建華等中國政府代表團成員，英國王儲查爾斯（Prince Charles of Wales, 港譯：查理斯）和首相布萊爾（Tony Blair, 港譯：貝理雅）、外交大臣庫克（Robin Cook, 港譯：郭偉邦）、國防參謀長格思里（General Sir Charles Guthrie）、最後一任港督彭定康（Christopher Patten）等英國政府代表團成員，40 多個國家和地區政要、40 多個國際組織代表、中英兩國觀禮團及香港社會各界人士等 4000 多嘉賓出席。

儀式結束後，零時 18 分，錢其琛禮送查爾斯一行走出大廳主入口處。查爾斯、彭定康全家和駐港英軍司令鄧守仁（Major General Byran Dutton）等人，乘坐英國皇家遊艇"不列顛尼亞號"，並由

快艇"漆咸號"及其他艦隻和 1200 名英軍護送，駛離維多利亞港。凌晨 1 時，布萊爾乘飛機離開香港。3 時半，最後一批 2000 多名英軍乘機離港返英。

◆零時，中國人民解放軍駐港部隊（以下簡稱"駐港部隊"）正式接管香港防務。在原駐港英軍司令部所在地添馬艦，以及昂船洲、槍會山、石崗、赤柱等 14 處軍事營地，解放軍駐港部隊與原駐守英軍舉行了交接儀式。此前，駐港部隊先頭部隊 509 人和 39 輛汽車，已於 6 月 30 日 21 時從皇崗口岸進入香港，分別進駐這 14 處軍營。清晨 6 時，駐港部隊第二批主力 4000 餘人及 10 艘船艇、6 架直升機、21 輛裝甲車和 400 餘輛其他車輛，從陸、海、空同時進駐香港。受到各界群眾冒雨歡迎。在上水馬會道，熊自仁政委等在雨中下車接受新界居民贈送的"威武文明之師"牌匾和花環。

◆凌晨 1 時 30 分，中央人民政府（下稱"中央政府"）在香港會議展覽中心（以下簡稱"會展中心"）舉行香港特別行政區成立暨特區政府宣誓就職儀式。中央政府代表團、內地觀禮團、參加香港交接儀式的部分外國政要、國際組織代表和香港各界人士等 4500 多名嘉賓出席。國務院副總理錢其琛主持儀式。奏國歌

1997 年 7 月 1 日上午 10 時，中華人民共和國香港特別行政區成立慶典在香港會展中心舉行。在慶典儀式上，展示了國家主席江澤民親手題寫的 "香港明天更好" 書法卷軸。

1997 年 7 月 1 日凌晨，香港特區第一任行政長官董建華在香港特別行政區成立暨特區政府宣誓就職儀式上宣誓就職。國務院總理李鵬監誓。

1997 年 7 月 1 日上午，在香港特別行
政區成立慶典上，國務院副總理錢其琛
代表中央政府向香港特區行政長官董建
華移交土地基金證書。

後，國家主席江澤民宣佈：中華人民共和國香港特別行政區成立。行政長官董建華宣誓，國務院總理李鵬監誓。23 位香港特區主要官員由政務司司長陳方安生領誓，李鵬監誓。隨後，行政會議成員由行政會議召集人鍾士元領誓、臨時立法會議員由主席范徐麗泰領誓、終審法院常任法官和高等法院法官由終審法院首席法官李國能領誓，行政長官董建華監誓。李鵬、董建華分別發表重要講話。

◆ 凌晨 2 時 45 分，臨時立法會在會展中心舉行首次全體會議。通過由律政司司長梁愛詩提交的《香港回歸條例草案》，確認了臨時立法會於 1997 年 7 月 1 日零時前通過的 13 項法例，以及較早前已通過的過渡期政府財政預算案和行政長官對主要法官的任命。該法案稍後由董建華簽署，即時生效。這 13 項法例是：（1）《假日（1997 年及 1998 年）條例》；（2）《1997 年市政局（修訂）條例》；（3）《1997 年區域市政局（修訂）條例》；（4）《1997 年區議會（修訂）條例》；（5）《1997 年立法局行政管理委員會（修訂）條例》；（6）《國旗及國徽條例》；（7）《區旗及區徽條例》；（8）《1997 年公安（修訂）條例》；（9）《1997 年社團（修訂）條例》；（10）《1997 年香港終審法院（修訂）條例》；（11）《1997 年司法人員敍用委員會（修訂）條例》；（12）《1997 年人民入境（修訂）條例》；（13）《1997 年宣誓及聲明（修訂）條例》。

◆ 上午 10 時，香港特區政府在會展中心舉行香港特別行政區成立慶典。中央政府代表團、內地觀禮團和香港各界人士等 4600 名多嘉賓出席。江澤民發表重要講話。董建華發表就職演説。錢其琛代表中央政府向董建華移交香港特區土地基金證書，把 1700 多億港元的土地基金移交給香港特區政府。並前往金紫荆廣場為中央政府贈予香港特區（以下簡稱“特區”）的禮品“永遠盛開的紫荆花”揭幕。慶典上，還宣讀了 31 個省、自治區和直轄市向特區贈送的禮品名單，並進行了大型文藝表演。江澤民向董建華贈送親手題寫的“香港明天更好”書法卷軸。

◆ 八屆全國人大常委會第二十六次會議在北京舉行全體會議。喬石委員長發表重要講話，宣佈全國人大常委會香港特別行政區基本法委員會正式成立。並向 12 名委員頒發任命書。隨後，基本法委員會在北京人民大會堂香港廳召開會議，討論並一致同意關於香港基本法附件三所列全國性法律增減的決定草案。八屆全國人大常委會第二十六次全體會議繼續進行，通過了《關於〈中華人民共和國香港特別行政區基本法〉附件三所列全國性法律增減的決定》。6月27日，全國人大常委會秘書長曹志受全國人大常委會委員長會議的委託，曾就決定草案作說明指出，特區成立後在公佈實施《中華人民共和國領海及毗連區法》和《中華人民共和國國籍法》時，應包括1996年5月15日國務院根據憲法第15條公佈的《中華人民共和國政府關於中華人民共和國領海基綫的聲明》和同日全國人大常委會通過的《關於〈中華人民共和國國籍法〉在香港特別行政區實施的幾個問題的解釋》。

◆ 國務院在北京人民大會堂舉行慶祝香港回歸祖國盛大招待會。李鵬、喬石、李瑞環、朱鎔基、劉華清、胡錦濤、榮毅仁等黨和國家領導人，與各界人士4000多人出席了招待會。李鵬發表重要講話。

◆ 李鵬簽署國務院第221號令，公佈《中華人民共和國香港特別行政區域圖》。8月8日，特區政府憲報刊登這一命令及其英文本。

◆ 中華人民共和國外交部駐香港特別行政區特派員公署（下稱"外交部駐港特派員公署"）舉行開署儀式。錢其琛揭幕並致詞。他希望公署全體工作人員，同香港特區政府保持密切聯繫，通力協作，

為維護國家主權和利益，維護香港同胞的合法權益，增進香港的繁榮穩定，作出積極的貢獻。馬毓真特派員和董建華也分別致詞。

◆ 下午，特區政府舉行酒會，錢其琛等5000多名中外嘉賓出席。董建華發表祝酒詞說，香港回歸祖國是香港歷史的新開端，也是統一祖國，振興民族事業的一個新里程。我們有信心、有能力把香港建設得更加美好，為祖國繁榮富強作出更大的貢獻。錢其琛祝酒時向回到祖國懷抱的600多萬香港同胞表示熱烈的祝賀，並相信有着愛國愛港光榮傳統的香港同胞在振興中華的偉大事業中一定會作出新的更大的貢獻。

◆ 晚上，首都各界群眾10萬人在北京工人體育場隆重集會，熱烈慶祝香港回歸祖國。江澤民發表重要講話。他代表中國共產黨、中央人民政府和全國各族人民，對香港回歸祖國和香港特別行政區成立，表示熱烈祝賀。李鵬、喬石、李瑞環、朱鎔基、胡錦濤、劉華清、榮毅仁等出席了大會。隨後舉行了由江澤民題名、18000名多群眾參加的"歡慶香港回歸"大型文藝演出。

◆ 特區政府發表首份《香港特別行政區政府憲報》號外版。公佈《香港回歸條

為慶祝香港回歸祖國和香港特別行政區成立，中央人民政府贈予香港特別行政區的禮品"永遠盛開的紫荊花"，聳立在香港會議展覽中心面向海港一側。金紫荊廣場由此得名，並成為香港特區在重大節日舉行隆重莊嚴的升國旗、區旗典禮的場所。

1997 年 7 月 1 日凌晨，中華人民共和國香港特別行政區政府宣誓就職。圖為位於香港中環下亞厘畢道的香港特別行政區政府總部（原為港英政府布政司署），大門正上方懸掛中華人民共和國國徽及中華人民共和國香港特別行政區區徽。

例》和第一任行政長官、第一屆政府主要官員、行政會議成員、臨時立法會議員和終審法院首席法官、常任法官及高等法院首席法官名單，以及行政長官制訂的《關於展示及使用國旗、國徽及區旗、區徽的規定》。該規定旨在落實 6 月 5 日國務院第五十八次常務會議通過的《關於在香港特別行政區同時升掛使用國旗區旗的規定》。這期憲報還刊登了由董建華 7 月 1 日公佈即日起在香港特區實施的五項全國性法律：《關於中華人民共和國國都、紀年、國歌、國旗的決議》、《關於中華人民共和國國慶日的決議》、《中華人民共和國政府關於領海的聲明》、《中華人民共和國國籍法》、《中華人民共和國外交特權與豁免條例》。

◆ 行政長官委託財政司司長為接收香港特區土地基金資產的公職人員。財政司司長曾蔭權宣佈土地基金諮詢委員會成員名單，其中主席一職由其本人擔任。7 月 1 日起，土地基金由金融管理局按財政司司長的指示管理，在實際操作中與外匯基金各為兩項獨立投資組合。7 月 23 日，臨時立法會通過由庫務局局長鄺其志提出的決議案，根據公共財政條例第 29 條，成立一個基金，稱“土地基金”，以接收保管該資產，並作出投資，以便在政府賬目中清楚分辨及顯示該資產的累積價值及投資表現。

◆ 台灣當局開始根據其制定的《香港澳門關係條例》和實施細則以及落實《條例》的 11 個相關辦法，處理香港居民赴台、就學就業、台港兩地的經濟、文化的交往事務。

7 月 2 日

◆ 特區政府在前總督府舉行首次大紫荊勳章頒授儀式，錢其琛等 400 多人出席。董建華向安子介、杜葉錫恩、李福善、利國偉、查濟民、徐四民、黃克立、曾憲梓、莊世平、霍英東、鍾士元、羅德丞 12 人頒授大紫荊勳章。大紫荊勳章是香港特區勳銜制度中的最高榮譽獎章。

◆ 董建華舉行上任後首次中外記者會。他呼籲港人多瞭解祖國，增強與內地互信的關係。特區與中央政府之間最重要的是雙方長期的利益是一致的。強調基本法對香港的民主進程作了清晰的界定，即應該堅持循序漸進的原則。

◆ 國務院港澳事務辦公室（下稱“國務院港澳辦”）和新華通訊社香港分社在會展中心舉行香港事務顧問任期屆滿儀式。錢其琛、董建華和國務院港澳辦主任魯平、新華通訊社香港分社社長周南等出席。錢其琛發表講話，高度讚揚港事顧問的歷史性貢獻。186 名港事顧問的任期在 1997 年 6 月 30 日屆滿。

7月3日

◆ 八屆全國人大常委會第二十六次會議通過了全國人大常委會《關於批准全國人民代表大會香港特別行政區籌備委員會結束工作的建議的決定》。

◆ 香港特區入境事務處正式簽發中華人民共和國香港特別行政區護照。

◆ 新華通訊社香港分社副社長張浚生出席一個酒會時說，新華通訊社香港分社在 1997 年 7 月 1 日以後不再設固定的發言人制度。

◆ 臨時市政局的 50 名議員宣誓就職，並舉行第一次會議。梁定邦、葉國忠分別當選為主席、副主席。

◆ 屯門、沙田、離島、大埔、灣仔、南區等六個臨時區議會分別選出劉皇發、蔡根培、林偉強、張學明、林貝聿嘉、馬月霞為主席（前五人是所在區原區議會主席）。

◆ 約 500 人包括 200 名非法入境的港人在內地所生子女，在入境事務處總部示威，要求獲得特赦和香港居留權。由於以為政府會頒佈特赦令，700 多名非法入境者翌日向當局自首。

◆ 中國外交部發言人答記者問時表示，香港特區與台灣之間以各種名義進行的官方接觸、往來、商談、簽署協議和設立機構，必須報中央政府批准，或經中央政府具體授權由特區行政長官批准。港台兩地現有的各種民間交往關係，包括經濟、文化交流及人員往來等基本不變。他指出，港台之間關係是兩岸關係中一種特殊的關係，在港台交往中必須本着一個中國的原則來進行。錢其琛副總理於 1995 年代表中央政府宣佈的關於處理"九七"後香港涉台問題的七條基本原則和政策，就是指導今後港台關係發展的方針、政策。

◆ 董建華會見參加香港交接儀式的台灣海基會董事長辜振甫。辜振甫事後透露，雙方曾就台港交往、台灣在香港的機構繼續留存、旅行證件、報章使用台灣名稱等問題達成共識；董建華指出，港台兩地肯定應加強往來，有關必須改善的問題，可進一步透過行政長官特別顧問葉國華與中華旅行社總經理鄭安國溝通協商，對尚未獲致結論的問題可以維持現況。

7月4日

◆ 特區政府憲報刊登由行政長官董

建華 7 月 2 日公佈從 7 月 1 日起在香港特區實施的五項全國性法律：《中華人民共和國國旗法》、《中華人民共和國國徽法》、《中華人民共和國領海和毗連區法》、《中華人民共和國駐軍法》、《中華人民共和國領事特權與豁免條例》。

◆ 中國人民解放軍駐港部隊司令員劉鎮武、政委熊自仁拜訪董建華。劉鎮武向董建華介紹了駐港部隊順利開進和履行防務的情況，並代表駐港部隊全體官兵向香港特區政府、香港各界人士對部隊進駐香港給予的大力支持表示衷心感謝。董建華表示，人民解放軍進駐香港，是中國對香港恢復行使主權的重要標誌，是保持香港繁榮穩定的一支重要力量。駐港部隊頂風冒雨，不怕困難，按時抵達香港各個營區，履行防務，表現出高度的組織紀律性，不愧是一支威武之師。雙方還表示，今後要建立必要的工作聯繫，共同為香港的長期繁榮穩定做出貢獻。

◆ 政府憲報公佈，行政長官已委任下列人士為高等法院上訴法庭法官：鮑偉華、黎守律、馬天敏、高奕暉、廖子明、梅賢玉；下列人士為高等法院原訟法庭法官：王見秋、施偉文、班立德、沙義德、高嘉樂、祁彥輝、梁紹中、胡國興、司徒敬、陳振鴻、羅傑志、司徒冕、任懿君、

范達理、張澤祐、王式英、孫國治、楊振權、貝偉和、郭美超、包鍾倩薇、彭鍵基、石仲廉。是次委任於 1997 年 7 月 1 日起生效。

◆ 臨時區域市政局 50 名議員宣誓就職並舉行第一次會議。劉皇發、簡松年自動當選為主席、副主席。

◆ 西貢、荃灣、元朗、北區、東區、黃大仙、油尖旺、中西區、深水埗、觀塘等十個臨時區議會分別選出吳仕福、陳流芳、戴權、鄧國容、陳錦煥、陳錦文、仇振輝、陳捷貴、譚國僑、侯瑞培為主席（前七人是所在區原區議會主席）。

7月5日

◆ 董建華、周南和新界鄉議局主席、臨時區域市政局主席劉皇發在“新界”大埔海濱公園為香港回歸紀念塔揭幕。周南表示，香港回歸紀念塔選擇建在“新界”人民抗擊英國入侵的地點，具有重要的意義，它是這一歷史性巨大變化的最好見證。

◆ 九龍城及葵青的臨時區議會分別選出所在區的原區議會主席鄧寶匡和單仲偕為主席。

7月7日

◆ 馬毓真和趙稷華、劉鴻曉副特派員拜會董建華。馬毓真向董建華轉交了錢其琛副總理兼外長的一封授權函。授權函通知，中央政府已授權香港特區政府在航機過境、促進和保護投資、移交逃犯、移交被判刑人士和刑事司法協助等五個領域與有關國家談判簽署雙邊協定。

7月8日

◆ 董建華主持行政會議首次會議。首先由董建華監誓，全體行政會議成員作盡職宣誓，誓言遵守保密和集體負責原則。

7月9日

◆ 董建華前往昂船洲海軍基地探訪解放軍駐港部隊，劉鎮武、熊自仁迎接。

◆ 外交部原港澳辦主任王桂生接替趙稷華為中英聯合聯絡小組中方首席代表。

◆ 行政長官發佈《1997年公務人員（管理）命令》和按照此命令制定的《公務人員（紀律）規例》。7月1日起生效，7月11日刊登政府憲報。上述命令和規例取代了已於6月30日停止生效的英國法律《英皇制誥》和《殖民地規例》中涉及管理公務員的條文。

◆ 臨時立法會首次在立法會大樓內舉行全體會議。全體議員簽署效忠香港特區的確認書。通過《1997年入境（修訂）（第五號）條例草案》。條例訂明：任何聲稱根據基本法擁有香港特區居留權的香港人在內地所生的子女，必須取得單程證和由入境事務處簽發的居留權證明書，才可來港定居。條例生效日期追溯到7月1日。

7月10日

◆ 中國外交部發言人答記者問時說，香港特區政府根據"港人治港"、高度自治的原則，有權依據基本法制定有關香港公民在內地所生子女在香港居留權問題的法律，並就有關事情作出處理。中國內地的有關部門也將根據出入境管理條例對有關香港公民在內地所生子女赴港問題制定一些解決辦法。如果彼此認為有必要的話，有關部門之間可就此問題的解決與特區政府合作。並表示，外交部駐港特派員公署的工作是在中央政府的領導下，具體處理與香港有關的外交事務。港台關係是兩岸關係中一個特殊的組成部分，從根本上說，這是兩岸關係的事情，不是公署要處理的事情。

7月11日

◆ 江澤民、李鵬和全國人大常委會委員長喬石等國家領導人會見出席全國人大香港特區籌委會第十次全體會議的籌委會委員。國家主席江澤民發表重要講話，並代表中國共產黨和中央政府對委員們出色完成籌建香港特區的崇高任務表示衷心感謝。晚上，國務院總理李鵬設宴款待香港特區籌委會全體委員，並發表重要講話。

◆ 全國人大香港特區籌委會第十次全體會議在北京舉行。在會議上，全國人大常委會委員長喬石發表講話。籌委會副主任兼秘書長魯平就籌委會各項工作的完成情況作報告。董建華、范徐麗泰發言。籌委會主任錢其琛講話並宣佈籌委會工作結束。

◆ 全國人大香港特區籌委會主任委員會議確認蔡素玉當選為臨時立法會議員。7月1日，譚惠珠因被任命為全國人大常委會基本法委員會委員而辭去臨時立法會議員職務。7月2日，特區籌委會主任會議決定，由香港特區第一屆政府推選委員會補選一名議員。7月8日，臨時立法會補選中，蔡素玉以219票當選。

◆ 人民大會堂香港廳舉行啟用儀式。全國人大常委會副委員長王光英，全國政協副主席、香港廳籌建小組負責人霍英東等出席。江澤民為香港廳題詞："執行一國兩制方針，保持香港繁榮穩定"。

◆ 據香港《文匯報》報道，中國紅十字會總會公告：自7月1日起接納香港紅十字會為中國紅十字會總會的一個享有高度自治的地方分會。同日起，香港紅十字會的全稱為："中國香港特別行政區紅十字會"，簡稱"香港紅十字會（中國紅十字會分會）"。香港紅十字會使用中國紅十字會會徽。凡以國家紅十字會為單位參加的國際組織和會議，由總會代表中國紅十字會參加，必要時可吸收香港紅十字會適當人員作為中國紅十字會代表團成員參加。

◆ 中華旅行社總經理鄭安國表示，台灣有關當局自1997年7月1日起停止對港人發放三年有效期的逐次加簽入台證，同時又酌情放寬發放有效期為三年的十次免加簽入台證。

7月14日

◆ 國務院港澳辦發言人表示，經國務院批准，從7月1日起，內地因公人員前往香港特區將一律改持用由國務院港澳辦簽發的《往來香港特別行政區通行證》，並在獲得有關的赴香港簽注後進入香港。作為過渡安排，在此之前已取得香港入境簽證的因公類別護照的持有人，可在 12 月 31 日前持原有護照和有效簽證繼續前往香港，並在此期間換領《往來香港特別行政區通行證》。

◆ 新華通訊社香港分社舉行港島地區區事顧問任期屆滿儀式。張浚生副社長致詞說，從 1994 年 3 月到 1995 年 7 月，新華通訊社香港分社共聘請了 670 位香港人士擔任香港地區事務顧問，這是保證香港平穩過渡，實現"一國兩制"、"港人治港"和高度自治的一項重要措施。張浚生向參加儀式的 274 位區事顧問頒發由周南社長簽名、寫有"盡職盡責，建樹良多"的紀念座。

◆ 公安部出入境管理局負責人接受香港《文匯報》記者專訪時表示，香港特區臨時立法會在 7 月 9 日通過的《1997 年入境（修訂）（第五號）條例》是一個遵循基本法規定的合法、合理的辦法。內地公安機關將積極協助香港特區政府全面有效地實施這一條例。

◆ 香港貿易發展局宣佈，成立港歐雙邊經濟合作委員會，就香港與歐洲兩地貿易、投資和經貿合作等問題，加強溝通及交換意見。

7 月 15 日

◆ 劉鎮武接受中央電視台訪問時表示，駐港部隊司令部辦公室已經同特區政府有關部門建立直接聯繫，同時在不影響訓練的情況下，開放部分營區加強同香港市民溝通。解放軍已進駐香港十多天，運作正常，並進行封閉式管理，建立了憲兵部隊，在營區內巡邏，監督官兵按照法律辦事。如遇到違反紀律的情況會做出糾正及制止。

◆ 行政會議通過特區政府根據基本法的授權處理土地契約的方法。新批出的土地租契，將從批出日期起計算，年期 50 年。現時沒有續期權利的 2600 份租契和特別用途土地租契，將可在期滿後由政府酌情決定續期 50 年，毋須補地價，但須於續期日起每年繳付相當於應課差餉租值 3% 的地租，並隨應課差餉租值的改變而調整。但作康樂用途的土地、加油站、特許經營權或營運牌照和煤油商店的租契除外。

◆ 特區政府公佈未來五年批地計劃，由 1997 年 7 月 1 日至 2002 年 3 月 1 日，將批出 433 公頃土地，興建 14.6 萬個私人住宅單位。

◆ 高等法院上訴法庭首次以中文審訊有關"丁屋糾紛"的民事上訴案件。

◆ 新華通訊社香港分社舉行九龍地區區事顧問任期屆滿儀式。秦文俊副社長發表講話，並向參加儀式的 192 位香港地區事務顧問頒發了紀念座。

◆ 入境事務處公佈可免簽證訪港並可逗留七天至六個月的 170 個國家和地區名單，以及須簽證訪港的約 40 個國家和地區名單。

7月16日

◆ 新華通訊社香港分社舉行新界地區區事顧問任期屆滿儀式。鄭國雄副社長發表講話，並向參加儀式的 204 位區事顧問頒發了紀念座。

◆ 臨時立法會通過《1997 年法律條文（暫時終止實施）條例草案》。按照該條例，港英立法局回歸前最後一次會議匆忙通過的七項法例中，《1997 年香港人權法案（修訂）條例》、《1997 年職工會（修訂）（第二號）條例》、《僱員代表權、諮詢權及集體談判權條例》及《1997 年僱傭（修訂）（第四號）條例》等四項法例，需暫時終止實施。其中，《1997 年香港人權法案（修訂）條例》是原民主黨立法局議員劉千石提出的，將該條例第三條有關"對先前法例的影響"擴大至所有法例。全國人大常委會在 1997 年 2 月 23 日宣佈關於處理香港原有法律的決定，該條例第三條有關"對先前法例的影響"的規定抵觸基本法，不採用為特區法律。另三項法例《保護海港條例》、《1997 年職業性失聰（補償）（修訂）條例》及《1997 年僱傭（修訂）（第五號）條例》，無須暫時終止。

7月17日

◆ 律政司司長梁愛詩作為香港特區代表參加中央代表團，出席內蒙古自治區成立五十周年慶祝活動。這是香港特區政府首次派代表出席內地的活動。

◆ 公安部出入境管理局公佈港人在內地所生子女申請居留權證明書的程序。申請人向公安機關出入境管理部門申請赴港定居時，即視為同時申請居留權證明書，而不需要另行申請。符合資格的申請人士，香港入境事務處會簽發居留權證明書，並送交內地公安機關。內地出入境管理部門在簽發港澳通行證時，會將居留權證明書貼在通行證上，一併發給申請人。

◆ 香港特區駐倫敦經濟貿易辦事處開幕。

7月18日

◆ 特區政府發出行政指引，規定警

務處處長可基於"國家安全"的理由規管公眾集會及遊行。在規管公眾集會或遊行時，主管的警務人員必須考慮所有有關情況，而決定是否需要基於"國家安全"理由採取適當的行動，包括：（a）有關行為是否相當可能導致或引致即時破壞社會安寧；（b）是否有任何人在該公眾集會或遊行中，鼓吹分裂中華人民共和國，包括鼓吹台灣或西藏獨立。

◆ 范徐麗泰出席"'一國兩制'：理論與實踐"國際研討會，就臨時立法會的產生過程及理據作專題演講。重申成立臨時立法會有充分法理依據。

◆ 國際會議及旅遊局協會周年大會在香港舉行，這是該組織成立 80 年來首次在香港舉行周年大會。香港特區財政司司長曾蔭權出席並致開幕詞。

7 月 21 日

◆ 保安局發言人就新聞界查詢香港海關對解放軍駐港部隊車輛的檢查權力時作出回應："根據基本法第 18 條頒佈並已在 1997 年 7 月 1 日起於香港特區實施的駐軍法的第 7 條，駐軍人員及車輛具有文件證明是在執行職務，可免受香港執法人員檢查、搜查和扣押。"超出此豁免範圍的情況除外，例如，非駐軍的貨物或駐軍

人員的私人物品並不包括在此條款之內。

7 月 23 日

◆ 特區政府發表諮詢文件，就第一屆立法會新增九個功能界別和選舉委員會內七個界別分組的選民劃分，徵求社會各界意見。諮詢期至 7 月 31 日結束。九個新增功能界別是：（1）體育、演藝、文化及出版界；（2）勞工界（原有的勞工界功能界別增加一個議席）；（3）進出口界；（4）紡織及製衣界；（5）批發及零售界；（6）資訊科技界；（7）航運交通界；（8）漁農界；（9）保險界。選舉委員會七個指定界別分組是：（1）中國企業協會；（2）酒店界；（3）中醫界；（4）高等教育界；（5）飲食界；（6）香港僱主聯合會；（7）宗教界。

◆ 臨時立法會通過《香港特別行政區護照條例草案》和《中國國籍（雜項規定）條例草案》。兩個條例均於 7 月 1 日起生效，分別就特區護照的發出、修訂和撤銷事宜作出規定，以及對中國國籍法的實施制定實務安排。

7 月 24 日

◆ 新華通訊社公佈國務院決定，任命姜恩柱為新華通訊社香港分社社長；免去

周南的新華通訊社香港分社社長職務。周南是在 1990 年 1 月 15 日起受委任為新華通訊社香港分社社長。

◆ 金融管理局公佈，截至 1997 年 6 月底，外匯基金的資產總額為 5690 億港元，外匯儲備逾 820 億美元，上升至全球第五位。

7 月 25 日

◆ 行政長官得到中央政府正式授權，香港特區得與其他國家商談互免簽證的協議。外交部駐港特派員公署發言人表示，中央政府對於香港同胞外出旅行的便利問題一直十分關心，早在回歸前已與 24 個國家談判簽署了涉及香港特區的互免簽證協議，並促請其他 11 個國家為香港同胞入境做出了單方面的免簽證安排。發言人相信，特區政府會根據此授權與更多的國家談判雙邊協定或作出行政安排，為香港同胞將來外出經商、旅遊、求學等提供更多的便利。

7 月 27 日

◆ 有 47 年歷史的《新晚報》停刊，香港晚報歷史自此告一段落。

7 月 28 日

◆ 新華通訊社公佈國務院決定，任命廖暉為國務院港澳事務辦公室主任；免去魯平的國務院港澳事務辦公室主任職務。

◆ 特區政府宣佈，行政長官任命蕭炯柱為中央政策組首席顧問。

7 月 29 日

◆ 高等法院首席法官陳兆愷、上訴法庭法官黎守律、馬天敏就馬維騉案裁定：作為地區司法機構的特區法院，無權挑戰由全國最高權力機構全國人大授權成立的臨時立法會的法理地位；而普通法將可繼續沿用，作為香港特區法律的一部分，毋須再經確認程序。代表控方的香港特區律政司法律政策專員馮華健對裁決表示歡迎，並指上訴法庭已確認臨時立法會為合法組織，臨時立法會通過的法例具有法律效力，未來特區除終審法院外的所有法院的判決將受此案例約束。

◆ 董建華發表聲明指出，高等法院上訴法庭的判決確認了臨時立法會是一個合法機構，臨時立法會通過的法律，有法律地位和法律效力。此外，法庭的判決也確認了普通法是特區法律的一個重要部分。法治是香港得以成功的一個重要因素。

◆ 法律援助署聘請兩名資深大律師

張健利和戴啟思，作為五宗已獲選的港人內地所生子女居港權的訴訟個案的代表律師，控告政府。這兩位代表 72 名非法居留人士的律師透露，五宗獲挑選為代表的個案，涵蓋了所有法律爭議，以一併解決港人內地所生子女居港權問題。該五宗案件包括：（1）港人在內地所生的私生子女，是否擁有居港權；（2）港人在內地所生的子女已長大成人，是否擁有居港權；（3）父母都是在香港出生的永久居民，內地所生子女是否即時享有居港權；（4）父母在子女出生時已經在港住滿七年，內地所生子女是否即時享有居港權；（5）擁有香港永久居民身份的父母已經死亡，內地所生子女是否仍享有居港權。

◆ 特區政府宣佈成立安老事務委員會，委任譚耀宗為主席。

7月30日

◆ 外交部駐港特派員公署特派員馬毓真接受傳媒訪問時指出，第一收容港政策是英國政府強加在香港身上的，中國對英國沒有在 1997 年 7 月 1 日前解決滯港越南非法入境者問題，感到非常遺憾。越南難民和船民的問題涉及多個國家，這個問題解決之前，"綜合行動計劃"有關各方繼續有責任徹底解決這個問題。聯合國難民專員公署拖欠港府的 12 億美元款項，亦應追討回來。按照基本法第 154 條的規定，特區政府可實行出入境管制，對非法入境者採取遣返行動，中央政府完全支持特區政府依法處理這些非法入境者。

◆ 英國外交大臣庫克（港譯：郭偉邦）向英國國會提交香港交接後首份香港報告書。指出，香港特區政府應儘快按照公平及自由的原則，選舉出新一屆立法會。英國將繼續注視香港的發展，確保中英聯合聲明及基本法給予港人的自由及基本權利得以落實。英國會繼續履行對港人在政治及道義上的責任，確保港人的生活方式維持不變，以及特區繼續享有高度自治。庫克在報告書序言中說，中國國家主席江澤民在香港交接儀式上的講話，充分和無條件地重申了對香港的承擔，英方對此深受鼓舞。行政長官董建華也表明了致力執行中英聯合聲明。"若這些保證得到履行，香港將成為英國與中國新關係的橋樑，這一新關係將比我們之間迄今為止的關係更強和更富建設性。"但認為特區政府對人權法作出修改是一種倒退，並堅持臨時立法會是非法組織的立場。英國外交部每半年向英國會遞交香港報告書，至少至 2000 年。

◆ 特區政府發言人回應英國外交部向

英國會提交的香港報告書。指出，江澤民主席和李鵬總理與特區政府，在致力按照"一國兩制、港人治港"的構想，全面落實聯合聲明及基本法的立場完全一致。特區第一屆立法會將於明年第二季度內，以公開、公平和誠實的方式舉行。特區政府也會履行適用於香港的國際人權條約所訂明的義務，以保障港人的權利和自由。他重申會全力維護香港成功的基石，包括法治、公平競爭、高效率的公務員隊伍。

7月31日

◆ 特區政府在前總督府舉行香港回歸慶祝酒會，約 300 多名公務員出席。董建華祝酒時表示，政權交接期間各項活動得以順利舉行，為特區確立了很好的開端。公務員的良好表現深受中央領導人及國際人士讚賞。他並向負責統籌交接儀式及有關活動的公務員表示感謝。

◆ 董建華在澳大利亞商會午餐會發表演講指出，特區政府成立後的首個月份"一切運作如常"。對於在成立首月便要面對臨時立法會及香港法律的合法性的挑戰，他稱，這恰好證明了法治對香港的重要性，也表明特區政府依法辦事，並會遵從法院的裁決。相信會有更多人提出法律問題，這很自然，因為基本法只是實施了一個月。

◆ 馬毓真接受傳媒訪問時說，1997年 7 月 1 日以前，中國外交部向所有駐外使館發出《向香港同胞提供領事保護和領事服務問題的通知》，明確指示今後無論是否持有特區護照，只要是香港同胞，遇到戰亂、天災人禍，需要領事保護或服務，各使領館有責任提供優質服務。並指出，中國領事權力和豁免條例第 24 條規定，領事人員不可干涉駐在國內政，外國領事人員駐在中國（包括香港特區），也不能干涉中國內政。中央政府嚴格按照聯合聲明和基本法辦事，沒有對特區內部事務進行任何干預。有的外國人卻說三道四，這不妥當。

◆ 為期九天的第一屆立法會選舉辦法諮詢期結束，特區政府共收到 206 份書面意見。

8月1日

◆ 中國人民解放軍駐港部隊在營地舉行升旗儀式，慶祝中國人民解放軍建軍七十周年。駐港部隊發言人制度正式開始運作。

◆ 特區政府憲報公佈，行政長官已委任 15 位終審法院非常任法官。自此，終審法院隨時可開庭審理案件。其中 11 人是非常任香港法官：羅弼時、赫健士、麥慕年、康士、邵祺、傅雅德、郭樂富、麥德高、鮑偉華、黎守律、馬天敏（1997年7月28日至2000年7月27日）；4人乃非常任其他普通法適用地區法官：梅師賢、顧安國、沈穆善（1997年7月28日至2000年7月27日）、杜偉舜（1997年9月1日至2000年8月31日）。根據《香港終審法院條例》，行政長官可按照司法人員推薦委員會的推薦，委任最多30名終審法院非常任香港特別行政區法官與其他普通法適用地區法官。

8月4日

◆公務員事務局局長林煥光出席香港電台節目時表示，除非修改基本法，否則香港並無法律空間和政策準備推行"部長制"。

8月4日－8月9日

◆美國海軍第七艦隊旗艦"藍嶺號"抵港停靠。這是香港回歸後第一艘獲准停靠香港的外國軍艦。

8月5日

◆外交部駐港特派員公署特派員馬毓真表示，涉及香港特區的對外事務按照基本法的規定，大體有兩大類：一類是根據基本法明確由中央政府負責管理的外交事務，主要是有關主權、外交、國防和安全等方面的涉港事務，由公署在中央政府外交部領導下處理。處理時或通報特區政府，或徵詢特區政府的意見。例如：（1）外國在香港設立、關閉領事館；總領事館館長和名譽領事的任命，領區確定和變更；（2）有關領團涉及主權、外交和安全的重大問題的處理；（3）外國國家航空器和軍艦來港；（4）特區參加限於以國家為單位的政府間國際會議或國際組織，可作為中央代表團的成員或以中央政府和有關國際會議或國際組織允許的身份參加，並以"中國香港"的名義發表意見；政府間國際組織在港設立辦事處或在港召開會議，需中央批准；（5）特區同外國談判和簽訂涉及主權問題的雙邊協定（司法互助、民航、投資保護、互免簽證等）需中央授權；（6）中央政府簽署的國際公約適用於香港；（7）中國簽署的聯合國制裁決議必須在香港執行。另一類是中央政府授權特區政府根據基本法自行處理的對外事務，由特區政府自行處理，公署給予協助和支持。特區政府可以：（1）對領團進行日常管理；（2）發特區護照（通常是中央政府權限）；（3）進行出入境管理（通常是中央政府權限）；（4）根據基本法第151 條以"中國香港"名義同世界各國各地區及有關國際組織在經濟、貿易、金融、航運、通訊、旅遊、文化和體育等領域保持和發展關係，簽訂和履行有關協議；（5）以"中國香港"名義單獨組團參加不限於國家為單位的政府間國際會議和國際組織；（6）中央在決定中國締結的國際協議是否適用於香港之前將徵詢特區意見；（7）可在外國設立官方、半官方經貿機構；（8）經中央授權後，可與外國簽訂一些涉及主權問題的雙邊協定。

8月6日

◆ 新華通訊社香港分社新任社長姜恩柱抵達香港上任。他表示，香港已回歸祖國，特區政府也已成立，在新的形勢下，新華分社的職能和角色會有所調整。強調分社不干預特區政府自治範圍內的事務，將繼續保持同香港各界人士的聯繫，增進香港與內地之間的溝通和交流，為"一國兩制"方針在香港的成功貫徹，發揮自己的作用。他還表示，"香港問題好比一本非常深奧的書，要讀懂它並不容易。所以，首要任務就是要瞭解情況，熟悉情況，儘快進入角色。"

8月7日

◆ 中國人民解放軍駐港部隊對外新聞發言組公佈，駐港部隊已設立駐軍人員、車輛出入境檢查站，向所有出入境的官兵介紹有關法律規定，同時對進出關的人員、車輛進行必要的檢查。檢查站至今運作良好，沒有發現任何違反香港法律和軍隊紀律的現象。

◆ 董建華就在香港公開懸掛"青天白日滿地紅"旗提出兩項處理原則，一是堅持一個中國的大原則，絕對不能容許分裂中國；二是一切依法辦事。

◆ 特區政府首次有秩序遣返一批為數102 名的越南非法入境者。自1991 年11 月實施有秩序遣返計劃以來，循該計劃乘飛機返回越南的人數已達 10945 人。現等候遣返的越南人共有 1700 多人。

8月8日

◆ 特區政府憲報公佈，中央政府已委任下列由行政長官提名的主要官員：吳榮奎任運輸局局長，停任政制事務局局長職務（1997 年 8 月 4 日）；孫明揚任政制事務局局長，停任民政事務局局長職務（1997 年 8 月 4 日）；蕭炯柱停任運輸局局長職務（1997 年 8 月 4 日）。

◆ 香港各界慶祝回歸委員會（下稱

"慶委會")舉行會員大會暨"同根同心，共譜新篇"晚宴。董建華等出席。慶委會主席團副主席兼執行委員會主席鄔維庸致詞説，慶祝香港回歸活動貫徹了"一國兩制"、"港人治港"和高度自治的方針。慶委會全由港人組成，也得到了中央政府的支持和協助。慶委會在這次大會後將部署解散工作。並透露，慶委會所有的經費均來自民間捐助，核實後的賬目將予公開，估計剩下的 2000 多萬港元及以後的專利收益將以慈善基金形式交特區政府管理。慶委會在 1996 年 11 月正式成立以來，主要是策劃、推動及協調香港民間團體舉辦的慶祝回歸活動。

◆ 據報道，美國商務部出口管制局在最近的通告中，援引 1992 年《美國─香港政策法案》稱，"美國的政策是繼續給予香港雙重用途（民用軍用）產品許可證的優待。"

8 月 11 日

◆ 新華通訊社香港分社舉行周南社長離任暨姜恩柱社長履新酒會。全國政協副主席安子介、霍英東，以及董建華、周南、姜恩柱、馬毓真、劉鎮武、熊自仁和香港各界知名人士 2000 多人出席。姜恩柱表示，能夠在香港處於歷史新起點的時候來香港工作，感到十分榮幸和高興。希望香港各界繼續關心、支持新華通訊社香港分社的工作，共同維護香港的長期繁榮穩定。

◆ 國際貨幣基金組織為泰國安排 160 億美元的融資計劃，香港首次動用外匯基金 10 億美元參與借貸。

◆ 新華通訊社報道，財政部、國家税務總局負責人對記者説明回歸後內地與香港的税收關係。

◆ 台灣海基會董事長辜振甫在台工商協進會午餐會發表演講表示，香港回歸至今剛滿 40 天，"一國兩制"的政治實驗，還在起步試車階段。近來香港特區的政治經濟體制和社會秩序，還能維持開放社會的運作，尤其為了台灣加入 WTO 在日本東京舉行的台港協商，已於日前達成共識，台港的交流關係大致能夠維繫常態。未來的台港關係沒有倒退的理由，甚至還能促成兩岸三地的良性互動與正常發展。

8 月 14 日

◆ 姜恩柱拜訪董建華。董建華對姜恩柱出任新華通訊社香港分社社長表示祝賀，並表示，"新華社香港分社過去幾十年，為促進香港同胞與內地的聯繫，增進香港同胞對國家的認識和瞭解，做了大量的工作。尤其是香港進入過渡時期以來，新華通訊社香港分社在維護香港的繁榮穩定，確保香港實現平穩過渡，擔當了重要角色，作出了極大貢獻。"他深信，新華通訊社香港分社在姜社長的領導下，一定會為香港的繁榮穩定作出更大貢獻。姜恩柱說，特區政府成立一個多月來，各項工作在行政長官董建華領導下正在有條不紊地進行。香港社會穩定，經濟發展，人們對香港前途充滿信心。他預祝特區政府今後不斷取得新的成績。同時還表示，新華通訊社香港分社和特區政府之間有良好的關係。香港按照"一國兩制"的方針，實行"港人治港"和高度自治。新華通訊社香港分社不干預屬於特區政府高度自治範圍內的事務，而會對特區政府的工作給予配合和支持。新華通訊社香港分社將與香港各界人士保持廣泛的聯繫，在增進香港與內地的溝通和交流等方面，繼續作出努力，共同維護香港長期繁榮穩定。

◆ 特區政府成功擊退國際炒家對港元匯價的一次嚴重狙擊。自1997年7月初，泰國貨幣貶值後，一場金融風暴迅速在整個東南亞地區蔓延。近日，新加坡、馬來西亞及印尼的貨幣相繼貶值。國際炒家發起對港元的狙擊。巾場人士指出，因投機商大手買入遠期合約，美電一度升至7.75港元水平，引致銀行同業隔夜拆息大幅推高，曾突破7厘。銀行大額定期存款利率隨之大幅提升，有的高達10厘。當日香港恒生指數大幅下跌近500點，收市報16096點，下跌401點。消息人士透露，晚上歐洲外匯市場爆發港元匯價爭奪戰，經反復較量，捍衛港元一方最後將美電扯低至7.7438港元以下水平，說明香港金融管理局已完全取得控制權。

8月15日

◆ 勞工顧問委員會對臨時立法會決定凍結原立法局通過的三條勞工法例做出決定。大部分委員認為不宜實施《僱員代表權、諮詢權及集體談判權條例》。但勞方代表一致同意有必要就集體談判制度立法。勞工處處長韋玉儀表示，勞顧會沒有就應否立法實行集體談判制度下最後判斷，只是認為該被凍結的法例不宜執行。全體委員認為無須實施《1997年僱傭（修訂）（第四號）條例》（有復職權的反歧視職工會條例），一年後再檢討特別是有關復職的條文。全體委員同意保留《1997年職工會（修訂）（第二號）條例》部分條文：容許不同行業的職工會組成職工會聯會。恢復部分原有條文：職工會經費不可用於政治用途；職工會須獲行政長官批准，才可向外地組織提供資助或捐贈。建議增加：職工會可就職工會登記局局長拒絕登記新增規則或更改規則而提出上訴。

8月20日

◆ 署理行政署署長鄧國威表示，特區政府暫計劃由 1997 年 8 月 20 日至 1998 年 2 月底，向臨時立法會共提交 19 條對特區政府運作來説必不可少的條例草案。即：（1）《香港終審法院（修訂）（第二號）條例草案》；（2）修訂《特權及豁免權（聯合聯絡小組及土地委員會）條例》，廢除《中國簽證辦事處（特權及豁免權）條例》的條例草案；（3）《立法會條例草案》；（4）提出條例草案處理下列經檢討後的條例：《職工會（修訂）（第二號）條例》、《僱員代表權、諮詢權及集體談判權（修訂）條例》、《僱傭（修訂）（第四號）條例》、《職業性失聰（補償）（修訂）條例》；（5）修訂《僱傭條例》有關法定假期的條文；（6）《1998 年撥款條例草案》；（7）《預算案法例》；（8）修訂《飛機乘客離境税條例》；（9）《強制性公積金（修訂）條例草案》；（10）提出條例草案以處理經檢討後暫時終止實施的《香港人權法案（修訂）條例》；（11）《建築物管理（修訂）條例草案》；（12）《房屋（修訂）（第二號）條例草案》；（13）《城市規劃條例草案》；（14）提出條例草案，處理經檢討後的《保護海港條例》；（15）《強制性出售業權以進行重建》；（16）《建築物（修訂）條例草案》；（17）《防火安全（商業處所）（修訂）條例草案》；（18）《九廣鐵路公司（修訂）條例草案》；（19）《地下鐵路公司（修訂）條例草案》。至於原港英立法局未完成的《強制性公積金條例》將於 1997 年 10 月向臨時立法會提交。

◆ 公安部部長助理朱恩濤在北京表示，按照基本法的規定，香港警察與內地公安部門不存在隸屬關係，因此兩者屬於一種互不隸屬但又相互聯繫、相互支持的關係。他指出，回歸後，香港的治安管理屬於特區政府自行管理的事務，內地公安機關，包括公安部都不會干預香港特區管理社會治安以及香港警隊的工作。相信香港特區政府完全有能力管理好香港的社會治安。內地公安機關通過國際刑警組織加強與香港警方的合作關係。回歸前，國際刑警香港支局屬英國統轄，但回歸後則歸屬國際刑警中國國家中心局管轄。

8月22日

◆ 董建華會見新聞界人士表示，香港已成功捍衛港元，國際炒家近日在匯市投機中已有所損失而撤退。香港優勝之處在於外匯儲備充裕，跨國炒家不能動搖香港的聯繫匯率，除了有實力之外，還因為香港金融管理局考慮周詳，工作細緻，對國際炒家的舉動瞭如指掌，隨時迅速採取應對措施、壓制他們的任何異動。

◆ 據報道，中國日前正式致函設於瑞士的國際濕地公約秘書長，表示把香港米埔及后海灣一帶的濕地列為中國在該公約下的第七片濕地。

◆ 根據聯合國的指令，香港特區對伊拉克、利比亞、索馬里、利比里亞、盧旺達及安哥拉等六個中亞及非洲國家實施貿易制裁。外交部駐港特派員公署發言人表示，基本法容許特區政府有部分外事權，加上中國內地與香港兩地法律體系不同，因此中央政府決定將具體的執行措施交由特區政府及其有關部門根據情況來決定。1997 年 7 月 16 日，臨時立法會通過《聯合國制裁條例草案》。

◆ 董建華委任新加坡環境發展部環境政策與管理署署長陳丁發出任港府環境問題諮詢委員會委員，任期至 1997 年 12 月 31 日。這是香港特區政府首次邀請外國官員出任特區諮詢架構的成員。

◆ 中華旅行社總經理鄭安國接受電視台訪問時表示，台灣在港機構不會舉行慶祝 "雙十節" 的活動。若其他社團舉辦慶祝活動邀請他參加，只要這些活動不違反香港特區的法例，他不會刻意迴避。

8月23日－8月31日

◆ 財政司司長曾蔭權訪問澳大利亞的悉尼、坎培拉及墨爾本。期間發表演講時指出，香港回歸後在經濟方面的表現，證明了 "一國兩制：兩種貨幣、兩種金融制度、兩個金融監管機構、兩種證券制度、兩個證券市場監管機構" 的構想正在落實。

8月26日

◆ 中國石油天然氣總公司在香港成立全資控股公司 —— 中國石油香港（集團）有限公司。

8月26日－8月31日

◆ 終審法院首席法官李國能、律政司司長梁愛詩首次以香港特區政府代表團名義出席在菲律賓馬尼拉舉行的第十五屆亞太區法律協會會議。期間，李國能還出席亞太區首席法官第七次會議，就司法獨立和判刑等問題進行交流。

8月27日

◆ 特區政府成立後首次賣地，把三幅分別位於淺水灣、沙田和南丫島的政府土地公開拍賣，共得 56.7 億港元收益。

◆ 保安局發言人表示，香港自 1975年開始作為越南難民第一收容港，只是因應當時情況而定，並無簽訂任何國際間的協議文件，更無任何國際認可程序。如果要取消第一收容港政策，便須要修訂《入境條例》中賦予的拘留和遣返越南非法入境者的權力。由於《入境條例》中仍有關於越南難民和非難民的特別處理條款，因此，政府會在檢討政策中考慮是否需要修訂。8 月 20 日，臨時立法會通過動議，促請政府立即遣返所有滯港越南船民及非法入境者，取消英國在香港實行的第一收容港政策，並與越南政府簽訂即捕即解的協議。

◆ 臨時立法會通過《選舉管理委員會條例草案》。政制事務局局長孫明揚提出的部分修訂亦獲通過，其中包括選舉管理委員會的簡稱由 "選委會" 改為 "選管會"，以免與日後的選舉委員會混淆。1997 年 9 月 29 日，特區政府宣佈組成選舉管理委員會，行政長官委任高等法院原訟法庭法官胡國興為主席。

8月28日

◆ 董建華在前總督府宴請港區全國人大代表和港區全國政協委員，姜恩柱應邀出席。董建華在致詞中對港區全國人大代表、全國政協委員為香港和國家作出的貢獻表示感謝和敬意，並希望他們能夠繼續作出貢獻。

◆ 東南亞金融危機惡化，影響香港股市出現恐慌性拋售，銀行同業拆息上升至8.5 厘高位。

◆ 特區政府發言人證實，香港特區政府由 7 月 1 日起，已中止與亞洲生產力組織（Asian Productivity Organization, APO）的一切聯繫。待台灣的名稱問題解決，香港即可繼續參與該組織的活動。香港 1963 年加入該組織。中國不是會員國。29 日，外交部駐港特派員公署發言人說，亞洲生產力組織是一個區域性政府間國際組織。台灣以所謂 "中華民國" 的名義作為該組織成員並參與其活動。1997 年 7 月 1 日以前，香港也是該組織成員。為儘早妥善解決台灣在該組織的地位問題，使香港特區在 7 月 1 日後繼續參與該組織的活動，中國政府曾多次通過外交渠道與該組織磋商，積極提出解決問題的建議。令人遺憾的是，儘管中方作出很大的努力，該組織中的台灣問題迄今未得到妥善的解決，鑒此，自 1997 年 7 月 1 日起，香港特區不得不中止與該組織的一切關係。在台灣問題妥善解決前，香港特區以任何方式參與該組織的活動都是十分困難的，因為，這是涉及國家主權的原則問題。

8 月 30 日

◆ 國務院港澳辦主任廖暉在深圳與香港特區行政長官董建華首次官式會面。會面前，廖暉對記者表示，國務院港澳辦在香港回歸後，職能一定會轉變，除了要扮演好"守門員"外，還要做好"聯絡員"、"服務員"的工作，協助特區政府與中央政府、中央各部門以及各個地方相互間的溝通工作，為特區政府服務，為香港公眾服務。董建華表示，相信這次會面對香港特區將來的發展，對"一國兩制"的落實，對"港人治港"、高度自治的發展一定會有很大的幫助。

9 月 1 日

◆ 首席政府律師歐禮義回應臨時立法會議員提問時說，基本法和特區籌委會關於第一屆立法會產生辦法的規定，對特區第一屆立法會的產生同樣具有約束力。政制事務局副局長伍錫漢說，特區政府

草擬的《立法會條例草案》融合了上述相關規定。臨時立法會法律顧問也同意籌委會有關決定對第一屆立法會的產生具有約束力。

◆ 香港賽馬會董事局主席黃頌顯在馬會周年大會會務報告中表示，董建華已接受邀請出任香港賽馬會名譽會長。

9 月 2 日

◆ 香港特區司法機構發言人表示，香港回歸兩個月來，終審法院共接獲六宗上訴個案，其中五宗涉及上訴許可申請。英國樞密院已經在香港回歸前夕審理所有上訴案件。上述案件並非由英國樞密院轉介。

9 月 3 日

◆ 律政司司長梁愛詩在臨時立法會上表示，基本法的實施和所有新法例推出時一樣，都會出現釋義上的問題，主要是還沒有足夠的案例做指引。基本法並非一條普通本地法例，而是規管特區所有事務的成文憲法，所以，決策局和政府部門要求律政司提供意見的內容，在於如何闡釋及應用基本法。主要是三方面：一是檢討現行政策和法例。目的是確保這些政策和法例符合基本法，假如不符合，就要作出修

訂；二是制訂涉及闡釋基本法條文的新政策和法例；三是處理根據基本法而提出或可能提出的訴訟。

◆ 臨時立法會通過《1997 年香港終審法院（修訂）第 2 號條例草案》。條例新增條款規定，如首席法官因患病或任何原因缺席，而無常任法官有獲委任為首席法官的資格，即使在首席法官之下資歷最高的常任法官沒有獲委任為首席法官的資格，行政長官亦須委任該法官擔任署理首席法官，並在署理期間擁有首席法官的所有權力及職能。條例並規定，常任法官須屬於在外國無居留權的香港特區永久性居民中的中國公民，方有資格獲委任為首席法官。

◆ 保安局局長黎慶寧在臨時立法會表示，囚犯移交過去一直按《歐洲理事會移送被判刑人士公約》執行，只局限於香港和 23 個國家，包括 12 個歐洲國家和美國、加拿大、土耳其。但上述公約是英國延伸至香港適用的，在 7 月 1 日香港回歸後便不適用，目前只是沿用 1997 年 5 月由前立法局通過的《移交被判刑人士條例》的規定。對於第三國家在香港服刑的囚犯在 1997 年 7 月 1 日前要求遣返原居地，當時的法例根本不可行，鑒於港府目前仍未與第三國家達成移交囚犯的雙邊協議，故上述囚犯暫時未能遣返。

◆ 貿易署署長黎年在加拿大出席亞太經合組織本年度第三次高級官員會議期間，出席一個午餐會表示，香港參加世界貿易組織和亞太區經濟合作組織有兩個主要目的，一是增加自由貿易帶來的利益以達致全球貿易自由化；二是維持一個以規則為基礎的多邊貿易制度，這個制度是適應現代商業界的需要而設的。香港會繼續奉行自由貿易政策，繼續參與多邊及區域性貿易組織，努力推動全球貿易自由化。

9月3日－9月6日

◆ 董建華偕夫人董趙洪娉訪問馬來西亞、新加坡。這是他就任行政長官後首次到國外訪問。他此行先後與馬來西亞總理馬哈蒂爾（Mahathir Mohamad）和新加坡總理吳作棟、副總理陳慶炎進行友好會談，介紹了香港回歸後的情況，討論了最近亞洲貨幣波動、新加坡房屋政策特別是如何穩定樓價等問題。還會見了新加坡政府資政李光耀，就金融波動、教育和房屋等問題交換了意見。出席了中國駐馬來西亞大使錢錦昌和駐新加坡大使陳寶鎏舉行的歡迎酒會。訪問了香港駐新加坡經濟貿易辦事處，出席了該辦事處和新加坡中華總商會合辦的午餐會。董建華表示，他首次官式出訪非常成功，收穫不少，有機會會見兩國領導人及經貿界的知名人士，包括他很尊敬的李光耀先生，向他們介紹香港回歸後"一國兩制"落實的情況。

9月4日－9月8日

◆ 財政司司長曾蔭權訪問上海、蘇州及成都，以加強香港與內地在財務、經濟及貿易方面的聯繫。

9月7日－9月11日

◆ 廉政專員任關佩英在秘魯利馬出席第八屆國際反貪污會議期間，反駁世界銀行年報有關香港廉政專員應改為向立法會而非向行政長官負責的建議。指出，現行安排較適合香港的特殊環境和需要。有些地方的反貪機構向立法機關或國會負責，由於政治因素而影響效率。

◆ 英國上議院大法官艾偉儀勳爵（Lord Irvine）訪港五天，分別會見政務司司長陳方安生、終審法院首席法官李國能和民主黨主席李柱銘。李國能表示，艾偉儀已應其邀請，同意選出兩位現任英國上議院法官議員，出任香港終審法院非常任法官。人選將由雙方繼續商討，然後提交香港特區司法人員推薦委員會考慮。他還說，香港特區仍沿用普通法，今後會繼續與其他使用普通法的國家和地區保持聯繫，有需要時也會繼續邀請有關人士出任非常任法官。艾偉儀表示對香港"一國兩制"的成功實踐充滿信心，認為基本法在特區司法獨立的情況下，能使香港達致高度自治的目標。

9月8日

◆ 置地宣佈斥資三億美元重建太古大廈。這是自 1995 年撤離香港股票市場後，怡置系的英資財團在香港的最大投資。

9月8日－9月13日

◆ 董建華偕夫人董趙洪娉訪問美國。會見了美國克林頓總統（Bill Clinton）、奧爾布賴特國務卿（Madeleine Korbel Albright）、塔爾博特副國務卿（Strobe Talbott）、魯賓財政部長（Robert Rubin）和部分國會議員。雙方就相互關心的問題交換了意見。出席中國大使李道豫舉行的歡迎酒會和美國商會舉辦的午餐會並發表演講，還訪問美國國會並與參議院外交事務委員會半數以上參議員會談。董建華表示，克林頓總統、參眾兩院和其他美國朋友都為香港順利回歸感到高興，並向我們表示祝賀。他們都很重視中美關係，包括香港與美國關係的發展。對克林頓通過白宮發言人表示對香港的政制安排及民主發展感到失望，董建華回應說，此乃香港人的事，要由香港人作決定，香港十分重視民主，香港的民主進程會按基本法所訂定的步伐循序漸進地發展。

9月11日

◆ 正在美國訪問的董建華表示，會在一個中國的大前提下，依法處理"雙十節"問題。他說，改稱"雙十節"為"辛亥革命紀念日"，可避免稱呼上認同台灣當局的立場。他相信香港人，包括在香港的台灣機構，都會有一個適當的方法來處理這個問題。

◆ 終審法院進行成立以來的首宗聆訊。由終審法院首席法官李國能、常任法官列顯倫和沈澄組成的上訴委員會開庭聆訊一宗刑事案的上訴申請，經聆訊後申請人梅寶珠的上訴申請未獲批准。律政司刑事檢控專員阮雲道旁聽終審法院首次聆訊後，形容整個聆訊過程十分順利，類似英國樞密院的聆訊過程。

9月12日

◆ 江澤民總書記在中共十五大作政治報告。他在報告中指出，香港回歸後，

"一國兩制"、"港人治港"、高度自治的方針得到切實執行，保持了繁榮穩定的局面。事實必將證明，香港特區政府和香港同胞一定能夠依照基本法治理好香港。

◆ 香港期貨交易所推出紅籌指數期貨及期權。紅籌指數現有 32 隻紅籌成份股。

9月15日

◆ 入境事務處宣佈，已獲全國人大常委會授權，即日起接受外國籍或無國籍人士申請加入中國籍的申請。取得中國國籍後，即有資格申請特區護照。此外，入境事務處也接受已經放棄中國籍的港人申請恢復中國籍。

9月16日

◆ 特區政府在前總督府舉行中秋茶聚。董建華、曾蔭權、梁愛詩等政府官員和香港工會聯合會會長李澤添、新界社團聯會理事長羅叔清，東江縱隊港九獨立大隊聯誼會副會長羅歐鋒等 100 多人出席。董建華致以節日祝賀，對與會愛國人士長期以來為香港回歸和繁榮安定所作貢獻表示崇高敬意，並高度讚揚"新界"抗日老戰士。李澤添、羅叔清在講話中高度評價特區政府和行政長官舉行中秋茶聚，

是對老一輩愛國愛港人士的關懷和尊重。

9月16日－9月18日

◆ 第六屆世界經濟發展年會在香港舉行。年會分為全球電訊高峰會、後勤及分配高峰會、私有電力高峰會、運輸基建高峰會和水供應及廢水處理高峰會等五個部分。這是該年會自 1992 年創辦以來，首次在亞洲舉行。選擇在香港召開，因為適逢香港回歸中國而成為世界焦點。

9月19日

◆ 董建華分別會見來香港參加 1997 年世界銀行和國際貨幣基金組織理事會年會的世界銀行總裁沃爾弗森（James D. Wolfensohn）、澳大利亞財政部長科斯特洛（Peter Costello, 港譯：科斯特羅）和德國聯邦財政部長魏格爾（Theodor Weigel）。董建華會見沃爾弗森時表示，香港獲選為世界銀行年會的舉辦地，不但反映國際間對香港的信心，而且顯示出香港作為國際金融中心的重要地位。

9月20日－9月25日

◆ 第五十二屆世界銀行和國際貨幣基金組織理事會年會在會展中心新翼舉行。9 月 20 日、21 日，國務院總理李鵬、副

總理朱鎔基先後抵達香港出席年會。參加這次年會的有 180 多個國家和地區的部分政府首腦、財政部長、中央銀行行長、金融家、企業家和世界各國媒體人員，共 1.4 萬人。9 月 21 日，李鵬由董建華等特區政府官員陪同，視察葵涌貨櫃碼頭、青衣的青嶼幹綫訪客中心和赤鱲角新機場。9 月 22 日中午，董建華宴請李鵬和朱鎔基，並向他們介紹特區的領導班子，包括司局級官員、行政會議成員。李國能、范徐麗泰、任志剛等在座。李鵬作重要講話。下午，李鵬接見新華通訊社香港分社、外交部駐港特派員公署、解放軍駐港部隊及中資機構負責人，並作重要講話。晚上，李鵬設宴招待出席世界銀行和世界貨幣基金組織年會的理事及其夫人。同日，朱鎔基在世銀年會研討會發表演講。他説，香港特區在中短期內都不會改變 13 年來行之有效的聯繫匯率制度。860 億美元的外匯儲備完全可以捍衛港元的穩定性。9 月 23 日，李鵬、朱鎔基出席第 52 屆世界銀行和國際貨幣基金組織理事會年會開幕式。李鵬以東道國政府首腦身份致詞。董建華和世界銀行總裁沃爾弗森、國際貨幣基金組織總裁米歇爾‧康德蘇（Michel Camdessus）出席開幕式並分別致詞。沃爾弗森致詞時代表與會的

1997 年 9 月 23 日，國務院總理李鵬在世界銀行和國際貨幣基金組織 1997 年度年會開幕式上發表講話。

1997 年 9 月 22 日，國務院副總理朱鎔基來香港出席世界銀行和國際貨幣基金組織 1997 年度年會，在二十一世紀中國經濟發展高級研討會上發表講話。

各國理事，感謝東道主的精心安排和熱情接待。晚上，董建華宴請參加年會的各國和地區代表。

社會與文化權利的國際公約》，並且正在認真研究《公民權利和政治權利國際公約》。"

9月21日

◆ 聯合國貿發會議在香港發表"世界投資報告"。指出，1996年中國吸收外資總額為423億美元，再度成為世界第二大外來投資接收國。1996年亞洲對外投資增長10%，達到470億美元。香港就佔了260億美元，成為亞洲對外直接投資最大來源地。

9月23日

◆ 台灣"財政部"常務次長吳家聲、"中央銀行"副總裁梁成金等14人來香港出席亞太經合會議副部長級會議。

9月24日

◆ 國務院副總理錢其琛在聯合國大會發言表示，香港回歸後的兩個多月來，社會穩定、經濟繁榮，鄧小平"一國兩制"的構想在香港已成為現實，這個事實具有深遠的意義。我們要堅定不移地貫徹"一國兩制"的方針，確保澳門的順利回歸，最終解決台灣問題，實現祖國的和平統一。並說，"中國不久將簽署《經濟、

9月25日

◆ 新華通訊社香港分社社長姜恩柱宴請港區全國人大代表和全國政協委員，介紹中共十五大的基本情況。安子介、霍英東，全國人大常委曾憲梓，全國政協常委莊世平等100多人出席。

◆ 教育署宣佈計劃由1998學年開始，在官立及資助中學實行母語教學。

9月26日

◆ 特區政府憲報公佈，中央政府已委任由行政長官提名的下列主要官員：藍鴻震任民政事務局局長（9月4日就職）。

◆ 姜恩柱宴請香港各界社團負責人。香港主要工商、專業、社會團體和政治團體約40位負責人出席。姜恩柱致詞指出，目前香港社會祥和，經濟保持繁榮，市民和國際投資者對香港前景信心進一步增強。中央政府實行"一國兩制"的決心是堅定不移的，香港同胞在特區政府的領導下，完全能夠自己管理好香港，香港的未來一定會史加美好。

◆ 姜恩柱前往香港工會聯合會，會

見該會及其屬會負責人。讚揚工聯會是一支具有悠久歷史和光榮傳統的工人群眾組織，一貫高舉愛國愛港旗幟，在維護工人權益、支持中國恢復對香港行使主權、實現香港的平穩過渡、維護香港的繁榮穩定，以及支援祖國經濟建設方面作出了重要貢獻。姜恩柱介紹了中共十五大的情況，並希望工聯會進一步團結全港工人群眾，在維護工人權益、參與社會事務、維護香港長期繁榮穩定和支持祖國現代化建設方面發揮更大作用。

◆ 期貨交易所重新推出港元利率期貨，該期貨在 1990 年首次推出時曾因反應冷淡無疾而終。

9月27日－9月28日

◆ 臨時立法會經過 19 個小時的激烈辯論，在 9 月 28 日凌晨通過《立法會條例草案》。該條例按照基本法和特區籌委會有關規定，將原港英最後一屆立法局新增 9 個變相直選的"功能組別"改為間接選舉的功能團體，選民人數由 260 萬減至 18 萬，選舉委員會也由原區議會民選議員 280 多人，改為四大界別各 200 人共 800 人組成。分區直選投票制由"單議席單票制"改為"名單投票制"，按最大餘額方法計算選舉結果，屬比例代表制

的一種。選舉委員會選 10 名議員的投票制則由"單一可轉移制"改為"全票制"，即每名選舉委員須投足 10 名候選人，多於或少於 10 人皆無效。得票最多者當選。有關 3 個部分的選舉安排如下：

分區直接選舉（20 席）：全港分為 5 個選區，每個選區有 3－5 個議席。

功能團體選舉（30 席）：（1）市政局；（2）區域市政局；（3）鄉議局；（4）漁農界；（5）保險界；（6）航運交通界；（7）教育界；（8）法律界；（9）會計界；（10）醫學界；（11）衛生服務界；（12）工程界；（13）建築、測量及都市規劃界；（14）勞工界；（15）社會福利界；（16）地產及建造界；（17）旅遊界；（18）商界（第一）；（19）商界（第二）；（20）工業界（第一）；（21）工業界（第二）；（22）金融界；（23）金融服務界；（24）體育、演藝、文化及出版界；（25）進出口界；（26）紡織及製衣界；（27）批發及零售界；（28）資訊科技界。除勞工界 3 席外，其餘 27 個界別各 1 席。其中，代表專業界別的功能界別，選民由具備已確立和認可資格（包括法定資格）的專業人士組成，每名選民可投一票。代表經濟或社會界別的功能界別，選民一般包括在有關界別內具代表性的主要組織的團體選

民。每個團體選民委任一名獲授權代表在選舉中代表其投票。非中國籍和在外國有居留權的香港特區永久性居民，也可在指定的 12 個功能界別中參選（即上文編號 5、8、9、12、13、16、17、18、20、22、23、25 的功能界別）。功能團體選舉以簡單多數票決定選舉結果，但其中 6 個較小的功能界別（即上文編號 1－6 的功能界別），則採用按選舉次序淘汰的投票制度。

選舉委員會選舉（10 席）：選舉委員會的 800 名委員，由來自四個不同界別的香港特區永久性居民組成，每個界別選出 200 名選舉委員會委員，這四個界別分別是：（1）工商、金融界；（2）專業界；（3）勞工、社會服務、宗教等界；（4）臨時立法會議員、區域性組織代表、香港地區全國人大代表、香港地區全國政協委員的代表。每個界別再分為多個界別分組，各個界別分組以選舉方式選出特定數目的代表，進入選舉委員會。臨時立法會議員和香港地區全國人大代表均為選舉委員會的當然委員，而宗教界界別分組則由指定的宗教團體提名代表加入選舉委員會。

◆ 國務院副總理錢其琛在歡迎海外僑胞、港澳同胞、台灣同胞、外籍華人來京參加中華人民共和國成立四十八周年慶祝活動招待會祝酒時表示，1997 年是中國近現代歷史上輝煌的一年。7 月 1 日，中國政府恢復對香港行使主權，香港特區成立，中華民族盼望已久的願望終於實現了。

◆ 香港特區土地基金信託舉行告別酒會。董建華、姜恩柱、馬毓真等及各界來賓約 500 人出席。土地基金信託受託人陳榮春報告了土地基金信託的業績後說，遵照信託聲明書的規定，土地基金信託受託人將於 9 月 30 日向行政長官提交一份依照香港公認的會計原則編製的結束賬，土地基金信託期就正式宣告終止，受託人也圓滿完成歷史使命。董建華致詞時衷心感謝土地基金信託受託人和各員工多年來的辛勤勞動，並祝賀取得如此驕人的成績，為特區政府和香港市民辦了一件大好事。據土地基金信託投資管理報告顯示，截至 6 月 30 日，基金總資產淨值為 1971 億港元。過去 11 年，累積盈餘達 471 億港元，基金的累積回報率為 167%，同期內消費物價指數累積升幅為 139%，以年度基礎換算，基金回報率比同期通脹率高 1.06%。金融管理局於翌日接掌土地基金管制工作。

9 月 30 日

◆ 新華通訊社香港分社社長姜恩柱在香港《文匯報》發表國慶賀詞。指出香港回歸將為澳門回歸和台灣和平統一起率先垂範作用。將使香港與內地關係更密切，相互支持、共同發展更見成效。也將為國際投資者進入中國市場和中國經濟與世界接軌提供更好機會，香港作為中國經濟與亞太地區乃至世界經濟緊密聯繫的窗口、橋樑和管道作用將進一步增強。

10 月 1 日　國慶日，中華人民共和國 成立四十八周年

◆ 香港特區首次國慶升國旗和區旗的儀式在香港會議展覽中心金紫荊廣場舉行。霍英東、董建華和夫人董趙洪娉、姜恩柱、馬毓真、劉鎮武、李國能、陳方安生、曾蔭權、梁愛詩、范徐麗泰等，以及特區政府其他主要官員、行政會議成員、臨時立法會議員，臨時區域組織和社會團體的代表出席了升旗儀式。

◆ 特區政府首次國慶酒會在香港會議展覽中心新翼大會堂舉行。安子介、霍英東、董建華、姜恩柱、馬毓真、劉鎮武、

李國能、陳方安生、曾蔭權、梁愛詩、鍾士元、范徐麗泰任主禮嘉賓。董建華在酒會上致詞。特區政府其他主要官員、行政會議成員、臨時立法會議員，港區全國人大代表、政協委員，各國駐港領事官員和香港各界人士等約 5000 名嘉賓出席。

10 月 3 日

◆ 九龍總商會成立 50 多年來首次舉行國慶酒會，特邀新華通訊社香港分社九龍辦事處負責人主禮。理事長湯國華致詞時說，香港回歸後的情況足以證明 "一國兩制"、"港人治港" 和高度自治的方針已得到落實。

10 月 6 日

◆ 英文《中國日報》香港版創刊並發表江澤民等國家領導人的題詞。江澤民題詞是："貫徹一國兩制方針，為香港讀者服務"。這是香港回歸後首份內地報章在香港出版發行。

◆ 工商局局長俞宗怡與美國商務部部長戴利（William Daley）簽署戰略物品貿易管制討論記錄。工商局發言人說，這是香港首次建立正式機制，獲取華沙公約有關資料。華沙公約是國際間戰略物品不擴散組織藉以管制戰略物品流通的條約。簽

約國均為發達國家，旨在防止可用於武器發展用途的高新科技產品和技術流入敵對陣營。因公約以國家為單位，香港回歸前一直經由英國貿工部獲取公約有關資料。

書建議制定教育目標和素質指標，設立素質保證機制，採取靈活的撥款安排，提供優質學校教育獎勵，提高校長和教師專業水平。

10月6日－10月9日

◆ 第二十八屆世界貿易中心協會在會展中心新翼舉行年會，1000 多名來自多個國家的該協會會員、經貿代表和官員出席。董建華主持開幕式。對外貿易經濟合作部部長吳儀發表演講表示，香港回歸後，內地和香港經貿關係的性質是中國主體同其單獨關稅區（香港）之間的經貿關係，將視作對外經貿關係處理，兩地經貿往來遵循國際經貿活動的規則和慣例。兩地經貿主管部門是互相尊重、互不干預、互不隸屬的關係。她表示，今後將繼續提高內地與香港經貿合作的層次和水平，維護和鞏固香港國際金融、貿易、航運、信息中心的地位；仍將支持香港作為中國的一個單獨關稅區，積極參與國際經貿活動，在有關多邊和雙邊經貿領域發揮積極有效的作用。

10月7日

◆ 題為《優質學校教育》的教育統籌委員會第七號報告書正式公佈。該報告

10月8日

◆ 董建華在臨時立法會發表首份施政報告，題為《共創香港新紀元》。會後舉行記者會，就房屋、老人、勞工政策和香港與內地、行政與立法關係等回答了記者提問。指出基本法規定今後十年政制發展步伐，很適合香港的情況，循這步伐走，對香港有好處。鼓勵香港年輕一代投身高新技術。

◆ 台灣"行政院大陸委員會"公佈《香港新情勢及台港關係》。稱香港回歸後一切如常，但台港關係有可能在北京施壓下存在相當不確定因素。

10月9日

◆ 高等法院原訟法庭對四宗涉及港人內地所生子女居港權的司法覆核案作出判決，裁定特區政府勝訴。原訟法庭法官祁彥輝指出，根據基本法精神，特區政府絕對有權通過立法設立"居留權證明書"制度，以確定申請來港人士是否擁有居港權，有關人士也必須經內地批准才能

來香港。未確定身份前，特區政府有權將之遣返。並裁定港人內地非婚生子女應同享居港權。特區政府發言人對裁決表示歡迎，但會就婚生與非婚生子女問題尋求法律意見。原訴代表律師則表示會上訴。9月18日，高等法院原訟法庭開庭審理此案。法律援助署選出4宗具代表性案件，涉及5名年齡8－19歲的申請人。一是父親在港居住滿7年的19歲青年徐權能；二是出生前父母未登記結婚，而出生後母親即去世的女童張麗華；三是出生時父親是香港永久居民的女童楊妮妮；四是經常循沙頭角來港探訪父親的姐妹吳嘉玲和吳丹丹。

10月9日－10月10日

◆ 全國人大常委會香港特區基本法委員會第二次會議在北京召開，就基本法委員會運作等問題交換意見，並討論了委員會議事規則。會議期間，田紀雲、王漢斌副委員長和曹志秘書長會見了基本法委員會全體成員。

10月9日－10月15日

◆ 香港股市連續下挫，恒生指數由10月9日的14273點跌至10月15日收市報13384點。

10月10日

◆ 台灣在香港的機構和團體，以"港九文化、新聞、教育、影劇、工商各界慶祝雙十節暨辛亥革命86周年"為名在香港舉行酒會。會場沒有懸掛"青天白日滿地紅"旗。中華旅行社總經理鄭安國主持。朱鳳芝等三名台灣"立委"和"國大代表"湯紹成來香港參加。葉國華應邀出席。此前，光華新聞文化中心主任江素惠在記者會上稱，已與葉國華取得協議，有關活動不再使用"中華民國"稱號，也不懸掛"青天白日滿地紅"旗。

◆ 警務處發言人說，警方共拆除22面"青天白日滿地紅"旗和四面橫額。行政長官特別顧問葉國華、政府發言人、民政事務局局長藍鴻震分別表示，掛旗是個別人士的個別行動。政府處理"雙十"活動的立場是必須符合一個中國的原則和香港法律。相信市民很理解這一原則，改變掛旗的習慣是政治現實。鄭安國表示此前已與特區政府協議1997年"雙十節"不公開掛旗，對警方行動不予置評。

10月11日

◆ 董建華表示，在公眾地方懸掛"青天白日滿地紅"旗，違反一個中國的原則，未獲批准在政府物業上懸掛旗，即屬違法。拆旗行動是他的決定，事前未諮詢中央政府意見。

10月11日－10月15日

◆保安局副局長黃碧兒出席在日內瓦舉行的聯合國難民事務高級專員公署第四十八屆執行委員會會議介紹說，1975年以來，香港收容了20萬尋求庇護的越南人，直接開支超過10億美元。目前仍有1300名越南難民、800名越南船民和1000多名越南非法入境者滯留香港。黃碧兒希望聯合國難民公署繼續在香港執行難民綜合行動計劃，並呼籲各收容國採取積極、寬容的態度，圓滿解決滯留香港多年的最後一批越南難民問題。

10月12日

◆中國電信（香港）有限公司〔後更名為"中國移動（香港）有限公司"〕宣佈，在全球發行新股26億股，其中在香港公開招股1.44億股，每股12.48港元。

10月13日

◆國家主席江澤民在上海會見出席第八屆全國運動會開幕式的董建華，並進行親切交談。

◆金融管理局宣佈，曾蔭權已與中國

銀行、香港上海匯豐銀行和渣打銀行簽訂協議，分別向這三家發鈔銀行出售香港印鈔有限公司已發行的股份255萬股（即10%），相應股值為3050.2232萬港元。根據出售股份條款，三家發鈔銀行將有權分別提名一人進入印鈔公司董事局。1996年4月，香港政府動用外匯基金購入印鈔公司，1997年3月曾出售15%的股份給中國印鈔造幣總公司。

10月13日－10月15日

◆世界經濟論壇1997年東亞經濟高峰會議在香港會議展覽中心舉行。討論東亞國家經濟發展和這些國家與歐美國家之間的貿易關係。50多個國家和地區約1000名政府官員和商界領袖出席。董建華、比利時首相讓－呂克·德阿納（Jean-Luc Dehaene, 港譯：丁漢年）主持酒會和官方晚宴，並發表講話。

10月15日

◆香港自行車選手黃金寶在第八屆全國運動會男子180公里自行車公路賽中勇奪金牌，回到香港後受到熱烈歡迎。

◆民政事務局局長藍鴻震表示，特區政府已開始與外交部駐港特派員公署商討在香港實施國際人權公約的問題。對於有關種族、酷刑、兒童及婦女的四條公約，中國是簽署國，特區政府將通過中央政府繼續向聯合國匯報有關安排。對於另外兩條國際人權公約，藍鴻震引述錢其琛於 9 月 24 日在聯合國大會上發言的有關內容後說，站在香港的立場，他期望中央政府在遞交與香港有關的報告方面能作適當安排。

◆ 據香港《文匯報》報道，民政事務局在回覆臨時立法會民政事務委員會的函件中強調，中國駐海外領事館可提供保障香港特區居民在海外權益的服務。包括：（1）如果香港特區居民在外國被逮捕或拘留，領事館會探望該名人士，按司法程序協助聘用翻譯和律師，協助親屬探望該名人士，以及旁聽法院聆訊；（2）遇到有災難或意外事故，包括空難、海難和交通意外，領事館會派遣領事館人員到現場視察，協助遇難者親屬和當地政府部門處理善後事宜；（3）遇到駐在國出現政治動亂或政局不穩，領事館會儘快聯絡當地香港特區居民，並根據實際情況，把他們轉移到安全地方或協助他們返回香港；（4）香港特區居民身處外地時，如果在經濟上有困難，可向領事館求助，領事館會協助該名居民安排匯款，或指導他該如何調動款項應急。在沒有其他辦法而又符合某些嚴

格準則的例外情況下，領事館會為遇到困難的香港居民，提供須償還的貸款，以助其返回香港；（5）領事館提供的其他服務，包括下列各項：簽發應急旅行證件給遇到困難的人士；提供追查失蹤人士資料；以及在某些情況下，替求助者向當地政府提出申述。如果特區居民在內地遇到困難，特區政府將會把情況轉給內地有關當局。

◆ 特區政府宣佈撥款 730 萬港元，協助解決北朝鮮缺糧問題。賑災基金諮詢委員會批准，分別撥款 320 萬港元給宣明會、300 萬港元給樂施會和 110 萬港元給施達基金會，以援助正面臨嚴重糧荒的北朝鮮。該委員會自 1994 成立以來，已先後撥款 1050 萬港元援助北朝鮮。

10 月 15 日－10 月 17 日

◆ 董建華首次官式訪問日本。此行會見了日本首相橋本龍太郎等四名內閣成員和經團連會長豐田章一郎等經濟界首腦。就自由貿易、自由市場和世界貿易組織等問題交換了意見。

10 月 16 日

◆ 香港與內地跨界大型基建協調委員會（基協會）正式成立並在深圳舉行

第一次會議。該委員會是為接管原中英香港與內地跨境基建協調委員會（ICC）的工作，由特區政府與內地協商，並經國務院批准成立的。該委員會不具備決策職能，將尊重內地和香港對各自基建項目的決策權。會議確認了原 ICC 中英雙方組長簽署的 ICC《工作進展備忘錄》，將在原 ICC 已有的基礎上開展工作。暫設海上航道、道路橋樑、皇崗—落馬洲旅客過境通道、空中交通管制四個專門小組。會議討論和確認了原 ICC 空管專家組與澳葡空管部門簽署的《中國內地、港英、澳葡空中交通管制專家工作組關於珠江三角洲地區飛行程序和空中交通管制問題的諒解備忘錄》和內地、香港特區和澳葡三方在 1997 年 9 月 11 日簽署的有關澳門國際機場進場、離場及復飛程序的諒解備忘錄。有關方面將按照兩個諒解備忘錄的規定儘快組織實施，以使香港新機場可於 1998 年 4 月按期投入營運。

10 月 17 日

◆ 國務院總理李鵬在北京接受埃及《金字塔報》代理總編兼第一主編薩拉邁·阿赫邁德·薩拉邁（Salama Ahmed Salama）採訪時說，香港回歸，雪洗了中華民族的百年恥辱，實現了中國幾代人收回香港的願望，它是中華民族歷史上的一件盛事。香港隨之也掀開了新的歷史篇章，進入了"一國兩制"、"港人治港"、高度自治的新時代。香港的回歸，使中國的統一大業邁出了重要的一步。

◆ 金融管理局發出新修訂的"防止洗黑錢活動"指引，進一步加強及確立向客戶查證身份的要求，以防止不法分子利用銀行體系及金融機構進行洗黑錢活動，確保香港能繼續符合國際金融特別行動組的要求。

◆ 司法部、國家工商行政管理局發出《關於外國、香港律師事務所辦事處辦理駐在期限延期手續的通知》。

10 月 19 日－10 月 20 日

◆ 香港特區行政長官董建華訪問比利時和歐洲議會。10 月 20 日，董建華分別會見比利時首相呂克·德阿納（Jean-Luc Dehaene, 港譯：丁漢年）和歐洲議會副議長大衛·馬丁（David Martin, 港譯：韋馬田）、歐洲委員會主席桑特（Jacques Santer），就歐港合作、支持中國加入世貿組織等問題交換意見。董建華出席香港 / 歐盟－歐盟 / 香港經濟合作委員會第一次全體會議。晚上，董建華在香港貿發局舉辦的首屆歐洲周年晚宴上發表演講時表示，600 多家歐洲公司在香港開設地區總部或辦事處，五萬多歐洲人在香港居住。港歐之間的商務旅行和旅遊業十分活躍，每年均有超過 10% 的增幅。1996 年有 30 多萬香港人赴歐盟國家旅遊，約有160 萬歐盟旅客來香港旅遊。鑒於所有歐盟國家的公民來港均獲豁免簽證，因此呼籲歐盟國家同樣給予香港特區護照持有人免簽證待遇。

10 月 21 日－10 月 23 日

◆香港特區行政長官董建華首次訪問英國。分別與英國首相布萊爾（港譯：貝理雅）和外交大臣庫克（港譯：郭偉邦）會面。出席中國大使馬振崗舉辦的歡迎酒會。向參加酒會的英國前首相撒切爾（Thatcher Margaret Hilda, 港譯：戴卓爾）夫人、前港督麥理浩（Sir Murray MacLehose）、衛奕信（Sir David Wilson）和英國華僑等介紹了香港回歸後四個月的情況。並在倫敦恰特姆院皇家國際研究所發表演講表示，要使"一國兩制"成功，香港必須遵循一個中國的原則。"我們是中國的一部分。我們不能，也不應該做那些不符合中國長遠利益的事。香港絕對不能允許成為顛覆中國的基地。"香港回歸四個月以來，沒有任何迹

象顯示其高度自治遭到破壞。基本法保障了香港將繼續奉行普通法系統以及司法獨立。香港已放下歷史的包袱，順利回歸中國。期望步入新紀元後，香港和英國之間的關係會更為密切。

10 月 22 日

◆經濟局副局長關永華在臨時立法會表示，解放軍（包括駐港部隊）的軍機，若於香港國際機場起降、停泊，無需繳費。這與香港回歸前對英國軍機的安排並無分別。

10 月 23 日

◆曾蔭權表示，政府有決心捍衛港元和聯繫匯率。他透露，國際炒家已於日前抵港，在拋空港元和大幅吸納美元後再進行補倉，導致市場出現波動。特區政府能夠成功控制港元匯價，並會利用高息率來對付炒賣活動。決定採取如下措施：（1）土地基金入市吸納藍籌股；（2）外匯基金入市吸納港元，並向個別港元不足的銀行收取懲罰性高息；（3）匯豐、渣打、恒生等三家銀行率先提高最優惠利率。

◆港股受國際炒家狙擊港元、息口趨升、外國基金洗倉的影響，恒生指數由17 日 13601.01 點跌至 10426.30 點，4

天共下挫 3174.71 點，市值損失達 9100 億港元。

◆ 匯豐、恒生、渣打和中銀宣佈，最優惠利率由 8.75 厘提升至 9.5 厘。

10 月 24 日

◆ 江澤民在北京會見美國駐京新聞機構負責人表示，包括香港在內的中國經濟是穩定的，相信任何一個有理性的投資者都不會因為一時的股市波動而對中國的經濟發展，包括香港的經濟發展失去信心。

◆ 中國人民銀行發言人在接受香港記者查詢時表示，港元如果受到狙擊，特區政府又提出要求，中央政府一定會做出回應，並且由相關部門提供協助。

10 月 25 日－10 月 29 日

◆ 第一批原國家領導人訪港。他們是原全國政協副主席馬文瑞、汪鋒，原北京市委第一書記段君毅。

10 月 26 日

◆ 民主民生協進會宣佈成為政黨。主席馮檢基在慶祝民協成立十一周年聚餐會致詞稱：民協正式立黨後將繼續捍衛基層權益，其組織架構將有所改變，大會之下的執委及評議會會改為中委及中常委。

10 月 28 日

◆ 董建華出席行政會議後表示，今次股市波動，是國際股市、外圍股市下跌後的一個反映，政府不應插手干預。他與財政司司長都認為，炒家已基本上離開，香港經濟基礎很好，香港本身有能力應付，不需要中央協助。曾蔭權也強調，股市現在只是臨時性的波動，市民不需要擔心；並說 “我們永遠都不會停市”。

◆ 受美國股市狂跌影響，恒生指數急挫 1438 點，收市報 9059 點。為有史以來最大單日點數跌幅。

◆ 工商局副局長宣佈，香港特區政府將捐款 125 萬美元（約合 975 萬港元）予世界貿易組織託管基金，為較次先進經濟體系提供與貿易有關的技術支援。

10 月 29 日

◆ 恒指大幅反彈 1705.41 點，收市報 10765.3 點。為有史以來最大單日點數升幅。

◆ 曾蔭權在臨時立法會動議辯論施政報告的發言中指出，香港實施的貨幣發行局制度使港元匯價不易受到投機活動影響，也可確保任何對港元的投機均不會得逞。最近股市經歷的急劇調整非政府所願見到，但政府絕不應為了緩解短期痛楚而犧牲香港經濟的長遠利益。

◆ 保安局局長黎慶寧在臨時立法會以書面回覆議員提問時表示，截至 1997 年 9 月 30 日，入境事務處共接獲 31.3932 萬份香港特區護照的申請，與特區政府籌備製作時估計的數字相若。同時，入境事務處已處理 19.1615 萬宗（61%）申請。他說，現在已有 44 個國家給予香港特區護照持有人免簽證入境待遇。

◆ 臨時立法會以 30 票贊成、14 票反對，廢除或修訂前立法局通過的三條勞工法例的有關內容。即廢除《1997 年僱傭（修訂）（第四號）條例》中"僱員遭歧視性解僱可獲得各種民事補救"和《僱員代表權、諮詢權及集體談判權條例》中"香港實行集體談判制度"內容；修訂《1997 年職工會（修訂）（第二號）條例》，恢復本地職工會須先獲行政長官批准，才可與外地工人組織、僱主組織及有關的專業組織建立聯繫，但上述條文並不適用於本地職工會與內地及台灣機構的聯繫，以及職工會經費不能作政治用途等限制的內容。

◆ 臨時立法會通過繼續凍結《1997 年香港人權法案（修訂）條例》三個月。7 月 16 日，臨時立法會曾通過暫時終止實施該條例。

◆ 姜恩柱接受中通社記者訪問表示：新華通訊社香港分社自 1947 年成立至今已有 50 年的歷史。長期以來，香港分社為促進香港與內地的交流與合作，密切聯繫香港各階層人士，為實現香港的政權順利交接和平穩過渡做了大量工作。香港回歸祖國後，中國政府對香港實行"一國兩制"、"港人治港"、高度自治的方針。新華通訊社香港分社對原有職能進行適當調整。新華通訊社香港分社不干預香港特別行政區自治範圍內的事務。新華通訊社香港分社作為中央授權的工作機構，負責聯繫內地駐港中資機構，促進香港特別行政區與內地經貿、科技、教育、文化等領域的交流，廣泛聯繫香港各階層人士，處理港台往來的有關事務等。

◆ 國際評級機構穆迪投資宣佈，已把香港銀行評級前景由穩定改為負面。特區政府發言人就此作出回應："穆迪的評論反映出全球和地區金融市場最近的波動所造成較為困難的經營環境。儘管如此，香港的銀行業仍然資本雄厚和強勁。"中國外交部發言人在記者會上回答記者有關提問時說，香港經濟基礎穩固，金融管理有方，外匯儲備豐厚，這是中國的基本評估。因此評級結果並非大問題，中央對香港的前景仍感樂觀。

◆ 香港《快報》報道：保安局局長黎慶寧表示，"過境耕作證"制度始於 1898 年，英國強租"新界"時，一些原屬內地居民的耕地，也被劃入當時的香港邊界內。為了讓這批內地居民正常進行農業耕作，當局特許他們無須每日辦理正式出入境手續進入邊界。此慣例沿用至 20 世紀 70 年代末，由於被利用作非法入境用途而終止，至 1981 年恢復。持證農民只准在指定的出入境關卡過境，要在每日下午 6 時前返回內地，並只准前往邊境禁區和五個傳統墟鎮。持證人如被發現違反條款，會被視為非法入境者而遭拘捕和遣返。在 1997 年截至 9 月，持證人違反耕作證條款或犯法的有 16 宗，而過去三年的數目為：1994 年 92 宗；1995 年 23 宗；1996 年 41 宗。

10 月 31 日

◆ 政制事務局局長孫明揚就區域組織改組問題諮詢區議會主席意見。說該局有兩個方案：一是橫合，即兩個市政局合併，18 個區議會簡化至 5、6 個區議會；二是縱合（又稱"三合一方案"），即是取消兩個市政局，18 個區議曾則依然簡化至 5、6 個區議會。

◆ 從 10 月 3 日至 10 月 31 日，香港恒生指數共下跌 4505 點。

10 月 31 日－11 月 2 日

◆ 董建華會見歐洲議會代表團時表示，香港特區第一屆立法會選舉將是民主、公平和開放的，但不需要外國組織派觀察員來監察選舉情況。

11 月 1 日

◆ 八屆全國人大常委會第二十八次會議通過香港特區第九屆全國人大代表選舉會議成員名單，共 424 人。全國人大常委會辦公廳負責人表示，這是香港特區第一次作為單獨選舉單位選舉全國人大代表。法律依據是憲法、香港基本法和 1997 年 3 月 14 日由八屆全國人大五次會議通過的香港特區選舉第九屆全國人大代表的辦法。選舉由全國人大常委會主持，全國人大常委會已委託曹志秘書長負責這次選舉工作。該負責人還表示，港區全國人大代表可依照基本法的規定，依法參加提出修改基本法的議案，參加選舉委員會選舉行政長官和立法會部分議員，但沒有監督香港特區政府的職責。香港特區應選第九屆全國人大代表 36 名。參選者必須以個人身份參選，不代表任何黨派或團體。

◆ 律政司出版《香港法例》活頁版第13A 期，這是香港特區成立後首次印行的活頁版。梁愛詩在該期的〈前言〉中指出，從這一期起，《中華人民共和國憲法》和《中華人民共和國香港特別行政區基本法》作為"憲法類文件""編入第 1 冊，並列印於所有其他法例之前，以彰顯其重要性"。香港回歸以前，《英皇制誥》、《皇室訓令》等英國"憲法類文件"載於《香港法例》活頁版附錄內。

◆ 教育統籌局發言人指出，國際勞工公約經修改的第 87 號有關結社自由及保護組織權利的公約和第 98 號有關組織權利和集體談判權利的公約，先後於 1963年、1975 年適用於香港，該局定期向國際勞工組織匯報香港執行這兩條公約和其他公約的情況。公約沒有要求政府要強制執行集體勞工談判，故香港並沒有違反適用於香港的國際勞工公約。

11 月 2 日

◆ 財政司司長曾蔭權出席一公開活動時表示，特區政府從最近的金融投機事件中吸取了經驗教訓，現正進行內部檢討，研究在技術層面捍衛港元匯率。並稱特區政府現時採用的措施是正確的，不能跟其他東南亞國家那樣，容許港元貶值。維持聯繫匯率是必要的，不單是香港政府的既定政策，更加是香港經濟利益所在。

◆ 香港工會聯合會理事長鄭耀棠在該會第三十屆會員代表大會工作報告中指出，工聯會絕不會將一些勞工問題國際化、政治化，損害香港勞工權益。該會要求特區政府立法保障並力爭工會應擁有的集體談判權、罷工權和自由參加工會權益，但不支持原立法局通過的集體談判權等勞工條例，因為這些法例根本不利於工會團結和爭取合理權益，作為一個負責任的工會是決不能接受的。

11 月 3 日

◆ 國務院總理李鵬在北京會見以趙世光主席為首的香港船東會訪問團時表示，根據基本法，香港特區將保持現行的航運經營和管理體制。香港作為自由港和航運中心的地位必將進一步加強，希望香港航運界與內地航運界的合作取得更大成果。交通部部長黃鎮東會見訪問團時，重申香港作為華南地區航運中心的重要性，並支持香港作為亞洲地區航運中心的地位。11 月 4 日，海協會常務副會長唐樹備會見該團時，對趙世光 1997 年上半年受海協會委託，完成了與台灣有關團體協商解決香港回歸後港台海運的有關事宜表示肯定與感謝。

◆ 國務院副總理錢其琛接受幾家新聞機構記者採訪時透露，日前舉行的中美兩國最高級會晤中並沒有談及香港問題。並在分析近來香港金融波動對香港及內地的影響時指出，香港的經濟基礎是好的，是穩定的，香港有着良好的發展前景。香港的股市發生了一些波動，這是一種正常的、也是經常會出現的情況，與香港回歸沒有什麼直接關係。經過一段時間的波動，這種情況會得到穩定。

◆ 香港英商會行政董事夏偉邦（Christopher Hammerbeck）出席一個午餐會後表示，香港英商在回歸後沒受到歧視或妨礙，跟以前沒有兩樣，依然獲得各方的協助。並引述一項調查說，超過九成在香港的英國公司會繼續留港發展，近八成將在香港擴展業務。但在香港經商的經營成本愈來愈高，為吸引外資，特區政府應該考慮降低利得稅和物業價格。他用"三贏"來形容英國商家在香港未來的發展，認為中國、香港特區和英國都能從中得益。

11月5日

◆ 由 12 位臨時立法會的獨立議員組成的"早餐派"決定，日後運作要更趨組織化和一致化。設立發言人制度，投票取向也力求達成共識。召集人李家祥公佈了"早餐派"各政策負責人名單。

11月6日

◆ 全國工商聯八屆一次執委會選舉香港工商界人士曾憲梓、鄭裕彤為名譽副主席，郭炳湘、伍淑清為副主席。

◆ 衛生福利局發表《香港中醫中藥發展》諮詢文件，建議透過立法程序，成立由行政長官委任的中醫藥管理委員會，負責規管中醫、中藥工作。中醫規管方面建議成立中醫註冊制度並設立統一註冊考試。中藥規管方面建議先規管毒性或烈性中藥材，訂定包裝、標籤、儲存和銷售的規管措施，再以牌照形式規管中成藥製造商、進出口及批發商、零售商和炮製商。進而推行中藥註冊制度並研究中藥配劑人員的規管制度。

11月7日

◆ 國際貨幣基金組織代表團結束對香港經濟的每年經常性回顧與檢討，並發表聲明指出：香港的現行經濟政策架構，包括聯繫匯率制度、審慎的理財政策、嚴謹監督金融業以及對生產要素市場採取不干預政策，能有效和靈活抵禦香港市場面對的外來壓力。贊同香港特區政府處理東南亞金融風暴的手法，並支持港元繼續與美元掛鈎。

◆ 梁愛詩在澳門"珠江三角洲法律大會"發表演講表示，香港大律師公會現正草擬解除對外國律師執業歧視性限制的具體建議。可為以服務為本的本地經濟體系提供高素質的法律服務，維護香港作為法律服務重要國際中心的地位。資料顯示，香港目前有 413 名外國律師和 53 間外國律師行註冊。這些外國律師來自 16 個司法區，其中 26 名律師在內地考取資格。有 9 間由外國和本地律師行合辦的註冊聯營組織。

11 月 10 日－11 月 11 日

◆ 港基國際銀行連續兩天被存戶提走 16 億港元，但仍有流動資金 56 億港元。董建華、曾蔭權均表示，香港銀行機制十分穩健，外匯基金會支持港基國際銀行。阿拉伯巴林金融管理局也發表聲明，表示將給阿拉伯銀行和香港港基國際銀行全力支持及信心。

11 月 10 日－11 月 12 日

◆ 港區九屆全國人大代表選舉會議召開第一次全體會議。推選產生由馬臨、安子介、莊世平、李祖澤、查濟民、鍾士元、徐四民、梁振英、董建華、譚耀宗、霍英東等 11 人為主席團成員。主席團推選董建華為常務主席。會議通過《香港特別行政區選舉第九屆全國人民代表大會代表的具體辦法》和《香港特別行政區第九屆全國人民代表大會代表選舉會議成員守則》。

11 月 13 日－11 月 28 日

◆ 港區九屆全國人大代表候選人提名期。16 天內共有 139 位人士領取了參選人登記表，其中 72 人交回了有 10 名或以上選舉會議成員聯合提名的表格，準備競逐港區全國人大代表的 36 個席位。姜恩柱第一個交回參選人登記表，並表示，他參選是貫徹"一國兩制"的方針和維護香港的繁榮穩定，並沒有角色上的衝突。

11 月 14 日

◆ 特區政府憲報刊登行政長官會同行政會議《宣佈令》，1998 年 1 月 1 日起實施。規定第一屆立法會選舉設五個地方選區：香港島包括中西區、灣仔、東區、南區，設四個議席；九龍西包括油尖旺、深水埗、九龍城，設三個議席；九龍東包括黃大仙、觀塘，設三個議席；新界西包括荃灣、屯門、元朗、葵青、離島，設五個議席；新界東包括北區、大埔、沙田、西貢，設五個議席。

◆ 財政司司長曾蔭權和金融管理局總裁任志剛、財經事務局局長許仕仁，與十位在大學研究經濟金融問題的學者討論聯繫匯率、捍衛港元、貨幣制度和打擊國際炒家等問題。

◆ 臨時立法會主席范徐麗泰否決李家祥議員涉及政治體制的提案。她指出，該提案要求更改立法會選舉社會福利界功能界別組成，只讓註冊社工在該功能界別內投票的條文，涉及政治體制，須受《臨時立法會議事規則》的限制。

11 月 15 日

◆ 國務院總理李鵬在日本接受《每日新聞》等報刊記者聯合採訪時表示，金融危機雖然衝擊了香港，但香港的情況是好的，港元與美元的聯繫匯率穩定。"如果特區政府認為需要的話，中央政府不會不採取更多的支持和措施"。

11 月 17 日

◆ 第二批原國家領導人訪問香港。他們是原中央顧問委員會常務委員李德生、

原全國政協副主席王恩茂、原最高人民檢察院檢察長劉復之、原中央紀律檢查委員會第二書記王鶴壽。

◆ 公務員事務局發出通告，規定除所有首長級人員、政務主任、新聞主任、警務人員等四類公務員不應參加 1998 年立法會選舉的選舉委員會、全國人大代表選舉會議和參選港區全國人大代表外，其他公務員只要職務沒有引致實際或潛在的利益衝突，便可參選港區全國人大代表和立法會議員。

11 月 18 日

◆ 行政會議通過決議，從 1999 年起，將 5 月 1 日國際勞動節及農曆四月初八佛誕訂為公眾假期。

◆ 公務員培訓處官員表示，繼推出五套自學課程《中國共產黨》、《中國政治及行政體制》、《基本法》、《中國經濟改革及對外開放》、《中國公務員制度》之後，特區政府計劃再推出四套新課程。其中《中國法律及司法制度》可在 1997 年面世，《粵港全接觸》、《中國教育制度》和《中國國防及保安制度》將在 1998 至 1999 年出版。

11月19日

◆財政司司長曾蔭權接受英國《金融時報》專訪時表示，在恒生指數五天內下跌近 1/4 的那個星期，港元聯繫匯率能安然渡過是"首次真實的考驗"。中國政府嚴格遵守"一國兩制"承諾，"那一整個星期，並無收到任何電話、傳真或指示。"

◆特區政府於股災後首次推出兩幅官地拍賣。該兩幅地皮均以高出市場預期近兩成的價格售出，分別為 2.21 億港元和 2.76 億港元。

11月20日

◆八佰伴（香港）公司發表聲明宣佈，由於無力償還債務，其全資附屬公司八佰伴（香港）百貨有限公司已向高等法院申請自動清盤，其在香港和澳門共十家店舖全部結業，約 2800 名員工失業。這是香港百貨業最大一次遣散員工事件。

9 月 17 日，日本零售百貨公司八佰伴在日本申請破產保護。其同系在香港上市的五家公司八佰伴國際、八佰伴香港、八佰伴飲食、八佰伴食品及歡樂天地也宣佈停業。

11月22日

◆國務院副總理錢其琛在加拿大出席亞太經合組織（APEC）部長級會議回答記者提問時指出，APEC 的成員中有主權國家，也有地區經濟體，主權國家來舉辦這樣的國際性活動對各方面都是很方便的。在 APEC 的成員中間，除了中華人民共和國，還有中國香港，中國台北，他認為如果中國台北要舉行這樣的會議是"有困難的"。

◆中國外交部發言人表示，中國尚不是《公民權利和政治權利國際公約》和《經濟、社會與文化權利的國際公約》的締約國，但為充分體現"一國兩制"原則，中國政府將向聯合國有關機構提供這兩個公約的有關規定在香港特區的執行情況，以便使人權公約機構及國際社會更好地瞭解香港特區的人權狀況。董建華表示，這個安排充分反映中央政府全面落實"一國兩制"的決心，也顯示中央樂意靈活處理與特區有關的事務，務求全面照顧特區的實際需要。他深信中央政府的安排會受到香港廣大市民的歡迎。特區政府政務司司長陳方安生表示，兩條公約在香港執行情況的報告將由特區政府撰寫，經外交部駐港特派員公署送中國常駐聯合國代表團提交。

◆香港《文匯報》報道，工業署轄下的香港實驗所代表香港簽署一相互認可協議。根據協議，澳大利亞、中國香港、新西蘭、新加坡、中華台北和美國這六個亞太區經濟合作組織成員各自所屬的實驗所認可機構，可就任何一方所批核的測試報告和校正證書予以認可。

11月22日－11月27日

◆董建華赴加拿大溫哥華出席亞太經合組織（APEC）經濟首腦會議。同來參加會議的江澤民會見董建華。董建華匯報了香港發展情況。江澤民重申中央貫徹落實"一國兩制"的決心，並關心特區政府對金融風波的處理，表示高度信任董建華為首的特區政府，對香港的未來充滿信心。董建華分別與加拿大總理克雷蒂安（Jean Chretien）和新西蘭總理博爾傑（James Bolger, 港譯：博爾格）會晤，討論了香港回歸後的情況和亞洲金融危機，對香港和亞洲發展前景表示樂觀。董建華還在一個午餐會發表演講並會見了加拿大香港移民代表。

11月23日

◆歐洲聯盟駐港辦事處總監駱一德（Etinne Reuter）對傳媒表示，香港住有6萬名來自15個歐盟成員國的人士，進軍中國市場是他們的主要目標。他們對香港的情況感到滿意，對香港的前景十分樂觀。他說，這次金融危機是亞洲的不是香港的，並稱讚特區政府處理手法十分恰當，北京政府也沒有作出干預，充分顯示了香港的高度自治。並強調香港有必要維繫聯繫匯率制度。但也關注香港愈來愈高昂的經營成本問題。

11月24日

◆規劃環境局局長梁寶榮在一研討會上說，政府已成立新的批地委員會，取代原中英土地委員會的工作。一是制定批地計劃，二是監察政府對五年批地計劃的執行情況，以確保香港政府每年有充足的土地供應。梁寶榮為該委員會主席。

◆台灣"內政部警政署入出境管理局"宣佈，1998年3月1日起將大幅放寬港澳專業人士到台規定，一次可獲批三年入台證，期間入出境次數最多可達30次。

11月26日

◆中國常駐聯合國代表秦華孫在聯合國總部會見了聯合國秘書長安南（Kofi Annan），向他通報中國將向聯合國有關機構提供兩個國際人權公約有關規定在香港特區的執行情況。

◆ 新任英國駐港總領事貝恩德（Andrew Burns）抵港履新，接替鄺富邵（Francis Cornish）。

11月27日

◆ 國務院總理李鵬會見海外香港團體負責人訪問團時說，希望移居海外的所有香港人能為香港長期繁榮穩定作貢獻。該團成員來自美國、加拿大、澳大利亞和新西蘭四國的40多個團體和組織，大多是20世紀70−80年代移居海外的香港人。

◆ 新華通訊社香港分社副社長張浚生代表文化部，向香港邵氏影業公司董事長邵逸夫和香港南豐集團董事長陳廷驊頒授"文化交流貢獻獎"。這是國家首次為褒揚支持中國文化藝術發展的人士而特設的最高榮譽獎項。

◆ 英國前外交大臣赫德（Douglas Richard Hurd, 港譯：韓達德）率領金融界代表團在香港出席一個午餐會時表示，香港特區政府獨立處理金融風暴，顯示"一國兩制"運作良好。

◆ 民主黨成員張炳良、涂謹申、何俊仁召開記者會宣佈，因無法取得足夠提名而退出港區九屆全國人大代表選舉。11月13日，他們三人曾領取了全國人大代表參選登記表。

11月27日−11月28日

◆ 世界工程組織聯合會大會在香港舉行。30多個國家的150位工程師出席。香港中文大學前校長高錕教授獲頒發1995年度卓越工程獎，以表揚他在光纖軟件上的貢獻。

11月28日

◆ 中國人民解放軍駐港部隊千餘名士兵，經皇崗口岸進入香港。這是駐港部隊自1997年7月1日開始在港履行防務職責以來首次補充士兵進港。11月24日，第一批服役期滿的士兵退役離港。

◆ 香港總商會香港台北經貿合作委員會主席、臨時立法會議員鄭明訓等26人赴台，出席台港經貿合作交流研討會，並簽署了合作協議備忘錄。

11月30日

◆ 特區政府宣佈，委任吳光正為醫院管理局主席，任期兩年。

11月30日−12月2日

◆ 財政司司長曾蔭權赴馬來西亞吉隆

坡出席東盟各國和地區財長會議，討論區內維持金融市場穩定的新合作模式。

12月1日

◆ 國家主席江澤民接受墨西哥記者訪問時説，根據"一國兩制"、"港人治港"、高度自治的方針，中央政府不干預依法屬於香港特區自治範圍內的事務，香港的經濟運營是由香港特區政府管理的。香港實行聯繫匯率制度，中央政府是支持的。香港與祖國內地的經濟關係十分密切，內地的經濟持續穩定發展，可以為香港經濟發展提供重要的保證。如果香港特區政府認為有需要，中央政府是會支持的。

◆ 港區九屆全國人大代表選舉會議主席團舉行第三次會議，常務主席董建華主持。會議匯總了代表候選人的提名情況，確認代表候選人提名時間內領取並送交參選人登記表的 74 人中，72 人符合《香港特別行政區第九屆全國人民代表大會代表具體選舉辦法》中關於代表候選人的規定，被提名為港區九屆全國人大代表候選人。2 人未獲得法定提名人數。由於代表候選人數超過了 54 名，根據上述具體選舉辦法的規定，12 月 6 日上午將舉行全體會議進行預選，確定正式代表候選人。

◆ 美國傳統基金會副總裁兼年報編輯金·荷姆斯博士（Kim Holmes）和道瓊斯公司計劃及發展副總裁哥頓·高維斯（Gordon Crovitz）率領由該基金和《華爾街日報》組成的高層代表團訪港，向董建華遞交了該基金會發表的《1998 年經濟自由指數報告》。報告認為香港繼續是全球最自由的經濟體系。荷姆斯在記者會上説，這主要是因為香港政權移交後，政府經濟政策未變，聯繫匯率保證了貨幣穩定。董建華表示，香港連續四年成為全球最自由的經濟體系，1997 年再度獲此榮譽，説明世界確認了香港的經濟結構在回歸祖國後仍維持不變。

12月1日－12月3日

◆ 第四屆海峽兩岸及港澳新聞研討會在香港舉行。陳方安生出席並發表演講指出，特區成立 153 天以來，市民生活如常，政府運作有效，輿論對政府的監察並沒有鬆懈，示威遊行沒有減少，新聞界依然生氣蓬勃，百花齊放，與 1997 年 7 月 1 日前並無分別。台"中國新聞學會"理事長楚崧秋、副理事長成嘉玲和"中央社"副總編輯張榮恭等 28 人組成台灣代表團參加研討會。

◆ 第二屆國際金融中心研討會在香港

舉行。主題是研討亞洲金融中心的改革、轉型、聯合和 21 世紀的競爭與挑戰。

12 月 2 日

◆ 香港證券學院成立，鄭維健為學院董事局主席。

◆ 港日、日港經濟合作委員會第二十次全體會議在香港舉行。董建華宴請全體與會人員，並與日本外務大臣小淵惠三分別致函祝賀。香港特區政府財經事務局局長許仕仁介紹香港經濟最新發展形勢和聯繫匯率機制的正面效應。會議公報指出，日方代表認為香港順利回歸中國是可喜的，並有信心香港經濟將繼續穩步發展。各成員均認為，香港與中國內地的緊密聯繫，加上香港的低稅率、自由貿易及高透明度的商業政策，為希望到中國內地和香港拓展業務及投資的日本公司提供了發展機會。

12 月 2 日－12 月 3 日

◆ 中英聯合聯絡小組第 41 次會議在北京釣魚台國賓館舉行。這是香港回歸後首次會議。會後舉行記者招待會。中方首席代表王桂生指出，中英聯合聯絡小組的使命已基本完成。今後的主要任務是解決聯合聯絡小組於 1997 年 7 月 1 日香港回歸以前遺留下的問題和落實中英達成的有關協議中出現的新問題。並指出，中方對越南難民、船民滯港問題未能在 1997 年 7 月 1 日前徹底解決表示遺憾，英方對此問題的完全、徹底解決負有責任。英方首席代表包雅倫（Alan Paul）表示，香港特區政府已經有一個良好的開端，港人繼續享有以前的權利和自由。英方對 "一國兩制" 和基本法在香港的執行情況感到滿意，對中國政府堅決貫徹遵守聯合聲明和基本法表示讚賞。並稱目前滯港越南難民和船民大約還有 1200 人，英方仍保持繼續提供幫助的態度。

12 月 3 日

◆ 董建華在前總督府舉行酒會歡迎 "香港向全球旅遊業致敬" 活動的代表。該活動由香港旅遊協會主辦，旨在推廣香港為亞洲其中一個理想的旅遊勝地，22 個國家和地區共 200 多名旅遊業代表參加。

◆ 金融管理局宣佈與中國人民銀行深圳分行達成協議，設立聯合結算機制，加快處理由香港銀行作為付款人，並在深圳存兌的港幣支票。

◆ 大福行地產代理公司清盤，成為樓市低潮中首家結業的中型地產公司，200

多名員工失業。

12月3日－12月4日

◆ 美國專責人權、民主、勞工權利事務的助理國務卿沙特克（John Shattuck）來港進行官式訪問，瞭解香港在回歸後的人權狀況，為他在 1998 年 1 月底向國會提交人權報告做準備。沙特克與董建華和部分行政會議成員會面時表示，他對香港回歸後自由生活方式基本不變感到欣慰。他希望見到香港加快民主進程，並稱特區政府對顛覆罪立法必須極度審慎，切勿演變為以言入罪。沙特克還會見了李柱銘、韓東方、劉慧卿等人。

12月3日－12月5日

◆ 中國人民解放軍駐港部隊首次派出 30 名觀察員出席由特區民航處統籌在香港舉行的港美聯合周年搜索拯救演習。美國軍方派出具反潛艇功能的軍機參與演習。

12月4日

◆ 董建華表示，特區未來的人權報告經中央政府呈交給聯合國，是中央政府支持香港落實"一國兩制"的一個例子。他強調，香港現在享受的人權可以媲美全世界任何地方。

◆ 中國科學院和中國工程院宣佈新增 174 位院士中，有香港大學陳清泉教授。他是香港特區今年首位新當選的中國工程院院士。

◆ 美國人權組織"人權監察"發表全球人權報告，在 12 月 10 日國際人權日前夕，對 65 個國家的 1997 年人權狀況加以評估。報告指出，中國仍履行承諾，並無干預香港特區政府。香港回歸後，至今未有大規模鎮壓及禁止示威的活動，也沒有示威者被拘捕。

12月5日

◆ 政府憲報公佈，行政長官已委任司徒冕為高等法院上訴法庭法官；袁家寧、貝珊為高等法院原訟法庭法官。1997 年 12 月 1 日起生效。

12月6日

◆ 港區九屆全國人大代表選舉會議舉行第四次全體會議，到會的 410 位選舉會議成員以無記名投票方式，選出 54 位正式代表候選人。

12月6日－12月11日

◆ 第三批原國家領導人訪港。他們

是原全國人大常委會副委員長葉飛、廖漢生，原全國政協副主席楊成武，原最高人民法院院長鄭天翔。

12月8日

◆ 港區九屆全國人大代表選舉在香港舉行。到會的 419 位選舉會議成員以無記名投票方式，選出 36 位港區九屆全國人大代表。姜恩柱以 397 票最高票當選。選舉會議主席團隨後舉行會議。常務主席董建華致詞說，這次選舉是貫徹執行"一國兩制"的高度體現，也是一次成功的實踐。我代表選舉會議主席團，也代表香港特別行政區，熱烈祝賀 36 位人士當選為港區九屆全國人大代表。

◆ 全國人大常委會秘書長曹志代表全國人大常委會對選舉工作的圓滿完成表示祝賀。並說選舉結果將報全國人大常委會代表資格審查委員會，由其向人大常委會提交報告，確認代表資格後公佈代表名單。12月9日，他分別宴請港區九屆全國人大代表當選人和部分八屆全國人大代表。

◆ 房屋委員會通過"租者置其屋計劃"，鼓勵公屋租戶以市值的 12% 購買所住單位。12月12日，房屋署公佈首批出售的六個公共屋邨，售價由最低的 6.25 萬港元至最高 34.03 萬港元。

12月9日

◆ 國際評級公司標準普爾就 50 個國家的金融體系作分析，劃為五級風險程度，評估各國在經濟衰退最惡劣時金融體系因問題貸款而承受的壓力，香港及中國內地分別評為第二級和第五級。

◆ 正在香港訪問的日本駐中國大使佐藤嘉恭出席香港日本文化協會主辦的午餐會，在演講中祝賀香港回歸，稱之為令 1997 年"永久載入史冊"的大事，並希望香港今後仍成為日本對中國經濟交流的"大門"。

12月9日－12月11日

◆ 行政長官董建華赴北京述職。江澤民主席、李鵬總理分別聽取董建華匯報香港特區經濟、金融和社會民生情況和發展，並作重要講話。這是特區成立後行政長官首次述職。朱鎔基、錢其琛副總理也分別會見了董建華。國務院港澳辦主任廖暉與董建華進行工作會談。董建華向新聞界介紹述職情況時說，中央領導人對特區的發展及特區政府各方面的運作表示滿意，對特區政府的辦事能力作了高度評價，並對金融風暴的處理方式表示支持。

中央領導支持特區政府在北京設立辦事處，1998 年第一季度將籌備有關事宜。他表示，首次赴京述職充分體現 "一國兩制" 得到了落實。中央領導不干預特區的具體事務，但對特區的工作卻很關心。

12 月 10 日

◆ 工業署和中小型企業委員會合辦的 "中小型企業日" 開幕。曾蔭權主持開幕禮並指出，中小企業佔香港製造業和服務業總數的 98%，共超過 28 萬家。這些企業為香港工人提供了不少的就業機會，約佔全港工作人口的 60%。他認為香港高自由度的經濟環境，以及政府所提供的支援和協助，使香港成為一個中小型企業營運和發展非常理想的地方。署理行政長官陳方安生指出，政府成立的中小型企業委員會在 1998 年將向臨時立法會財務委員會申請撥款，推行 "信貸保證試驗計劃"，幫助中小型企業申請銀行貸款，應付出口貨物付運前的開支。

12 月 12 日

◆ 朱鎔基會見赴京訪問的香港聯合交易所主席利漢釗。重申人民幣只有升值問題絕無貶值壓力，高度讚揚香港聯交所和金融管理局在金融風暴問題上的處理措施，希望香港聯交所能協助中國證監會開展《證券法》的起草工作。

◆ 特區政府憲報公佈，行政長官已延長鮑偉華的高等法院上訴法庭法官的任期（1997 年 12 月 4 日－1999 年 5 月 4 日）。

12 月 14 日

◆ 瑞士駐香港總領事寶樂夫（Bodenmuller Rolf）接受記者專訪時表示，香港回歸以來的形勢 "比當初人們預想的要好得多"。中國政府確實履行了諾言，"一國兩制" 方針在香港得到了充分的貫徹，香港特區確實享有高度自治。並說，現在有 200 家瑞士公司在港開展業務，1997 年首十個月，瑞士對香港的出口比去年同期增長了 20%，從香港的進口增長了 10% 以上。香港會比亞洲其他國家更快地從這次金融風波中恢復過來。

12 月 15 日

◆ 國務院發出關於香港特別行政區的簡稱及在全國行政區劃中排列順序的通知。

◆ 民建聯主席曾鈺成在民建聯特別會員大會及第六次周年會員大會工作報告中說，回歸前夕，民建聯的成員 40 多人參加了特區第一屆政府推選委員會，10人當選為臨立會議員，並有市政局議員7人、區域市政局議員5人、區議員51人。特區成立後，他們全部獲行政長官委任為臨時區域組織議員，另有19人被增加委任為臨時區域組織議員。1997年9月由於劉江華議員的加入，民建聯的臨時立法會議員增至11名。現在民建聯共有各級議員87名。他表示，民建聯的使命從回歸前努力保障平穩過渡，轉變為回歸後積極參與特區建設。既不是政府黨，也不當反對黨。將一如既往，以基層利益為重，不會走一切着眼於選民眼前利益的媚眾路綫。

12月15日－12月18日

◆ 英國皇家海軍驅逐艦"諾丁漢"號訪港。這是香港回歸後首艘英國軍艦訪港。

12月16日

◆ 特區政府頒發《法援政策檢討》諮詢文件，諮詢期至1998年3月16日。主要內容為：（1）放寬法援計劃申請者入息的計算方法，使更多中低層家庭受惠；（2）援助範圍也由目前的40%－55%擴大為47%－61%。這將導致每年法律費用開支增加800萬港元，人手開支增加約110萬港元；（3）現在標準法律援助計劃和法律援助輔助計劃的經費限額保持不變（分別為16.97萬港元和47.16萬港元），每兩年調整一次；（4）改善現行標準法援計劃的訟費分擔級別。由目前經濟能力不超過8.6萬港元者不須分擔訟費、經濟能力於8.6萬港元－16.97萬港元之間者按比例分擔，最高分擔率43%，改為所有受助人均須分擔案件訟費，經濟能力在6萬港元以下者須象徵性付500港元－2000港元，經濟能力好的按比例最高分擔25%。並指出，只要申請人符合經濟狀況審查，不論其為何種居留身份，均可獲得以公帑資助的法援服務。法律援助署署長陳樹瑛表示，為應付可能增加的法援個案，政府已成立跨部門小組，研究加強訟費及案件進度的監察工作。該署也會加強訴訟組人手，減少外判案件的數目，應付可能增加的法援個案。

◆ 恒生指數服務公司宣佈中國電信（香港）有限公司和上海實業（集團）有限公司從1998年1月27日起加入恒指成份股，同日剔除信德集團和南華早報公司。

12 月 17 日

◆ 八屆全國人大常委會委員長會議聽取全國人大常委會秘書長曹志關於港區九屆全國人大代表選舉工作的匯報。曹志說，選舉以憲法、香港基本法和香港特區選舉第九屆全國人大代表辦法為依據，貫徹"一國兩制"的方針，自始至終發揚民主，嚴格依法辦事。在公開、公平、公正的原則下，選舉工作進行得順利、圓滿。

12 月 17 日－12 月 18 日

◆ "文物與教育"國際研究會在香港舉行。董建華和國家文物局局長張文彬及內地、港澳、亞太地區多個國家和聯合國教科文組織等學者約 50 人出席。董建華致詞時表示，面對香港回歸祖國的歷史性轉變，港人需要對國家歷史、民族文化增加認識、培養感情，從而提高愛國意識，增進民族感情。

12 月 18 日

◆ 國務院副總理錢其琛接受《人民日報》記者採訪時說，8 月中旬以來，東南亞金融危機波及香港，股市大幅度波動，港元也遭受衝擊。由於特區政府採取了有力措施，加之香港外匯儲備充足，金融監管成熟，財政政策穩健，基本經濟要素狀況良好，國際社會依然看好香港。我們對香港前景始終充滿信心。中央政府和全國人民始終是特區政府和香港同胞的堅強後盾。香港一定能夠繼續保持自由港和國際金融、貿易、航運中心的地位，保持長期繁榮穩定。

◆ 終審法院成立以來首次審理上訴案件。五名主審法官是終審法院的首席法官李國能，常任法官列顯倫、沈澄和非常任法官、上訴法庭副庭長馬天敏、英國上議院大法官顧安國。

◆ 據香港《文匯報》報道，中文大學地理講座教授、香港亞太研究所所長楊汝萬教授獲任命為聯合國教科文組織之國際科學諮詢委員會的成員。這是獲邀加入該委員會的首位香港學者。

◆ 中國駐聯合國常任代表秦華孫與巴拿馬共和國常駐聯合國代表萊昂納多（Leonardo A. Kam Binns, 港譯：萊昂納多·甘）在紐約中國駐聯合國代表團駐地簽署協定，巴拿馬駐香港經濟貿易臨時辦事處改為巴拿馬駐香港經濟貿易辦事處。

12 月 19 日

◆ 世界貿易組織公佈 1996 年世界貿易排行榜。香港特區貨物貿易出口排名第九位，貨物貿易進口排名第七位，服務貿易出口排名第九位。

◆ 個人資料私隱專員公署公佈《身份證號碼及其他身份代號實務守則》。規定除法定許可機構如政府及經公署核准機構，以及在涉及國防、國際關係、稅務、防止罪案及偵查情況外，不能強求他人提供身份證號碼及身份證副本。並規定，資料使用者為保障所持有或傳送的身份證副本的安全，應實施嚴密的保安措施：一是在身份證副本上加上"副本"的字眼，橫跨整個身份證的圖像；二是身份證副本為機密文件；三是採取步驟以確保傳送去的身份證副本只由擬接收者收取，例如使用加密法、機密電子郵箱、查閱密碼或用指定的傳真機收取機密資料等措施。個人資料私隱專員劉嘉敏稱，守則的所有規定將由 1998 年 6 月 19 日起實施，但資料使用者不得向個人發出表面上印有身份證號碼的證件（例如職員證）的規定則由 1998 年 12 月 19 日起才實施。資料使用者亦不應將身份證號碼連同持證人的姓名一同公開展示，例如市民簽名行動及公佈抽獎者，不得有名字與身份證號碼並列的情況。守則雖無法定效力，但使用資料者如沒有遵從守則規定被投訴，經調查投訴屬實後，又不聽勸告，最高可被罰款五萬港元及入獄半年。

12月20日

◆ 外交部駐港特派員公署特派員馬毓真接受記者專訪時說，在中央政府和外交部領導下，半年來，該公署協助特區政府的代表作為中國政府代表團的成員參加了近 30 個國際會議；向特區政府轉交了中央給特區政府的多項授權書；同意特區政府在六個領域中與 30 多個國家談判 40 多個雙邊協定的文本；向特區政府提供適用於香港的 200 多個國際條約的清單，並幫助特區政府解決涉及國際權利和義務方面的法律問題；協助特區政府實施聯合國安理會的 11 項制裁決議；協助特區政府組織世界銀行年會和國際貨幣基金組織年會的籌備工作；在接待外國元首訪問香港和特區政府領導人出訪方面給予配合和支援。還積極配合中國駐外使領館，與特區政府有關部門密切聯繫合作，協助處理了七起較大的涉及香港居民利益、生命安全的突發性事件，如金邊空難、菲律賓遊船翻船案、香港漁船被菲律賓和日本扣留案，以及金邊軍事衝突等；此外，還處理了 90 餘起其他領事保護案件。

12月21日

◆ 民主民生協進會選出新一屆中央委員會 17 人，馮檢基任主席。馮檢基表示，民協繼續走基層路綫和對中方"又傾又砌"（"既接觸，又批評"）政策，並準備參加首屆立法會九龍西分區直選和市政局選舉委員會選舉。

12月22日

◆ 據媒體報道，警務處統計公佈，回歸後警務人員流失數字大降，7－11月有349人，為1997年上半年（回歸前）的一半，創1993年以來的新低。1993－1994年有1093人，1994－1995年有1005人，1995－1996年有1087人，1996－1997年有984人，1997年1－6月有638人。

12月23日－12月29日

◆ 中國人民解放軍總參謀長傅全有上將率中央軍委檢查組抵達香港，檢查駐港部隊工作。傅全有說，工作組到駐港部隊檢查工作，充分體現了中共中央、中央軍委對駐港部隊的高度重視和親切關懷。部隊進駐香港半年來，堅持講政治、抓根本、打基礎；堅決貫徹基本法、駐軍法，官兵精神振奮、士氣高昂，戰備訓練落實，管理教育嚴格，後勤、技術保障有力，各項工作協調發展，實現了"開好頭、起好步、樹好形象"的要求。駐港部

隊一定要高標準、高質量地加強全面建設，紮紮實實抓好各項工作，做到不辱使命，不負重託，維護香港長期繁榮和穩定。他在港期間會見了董建華，走訪了新華通訊社香港分社、外交部駐港特派員公署和中英聯合聯絡小組中方代表處等單位。

12月23日－12月31日

◆ 受H5N1禽流感影響，香港由12月23日起停止進口內地活雞。12月28日，漁農處宣佈長沙灣家禽批發市場及元朗一個雞場為疫區。12月29－31日，特區政府銷毀全港約150萬隻雞禽。

12月26日

◆ 香港特區的四項科技成果獲國家自然科學獎。這是1989年以來香港獲得國家科技獎勵最多的一次。

12月28日

◆ 國際奧林匹克委員會主席薩馬蘭奇（Juan Antonio Samaranch）來港出席香港奧委會舉辦的回歸杯足球賽時聲明，香港以後出席奧運會及其他國際性的賽事，都必須冠上"中國"兩字，即"中國香港"，而香港奧委會則易名為"中國香港

中華人民共和國外交部駐香港特別行政區特派員公
署按照香港特別行政區基本法關於中央人民政府負
責與香港特別行政區有關的外交事務的規定履行職
責。圖為位於香港中環堅尼地道 42 號的外交部駐港
特派員公署辦公大樓。

奧委會”，香港仍以獨立地位出席這些賽事。在回歸杯足球賽上，20 多名國際足球明星組成世界明星隊與亞洲明星隊進行比賽。

◆ 保安局副局長方志偉接受訪問時指出，1997 年香港移民外地人數為 3.09 萬人，比 1996 年的 4.03 萬人減少超過 20%，是十年以來新低。1988－1995 年這一數字分別為：4 萬人、4.2 萬人、6.2 萬人、6 萬人、6.6 萬人、5.8 萬人、6.16 萬人和 4.31 萬人。由於申請 “良民證” 的數字也下降 50%，當局預測 1998 年移民人數將進一步下降。

12 月 29 日

◆ 中華旅行社宣佈，自 1998 年 1 月 1 日起開辦簽發 “快證服務”。凡因特殊事故急需赴台灣的香港居民，均可檢附證明，利用此一服務申請 “台灣入出境證”，台灣 “入出境管理局” 可在七天內核發，較通常的兩星期縮短一半時間。

12 月 31 日

◆ 江澤民發表 1998 年新年講話。指出，1997 年是中國發展歷史上非常重要的、很不平凡的一年。中國政府順利恢復對香港行使主權，並按照 “一國兩制”、

“港人治港”、高度自治的方針保持香港的繁榮穩定。

◆ 特區政府宣佈，委任梁錦松為教育統籌委員會主席，鄭維健為大學教育資助委員會主席，1998 年 4 月 1 日起生效。

1998年 ....

1月1日　元旦

◆ 國家主席江澤民在全國政協新年茶話會發表重要講話。指出，要在"一國兩制"、"港人治港"、高度自治方針的指導下，繼續保持香港的繁榮穩定；要積極做好澳門回歸的各項準備工作。

1月2日

◆ 國務院副總理錢其琛結束對中東和南非的訪問後，途經香港返回北京。在香港短暫停留期間，會見了董建華和政府主要官員、行政會議成員。錢其琛表示，香港回歸後的六個月，總體情況穩定，金融體系健康。他預期內地經濟於 1998 年將保持良好的、健康的增長速度，這對香港將是有利和重要的支持。姜恩柱、馬毓真等會見時在座。

◆ 香港土地發展公司公佈一項重建計劃。該公司主席劉華森表示，在未來七年將動用超過 800 億港元，在深水埗等十個地區推行 26 個重建項目，大約 3.8 萬人及 500 多幢樓宇受影響。

1月4日

◆ 特區政府宣佈，延長職業訓練局主席楊啟彥的任期，至 1999 年 12 月 31 日。

1月4日－1月5日

◆ 原國家主席楊尚昆訪問香港。

1月5日

◆ 新華通訊社香港分社社長姜恩柱設宴歡迎來香港參加邵逸夫第 11 次向內地教育贈款儀式的國家教委和內地教育界代表團。並對邵逸夫贈款興學表示最誠摯的感謝。

1月5日－1月7日

◆ 政務司司長陳方安生訪問北京。國務院副總理錢其琛會見陳方安生，並作重要講話。陳方安生還與國務院港澳辦主任廖暉、副主任王鳳超，公安部部長陶駟駒、部長助理朱恩濤，全國人大常委會秘書長曹志，外交部副部長王英凡等會面。

1月6日

◆ 行政長官會同行政會議作出取消香港為第一收容港的決定。臨時立法會各政治團體均支持特區政府的決定。

◆ 特區政府決定撤回修改原立法局通過的限制公屋加租條例，執行每三年加租一次，加租後租金不會超過住戶入息中位數 10% 的規定。全港 60 萬個租戶將會延遲加租一年。

◆ 英國外交大臣庫克在英國國會外交事務委員會上說："中國看來真的試圖對聯合聲明及基本法作出可敬的詮釋，並且遵守交接政權的有關條款。"

1月7日

◆ 署理政制事務局局長葉文輝回答臨時立法會議員提問時表示，港台兩地的商務和其他民間交流向來十分暢順，而且已有行政長官特別顧問葉國華負責非官方的聯繫，特區政府沒有需要建立更多與台灣溝通的渠道。

1月8日

◆ 基本法推廣督導委員會在政府總部舉行首次會議，研究今後的工作部署。會議確定了推介的主要對象，決定每兩個月舉行一次例會，並建議將基本法列為中小學課程。1月2日，特區政府宣佈成立基本法推廣督導委員會，委任陳方安生為主席、高苕華為副主席。

◆ 特區政府公佈《香港特別行政區排名表》，取代原港英政府有殖民色彩的排名表，作為在進行官方活動或儀式時的禮賓安排之用。特區政府發言人解釋，這種安排體現了基本法中規定的行政主導原則。

◆ 香港《天天日報》報道，教育統籌局自 1994 年推出"輸入中國專才試驗計劃"以來，已輸入 597 名有關人員。其中貿易為輸入內地專才最多的行業，共 148 人，其餘依次為建造業、製造業。

1月11日－1月25日

◆ 政務司司長陳方安生率領由香港特區政府官員和工商界領袖組成的高層代表團訪問美國和加拿大，以"香港新紀元、新機會"為主題開展貿易推廣活動，介紹香港的最新經濟和政治發展。並在多個城市發表演講。

1月12日

◆ 李鵬在北京會見英國貿易與工業大臣貝嘉晴（Margaret Backett）一行時說，香港問題的解決為中英合作提供了新的機遇，只要雙方遵循"相互尊重、平等互利"的原則，在交往中努力排除因意識形態差異而造成的干擾和障礙，中英在經貿等領域的關係就會得到發展。並指出，中國對香港保持長期的繁榮穩定充滿信心。希望英國企業為香港的經濟發展繼續作出貢獻，並相信這些企業在香港的合法權益一定會受到保護。

◆ 香港回歸後首個法律年度開啟典

禮在愛丁堡廣場和大會堂舉行。李國能、梁愛詩分別致詞，大律師公會主席余若薇致詞。典禮取消了回歸前必備的宗教儀式，並將檢閱三軍儀仗隊改為檢閱警察儀仗隊。

◆ 董建華通過國務院港澳辦致函河北省張家口市人民政府，對該市遭遇地震災害表示深切的問候。特區政府通過香港紅十字會為災區提供 600 萬港元賑濟款。中國紅十字會總會對此表示感謝。

◆ 香港最大華資證券公司百富勤宣佈清盤。董建華指出，百富勤事件對香港金融體系不會造成太大影響。他呼籲市民投資股市要冷靜，並強調，特區政府有決心、有能力維持聯繫匯率制度。這一政策絕不改變，否則會給香港金融、財經市場帶來混亂。

1 月 14 日

◆ 國務院副總理朱鎔基在全國銀行、保險、證券系統行長（經理）會議上指出，在亞洲金融風波中，香港特區政府及時採取有力措施，從總體上保持了經濟和金融的穩定。香港具有較合理的經濟結構、嚴格的金融監管制度和充足的外匯儲備，擁有抵禦金融風險的足夠能力。中國經濟的持續、快速、健康發展，為香港經濟的繁榮穩定提供了強有力的基礎。中國政府支持香港特區政府為穩定金融市場所採取的各項措施，包括保持港元的聯繫匯率制度，並對香港金融和經濟的前景充滿信心。

◆ 經濟局局長葉澍堃在臨時立法會上表示，有必要擴大港口發展局的職權範圍，增強協調能力，以鞏固香港國際航運中心的地位。他認為，在香港註冊的船隻從 600 多艘下降至目前的 488 艘。主要原因是回歸前船東擔心在香港註冊的船隻不能往來台灣，但自船東協會與台灣達成協議後，在香港註冊船隻的噸位已趨穩定。特區政府正與航運界研究減低收費，以吸引更多船隻在香港註冊，進一步促進香港航運業的發展。

◆ 台灣 "陸委會" 主委張京育主持召開 "港澳會報"，"內政部" 等相關部會副首長及代表、"海基會" 副秘書長張良任和台灣在港澳的機構的負責人出席。會議認為，未來台港之間在共同利益下，應建立 "更制度化的關係架構、更正式的溝通管道、更完整的機構功能、更便利的交流程序、更健全的解決問題機制"，可 "由擴大民間交流及較非政治性的專業技術交流，增進彼此的互信，以達成建立更完整的台港關係之目標"。

◆ 訪問香港的美國副財政部長羅蘭士‧薩默斯（Lawrence Summers）會見董建華時表示，將派一名財政部代表常駐美國駐港領事館，處理財經等事宜。香港是繼東京後首個作如此安排的地區。

◆ 歐洲委員會決定將給予香港、韓國及新加坡三地產品的普及特惠稅制優惠資格的期限，由原定 1998 年 1 月 1 日延長至 1998 年 5 月 1 日。歐盟駐香港辦事處總監駱一德表示，有關決定是要避免過分影響相互間的交流和延續性。

1 月 15 日

◆ 行政長官董建華出席臨時立法會答問大會發表講話，並就社會普遍關注的經濟發展、禽流感事件和母語教學等問題回答了議員提問。

◆ 財政司司長曾蔭權在官邸會晤主要大地產商，商討救市大計。新世界發展鄭裕彤、長江實業李澤鉅、恒基地產李兆基、新鴻基地產郭炳湘、信和置業黃志祥、中信泰富榮智健、鷹君集團羅嘉瑞及會德豐吳光正等出席了會晤。

◆ 特區政府宣佈，計劃動用 220 億港元，於 2007 年建成由港島經北大嶼山連接新界西北的 10 號幹綫，以應付該地區 2011 年達到 140 萬人口的交通需求。

◆ 姜恩柱在新華通訊社香港分社赤柱招待所宴請香港新聞界高層行政人員，32 位香港主要媒體負責人出席。姜恩柱致詞說，香港新聞工作者的敬業樂業精神，不但得到香港社會的褒揚，也得到其他地方人士的稱讚，我對大家的這種精神表示欽佩。香港在董建華為首的特區政府的領導下，正在努力地克服一個個困難，順利地邁向新旅程。我們對香港的前景充滿信心。

◆ 香港歐盟商會宣佈成立。該會由在香港的奧地利、比利時、英國、丹麥、荷蘭、法國、芬蘭、德國、西班牙、瑞典等國的商會，以及德國工商代表處聯合組成。

1 月 16 日

◆ 規劃環境地政局局長梁寶榮宣佈，特區政府決定取消出售添馬艦填海用地的計劃，在該地興建新的政府總部。

◆ 文康廣播局局長周德熙宣佈，特區政府修改香港現行衛星電視廣播政策，撤銷外資擁有權不逾 49% 的限制。

◆ 第一屆立法會選舉的選民登記活動結束。政制事務局副局長葉文輝表示，目前地方選區選民總人數估計達 277 萬人，約佔全港合資格選民的 70%，成績比 1995 年的 257 萬人為佳。功能界別方面，已登記團體及個人選民達 13 萬人，約佔功能界別合資格選民的 50%。

◆ 政府憲報公佈，行政長官已委任李啟新、賀輔明為終審法院其他普通法適用地區法官（1998 年 1 月 12 日－2001 年 1 月 11 日）。

1 月 19 日

◆ 諾貝爾經濟學獎獲得者默頓·米勒（Merton Miller）訪問香港。董建華、任志剛先後會見默頓·米勒，分別就非利率的捍衛聯繫匯率辦法、高息和發行結構票據等問題交換了意見。

◆ 入境事務處宣佈，1 月 26 日起，簽發以訪客身份入境的多次入境許可證，以方便台灣地區的中國居民來香港。該許可證持有人，可入境逗留 14 天。

1 月 20 日

◆ 國家主席江澤民在中南海會見英國外交大臣庫克時表示，香港回歸祖國以後保持了繁榮與穩定的良好局面，經受住了包括東南亞金融危機衝擊在內的種種考驗。中英兩國關係也呈現出改善和發展的良好勢頭，這一局面來之不易，值得我們共同珍惜。

◆ 董建華接受香港《明報》記者專訪時表示，在目前政治環境下，政府沒有必要實行"部長制"，也無意重組行政會議。

◆ 特區政府宣佈，向香港電訊支付 67 億港元，作為提早在 1998 年 3 月 31 日終止該公司國際電話服務牌照專營權的賠償。該牌照期限原定於 2006 年 10 月屆滿。

◆ 董建華會見剛從中國內地訪問後到港的英國外交大臣庫克，就亞洲金融風波、越南船民和香港最近的發展交換了意見。庫克訪港期間還分別會見了民主黨、自由黨和民建聯的負責人。

◆ 英國外交部向英國會提交第二份香港報告書，就香港"主權移交"後半年來的發展和中英聯合聲明的落實情況作了系統評估。英國政府對於香港"主權移交"以來，中國政府給予聯合聲明的尊重感到鼓舞。英國將繼續密切注視香港未來的發展情況。

1 月 21 日

◆ 中國人民解放軍駐港部隊司令員劉鎮武訪問香港特區警務處警察總部。

◆ 日本政府任命現任亞洲局審議官的槙田邦彥在 2 月 27 日出任日本駐港總領事。

1 月 22 日

◆ 據國家海關總署最新信息，世界貿易組織排出 1997 年全球十大貿易國家和地區名次。中國香港排名第七，全年進出口總值為 3973 億美元。

◆ 金融管理局公佈，連同土地基金在內，香港於 1997 年 12 月底的官方外幣資產為 928 億美元。香港外匯儲備名列世界第三，僅次於日本和中國內地。

1 月 23 日

◆ 中國人民政治協商會議第九屆全國委員會公佈 2196 名委員的名單。"特邀香港人士"界別共有 115 人，其中由第八屆全國政協委員連任的有 93 人，新任委員 22 人。其他界別中還有近 30 位香港居民和現居香港的人士。

◆ 臨時立法會議員鄭耀棠、李啟明及勞工顧問委員會的六名委員約見董建華，反映建造業工人所面對的困境，要求特區政府暫時擱置輸入建造業勞工。董建華向他們表示，在輸入勞工問題上，政府會充分考慮公眾意見、經濟氣候和勞工狀況等因素。

1 月 26 日

◆ 香港特區政府公佈行政長官授勳及嘉獎制度，以嘉獎致力服務香港、功勳卓越和行為英勇的人士。該制度為：（1）大紫荊勳章。這是香港特區政府所頒授的最高勳章，以表彰對香港有極大貢獻和長期為香港服務的人士，符合上述條件的人士，不分國籍、種族、年齡、性別，都有機會獲得，而有刑事案底人士也不會排除於受勳之外。預計大紫荊勳章，每年約有 5－10 位人士獲得；（2）紫荊星章。分為：金紫荊星章、銀紫荊星章和銅紫荊星章；（3）榮譽勳章；（4）英勇勳章。分為：金英勇勳章、銀英勇勳章和銅英勇勳章；（5）行政長官獎狀。分為：行政長官公共服務獎狀和行政長官社區服務獎狀。副行政署長余志穩透露，特區政府將在一個月內成立一個評審委員會，負責向行政長官推薦擬嘉獎人士。委員會由政務司司長任主席，成員為財政司司長、兩名行政會議成員、公務員敍用委員會主席和兩名社會人士。社會各界均可向該委員會推薦人選，委員會研究後報行政長官批准，每年 7 月 1 日公佈。頒授儀式將在前總督府舉行。

◆ 高等法院原訟法庭裁定，經修訂的入境條例限制居留權申請人在出生時其父或母必須成為香港永久性居民，違反了基本法有關條文。律政司決定就這項裁決提出上訴。

1月28日

◆ 姜恩柱接受香港《紫荊》雜誌專訪表示，新華通訊社香港分社與廣大香港市民風雨同舟半個多世紀，與社會各界已建立起廣泛的聯繫，在溝通香港與內地，反映香港各階層人士的意見和建議、維護香港同胞的利益以及為香港平穩過渡和順利回歸方面做了大量工作。如今，新華通訊社香港分社作為中央授權的工作機構，將堅決貫徹執行中央指示，認真地履行自己的職責，支持特區政府依照基本法施政，決不干預特區高度自治範圍內的事務。

2月2日

◆ 董建華在前總督府舉行新春酒會，各界人士 400 多人出席。安子介、霍英東、姜恩柱、馬毓真、劉鎮武等應邀出席。

2月6日

◆ 政府憲報公佈，行政長官已委任阮雲道為高等法院原訟法庭法官，1998 年2月4日起生效。

2月7日

◆ 香港恢復進口內地活雞。2月 28 日，恢復進口內地鴨鵝。3月底完全恢復由內地進口活鴨鵝水禽。

2月9日

◆ 新華通訊社香港分社在香港會議展覽中心大會堂舉行新春酒會。安子介、霍英東、董建華、姜恩柱、馬毓真等香港各界 4000 多位嘉賓出席。姜恩柱致詞。

2月10日－2月14日

◆ 全國人大常委會委員長喬石及夫人郁文訪問香港。分別會見了董建華、政府主要官員、行政會議成員、臨時立法會議員、中央駐港機構及中資機構負責人，港區第八屆及第九屆全國人大代表，以及香港回歸前後在全國人大及其常委會所設機構任職的 13 名社會知名人士，並發表重要講話。參觀了前總督府、會展中心新翼、金紫荊廣場、中銀大廈、貨櫃碼頭、青馬大橋、新機場客運大樓等。喬石表示，對香港特區成立後的總體表現，中央是滿意的。

2月11日

◆ 文康廣播局改為資訊科技廣播局。

2月12日

◆ 董建華主持召開策略發展委員會第一次會議，就可能影響香港前景的長遠課題進行研究。會後董建華表示，會議開得很好，委員們提出了很好的意見。該委員會於 1998 年 1 月 16 日成立，行政長官為主席。今後將每六至八周開一次會議。

◆ 第一屆香港資訊基建博覽會及研討會在香港會議展覽中心開幕。董建華主持開幕式並致詞指出，這是香港首次舉行以資訊基建為主題的活動，也展現了香港推動事物的特有方式，即由私營機構主導，政府從旁協助。他表示，資訊新紀元所帶來的種種挑戰與機會，其影響之巨，正如百多年前的工業革命和今日現代電訊所開創的新局面一般令人矚目，整個香港社會都需要意識到新紀元已經來臨，並且做好準備掌握信息。

2月12日－2月15日

◆ 臨時立法會議員代表團訪問新加坡。會見了新加坡國會議長、律政司、主管工業貿易及金融的官員和新加坡議會友好小組成員及香港駐新加坡經濟貿易辦事處的官員。這是臨時立法會首次組團訪問外國。

2月13日

◆ 香港《文匯報》報道，賑災基金諮詢委員會批准撥款 260 萬港元予香港樂施會、350 萬港元予香港世界宣明會，緊急救援內地青海省雪災災民。

2月14日

◆ 董建華在香港電台的"特區年代"節目中發表首份"特首家書"。這份"家書"是以給其在紐約的妹妹董亦平覆信的形式發出的。他表示，如何應付亞洲金融危機給香港經濟帶來的影響，是他與他的同事們近數月來最重要的工作。他希望港人發揮一貫的積極進取精神應付挑戰，而政府對於紓解民困也是責無旁貸的。

◆ 房屋局發表題為"建屋安民：邁向 21 世紀"的長遠房屋策略白皮書。提出以下長遠目標：由 1999 年至 2000 年度開始，每年興建不少於 85000 個公營和私營房屋單位，以滿足香港市民未來的住屋需求；在 2007 年年底前，全港七成家庭擁有自置居所；以及在 2005 年年底前，將輪候租住公屋的平均時間縮短至三年。

2月15日

◆ 第四批原國家領導人訪問香港。

他們是：原國務院副總理兼國防部長張愛萍、原中共中央軍委常委陳錫聯、原國防部副部長蕭克和原中共中央軍委秘書長楊白冰。

2月16日

◆ 入境事務處發言人證實，赴澳門的台灣旅客"可向中國外交部澳門簽證處申請48小時過境香港前往第三地的簽注"。

2月17日－2月20日

◆ 終審法院首席法官李國能和高等法院首席法官陳兆愷、司法機構政務長戴婉瑩等應最高人民法院院長任建新的邀請，訪問北京。錢其琛會見李國能、陳兆愷，並作重要講話。任建新、最高人民檢察院檢察長張思卿以及廖暉、曹志和全國人大常委會法工委副主任喬曉陽、司法部部長蕭揚也分別會見了李國能一行。任建新說，李國能首席法官的訪問是香港回歸後特區法院與內地法院的第一次正式交流，具有十分重要的意義。他還就發展內地與香港特區法院的關係，提出了加強聯繫、廣泛交流、積極合作、相互協助等四項建議。李國能表示，此次來內地訪問與內地司法機關交流十分必要，有助加強兩地司法機關的聯繫和合作。

2月18日

◆ 財政司司長曾蔭權發表題為《利民紓困 自強不息》的1998/1999財政年度政府財政預算案。這是香港特區政府首份財政預算案。

◆ 香港《文匯報》報道，保安局表示，香港回歸祖國後仍需維持特區與內地間的陸上界綫完整，因此特區政府會保留邊境禁區政策。現時的禁區範圍包括元朗東北部和北區，總面積約為3400公頃。為免喪失保安優勢、增加非法入境者和走私客逃離禁區的機會，當局會維持現時的禁區範圍。並向進出禁區人士發出禁區許可證。禁區許可證主要分為居民和訪客許可證，警方會根據申請人的需要而審批。禁區的居民，在禁區內或以外居住的禁區原居民可申請居民許可證，這類許可證的有效期為五年。

◆ 香港《星島日報》報道，入境事務處表示，特區獲中央授權審批入籍中國申請後，過去五個月共向19人發出"加入中國國籍證書"並拒絕一個申請。入境事務處仍堅持入籍非個人應得權利，不會設上訴機制。另外，入境事務處過去半年來共收到2386個個人或家庭變更國籍的申請，已處理2375個申請，共向2805人發出證書，其中七成半人士申報以往熱門移民地點加拿大、美國、澳大利亞的國籍。

2 月 20 日

◆ 司法部在北京舉行儀式，向獲准在中國設立辦事處的 17 家外國律師事務所和獲准在內地設立辦事處的 3 家香港特區律師事務所頒發了批准證書。這是香港回歸祖國後，首批獲准在內地設立的香港律師事務所。至此，司法部已批准 67 家外國律師事務所和 26 家香港特區律師事務所分別在北京、上海、廣州、深圳、海口、蘇州、天津、青島等城市設立辦事處。

◆ 國家稅務總局發出關於印發《內地和香港特別行政區關於對所得稅避免雙重徵稅的安排》和備忘錄的通知。此前，國家稅務總局代表團與香港特區政府稅務代表團就有關安排進行了磋商，並在香港正式簽署備忘錄。

2 月 23 日－2 月 24 日

◆ 香港特區財政司司長曾蔭權訪問北京，分別拜會國務院副總理錢其琛、國務院港澳辦主任廖暉和中國證監會主席周正慶、中國人民銀行行長戴相龍、財政部部長劉仲藜等。錢其琛表示，特區政府首份

財政預算案"不錯，總的是積極的"。他讚揚特區政府面對亞洲金融風波的衝擊採取了有力措施，維護了香港經濟的穩定和發展。曾蔭權表示，這次訪京所談的問題都是圍繞着香港將來經濟的發展以及近期發生的金融風暴。

2 月 25 日

◆ 新華通訊社公佈國務院決定，免去秦文俊、張浚生的新華通訊社香港分社副社長職務。秦文俊、張浚生分別於 1990 年 10 月和 1987 年 9 月任新華通訊社香港分社副社長。

◆ 臨時立法會通過《1998 年香港人權法案（修訂）條例草案》，廢除前立法局通過的人權法修訂草案，以免有關條文引起法律混淆，及為香港帶來許多不必要的訴訟。

◆ 台灣"陸委會港澳處長"厲威廉說，本月中一個由台灣"衛生署"中級官員組成的訪問團到港，考察香港禽流感情況，受到香港衛生署、漁農處等部門官員的接待，表明台港兩地業務性質官員的交流是十分務實的。

2 月 27 日

◆ 董建華在會見訪港的美國宗教領袖

時表示，香港的宗教政策與回歸前一樣，並無改變。宗教信仰自由是基本法載列的基本權利之一，香港人繼續享有宗教自由。香港社會接受和尊重信仰多元化，特區政府會繼續重視宗教團體和組織。理解不同社群的歷史文化背景，並尊重其信仰和價值觀。

2月28日

◆ 教育署公佈新的《修訂課本基本原則》文件，向出版商就處理教科書涉台內容發出指引。負責制定該文件的課本評審專責小組主席何文匯稱，該文件強調必須尊重一個中國原則，在上述原則下，課本不必刪減或刻意迴避有關台灣的內容。

3月1日

◆ 全國政協九屆一次會議主席團成員和秘書長人選產生。擔任主席團成員有十位香港人士：莊世平、安子介、李東海、鄭國雄、胡鴻烈、徐四民、徐展堂、唐翔千、黃克立、霍英東。

◆ 全國政協副主席霍英東接受記者採訪時說，今年香港地區全國政協委員由上屆的 108 人增加到 140 多人，說明中央對香港特區的重視和關懷。

3月2日

◆ 首次單獨組團的港區九屆全國人大代表抵達北京，準備出席九屆全國人大一次會議。全國人大常委曾憲梓表示，今年是香港特區成立後首次召開全國人大會議，香港又是第一次單獨組團。36 名代表來自社會各界，有着廣泛的代表性，將在會議中充分反映港人對國家事務的意見。

◆ 據最新資料統計，香港在 1997 年的貨櫃碼頭吞吐量再度蟬聯全球第一，達 1450 萬個標準箱。這是香港連續第六年高踞世界貨櫃港榜首位置。

3月3日

◆ 全國人大常委會副委員長田紀雲在九屆全國人大一次會議召集人會議上指出，本次大會是香港特區第一次通過選舉產生並單獨組成代表團參加大會。這是"今年全國人民代表大會的特殊事件"，"值得祝賀"。出席召集人會議的港區全國人大代表吳康民表示，田紀雲的講話顯示全國人大對香港代表團的高度重視。

◆ 全國人大常委會副秘書長鄭義、周成奎表示，全國人大在香港設立辦事處"沒有必要"、"不合適"，並認為香港市民可以透過新華通訊社香港分社或其他渠

1998 年 3 月 2 日，首次單獨組團出席
全國人民代表大會的香港特區第九屆全
國人大代表團抵達北京首都國際機場。

道接觸到全國人大代表。

◆ 港區全國人大代表團舉行首次會議，推舉吳康民和譚惠珠為正、副團長。

◆ 財經事務局局長葉澍堃出席臨時立法會財務委員會會議表示，1997 年共有 1046 萬人次旅客到港，較 1996 年下跌 11%。

◆ 歐洲議會法律事務和公民權利委員會主席、比利時國務大臣威利·德克萊爾（Willy De Clercq, 港譯：郭立基）在香港比利時商會午餐會上發表演説，讚賞香港的歷史性交接和平、成功，"一國兩制"得到落實，企業和投資並未撤走，政治穩定。

◆ 繼八佰伴清盤結業後，在香港有 23 年歷史的日資百貨公司松坂屋，承認將在 1998 年 8 月結束香港的業務。估計受影響的員工 120 人。

3 月 4 日

◆ 全國政協九屆一次會議主席團常務主席會議主持人李瑞環出席中共中央統戰部、全國政協辦公廳舉行的招待會，歡迎香港特區和澳門地區的全國政協委員。

◆ 九屆全國人大一次會議主席團人選產生，三人（姜恩柱、曾憲梓、吳康民）來自香港特區。

◆ 全國政協常委徐四民在全國政協九屆一次會議港澳委員小組會發言指出，香港電台用公帑批評行政長官董建華及中央政府，又跟特區政府選民登記政策唱對台戲。為此，他曾三次向董建華提出應對港台"有所控制"，董建華表示這要"慢慢來"。

◆ 香港電台發言人表示，香港社會崇尚言論自由，徐四民先生及香港《鏡報》多年來對香港電台的意見，眾所周知。香港電台作為公營機構，首要責任是為市民服務，報道及分析政府政策是香港電台主要功能之一，但同時亦提供足夠時間供市民發表意見。

◆ 臨時立法會通過《1998 年入境（修訂）條例草案》，規定自 1998 年 1 月 9 日起取消第一收容港政策，任何非法進入香港的越南人與其他國家或地區的非法入境者受到同等對待。

3 月 5 日

◆ 李鵬在九屆全國人大一次會議作《政府工作報告》。指出，中央政府全力支持香港特區政府的工作，支持香港為應對東南亞金融危機的衝擊而採取的措施。香港回歸祖國以來已經有了一個良好的開端，也一定會有更加美好的未來。

◆ 董建華列席九屆全國人大一次會議並在主席台就坐。此前，全國人大常委會副秘書長鄭義向傳媒表示，邀請董建華來京列席全國人大會議，以及安排在主席台就坐，是對香港特區行政長官的禮遇，今後每年的全國人大會議都會向行政長官發出同樣的邀請。這沒有先例，董建華是第一個，以前在英國統治香港時，不會出現這樣的事情。

◆ 董建華與在京出席全國人大會議的國務院港澳辦主任廖暉和廣東省省長盧瑞華、副省長王岐山會面，探討粵港兩地合作問題。

◆ 新華通訊社香港分社社長姜恩柱在九屆全國人大一次會議香港代表團討論發言時指出，香港回歸祖國以來已有了良好開端，表現在四方面：一是香港保留了原有社會制度和生活方式不變，法律制度基本不變；二是香港繼續保持了國際金融、貿易、航運中心和自由港地位；三是香港社會人心穩定；四是香港與國際社會的聯繫得到繼續保持和加強。

◆ 署理行政長官陳方安生主動就徐四民有關香港電台的言論以英語作出回應。指對方這樣做會予人錯誤印象，以為"有人企圖邀請中央政府干預特區政府的事務"，她"覺得不適當，感到遺憾"。對此，徐四民在北京回應説：陳方安生現時就發動圍攻，把他在北京談這件事當作很大的罪過。民主黨主席李柱銘到美國要求干預中國的人權，沒有人提出批評，卻批評他在祖國首都發表言論，這令人感到遺憾。

3月6日

◆ 董建華在北京列席九屆全國人大一次會議開幕大會後返港。對傳媒表示，在北京期間，江澤民、李鵬、朱鎔基、錢其琛分別會見他，再三向他強調實行"一國兩制"的決心。

◆ 新華通訊社香港分社社長助理李偉庭在九屆全國人大一次會議香港特區代表團討論發言時表示，要全面地、辨證地認識和理解"一國兩制"。他指出，香港有些人宣揚殖民統治時期所"縱容"和"扶持"的反對中國的活動可以繼續下去，是違反"一國"原則的。並表示，解決殖民統治所造成的問題，需要時間。

◆ 政府憲報公佈，行政長官已委任夏正民、石輝為高等法院原訟法庭法官，1998年3月2日起生效；已延長施偉文高等法院原訟法庭法官的任期一年（1998年3月10日－1999年3月9日）。

3月7日

◆ 李瑞環參加出席全國政協九屆一次會議港澳組討論，並發表重要講話。

3月8日

◆ 錢其琛參加出席九屆全國人大一次會議香港代表團討論，並作重要發言。

◆ 特區政府首次慶祝"三八"國際婦女節酒會在君悅酒店舉行，民政事務局邀請各界婦女出席。

◆ 董建華啟程訪問德國、法國前再次強調，香港不可以變成一個反對國家的基地，如果要"一國兩制"成功，港人對"一國"的瞭解也很重要。並說港區全國人大代表、全國政協委員對香港事務在什麼地方發言都可以。

3月9日

◆ 江澤民參加出席九屆全國人大一次會議香港特區代表團討論，並作重要發言。

◆ 行政會議召集人鍾士元說，大家都承認香港是中國的一部分，香港當然不能成為反對自己國家的基地。大家也一致支持香港的言論自由，這絕對沒有問題，不需要有任何憂慮。

3月9日－3月14日

◆ 董建華訪問德國、法國。先後會見德國聯邦總理科爾（Helmut Kohl）、法國總統希拉克（Jacques Chirac）和兩國議會議長等政要及商會領袖，向他們介紹香港回歸後的情況。德國是香港第六大貿易夥伴、第四大出口市場和第七大進口貨品供應地。法國是香港第十大貿易夥伴、第九大出口市場和第十二大進口貨品供應地。董建華分別舉行記者會介紹德法之行時說，兩國領導人非常重視與中國的關係及其與香港的經貿關係，讚賞香港捍衛港元聯繫匯率的決心和本國企業界對香港回歸中國後的信心。希拉克總統還說，港元和人民幣的穩定對亞洲金融穩定會有一定作用。

3月10日

◆《香港商報》報道，公安部出入境管理局決定增加內地居民赴港澳探親配額。1998年內地居民赴香港、澳門探親的新配額分別是，赴香港探親名額將由原來每天824人增加到每天970人，赴澳門探親名額由原來每月450人增加到每月900人。

1998 年 3 月 9 日，國家主席江澤民參
加出席九屆全國人大一次會議香港特區
代表團全體會議，與代表們一起審議政
府工作報告。

3 月 13 日

◆ 全國人大常委會法工委副主任喬曉陽在"兩會"記者招待會上表示，港區全國人大代表是國家最高權力機關的組成人員，按基本法規定還有其他職責，包括可以提出修改基本法議案、選舉行政長官和參與立法會的選舉委員會。他們在香港活動的問題是新事物，現在還沒有經驗，但至少要嚴格按"一國兩制"方針辦事，不干預香港特區自治範圍內的事務，以及遵守香港法律。

◆ 首屆立法會選舉委員會界別分組選舉開始接受提名，截止日期為 1998 年 3 月 20 日。期間共接獲提名書 1107 份。

3 月 14 日

◆ 董建華強調政府推行母語教學，讓學生成功掌握兩文三語的目標是清晰而堅定的。政府將會循序漸進地推行這種政策。而批准 100 多間學校在三年內仍然可以使用英文教學，只是一個適應期的措施。政府會採取積極措施，增撥資源，支持中文學校成為名校。

3 月 15 日

◆ 復刊約一年半的《快報》再度宣佈停刊。該報在 1963 年 3 月 1 日創刊，1995 年 12 月 16 日因香港報業市場減價戰而暫時停刊。1996 年 10 月 28 日復刊。與《快報》同屬南華集團屬下南華策略的《凸周刊》，也於 1 月 27 日宣佈停刊。該刊在 1996 年 5 月 17 日創刊。

3 月 16 日

◆ 港區全國人大代表姜恩柱、曾憲梓當選為九屆全國人大常委會委員。

3 月 17 日

◆ 特區政府批出新專營權予九倉屬下的天星小輪，授權該公司經營中環至尖沙咀及灣仔至尖沙咀兩條航綫，為期十年。但該公司中環至紅磡航綫的專營權則續期一年，以便政府有關部門在香港小輪旗下油麻地小輪兩條紅磡綫專營權於 1999 年 3 月底屆滿時，一併檢討三條紅磡航綫。

3 月 17 日－3 月 18 日

◆ 中英聯合聯絡小組在英國外交部會議廳舉行第 42 次會議。討論的議題包括 5 月的香港特區立法會選舉、越南船民問題、新聞自由和較早前達成的香港衛星登記和賠償責任原則協議等。英方首席代表包雅倫表示，過去九個月來，香港成功克服許多挑戰，港人享有高度自治權，英國對香港的成功感到滿意。並說英方不會派員前往香港監察立法會選舉。中方首席代表王桂生表示，英國這樣做是明智的。並說這次會議是在香港回歸中國後中英關係明顯得到改善情況下進行的，因此開得較好。九個月以來，香港特區政府根據基本法有效地管理香港，證明鄧小平所稱"港人能夠治港"是正確的。

3月18日

◆ 香港按揭證券公司分別與美國大通銀行與道亨銀行簽訂協議，推行一項定息按揭試驗計劃。摩根士丹利亞洲有限公司主席韋仕華（John S. Wadsworth）表示，香港推行定息按揭最大的問題是香港缺乏長期的資金供應，預料需頗長時間，才能發展出成熟的定息按揭市場。但現正是香港發展定息按揭的好機會。

3月19日

◆ 新任國務院總理朱鎔基在記者會表示，如果香港特區政府需要中央政府的幫助，中國將不惜一切代價維護香港的聯繫匯率。

◆ 在朱鎔基講話和減息預期等利好消息的刺激下，港股大幅上升 323.39 點，恒生指數收市報 11445.04 點，升幅

2.9%，成交額增至 90 億港元。

3月20日

◆ 董建華會見訪問香港的歐洲議會副主席大衛‧馬丁（David Martin, 港譯：韋馬田）時指出，香港特區一直按照基本法的規定來推行民主發展。基本法為行政長官和立法會的選舉定下一個十年時間表。2007 年後進一步的民主發展，將取決於香港人的意願，而最終的目標是進行普選。

◆ 特區政府憲報宣佈，財政司司長行使行政長官授予的權力，再度委任羅旭瑞為香港旅遊協會理事會主席，任期兩年，1998 年 4 月 1 日起生效。羅旭瑞在 1996 年 4 月首次獲委任為旅協主席。

◆ 特區政府宣佈成立行政長官特設創新科技委員會，行政長官委任美國加利福尼亞大學柏克萊分校前任校長、教授田長霖為主席。

◆ 特區政府宣佈，行政長官委任梁愛詩為雙語法律制度委員會主席，1998 年 4 月 1 日起生效。

3月21日

◆ 香港特區首個"香港植樹日"在維多利亞公園隆重舉行。董建華帶頭在公園

中央種植一株高山榕樹。香港植樹日籌委會較早前決定將每年3月第四個周日定為"香港植樹日"。

3月23日

◆ 教育部表示歡迎港澳台人士報考內地高等教育自學考試。1994年起內地開始在香港設立考場，1998年開始委託香港考試局承辦。

3月24日

◆ 警務處行動處處長伍靜國指出，自政權移交後公眾集會及遊行的次數增加了。1997年全年共有1118次公眾集會及遊行。其中上半年522次，下半年596次。1998年至今，已舉行了1008次公眾集會及遊行。數字之多和警方從未反對任何申請，足顯回歸後警隊仍尊重市民公開表達意見的自由，沒有壓制人權。

◆ 香港總商會、遠東貿易服務中心駐香港辦事處、台北貿易中心、香港台灣工商協會聯合主辦第二屆港台經貿論壇，台灣"經濟部國貿局"副局長范良棟、"經建會計劃處"副處長蕭國輝等來港出席並演講。講者還有葉國華等。

3月24日－3月28日

◆ 律政司司長梁愛詩訪問北京，錢其琛、廖暉分別會見梁愛詩。錢其琛作重要講話，並對她出任律政司司長以來第一次訪京表示歡迎。梁愛詩與港澳辦副主任王鳳超舉行工作會晤，就內地與特區交換民事案件法律文件的問題達成諒解。

3月25日

◆ 國務院副總理錢其琛在北京接見香港旅遊業訪京團時表示，"中央政府總的精神是進一步開放，進一步合作。"他形容兩地旅遊業是密切相關的，香港興旺，內地也興旺，相反亦然。

◆ 特區政府資料顯示，港人移民海外的數字逐年減少，由1994年的6.16萬人，下降至1997年的3.09萬人，跌幅接近五成。1997年獲發工作簽證來港受聘的外籍人士，除輸入勞工計劃一項外均比過去數年多。其中家庭傭工，由1993年的3.7793萬人，增加至去年的4.5萬多人；專業人士及具備特殊技能的人士，則由1993年約1.5萬人增至1997年的1.6萬多人。而根據各項輸入勞工計劃受聘的工人數目則因應政策改變而呈現反復，最高峰期為1993年逾1.8萬人，1996年最少只逾5300人，1997年則有

7456 人。

3 月 26 日

◆ 行政會議接納《全港發展策略檢討》的最後建議。建議採用假設全港 2011 年達到 810 萬人口，以及以廣東省和其他省份作為香港主要經濟腹地的發展方案。當局估計，落實這一策略性發展方案的整體開支為 2390 億港元（按 1995 年價格計算），可為公營機構帶來的整體回報淨額為 2320 億港元。

3 月 27 日

◆ 資訊及科技署和 Datacraft Asia 公司簽署一項合約。這是特區政府批出的迄今最大的公營機構網絡系統及服務合約，價值 1.3 億多港元，以推動在 2000 年通過政府網絡把所有部門和機構聯繫起來的計劃。

◆ 2005 年國際獅子總會年會申辦委員會宣佈，香港取得 2005 年國際獅子總會年會的主辦權。這是國際獅子總會在新西蘭舉行的會議上作出的決定。屆時將有 185 個國家 2500 多名代表來香港出席年會。特區政府與香港旅遊協會歡迎國際獅子總會的決定。

3 月 30 日

◆ "粵港合作聯席會議" 成立儀式在廣州舉行，這是粵港間成立的首個高層次聯絡機構。中共中央政治局委員、廣東省委書記李長春會見出席儀式的董建華一行。廖暉、董建華和廣東省省長盧瑞華在儀式上致詞。董建華說，香港回歸祖國，終於給我們有機會突破過去人為和心理造成的時空局限，用更加長遠的目光，在更廣闊的天地創造香港更加美好的將來。香港需用更長遠的眼光和積極態度，尋求與廣東省建立有渠道、尤其是較高層次的官方聯繫機制，為兩地居民開設更順暢的往來條件，為兩地社會、經濟的政策，作出彼此協調的策劃。王岐山副省長與陳方安生率領雙方成員舉行第一次會議，商談雙方加強合作事宜。今後，該聯席會議將每年召開兩次，分別在廣州、香港輪流舉行。

◆ 特區政府宣佈，委任馮國綸連任太平洋經濟合作香港委員會主席，4 月 1 日起生效，任期兩年。該委員會 1990 年 3 月成立，就香港參加太平洋經濟合作會議事宜，向政府提供意見。

3 月 31 日

◆ 朱鎔基訪英期間在倫敦溫莎堡與

英女王會面時表示，香港形勢很好，中國將堅持對香港實行"一國兩制"、"港人治港"、高度自治的方針，香港目前的政治、經濟、社會情況都是好的，香港經受了幾次金融危機的考驗。我們對香港今後繼續保持繁榮穩定有充分的信心。

◆特區政府批給新世界集團專營權，由 1998 年 9 月至 2003 年 7 月經營 88 條以前由中華巴士有限公司經營的巴士路綫。

4月1日

◆董建華在前總督府宴請港區全國人大代表時表示，港人不但治港，而且參與治理國家。他代表特區政府向港區全國人大代表致以崇高的敬意。

◆臨時立法會以 35 票贊成、9 票反對、1 票棄權，通過由何承天議員提出，程介南議員修訂的"促請政府保持香港電台編輯獨立並維持製作公正、均衡、客觀的新聞、公共事務及一般節目"的議案。署理文康廣播局局長劉吳惠蘭表示，政府支持廣播媒體有編輯自主權，但有編輯自主權並不等於不受監控。

4月2日

◆首屆立法會選舉委員會界別分組選舉正式舉行，有 963 名候選人角逐 588 個席位。共 32630 人投票，總投票率為 23.38%。當選者將連同當然委員即臨時立法會議員、港區全國人大代表和宗教界推出的提名委員，以及四個自動當選界別即全國政協、中企協會、商界（第二）和工業界（第二）的委員共 212 人組成 800 人的選舉委員會。選舉委員會將於 1998 年 5 月 24 日舉行的特區首屆立法會選舉中，投票選出十位立法會議員。

◆高等法院首席法官陳兆愷、上訴法庭法官兼副庭長黎守律、馬天敏就涉及五名港人內地所生子女居港權上訴案作出初步裁決。一致裁定非婚生子女有居港權。以 2：1 支持政府決定，即 1997 年 7 月 1 日後來港的港人內地所生子女，即使有居港權也須先返內地辦理申請居留權證明書和單程證才能來港定居。並認為 1997 年 7 月 1 日前來港的港人內地所生子女，包括非婚生子女，可即時享有居港權，無須先返內地申請居留權證明書。政府歡迎上訴法庭確認居留權證明書計劃的合法性，但對有關該計劃的追溯力等問題須待上訴法庭最後判決，再決定下一步行動。

◆《香港商報》報道，日本新任駐港總領事槙田邦彥向記者表示，香港回歸後的九個月，"一國兩制"這個世界上前所未有的"實驗"推行得十分成功，令國際社會稱譽。日本商人在回歸前的各種憂慮已一掃而空。他又說，亞洲金融風暴後，由於各種原因撤出香港的日資僅屬少數，大部分日資對香港市場仍保持樂觀的態度。

◆ 美國國務院發表向國會提交的香港情況報告。認為中國對香港恢復行使主權九個月，香港特區的行政機構保持了獨立，高級行政官員繼續留任，港人繼續享有新聞和遊行自由。中國內地公司在香港遵守當地法律，按章辦事，維護了法律的尊嚴和司法機構的獨立性。並稱，香港作為地區金融中心，為緩解東南亞金融危機，繼續發揮着重要的積極作用。

4月3日

◆ 政府憲報公佈，中央政府已委任下列由行政長官提名的主要官員：俞宗怡停任工商局局長（1998年3月31日），周德熙任工商局局長、停任文康廣播局局長（1998年3月31日）。

◆ 董建華會見訪問香港的英國下議院外交事務委員會主席艾特誠（Anderson Donald）。董建華指出，"民主發展必須按照基本法所列的時間表來進行，這個進程必須以香港人的最佳利益為依歸，並須保存令香港繼續成功的要素。至於香港應於什麼時候推行普選，現在仍言之尚早。我們須審慎評估選舉對行政機構和立法會的關係的影響。"艾特誠對傳媒表示，香港政權交接順利，"一國兩制"、高度自治得到落實，體現具有中國特色的資本主義香港特區成立九個月以來整體上沒有什麼改變，社會保持活力，公務員隊伍維持高質素。中英關係融洽也對香港有利。

◆ 基本法推廣督導委員會主席陳方安生在香港基本法推介聯席會議舉行的題為"香港是我家，落實基本法 —— 紀念基本法頒佈八周年研討會"致詞說，基本法是香港特區的憲制文件及發展藍圖，與市民的日常生活及整個社會的脈搏緊密相連。並表示，基本法推廣督導委員會負責協調政府部門和社會團體的基本法推廣工作，重點推介對象是社區居民、老師和學生、公務員以及海外人士。梁愛詩（因病改由律政司法律政策專員馮華健代為宣讀）以基本法與香港法律的銜接為題發表專題演講。指出，基本法是香港特區的小憲法，也是香港所有法律的基礎。要在普通法地區執行中國全國性法律，遇到兩個困難：一是使原有法律與基本法達成一致，二是基本法會面對司法挑戰。為使原有法律與基本法達成一致，律政司已作出多項法律適應化的修訂。有關基本法的司法挑戰，是一個正常及健康的現象，這些挑戰以後還會繼續出現，由此而令基本法不斷有所補充。需要更多的法院判決累積，才可將基本法與本地法律順利銜接。

◆ 臨時立法會同意撥款 56 億港元設立強制性公積金。其中，50 億港元用於成立強積金管理局和支付營運費用，6 億港元作為強積金補償基金的起始款項。強積金管理局今後將利用一次性注資所獲得的投資回報和徵收的各項費用，以自負盈虧的方式運作。

◆ 高等法院原訟法庭法官祁彥輝裁定，行政長官 1997 年 7 月 9 日頒佈的《公務人員（管理）命令》符合基本法，無須交由立法會通過。但又裁定，《命令》第 17 條規定公務人員在禁止令下，除非得到行政長官的許可，否則不可在復職或被解僱前離開特區，有違人權法第 8（二）條規定的 "人人應有自由離去香港"。由於《命令》第 17 條完全與已生效的英國法律《殖民地規例》第 64 條相同，後者在香港回歸前從未受到司法覆核的挑戰。高等法院上述判決將成為香港特區司法判例。

4 月 5 日

◆ 國務院總理朱鎔基在倫敦與僑胞、中資機構負責人和中國留學生會面時表示，中國承諾人民幣不貶值的一個重要原因，是考慮香港的利益，當然也包括東南亞其他國家的利益。因為如果人民幣貶值，只會加深這些國家和地區的危機。

◆ 中華海外聯誼會在陝西省黃陵縣舉行香港回歸紀念碑揭幕儀式和戊寅年清明公祭軒轅黃帝陵典禮。以全國政協常委、中華海外聯誼會副會長莊世平為團長的香港各界人士代表團出席。莊世平致詞說，在黃帝陵樹立 "香港回歸紀念碑"，是要永遠紀念這一中華民族的百年盛事，告慰我人文初祖，也要表示香港與祖國息息相關。全國人大常委會副委員長蔣正華、全國政協副主席王兆國以及姜恩柱、陝西省委書記李建國、省長程安東、省政協主席安啟元等出席儀式並為紀念碑剪綵。

4 月 7 日

◆ 臨時立法會通過的《法律適應化修改（釋義條文）條例草案》，將《香港法例》第一章《釋義及通則條例》第 66 條，即 "除非條例明文規定，或由於必然含義顯示 '官方'（crown）須受約束，否則任何法例對'官方'不具約束力"中的 "官方"（crown），改為"國家"（state）。1998 年 4 月 1 日，律政司司長梁愛詩曾致函臨時立法會全體議員，澄清這一條例的適應化修改帶來的一些誤解。指出，草案的宗旨在於對涉及法律釋義的法律條文做出適應化修改，以確保法例不會抵觸基本法，符合香港作為中華人民共和國特別行政區的地位。一是自 1997 年 7 月 1 日以來，《香港法例》第一章第 66 條所指的"官方"應被詮釋為相應於"官方"組織的中華人民共和國組織；二是第一章第 66 條規定的原則適用於幾乎所有普通法司法區如英國、新西蘭及澳大利亞等。香港在回歸後仍然是普通法司法區，現在只不過是保留這項原則而已。並沒有把某些中央政府機構"凌駕於法律之上"；三是除非有關條例另有規定，否則規定若干機關不受某條例約束，並沒有違反香港基本法第 22 條。在香港特區設立的辦事處，必須遵守香港特別行政區的法律。這些法律包括第一章第 66 條；四是對過去適用於"官方"的原則做出適應化修改，以便適用於香港特區的主權國，不會"對法治帶來重大威脅"；五是草案沒有制訂"除非法例訂明，否則有關法例就不適用於在香港設立的內地機構"的規定。草案做出適應化修改的原則只不過規定，如果

主權國若干行政機構在執行行政職能時要遵守某條條例，有關條例就必須做出明文規定。梁愛詩並指出，在該項"國家"的定義要求下，中央人民政府轄下機關或有關的中央機構，必須符合以下三項要求：（1）執行中央人民政府的行政職能，或中央人民政府根據基本法規定有責任執行的職能；（2）並非執行商業職能；（3）按照中央人民政府或有關中央機構所賦予的權力和職責範圍行事。此外，凡執行商業職能，或並非屬於中央人民政府轄下的機關，或有關中央機關的內地機構，都不包括在"國家"的定義之內。新華通訊社香港分社由國務院設立，因此是中央人民政府轄下機關。在與臨時立法會條例草案審議委員會商討後，特區政府建議"國家"的定義只包括：（1）中華人民共和國國家主席；（2）中央人民政府；（3）香港特別行政區政府；（4）執行中央人民政府根據基本法規定有責任的職能部門—— 中華人民共和國中央機構；（5）中央人民政府轄下某些機關或以上所述的中央機構。

◆ 金融管理局公佈"公元 2000 年"計劃（解決"千年蟲"）進度調查報告，逾 90% 認可機構年底前可解決電腦上的"千年蟲"問題。

4 月 8 日

◆ 臨時立法會舉行任期屆滿前最後一次會議。會議通過內務委員會主席梁智鴻提出的"告別議案"。臨時立法會主席范徐麗泰作總結講話。陳方安生致詞。臨時立法會 1996 年 12 月 21 日成立以來，運作 16 個月，共審議通過條例草案 63 項、附屬條例 359 項、政府決議案 86 項，審批撥款 104 項，提出書面及口頭質詢 529 項並進行了 57 項動議辯論，履行了研究法案、監管公共開支以及監察政府施政的職責，為香港特區成立及運作，為特區第一屆立法會的產生奠定了堅實的法律基礎。

◆ 臨時立法會在立法會大樓宴會廳舉行惜別晚宴。董建華致詞。政府主要官員、行政會議成員和前臨時立法會議員譚惠珠應邀出席。

4 月 9 日

◆ 政府憲報公佈，中央政府已委任下列由行政長官提名的主要官員：鄺其志停任庫務局局長（1998 年 4 月 9 日），俞宗怡任庫務局局長（1998 年 4 月 9 日）。

4 月 14 日

◆ 交通銀行香港分行正式與香港中銀集團脫鈎，改由上海交通銀行總行全面管理，承擔一切經營責任。交通銀行在香港共有 29 間支行和 1 間分行，總資產為 4500 億港元。

4 月 15 日

◆ 香港《明報》報道，行政會議通過中環 — 灣仔填海計劃，並決定在中環填海區附近撥出土地，用於興建可容納十萬人的大型廣場，舉辦國慶的升旗儀式等大型活動。

◆ 政府就兩個國際人權公約實施報告諮詢公眾意見的諮詢期結束，共收到七份意見書。

4 月 16 日

◆ 律政司公佈新修訂的《刑事檢控政策政府律師指引》。新指引加入了新章節，包括私人檢控、律政司司長的介入和市民根據基本法應享有的權利、義務等。刑事檢控專員江樂士認為，毋須改變現行的律政司司長掌握最終檢控權的安排，司長對檢控決定負最終責任。

◆ 金融管理局總裁任志剛出席在華盛頓召開的有 22 個國家和地區的財政部長、中央銀行行長參加的特別會議。討論目前國際金融領域面臨的主要問題，並就推動國際金融領域的交流和加強國際金融體系聯繫等方面取得共識。

4月17日

◆ 政府憲報公佈，行政長官已委任施鈞年為高等法院原訟法庭法官，1998年4月15日起生效。

4月19日

◆ 世界銀行最新統計指出，1996年香港平均每人國民生產總值24290美元，全球排行第13位。

4月20日

◆ 特區政府公佈1998年1－3月的失業率為3.5%，約有十多萬人失業。這是香港12年來第二高記錄的失業率，最高的記錄是1995年第三季度，失業率達3.6%。

◆ 政治及經濟風險顧問公司在"1998各國風險比較估評報告"中稱，亞洲區經商風險最低的地方分別為新加坡、香港、日本；印尼、越南、印度則為風險最高的國家。

◆ 恒生指數服務公司推出恒生100及新恒生50中型股指數。

◆ 香港《信報財經新聞》報道，公

務員事務局已解僱前印務局局長馬逸志，並沒收其約滿酬金及兩個月的休假薪酬共80多萬港元。這是特區政府成立以來以紀律處分解僱的最高級別的官員。

4月21日

◆ 香港《信報財經新聞》報道，根據律政司提供的資料，香港近600條成文法例中，有94條明確規定約束或適用於"政府"或"國家"。其中52條約束或適用於"國家"的條例中，有4條是明文豁免"國家"不受規管，包括《電訊條例》、《建築物條例》、《危險品條例》及《區域法院條例》。

◆ 國際結算銀行宣佈，1998年7月將正式在香港設立代辦處。這是國際結算銀行首個海外辦事處。各方代表將於5月11日在巴塞爾的總部正式簽訂協議。任志剛代表特區政府簽署行政安排備忘錄。該備忘錄根據中國人民銀行代表中國政府與國際結算銀行主席韋柏斯（Alfons Verplaetse）簽署的東道國協定，具體落實中國政府授予國際結算銀行在港的特權和豁免安排。

4月22日

◆ 洛桑國際管理發展學會發表《全

球競爭力年報》，稱香港在 1998 年最有競爭力國家（地區）排名中名列第三，與 1997 年相同。

◆ 台灣 "陸委會" 在台北舉辦 "如何加強台港民間交流座談會"。主委張京育在會上稱，香港回歸後，台當局顧及當地的政治現實，令其在香港的機構維持低調和強化服務功能。

4 月 23 日

◆ 特區政府發表《金融市場檢討報告》。指出，香港金融市場沒有結構及體制上的弊病，亞洲金融危機只是暴露香港經濟失衡，資產價格大幅脫離基本因素的弱點。報告就金融市場的運作、增加市場的透明度和營造公平交易系統等方面提出了多項建議。

◆ 本地高級公務員協會、香港政府華員會、香港公務員總工會、政府人員協會和公務員工會聯合會五個公務員團體共 20 名代表到廣州等地交流訪問五天。這是香港特區公務員團體首次聯合赴內地訪問。

4 月 24 日

◆ 破產管理署署長夏埋德表示，1997－1998 年度內入稟法庭的新登記破產及清盤個案 1102 宗。其中新強制破產個案 459 宗，主要涉及製衣、針織製造行業、飲食業、進出口商、工程業等。自行呈交申請書的新破產個案 37 宗。

◆ 第一屆立法會選舉候選人提名期結束。提名期從 4 月 9 日開始，共 15 天。獲有效提名的議員候選人共 166 人。地區直選 81 人爭奪 20 個議席。功能界別有 10 人自動當選，其餘 20 個功能界別議席由 60 人爭奪。選舉委員會 25 人爭奪 10 個議席。166 名候選人中，民主建港聯盟 27 人，自由黨 24 人，民主黨 23 人，香港協進聯盟 9 人，香港民主民生協進會 6 人，前綫 4 人，一二三民主聯盟 4 人，民權黨 2 人，其他團體 12 人，獨立人士 55 人。

4 月 25 日

◆ 香港國際機場舉行竣工紀念儀式，將於 1998 年 7 月 6 日正式啟用。董建華致詞表示，香港新機場是香港市民以自己的財富和智慧建成的，是香港市民勤勞和富於創造的結晶，也是香港經濟驕人的見證。

◆ 台北區中小企業銀行香港分行開業，屬有限制牌照銀行。這是香港回歸後第一家，也是第六家台資銀行在香港設立分行。

4月27日

◆ 九屆全國人大常委會第三次委員長會議討論並通過了《香港基本法委員會議事規則》。

4月28日

◆ 外交部駐港特派員公署特派員馬毓真在香港美國商會演講時談及公署九個多月來的工作體會。一是必須擺正公署的位置。外交部駐港特派員公署與特區政府是"互相尊重，互相信任，互相支持，密切合作"的關係。凡是基本法授權特區政府自行處理的事，就放手讓特區做，充分信任和支持特區，充分發揮其積極性；二是處理案件時必須謹慎行事和具備開拓精神。凡有利於落實"一國兩制"、維護國家主權，促進香港穩定繁榮和加強中央與特區政府信任的事，就會解放思想、打破框框、積極努力去做；三是處理問題必須從香港的實際出發。遇到"灰色"地帶，實事求是從香港實際出發。如讓外籍官員以中國政府代表團成員出席國際會議，並以"中國香港"名義單獨發言等；四是在新形勢下必須用新思路處理問題。例如按照規定，只有兩條國際公約締約國的中央政府才有義務向聯合國有關機構提供執行情況。中國雖不是上述公約的正式締約國，但考慮香港回歸後新的情況和各界願望，中央政府決定打破常規，代特區政府向聯合國提交兩公約有關規定在香港特區的執行情況。

◆ 董建華在前總督府舉行酒會，招待香港地區全國政協委員。安子介、霍英東和 100 多位港區全國政協常委、委員及政府主要官員出席。董建華致詞表示，全國政協委員在中央政治架構中享有崇高的政治地位，香港的政協委員又是香港的精英，希望大家承擔起維護香港繁榮穩定這個義不容辭的責任，與特區政府和各界人士同心協力，克服困難，創造更加美好的明天。

◆ 亞太經濟合作會議轄下的商業諮詢委員會（ABEC）成立電子商貿工作組並首次在港舉行會議。曾蔭權在開幕式致詞表示，特區政府會積極協助及推動電子商貿發展，使香港擁有更多的中小型企業。

◆ 英國外交部次官范卓德（Fatchett Derek）在英國國會召開的香港問題聽證會上説，中國政府遵守"一國兩制"原則。香港人的基本權利和自由都已得到保證。香港的政黨、社會組織和教會均活動如常。

4月30日

◆ 資訊科技廣播局發表首份諮詢文件，檢討香港固定網絡電訊市場的發展。

◆ 金融管理局與新西蘭儲備銀行的中央證券結算與託管系統的雙邊聯繫開始運作。這是繼1997年12月金管局的債務工具中央結算系統與澳大利亞證券託管系統建立聯繫後，與區內央行建立的第二個雙邊聯繫。

5月1日

◆ 香港工會聯合會舉行慶祝該會成立五十周年暨"五一"國際勞動節酒會。董建華、姜恩柱在致詞時向香港勞工界表示崇高敬意和節日祝賀。

◆ 美國貿易代表宣佈，美國每年一度檢討的"特別301"報告，仍將香港列入觀察名單部分。特區政府對此感到失望。工商局局長周德熙表示，美國貿易代表在"特別301"報告中對香港的表述是不公平和不準確的。

5月4日

◆ 董建華在香港青年聯會等100多個各界青年社團舉行的紀念"五四"青年節七十九周年酒會上發表講話。勉勵現代社會的青年一代在追求理想的同時，充實自己的科技知識，努力為社會貢獻一己之力。中華全國青年聯合會代表團來香港參加這次活動。台灣、澳門的青年代表也首次參加這一紀念活動。

◆ 特區政府宣佈，成立就業專責小組，由僱主代表、僱員代表、學術界人士及政府官員共17人組成，曾蔭權為主席。負責研究如何處理本地的就業問題和尋求增加私營機構職位的方法。

5月5日

◆ 30多名港區全國人大代表舉行晚餐會，聽取全國人大常委曾憲梓關於九屆全國人大常委會第二次會議情況匯報，初步交換了對今後工作的意見。與會代表指出，港區全國人大代表依照我國憲法、香港基本法和有關法律履行職權，既參與國家事務的管理，也參與維護香港特別行政區的繁榮和穩定。一致認為，港區全國人大代表在香港應扮演積極的角色，在人大架構中充分反映香港公眾對全國性事務的意見，對香港事務提出積極的意見和建議，並積極參與香港社會的活動。並決定在1998年6月2日首次在香港舉行正式會議，推選召集人討論港區全國人大代表在香港的定位及活動。

5月6日

◆ 江澤民在北京會見全國人大澳門特區籌委會第一次全體會議委員時指出，鄧小平創立的"一國兩制"偉大構想是我們解決香港、澳門和台灣問題的基本方針。香港回歸四個多月來的實踐證明，這一方針是完全正確的。

5月7日

◆ 曾蔭權在日內瓦與世界貿易組織總幹事魯傑羅（Renato Ruggiero）舉行會談，並主持世貿組織香港特區經濟及貿易辦事處新辦公室的開幕儀式和晚宴。

5月8日

◆ 政府憲報公佈，中央政府已委任下列由行政長官提名的主要官員：鄺其志任資訊科技及廣播局局長（1998年5月4日就職）。

◆ 中國人民解放軍駐港部隊司令員劉鎮武在駐港部隊總部會見訪港的美國空軍參謀長邁克爾·瑞安上將（General Michael Ryan, 港譯：賴恩）一行。

5月10日－5月11日

◆ 由香港《遠東經濟評論》主辦、題為"渡過風暴：香港和亞洲金融危機"的研討會在香港舉行。全國政協副主席、全國工商聯主席經叔平，泰國總理川·立派（Chuan Leekpai），董建華，東盟秘書長塞維里諾（Rodolfo C. Severino Jr），前美國駐華大使李潔明（James R. Lilley）等應邀參加會議並發表專題演講。

5月10日－5月13日

◆ 台灣"陸委會"主任委員張京育及夫人經澳門訪港。返台灣後，向台灣"行政院"匯報稱，據其觀察，目前香港情勢很平穩，台港關係也沒有多大變化，香港特區政府有意慢慢加強與台灣的關係。除"民主派"外，一般的香港民眾對政治的發展並不擔心，倒是對經濟前景頗為憂慮，並希望台商能多到香港投資。

5月10日－5月20日

◆ 財政司司長曾蔭權率香港－南美洲商業代表團訪問巴西、阿根廷和智利。分別與三國政要和商會領袖會見，並在高層商務會上發表演講。商談有關國家給予香港特區護照持有人免簽證的安排問題，介紹香港抵禦亞洲金融危機和維護港元聯繫匯率情況。代表團由香港貿易發展局和英資、美資、中資和本地華資大財團或銀行高層人士組成。

5月11日－5月15日

◆ 香港美國商會 16 人代表團攜"中國最惠國待遇"、"中國如何符合商業原則加入世貿組織"、"中國加入世界貿易組織"、"國際貨幣基金補充計劃"及"總統貿易直接協商權"共五份立場書訪美，向華盛頓參眾兩院議員及有影響力人士，游説無條件延續中國最惠國待遇（MFN）及中國加入世貿事宜，並討論補充國際貨幣基金計劃對亞洲經濟穩定的重要性。

5月12日

◆ 香港地區全國政協委員舉行會議，就今後的工作安排初步交換意見。委員們同意設立五個小組，分別研究如何促進香港繁榮穩定問題、國企改革及國家改革開放問題、科教興國及農業發展問題、中國統一問題以及促進中西部發展問題。並決定每月開一次小組會議，每兩個月開一次大會。

◆ 中國外交部發言人就英國駐港總領事館約見香港特區立法會候選人問題重申，在香港回歸以後，香港問題完全是中國的內政。根據維也納領事公約和中國領事特權和豁免權的有關規定，外國領事機構和人員不得干涉駐在國的內政。因此，外國駐港機構及其人員以任何方式介入香港特區首屆立法會選舉都是不合適的。我們要求英方立即停止這一舉動，如果英方停止，我們願意繼續與英方發展兩國間的合作關係。

5月12日－5月20日

◆ 警務處處長許淇安一行前往北京、廈門、廣州和深圳進行交流探訪。在北京參加兩地警務合作首次工作會晤，並與公安部簽署《香港回歸後內地與香港警務合作首次工作會晤紀要》，對今後兩地警務合作的範圍、方式、聯絡渠道、工作模式以及進一步加強合作的措施作了具體規定。

5月14日

◆ 香港《信報財經新聞》報道，法國駐港總領事館文化參贊馬麟（Jean-Luc Maslin）表示，法國外交部已決定增派科技專員駐港，加強法港兩地的科技交流。法國在香港的公司約有 500 多家，約三成是從事與科技有關的行業。

5月15日

◆ 政府憲報公佈，行政長官已延長高等法院上訴法庭法官廖子明的任期 1 年（1998 年 5 月 17 日－1999 年 5 月

16 日）。

5 月 15 日－5 月 17 日

◆ 台灣 "新黨公職人員香港立法會觀察團" 訪問香港。會晤了葉國華，聽取了學者所作的選情介紹，參觀了港島和九龍西兩個選區的競選活動，直接接觸了部分政治團體的立法會候選人，還會晤了台灣在香港的機構的負責人。發言人高惠宇強調，新黨尊重香港人的選擇，無意介入和影響香港的選情。

5 月 18 日

◆ 東區裁判署法庭法官唐文裁定吳恭劭、利建潤侮辱國旗及區旗罪名成立，判自簽擔保 4000 港元及守行為一年。該二人於 1998 年元旦的支聯會遊行中，將畫上 "恥" 字及遭毀爛的國旗及區旗，綁在政府總部的鐵欄上，因而被控侮辱國旗及區旗，違反《國旗及國徽條例》、《區旗及區徽條例》第七條。

5 月 18 日－5 月 21 日

◆ 由美國加利福尼亞州的未來研究所及亞洲基金、香港的高科橋有限公司主辦的 "亞洲未來資訊及通訊科技" 會議在香港舉行。主要探討亞洲未來十年加速經濟增長所需的資訊科技發展方案。董建華主持開幕儀式。資訊科技及廣播局局長鄺其志致詞表示，政府正採取四管齊下的策略，即進一步開放本地電訊業、發展資訊網絡、推廣電子商業和加強社會各界認識及應用資訊科技，以實現行政長官在首份施政報告中提出的令香港在未來的資訊世界中處領先地位的目標。

5 月 20 日

◆ 高等法院首席法官陳兆愷和上訴法庭副庭長馬天敏、黎守律對 81 名出生時父母尚未成為香港永久居民的內地子女爭取居留權案作出判決。推翻原訟法庭判決，一致裁定《入境條例》規定港人內地子女出生時，其父母須取得永久居民身份，始可享有居留權的條文，沒有違反基本法。陳兆愷指出，港人與內地子女分隔兩地是人為抉擇造成，與法例無關，這些家庭可選擇返回內地一家團聚。但該三位法官均同意原訟法庭不採納以中英聯合聯絡小組達成的協議作為解釋基本法的依據。1998 年 5 月 1 日，上訴法庭對此案進行了聆訊。

5 月 21 日

◆ 入境事務處公佈，自 1998 年 5 月

25 日起，來香港工作的外籍家庭傭工准予留港時間由原本一年延至兩年。

5 月 21 日－5 月 22 日

◆ 台灣"陸委會"召開香港回歸後首次"港澳工作會議"，台當局各機關港澳業務主管以及台在港澳機構和國民黨港澳總支部負責人與會。主任委員張京育在會上指出，將繼續維持台港澳關係的發展，強化經貿及文化的交流，並厚植台在港澳機構的基礎等。"陸委會"發佈的新聞稿稱，此次會議圍繞台港澳溝通管道的改善、在港澳機構服務功能的強化、資訊收集與分析的強化等三項議題進行討論，並達成八項共識：一是建議"內政部"研究取消香港居民來台申報流動戶口的規定；二是建議"經濟部"考慮在港舉辦台灣產品展；三是加強邀請港澳各級議員及功能性團體領導人訪台；四是協助推動台"縣市政府"官員赴港澳考察和進行市政經驗交流；五是在國際組織架構下，加強與香港特區政府交流，並推動台港澳藝術文化團體互訪；六是瞭解台商在香港經營情況並協助解決其困難；七是加強與在香港的國際傳媒聯繫，強化文宣工作；八是加強邀請港澳國際重要傳媒人士來訪。

5 月 22 日

◆ 外交部駐港特派員公署發言人發表關於中國駐印尼大使館協助港人的情況通報。通報指出，近期印尼部分地區發生騷亂，一些華人、華僑受到衝擊，截至 5 月 21 日，大使館登記的中國公民累計為 544 人，其中香港特區居民有 331 人。大使館協助安排返回香港的港人共 224 名。為香港居民頒發入境陳述書 22 份，還協助處理了外交部駐港特派員公署轉去的港人求助個案 164 件，涉及 305 人次。

5 月 24 日

◆ 首屆立法會選舉投票日。投票人數及投票率都打破了回歸前香港歷次選舉紀錄。分區直選，在 280 萬名合資格選民中，有近 149 萬人投票，投票率達 53.29%；功能團體選舉，投票人數 77813 人，投票率 63.5%；選舉委員會選舉，投票人數為 790 人，投票率 98.75%。全部 60 個議席中，民主黨 13 席（其中分區直選 9 席，得票 634635 張，得票率 42.87%，與 1995 年相仿）；自由黨 10 席（全部是功能團體和選舉委員會議席，主席李鵬飛在分區直選中落敗）；民主建港聯盟（簡稱"民建聯"）10 席（選舉後，香港工會聯合會於勞工

1998 年 5 月 24 日，香港特區舉行首
屆立法會選舉。圖為港島東區選民在投
票站排隊投票。

界別的當選人陳國強宣佈加入民建聯，使民建聯擁有 10 席，與自由黨並列為第二大政治團體。其中分區直選 5 席，得票 373428 張，得票率 25.22%，比 1995 年增加 10%）；香港協進聯盟（簡稱“港進聯”）5 席（全部是功能團體和選舉委員會議席）；前綫 3 席（分區直選得票 148507 張，得票率 10.03%）；民權黨 1 席（分區直選得票 41633 張，得票率 2.81%）；港九勞工社團聯會（簡稱“勞聯”）1 席；街坊工友服務處（簡稱“街工”）1 席（分區直選得票 38627 張，得票率 2.6%）；獨立人士 16 席。60 名議員中，有臨時立法會議員 34 人、港區全國人大代表 4 人、全國政協委員 6 人。首屆立法會議員任期兩年。

5月25日

◆ 董建華發表聲明說，首屆立法會選舉成績值得港人驕傲和鼓舞。這次選舉是杳港按照基本法的規定，為發展民主踏出重要一步，亦是非常成功的一步。市民的積極參與，顯示出市民廣泛支持基本法、“港人治港”、高度自治。政府會繼續竭盡所能，堅定地按照基本法的規定發展民主。

◆ 特區政府公佈《競爭政策綱領》，列舉對競爭政策的目標，提出指示予不同行業遵從，讓其自行制定有關規管措施。當局亦支持消費者委員會制定促進競爭的工作守則。

5月26日

◆ 董建華在外國記者俱樂部發表講話時首次表示，本地經濟增長將大幅下降，甚至可能出現負增長。特區政府面對經濟起落所能做到的並不多，但已通過減稅及增加開支刺激經濟。特區政府不希望看到物業價格崩潰，將彈性處理土地供應。

◆ 中國外交部發言人說，香港特區首屆立法會選舉是香港特區切實貫徹和落實“一國兩制”、“港人治港”方針的又一重要體現。廣大港人積極參與行使自己的公民權利，歸屬感和主人翁意識增強。選舉體現了公開、公平、民主的原則。他相信，當選的立法會議員都會遵循“一國兩制”方針，按照香港基本法的有關規定履行自己的職責，香港特區第一屆立法會將為香港特區的政治、經濟的發展發揮建設性的作用。

◆ 政制事務局局長孫明揚會見 48 名外國駐港領事館代表，簡報香港特區首屆立法會選舉情況。重申選舉順利完成，特區政府會按照基本法列出的進程，推動民主化。

◆高等法院原訟法庭法官司徒敬接納姜恩柱的覆核申請，並頒發四項命令：（1）新華通訊社香港分社獲批准司法覆核；（2）姜恩柱不用在 6 月 2 日到東區裁判署法庭出庭應訊；（3）若劉慧卿反對法庭命令，需在 24 小時前通知法庭；（4）姜恩柱需將有關文件交給劉慧卿。5 月 1 日，東區裁判署法庭曾正式向姜恩柱發傳票，要求他於 6 月 2 日，就該社涉嫌違反私隱條例第 19（1）及第 64（10）條親自到東區裁判署法庭應訊。5 月 15 日，代表原告前綫召集人劉慧卿的律師、胡關李羅律師樓高級合夥人陳爵決定不會繼續處理這宗官司，案件已轉到另一律師行，由律師謝連忠負責。謝連忠準備免費為劉慧卿處理此官司。5 月 20 日，羅文錦律師樓代表姜恩柱向高等法院原訟法庭提出司法覆核申請書，要求高院撤銷東區裁判署法庭的傳召令。法律依據是：第一，劉慧卿控告姜恩柱時，已超過《裁判官條例》所規定的六個月的時限，控告本身已無效，東區裁判署法庭無權發出傳票；第二，劉慧卿 1996 年 12 月 20 日向當時的新華通訊社香港分社社長周南提出索取所謂個人資料，而姜恩柱當時並非新華通訊社香港分社社長，故姜恩柱不可能構成控方所指的觸犯法律的行為，劉慧卿如此提出控告，是濫用司法程序；第三，東區裁判署法庭發出傳票，指定要求姜恩柱親自出庭應訊，是違反有關法例的。

◆行政長官會同行政會議通過亞洲電視有限公司股權轉讓的申請。同意以封小平、劉長樂、陳永棋、王文煥等為主要股東的龍維有限公司和吳征、黃保欣的聯略有限公司分別購入亞視 46% 和 5% 的股權。新董事局成員將由 12 名增至 16 名，黃保欣任主席，前主席林百欣任永遠名譽主席。

◆276 名滯港越南人循有秩序遣返計劃返回越南後，香港萬宜羈留中心正式關閉，每年可為特區政府節省 6000 萬港元。保安局負責人表示，這是特區政府解決越南船民最後階段的一個里程碑。自 1975 年英國對香港實行"第一收容港政策"以來，已有逾 20 萬名越南人先後抵達香港。有秩序遣返計劃自 1991 年 10 月實施，連同這次被遣返的 265 名非法入境者及 2 名越南船民，循該計劃乘搭飛機返回越南的人數共達 12604 人。迄今約 14.35 萬名越南難民已移居外國，而逾 7 萬名非難民（包括 67100 名越南船民及 2900 名越南非法入境者）亦已遣返越南。現在港的越南人有 2460 人，其中包括約 1150 名越南難民、660 名越南船民、350 名越南非法入境者及 300 名從內地來港的越南非法入境者。

5 月 27 日

◆ 教育署已向所有學校發出《升掛國旗指引》。特區政府批准所有學校於臨時市政局及臨時區域市政局場地（如：體育館、運動場、泳池），在舉辦運動會、水運會、體育、文娛活動，及社區、教育、慈善活動時升掛國旗。教育署署長鼓勵學校在重要日子，如：國慶日（10 月 1日）、香港特區成立日（7 月 1 日）、元旦（1 月 1 日）、學年開始日、學校開放日、畢業禮日等懸掛國旗。

5 月 28 日

◆ 董建華在出席一個國際研討會時表示，香港樓價經過近半年暴跌後，已十分接近合理水平。當局樂見樓價能在現水平穩定下來。他指出，香港的確處於一個結構性的調整期。香港過去的經濟問題例如高物業價格、接近 10% 的通脹率、負利率增長、相對較高的人工薪酬等，實在需要進行修正。這個調整對香港是一件好事。亞洲金融風暴正加速了調整期的來臨。香港現正處於相當困難階段，這階段將維持很久，香港正面對經濟增長放緩。但香港的基礎依然存在。香港擁有龐大外匯儲備及財政儲備，而且有 "一國兩制" 的制度保障，"最終我們會更強、更好。"

5 月 29 日

◆ 董建華表示，目前香港首要的任務是穩定樓價，如果樓價繼續跌，對香港是不好的。但如果樓市再出現炒賣現象，特區政府會有另外一套措施來應對。

◆ 特區政府發表 1998 年度首季經濟報告，稱經濟實質下跌 2% 左右，為香港1985 年以來首次經濟負增長。全年經濟增長 3.5% 的預期增幅無法達到。消費物價指數 1998 年平均數字可能低於 5% 的預測。曾蔭權同時公佈七項措施以應付當前經濟困境：（1）改善銀行體系的流動資金狀況；（2）推動銀行的樓宇按揭貸款；（3）暫時取消打擊炒樓的措施，將樓花的預售期由目前房屋發展計劃的預計完成期之前 15 個月延長到 20 個月；（4）簡化台灣旅客入境手續；（5）入境事務處將為申請三年有效期的多次入境許可證的台灣居民提供簽證快速服務；（6）增加內地人士 "香港遊" 的名額至每日 1500 人；（7）興建觀光設施，以及通過地鐵公司牽頭在昂坪發展旅遊吊車。

◆ 香港特區政制事務局局長孫明揚和廣東省政府副秘書長兼外事辦公室主任巢振威分別率領兩地政府代表團出席粵港邊界聯絡工作會議。這是香港回歸後首次舉行的同類型會議。雙方回顧了過去一年有關跨界聯絡和合作的安排及過境交通管理，討論了彼此共同關注的事項和繼續尋求加強雙方合作的途徑。

◆ 據台灣"中央銀行"統計，香港已成為台灣銀行業最熱衷赴外設置分支機構的地方，現時已在香港設置分支據點的台資銀行有 9 家，正在籌設中的有 22 家，合計 31 家，居各地之冠。

6月1日

◆ 特區政府公佈區域組織檢討諮詢文件，諮詢期兩個月，7 月 31 日結束。文件建議把食物安全與環境衛生職能收歸政府，不再由兩個市政局負責，兩個市政局的財政開支須交由立法會審批。並提出四個重組區域組織架構的方案及其各自的優缺點：一是兩個市政局合併為一，負責文化藝術康樂體育事務，保留 18 個區議會；二是解散兩個市政局，職能轉交政府有關政策局及部門或其他法定組織，並讓 18 個區議會在地方層面承擔較多的市政工作；三是把兩個市政局和 18 個區議會合併重組為數個區域組織。有些職責（例如全港性大型場地的規劃和管理）可改由政府機構或全港性的法定組織負責，其餘職責則由區域組織負責；四是保留兩個市政局和 18 個區議會的現有架構，設法改善兩個市政局之間的協調，使其政策和做法更趨一致。

◆ 入境事務處允許持"台灣居民來往大陸通行證"（俗稱"台胞證"）和辦妥內地出入境有效簽注的台灣旅客，經香港往返內地時，毋須再申請香港入境許可證，可享有在香港停留七天待遇。

◆《九十年代》月刊（前稱"七十年代"）停刊。該刊創刊長達 28 年。

6月1日－6月3日

◆ 由世界知識產權組織和香港知識產權署共同主辦的"世界知識產權組織亞洲區會議"在香港舉行。會議主題是研究有關配合實施《與貿易有關的知識產權協議》涉及的各種問題。世界知識產權組織亞太區會員國代表、國際及地區組織代表以及知識產權界從業員和專業人士 100 多人參加會議。

6月3日

◆ 特區政府就業專責小組舉行首次會

議。會後小組主席曾蔭權宣佈，會議提出從 5 個範疇，包括加快工程以開設新職位、加強和改善就業輔導和選配服務、加強職業訓練和再培訓、推廣延續教育，以及立法遏止黑工等，推出 12 項措施逐步改善失業率高企的問題。

◆ 世界經濟論壇公佈 1997 年世界各地競爭力評估結果。香港在 53 個國家和地區中為第二名，新加坡第一名，排名與 1996 年一樣。

6月3日－6月5日

◆ 政務司司長陳方安生率領多位政府官員和商界人士訪問日本，並在東京開展"香港月"活動。此行主要目的是推廣香港旅遊業，同時向外界介紹香港回歸後的情況，特別是亞洲金融風暴所帶來的影響。

6月4日

◆ 支聯會（即"香港市民支援愛國民主運動聯合委員會"）晚上在銅鑼灣維多利亞公園舉行"六四"事件九周年"悼念活動"。警方估計只有 1.5 萬人參加，比 1997 年 2 萬人大為減少。有 1997 年曾參與活動但 1998 年決定不出席的人士表示，回歸之後已不再適宜參加此類型集會。

6月5日

◆ 入境事務處開始為申請三年有效多次入境許可證的台灣旅客，提供快速簽證服務，辦證時間從五天縮減為二天。

6月6日

◆ 董建華宴請以私人身份訪問香港的美國前總統布什（George Bush）伉儷一行。雙方就亞洲的發展前景和中美等問題交換了意見。布什表示，他對香港及亞洲長遠發展充滿信心。

6月8日

◆ 律政司司長梁愛詩應澳門司法政務司邀請訪問澳門。拜訪澳督韋奇立，還與澳門司法政務司蕭偉華、高等法院院長馬道諾、助理總檢察長李明訓舉行了工作會議。

◆ 香港《經濟日報》報道，美國參議員赫爾姆斯（Jesse Helms）的主要亞洲政策顧問博克（Ellen Burk），將會來香港接替胡丹（Minky Worden）擔任民主黨主席李柱銘的私人助理。

6月8日-6月17日

◆ 政務司司長陳方安生訪問美國紐約和華盛頓。在紐約接受電台採訪時說，相信中國內地官員密切注視香港立法會的成功選舉，並以此作為可否在內地推進政治自由化的參考依據。在華盛頓發表演講時說，1997年10月1日度過香港回歸後的首個國慶日時，頭一次體會到香港回歸中國，這是何等理所當然。

6月9日

◆ 行政長官董建華會晤訪問香港的美國前國務卿基辛格（Henry Kissinger），雙方就香港的經濟情況以及"一國兩制"的具體落實情況交換了意見。

◆ 特區政府發言人表示，政府循有秩序遣返計劃將154人遣回越南河內，其中包括153名越南非法入境者及1名越南船民。這是自該計劃實施以來遣返的第121批越南人。

6月9日-6月14日

◆ 由中華文化城有限公司、《大公報》和中國近現代史博物館聯合主辦的"人民的好總理——紀念周恩來百年誕辰展覽"在香港舉行。董建華、姜恩柱、曾憲梓出席並主禮開幕禮。五天展期中約有1.5萬多香港市民參觀了展覽。

6月11日

◆ 國務院總理朱鎔基在北京會見薩秉達率領的香港總商會訪京團時說，香港是有着良好市場經濟基礎的地區，加上香港在國際金融、自由港等方面的發展優勢，相信香港特區政府有能力把香港的事情辦好。香港經濟也一定能較平穩地渡過亞洲金融危機的難關。

◆ 中國外交部發言人在記者會上表示，香港經濟出現負增長、港股6月10日跌破8000點，是香港受到東南亞金融危機影響出現的暫時困難。中央政府支持特區政府捍衛聯繫匯率制，對香港經濟復甦充滿信心。

◆ 高等法院陪審團裁定由美國引渡返港的呂健康罪名成立。這是香港回歸後廉署首宗涉及引渡程序而成功檢控的案件。呂健康是前英美煙草公司要員，被控在1988年6月至1993年12月身為代理人在香港串謀他人收受利益，先後接受了瀚國有限公司約25萬美元和總值超過3000萬港元的饋贈及貸款。1995年12月被美國聯邦調查局在波士頓拘捕，1997年5月22日由美國引渡返港。

◆ 董建華在出席英國駐港總領事館舉

行的慶祝英女王生辰酒會時說，在歷史包袱卸下以後，中英關係得到了改善，這對於中英兩國人民以至香港居民來說都是重要的。英國駐港總領事貝恩德祝酒時說，英國與香港的關係是中英兩國關係的一部分，希望繼續促進這種關係的發展。他讚揚"一國兩制"的落實已得到舉世公認，並且讚揚董建華領導特區政府有效應付和順利渡過各種風暴。

◆ 入境事務處宣佈，"亞太經合組織商務旅遊證試驗計劃"開始實施。該商務旅遊證的有效期一般為五年（在試驗時發出的是三年）。持證人每次前往此旅遊證計劃的亞太經合組織成員地區時可免簽證逗留兩個月。參加此試驗計劃的有澳大利亞、智利、中國香港、菲律賓及韓國。1998 年 2 月 22 日，亞太經合組織同意香港加入這一計劃。

6 月 12 日

◆ 紀念宋慶齡在香港創立的保衛中國同盟（現名"中國福利會"）六十周年招待會在華潤大廈舉行。董建華、馬毓真、鄭國雄、朱育誠和原保衛中國同盟中央委員愛潑斯坦出席並為主禮嘉賓。

6 月 13 日

◆ 律政司司長梁愛詩在"國際大律師公會會議 ——《公民權利和政治權利國際公約》在世界各地實施的情況"致詞時表示，香港回歸以來，《公民權利和政治權利國際公約》已經牢牢植根於香港的法律制度。只要能夠從中國對香港恢復行使主權的角度適當理解，法律範疇內過去 12 個月的一些重要發展，均有充分理據支持，也沒有抵觸《公民權利和政治權利國際公約》規定特區所須遵守的責任。她並談及香港特區自行立法禁止任何叛國、分裂國家、煽動叛亂或顛覆中央人民政府的行為。認為這反映出香港擁有高度自主權。"因為儘管上述提及的罪行涉及中央人民政府，特區仍有權針對這些罪行制定法律。""特區政府在草擬上述法例時，會充分考慮《公民權利和政治權利國際公約》及基本法內有關言論和集會自由的規定，並顧及公眾輿論，立法建議亦會由立法會深入討論。"

6 月 14 日－6 月 19 日

◆ 董建華訪問澳大利亞、新西蘭。分別會見澳大利亞總理霍華德（John Howard）和新西蘭總理珍妮·希普利（Jenny Shipley）等兩國政要和商界人士。並先後發表演講，介紹香港實行"一國兩制"和抵禦亞洲金融危機的情況。指出香港回歸祖國以來 11 個月的歷史，顯示了"一國兩制"政策成功。聯繫匯率將維持不變，人民幣也不會貶值。香港有決心可以安然渡過目前的經濟風暴，以及"比以往更成功"。

6 月 15 日

◆ 香港股市大幅下挫，恒生指數全日跌 452.94 點，以 7462.5 點收市，交投量 62 億港元，創 1995 年 2 月以來新低。

◆ 金融管理局宣佈，即日起公佈銀行體系結餘預測頻率，增加透明度，減少拆息波動。

◆ 政府統計處公佈，1998 年 3 月－5 月份經季節性調整的失業率達 4.2%，比上月的 3.9% 高出 0.3%，創下 15 年以來新高（1983 年失業率為 4.5%），有 13.8 萬人失業。就業不足率為 2.6%，比上月上升 0.4%，有 8.5 萬人就業不足。

6 月 16 日

◆ 高等法院首席法官陳兆愷和副庭長黎守律、馬天敏准予特區政府及港人內地子女代表律師上訴許可。他們可就上訴法庭多宗港人內地子女案做出的判決，向特區終審法院提出上訴。三位法官認為，牽涉 1997 年 7 月 1 日前到港的港人內地子女能否即時留港定居，有關人士是否於父母取得香港永久居民身份後所生才有居港權，以至臨時立法會法理地位的問題等爭論，將由終審法院做出最終判決。

6 月 18 日

◆ 特區政府出版第一本年報《香港──邁進新紀元》。該年報全書內容共 25 章，董建華撰寫第一章，闡明香港回歸中國的意義並回顧過去一年的發展。

◆ 政務司司長陳方安生就 17 日在香港機場回答記者提問一事發表聲明表示，"我昨晚在機場會見新聞界時，由於錯誤理解某些問題，致令有關答案引起公眾誤會。我現在澄清，中央或內地官員在過去一年以來不曾有任何批示謂我應如何工作。事實上，'一國兩制'、'港人治港'的承諾自回歸以來得到充分實踐"。據報道，6 月 17 日，陳方安生外訪返港在機場見記者，被問及回歸一年來有沒有任何中央或者內地官員曾經明示或暗示，叫她怎樣制定決策時，陳方安生曾回答："暗示可能有，但我想每一個瞭解我的人都知道我很清楚知道我的角色是什麼，和我怎樣去履行我的責任。"

6月18日－6月22日

◆ 由香港各界婦女聯合協進會主席林貝聿嘉為團長、香港中華總商會婦委會副主任陳小玲為副團長的香港婦女代表團一行 11 人前往北京，參加中華全國婦女聯合會主辦的第四屆世界婦女大會後續行動經驗交流會。

6月19日

◆ 個人資料私隱專員發出的《身份證號碼及其他身份代號實務守則》生效。

6月21日

◆ 機場鐵路在中區香港站舉行啟用典禮。該鐵路連接赤鱲角新機場與九龍和港島，僅用三年零七個月建成。

◆ 法國駐港總領事譚傑禮（Thierry Dana）接受新華通訊社訪問時表示，香港回歸後，中國政府堅定不移地執行"一國兩制"的方針，對香港內部事務採取不干預政策，使法國對香港未來的信心與日俱增。

6月22日

◆ 董建華公佈一套紓緩困境、振興經濟的方案，措施有：即日起在本地賺取的銀行存款利息收入豁免利得稅；從現在起到 1999 年 3 月暫停賣地；退收差餉和減稅減費；為中小型企業設立信貸保證；政府首長級 D3 級以上高級公務員今年度凍結加薪。並指出，香港目前的經濟形勢是嚴峻的。我們應以務實的態度因應時需，把所有可以幫助紓緩經濟困境的對應策略、方案和措施，全盤拿出來，對挑戰作出勇敢果斷和毫無保留的回應。

◆ 標準普爾把香港主權評級及匯豐的短期評級和外幣評級列入負面觀察。23 日，又將 13 家香港公司列入負面觀察名單。這 13 家公司是：地下鐵路、九廣鐵路、中電、新鴻基地產、和黃、通用金融財務、中國海外、粵海、希慎、嘉里、太古、九倉、華人置業。

6月23日

◆ 董建華在《人民日報》發表題為《邁進新紀元 —— 為香港回歸祖國一周年作》的文章。

◆ 新華通訊社香港分社社長姜恩柱發表文章指出，香港回歸後，新華通訊社香港分社作為中央人民政府授權的工作機構，對原有職能作了適當調整，主要負責聯繫內地駐港中資機構，廣泛聯繫香港各階層人士，促進香港特區與內地在經貿、科技、教育、文化等領域的交流，處理香港與台灣往來的有關事務等。今後，新華通訊社香港分社將一如既往地嚴格按基本法辦事，尊重和支持香港特區政府依照基本法行使職權，為全面實施"一國兩制"、"港人治港"、高度自治的方針，維護香港的長期繁榮穩定而做出新的貢獻。

◆ 外交部駐港特派員公署特派員馬毓真發表文章指出，香港回歸一年來，在中央政府和外交部領導下，公署與以董建華為首的特區政府建立了良好的合作關係和有效的工作機制，處理了大量涉及香港的外部事務，包括香港特區與有關國際組織、國際公約的關係，香港特區政府與外國談判簽署雙邊協定，外國軍艦和國家航空器來港申請，涉港重大領事事務和大量涉及香港同胞利益的領事案件等許多工作。我們以實際工作維護了國家主權和利益，保護了香港同胞的合法權益，為促進香港特區的長期繁榮穩定發揮了應有的積極作用。他還提及，中央政府決定，對特區行政長官應邀出國訪問和外國領導人正式訪問香港，均由特區政府自行決定；行政長官出訪時，我駐外使節迎送並為其舉行歡迎酒會，但不參加他與往訪國官員的會談和其他正式活動。中央政府還打破常規，同意有關的特區外籍官員參加中國代表團出席會議並以"中國香港"名義發言。

◆ 行政會議決定從公眾假期中刪除國慶翌日及抗日戰爭紀念日。由於 5 月 1 日國際勞動節及農曆四月初八佛誕日由 1999 年起為公眾假期，香港每年的公眾假期仍維持 17 天。

◆ 高等法院對香港司法史上首宗藐視法庭案作出判決，裁定《東方日報》去年底至 1998 年初所刊登的文章"中傷法庭"，構成藐視法庭罪。該報派遣記者跟蹤法官高奕暉的做法也構成"中傷法庭"罪。並裁定東方報業集團作為《東方日報》的控股公司需為該報"中傷法庭"的文章承擔藐視法庭罪，但不用為該報派記者跟蹤法官的行為負責，而該報前總編輯黃陽午則需為上述兩項行為負藐視法庭罪，其餘四名被告均被判無罪。6 月 30 日，高等法院判處黃陽午即時入獄四個月，判罰東方報業集團 500 萬港元並須在七月內繳付。同時判處黃陽午和東方報業集團支付此案 80% 的堂費。

6 月 24 日

◆ 行政長官批准政府紀律部隊（包括：警務處、消防處、懲教署、海關和入境事務處）實施新的頒授勳章及獎章制度，分別是卓越獎章、榮譽獎章、長期服務獎章和加敍勳扣。

◆董建華會見訪港的美國商會會長（港稱"美國總商會主席"）兼行政總裁湯馬士（Thomas Donohue），簡介了香港的經濟情況。湯馬士認為，香港特區政府為協助經濟調整而推出的措施"合時、進取和具前瞻性"。

6月25日

◆解放軍駐港部隊政委熊自仁在《人民日報》海外版發表文章說，中國人民解放軍駐港部隊依法駐軍，按照"一國兩制"方針指導實踐，保持人民軍隊的本色，以威武文明之師的良好形象，贏得了香港廣大同胞的信賴和讚譽。

◆中國外交部發言人在記者會上回答傳媒提問時說，釣魚台及其附屬島嶼自古以來就是中國的固有領土，中國政府的這一立場是明確的、一貫的。圍繞此次港台人士"保釣"問題，中方曾通過外交途徑向日方闡明了有關立場，強烈要求日方吸取教訓，不要採取強硬措施和過激行動，不要激化矛盾。但令人遺憾的是，日本不僅出動大批艦船攔截"保釣"船隻，而且將船隻嚴重撞損並致沉。中方對目前事態表示關注和遺憾，由此產生的後果應由日方負責。

◆特區政府宣佈，再度委任馮國經為香港貿易發展局主席，1998年7月1日起生效，任期兩年。

◆在香港開業38年的日資大丸百貨公司宣佈年底結業，300多名員工受影響。

◆公安部出入境管理局透露，1993年至今年6月20日，香港永久性居民中的中國公民在內地所生子女，已有六萬餘名符合條件者獲安排赴港定居，其中香港回歸後赴港定居者為兩萬餘名。

6月26日

◆為慶祝香港回歸祖國一周年，中央政府將一幅寬14米、高5米的巨型山水中國畫贈送給特區政府。畫的右上角有江澤民主席的親筆題字"錦繡中華"和個人印鑒。

◆董建華在香港接受德國《明鏡》周刊記者的獨家專訪，就"一國兩制"、香港民主和人權、東西方價值觀、香港經濟和中國經濟等問題作了闡述。談到他與中央政府日常接觸時說，在處理對外事務時，他會與中央政府保持密切的聯繫，但是中央政府很有節制，一般都讓香港政府按自己的意願辦。當他出國的時候，中國駐當地大使會對他進行禮節性拜訪或為他舉辦一個晚會，無更多其他舉動。例如，他在倫敦拜訪前港督衛奕信時，告訴衛奕信他拜訪了首相布萊爾。衛奕信問他："中國大使不在場嗎？"他給予肯定答覆後，衛奕信說，如果你是英國的香港總督，將不可能得到英方的這種允許。

6月27日

◆ 由本地高級公務員協會、華員會、香港公務員總工會及政府人員協會四大公務員團體聯合發起，98個公務員團體回應參與的"公務員團體慶祝香港特區成立一周年嘉年華會"在九龍公園舉行。特別邀請董建華等主禮。

6月28日

◆ 新華社北京電，中央軍委主席江澤民最近簽署中央軍委通令，給中國人民解放軍駐港部隊記二等功。7月23日，駐港部隊舉行慶功大會。董建華、馬毓真、鄭國雄等應邀出席。董建華致詞讚揚駐港部隊官兵，與港人和睦共處，是香港市民歡迎的隊伍。

6月29日

◆ 江澤民在北京會見由伍淑清任團長，香港480名中學及大學師生組成的中華青少年歷史文化教育交流團，並發表重要講話。江澤民指出，香港青少年代表着香港的未來和希望，在實現中華民族偉大復興的進程中，你們同祖國內地的青少年一樣，肩負着光榮的責任和使命。他並稱讚董建華領導的特區政府過去一年的工作。1月11日，中華青少年歷史文化基金會在香港成立，宗旨是推動、組織香港青少年認識祖國，增進民族感情。伍淑清為執委會主席，董建華為名譽贊助人，姜恩柱為名譽顧問。

◆ 董建華就香港回歸祖國一周年發表獻詞。

◆ 據香港《文匯報》報道，終審法院首席法官李國能日前表示隨着特區誕生而成立的香港特區終審法院一年來運行良好，司法獨立得到了不折不扣的落實。雙語審判是香港法庭應遵循的方向，他將花大力氣推動這件事。並說，"在'一國兩制'方針下，香港享有了真正的司法獨立。法治精神對香港非常重要。我將努力建立一個高專業水準的司法機構，不辜負香港市民對我們的期望。"

◆ 據中國海關統計，香港回歸祖國一年來，與內地經貿合作發展勢頭良好。1997年兩地貿易額508億美元，比1996年增長24.6%；1998年前五個月，兩地貿易額196億美元，增長6.3%。

1997 年全年和 1998 年前五個月，港商對內地的實際投資佔內地實際吸收外商直接投資總額的比重都達到 46%。

◆ 中英聯合聯絡小組英方首席代表包雅倫接受法新社訪問時表示，亞洲金融危機是外部因素，對香港造成的影響不應與香港的"主權轉換"連在一起。強調英國對香港回歸後的發展感到滿意，稱讚中方遵守對港的不干預政策及尊重香港高度自治。

◆ 日內瓦共同資源集團公佈全球生活費調查，香港取代東京成為世界上生活費最昂貴的城市。

◆ 據報道，台灣當局評論一年來香港實行"一國兩制"情況和台港關係。中華旅行社總經理鄭安國承認：香港實施"一國兩制"，是在香港必須移交中共情況下，比較好的選擇。回歸一年來，中共對"一國兩制"的落實，大體上是在基本法的框架下運作。港人集會、遊行、示威權利沒有受干擾，經濟目前低迷是多方面原因造成的，不能完全歸咎特區政府處理能力。並認為台港關係沒有太大的改變，兩地溝通管道比港英時代要正式和公開，總的狀況比以前好得多。海基會副董事長兼秘書長許惠祐認為，台灣不必為了抗拒"一國兩制"而刻意唱衰香港。台"陸委會"發表《香港移交周年情勢報告》也承認，香港回歸一年來，台港關係的發展比預期順利，並朝穩定方向推進。但堅持"一國兩制"在台灣不可行。

6 月 30 日

◆ 應特區政府邀請，江澤民和夫人王冶平抵達香港，出席特區成立一周年慶祝活動並主持新機場揭幕典禮，江澤民的隨行人員有中共中央政治局委員、國務院副總理錢其琛和夫人周寒瓊，中共中央政治局候補委員、中共中央書記處書記、中共中央辦公廳主任曾慶紅，中共中央軍委委員、中國人民解放軍總參謀長傅全有，國務院港澳辦主任廖暉。董建華昨日從香港飛抵北京，向江澤民等國家領導人匯報慶祝活動具體安排，並於今日陪同江澤民一行前來香港。

◆ 英國副首相彭仕國（John Prescott）訪港。會晤董建華，並出席了特區成立一周年晚宴和新機場開幕禮。他表示，過去一年，中英聯合聲明和"一國兩制"在港實踐良好。他是香港特區成立後訪港的最高級英國官員。

6 月 30 日－7 月 1 日

◆ 香港特區駐美國、英國、加拿大、

日本、新加坡等國經濟貿易辦事處分別舉行酒會，隆重慶祝香港回歸祖國一周年。各駐在國政府、議會和各界人士數百人或一千多人出席。

7月1日　香港特別行政區成立一周年

◆香港特區政府隆重紀念香港回歸暨香港特別行政區成立一周年。上午8時，特區政府在香港會議展覽中心金紫荊廣場舉行升國旗和區旗的儀式。10時，特區政府在紅磡體育館舉行隆重集會，熱烈慶祝香港回歸祖國一周年。江澤民和夫人王冶平及其隨行人員和5500多名嘉賓出席。江澤民發表重要講話。董建華致詞。晚上，特區政府在香港會議展覽中心舉行盛大宴會，江主席等國家領導人和香港各界人士近千人出席。董建華致詞時表示，在抵禦亞洲金融風暴的過程中，越來越多香港市民由衷地認識到香港與內地一家人的依賴關係和重要關係。錢其琛致詞時重申，中央政府將堅定不移地繼續貫徹"一國兩制"的方針，嚴格按照基本法辦事，全力支持董建華及以其為首的特區政府的工作，並盡一切力量維護香港的繁榮穩定。當天下午至晚上，慶祝香港回歸一周年聯席會議在跑馬地舉行慶祝香港回歸一周年嘉年華會，四萬多名市民參加。

◆上午，江澤民一行與香港工商界知名人士共晉早餐。中午，董建華率特區政府主要官員設午宴招待隨同江澤民來港的22位中央政府有關部門和省市負責人。雙方就內地和香港如何開拓新的合作領域交換意見。下午，江澤民一行到沙田醫院和馬鞍山新港城中心參觀，受到市民的熱烈歡迎。其後，江澤民在中銀大廈接見中央駐港機構和部分中資企業主要負責人，並作重要講話。晚上，江澤民會見了董建華和特區政府主要官員、行政會議成員和社會知名人士，並作重要講話。

◆香港特區政府公佈1998年行政長官授勳及嘉獎名單。230人獲授勳及嘉獎。黃保欣、吳康民、邵逸夫、沙理士等四人獲頒大紫荊勳章。10月1日，董建華在前總督府為81名受勳人士頒授勳銜。

◆香港《文匯報》報道，美國國務院發言人魯賓日前稱，香港的平穩過渡是成功的。他說，"香港體現了高度自治，香港人繼續享有言論自由，那裡的經濟商業活動也繼續進行"。他指出，香港的成功過渡對亞洲和美中關係都十分重要。

◆英國外交部專責遠東及香港事務的國務大臣范卓德在香港《東方日報》撰文說，沒有人能否認香港在過去一年努力的

1998年7月1日，國家主席江澤民在香港參觀社區。圖為江主席在沙田醫院簽名留念。國務院副總理錢其琛、中央辦公廳主任曾慶紅、香港特區行政長官董建華等陪同參觀。

1998年7月2日，江澤民主席在香港檢閱中國人民解放軍駐香港部隊陸海空三軍儀仗隊。中國人民解放軍總參謀長傅全有陪同檢閱。

成果。香港人令"一國兩制"逐漸得到實現。英國對香港仍然充滿信心。前英國駐華大使麥若彬（Mclaren, R.J.T.）表示，過去一年來，中國信守中英聯合聲明及基本法，沒有干預香港的自主性，特區的法治精神不變。

7月2日

◆上午，江澤民主席檢閱駐港部隊陸、海、空三軍，代表中共中央、國務院、中央軍委，向駐港部隊全體官兵表示親切慰問。江澤民主席說，駐港部隊進駐香港一年來，在中共中央、國務院、中央軍委的領導下，按照中央確定的方針政策，依法履行職責，注重強調全面建設，做得非常好。這也是與以董建華先生為首的特區政府在許多方面的支持分不開的。他希望駐港部隊繼續嚴格遵守香港特區基本法、駐軍法和香港特區法律，繼續從嚴治軍，保持旺盛的戰鬥力，以威武之師、文明之師的良好形象，把駐港的任務完成得更好。

◆國家主席江澤民為位於赤鱲角的香港新國際機場主持揭幕典禮。國務院副總理錢其琛等國家領導人和中央有關部門和省市負責人，以及特區政府主要官員、行政會議成員、立法會議員和與新機場設計、建造有關的國家及地區代表，工程公司、機構負責人，工商界人士 3000 多名嘉賓出席。董建華致詞。江澤民拉開"香港國際機場落成"牌匾上的紅色帷幕，象徵香港新機場正式建成啟用。錢其琛致詞時代表江澤民和中央政府，對新機場的建成和啟用表示熱烈的祝賀。這座現代化設計、歷時 7 年、耗資 1550 億港元的新機場，將於 7 月 6 日正式啟用。揭幕典禮結束後，江澤民一行從新機場乘專機離開香港。

◆首屆立法會舉行第一次會議。60 名議員宣誓就職，范徐麗泰當選為立法會主席。會議接着通過由梁智鴻提出的兩項決議案：（1）通過《立法會議事規則》；（2）立法會財務委員會、內務委員會及各事務委員會的首次會議不應遲於 7 月 31 日舉行。

◆律政司明確表示，立法會剛通過的《立法會議事規則》有若干規則違反基本法。政府與立法會在議員提出私人法案的計票方法，以及由立法會主席還是由行政長官決定議員提出的私人法案是否抵觸基本法方面有分歧。律政司司長梁愛詩指出，如果立法會議員提出的私人法案涉及修訂公共開支、政治體制、政府運作，均是違反基本法。她又指出，議員提出的私人法案，包括棄權票在內，必須要有過半數出席會議的議員支持，才能獲得通過，否則也違反基本法。據報道，《立法會議事規則》主要就基本法附件二規定的表決程式作出了修改。規定有關議案、法案、修訂案要獲得通過，必須是出席會議議員中過半數投贊成票。

7月2日－7月3日

◆ 美國總統克林頓和夫人希拉里（Hillary Clinton, 港譯：希拉莉）及美國國務卿奧爾布賴特等高級官員抵港訪問。這是首位美國總統訪問香港，也是其訪華行程最後一站。董建華在前總督府宴請克林頓一行，並在晚宴前和特區政府多位主要官員會見了他們，雙方就香港的經濟現狀以及發展前景交換了意見。克林頓表示很高興看到香港特區成功實現"一國兩制"，對香港堅守聯繫匯率的做法表示讚賞。並說，只要美國與香港攜手衷誠合作，相信金融風暴會很快過去，美國會盡力令亞洲經濟儘快復甦。他對香港經濟的前景表示樂觀。克林頓在香港美國商會和香港貿發局舉辦的午餐會上發表演講。並與多名特區政府官員和民建聯、民權黨、前綫、大律師公會、律師會和香港記者協會負責人會晤。會晤前，曾單獨會見民主

黨主席李柱銘。奧爾布賴特則與陳方安生、曾蔭權會晤。離港前，克林頓舉行記者會稱香港是中國通往世界的窗口。

◆ 民建聯主席曾鈺成指出，香港的民主發展應由港人自決，外人不應插手。美國總統如果擺出對香港某一政黨特別支持的姿態並不合適，此舉有干預香港政治的嫌疑。

7月3日

◆ 香港特區政府公佈，1997/1998年度財政賬目結算，將淨值 2031 億港元的土地基金計算在內後，政府財政儲備為 4575 億港元。1997/1998 年度政府總收入為 2752 億港元，總支出為 1943 億港元，整體盈餘為 809 億港元。

7月6日

◆ 啟德國際機場於凌晨正式關閉，赤鱲角新國際機場正式啟用。董建華發表聲明指出，經過 7 月 4 日晚的大規模搬遷行動，我們成功把機場設備和器材遷移至赤鱲角，新香港國際機場如期投入服務。新機場建設督導委員會主席陳方安生在新機場迎接首批抵港乘客後發表談話，特別點名感謝前港督衛奕信、彭定康和前港英布政司霍德。

◆新機場啟用首天因電腦出現故障等原因導致客運和貨運運作出現大混亂，經濟損失慘重。至 8 月 24 日才全面恢復運作。

7月7日

◆特區政府宣佈成立臨時香港科學園有限公司，委任金山工業主席兼總裁羅仲榮為董事局主席。

◆"鄧小平——女兒心中的父親"攝影展一連三天在香港展覽中心舉行。展示鄧小平女兒鄧林拍攝的 110 多幅鄧小平生活照片。

7月8日

◆特區政府宣佈，鑒於現時的經濟情況，所有政府資助的教育課程在 1998－1999 年度的學費，凍結在現時（1997－1998 年度）的水平。受惠的學生約 37.1 萬人，他們節省的學費總額約 1.9 億港元。

◆廉政專員任關佩英表示，廉政公署在 1998 年上半年共接獲 1780 宗貪污舉報，比去年同期的 1435 宗，上升 24%。其中涉及私營機構的有 909 宗，升幅為 24%；涉及警務處的有 295 宗，升幅為 21%；涉及海關的有 41 宗，升幅為

141%；涉及教育署的有 11 宗，升幅為 267%；涉及地政總署的有 28 宗，升幅為 56%。

7月9日

◆特區政府在就業專責小組第二次會議上提出開辦海員訓練課程，將前添馬艦用地撥予香港旅遊協會舉辦活動，以及為資助學校進行維修保養工程等三項解決失業問題的新措施，合共開設近 7000 個新職位。

◆立法會召開特別會議，與律政司代表商討律政司指《立法會議事規則》某些條款違反基本法的問題。政治團體、議員批評律政司的觀點是強逼立法會變成橡皮圖章，否決了基本法賦予立法會的職權。同日，香港《信報財經新聞》報道，律政司正積極考慮把問題向法院提出司法覆核，希望法院儘快作出裁決，避免日後引致訴訟。

7月10日

◆《1998 年香港機場（障礙管制）（廢除）令》生效。該條例廢除為啟德機場訂定建築物高度限制的《1997 年香港機場（障礙管制）令》。

◆工務局局長鄺漢生與廣東省水利廳

廳長關宗枝簽署"東深供水改造工程"貸款協議。按照協議,特區政府向廣東省政府提供貸款 23.64 億港元。

◆民建聯主席曾鈺成在該會成立六周年的酒會上致詞表示,其會員由最初的 50 多人發展到現在約 1300 人,民建聯會員由一人擔任回歸前的立法局議員增加到現在有十人擔任第一屆立法會議員,民建聯會員擔任區域組織議員的人數也成倍增長。

◆俄羅斯新聞社國際文傳社(Interfax)香港分社正式成立。國際文傳社是原蘇聯最大商營新聞社,總部設在莫斯科。在英、德、美等設有分社。

7 月 11 日

◆特區政府宣佈採取緊急應變措施,包括聯絡澳門機場和深圳黃田機場,協助分流香港國際機場的貨運。中央政府表示全力協助特區克服空運貨物困難。此前,在特區政府關注下,機場管理局採取緊急措施,客運逐漸運作正常,但貨運混亂情況惡化。在各方配合下,7 月下旬的新機場貨運恢復 83%。特區政府估計,新機場運作混亂期間經濟收益損失約 46 億港元,相等於本地生產總值的 0.35%。

◆國際結算銀行首個海外辦事處 —— 亞太區辦事處在香港設立,成為國際結算銀行的地區協調中心。

7 月 12 日

◆《香港商報》報道,香港海關自 1987 年加入世界海關組織後,首次獲選為世界海關組織政策委員會成員,任期為兩年,1998 年 7 月 1 日起生效。

◆前英國駐華大使柯利達(Percy Cradock)在香港電台節目"給香港的信"中說,回首香港過去一年,先前人們最害怕的變化沒有發生,反而預計最不會變化的領域,卻出現了重大改變。英國工黨新政府重建與中國建設性關係,使彭定康挑起的爭端告一段落,對香港是個好消息。在這個新關係下,香港是通往中國的大門和寶貴資產而不是中英雙方的障礙和招惹爭端之地。並認為,亞洲金融風暴影響下的香港,前景主要有賴中國的經濟增長、人民幣不貶值和日本經濟狀況。他有信心香港在北京的支持下,經過長時期痛苦與壓力後,定可走出困境。

7 月 15 日

◆立法會否決民主黨議員提出分別於 2000 年和 2002 年全面直選立法會和行政長官的動議和民權黨議員提出的促請行

政長官立即成立憲制會議、儘快討論政制事宜及民建聯議員提出的促請政府儘快舉行政制檢討的修訂動議。

7月16日

◆ 由內地和特區政府有關部門代表組成的香港排污計劃專家組在香港舉行首次會議，重申要共同努力保護海岸水質。會議同意成立香港排污計劃技術小組，討論策略性污水排放計劃第二期不同的污水處理和排放方案可能對環境造成的影響。

7月17日

◆ 立法會財務委員會批准政府提出的公務員薪酬方案，除首長級 D3 或以上薪級的公務員凍結薪酬外，其他高層級別和首長級 D1、D2 級公務員提薪 6.03%，中層、低層公務員提薪 5.79%。司法人員和按公務員薪酬調整的受資助機構僱員，因應上述加幅作出調整。1998 年 4 月 1 日起生效。

7月17日－7月18日

◆ "香港一國兩制實踐與祖國統一展望學術研討會"在香港舉行。這是中國和平統一促進會和台灣的中國統一聯盟第三次（也是香港回歸後首次）在香港共同舉辦討論祖國統一問題的研討會。全國政協副主席、中國和平統一促進會執行會長錢偉長致詞時表示，"一國兩制"在香港的成功實踐越來越證明，這一方針是維持台灣現狀的最好方法。

7月18日

◆ 特區政府就區域組織檢討進行的兩個月諮詢期結束。共收到 190 份個人和團體意見書及 140 份問卷意見書。大部分意見贊成由政府承擔食物安全與環境衛生的職責，支持改革或解散兩個市政局。

7月20日

◆ 香港特區政府停止在台灣旅客使用的《台灣居民來往大陸通行證》上加蓋 "注意事項" 的做法，並刪除台灣旅客來港入境申請表上的有關內容。1998年 6 月 1 日，香港特區政府有關部門開始在《台灣居民來往大陸通行證》上加蓋 "注意事項"："你在香港特別行政區逗留期間，不得代表台灣地區或台灣地區當局（包括展示有關機構、團體或組織的徽號或旗幟），亦不得從事或參與令香港特別行政區政府尷尬的活動"。7 月 19 日，入境事務處發言人宣佈，經過檢討，特區政府認為不在台胞證件上加蓋 "注意事項"，也可以維持有效的入境管制。並表示，停止這個做法是回應旅遊業人士的意見，以免對台灣旅客造成不良的心理影響，打擊其來港旅遊的意願。

7 月 21 日

◆ 行政長官會同行政會議決定成立獨立調查委員會，委任高等法院法官胡國興和大學教育資助委員會主席鄭維健分別為主席和委員，調查新機場啟用初期客貨運混亂問題。7 月 29 日，立法會通過成立由周梁淑怡任主席的 13 人專責委員會調查新機場問題，委員會可根據《立法會（權力及特權）條例》行使其職權。7 月 30 日，該委員會決定與政府上述調查委員會同步展開調查工作。此前申訴專員公署已於 1998 年 7 月 13 日起，根據《申訴專員條例》對新機場的籌備啟用及實際運作展開直接調查。

◆ 特區政府宣佈，委任行政會議成員李業廣為強制性公積金計劃管理局主席。任期由 1998 年 9 月至 2000 年 9 月止。

◆ 立法會議事規則委員會舉行會議，堅持《立法會議事規則》沒有違反基本法，即使司法覆核也有信心勝訴。

◆ 特區政府宣佈，批出兩張接駁人造衛星的牌照，分別給予電視廣播旗下的星河頻道及衛星電視持牌公司 Hutchvision.。

◆ 英國外交部向國會提交第三份香港報告書。報告書稱：英國政府將繼續密切留意香港情況的發展。對於香港在過去一年的發展、中國對聯合聲明的尊重及香港的自治，英國都深感欣慰。香港的表現一直深獲國際間的認同，並充分符合聯合聲明的有關規定。無論是英國、中國及香港對此都深表滿意。英國政府也認為香港特區政府在處理經濟及金融事務方面，仍繼續維持完全獨立自主。中國政府一直大力支持特區政府的工作，但卻沒有干預其經濟政策的制訂，香港的公務員隊伍繼續維持其優良素質，基本權利及自由在香港也得到保障。同類報告書未來每半年會向國會提交一次，最少至 2000 年為止。

7 月 22 日

◆ 新華通訊社及中國新聞社報道，涉嫌綁架香港商人，共勒索 16 億多港元的悍匪張子強等 18 人（其中 14 人來自香港）已在內地被公安部門依法逮捕。董建華對此表示感謝。並表示，有內地公安機關的合作，香港的治安將會繼續保持世界一流的水平。

7月22日－7月27日

◆ 台灣的圖書出版協會理事長武奎煜率台灣 40 餘家出版經營業者來香港，出席第九屆香港書展，並就版權保護問題與祖國大陸和香港等地的代表進行了討論。

7月24日

◆ 董建華在前總督府舉行茶會款待新聞界人士，100 多位香港、內地和外國駐港的傳媒代表出席。董建華表示，特區成立一年來，新聞自由方面的運作非常良好，新聞界對政府發揮了高度監察的作用，希望未來一年傳媒繼續在這方面發揮更大的作用。

7月26日

◆ 行政會議成員梁錦松接受記者訪問時表示，目前立法會議員不斷罵政府，傳媒對批評特區政府的言論大肆報道，這種社會氣氛不好。特別是一些議員以反對中國政權為"為民請命"，藉此得到很多選票。這是現實，但不健康。他認為，政府最重要的是直接面對群眾，爭取民意。若民意站在政府的一邊，立法會的反對力量自然會較弱。並表示，按基本法時間表於 2007 年再檢視民主步伐，因為香港推行民主只有 17 年，不像外國有百年歷史。

"民主若搞得不好，可以變成 mob rule（暴民統治）"。他也不贊成及早開展檢討政制，因為特區成立為時尚短，未有足夠經驗可供檢討。

7月27日

◆ 國務院新聞辦公室發表《中國的國防》白皮書，其中有"駐軍香港"一節。

◆ 香港同胞慶祝中華人民共和國成立四十九周年籌備委員會成立。780 多名香港各界別人士獲邀參加國慶籌委會的工作，人數為歷年之最。董建華、姜恩柱、馬毓真、劉鎮武任主席團名譽主席。國慶籌委會秘書長胡經昌表示，國慶籌委會常設委員會已經成為特區政府認可的"註冊慈善團體"，贊助它主辦國慶活動的捐款可予免稅。

7月28日

◆ 金融管理局宣佈即日起撤銷有關銀行物業貸款佔總貸款四成的指引。

7月30日

◆ 香港工業科技中心公司與北京市政府科學技術委員會在香港簽署京港科技合作協議書，以推進兩地大專院校、科研機構與企業之間的科技交流與合作，促

進兩地的產業結構調整和高新技術產業的
發展。

7月31日

◆ 特區政府賑災基金撥款 300 萬港
元予香港紅十字會，緊急援助內地水災
災民。至此，賑災基金的撥款達 600 萬
港元。

8月1日

◆ 特區政府宣佈香港特區政府駐北京
辦事處的職能為：（1）向中央人民政府、
各省市部門和內地民間團體提供有關香港
特區的資料；（2）向特區政府的有關決策
局和部門匯報內地的最新發展；（3）與中
央政府各部門及各省市駐北京的辦事處聯
繫；（4）為香港特區政府往內地訪問的代
表團提供後勤支援；（5）處理與香港特區
有關的出入境事務，例如：為身在內地的
外國公民發出簽證；（6）與設於內地的
香港特區非政府機構（例如：香港貿易發
展局和香港旅遊協會駐內地的辦事處）聯
繫；（7）為身在內地的香港居民提供實務
性協助。並決定租用北京市建國門內大街
18 號恒基中心辦公樓第 1 座 21 樓，作為
駐京辦事處臨時辦公室地點。

8月2日－8月6日

◆ 由多名參政團體立法會議員及學
者組成的、以自由黨主席李鵬飛為團長
的 "香港政界暨學術界台灣經濟建設參觀
團"，到台北及新竹等地訪問，獲台灣當
局高層會見。

8月3日

◆ 香港《信報財經新聞》報道，中央
政策研究組最近付給香港政策研究所、一
國兩制研究中心、理工大學中國商業中心
和香港大學亞洲研究中心等四間非政府研
究機構 1000 多萬港元經費，請其提供為
期兩年的顧問服務，就內地及亞洲國家的
社會、經濟和政治趨勢提交報告。

8月5日

◆ 新華通訊社公佈國務院決定：任命
王鳳超、鄒哲開、陳鳳英（女）為新華通
訊社香港分社副社長；免去王鳳超的國務
院港澳事務辦公室副主任職務，毛鈞年、
朱育誠的新華通訊社香港分社副社長職
務。毛鈞年、朱育誠分別於 1987 年 9 月
和 1992 年 10 月任新華通訊社香港分社
副社長。

◆《星島日報》報道，香港再度被美
國政府列入 2000 財政年度的分散移民簽

證抽籤計劃（俗稱"抽籤移民"）內。這是香港回歸後首次獲此資格，也是港人連續五年取得參與資格。根據計劃，港人在新一期抽籤中最多有 3500 人獲得美國綠卡。欲參與此計劃移民美國的港人可在 10 月 1 日起 30 天內申請參與抽籤。

8月5日-8月7日

◆ 國際炒家再次狙擊港元，三天動用逾 400 億港元購買遠期美電。金融管理局改變高息對策，動用外匯基金買入港元。因港元受到衝擊，加上市場擔心人民幣會貶值，股價下跌，創三年半以來的新低。8 月 7 日，恒生指數收市報 7018 點。

8月7日

◆ 董建華呼籲全港市民本着同胞互助的精神，伸出同情之手，有錢出錢，有力出力，踴躍支援長江流域水災災民。賑災活動得到香港同胞大力支持，各界迅速動員，發起了全港性的募捐賑災活動。長江流域發生百年不遇的特大洪水，人民生命財產遭受重大損失。截至 8 月 3 日，全國共有 2.4 億人次遭受不同程度水災，28 個省區市受影響，1700 多萬房屋倒塌、損壞，2150 多萬公頃農作物受災，其中 478 萬公頃絕收，死者超過 2000 人，直接損失達 2000 億元人民幣以上。中央政府已發放 26 億元救災資金物資。

◆ 中國人民銀行行長戴相龍在與香港金融管理局總裁任志剛通電話時表示，人民幣不會貶值。任志剛則表示港元聯繫匯率會繼續維持不變。

◆ 董建華就港股下跌至 7000 點關口及港元又出現大量沽盤一事答記者問時表示，聯繫匯率制度是為確保香港長遠的經濟活力和經濟利益而設的，維持聯繫匯率制度是香港特區政府最堅定的政策。

◆ 香港房屋協會宣佈，為 5000 名夾心階層置業者提供免息按揭。

◆ 香港華商銀行公會主辦的第一屆"閩港台金融交流合作研討會"在香港舉行，福建省副省長曹德淦等約 180 人出席。其中，台灣金融保險機構 20 餘名負責人，由中國信託商業銀行董事長辜濂松率領組團來香港參加。

◆ 英國國會外交事務委員會發表香港回歸後情況的首份報告。報告稱，香港回歸後各個領域都很成功，保持了"連續性"。儘管保安局局長黎慶寧請辭，在公務員中引起一陣小震動，但香港高級公務員在回歸後的流失率只有 3%，這足以顯示公務員對香港的信心。香港的新聞自由

1998 年夏季，中國長江流域發生百年
不遇特大洪水，香港各界同胞紛紛捐款
捐物，援助災區。圖為兩名香港兒童將
自己的零用錢投入籌款箱中。

和集會自由大致上沒有改變，如香港今年"悼念六四事件"的集會仍在沒有干預及阻止的情況下進行。報告批評香港特區首屆立法會選舉 60 席中只有 20 席由直選產生是"嚴重缺陷"，特區政府應儘快修改基本法，以全民直選產生行政長官及立法會。報告表示關注香港電台的角色及獨立問題。報告要求英國政府加緊游說各國政府特別是歐盟，給予香港特區護照持有人免簽證入境。

8 月 8 日

◆ 董建華約見一批不同行業的中小型企業代表，就目前和未來的經濟發展交換意見。董建華希望香港的中小企業帶動經濟復甦。

8 月 10 日

◆ 大學教育資助委員會宣佈，將根據一項 1.35 億港元的試驗計劃，資助香港八間專上院校自 1999 年起三年內招收 450 名內地重點大學優異生，在香港修讀學士課程，畢業後返回內地。這一計劃受到內地學者的高度讚揚。

8 月 11 日

◆ 香港股市受日圓持續下瀉拖累，創五年來新低，收市報 6779.95 點，跌 250 多點，跌幅達 3.62%，倫敦港股收市再下挫 120 多點。港股由一年前的歷史高位起計，至今已累積下跌 10040 點，市值損失約 3.2 萬億港元（平均每名股民損失 350 多萬港元），幾乎相等於香港過去三個財政年度本地生產總值的總和。

◆ 金融管理局發言人表示，奧地利第二大銀行 Erste Bend der oesterreichischen Sparkassen AG（EB）已於 8 月 10 日獲金融管理專員根據《銀行業條例》發給香港持牌銀行牌照。至此，香港的持牌銀行增至 176 家，其中 31 家在香港註冊。

◆ 香港《信報財經新聞》引述加拿大和澳大利亞移民部門的統計數字顯示，1997 年 7 月後，香港居民獲發移民簽證至兩國的數字劇減超逾五成，尤其是 1998 年首季，申請入加拿大籍的人數下降達九成，只有 2600 人。

8 月 13 日

◆ 民政事務局首次率領香港東華三院、仁濟醫院、保良局、仁愛堂、博愛醫院及樂善堂等六個慈善團體聯合進行賑濟長江流域水災災民籌款活動。8 月 14 日，行政會議成員楊鐵樑表示，港人的捐款已達 1.6 億港元。

◆ 香港空運貨站有限公司宣佈，由 8 月 14 日零時起提早全面恢復處理所有空運貨物，但仍需由啟德二號貨站協助處理除國泰航空公司以外的其他航空公司入口貨物。特區政府對此表示歡迎，並稱政府及機場管理局會繼續向貨運業提供所需的協助，務求能儘快回復正常運作。

1998 年

8月14日

◆ 政府憲報公佈，截至 6 月 30 日，土地基金的結餘為 2014.93 億港元，較 4 月 1 日時減少了 15 億港元，減幅 0.78%。

8月14日－8月28日

◆ 香港特區政府動用外匯基金入市打擊炒家操控金融市場活動。8 月 14 日，財政司司長曾蔭權行使《外匯基金條例》所賦予的權力，指示金融管理局動用外匯基金，在股市和期貨市場採取行動，以擊退操控貨幣市場的炒家。這次行動史無前例。恒生指數全日上升 8.47%，收市報 7224 點。董建華就此發表聲明表示，最近港元的外匯市場及股票期貨市場出現了大量投機活動。特區政府注意到，這些炒賣活動有明顯的關聯，不單只對貨幣市場造成混亂，而且還扯高息口，妨礙了香港經濟的順利調整，令普羅大眾蒙受損失。特區政府有責任採取果斷措施減少市場混亂，同時當局將繼續密切注意市場發展，如有需要，會當機立斷，採取必要的措施。他又表示，特區政府此次行動，並非意圖托市，而是針對目前的市場炒賣活動而做的。

8 月 28 日，恒生指數在 7829 點收市，較 8 月 13 日的 6660 點上升了 1169 點，成交金額創歷史新高達 790 億港元。特區政府入市行動已持續兩個星期，動用了 1180 億港元。各方言論稱 8 月 28 日為“世紀之戰”，“港股史上最激一日”，“政府重拳擊敗炒家”。董建華表示，加入股票市場以打擊投機者是特區政府深思熟慮後所採取的措施，過程中並沒有受中央政府的影響。這些措施已達到預期的目的。他重申，特區政府會在適當時機採取有效措施以打擊投機者狙擊港元。從 8 月 14 日至 8 月 28 日，期指結算的 10 個交易日，特區政府的入市行動初戰告捷。8 月 29 日，曾蔭權表示，炒家尚未完全離場，特區政府還要作出部署，只要金融市場的雙邊操控情形絕跡，特區政府就會終止介入市場的行動。他又表示，特區政府正考慮以修訂法例的方式去加強香港維持金融市場秩序的能力，進一步加強現有的貨幣發行局制度。

8月17日

◆ 香港國際貨櫃、現代貨箱及亞洲貨櫃碼頭三財團就九號貨櫃碼頭互換泊位詳細安排達成協議。特區政府宣佈，預期10月初可以簽署批地協議，全部六個泊位於 2004 年年中或年底可落成，三財團的投資額超過 100 億港元。

◆ 董建華出席新界社團聯會在西貢斬竹灣抗日烈士紀念碑前舉行的紀念抗日戰爭勝利 53 周年的活動，並向烈士紀念碑獻花。出席紀念活動的還有新華通訊社香港分社副社長鄒哲開、外交部駐港特派員公署代表、民建聯以及各團體的代表和一批曾參加抗日戰爭的老戰士。

◆ 被列為 1998 年國家哲學社會科學研究規劃課題的 "香港經濟起飛原因分析與 21 世紀發展的預測" 課題組在北京正式開始運作。

8月18日

◆ 據香港《新報》報道，聯合國難民事務高級專員公署正式知會特區政府，由於聯合國的救援經費絕大部分已用於急需的戰區科索沃和剛果民主共和國，所以很大可能無力償還香港為滯港越南船民墊支

的 11 億港元款項。聯合國難民專員韋特沃爾德稱，該筆款項並非是聯合國對香港的欠債。根據 1989 年聯合國難民專員公署與港英政府簽署的協議規定，有關款項要待聯合國基金有足夠儲備時，才會償還給香港。特區政府發言人表示，聯合國難民事務高級專員公署欠款累計為 11.6 億港元。

8月20日

◆ 董建華出席澳大利亞商界午宴時表示，1998 年第三及第四季度香港經濟情況未許樂觀，這種狀況會持續到 1999 年，但長遠而言，香港前途仍然樂觀。他重申，特區政府入市干預股市及期貨市場是為維護股票及外匯市場的正常運作，而非 "托市"。當局會堅持自由市場經濟原則，但在有必要時會採取同類行動。

◆ 金融管理局總裁任志剛在《亞洲華爾街日報》發表文章表示，香港特區政府入市干預股票市場和期貨市場的行動並非說明香港不再堅持一向行之有效的積極的不干預政策，而其目的在於針對國際炒家。這些炒家利用香港貨幣局體制的自動調節機制，將香港的息口抽高，以達到他們在股票市場上沽空期指獲取鉅額利潤的目的。

8 月 21 日

◆ 香港特區政府宣佈，再度委任梁乃鵬為廣播事務管理局主席。

◆ 香港特區政府根據《古物及古蹟條例》在憲報宣佈把敬羅家塾列為歷史建築物。

◆ 中華總商會會長曾憲梓率香港各界代表團赴北京出席民政部、文化部聯合舉辦的"攜手築長城"大型賑災義演晚會，並向晚會轉交香港各界同胞捐款 4000 萬港元。

8 月 23 日－8 月 27 日

◆ 香港復康聯會主辦的國際復康總會第十一屆亞太區會議暨亞太區殘疾人士（1993－2002）1998 推廣大會在香港舉行。江澤民給大會發函致賀。8 月 23 日舉行開幕典禮，董建華、陳方安生、中國殘疾人聯合會主席鄧樸方和來自國內外復康界代表出席。董建華致詞。國際復康總會頒予香港特區政府永久會員的資格，以表彰香港在提供康復服務的成就和對亞太區康復服務的貢獻。共有 44 個國家和地區逾 1000 多人參加了多項活動。8 月 27 日，會議閉幕時，通過了國際康復事業 50 年來第一個宣言——《香港宣言》。

8 月 24 日

◆ 香港特區政府宣佈推出 25 億港元的"中小企業特別貸款計劃"。

8 月 26 日

◆ 香港特區政府宣佈，已成功從澳大利亞引渡前聯合集團財務總監謝柱輝返回香港。這是香港回歸後首宗從澳大利亞成功引渡涉嫌犯人返回香港。謝柱輝與前聯合集團主席李明治一同被控涉嫌串謀詐騙、做假賬等 22 項罪名。

◆ 台灣"中央選舉委員會"宣佈，"九七"後，香港已不屬僑區，香港居民不得作為"僑選立委"或民意代表候選人，不過，已取得"華僑身份證明書"的香港居民，則可由各政黨推派為"不分區立委"候選人。

8 月 28 日

◆ 中銀國際控股宣佈正式遷冊香港。中國銀行香港分行總經理劉金寶表示，在香港正處於最艱難時期，中銀國際逆市遷入，一方面起着穩定香港國際金融中心地位的作用，另一方面說明中銀對香港的信心。

8月30日

◆ 國際結算銀行公佈 1998 年第一季度香港、日本及新加坡三地的整體銀行表現。其中，香港的銀行資產經過匯率上的調整後，與 1997 年末季比較減少了 621.04 億美元，跌幅僅次於日本。關於銀行負債方面，香港銀行明顯增加 15.56 億美元，其升幅是三地中最大的。

◆ 台灣 "經濟部" 統計，1998 年上半年兩岸經香港的貿易總額為 50.4 億美元，較 1997 年同期減少 7.7%。其中，台灣經香港轉口往大陸為 42.23 億美元，同比下降 8.8%；轉口輸入為 8.21 億美元，同比下降 1.2%；台灣順差為 34.02 億美元，同比減少 10.5%。

8月31日

◆ 截至 8 月 31 日，特區政府賑災基金為支援內地水災災民，共撥出 1839 萬港元。截至 20 日，香港各界人士、團體通過新華通訊社香港分社轉交國家賑災機構的捐款共 1.2 億港元。此外，新華通訊社香港分社員工捐款 23 萬港元，駐港部隊捐款 161.86 萬元人民幣及一批物資。

◆ 董建華訪問深圳。在廣東省委副書記兼深圳市委書記張高麗、深圳市常務副市長李德成等陪同下，參觀了深圳高技術產業區內兩家公司及黃田機場。並與深圳市領導人就深港合作事務交換了意見。

9月1日

◆ 新世界第一巴士公司接收中華汽車有限公司的巴士專營權。首項服務包括五條通宵巴士綫。

9月2日

◆ 香港聯合交易所宣佈針對股票市場沽空的三項新措施：（1）暫停匯豐控股、香港電訊及中國電信的賣空活動，直至交收積壓清除為止；（2）恢復執行賣空價規則，規定賣空交易不能以低於最佳賣盤價進行，但股票期權市場莊家可獲豁免，而每名莊家可進行的暫停賣空股份之賣空交易及豁免容許的賣空交易總和不可超過 3000 萬港元；（3）成立工作小組，制定成立第二板市場方案，包括：1）考慮宏觀的運作層面；2）制定不同的預算及所需資金；3）制定推出第二板市場的時間表。

9月3日

◆ 香港運動員在第四屆世界先進運動會中贏得 24 枚獎牌。其中，16 面金牌、4 面銀牌及 4 面銅牌，並創下 4 項大會紀錄。

◆ 賑災基金諮詢委員會表示，截至目前，已從賑災基金撥出 2239 萬港元予多項援助工作，幫助內地水災災民。

◆ 中國外交部發言人答記者問時表示，中央人民政府一如既往地支持香港特區政府為維護香港金融市場的穩定和聯繫匯率制所做出的努力。支持特區政府為徹底解決滯港越南船民、難民問題採取的一系列措施。

9月4日

◆ 政府憲報公佈，中央政府已委任下列由行政長官提名的主要官員：葉劉淑儀任保安局局長（1998 年 8 月 31 日就職），停任入境事務處處長。

◆ 立法會秘書處發言人表示，高等法院已裁定第一屆立法會區域市政局功能界別選舉中五張被指有問題的選票中，有三張無效。因此，鄧兆棠屬不恰當當選，被即時終止議員身份。

9月5日

◆ 金融管理局總裁任志剛公佈維持香港金融市場的七項技術性措施：（1）金管局給予銀行兌換保證，持牌銀行可以按 7.75 港元兌 1 美元的固定匯率，把其結算戶口內的港元兌換為美元。在市況許可時，金管局會將兌換保證的匯率轉為 7.8；（2）撤銷流動資金調節機制（LAF）的拆入息率；（3）流動資金調節機制易名為貼現窗（discount window），金管局向銀行拆出資金的利率改稱基本利率（base rate）；（4）取消銀行重複使用外匯基金債券／票據多次向金管局訂立回購協議而徵收懲罰性罰息的規定；（5）金管局保證，只會在有資金流入，使新發行的外匯基金債券／票據獲得外匯儲備十足支持下，才會發行新的外匯基金債券／票據。已發行的外匯基金債券／票據，因為已有外匯儲備支持，所以均會於到期日續期；（6）貼現率將按銀行使用貼現窗涉及的外匯基金債券／票據數量佔其持有此類債券／票據總額的百分比而定；（7）銀行仍可以外匯基金債券／票據以外而目前適用於 LAF 的合資格證券，與金管局進行隔夜回購協議，其貼現率將按外匯基金債券／票據貼現率加 0.25 厘的溢價。銀行如以此等證券作抵押而重複使用貼現安排則仍需向金管局支付懲罰性息率。由於此等證券並無外匯儲備支持，貼現窗不會接受外匯基金債券／票據以外的新發行證券。曾蔭權表示："這些技術性措施將加強我們防禦炒家操控外匯和貨幣市場的能力，並且應該有助於增強各界對我們堅決維持貨幣發行局制度的信心。"

9月7日

◆ 香港特區政府公佈收緊證券及期貨市場程序、打擊非法拋空活動和引進歐美市場廣泛採用規則的 30 項措施。涉及聯合交易所的 8 項，涉及期貨交易所的 6 項，涉及中央結算公司的 3 項，涉及證監會的 7 項，涉及政府財經事務局的 6 項。

◆ 立法會調查新機場問題專責委員會就新機場事故進行公開聆訊，有近 40 名代表八個機構（特區政府、新機場調查委員會、機場管理局、香港空運貨站有限公司、國泰／港龍有限公司、奧格登航空服務有限公司、金門保華聯營公司、怡中機場地勤服務有限公司）的律師參加應訊。被傳召作證的人士有陳方安生和機管局、政府新機場工程統籌處及香港空運貨站有限公司的主要負責人。

9月8日

◆ 董建華發表聲明，表示特區政府 8 月 14 日為捍衛聯繫匯率及維護證券、期貨市場秩序和透明度所採取的一系列措施，對穩定市場確有幫助。讚許曾蔭權、任志剛等財經官員的工作表現。並呼籲

市民支持特區政府及其所採取的一系列措施。

◆ 曾蔭權在立法會財經事務委員會會議回答議員提問時表示，特區政府於 8 月 14 日為維護香港金融市場，動用外匯基金入市的行動，是一個周詳和很小心考慮各方面因素後才進行的行動。"我們承認這是一個很特殊的決定，是在很特殊的環境下，而且在沒有其他更理想方案的情況下，才採取這個方案。"

◆ 律政司發言人回覆香港《信報財經新聞》記者查詢時表示，經與中央有關部門討論後，決定香港立法會所通過的附屬法例無須向全國人大常委會備案；但立法會通過的主體條例，則會在兩星期後，提交全國人大常委會備案。

9月9日

◆ 立法會通過保險業界議員陳智思提出的動議案：支持特區政府入市干預股市及期指市場，以維持市場秩序。否決民主黨議員何俊仁要求特區政府不再入市干預的修正案。

◆ 立法會通過罷免詹培忠的議員職務的議案。這是香港立法機關歷史上首次出現立法機關表決罷免議員。詹培忠當選第一屆議員後，被高等法院裁定一項串謀偽

造文件及詐騙證監會罪名成立，判處入獄服刑三年。

9 月 10 日

◆ 教育署與敬師委員會聯合舉辦"首屆敬師日酒會"。董建華出席並擔任主禮嘉賓。約 1000 名香港教育工作者參加了此次活動。

◆ 中國人民解放軍駐港部隊答覆中西區臨時區議會，不派人參加區議會組織的有關向議員解釋駐軍在中西區居住情況的活動。政府保安局也拒絕參加同一活動，並回覆議員：關於解放軍在中西區居住的詳細資料是屬於駐軍內部事務，不便向議員透露。

9 月 14 日

◆ 香港電台公開其內部文件《節目製作人員守則》。廣播處處長張敏儀稱，該守則是基於香港電台編輯及道德標準和價值觀，參考英國廣播公司等四家電台和其他通訊社守則制訂的，強化了香港電台編輯自主。資訊科技及廣播局局長鄺其志在立法會會議上表示，香港電台最重要的是公信力，如奉行這類守則公信力才會繼續維持高水準。

◆ 台灣當局宣佈，即日起，港區全國人大代表和政協委員中的香港居民、中資機構經理級以下人員及在有關傳媒工作的人士，只要經台灣"入出境管理局"批准就可進入台灣，毋須再經"陸委會"批核。"陸委會港澳處長"厲威廉宣稱，台當局此舉是希望與香港各界人士進一步交往，減少相互之間的隔閡。

9 月 15 日

◆ 運輸局局長吳榮奎宣佈，連接屯門和元朗與美孚的西部鐵路，已獲批准興建，將於 1998 年年底動工，2003 年落成。耗資 640 億港元，可提供 1.3 萬個職位。

◆ 台灣"內政部"通過《港澳居民進入台灣地區及居留許可辦法修正草案》，將定居台灣的大門收窄，包括刪除了原允許具備專業技術能力、有特殊技術成就或具一定數目存款者，可申請定居台灣的規定。

9 月 15 日－9 月 16 日

◆ 中英聯合聯絡小組第 43 次全體會議在香港舉行。這是中英聯合聯絡小組在香港回歸後首次在香港舉行全體會議。會議結束後，中英雙方首席代表舉行聯合記者會。中方首席代表王桂生表示，中英聯合聯絡小組是聯絡機構而不是權力機構，不參與香港特區行政管理，也不對之起監督作用。亞洲金融風暴及對香港的影響不是聯絡小組討論的問題，這是香港特區政府高度自治範圍內的事務。中國中央政府決不干預香港特區政府內部事務。同時，中央政府支持特區政府為解決亞洲金融風暴給香港帶來的一些困難和問題所採取的措施，支持特區政府為維護港元聯繫匯率和香港金融中心地位所作出的各種努力。並指出，越南難民、船民是過去英國管治香港時遺留下來的問題，英方對此有不可推卸的責任。目前香港還有 1100 多名越南難民、船民，聯合國難民事務高級專員公署還拖欠香港特區政府 11.6 億港元。中方希望英方繼續作出努力，承擔其應該承擔的義務，解決這些實際問題。英方首席代表包雅倫表示，目前香港的基本權利、自由和法治情況"令人鼓舞"。香港特區首屆立法會選舉是一場極有效率、絕對公正的選舉。英國政府堅決支持香港特區政府維護聯繫匯率的決心。

9月15日－11月21日

◆ 公務員事務局在分佈於全港的十座政府辦公大樓舉辦"齊來認識基本法"巡迴展。署理公務員事務局局長李淑儀表示，該局一向積極加強公務員對基本法的認識，截至 8 月底已有 10076 名公務員參與基本法培訓課程和專題研討。公務員培訓處向公務員派發了 15 萬份《基本法自學課程》和 19 萬份《公務員常問的 30 條基本法問題》。

9月16日

◆ 選舉管理委員會舉行記者會。主席胡國興表示，1998 年 5 月舉行的第一屆立法會選舉是在公開、公平、公正和誠實的情況下進行的，選管會成功維持獨立、非政治性和公平中立的地位，監督整個選舉過程。並已於 8 月 24 日向行政長官呈交《1998 年立法會選舉報告書》，其中提出了 52 項改進建議。

◆ 保安局局長葉劉淑儀答覆立法會議員質詢時表示，香港一貫支持中國台北加入世界貿易組織（World Trade Organization, WTO）。不過，香港政府一向恪守關稅及貿易總協定（General Agreement on Tariffs and Trade, GATT WTO 前身）總理事會在 1992 年達成的中國應先於中國台北加入關貿的共識。

9月16日－9月17日

◆ 香港特區民政事務局局長藍鴻震

在訪問北京期間，代表特區政府和香港市民，通過國家民政部向內地洪澇災區捐款3300萬港元。並與文化部、民政部和體育總局官員會晤及交換意見。

9月17日

◆ 中國外交部發言人就美國聯邦儲備局主席格林斯潘（Alan Greenspan）指香港特區政府干預股票市場一事表示，香港特區政府為了捍衛港元的聯繫匯率，穩定金融而採取的措施是香港特區自治範圍內的事，中央政府理解而且尊重特區政府的決定。日前，格林斯潘批評香港特區政府入市行動不明智也不會成功，將損害香港金融管理局多年建立的聲譽。

◆ 香港特區政府公佈6–8月份失業率為5%，失業人數達17.5萬人。創15年來的歷史新高。

9月17日–9月21日

◆ 英國上議院大法官艾偉儀勳爵訪港。董建華、梁愛詩、李國能和香港法律界資深人士分別與他會見。艾偉儀在高等法院發表演講中稱，香港法院仍在政權移交後的新憲制秩序中摸索本身的位置及權力範圍，短期而言，法官執行任務時倍加困難。今後，香港法院面對的挑戰是在積極與節制之間取得平衡。

9月17日–9月23日

◆ 香港電訊宣佈減薪10%，引發勞資糾紛。9月17日，香港電訊行政總裁張永霖宣佈，11月起，該公司1.38萬名員工減薪10%。並表示減薪是為避免再有大裁員行動。消息引起員工的強烈不滿，部分員工發起按章工作，舉行靜坐抗議，並向行政長官請願。9月21日，董建華與勞工界代表會面，敦促香港電訊勞資雙方繼續磋商，努力尋求解決辦法。9月22日，公司與員工代表舉行會議後，決定暫時擱置減薪計劃。勞工處處長發表聲明，歡迎香港電訊的決定。9月23日，勞資雙方第二輪談判後，工會代表認為資方有誠意聽取勞方意見，雙方今後會加強溝通。

9月21日

◆ 公務員事務局公佈新修訂的公務員申報投資指引，所有需要申報投資的公務員必須將目前在香港及香港以外地區的投資一併申報，並即時生效。新的申報投資制度下，規定兩類公務員須申報投資。第一類是政府主要官員、中央政策組首席顧問和特區政府駐北京辦事處主任。凡受聘這些職位者每年均須：（1）申報在香港及香港以外地區的投資和權益，包括：1）地產及房產；2）公司東主、合夥人或董事的身份；3）任何公共或私人公司發出股本的 1% 或以上的股權。（2）申報配偶的職業。（3）除每年申報投資外，期間進行的任何相等於或超過 20 萬港元或三個月薪金（以數額較少者為準）的投資交易（包括貨幣買賣在內），均須在交易後七天內申報。第二類是所有首長級職位以及上述第一層職位人員的私人秘書及行政助理。凡受聘這些職位者每兩年須申報在香港以及香港以外地區的投資和配偶職業一次，並申報有關投資交易事宜。各局局長或部門首長可根據可能引起利益衝突的機會，指定其他職位為第二類公務員。

9 月 22 日

◆ 香港求是科技基金會"傑出青年學者獎"頒獎典禮在北京清華大學舉行。內地 20 名在數學、物理、化學、生物醫學等領域卓有成績的青年學者，榮獲該項獎勵。全國人大常委會副委員長周光召、中國科學院院長路甬祥、中國工程院院長宋健、著名物理學家楊振寧、香港求是科技基金創立者查濟民及其夫人等出席頒獎典禮。香港求是科技基金會是由香港愛國人士查濟民及家族捐資 2000 萬美元，並於 1994 年在香港成立。"傑出青年學者獎"是基金會為推動祖國內地科技研究工作而設立的。

◆ 前英國首相希思（Heath Edward，港譯：希斯）在香港出席外國記者協會午餐會時表示，雖然香港近年受到亞洲金融風暴影響，令經濟持續不景氣，但由於中國內地仍具發展潛力，加上香港基礎穩健，所以他對香港前景有信心。他說，相對 70 年代的香港，目前香港的民主進程已跨進一大步，且正在穩步發展。

9 月 23 日

◆ 香港特區政府公佈向聯合國提交的《消除對婦女一切形式歧視公約》第一次報告的內容。報告表示，有關新界土地"小型屋宇政策"（又稱"丁屋政策"），目前是豁免受《性別歧視條例》規管，特區政府會在 1998 年內完成檢討。目前，香港鄉村代表選舉，有 94%（即 660 條村）採用男女平等、一人一票的方式選出，餘下尚未採用這個制度的鄉村，特區政府會繼續游說遵行這些規定。報告又表示，政府內女性首長級人員人數由 1992 年的 129 人顯著增加到 1997 年的 244 人，增幅近 90%，佔首長級公務員人數的 19%。

9月24日

◆ 粵港合作聯席會議第二次會議在港舉行。雙方就連接兩地資訊網絡、改善陸路口岸管理、合作促進旅遊、加強跨界環境保護合作、改善港商在粵的營商環境、粵港科技合作等六項議題達成共識，並宣佈 10 月 15 日起，延長羅湖、皇崗口岸開放時間一小時，以方便兩地人員往來。

9月25日

◆ 行政會議召集人鍾士元在一個午餐會上發表演講時表示，香港特區行政和立法由不同選舉產生，便一定有"拗撬"，香港是朝着美國的政制發展，只是香港不是一個國家，行政長官不是總統。關於行政長官由全面選舉產生是否令情況改善，鍾士元表示，"一個小孩子未學行先學走，你要慢慢來，香港要先熟悉這些新的遊戲規則。"

9月27日－10月20日

◆ 財政司司長曾蔭權訪問德國、荷蘭、丹麥、美國和英國。他在華盛頓表示，香港特區政府對證券巿場的干預是透明的和有章可循的，目的是阻止投機者對

香港金融市場的操縱，從而維護市場的正常秩序，堅定人們的投資信心。這並不意味着香港特區政府將對資本流動進行控制。

9月28日

◆ 全國抗洪搶險總結表彰大會在北京召開。江澤民向積極為災區提供援助的香港特區各界人士和澳門同胞、台灣同胞，海外僑胞和華人表示衷心的感謝。錢其琛會見赴京參加大會的陳方安生時，委託她轉達中央政府對香港市民慷慨捐款賑災行動的謝意。

◆ 法律草擬專員嚴元浩表示，律政司法律草擬科在 1999 年將開始檢討多年前沿襲英國的香港法例，修訂條文中過時的用詞及法律概念，使本地法例的中英文版本更簡潔明瞭。

9月29日

◆ 國務院副總理錢其琛在國務院僑辦、港澳辦、台辦舉行的國慶招待會上表示，香港回歸祖國一年多來，以董建華為首的特區政府施政有方，嚴格按照香港特別行政區基本法辦事，積極致力於發展經濟、改善民生，穩健地處理內外事務，為抵禦亞洲金融風波對香港的衝擊做了許

多卓有成效的工作。目前，香港正處在一個比較困難的經濟調整時期。中央政府相信，在特區政府的領導下，有香港各界人士的支援，有強大祖國作後盾，香港一定能夠渡過目前的暫時困難，實現經濟的復甦和進一步振興。

◆ 每三年一度在香港進行的外匯與衍生工具的市場調查結果顯示，1998年4月份，香港外匯與場外衍生工具交易的平均每日成交淨額為824億美元（其中外匯交易額786億美元，場外衍生工具交易額38億美元），較1995年的944億美元下跌12.8%。顯示香港仍是世界主要的外匯和衍生工具交易中心。

9月30日

◆ 董建華發表國慶獻詞表示，1997年爆發的亞洲金融風暴，給香港經濟造成巨大的傷害，香港市民正面對幾十年來最嚴峻的困難和挑戰。但是，我堅定地相信，憑着香港市民堅強的意志、靈活的應變能力、勇於創新的精神，加上香港穩健的經濟基礎，敢於承擔責任的政府，以及有祖國作為強大的後盾，我們一定能夠克服困難，復甦經濟，朝着振興國家、振興民族的目標進發。

◆ 姜恩柱發表國慶獻詞表示，香港的命運從來就是同祖國的命運緊密相連的。內地的改革開放和現代化建設，為香港的經濟發展創造了前所未有的機遇，注入了蓬勃的生機和活力。當前，香港經濟遇到了一定的困難，而且這種困難還會持續一段時間。但是，總體而言，香港經濟的基礎是穩固的，財政、外匯儲備充足，金融監管健全，香港公務員隊伍的素質是好的，工商界具有經營管理和適應國際市場變化的豐富經驗，香港仍然是世界公認的最富有競爭力的地區之一。加之內地的經濟實力和好的發展勢頭，可以給香港經濟以有力的支持。我們有充分的理由相信，香港一定能夠渡過眼前的難關。

◆ 香港特區政府宣佈成立"外匯基金投資有限公司"，負責管理政府在8月14日至8月28日的入市干預行動中動用1181億港元外匯基金所購買的33隻藍籌股股票。

10月1日　國慶日，中華人民共和國成立四十九周年

◆ 上午，香港特區政府在香港會議展覽中心金紫荊廣場舉行升國旗和區旗的儀式。下午，特區政府在香港會議展覽中心大會堂舉行慶祝中華人民共和國成立四十九周年酒會。安子介、霍英東、董建

華、姜恩柱、馬毓真、劉鎮武和特區政府主要官員、行政會議成員、立法會議員、港區全國人大代表、港區全國政協委員、駐港外國領事和商會代表等社會各界人士5000多人出席。董建華在酒會上致詞。晚上，舉行煙花匯演和慶祝中華人民共和國成立四十九周年文藝晚會。

◆ 中國人民解放軍駐港部隊開放昂船洲海軍基地、赤柱陸軍軍營和石崗空軍軍營，約一萬多名香港市民前往參觀。

10月5日

◆ 公安部出入境管理局決定，自10月15日起，凡持有有效《往來港澳通行證》赴港探親人員，可以經與香港直通的所有"水、陸、空"開放口岸出入。

10月7日

◆ 行政長官董建華發表任內第二份施政報告《群策群力　轉危為機》。

◆ 香港特區政府宣佈，成立國際顧問委員會，目的是從國際宏觀角度，就與香港長遠發展相關的策略課題向行政長官提供意見。該委員會的主席是行政長官，委員由他委任，包括8個國家的14位商界及企業領袖和特區政府有關官員。預期每年至少開會一次，首次會議將於1999年1月召開。

10月8日

◆ 政制事務局局長孫明揚、民政事務局局長藍鴻震就區域組織改革議案、區議會角色的轉變等問題，與18區的區議會主席交換意見。孫明揚表示，首屆區議會選舉將最遲在1999年10月舉行，18區區議會架構基本上維持不變。議席分配方面，將維持1994年的約17000人有一個議席的標準。由於香港人口數年來上升約10%，直選議席數目亦會相應增加10%。委任議席亦會保留。

◆ 香港中國旅行社在新機場禁區內設立的"台灣居民來往大陸通行證"簽注辦事處正式投入服務。

10月9日

◆ 香港房屋委員會主席王葛鳴表示，房委會已適當調節了1999年度推出發售的居屋比例，在六萬多個落成單位之中，會有四萬個單位撥作公屋出租，餘下兩萬多個單位就留作居屋發售。她稱，每年推出25000個單位發售的計劃沒有改變。興建租住房屋編配予公屋輪候冊上人士，仍然是房委會的優先工作，有信心在2005年可以將輪候時間縮短至三年。

1998 年 10 月 1 日，香港特區政府在
金紫荊廣場舉行國慶、區旗升旗儀式。
圖為中華人民共和國國旗和中華人民共
和國香港特別行政區區旗在國歌聲中冉
冉升起。

◆ 香港創新科技委員會公佈向行政長官提交的第一份報告。報告表示，香港正面臨多項重大挑戰，把香港發展成為創新及科技中心，是對這些挑戰的適時回應。報告並期望香港在 21 世紀可發展成為以創新導向和技術密集的經濟體系，不僅是區內的商業和金融中心，而且還是在資訊科技的發展和運用方面佔全球依靠地位的城市、世界一流的設計和時尚潮流中心、多媒體資訊及娛樂服務的地區中心、世界聞名的中醫藥健康食品和藥品研製中心、高增值產品和部件的主要供應地、專業及技術人才和有關服務的地區供應中心以及內地與世界各地進行技術轉移的中介市場。基於上述目標向政府提出有關建議：加強科技基礎設施和促進科技創業；儲備人力資本，配合以知識為本、瞬息萬變的經濟體系的需要；加強與內地在科技方面的合作；鼓勵大學與產業建立夥伴關係，減少在資訊、融資和規管方面的障礙。

10 月 9 日－10 月 10 日

◆ 英國首相布萊爾（港譯：貝理雅）伉儷訪問北京和上海後訪問香港。同行的還有一個由英國商人組成的貿易代表團。10 月 9 日，董建華在政府總部與布萊爾會面，雙方就亞洲金融風暴的最新發展、香港當前的政治和經濟形勢等問題交換了意見。布萊爾在會展中心發表演説表示，曾經是中英關係障礙的香港，目前已成了兩國間的橋樑。中英兩國已展開了嶄新的夥伴關係。"香港政府貫徹了其承諾，即使面對過去數個月的市場不穩，仍盡力堅守了聯繫匯率不變。我明白他們作的這個決定。他們必須維護香港的長遠金融穩定及經濟成就。堅守聯繫匯率對維持亞洲穩定及信心而言，也扮演了一個舉足輕重的角色。香港在此事上行使了聯合聲明所保證的權力，再次向世界證明香港自治是一項事實。"

10 月 10 日

◆ 警方引用《簡易程序治罪條例》迅速清除香港街頭出現的 21 面"青天白日滿地紅"旗。中華旅行社總經理鄭安國稱，這些旗幟與台灣在香港的機構及其聯繫的社團無關，他們不鼓勵這類掛旗舉動，更不想將香港作為政治對抗的地方。

10 月 12 日

◆ 廣東國際信託投資公司在香港註冊的兩家全資附屬公司廣信香港和廣信實業，因嚴重資不抵債而自動清盤。

10月13日

◆ 香港特區政府宣佈，委任鄭維健為中央政策組首席顧問。同時宣佈，現任規劃環境地政局局長梁寶榮將於1998年11月出任首位駐北京辦事處主任。現任律政司政務專員林瑞麟將候任新設的行政長官辦公室新聞統籌專員。12月4日，行政長官辦公室向立法會財經事務委員會提交文件，建議在行政長官辦公室開設一個首長級薪級第八點的新聞統籌專員的新職位。負責統籌政府的新聞資訊和公共關係策略，擔任行政長官辦公室的發言人，並收集公眾意見，以及與具有影響的各界人士聯絡。

10月14日

◆ 民政事務局表示，已建議中央政府在批准通過《經濟、社會與文化權利的國際公約》時，將適用香港的內容中有關私人機構男女同工同酬的保留條文刪除。但現有的保留條文中，有兩項仍然切合香港的情況，即：（1）為保留權利第6條（關於工作的權利）解釋為不排除根據出生地點或居留資格訂立規定，在香港特區施行就業限制，以保障本地工人的就業機會；（2）保留權利第8條1（乙）款（關於工會有權成立全國聯合會或同盟，後者有權

組織或參加國際工會組織）。關於中央政府在1998年10月5日簽署的《公民權利和政治權利國際公約》，特區政府會依照檢討前國際公約各項保留條文及聲明的做法，在適當時候檢討後一國際公約的保留條文及聲明。

◆ 教育統籌局局長王永平表示，特區政府經檢討後，認為輸入內地專才試驗計劃的反應及效果皆欠理想，決定停止推行這項計劃。有關計劃自1994年推行以來，共接獲3129宗申請，當中有2459宗申請個案由僱主中途自行撤回，主要因為公司政策轉變，或無法覓得合適人選，最終成功輸入內地專才個案僅602宗。

10月15日－10月17日

◆ 董建華赴北京述職。江澤民、朱鎔基、錢其琛分別會見董建華，聽取他匯報過去一年特區政府的工作情況，包括針對國際炒家衝擊港元聯繫匯率所採取的措施，並作重要講話。

10月16日

◆ 政制事務局向立法會政制事務委員會提供的文件表示，香港回歸至今15個月來，"一國兩制"、"港人治港"及高度自治的方針得到落實。設立特區政府駐京

辦事處，有助特區政府進一步加強與中央政府及其他省市部門之間的聯繫和溝通，加強彼此間的認識。為確保內地各級部門與特區政府交往時遵照基本法有關的規定，國務院港澳辦擔當了"守門員"的角色，並協助溝通。特區政府與外交部駐港特派員公署在處理對外事務上，建立了良好而具建設性的工作關係。特區政府與解放軍駐香港部隊在互不隸屬、互不干預、互相尊重的基礎上，建立和諧而緊密的工作關係。保安局是雙方的聯絡樞紐，而建築署、民航處和天文台等其他部門，則與解放軍駐港部隊維持有效的日常事務性聯繫。

10 月 17 日

◆ 香港工會聯合會理事長鄭耀棠率領由十多個工會、社團代表組成的香港工會代表團，到北京參加中國工會第十三次代表大會開幕式。10 月 19 日，全國總工會主席尉健行會見了香港工會代表團成員。

10 月 20 日

◆ 行政會議批准地鐵公司興建全長12.5 公里的將軍澳支綫。整個工程耗資約 305 億元，1998 年 11 月將批出興建合約至 2002 年 12 月完成。

◆ 行政長官私人秘書羅智光代表董建華，致函立法會內務委員會主席梁智鴻，澄清議員對有關向準公屋租戶實施全面資產及入息審查政策的一些錯誤說法，重申調整資產及入息審查只是要令訂定房屋資助的方式更趨合理，受影響的人數也遠低於議員所指的 15 萬人。

◆ 港區全國政協委員舉行小組會議，討論如何推動祖國和平統一，30 多位委員出席了會議。

10 月 22 日

◆ 香港特區政府宣佈，11 名人士成立外匯基金投資有限公司董事局，專責管理政府在 8 月購入的股票。行政會議成員、前首席大法官楊鐵樑為主席。

◆ 司法部在深圳舉行儀式，向 121位香港律師頒發委託公證人（香港）證書。司法部委託的公證人（香港）已達200 人。

10 月 23 日

◆ 政府憲報公佈，中央政府已委任下列由行政長官提名的主要官員：李少光任入境事務處處長（1998 年 10 月 13 日就職）。

◆ 勞工顧問委員會勞資雙方代表經

充分磋商後，通過接納勞工處制訂的減薪和裁員指引。"指引"建議僱主在決定削減員工薪酬前，先要充分考慮有否其他措施可改善公司狀況。如減薪後最終仍要裁員，遣散費要以減薪前工資計算。

◆ 第六屆（1997 年度）"安子介國際貿易研究獎"頒獎儀式在北京對外經濟貿易大學舉行。有 8 部著作獲得優秀著作獎，10 篇論文獲優秀論文獎。此外，還有 20 名學生獲學術鼓勵獎。

10 月 25 日

◆ 香港聖公會教省成立儀式在香港會議展覽中心舉行，鄺廣傑出任教省主教長。

10 月 26 日

◆ 九廣鐵路公司承建的西鐵第一期工程正式開始施工，該項目成本為 640 億港元，預計可於 2003 年底竣工，並為香港帶來 13000 個就業機會。

10 月 28 日

◆ 香港特區政府在大會堂紀念花園首次舉行官方儀式，紀念在抗日戰爭時期為保衛香港的捐軀者。霍英東、董建華、馬毓真、劉鎮武、鄭國雄、李國能、鍾士

元、范徐麗泰、港區全國人大代表李澤添和各界代表及英、加、印、巴等國駐港領事出席並敬獻花圈。特區政府主要官員、行政會議成員、立法會議員、港區全國人大代表、政協委員、東江縱隊港九大隊老戰士、退伍軍人組織成員和各界人士約 500 人出席了儀式。董建華致詞。

10 月 29 日－10 月 30 日

◆ 由《財富》、《時代周刊》雜誌及香港明天更好基金聯合主辦的"財富雜誌行政總裁圓桌會議"在香港舉行，主題為"中國：香港如何保持領先地位"。董建華和對外貿易經濟合作部部長石廣生、國家發展計劃委員會主任曾培炎、美國商務部長肯特等世界各地的 100 多位政府官員及機構領袖出席了會議。10 月 30 日，董建華發表演說指出，過去的 18 個月是香港歷史上最重要的時刻。香港回歸祖國，港人治港和高度自治的時代已經來臨，"一國兩制"正在成功地實踐，中央政府堅決支持香港，650 萬港人也在不懈努力，為美好的未來而辛勤工作。香港必須保持和加強原有旅遊和國際金融中心的地位，以確保今後的香港繼續成功發展，還要發展一些擁有潛在優勢的領域，例如：衛星電視、中醫藥、電影製作等。特

區政府最近的入市干預行動，並不是破壞自由市場，也不是針對任何投資者，而是由於香港是一個小而開放的經濟體制，政府有責任維護自由市場的正常和公平的秩序。1995年曾預言"香港將死"的《財富》雜誌，在這次會議上表示修正過去對香港的悲觀看法，並重新在香港設立機構。

11月1日

◆董建華在香港科學會第六屆周年科學研討會開幕典禮致詞表示，特區政府期望把香港發展成為區域內的創新科技中心。

11月1日－11月2日

◆美國國防部長科恩（William Cohen）訪港。他拜會了董建華，並參觀來港訪問的美國艦艇停泊的港口設施。

11月2日

◆律政司法律草擬專員嚴元浩在立法會司法及法律事務委員會會議發言表示，政府的法律適應化計劃是將現行法律中與基本法或與香港特區的地位不一致的提法和表述進行修訂。1997年2月23日，全國人大常委會有關決定列明採用香港原

有法律的原則和解釋與香港作為特區地位不相切合的詞句時所適用的原則已藉《香港回歸條例》成為本地法律一部分，並收入香港法例第一章《釋義及通則條例》中。目前需要適應化修改的條例共638條，分由54條法律適應化修改條例草案來處理。

◆工業署署長何宣威表示，工業署正式成立香港認可處，以國際標準審核在港的認證機構是否具有認可資格簽發ISO9000質量體系認證，由認可處批核的認可資格將獲海外認同。香港認可處將會擴充現行的"香港實驗所認可計劃"，並新成立"香港認可機構認可計劃"，為自願參與的實驗所及認可機構，提供認可服務。現行"香港實驗所認可計劃"於1985年開始運作，截止1998年9月止，已有76間實驗所獲得認可，透過與對口單位締結相互承認協議，這項計劃簽發的報告已獲22個海外國家和地區承認。

11月3日

◆律政司司長梁愛詩就張子強案和德福花園案對傳媒表示，港人張子強等除在內地走私軍火外，還涉及八個香港居民在香港被綁架的案件。廣州市中級法院引

用《中華人民共和國刑法》第 6 條予以起訴。該法律條文規定，犯罪的行為或者結果有一次發生在中華人民共和國領域內的，就認為是在中華人民共和國領域的犯罪。張子強涉嫌綁架案雖在香港發生，但策劃綁架案是在內地進行，按《中華人民共和國刑法》第 22 條，犯罪的策劃是犯罪的預備，也是犯罪。因此，內地法院有管轄權。德福花園案的涉殺行為在香港進行，但疑犯是內地居民，在內地被捕，按《中華人民共和國刑法》第 7 條："中華人民共和國公民在中華人民共和國領域以外犯本法規定之罪的，適用本法"，內地法院也有管轄權。中國刑法對張子強案是實施於在內地的犯罪行為，對德福花園案是實施於屬人管轄權。對以上兩案，內地法院均非基於香港特區是中國一部分而行使刑事管轄權。若案件在兩地都有管轄權時如何處理。張子強案無疑香港法院有管轄權，但因沒有足夠的證據，在香港不可起訴。德福花園案，兩地沒有司法互助，不能移交疑犯回香港審訊。現時的行政安排是，如果：（1）是香港居民；（2）在香港犯罪；（3）在內地不涉及刑事訴訟法，就會把他移交香港受審。特別是移交逃犯對兩地打擊罪案十分重要，否則助長跨境犯罪。特區政府方面也很希望能夠早日安排兩地刑事上的司法互助。由於內地實行死刑，把逃犯送到有死刑的地方受審有一部分市民不願意。從內地看來，遣返的罪犯與當地罪犯不同刑罰的處理，難以滿足法律面前人人平等的原則，在各自有不同原則下如何能夠達到一個雙方都能接受的安排，並不是容易的事。希望大家明白，"一國兩制" 剛剛開始，我們對內地的法律和情況不完全瞭解，應該以開放的態度，瞭解內地的制度，不應製造不必要的恐慌，甚至動搖市民對刑事司法制度的信心，挑起不必要的爭論。自己削弱特區的地位，影響國際輿論，對特區的聲譽產生懷疑，那麼就是自己對香港法律制度的損害，對香港特區的損害。

◆ 保安局局長葉劉淑儀出席立法會保安事務委員會會議後表示，特區政府不要求移交正在內地受審的張子強回港，是符合移交逃犯的國際法例，並不存在內地行使司法管轄權，管轄港人在港犯案的問題。

◆ 律政司刑事檢控專員江樂士回應前大律師公會主席就張子強案件致某報章的信件時表示，香港警方沒有張子強及其同犯涉嫌在香港犯綁架案所需的證據，所以不能檢控他們。內地當局一直透過行政安排協助香港，把身為香港居民的疑犯從內地遣返香港。1990 年以來，已有 128 名疑犯由內地遣送回港。根據該項安排，如果香港居民涉嫌干犯只在香港發生的罪行，內地便會把這些疑犯遣返香港。如果他們所犯的罪行同時也觸犯內地法律，則會等內地的法律程序完畢後，將他們遣返香港。因此，政府在張子強一案中採取的態度與 1997 年前是一致的。

◆ 高等法院暫委法官馬永新裁定，撤銷對張子強犯罪集團在港親屬等人資產的凍結禁令，當中包括物業及銀行戶口等，價值 1.6 億多港元。另外，律政司需要負擔每人十萬港元堂費。保安局發言人表示，法庭撤銷先前限制令，是由於沒有綁架受害人提供證據，去證明受凍結的資產是犯罪得益，法庭的判決反映警方的努力受到一定挫折。律政司發言人則表示，不會就法庭判決提出上訴。

◆ 海峽兩岸關係協會就香港商人林百欣因涉案被台灣當局限制出境十個月一事致函台灣海基會要求協助。行政長官辦公室發言人表示，林百欣是香港人，已屆 86 歲高齡，且身體不太好，未經起訴便被扣留已有很長一段時間，特區政府曾通過現有的非官方渠道聯繫此事，但作用不大，因此應林的要求向國務院港澳辦轉交林的信件。特區政府會在確保符合"錢七

條"及尊重台灣司法制度的前提下，盡力促使林案早日獲得解決。

◆ 由香港總商會和台灣的工業總會主辦的"香港 — 台北經貿合作委員會"第九次聯席會議在香港舉行。討論兩岸與香港在亞洲金融風暴下扮演的角色、三地高新科技合作機會及前景、香港電訊業的發展及其在區域內的合作前景等議題，並簽署了"合作協議備忘錄"。

◆ 香港與歐洲聯盟簽署促進海關合作的協議。這是香港特區成立以來簽署的最大規模國際條約和首份海關協議。

11 月 4 日

◆ 在九屆全國人大常委會第五次會議上，全國人大常委會在徵詢其所屬的香港特區基本法委員會和香港特區政府的意見後，通過關於增加香港基本法附件三所列全國性法律的決定，將《中華人民共和國專屬經濟區和大陸架法》列為在香港特區公佈或立法實施的法律。並發佈公告，確認香港中文大學新亞書院院長、醫學教授梁秉中的九屆全國人大代表資格有效。

◆ 中英聯合聯絡小組中方代表處宣佈，吳紅波已接替王桂生任中英聯合聯絡小組中方首席代表。

11月5日

◆ 董建華與返回香港作周年述職的香港駐華盛頓、舊金山、紐約、東京、多倫多、悉尼、新加坡、倫敦、日內瓦、布魯塞爾的海外辦事處處長舉行會議，聽取海外辦事處的工作情況，並就香港和亞洲區內的最新發展交換意見。董建華表示，香港駐外的辦事處，除了要擔負起對外宣傳推廣香港的重任外，還要密切觀察外圍的情況變化。現時要格外留意的，一是短期資金的流向，主要是外國基金的動向；二是日本經濟復甦的進展；三是外國銀行如何進行債務重組；四是美元的走勢。

◆ 規劃環境地政局發表《減少廢物綱要計劃》政策文件。董建華在序言中指出，香港經濟發展蓬勃，人口增長迅速，對我們的環境構成重大壓力。要促進持續發展，減少廢物是最實事求是的做法，每位市民都能做到。讓我們現在就開始共同努力，減少廢物，保護環境。

◆ 前綫、民權黨、香港人權監察、中國人權、香港民主之聲及國際特赦組織等12個團體組成"人權宣言之友"。

11月6日

◆ 董建華在前總督府為香港青年獎勵計劃頒發金章證書予101位香港青年。

並表示，特區政府會和其他機構合辦多項活動，協助青年人培養正確的價值觀、領導才能和應付實際生活的技能。該項計劃在1961年成立，目前已有42000名14－23歲的青年參加。行政長官為該計劃的贊助人。

11月9日

◆ 董建華在前總督府舉行酒會，歡送參加第十三屆亞運會的中國香港代表團，並向代表團授旗。香港業餘體育協會會長暨奧委會主席霍震霆接過旗幟。這是香港回歸後，首次以"中國香港"的名義派出215名運動員及72名職員參加亞運會。

◆ 高等法院法官班立德裁定，海外公務員協會就"轉長俸須懂中文"提出司法覆核的指控不成立。裁定：（1）香港基本法第100條是確保公務員過渡，非為阻止更新政策，公務員雙語發展便是其中之一，故新要求不違背該條；（2）政府多份公告及文件，可反映實施本地化／雙語政策的意願，指出1997年後，公務員工作長遠確會增加使用中文，如與內地官員溝通；（3）語言要求確含區別（distinction）性質，但因有理由支持，故屬公平，沒有歧視（discrimination）成分；（4）政府有提供類似訓練，1998年便已提供457個廣東話及中文課程學位予外籍官員，並由中山大學負責組織。11 月 30 日，海外公務員協會決定上訴。該會自 1995 年起，就公務員事務局所提本地化政策的不同範疇，多次向法庭提出司法覆核。

11 月 11 日

◆ 律政司司長梁愛詩在出席由香港國際仲裁中心主辦的 "1998 年國際調解糾紛會議" 發表演講指出，根據中英聯合聯絡小組達成的協議，回歸前適用於香港的《承認及執行外國仲裁裁決公約》即紐約公約，在香港回歸後仍繼續適用，故在紐約公約締約國取得的仲裁裁決一般都可以繼續在香港直接執行。不過，由於該公約是國家與國家之間的協議，而香港只是中國的一部分，內地作出的商業仲裁決不可以在香港直接執行，只能向法院提出訴訟要求執行。對於不能在香港直接執行的內地商業仲裁裁決，律政司正在與內地有關機構磋商，儘快作出兩地相互直接執行仲裁裁決的安排。

11 月 12 日

◆ 政制事務局向立法會政制事務委員會提交的文件表示，根據香港法例第一章《釋義及通則條例》，在香港的中央附屬機構要符合下列三項要求才符合 "國家" 定義：（1）執行中央人民政府的行政職能，或行使根據基本法由中央人民政府負責行使的職能；（2）沒有行使商業職能；（3）在中央人民政府或有關的中央當局轉授的權力及職能範圍內行事。因此在香港的，符合 "國家" 定義的，被特區政府列為中央駐港機構只有三間：新華通訊社香港分社、外交部駐港特派員公署、解放軍駐港部隊。其他的中央各部委，各省、自治區、直轄市及國有企業駐港機構均不包括在內。如有任何機構或人員稱為 "國家" 機構，應該由該機構或人員提供證明。文件還表示，特區政府與內地部門的聯繫，主要通過國務院港澳辦進行協調與統籌。

11 月 16 日

◆ 香港特區政府公佈，1998 年 8－10 月的失業率為 5.3%，創下 22 年來的歷史新高。失業人數達 18.8 萬人，失業較為嚴重的行業是建造業、飲食業和製造業。

11 月 17 日

◆ 刑事檢控專員江樂士在立法會司法及法律事務委員會討論現行的刑事檢控政

策會議上表示，律政司內部並沒有指引和共識，規定某級官員才能處理涉及中央政府和新華通訊社香港分社的敏感個案。遇上這類個案，他會與律政司司長梁愛詩磋商。對議員劉慧卿指稱，律政司不起訴新華通訊社香港分社涉嫌違反私隱條例和星島報業集團主席胡仙兩案，江樂士表示，香港特區律政司司長如英國律政司，堅決維護其在政府內的獨立性，不受任何人干預。面對特定的案件時，會聽取刑事檢控專員的意見，然後才自行作出決定。現行《裁判官條例》規定，任何人有權提出私人檢控，在案件審理的過程中，律政司司長可介入，並接手進行有關的法律程序。由於私人檢控容易被人濫用作"無理據的、欺壓性或瑣碎無聊"的檢控，所以律政司司長有責任介入某些案件，確保不會有不值得提出的檢控。

◆香港特區政府公佈土地基金資產併入外匯基金的情況。10月31日，總值2114億港元的土地基金已併入外匯基金管理，其中120億元的港股投資併入外匯基金資產公司一同管理。

◆《文匯報》、《大公報》、《香港商報》、《明報》、《星島日報》、《經濟日報》、《新報》七家香港中文報紙刊登635位業內人士簽名的聲明，譴責個別傳媒對母子三人跳樓慘劇及其戶主陳健康跟蹤報道的手法"嚴重損害香港新聞從業員的形象和傳媒的公信力"，呼籲新聞從業員恪守新聞專業操守等。這項聯署行動是由香港新聞工作者協會、香港新聞行政人員協會、香港記者協會和香港攝影記者協會聯合發起的。截至11月4日，特區政府影視及娛樂事務管理處收到340宗投訴，批評個別報章和電視對"陳健康事件"的報道手法不健康。還有團體呼籲市民罷買、罷看有關報紙和電視節目。

11月18日

◆審計署署長公佈賬目審計結果顯示，截至3月31日，土地基金資產總值為2030.78億港元，其中有60億港元為1997年7月至1998年3月期間投資活動所得的回報，平均資產回報率為3%。

◆審計署署長公佈賬目審計結果顯示，截至3月31日，聯合國難民事務高級專員公署尚欠香港特區政府11.62億港元的暫支款項。審計署建議，香港特區政府應繼續敦促專員公署並繼續向中央政府和英國政府尋求協助，敦促專員公署繼續每年向香港特區政府還款，以在合理時間內悉數清還尚欠的暫支款項；呼籲國際社會向專員公署捐款，並指定把捐款用於向香港特區政府還款等。

11月19日

◆ 董建華在前總督府會見韓國總統金大中，並就全球和區內的經濟情況，以及韓國在穩定經濟方面所取得的進展交換意見。

◆ 入境事務處官員表示，擁有香港居留權資格的主要分為中國公民及非中國籍人士兩大類。在 1997 年 7 月 1 日前已享有香港居留權的中國籍人士，只要他們仍然是中國公民，便繼續享有香港居留權，該項權利不會因為他們不在香港而喪失，也沒有規定他們需要何時返港，所以他們無需趕在 1998 年前返港定居。關於非中國籍人士，若他們在 1997 年 7 月 1 日前已是香港永久性居民，並在香港回歸後定居香港，他們也可繼續享有香港居留權。假如他們在香港回歸前不在香港定居，但自 1997 年 7 月 1 日起計的 18 個月內返回香港定居，即在 1998 年 12 月 31 日或之前返港居住，他們仍可享有香港居留權。至於那些趕不及在 1998 年 12 月 31 日前返港的上述人士，若他們在返港當日之前三年內曾返過香港定居，則他們仍可保留香港居留權。否則，他們便會喪失有關權利，但卻自動獲得香港入境權，他們

屆時仍可自由出入香港和在香港居住、讀書及工作，不受任何限制，只是他們不能享有選舉權和被選舉權，以及在觸犯嚴重刑事罪行時，有關人士會被遞解出境。

◆ 東區裁判署法庭傳訊曾健成、梁國雄、劉山青、古思堯。7 月 1 日，曾健成等四人在國家主席訪港期間，抬棺材示威，被警方以"在公眾地方擾亂秩序"提出檢控。

◆ 香港《文匯報》報道，公安部出入境管理部門出台新措施，簡化內地企業人員赴港商務活動的申請手續，縮短審批時間。部分商務簽注申請量大的省區將把審批權下放到省會市、副省級市等大、中城市，以及取消簽注配額有效期和有關次數的限定比例等。

11月19日－11月20日

◆ 全國人大常委會副秘書長師金城、法工委副主任胡康生等專程前來香港，向港區全國人大代表當面送達全國人大常委會辦公廳《關於香港特別行政區全國人民代表大會代表執行代表職務的辦法》（下稱《辦法》），並協助落實有關工作。《辦法》規定，港區全國人大代表依照憲法、基本法和有關法律的規定，行使代表的職權，履行代表的義務。港區全國人大代表

在全國人大閉會期間，可在內地對有關國家機構和單位的工作進行視察。按照不干預香港特區的工作、不干預香港特區高度自治範圍內事務的原則，港區全國人大代表不在香港特區進行視察，全國人大常委會也不安排全國人大代表對香港特區的工作進行視察。港區全國人大代表可向全國人大常委會提出對內地各方面工作的建議、批評和意見。還可向全國人大常委會辦公廳轉達香港居民對內地有關各方面工作的意見和申訴。香港居民對香港特區政府或香港特區其他機構的申訴，應由投訴人直接向香港特區政府或香港特區其他機構提出。港區全國人大代表"按照香港特區基本法第 159 條和附件一、附件二的規定，履行職責。"《辦法》還規定，港區全國人大代表在港履行職責中的有關日常事務，由全國人大常委會辦公廳委託新華通訊社香港分社協助辦理。必要時，全國人大常委會辦公廳派員赴香港辦理。

◆ 港區全國人大代表進行第一次代表小組活動，聽取全國人大常委會法工委副主任胡康生介紹《中華人民共和國合同法（草案）》的立法背景和全國人大常委會審議合同法草案的主要情況，並聽取代表們對合同法草案的意見。港區全國人大代表已按照《辦法》的有關規定，組成兩個小組，主要活動是，討論有關國家事務，並對徵求全國人大代表意見的法律草案提出意見。每個小組各推選產生了兩位召集人，分別是吳康民、譚惠珠和袁武、吳清輝。

11 月 20 日

◆ 董建華出席在香港舉行的世界貿易組織非正式部長級會議（香港）閉幕午宴並致詞。他指出，作為國際間一個重要經濟體系，中國早日加入世界貿易組織，會有助進一步加強世貿組織的實力，並且可令多邊貿易體制的涵蓋面更為廣泛。

◆ 立法會內務委員會討論修改基本法機制。議員普遍關注，即使立法會通過修改基本法的決議案，有關議決是否具法律效力，能否促使行政長官及港區全國人大代表按照香港基本法第 159 條就決議案作出表態。內務委員會同意將這個問題交由政制事務委員會跟進，邀請政府及港區全國人大代表共同擬定一套三方面都接納的修改基本法的程序機制。

◆ 有 1.3 萬名員工的香港電訊集團的三家工會組織 600 多員工舉行示威，反對資方推出將年終雙糧改為與公司溢利掛鈎的花紅制度，指責其為"變相減薪"。

11月23日

◆ 教育統籌局公佈資訊科技教育五年策略文件定稿。文件主要就資訊科技及連接網絡、教師的培訓及支援、課程及資源支援和整體社會文化等四方面論述了具體策略。

◆ 香港研究資助局與國家自然科學基金委員會在北京簽署協議，設立一個聯合科研資助基金。該基金將資助雙方在共同感興趣及優勢互補的一些科學技術領域上的實質合作研究，主要用於資助較大型並可持續的項目。聯合基金來自雙方的專項撥款，各自掌管，根據共同審批的結果，分別撥款予有關項目的申請者。

◆ 世界中文報業協會第三十一屆年會在香港舉行，主題為"金融風暴對華文報業的影響"。新加坡、馬來西亞、日本、泰國、美國、中國內地、台灣、香港等近百名代表出席。香港《星島日報》董事長胡仙及台灣《聯合報》董事長王必成分別連任世界中文報業協會的正、副會長。董建華致詞表示，香港要繼續維持高度的新聞自由和金融、資訊中心地位，有兩個要素：一是特區政府一定要提供維護新聞自由、資訊自由的法制環境和法治精神；二是力求資訊快速傳遞的同時更要強調資訊的準確性。他特別指出："報紙和傳媒事業，不能絕對聽從市場方向，只管銷量和盈利而不問社會效果。報紙和其他媒體，都是社會公器，對公眾會造成影響，所以也得承擔社會責任。新聞報道更應該以真實公正為原則，而傳媒的操守應該受到公眾監督。"

11月26日

◆ 個人資料私隱專員公署發出的《個人信貸資料實務守則》生效。守則特別就放款機構及信貸資料服務機構之間互相交換客戶的個人資料作出規管。守則旨在保障個人隱私，增加信貸資料準確性及透明度。

◆ 由香港《文匯報》等七家機構聯合舉辦的"中國改革開放二十年圖片展覽"在香港展覽中心開幕。姜恩柱致詞表示，展覽對增進港人對祖國的瞭解，進一步加強香港與內地的合作交流，有着重要的意義。

11月27日

◆ 香港特區政府公佈1998年第三季經濟報告，本地生產總值與1997年同期相比，出現0.7%的負增長，全年經濟增長率預計會進一步下調到－5%，顯示亞洲金融風暴對香港經濟的衝擊，尤甚於

1975 年的石油危機。

◆ 立法會財務委員會通過特區政府關於設立一億港元電影基金的撥款。

11 月 28 日

◆ 中國人民解放軍駐港部隊千餘名在內地經過嚴格培訓的士兵進入香港，補充到駐軍各部隊。11 月 21 日，第二批服役期滿的士兵退役離開香港。

11 月 29 日

◆ 香港工聯會在維多利亞公園舉行"萬眾同樂賀金禧"嘉年華活動，慶祝該會成立五十周年。該會目前擁有 135 間屬會和贊助工會，會員人數超過 27 萬。

12 月 1 日

◆ 行政會議決定，在立法會選舉中增設飲食界和區議會功能界別各一個議席，取代市政局和區域市政局原在功能界別中的各自一個議席。區議會功能界別的議席將由全港區議員互選產生。

◆ 姜恩柱在香港宴請港區全國政協委員。安子介、霍英東、莊世平、徐四民、黃克立、李東海、胡鴻烈、張永珍、梁尚立、王丹鳳、徐起超等 106 人出席。姜恩柱表示，全國政協九屆一次會議以來，

港區全國政協委員提出了許多建設性的意見和建議。新華通訊社香港分社及時將委員們的意見和建議反映給中央有關部門，這些意見和建議對研究問題和制定政策具有重要的參考價值。

◆ 美國傳統基金會發表《1998 年經濟自由指數報告》，連續五年把香港評為全球經濟最自由地區。

12 月 2 日

◆ 財經事務局局長許仕仁在立法會會議上表示，為鞏固香港的國際金融中心地位，政府已推出一系列措施，維持符合國際水平的監管架構，並與海外監管機構進一步發展國際間的合作。這些措施有：1999 年第三季前把恒生指數期貨與期權市場的交易，轉換為自動交易系統並推出新的產品；期貨交易所決定推出"恒指 100"期貨及期權，以及一個月利率期貨；香港聯交所計劃提升交易系統、延長交易時間，為中小型企業設立創業板市場。兩個交易所並就相關產品設立跨市場按金制度的可行性進行研究。有關監管當局也會不斷檢討證券和期貨交易的規例和規則，確保能配合市場的最新發展和轉變迅速的市場需要。

◆ 國際商會中國香港商務局成立。

該局現有 46 間成員機構，包括：香港總商會、中華廠商會、工業總會、銀行公會等。工作重點集中於銀行和金融服務、知識產權、電子商業和信息技術、貿易和投資、運輸和仲裁及企業經濟研究等方面。

◆ 香港特區政府宣佈，委任香港中文大學校董會副主席林李翹如博士為大學教育資助委員會主席，任期三年，1999 年 2 月 1 日起生效。

12 月 3 日

◆ 保安局局長葉劉淑儀在立法會保安事務委員會會議發言表示，香港現時與內地並沒有正式的移交逃犯安排，只有一項非正式的行政安排。即在香港犯罪的香港居民逃往內地，可由內地移交回香港，若在內地也有犯罪，則須在內地法律程序完結後才遣返香港。由於兩地法律及司法制度差異很大，將來要達成的香港特區與內地移交逃犯安排會按照五項原則：（1）符合香港基本法第 95 條的規定；（2）須有法例為依據；（3）為香港和內地雙方都接受；（4）顧及兩地法律及司法制度上的差異；（5）符合香港基本法第 19 條的規定。也要訂定原則處理兩地同時具有司法管轄權情況下的移交以及移交跨境罪案等問題。

◆ 香港按揭證券公司宣佈，在銀行七成按揭上限外，該公司與按揭保險公司合作推出按揭保險擔保計劃，令銀行可為置業人士提供按揭成數高達 85% 的樓宇按揭貸款。

◆ 外匯基金決定貸出 1.38 億美元參與國際貨幣基金會援助巴西。

12 月 4 日

◆ 錢其琛在北京會見王祿闓為團長的香港台灣工商協會訪京團。錢其琛表示，中央政府關於處理"九七"後香港涉台問題的基本原則和政策是十分明確的，港台兩地的民間交往在一個中國原則下將繼續保持並進一步發展。希望在香港投資的台灣工商界人士，能在香港生根，不斷發展，繼續為港台兩地經濟合作，為促進兩岸關係發展發揮橋樑作用。這是該協會自 1992 年成立以來首次組團訪問北京。

◆ 政府憲報刊登《聯合國制裁（塞拉利昂）（入境管制）條例》、《聯合國制裁（南斯拉夫聯盟共和國）（禁止恐怖主義活動）規例》及《1998 年聯合國制裁（武器禁運）（修訂）規例》，旨在令中央政府向行政長官所發出的有關指令得以生效。特區政府發言人表示，"為使中央人民政府能履行國際責任，執行聯合國制裁是必要的”。

◆ 美國太平洋艦隊司令約瑟夫（Joseph Prueher, 港譯：普理赫）在香港亞洲協會演講時稱，香港在亞洲經濟中所扮演的關鍵角色，將使中國及世界各國受益。他對美港關係保持不變，特別是美國海軍可以自由訪港感到高興。

12 月 5 日

◆ 廣東省高級人民法院對香港居民張子強等 36 人重大刑事案件作出終審判決，並根據最高人民法院的授權，依法核准張子強等 5 人死刑，剝奪政治權利終身。判決後 5 犯被立即執行槍決。10 月 20 日，廣州市中級人民法院開庭審理此案。11 月 12 日，作出一審裁決，判處張子強等 5 名主犯死刑，2 人死緩，29 人無期徒刑或有期徒刑，並沒收犯罪人在內地的資產共 11 億元人民幣。張子強及其同夥自 1990 年代初以來，在省港兩地涉及多宗搶劫、綁架案。包括 1991 年涉嫌在港械劫 7 間金舖劫取 700 多萬港元金飾；1996 年 5 月，涉嫌綁架香港李姓商人之子，勒索贖金 10.7 億港元；1997 年 9 月，涉嫌綁架香港郭姓商人，勒索贖金 7 億多港元；1998 年初，涉嫌偷運 800 多公斤炸藥及雷管、導火綫到香港等等。

此案經廣東省公安廳偵查終結後移交廣東省檢察院。8 月 15 日，省檢察院指定廣州市檢察院對此案審查起訴。8 月 27 日，廣州市檢察院起訴張子強等人。

12 月 6 日

◆ “香港同心”運動開幕典禮在跑馬地馬場舉行。特區政府主要官員、工商界人士、勞工界人士約 5000 人出席。董建華表示，在當前的逆境與變遷中，民間自發組織的“香港同心”運動定能把香港市民聯繫起來，共同發揮團結精神，為香港社會帶來新的機遇。

12 月 7 日

◆ 衛生福利局局長霍羅兆貞表示，特區政府委託顧問研究香港醫療融資的情況報告已經完成，並會在 12 月底向特區政府提交報告。負責研究的顧問美國哈佛大學經濟學教授蕭慶倫稱，香港的醫療制度落後了 30 年，令醫療開支佔整體公共開支的比重每年增加，估計到 2010 年會升至 20%。

12 月 7 日－12 月 8 日

◆ 世界貿易組織在日內瓦召開會議，就香港的貿易政策和措施作出全面檢討。

這是自 1995 年世貿組織成立以來及香港回歸中國後進行的首次檢討。檢討的範圍涵蓋香港各方面的貿易政策及措施,包括貨品、服務和知識產權,以及香港的貿易和經濟情況。世貿的有關貿易政策檢討機制,旨在提高各成員的貿易政策及措施的透明度。

12 月 8 日

◆ 行政會議決定成立環境食物局,掌管漁農處、環境保護署及日後成立的食物及環境衛生署等三個執行部門。特區政府將在 1999 年初成立專責小組,籌建環境食物局。

◆ 破產欠薪保障委員會接納政府建議,將破產欠薪基金支付遣散費賠償上限,由 3.6 萬港元增加至 5 萬港元。為配合勞工處的減薪指引,委員會同意修訂《破產欠薪保障條例》,當勞資雙方有減薪協議,以被裁員工減薪前的工資,計算墊支的遣散費。

◆ 唐國強出任外交部駐港特派員公署副特派員。

12 月 8 日－12 月 9 日

◆ 中英聯合聯絡小組第 44 次會議在北京舉行。雙方對香港目前形勢的評估一致,並本着合作精神,就有關問題交換意見、通報情況。中方首席代表吳紅波表示,由於歷史原因,英國政府應為滯港越南難民和船民問題的早日解決繼續做出努力。並指出,張子強案涉及的司法管轄權問題,屬於中國內地與香港之間跨境刑事犯罪問題,不應在聯絡小組作為一個議題進行討論。但考慮到英方對這一案件有些關注,我們作了一些一般性的評論。我們的觀點是,這種跨境犯罪案件中國內地司法機關擁有司法管轄權。中國內地的司法機關對這起刑事案件行使管轄權具有充分的法律依據。香港司法機關的管轄權應該得到尊重,內地司法機關的管轄權也應該得到尊重。對香港居民所實施並完全在香港境內發生的刑事案件,中國內地司法機關是沒有司法管轄權的。中國內地的有關法律也是清楚的。

12 月 9 日

◆ 董建華為紀念《世界人權宣言》五十周年發表書面講話。12 月 10 日,民政事務局局長藍鴻震代表政府出席人權宣言之友舉辦的活動時表示,根據特區政府統計,在回歸後首年內公眾集會和遊行約 1800 宗。此外,約 880 個社團根據《社團條例》登記或獲豁免登記,而警方亦沒有反對過任何一宗關於舉行這些活動的申請。香港一直有很好的人權記錄，這是香港足以自豪的，歡迎任何對此有懷疑的人親自來香港看看。

◆ 香港特區政府公佈綜援計劃檢討報告。建議削減三人或以上受綜援家庭標準金額 10%－20%，收緊申請綜援金的資產限額，以及規定失業綜援受助人需每周參與有益社會的無薪工作一至兩次，以作為繼續領取綜援條件。政府將就綜援檢討報告展開為期六周的公開諮詢，在 1999 至 2000 年度實行有關綜援建議。

12 月 10 日

◆ 董建華在特區政府總部會見清華大學校長王大中時表示，自 1993 年至今，清華大學已為香港公務員舉辦了 26 期培訓課程，共有 626 名學員結業。課程安排提高了學員對中國內地的認識，促進了香港與內地官員的瞭解與溝通，受到學員的一致好評。

◆ 資訊科技及廣播局局長鄺其志在公佈 "1998 年電視政策檢討" 結果記者會上表示，經過諮詢社會意見和審慎研究後，政府決定開放收費電視市場，引入更先進的科技和新的競爭。

12 月 12 日

◆ 台灣海基會副秘書長詹志宏、民進黨 "立委" 張俊宏、政治大學中山研究所所長趙建民等來香港參加中華旅行社、香港中山學會舉辦的 "辜汪會晤後的兩岸關係發展及其對港台關係的影響" 座談會。

12 月 13 日

◆ 香港運動員李麗珊在曼谷亞運會奪得女子滑浪風帆金牌。這是香港特區成立後奪得的首面亞運會金牌。董建華、姜恩柱致電祝賀。

12 月 14 日

◆ 香港運動員許長國奪得亞運會男子保齡球賽金牌。稍後，陳偉達、傅家俊和陳國明奪取桌球隊決賽冠軍。吳小清在武術南拳項目中贏得金牌，黃金寶在男子 200 公里單車公路賽中折桂。整個亞運賽事中，香港共贏得 5 面金牌，6 面銀牌和 6 面銅牌，排列第 13 位，是參加亞運會賽事以來成績最好的一次。

◆ 港區全國人大代表會議在中華總商會會所舉行。召集人吳康民表示，港區全國人大代表的視察活動實際已由每年一次，增加到每年兩次。會議決定，今後港區全國人大代表每月舉行一次例會。

◆ 衛生署署長陳馮富珍獲頒贈由 19 個世界衛生權威專家簽署的牌匾，以讚揚香港在 1997 年底採取迅速行動，控制 H5N1 禽流感病毒的蔓延。

◆ 蒙古國駐香港領事館成立。

12 月 14 日－12 月 17 日

◆ "中華文化與 21 世紀" 國際學術研討會在香港開幕，董建華、姜恩柱出席開幕典禮並致詞。

12 月 15 日

◆ 外匯基金投資有限公司主席楊鐵樑對傳媒表示，特區政府自 1998 年 8 月動用 1181 億港元進入期貨和股票市場所購入的股票，至今原封不動，繼續持有，賬面值已升至 1499 億港元，收益為 318 億港元。外匯基金投資有限公司董事局正甄選一組財務顧問，並預計可於 1999 年初委出，以協助制定及執行出售股票方案的詳細安排。另外，該公司董事局亦參考歐美大型基金的守則制訂指引，規管外匯基金投資有限公司對持股機構行使投票權。

◆ 運輸署公佈五條港內渡輪航綫投標結果，其中天星小輪奪得中環至紅磡、灣仔至紅磡航綫，油麻地小輪奪得北角全紅磡、北角至九龍城航綫。北角至觀塘航綫

無人投標，1999 年 3 月底停牌。

◆ 立法會秘書處根據《立法會（權力及特權）條例》，制定處理擾亂會議的三級制程序。其中，行為粗暴者會交予警方處理。根據該條例第 17（C）條，任何人在立法會或任何委員會舉行會議時，引起或參加任何擾亂，令立法會或該委員會的會議程序中斷或相當可能中斷，即屬犯罪。

◆ 董建華在政府總部會見參加第五屆 "海峽兩岸暨香港特區經貿合作研討會" 的代表，包括全國政協副主席、中華全國工商聯合會主席經叔平，香港中華廠商聯合會會長梁欽榮，台灣工商企業聯會常務理事張平沼、吳思鍾等人。研討會於 12 月 17 日在香港舉行，工商局局長周德熙在會上作了講話。

12 月 16 日

◆ 外交部駐港特派員公署副特派員唐國強應約會見香港索償協會主席吳溢興等人時表示，中日兩國間的戰爭賠償問題在 1972 年中日聯合聲明中得到解決，中國政府對這一問題的立場沒有變化。關於日本侵華戰爭時期遺留下來的，例如遺棄化學武器、強徵勞工、隨軍 "慰安婦" 等問題，由於至今仍對中國人民的身心造成嚴

重損害，中方一直要求日本政府以負責的態度，認真對待並妥善處理。

◆ 立法會通過《採用歐羅條例草案》，容許歐元在香港使用。12 月 24 日，政府憲報刊登該條例，指定 12 月 28 日為生效日期。

◆ 新加坡發展銀行以 24 億港元收購 65% 廣安銀行股權。

◆ 廣東省政府宣佈對粵海企業進行全面改組。

12 月 18 日

◆ 基本法資源中心舉行開幕典禮，陳方安生、林煥光、藍鴻震等出席。該中心所存資料包括 1985 年至今有關草擬和實施基本法的剪報；有關基本法的法院判詞；基本法起草委員會和基本法諮詢委員會發表的諮詢文件及報告以及各種宣傳品、教材和刊物。

◆ 就業專責小組舉行第七次會議，就"中小型企業特別信貸計劃"的進展進行討論。組長曾蔭權表示，面對嚴峻的失業率，就業專責小組會繼續以積極和務實的態度，致力紓緩失業情況，以及協助創造更多職位空缺。

◆ 新機場諮詢委員會舉行任期內（1998 年 12 月底屆滿）最後一次會議，

並通過了一項"機場服務及設施獲高度評分"的民意調查報告。新機場諮詢委員會是依照中英關於香港新機場建設及有關問題的諒解備忘錄於 1991 年 11 月成立的，共有成員 60 人，是香港歷來最大型的工程諮詢委員會，包括了各階層及多個行業的人士，亦有不同社會背景的代表人物。成立七年來共舉行 145 次會議。

◆ 金融管理局發表香港銀行業顧問研究報告，公佈香港銀行業未來五年的前景和策略。建議本地銀行由 2000 年起分三個階段全面撤銷利率協議，以提高香港銀行業市場的競爭力和加強銀行業整體的安全和穩健程度。

12 月 21 日

◆ 政府統計處公佈 1998 年 11 月份的綜合消費物價指數，較去年同期下跌 0.7%。甲類、乙類及恒生消費物價指數分別下跌 0.9%、0.9% 及 0.2%。10 月份的相應變動率為 -0.1%、0 及 0.5%。政府經濟顧問鄧廣堯表示，香港確實出現通貨收縮。

12 月 22 日

◆ 李嘉誠在一個記者會上表示，政治問題已影響香港和諧的投資環境。12 月

23 日，董建華回應時表示，"李先生是香港工商界領袖，所以他的說話受到社會廣泛關注，政府也很重視。有一個好的營商環境對香港很重要；有一個好的營商環境才可以促進經濟復甦和製造更多就業機會。在這一方面我們會加強合作，政府會很努力去製造更好的營商環境。"

◆ 香港《新報》報道，新機場調查委員會已經完成調查報告，並得出初步結論。報告稱，新機場工程統籌署署長郭家強失職，並譴責前機場管理局行政總監董誠亨，指他要為誤導由陳方安生領導的機場策劃委員會負上全責。

12 月 23 日－12 月 29 日

◆ "愛我中華，建樹香江"香港學生大使交流團赴內地進行考察活動。江澤民致函交流團全體同學，勉勵他們"努力學習，立志成才，把香港建設得更加美好"。胡錦濤參加了交流團北京交流營開幕式，並接見學生代表。此次活動是由香港教育工作者聯會主辦，中華全國青年聯合會、教育部、國務院港澳事務辦公室協辦，香港國際青年文化交流中心承辦的。香港 51 間中學的 1000 名學生參加了這次活動。

12 月 24 日

◆ 特區政府憲報刊登由行政長官董建華在 12 月 18 日公佈從 12 月 24 日起在香港特區實施一項全國性法律：《中華人民共和國專屬經濟區和大陸架法》。

12 月 29 日

◆ 香港《蘋果日報》報道，據保安局統計，1998 年港人移民海外的人數持續下降，截至 11 月估計只有 1.9 萬人，較 1997 年的 3 萬多人大幅下降近 40%，創 12 年來新低。1998 年港人移民的熱門地點依次仍為加拿大、美國、澳大利亞及新西蘭。同時，外國人來港居住人數有所增加。截至 11 月底，共有 52 萬多海外人士在港居住，較 1997 年的 46 萬多人增加超過 10%。其中菲律賓人 15 萬多人，印尼和美國分別為 4.4 萬多人和 3.8 萬多人。居港英國人也未因回歸後被取消免簽證來港工作等特權而減少，仍有 2.8 萬多人，較 1997 年增加了 6000 多人。

12 月 31 日

◆ 江澤民發表 1999 新年講話指出，在過去的一年裡，已經回到祖國懷抱的香港，迎接新的挑戰和考驗，在亞洲金融危機衝擊的困難環境中，繼續保持穩定繁榮。人們可以相信，有中央政府的支持和特別行政區政府的治理，香港各界團結一致，一定能開創香港的美好未來。

◆ 行政長官簽署新安排，下列七個法定機構的負責人及其下屬，不再獲委派作為政府代表在立法會發言：司法機構政務長及司法機構辦事處所有首長級人員；申訴專員及公署所有首長級人員；平等機會委員會主席及所有首長級人員；個人資料私隱專員及公署所有首長級人員及法律顧問；醫院管理局行政總裁，所有副總監及其轄下所有醫院的行政總監；房屋委員會主席和證券及期貨事務監察委員會主席，所有執行董事及首席律師。

1999年 ········

1月2日

◆ 香港銀行首次進行歐元交易，但只接受存款。1月4日凌晨，歐元才正式在全球匯市買賣，當日1歐元兌9.15港元。

1月4日

◆ 行政長官辦公室發表聲明，指出行政長官董建華和政務司司長陳方安生合作愉快，董建華沒有和陳方安生談及她的將來，他會在適當時候作出決定，然後公佈。陳方安生亦表示希望各方面在這段時間不要作太多的揣測。

1月6日

◆ 董建華答覆傳媒問及香港應否推行"部長制"時表示，香港現在並不適合推行"部長制"，而且不覺得香港需要在這個時候考慮這個問題，長遠來講這是其中一個可行之路。1月5日，前自由黨主席李鵬飛在一個午餐會上表示，本港必須儘快推行"部長制"，加強問責性。並說部分政府高官私下表示贊成推行"部長制"，並願被委任為部長。他指出，"部長制"的好處是部長掌握相當的權責，需為其所訂出的政策負上政治責任，行政長官可以免卻被大肆抨擊的機會，有助提高民望。

◆ 政制事務局局長孫明揚在立法會表示，特區政府處理涉台問題以錢其琛副總理闡明的中央政府處理"九七"後香港涉台問題的基本原則和政策為基礎。一般來說，香港特區政府官員以私人身份往台灣旅遊或探親，並無限制，但因工作層面的事務性聯繫需往台灣的要事先得到批准。台灣官員申請來港，特區政府會按個別情況考慮每個申請。自1997年7月起，行政長官已指派他的特別顧問葉國華先生，在有需要時與台灣當局商討雙方共同關注的問題。香港特區政府與台灣當局只有工作層面的事務性聯繫，這包括民航、警務、郵務等方面的聯繫，此等聯繫回歸前已存在，回歸後繼續運作。

1月6日－1月8日

◆ 第三屆亞太基建發展副部長級會議在香港舉行。財政司司長曾蔭權在開幕禮上致詞時表示，亞洲金融風暴令香港經濟進入調整階段，要恢復競爭力和經濟增長，香港必須發展新一代基建，吸引新工業和刺激新投資。特區政府未來五年會投資300億美元並吸引私營公司、國際機構參與投資，進行大型基建，包括鐵路、房屋、港口和資訊科技發展。特區政府將以公平、高透明度原則批出工程合約。

1月7日

◆ 國務院副總理李嵐清在北京會見行政長官特設創新科技委員會主席田長霖。就發展高新技術及產業、設立高科技工業區等問題交換了意見。

◆ 香港科技大學校長吳家瑋為團長的香港大學校長訪問團一行 15 人赴台訪問。這是近年來香港學術界訪台層次最高的團組。在台灣期間，訪問團拜會了台灣"行政院長"蕭萬長、"陸委會"主任委員張京育、台北市市長馬英九等。

1月8日

◆ 行政會議召集人鍾士元在一個餐會上發表演講時説，時至今日，特區政府必須與各政黨作出妥協和交易，而特別困難的是行政長官不屬於任何政黨，而在立法會中又沒有屬於自己的一票。演講後他補充説，世界上沒有一個民主國家不實行"部長制"，而"部長制"正是民主國家200多年來發展出來的一套標準機制。行政長官早前也同意香港始終要實行"部長制"。是否實行"部長制"並不是香港當前的問題，最重要的是何時實行及如何實行"部長制"，才不會影響香港的穩定。

◆ 工業署署長何宣威公佈該署所作的"1998 年海外公司駐香港地區代表調查結果"顯示，截至 1998 年 6 月 1 日，共有2449 家海外公司在香港開設地區代表辦事處。

◆ 香港特區政府和廣東省人民政府在深圳舉行粵港反盜版合作首次會晤。雙方在合力打擊跨境盜版活動等方面達成共識。

1月10日－1月13日

◆ 30 名港區九屆全國人大代表視察廣東省。並聽取了國務院有關部委和廣東省、深圳市工作情況匯報。

1月11日

◆ 董建華會見來香港出席國際結算銀行特別會議的美國聯邦儲備局主席格林斯潘。就全球經濟發展和如何迎接下世紀挑戰等問題廣泛交換了意見。格林斯潘贊同董建華的意見，認為香港在國際金融體系改革中可發揮更積極作用。國際結算銀行特別會議在香港舉行，中、美、日等 17個國家及地區的中央銀行行長和代表出席，主要討論國際金融、經濟狀況和銀行重整結構等問題。

◆ 中國常駐聯合國日內瓦辦事處代表喬宗淮大使向聯合國人權事務高級專員瑪麗·羅賓遜（Mary Robinson, 港譯：魯賓

1999 年 1 月 11 日，香港特區舉行法
律年度開啟典禮。圖為香港特區終審
法院首席法官李國能檢閱香港警察儀
仗隊。

遜夫人）轉交了《中國香港特區參照〈公民權利和政治權利國際公約〉提交的報告》。這是香港回歸後，中國向聯合國提交有關香港特區實施該公約情況的首次報告，也是香港政府歷年向聯合國提交報告中，篇幅最長及內容最詳盡的。12日，藍鴻震對記者表示，這份報告是經外交部駐港特派員公署轉中國常駐聯合國日內瓦辦事處，直接交給聯合國人權事務高級專員，之前並沒有送到北京，內容也沒有改動。報告指出，1998年12月4日，中國政府把香港特區參照兩個國際人權公約的有關規定向聯合國提交報告的安排，通知聯合國秘書長。1999年初也通知聯合國，香港特區政府準備在年內提交第一次報告。特區政府發言人表示，政府撰寫報告前，已諮詢了立法會議員、非政府機構和各關注團體的意見，並已充分考慮他們的意見。

◆ 1999法律年度開啟典禮儀式舉行。終審法院首席法官李國能、律政司司長梁愛詩分別致詞。儀式後，李國能向記者介紹司法機構新一年的工作重點及目標。指出由1999年開始，司法機構將獨立公佈工作目標。新一年度的工作有五個重點，一是確保司法機構、各級法院與時並進；二是提高專業水準；三是確保案件得到公平及迅速的審理；四是發展法庭雙語制；五是提供足夠資源發展各項設施。

◆ 歐洲委員會發表關於香港回歸後發展情況的首份報告。稱香港回歸以來，市民的基本權利和自由仍廣泛得以保有；香港"勇敢捍衛"港元與美元掛鈎的聯繫匯率，並在經濟不穩階段仍維持開放市場、有透明度、廉潔政府和謹慎理財的承諾，為亞洲其他地方樹立典範。報告稱香港應儘快敲定落實立法會全面直選的日期，因為全民普選對香港長遠的繁榮穩定有幫助。報告還提及歐盟國家在免簽證方面應給予香港"更多寬鬆待遇"。歐洲委員會將每年提交一次同類報告。

1月12日

◆ 香港新國際機場獲美國1999年建築博覽會選為20世紀全球十大建築成就之一。

◆ 粵海企業集團舉行債權人會議，通過1998年4月15日前粵海暫停還款協議。廣東省政府於1998年7月8日發出通知，停止協助粵海及廣南還息予債權銀行。同年12月16日，廣東省政府、企業管理層與債權銀行，就粵海企業等的債務重組安排，簽署共同承擔經濟損失的原則性協議。

1月14日

◆ 董建華出席立法會答問大會，介紹政府進行公務員體制檢討和改革的主要內容：一是檢討公務員長俸永久聘用制，以使公務員聘任政策更切合時宜、更靈活，也更具成本效益；二是全面檢討公務員薪酬和附帶福利，以確保公務員的薪酬和福利不致與私營界別或市場脫節。長遠會進一步研究增薪與表現掛鈎這種在私營界別常見的做法能否在公務員體制上實施；三是進一步簡化紀律處分的程序，特別是加強管理階層對嚴格執行紀律處分的重視，確保賞罰分明；四是着手建立一套以成效為本，以服務精神為根的管理文化。當局會檢討目前的表現評核制度，研究改進辦法，以及探討如何進一步加強各級公務員的專業培訓和個人發展。並就香港當前熱點問題接受議員的提問。

1月15日

◆ 董建華會見美國國會代表團時解釋特區政府 1998 年 8 月的入市干預行動，指出有必要及早加強監察國際間短期資金的流動。並說：「我們希望在這方面美國能起領導作用。」

◆ 香港運動員在曼谷舉行的第七屆遠東及南太平洋區傷殘人士運動會上，共贏得 29 面金牌、18 面銀牌和 18 面銅牌。

◆ 公安部啟用新的港澳居民來往內地通行證，同時停止簽發港澳同胞回鄉證。

1月17日

◆ 香港《文匯報》報道，香港旅遊協會統計，1998 年來香港的台灣旅客人數比上年增長約 1.7%，達 181 萬餘人次，在世界各個國家和地區來港旅客中僅次於內地，排名第二位。

1月18日

◆ 財政部美元國債首次在香港上市。香港聯合交易所與財政部就國債在香港上市簽署上市協議，財政部決定將十億美元全球債券在香港聯合交易所上市。財政部部長項懷誠和董建華、姜恩柱、馬毓真、曾蔭權、許仕仁、任志剛等出席簽字儀式。董建華會見項懷誠時表示：「香港聯合交易所是除盧森堡交易所外，財政部美元國債的唯一上市地點，顯示財政部對香港債券市場的信心。」

◆ 邵逸夫第 12 次向內地教育捐款儀式在香港舉行。教育部副部長張天保率代表團來港出席捐款儀式。1999 年，邵逸夫再次向內地 332 所人、中、小學捐助兩億港元。

◆ 香港《東方日報》報道，政制事務局首次就探討修改基本法的機制，提出八大需研究範疇：（1）誰人或機構有權在香港修改基本法；（2）啟動修改機制的程序；（3）修改議案的形式；（4）立法會、行政長官及港區全國人大代表討論的次序；（5）修訂修改基本法方案的機制；（6）不能抵觸國家對香港的方針；（7）是否需諮詢公眾；（8）立法規範港區全國人大代表的職責是否適當。1 月 7 日，立法會政制事務委員會轄下修改基本法機制小組委員會舉行首次會議。初步決定於 3 月中開始邀請政府代表、港區全國人大代表、學者及專家等提供意見，然後再討論修改的機制。

1 月 19 日

◆ 香港特區政府首次運用香港基本法第 74 條，指前綫立法會議員李卓人提出的兩項有關勞工權益的私人法案，因涉及政府政策，在提出前須獲得行政長官書面同意。1998 年 11 月，李卓人以私人草案形式再向立法會提出《勞資關係（代表權、諮詢權及集體談判權）條例草案》和《1998 年僱傭（修訂）條例草案》。1 月16 日，教育統籌局局長王永平覆函李卓人指出，所謂"政府政策"不單是指政府已經決定的政策，也包括政府正在考慮會否推行的政策，以及經政府考慮後決定不推行的政策。范徐麗泰去信王永平，要求進一步澄清"政府政策"的定義。並透過發言人表示，收到王永平和李卓人正式回應前，不會作出裁決。

1 月 20 日

◆ 行政長官特設國際顧問委員會在香港舉行首次會議，由董建華主持。會議討論了亞洲在金融風暴後的調整情況、如何提高香港的競爭力以及香港應採取的長遠發展策略。

◆ 立法會在分組投票中否決由勞工界議員提出的兩個要求特區政府立法落實罷工權的議案。工聯會議員陳榮燦等人認為《僱傭條例》第 9 條容許僱主以僱員故意不服從合法而又合理的命令為理由，即時解僱參與罷工的員工，毋須給予通知金、年終酬金及遣散費等補償，違反基本法第 27 條賦予港人的罷工權。政府、自由黨、港進聯及其他工商界議員均認為《僱員條例》第 9 條未規定僱主可以參與罷工為理由即時解僱員工，即使僱主以罷工僱員不服從命令作為解僱理由，若勞資雙方有爭議，也要交由法庭裁決，因此不違反基本法。

◆ 香港《英文虎報》(The Standard)誇大發行量的案件審結。該報總經理蘇淑華等三名被告被裁定造假賬罪名成立，分別被判處入獄六個月和四個月。三名被告在 1994 年至 1996 年間，偽造賬目及文件，向發行量核數機構英國出版銷售公證會誇大《英文虎報》發行量以欺騙廣告客戶。共銷毀約佔發行量三成的 1400 萬份《英文虎報》和《星期日虎報》，涉及印刷費 5100 多萬港元。廉政公署是在調查一家虎報職員涉嫌受賄容許他人盜竊過剩報紙當作廢紙出售時發現此案，並於 1998 年 3 月 17 日起訴上述三名被告。

◆ 律政司司長梁愛詩表示，待詳細研究判詞內容和政府律師核發的報告以及被告若不提出上訴後，她會在短期內發表聲明解釋不起訴虎報大股東、星島集團主席胡仙的原因。

◆ 台灣土地銀行香港辦事處開幕。這是香港回歸後，首家台灣公營金融機構在香港開設的據點。

1 月 22 日

◆ 政府憲報公佈，中央政府已委任下列由行政長官提名的主要官員：蕭炯柱任規劃環境地政局局長（1999 年 1 月 21 日就職）。

◆ 以胡國興法官為主席的新機場調查委員會公佈調查報告，指出航班資料顯示系統失靈及超級 1 號貨站的貨物處理系統運作停頓，是導致新機場啟用初期出現混亂的主要原因。委員會認為機場管理局管理階層、空運貨站有限公司及機場發展策劃委員會需負主要責任。董建華表示接納有關報告結果，指出有關監察官員無須個別承擔責任，要求有關方面從事件中汲取教訓，繼續攜手合作，進一步提升新機場的服務與設施水平。1 月 26 日，申訴專員公署向行政長官遞交調查報告，指出機場啟用初期混亂的原因，並點名譴責個別人士。1 月 27 日，立法會調查新機場事故專責委員會公佈調查報告，點名批評有關人員。同時，董建華發表聲明中指出，調查機場事故的重點是針對事，不要針對人。除非發現立法會的報告有足夠證據及說服力顯示有官員失職，否則就胡國興法官的報告來說，他認為沒有一個官員需要負上個人責任。1 月 28 日，陳方安生接受電台訪問時，首次為新機場啟用時出現的混亂致歉，但強調不會辭職。

◆ 政府憲報公佈，行政長官已延長黎守律的高等法院上訴法庭法官任期一年（1999 年 1 月 1 日－2000 年 1 月 26 日）。

1月23日

◆ 董建華與 2000 多名長者在會展中心新翼歡聚,共同拉開了"香港 1999 國際長者年"活動的序幕。他指出,香港應該制訂一套公平而適當的方案,妥善照顧長者的需要。他承諾,政府會投入大量資源,務求做到"老有所養、老有所屬、老有所為"。

1月25日

◆ 教育統籌委員會在 1999 年 1 月 22 日公佈《教育制度檢討:教育目標》諮詢文件後,首次主辦題為"21 世紀教育藍圖"大型研討會,各界人士 800 多人出席。教統會諮詢文件是檢討學制的第一步。目標內容涵蓋幼稚園、小學、中學和大學,諮詢期一個多月。董建華在研討會上呼籲公眾人士積極參與是次檢討工作,一起勾畫下個世紀的教育藍圖。教統會主席梁錦松認為,香港有 18% 適齡學生可入讀大學,這個比例相對於其他亞洲鄰近國家和歐美發達國家並不算高。

1月26日

◆ 外交部駐港特派員公署發言人回答記者提問時指出,我們注意到美國駐香港總領事包潤石(Richard A. Boucher)於 1 月 25 日在香港總商會的講話。香港特區政府一年半來所採取的一些施政是富有成果的,並早已為廣大港人和國際社會所認同。作為外國駐港總領事,對香港特區和中國中央政府同特區政府的關係等中國內部事務妄加評論,説三道四,是不合適的。特區政府發言人表示,過去一年半,特區的發展十分穩健。特區政府所定的方針政策都是以香港的長遠利益為依歸。特區政府會繼續維持法治和自由市場,並會按基本法發展民主,這是香港賴以成功的基石。問及特區政府是否贊成中央政府的立場,發言人表示特區的外交事務由中央負責。中央的聲明已將立場説清楚。1 月 25 日,包潤石在香港總商會午餐會演講中,不點名以"虎報誇大發行量案"、"張子強案"為例,指特區政府的檢控政策令人質疑,顯示中國政府插手一些刑事案件的審理;對 1998 年特區政府入市行動及擬於區議會恢復委任制度表示相當關注;指本港的電訊及空運服務市場未夠開放,要求港府儘快開放固定通訊網絡及空運服務市場;要求港府加強知識產權保護,打擊盜版等違法行為。

1月27日

◆ 立法會通過《1998 年入境(修訂)

（第二號）條例草案》，規定只要在建築地盤發現雙程證持有人，當局毋須證明是否受聘工作，地盤主管即屬犯罪。

◆ 英國駐港總領事貝恩德出席英國商會午餐會時表示，對香港回歸後的人權、法治及言論自由狀況表示滿意。他認為，中國政府即使於金融風暴期間也給予本港高度自治，並一直遵守中英聯合聲明。貝恩德表示理解特區政府 1998 年入市干預行動，讚賞特區政府一直與國際保持溝通，認同行政長官董建華施政報告提出香港需要發展新的科技和產品，也鼓勵英商積極參與經濟事務。但他認為本港的營商環境很有挑戰性。

1 月 28 日

◆ 中國外交部發言人指出，1 月 25 日美國駐港總領事公然對特區政府施政等中國內部事務妄加評論、說三道四，是毫無道理的。

◆ 金融管理局宣佈，截至 1998 年 12 月底，香港外匯儲備為 896 億美元，僅次於日本、中國內地和台灣，居世界第四位。

1 月 28 日－1 月 30 日

◆ 董建華率香港高層代表團赴瑞士出席世界經濟論壇年會。分別就香港經濟復甦和重現亞洲經濟奇迹發表演說，並出席了世界經濟論壇主席 Schwab 為經濟領袖所設晚宴、及香港／歐盟 —— 歐盟／香港商界合作委員會會議等重要活動。還與新加坡內閣資政李光耀、美國亞太事務助理國務卿羅斯（Stanley Roth）、美國財政部副部長羅倫斯‧薩默斯（Lawrence Summers）及歐洲中央銀行總裁杜伊森貝赫（Wim Duisenberg）舉行了雙邊會議。

1 月 29 日

◆ 終審法院對港人在內地所生子女居港權案作出終審判決。終審法院裁定，香港永久性居民在內地所生子女享有香港居留權，不論有關的父母是在子女出生之前或之後成為香港永久性居民。又裁定，這些人士進入香港時，單程證無須加附居留權證明書。同時裁定成立臨時立法會沒有違反基本法。終審法院判詞強調，特區政府無須要求全國人大常委會闡釋基本法有關內容。特區法院有司法管轄權，可以審核全國人大或其常委會的立法行為是否符合基本法，並有權宣布被裁定為不符合基本法的立法行為無效。

◆ 正在瑞士出席世界經濟論壇年會的董建華表示，非常關心這次裁決可能產生的問題，現在最需要冷靜處理，不要引起偷渡潮。

1月30日

◆ 九屆全國人大常委會第七次會議通過關於香港特區九屆全國人大代表辭去代表職務辦法的決定。

1月31日－2月2日

◆ 入境事務處處長李少光赴北京訪問，與公安部出入境管理局負責人等商談因終審法院在1月29日對"居港權案"判決帶來的問題。李少光表示，公安部出入境管理局重申：只有取得單程證才算是合法離開內地到港定居。特區政府認為，有關人士必須循合法途徑來港，否則將立刻被依法遣返。

2月1日

◆ 新華通訊社香港分社在香港會議展覽中心舉辦"香港各界紀念江主席八項主張發表四周年暨《告台灣同胞書》發表二十周年座談會"。霍英東、姜恩柱、鄒哲開、葉國華和各界知名人士、居港台胞團體負責人等120多人應邀出席。姜恩柱等發言表示，《告台灣同胞書》和江主席的八項主張，是和平統一祖國的大政方針。"一國兩制"在香港的成功實施，為海峽兩岸的統一起到了良好的示範作用。

2月1日－2月3日

◆ 董建華訪問以色列，分別會見總統魏茨曼（Ezer Weizman）、總理內塔尼亞胡（Benjamin Netanyahu）、外長沙龍（Ariel Sharon）、工業及貿易部長夏蘭斯基（Natan Sharansky），並與科技、學術和商界領袖會面，參觀高科技公司和科研機構，瞭解該國高科技工業發展的情況。

2月2日

◆ 署理行政長官陳方安生在出席行政會議後表示，特區政府將成立一個專責小組研究終審法院1月29日判決對本港各類服務帶來的影響。她強調，任何人聲稱擁有本港居留權，都必須在內地申請居港權證明書，才可以來香港定居，否則將會被遣返。

◆ 律政司司長梁愛詩表示，終審法院對港人內地子女居港權案的判決，經已清晰指明《入境條例》中需要刪除及保留的字眼，但現階段無需急於修改法例。

◆ 香港《信報財經新聞》報道，特區政府資料顯示，1996年首三個月爭取最後機會申請歸化或註冊為英國屬土公民的港人多達 21.76 萬人，而 1993－1996 年申請人數總和僅為 7 萬人。

◆ 香港《大公報》報道，特區政府統計資料顯示，香港公務員人數從 1993 年 18.96 萬人，上升至 1997 年的 19.77 萬多人，增幅 4.3%。但公務員待遇的總開支卻從 1989 年的 490 億港元上升至 1997 年的 1460 億港元，升幅達三倍多。平均每個公務員的開支達 74 萬港元，上升三倍。在香港回歸前的中英談判高峰期，公務員待遇每年增長達 18%－22%。

◆ 立法會根據《破產欠薪保障條例》作出決議，將破產欠薪保障基金發放的遣散費特惠款項限額，由現時的 3.6 萬港元再加超出此數餘額的 50%，調高至 5 萬港元再加超出此數而依例可得的遣散費餘額的 50%。這項調整從 1999 年 2 月 5 日起生效。

2 月 3 日－2 月 7 日

◆ 民政事務局局長藍鴻震率領特區政府代表作為中國代表團成員，出席聯合國消除婦女歧視委員會的聽證會。委員會審議了中國根據《消除婦女一切形式歧視公約》提交的報告，包括香港特區政府就該公約提交的首份報告。藍鴻震在聽證會上指出，香港市民的自由和權利，無分男女，都充分受到法律的保障。2 月 6 日，藍鴻震會見記者時表示，聯合國在聽證會結束之後發佈的新聞通報中，對香港特區政府提交的報告表示很滿意，認為這份報告很詳細、很系統。還特別對香港特區政府將報告放到國際互聯網上的做法表示讚賞，希望其他國家也這樣做。藍鴻震認為，此次香港特區政府派團來聯合國參加聽證會，充分體現了 "一國兩制" 原則。香港回歸前聯合國討論涉及香港的問題時，都是由英國政府官員出席，而這一次向聯合國提交的報告完全是由香港人自己撰寫的，在將文本提交到北京之後，外交部對報告一字未改，因此這份報告是真正代表香港人的。在聽證會上感受到 "一國兩制"，報告香港情況時，中國代表團團長、中國常駐聯合國代表秦華孫大使只在會議開始時對他本人作了簡單介紹，隨後就全部是由他和特區政府的同事們作答。

2 月 4 日

◆ 董建華回應終審法院 1 月 29 日判決時表示，判決對香港帶來的負面影響可能會很深遠。我們不能低估這個判決對香港社會，包括教育、醫療、福利等各方面帶來的問題的嚴重性，因此須要小心處理。

◆ 梁愛詩在一份向立法會司法及法律事務委員會發表的聲明中，詳細解釋在《英文虎報》誇大發行量一案中不檢控星島集團主席胡仙，主要是證據不足，亦考慮了香港公眾利益，並沒有理會其身份。她重申，處理這個案件"完全符合檢控政策"並依從基本法第63條。而她至今才作出聲明，並非企圖拖延時間，而是為了遵守一些保障本港法治的原則。董建華表示，他希望經過梁愛詩解釋後，以前曾質疑梁愛詩決定的人士，能明白她做了什麼及為何這樣做。董建華重申，法治是香港所擁有的最重要的東西，無人可凌駕法律。他知道梁愛詩是一個非常致力於維護法治的人。

◆ 英國外交及聯邦事務大臣庫克（港譯：郭偉邦）向英國國會提交香港報告書，指"一國兩制"在香港運作良好，特區政府在各主要範圍都得到高度自治，中國政府繼續尊重特區享有的高度自治權。稱香港人權狀況是"亞洲的榜樣"，對特區政府竭力維護香港的人權和法治甚感欣慰。香港回歸後，英國外交部每半年向國會提交一次香港報告書，直至2000年為

止，今次為第四次。

◆ 香港房屋委員會決定削減下年度居屋及自置居所貸款計劃申請人的家庭月入限額，由原來的3.3萬港元減至3.1萬港元，減幅6%。這是房委會推出該計劃以來，首次調低入息限額。此外，施行了40年的公屋世襲制度2月4日起正式取消。

2月5日

◆ 為解決終審法院於1月29日的判決所帶來的問題而成立的政府跨部門專責小組舉行首次會議。主席陳方安生指出，特區政府有足夠資源應付未來一年來香港定居的內地人士。但當局會與內地公安機關分別進行兩項調查，以準確評估這類人士對香港各項服務造成的需求。

◆ 保安局局長葉劉淑儀在立法會表示，特區政府正為執行終審法院有關居留權證明書計劃的裁定作出安排，讓合資格人士在合理時間內，有秩序來港定居。

◆ 財政部公佈《港澳台地區居民及外國籍公民參加中華人民共和國註冊會計師統一考試辦法》。

◆ 教育部、國務院港澳事務辦公室公佈《關於開展內地與香港教育交流若干問題的意見》。

◆ 公安部出入境管理局負責人宣佈，1998 年共有 5.5 萬內地居民獲准前往香港定居。其中，香港永久性居民中的中國公民在內地所生子女 2.6 萬人。

◆ 美國最高法院大法官甘乃迪在香港高等法院發表題為“司法獨立”的演講。強調司法人員需極力維護司法獨立，並呼籲香港法律界人士挺身為公義和真理說話。

◆ 香港《東方日報》報道，鄭安國透露，國民黨現時在香港有近五千至一萬名國民黨員，沒有在香港註冊，但活動一向沒有阻滯。

2月6日

◆ 對終審法院在 1 月 29 日就港人在內地所生子女居留權案件所作的判決，正在珠海參加澳門特區籌委會政務、法律小組會議的蕭蔚雲、吳建璠、許崇德、邵天任等內地法律專家和部分法律界人士舉行了座談會。蕭蔚雲等四位法律專家都參加過香港特區基本法的起草和香港籌委會、預委會的工作。他們認為，判決中有關特區法院可審查並宣佈全國人大及其常委會的立法行為無效的內容，違反基本法的規定，是對全國人大及其常委會的地位和對“一國兩制”的嚴重挑戰。並認為該案的判決將導致在港享有居留權的子女人數大量增加，加重香港社會各方面的負擔，有損香港的整體利益和長遠利益。

◆ 港區全國人大代表、原基本法起草委員會委員鄔維庸致函同為原起草委員的香港大學前校長黃麗松，回憶當年基本法制定經過。信中指出，基本法絕對不應當作普通法統下的法律條例來看待。如把基本法條文單獨地抽離，從字面推敲其含義，只會引起更大的問題。想當年，控制特區人口有秩序地增長是為了維持香港穩定繁榮的重要政策之一，這次終審法院的判決，肯定與當年立法意向背道而馳。不但大大增加了香港社會負擔，亦引起了不少社會問題，甚至激化了社會矛盾對立仇恨。正當香港特別行政區面臨經濟衰退，失業率高升之際，此舉令香港百上加斤，對香港特別行政區的影響深遠巨大，可能令我們的經濟復甦遙遙無期。鄔維庸並指出，如果仍舊承認一國之下的香港特別行政區應該尊重和遵守全國人大為全國最高權力機構的話，終審法院始終應只是一個地方的最高司法機構，而不能把自己當作英國的樞密院。應當及早提醒香港人不應抱有不切實際的幻想，而且這亦不符合香港長遠利益，因此，他冒着變成眾矢之的的風險，不得不站出來一正視聽，捍衛基本法，同時亦可乘機宣傳基本法的真義。

◆ 香港麗新集團主席林百欣被台北地方法院判處 3 年 2 個月徒刑，剝奪公民權 3 年，但只要加保新台幣 3000 萬元，即可解除離境限制。林百欣提出上訴，2 月 11 日保釋返港。13 個月前，他曾被台當局限制離境。

2月7日

◆ 行政長官正式拒絕部分聲稱擁有居港權的持雙程證內地人士在香港延期居留。保安局和入境事務處強調，將依法遣返所有逾期居留的內地人士。

◆ 港區全國人大代表、全國政協委員、原基本法起草委員、原特區籌委會委員等社會知名人士，紛紛就終審法院 1 月 29 日的判決發表意見。指出，全國人大常委會擁有對基本法的解釋權。終審法院判決不僅令在香港享有居留權的人數大量增加，加重香港社會各方面的負擔，影響今後香港的經濟復甦和長期繁榮穩定，而且違反了基本法的指導思想和法理基礎。尤其是有關判詞令香港終審法院凌駕於全國人大及其常委會之上，是完全錯誤的。

2月8日

◆ 董建華就終審法院在 1 月 29 日

的判決發表聲明："特區政府尊重司法獨立。我們現正積極研究終審法院就基本法第 24 條的判決對香港的長遠影響，以便掌握情況，儘快制定相應的策略。特區政府關注及十分重視內地法律專家就香港終審法院最近裁決發表的講話。特區政府正詳細研究這些意見，有信心可按照基本法解決有關問題，保持'一國兩制'的基礎。"

◆ 港區全國人大代表召開特別會議，討論終審法院在 1 月 29 日的判決和四個內地法律專家的意見。代表們對終審法院判決一致表示遺憾，並認為已造成了嚴重的後果。薛鳳旋指出，終審法院的決定違反基本法，凌駕於人大常委會之上，完全不可以接受。現在補救的方法是由全國人大常委會作出清晰的決定，以收立竿見影的效果。並指出，這種做法是"一國兩制"、主權的體現。

◆ 世界貿易中心協會為慶祝世界貿易中心協會（香港）成立，在港舉辦"邁向貿易新紀元"論壇，並宣佈推出一項電子貿易服務新項目 —— 貿易卡，以進一步促進香港進出口事業。中央駐港機構負責人、特區政府官員、各國商務機構代表和香港商界知名人士 200 多人出席了論壇。

2月9日

◆ 新華通訊社香港分社舉辦"香港台灣同胞迎春聯誼會"。姜恩柱社長祝酒，鄒哲開副社長致詞，與在港台灣同胞以及香港各界朋友 160 多人暢敘友情，共迎新春。姜恩柱會後表示，對終審法院判決給香港社會所帶來問題的嚴重性深切關注。指出，內地幾位法律專家曾經參與基本法的起草和香港特區的籌建工作，對情況比較瞭解，他們對判決發表的意見應該受到重視。

◆ 英國駐港總領事館發表聲明表示，尊重終審法院的裁決，任何限制終審法院獨立司法權的舉措，英方都會極度關注。終審法院的裁決，加強了國際社會對"一國兩制"完整性的信心。中英聯合聲明第 44 條保障了特區享有獨立司法權，除外交及防務外，有最後的審判權。聲明又表示，他們無意解釋基本法，因為它是一項中國法律。

◆ 行政會議決定削減三人以上家庭的綜援基本金額一至兩成，同時取消配眼鏡、鑲假牙及電話費等特別津貼，估計每年可節省 5.5 億港元。四人家庭的基本綜援金會由現時的 7200 多港元，減至 5800 多港元。新措施將於 1999 年 6 月實施。行政會議並決定分階段強制失業綜援人士做義務工作。

2月10日

◆ 董建華在記者會上表示，終審法院在 1 月 29 日的判決引起了社會關注，律政司司長梁愛詩將會代表他日內到北京與中央政府有關部門作進一步的溝通。中央很關心香港的繁榮安定，很關心要落實基本法，他有信心本着基本法辦事，一定可以解決這些問題。並指出，司法獨立是很重要的，對於那些家庭分離的人士，他亦很同情。不過，他認為依法辦事，以及考慮到整體 650 萬人的長遠利益亦很重要。

◆ 美國駐港總領事館新聞處發表聲明表示，美國政府大力支持香港的法治和司法獨立。香港終審法院在 1 月 29 日的判決，是香港法治和司法獨立的重要判例，是香港穩定繁榮的元素。該判決闡釋了"一國兩制"模式的實際涵義，任何破壞終審法院獨立權威的企圖，都將引起美國和其他政府的關注。

◆ 加拿大駐港領事館發言人指出，香港終審法院判決對加拿大居港僑民無大影響，相信很少加拿大籍香港人在中國內地育有子女。加拿大政府支持香港法治的發展，並認為該判決不會影響加港雙邊關係。

◆ 香港《成報》報道，香港大律師公會發表聲明，毫無保留地支持終審法院有關居留權案的裁決及理據。

2月11日

◆ 美國國務院發表聲明，聲稱"美國強烈支持香港的法治及司法。""（香港）終審法院在 1 月 29 日就居留權案所作的裁決，是法治及司法獨立這個香港賴以繁榮穩定的要素的重要例子。""裁決同時顯示出'一國兩制'在實際上如何執行。任何損害法院權威的企圖，將受到美國及許多其他在香港有利益的政府所關注。"

◆ 中國外交部發言人在記者會上指出，香港特區終審法院對於港人內地子女居留權的裁決並由此引起的相關問題純屬中國的內部事務，任何外國對此都不應干預。這是發言人就近來英美兩國政府對香港終審法院有關判決發表評論所作的回應。

2月12日

◆ 在研究三份新機場事故調查報告後，機場管理局董事會宣佈，採取措施加強與專營公司的工作關係、檢討現有的各項應變計劃、精簡管理機構，並即時終止現任機場管理總監韓義德的職務，以及資訊科技部主管陳達志的合約。

2月12日－2月13日

◆ 律政司司長梁愛詩代表行政長官董建華赴京與國務院港澳辦、全國人大常委會法工委、中國社會科學院法學研究所等中央有關部門負責人和法律專家會晤並座談，全面介紹、解釋香港各方面以及特區政府對終審法院在 1 月 29 日的判決的看法，並就判決引起的問題交換了意見。梁愛詩回答記者提問時表示，此次北京之行的最大收穫是，瞭解到內地方面對終審法院判決的主要關注點是有關判詞中涉及全國人大及其常委會的權力、地位以及對基本法解釋的一些說法。他們認為這些說法與憲法、香港基本法的原則有所違背，應當設法予以糾正。

2月14日－2月25日

◆ 立法會主席范徐麗泰訪問俄羅斯、英國。這是特區立法會主席首次官式訪問外國。她分別會晤了俄羅斯副總理、上下兩院議長和英國下議院議長等兩國政界人士，並在英國劍橋大學發表演講。

2月15日

◆ 國務院總理朱鎔基在中共中央、國

務院舉行的春節團拜會上指出，中央政府將繼續全力支持香港特區政府按照基本法施政。"香港回歸祖國以來，'一國兩制'的方針得到全面貫徹落實。面對亞洲金融危機的衝擊，香港特區政府採取了一系列應對措施，有效地維護了香港金融的穩定。中央政府將繼續全力支持香港特區政府按照基本法施政，推進內地與香港在經貿、科技、文化等各個領域的合作。我們相信，有六百萬香港同胞的努力，有強大的祖國支持，香港這顆美麗的明珠一定會展現新的輝煌。"

2 月 18 日

◆ 根據勞工處的資料，截至 1998 年 12 月底，按照《職工會條例》登記的工會數目共有 558 個，比 1997 年增加 20 個，增幅約 4%，為過去五年之冠。香港最大的工會組織 —— 工聯會 1998 年共吸收一萬名會員，總數增至 28 萬人。

◆ 特區政府決定挑選五個部門，試行一次過撥款計劃以及推行資源增值，期望這些部門三年內節省 5% 的資源。

2 月 19 日

◆ 公務員事務局首次發表《公務員良好行為指南》小冊子，闡明公務員的六大工作信念：一是堅守法治；二是守正忘私；三是交代和公開政府的決策與行動；四是履行公職時，保持政治中立；五是執行公務時，不偏不倚；六是全心全意、竭盡所能、服務市民。該指南還闡明了各級人員應有的行為標準。

2 月 20 日

◆ 300 名在政府總部門外靜坐達兩周並聲稱擁有居港權的持雙程證內地人士，上午分批前往入境事務處總部登記個人資料，辦理申請擔保書（俗稱"行街紙"）的手續。

2 月 21 日

◆ 公安部部長助理兼國際刑警組織中國國家中心局局長朱恩濤表示，香港回歸之後，國際刑警香港支局不再是英國的一個支局，而是成為中國國家中心局的香港支局。朱恩濤說，根據"一國兩制"、"港人治港"、高度自治的方針，香港警務處與公安部"互不隸屬"、"互相聯繫"、"互相支持"。為了有效地打擊跨境犯罪，香港支局有獨立的對外聯絡權，但同時要通報中國國家中心局，向其備案，重大問題需要雙方協調。參加國際刑警大會時，它作為中國代表團的成員。而參加亞洲地區會議時，它可以單獨組團，可以擺放區旗和桌牌，名稱為"中國香港"，但無表決權。兩地的合作包括整個香港的紀律部隊，重點是警務處和入境事務處。

2月22日

◆ 董建華在前總督府舉行新春酒會，宴請600多名社會各界人士。他致詞呼籲大家本着愛國愛港的精神和原則，維護香港的整體長遠利益。

◆ 港區全國人大代表舉行晚宴，討論出席3月召開的九屆全國人大二次會議的有關工作，也談及香港終審法院在1月29日的判決的問題。晚宴後，港區全國人大代表召集人譚惠珠表示，根據基本法第158條，特區法院在審理案件時對基本法的解釋權是全國人大常委會授予的，全國人大常委會在憲法上是有權力補充及澄清法律。她表示，港區全國人大代表因應這個問題組成了一個由袁武擔任組長的專責小組，從法理角度進行研究，並從法律程序上研究出四個可行的處理方法，包括：（1）由全國人大常委會作解釋；（2）修改基本法；（3）終審法院在認為適當的情況下作另外的處理；（4）用行政手段防止太多人來得太快，令香港無法承擔。但各代表對於這四個方法未有一個定論。

港區全國人大代表羅叔清出席一個公開場合時表示，應該按照基本法的精神解決問題。全國人大常委會對基本法有解釋權，沒有必要、也不應該輕易修改基本法。

2月24日

◆ 律政司向終審法院提出申請，請求終審法院就1月29日的判決中有關全國人大及其常委會的部分作出澄清。行政長官辦公室新聞統籌專員林瑞麟表示，自終審法院在1月29日作出有關判決後，衍生了兩個問題：一是律政司司長梁愛詩訪京後表示，內地有關方面十分關注終審法院判決中提及有關全國人大及全國人大常委會的權力及地位，以及解釋基本法的說明；內地有關方面認為這些說明應該糾正。而過去一段時間，此事件引起了廣泛的關注及意見；二是若有數以十萬內地人有居港權來香港定居，對香港的長遠發展帶來什麼影響。他指出，特區政府內部目前正評估第二個問題帶來的影響，同時亦要求內地公安部門協助評估，確實有權來香港定居人士的數目，特區政府需要待完成詳細的評估後才能定出相關的策略，因此特區政府把這兩個問題分兩部分來處理。終審法院對香港基本法第22條及24條的判決在香港司法制度下是有法律效力的，因此暫時只處理憲制解釋權的問題。政府目前並沒有計劃向終審法院申請澄清香港基本法第 24 條應怎樣重新闡釋。特區政府亦會繼續就這個問題保持與中央政府的溝通。他還表示，政府上述申請並不影響終審法院就香港基本法第 24 條及內地人士居港權問題的判決。律政司發言人也強調，提出是項申請並非請求重新審理案件或尋求推翻法院裁定的任何部分。但由於有關事宜引起廣泛關注及其在憲制上的重要性，因此透過香港內部的制度，由法院自行決定是否作出澄清是最適當的處理辦法。

◆ 全國人大常委曾憲梓，全國人大常委會基本法委員會成員、港區全國人大代表譚惠珠和香港大學法律學院院長陳弘毅，以及民建聯、港進聯、自由黨等政治團體和社會各界，對政府提出請求終審法院對 1 月 29 日的判決部分內容作出澄清的申請表示歡迎。認為是一個解決問題的辦法，也不會因此削弱香港司法制度的獨立性。大律師公會也表示歡迎，但對終審法院是否有權作出澄清"甚有保留"，並對終審法院會否拒絕政府申請或不願作出澄清表示關注。民主黨主席李柱銘認為"這是十分罕見的先例，現時未知終審法院如何處理有關要求。"

◆ 香港《信報財經新聞》報道，信貸評級機構標準普爾董事兼總經理（香港）陳令勤接受記者詢問時表示，在確定主權評級的因素中，除考慮本港的財政及經濟狀況外，法治制度及中央給予香港的自主程度也相當重要。作為信貸評級機構，現階段有需要提醒海外投資者，今次終審判決事件帶來的潛在風險。

2 月 25 日

◆ 香港《文匯報》報道，政制事務局提交予立法會的文件指出，當局現正修訂 15 條目前只約束"政府"、不約束"國家"的香港法例，擬將其適用範圍擴展至中央駐港機構。即：《氣體安全條例（第 51 章）》、《職業安全健康條例（第 509 章）》、《性別歧視條例（第 480 章）》、《殘廢歧視條例（第 487 章）》、《家庭崗位歧視條例（第 527 章）》、《保護臭氧層條例（第 403 章）》、《海上傾倒物料條例（第 466 章）》、《海岸公園條例（第 476 章）》、《環境影響評估條例（第 499 章）》、《植物品種保護條例（第 490 章）》、《專利條例（第 514 章）》、《註冊外觀設計條例（第 522 章）》、《仲裁條例（第 341 章）》、《立法會行政管理委員會條例（第 443 章）》、《強制性公積金計劃條例（第 485 章）》。署理法律政策專員區義國表示，特區政府去年檢討 17 條只約束特區政府，卻不約束國家的法例後，決定把其中 15 條的約束範圍擴展至國家機構。另外兩條中的《社會工作者條例》只適用個人而不適用僱主，根本與政府或國家無關；《個人資料（私隱）條例》比較複雜，仍在研究階段。

◆ 大律師公會執委、香港大學法律學院教授陳文敏在立法會司法及法律事務委員會會議上表示，香港特區對香港範圍以外的事，沒有立法權，但在香港範圍之內的事，則應受到法律約束。《香港法例》第一章第 66 條豁免所有國家機構受法例約束，明顯與香港基本法第 22 條關於中央各部門、各省、自治區、直轄市在香港特區設立的一切機構及其人員均須遵守特區的法律的規定衝突。由於特區根本沒有無限的立法權，來立法約束在中國憲法內所訂明的國家機關，因此，除香港基本法第 22 條的規定外，"國家機構" 已享有法律豁免權，特區並不需要以《香港法例》第一章第 66 條，為 "國家" 另設法律豁免權。因此，大律師公會認為：制訂像第 66 條的條文，並且將 "國家" 一詞引入，反而有誤導，令人誤以為特區還擁有約束 "國家" 的立法權。

◆ 署理政制事務局局長麥清雄在立法會司法及法律事務委員會上指出，特區政府同意大律師公會要求向公眾公佈駐港國家機關名稱的建議，正內部研究以何種形式公佈這個決定。他表示，香港目前只有三個駐港的國家機關，外交部駐港特派員公署及中國人民解放軍駐港部隊是根據基本法的規定設立的，而新華通訊社香港分社在香港存在已久。

◆ 新華通訊社香港分社舉行新春酒會。姜恩柱等新華通訊社香港分社負責人與霍英東、董建華、馬毓真、劉鎮武向來賓祝酒。姜恩柱在酒會上致詞。特區政府主要官員、行政會議成員、立法會議員、外國駐港領事官員、內地駐港中資機構負責人和社會各界知名人士 3000 多人應邀出席。

2 月 26 日

◆ 上午，李國能和終審法院常任法官列顯倫、沈澄、包致金及非常任法官梅師賢，就特區政府律政司在 2 月 24 日正式提出的請求終審法院就 1 月 29 日判決有關全國人大及其常委會的部分作出澄清的申請，聽取特區政府代表律師的陳詞。陳詞指出：當局希望終審法院能夠作兩點澄清：（1）終審法院在人大或人大常委會所通過的立法行為的權力範圍；（2）人大常委會根據基本法第 158（1）條闡釋基本法的權力。五位法官聽取陳詞後，即於下午宣讀判決，決定接納律政司申請，正式就 1 月 29 日的判詞中有關內容作出澄清。

◆ 董建華表示，特區政府歡迎及尊重終審法院應特區政府要求所作出的裁定，這有助澄清原先的裁決，而特區政府絕對尊重司法獨立。

2 月 27 日

◆ 全國人大常委會法工委發言人就香港特區終審法院在 2 月 26 日的判詞發表談話。特區政府發言人發表聲明，對全國人大常委會法工委發言人的談話表示歡迎。

◆ 美國國務院發表人權報告，指香港在回歸後雖可保持司法獨立，但終審法院對基本法解釋權所受的限制及律政司決定不起訴星島集團主席胡仙等事件，都令人對司法獨立存有隱憂。又指香港新聞界在回歸後開始有自我審查趨勢。

3 月 2 日

◆ 禁毒專員盧古嘉利就美國總統克林頓向國會提交的"國際毒品管制策略報告"，將香港指為一個以美國為目的地的重要、直接的毒品來源地一事發表聲明表示，香港從未涉及毒品種植或生產，在香港搜獲的毒品差不多全由外地入口。克林頓報告的內容並不準確。

3 月 2 日 - 3 月 4 日

◆ 第十六屆亞太區經濟合作組織工業科學技術工作小組會議在香港舉行。這次會議由香港主辦，100 多位太平洋地區國家的政府官員和業界人士參加了會議。

3 月 3 日

◆ 財政司司長曾蔭權發表題為《強本節用 共創新猷》的 1999/2000 財政年度政府財政預算案。董建華表示，這個預算案是特區政府推行經濟策略的一個重要里程碑。

◆ 律政司高級助理法律政策專員鄭佩蘭在立法會人力事務委員會會議上表示，《僱傭條例》第 31（H）條容許僱主即時解僱那些在僱用合約結束前的通知期內參與罷工行動的僱員，無須給予代通知金，有可能與香港基本法第 27 條的香港居民有罷工權的條文相抵觸。教育統籌局副局長祝建勳和勞工處處長張建宗表示，特區政府將會研究這問題，看是否需要作出修訂。

◆ 金融管理局公佈，外匯基金諮詢委員會通過外匯基金新的長遠資產分配策略。根據新基準，債券的比重將由原來的 90% 降至 80%，股票比重由 10% 增至 20%。新基準的貨幣分佈，美元的比重將由原來的 70% 提高至 80%。

◆ 特區政府宣佈與盈科拓展集團合作發展耗資 130 億港元的"數碼港"（cyberport）計劃。

3月4日

◆ 江澤民、李瑞環看望出席全國政協九屆二次會議的香港特區和澳門特區的全國政協委員，並參加了港澳聯合小組會議，聽取委員的發言。江澤民、李瑞環發表重要講話。

◆ 香港特別行政區政府駐北京辦事處在人民大會堂西大廳舉行成立慶祝酒會，錢其琛、董建華、廖暉和特區政府駐京辦主任梁寶榮、港區全國人大代表、港區全國政協委員、內地各省市及香港公司駐京代表或負責人等 500 多人出席。錢其琛致詞表示，相信特區政府駐京辦事處的成立，可以促進和推動特區政府與中央政府各個部門以及和內地各省、自治區、直轄市的關係。也相信通過各個領域的交流，香港市民和內地人民的交流也會得到很大的促進和推動。董建華致詞表示，香港回歸後，特區和內地的官方往來溝通不斷增加，1998 年香港與內地官員就已進行了 2000 多次互訪，彼此建立了良好的合作關係。

◆ 九屆全國人大二次會議新聞發言人曾建徽在新聞發佈會上表示，全國人大常委會法工委在 2 月 27 日發表了一個談話，表明香港終審法院在 2 月 26 日的判詞對澄清 1 月 29 日的判詞是必要的。全國人大常委會法工委是全國人大常委會的法制機構，對涉及法律的問題對外發表談話是其職責範圍內的事情，是有權威的。

3月4日－3月5日

◆ 台北市市長馬英九以私人身份來香港出席台北銀行香港辦事處開幕儀式，並考察香港的市政建設。台北市有關市政官員隨同。期間，馬英九還與香港政界、學術界、工商界、金融界人士見面。

3月4日－3月6日

◆ 董建華赴北京列席九屆全國人大二次會議開幕大會。3 月 6 日，江澤民會見董建華，聽取香港近期情況和特區政府主要工作的介紹，並作重要講話。

3月5日

◆律政司司長梁愛詩出席立法會內務委員會特別會議，就特區政府向終審法院申請要求其對1月29日居留權案件的裁決作出澄清的背景作説明。指出，終審法院在1月29日的判決有兩方面引起大眾關切的言論。一是有居留權來港的人數大量增加。在香港和北京都有言論關注到裁決引起大量人士來香港，為香港造成壓力；二是終審法院説特區法院有司法管轄權去審查全國人大或其常委會的立法行為是否符合基本法，如果不符合的話，便宣告它們無效。有些評論者，北京和本地的，都認為這個講法的意思是把終審法院置於全國人大或其常委會之上，而它給自己權力去審查和監督人大的每一立法行為。特區政府當局必須處理這些問題，因此決定她要到北京反映本地的意見，同時更清楚瞭解北京所關注的問題。梁愛詩表示，她回來以後，特區政府當局考慮過幾種選擇，包括向法院提出動議要求澄清有關人大及其常委會部分的判詞。農曆新年假期一過，她提前通知首席法官，特區政府正在考慮向終審法院申請澄清判詞的一部分。2月24日，特區政府當局呈遞了申請書；2月26日，由法院進行聆訊。終審法院裁定它準備按其固有的司法管轄權採取不尋常的做法作出聲明。梁愛詩相信這個聲明已幫助消除此前大眾對判詞表達的關注。她明白政府當局向法院的申請引起新的關注點。法院是為申請人而存在的。如果申請錯誤，法庭完全可以把它撤銷。況且，特區政府當局並沒有向法庭施加任何政治壓力。把申請當作政治壓力是完全錯誤的。終審法院認為在特殊情況下申請是正確的，因而進行聆訊並澄清它的立場這是最清楚不過的。任何人暗示終審法院的大法官可能會屈服於任何一種政治壓力，明顯是不熟悉終審法院法官的才幹和品格。梁愛詩總結她對北京之行及向終審法院的申請的看法，認為這些對香港是有好處的。並説，這些事使我們對有關憲制和公眾有極大重要性的問題得到更好的理解；法治、司法獨立和忠於落實基本法得到更加鞏固的基礎。梁愛詩希望有關終審法院對憲制上的裁決引起的爭議，可以被置諸背後，使我們能就居留權證明書持有者的入境安排和裁判對有關服務的需求認真處理。

3月6日

◆新華通訊社香港分社社長姜恩柱在出席九屆全國人大二次會議香港特區代表團討論發言時表示，香港特區基本法是由全國人大制定的，其解釋權屬於全國人大常委會，這是國家對香港行使主權的重要體現，也是在香港特區內實行依法治港的根本保證。維護香港特區的法制，最重要的是維護基本法，全面、準確地貫徹執行基本法。

3月7日

◆ 國家主席江澤民到人民大會堂的香港廳參加出席九屆全國人大二次會議香港代表團討論，並作重要發言。

3月8日

◆ 全國人大常委會委員長李鵬會見出席九屆全國人大二次會議的香港特區代表團全體代表。

◆ 香港特區政府公佈公務員體制改革諮詢文件，提出多項根本性的改革，引入競爭與淘汰機制，打破公務員職業終身制。特區政府估計這項改革最終可令18萬名長俸公務員縮減三分之二。即只有6萬名是按長期聘用條款受聘，其餘的全屬合約制員工。公務員事務局局長林煥光會見4個公務員評議會代表，向他們講解公務員體制改革的諮詢文件。

3月8日－3月10日

◆ 美國微軟公司主席兼首席行政總裁蓋茨（Bill Gates）來香港主持1999年微軟亞洲企業高峰會開幕儀式，並進行了兩場演講活動。董建華出席會議，並發表演講。

3月10日

◆ 全國人大常委會法工委副主任喬曉陽在記者招待會上表示，根據香港基本法第17條、第18條、第158條、第159條的規定，只有在四種情況下，全國人大常委會在徵詢香港基本法委員會的意見後，該委員會才能夠工作。他又指出，由於實行"一國兩制"及在香港不實行人民代表大會制度，因此港區全國人大代表和香港的政制架構沒有關係；港區全國人大代表不干預特區政府的工作，不干預特區政府高度自治範圍內的事務。

3月11日

◆ 中央政府贈送香港特區的一對大熊貓運抵香港海洋公園。

◆ 立法會否決法律界議員吳靄儀提出的"本會對律政司司長不信任"議案。董建華發表聲明，表示"特區政府和我繼續對律政司司長予以充分信任。""感謝多名立法會議員在今日的動議辯論中給予律政司司長的支持，他們的支持是對我們法律制度投下信任的一票。"

◆ 立法會通過《區議會條例草案》。條例恢復了被港英在回歸前取消的區議會委任議席。2月3日，政制事務局局長孫明揚在立法會答覆議員提問時曾指出，區議會設有委任議席並非香港獨有。歐美和亞洲部分國家和地區的有關資料顯示，地區性議會可概略地分為實權性和諮詢性兩類。大部分地區性議會的性質屬前者。至於後者從互聯網上發現成員由委任產生的地區性議會至少有兩個例子：一是美國紐約市的社區議會。共有 59 個，每個議會的成員最多 50 人，全部由行政區的行政首長委任。社區議會在土地用途和規劃、社區計劃和市政服務的協調等方面，擔當諮詢角色，並協助居民解決一些與地區服務有關的問題，性質與香港的區議會相類似；二是台灣省諮議會。1998 年，台灣地區"精省"改革後，新設立的省諮議會主要擔當諮詢角色，成員均由政府委任。

3 月 11 日－3 月 13 日

◆ 台灣"僑委會"副委員長洪冬桂來港，參加"邁向 21 世紀優質教育 —— 海峽兩岸暨港澳等八地區教育學術研討會"。

3 月 12 日

◆ 政府憲報公佈，中央政府已委任下列由行政長官提名的主要官員：曾俊華任海關關長（1999 年 3 月 6 日就職）。

◆ 香港在第十三屆亞洲貨運業評選中獲得亞洲最佳港口獎。新加坡及日本神戶分別獲得第二名、第三名。

3 月 16 日

◆ 公務員事務局向所有部門發出暫停增聘長俸公務員通告。通告表示，4 月 1 日起一年內，各政策局和部門除非得到特別批准，否則不得增聘任何外界應徵者加入公務員編制。

3 月 16 日－3 月 17 日

◆ 中英聯合聯絡小組在倫敦舉行第四十五次會議。這是小組自香港回歸以來舉行的第五次會議，亦是在倫敦舉行的最後一次會議。中方首席代表吳紅波表示，香港回歸以來，特區政府在中央政府的授權下與 22 個國家簽訂了 27 項雙邊協定，包括民航協定、移交逃犯和司法協助等重要領域。他還表示，聯絡小組雙方不能就越南船民和一些司法個案等問題，進行談判解決，因為這是中國的內政。英方首席代表包雅倫說，"一國兩制"的運作良好，香港的人權狀況仍是亞洲的典範。英方無意干涉終審法院對居港權的判決和胡仙案引起的爭議，因為這是特區政府和中國政府的事。香港的司法獨立是國際社會衡量對香港信心的重要標誌，中國維護這一標誌的意願令英方感到鼓舞。

3月17日

◆ 香港演藝界、唱片界、電腦軟件界及中小企業界等 16 個團體舉行打擊盜版大遊行。董建華接見了演藝界代表並發表聲明，重申政府堅決維護知識產權。

◆ 財政司司長曾蔭權在會展中心新翼主持"數碼港計劃研討會"時表示，數碼港工程將是帶領香港以國際資訊科技及服務中心的身份，置身於世界版圖上的一項重要的旗艦計劃。整個計劃的建議會向城市規劃委員會及立法會全面交代，顯示政府是完全公平行事，並沒有偏袒某一個財團及改變原有的經濟理念。同日，曾蔭權在辦公室召開會議，就數碼港發展計劃聽取意見。太古地產、新世界發展、新鴻基地產、鷹君集團、置地控股、恒隆集團、恒基地產及希慎集團等八間地產公司的高層人員參加了會議。

3月18日

◆ 隸屬東方報系的《太陽報》創刊。

3月19日

◆ 董建華在回覆立法會內務委員會主席梁智鴻的函件中表示，根據有關新機場啟用初期混亂事件的三份調查報告，沒有表面證據證明有必要對任何公務員採取紀律處分。

3月22日

◆ 行政長官特設創新科技委員會舉行圓桌研討會，檢討在科技運用、商品化及發展方面提供支援服務的公營機構所擔當的角色和職能。

3月22日－3月24日

◆ 廉政公署成立二十五周年國際會議在香港舉行。中國內地、香港、澳大利亞、日本、新加坡、菲律賓、美國、英國派出了人數較多的代表團出席會議。董建華主持開幕式並致詞。表示，特區工業署最近一項調查結果顯示，香港公務員隊伍廉潔和公平競爭的環境，已成為大部分外國公司在香港投資的主要原因。特區政府和市民將繼續全力打擊貪污罪行，維護社會的清正廉潔，使香港成為世界最廉潔的地方之一。

3月22日－3月25日

◆ 保安局局長葉劉淑儀率團訪問北京，與國務院港澳辦、司法部、公安部進行了禮節性會晤，並就兩地移交逃犯的安排、以及港人在內地所生子女的居港權事宜交換了意見。

3月23日

◆ 中國人民解放軍駐港部隊對外新聞組發言人公佈，"根據中央軍委江澤民主席簽發的命令，駐香港部隊司令員劉鎮武中將將於近日調離駐香港部隊，升任廣州軍區副司令員；同時任命駐香港部隊政治委員熊自仁少將為駐香港部隊司令員。"劉鎮武、熊自仁於解放軍駐香港部隊組建時，分別任該部隊司令員和政治委員。劉鎮武於1997年7月晉陞為中將。熊自仁於2000年7月晉陞為中將。

◆ 行政長官董建華宣佈，陳方安生留任政務司司長，直至2002年6月30日。

◆ 行政會議通過改善中小企業特別信貸計劃，提高政府的貸款風險承擔比例，由現時與銀行平均分擔風險，改變為政府為貸款的70%金額提供擔保，擔保期亦由一年延長至兩年。

◆ 高等法院上訴法庭法官鮑偉華、梅賢玉和司徒冕就吳恭劭和利建潤要求推翻東區裁判署法官唐文在1998年5月裁定其兩人侮辱國旗及區旗罪名成立案的上訴，裁定《國旗及國徽條例》及《區旗及區徽條例》禁止市民塗污國旗、區旗的規定，違反了基本法中有關兩條國際人權公約對言論自由的保障。吳、利兩人當庭釋放。律政司獲許可上訴至終審法院，期間有關法例會暫緩執行。

3月25日

◆ 行政長官辦公室新聞統籌專員林瑞麟在新聞發佈會上表示，《國旗及國徽條例》乃根據基本法附件三所列的全國性法律而在香港立法實施的法律。如果香港法院判此法律違反基本法，特區政府將就有關案件提出上訴。由於案件將呈交終審法院，目前特區政府不會多加評論。

3月26日

◆ 1999年度地方選區和功能界別正式選民登記冊發表，供公眾查閱。地方選區選民登記冊登記了283.3萬名選民，他們可在1999年11月的區議會選舉中投票。

3月26日－3月27日

◆公安部出入境管理局負責人在深圳與香港特區入境事務處處長李少光會晤，就有關內地人士申請居港權證明書的事宜作進一步磋商。3月27日，李少光訪問廣州，與廣東省公安廳負責人作禮節性會晤。

3月29日

◆房屋局局長黃星華宣佈，取消推行了六年的夾心階層住屋貸款計劃，並將首次置業貸款計劃的每月入息上限，由七萬元減至六萬元，由2000年度推出的新一期6000個貸款名額起生效。

◆特區政府研究放寬內地科研及技術人員入境限制的專責小組召開首次會議。會議定出首要吸納的目標，是內地高科技專業人員及頂尖科學家。

◆應台灣工商企業聯合會邀請，香港福建社團聯會執行主席黃光漢率"香港閩籍工商界赴台考察團"訪問台灣。

3月30日

◆高等法院原訟法庭法官楊振權就17名持雙程證逾期留港、聲稱根據香港基本法第24（3）條擁有居港權的人士尋求司法覆核，要求推翻入境事務處處長向

其發出的遣送離境令和申請人身保護令的案件，裁定17名申請人敗訴，撤銷其"人身保護令"及"司法覆核"的申請。所有聲稱根據香港基本法第24（3）條擁有居港權人士，必須於內地申請香港特別行政區居留權證明書，在獲發證後始能來香港定居，否則入境事務處有權將之遣返內地。

◆最高人民法院公佈《關於內地與香港特別行政區法院相互委託送達民商事司法文書的安排》，即日生效。1999年1月14日，最高人民法院審判委員會委員楊潤時與香港特區高等法院首席法官陳兆愷在深圳簽署有關這一安排的備忘錄。備忘錄規定當訴訟各方處於兩個不同的司法管轄區時，兩地的司法機構可以互相送達有關的司法文書。這是兩地法院在香港回歸後簽署的第一個協議，對兩地的經貿發展有積極意義。

3月31日

◆律政司刑事檢控專員江樂士表示，1997年中至1998年底經終審法院處理的案件數目，較1995年至1997年中所處理的刑事案件總數高出一倍。另外，1998年各級法院處理的案件數目也有上升，整體的罪案數目達7.2萬宗，較

1997 年增加 6.8%。

◆ 廣東省邊防局與香港警務處在水警區總部舉行會議，就加強反偷渡及反走私方面的合作交換意見。

4月1日

◆ 高等法院原訟法庭法官祁彥輝發出臨時禁制令，禁止入境事務處於現階段遣返約 100 名持雙程證逾期留港並聲稱擁有居港權的內地人士，直至上訴法庭就有關案件作出裁決為止，期間他們可自簽擔保外出。祁彥輝指出，批准他們在上訴期間留港，並非表示其可在無居留權證明書情況下行使居港權。若上訴法庭裁定其敗訴，入境事務處仍有權採取適當行動。入境事務處官員即時拘捕上述人士，是執行 1999 年 3 月 30 日高等法院原訟法庭法官楊振權否決 17 名同類人士司法覆核的判決。

◆ 金融管理局正式推出三項改進香港貨幣發行局制度的措施，一是變更港元兌換保證匯率，匯率由 3 月 31 日的 7.75 港元水平，按每天 1 點子向上調升至 7.8 港元之聯繫匯率官方價，需時 500 天；二是為發行流通硬幣設立明確的支持機制，使其與銀行紙幣的安排一致；三是容許貨幣基礎隨着外匯基金票據及債券所付

的利息數額相應地擴大。

◆ 第四屆世界游泳錦標賽在香港體育館揭幕，70 多個國家和地區的 600 多名游泳健將參加比賽。

◆ 英國外交及聯邦事務大臣庫克（港譯：郭偉邦）稱，根據英國有關法例，目前已有接近 15 萬名香港人正式成為英國公民。

4月2日

◆ 中新社報道，國務院決定，任命劉山在為新華通訊社香港分社副社長，免去其對外貿易經濟合作部副部長職務；免去烏蘭木倫的新華通訊社香港分社副社長職務。烏蘭木倫於 1992 年 11 月任新華通訊社香港分社副社長。

◆ 北京市委書記賈慶林在北京會見香港特區政府駐北京辦事處主任梁寶榮，對他上任表示歡迎，並願為特區政府駐京辦履行職責提供方便。

◆ 教育部、國務院台灣事務辦公室、國務院港澳事務辦公室、公安部發出關於印發《關於普通高等學校招收和培養香港特別行政區、澳門地區及台灣省學生的暫行規定》。

4月3日

◆ 美國國務院發表《1999 美國－香港政策法》報告。報告指出，"港人治港"的情況在過去一年維持良好，並無北京干預香港地方事務的現象。而香港的法治和世界一流的獨立司法體系依然存在。報告又稱，香港經濟雖然嚴重衰退，但仍積極參與國際間改善亞洲經濟和金融危機的活動，扮演着區域金融中心的重要角色。美國在香港有着重大利益，並支持"一國兩制"構思，鑒於香港高度自治，故美國繼續給予香港的待遇，明顯不同於中國大陸，通過達成雙邊協定、促進雙邊貿易與投資，及安排高層互訪等方式支持香港自治。

4月5日

◆ 香港《大公報》報道，國務院總理朱鎔基訪美前接受美國《領袖》雜誌訪問時表示，中國政府嚴格按"一國兩制"、"港人治港"方針辦事，絕不干涉屬於香港特區自治範圍內的事務，並會全力支持特區政府採取措施振興經濟。

4月5日－4月8日

◆ 莊世平為名譽團長、古宣輝為團長的香港華僑華人總會訪問北京。錢其琛會見代表團時指出，近年來海峽兩岸各項交流日益增多，兩岸統一是大勢所趨，"和平統一、一國兩制"方針完全適合解決台灣問題，我們主張兩岸進一步加強交流，增進瞭解，也希望香港僑界發揮自身優勢，多做這方面的工作。

4月6日

◆ 朱鎔基訪問美國期間向洛杉磯華僑華人表示，中央政府將從香港和台灣聘請有經驗的專家，並對他們提供免稅待遇。

◆ 台灣《中國時報》報道，台灣"警政署長"丁原進於 1999 年 3 月底出訪時曾與香港、澳門的警政首長接觸，並"達成合作協議"，協助緝捕台灣警方通緝的41 名刑事要犯。

4月7日

◆ 原基本法起草委員、內地法律專家許崇德、邵天任接受香港《明報》記者採訪時，均指《國旗及國徽條例》是特區立法實施適用於香港的全國性法律之《中華人民共和國國旗法》、《中華人民共和國國徽法》，這兩個全國性法律已列在基本法附件三，屬於基本法一部分，不可能與基本法互相抵觸。香港作為中國的一部分，必然要實施這些全國性法律。許崇德還強調，這個案件將是終審法院是否理解基本法的一大考驗。1999 年 3 月 23 日，高等法院上訴法庭裁定《國旗及國徽條例》部分內容違反基本法。

◆ 勞資審裁處開始實行三個月的晚間聆訊試驗計劃。終審法院首席法官李國能希望此舉能減少勞資審裁處積壓的案件。

4 月 8 日

◆ 行政長官私人秘書羅智光代董建華致函支聯會主席司徒華稱，在"一國兩制"的原則下，特區政府不應也不宜干預中央人民政府對香港特區市民回鄉證的處理。特區政府能夠做的，是把申訴轉介中央政府有關部門。內地出入境管理部門拒絕支聯會成員入境或沒收其回鄉證，司徒華要求行政長官代向中央政府要回這些人士的回鄉證。

4 月 9 日

◆ 城市規劃委員會批准數碼港發展計劃。將由盈科集團投入 70 億港元資本興建，政府提供土地及一般基礎設施。數碼港位處港島鋼綫灣，整個項目佔地 26 公頃，將分三期發展。

4 月 10 日

◆ 香港基本法推介聯席會議舉辦"認識一國、體現兩制 —— 紀念基本法頒佈九周年研討會"，梁愛詩、王鳳超和聯席會議召集人高苕華等 300 多名嘉賓出席。梁愛詩致詞時指出，中國憲法與基本法對我們而言都是嶄新的事物，我們必須掌握兩者的關係，才能正確瞭解香港的新憲制。

4 月 11 日－4 月 24 日

◆ 國家行政學院為香港特區高級公務員舉辦第一期進階中國事務研習課程。公務員事務局發言人表示，課程的目的在於加深學員對國家中央體制和當前重要改革政策的認識，加強特區公務員與內地高級官員的溝通聯絡，進一步提供互相交流與討論的機會。

4 月 12 日－4 月 13 日

◆ 英國外交及聯邦事務大臣庫克（港譯：郭偉邦）訪港。先後與董建華和陳方安生、曾蔭權、梁愛詩等政府主要官員會晤。並與部分立法會議員會面。庫克對香港回歸後的情況表示讚許，並說在中國以及在香港所見的人，都對"一國兩制"充滿承擔，令他印象深刻。並說，雖然香港司法制度自回歸以來引起極大爭議，但香港法治未受到即時威脅，司法制度如常穩固。

4 月 13 日

◆ 美國國務院東亞及太平洋事務部發表的周年香港政策報告，指一年來，香港整體政治發展尚算"暢順"，所遭遇的困難主要是經濟問題。批評香港的民主發展步伐不符合港人要求，並指終審法院在多方壓力下澄清 1999 年 1 月 29 日的判決，對香港的司法獨立造成打擊。美國將繼續關注香港司法制度與中央政府的長遠關係。

4 月 14 日

◆ 董建華會見國際互聯網媒體公司雅虎的創辦人楊致遠，討論香港資訊科技工業發展問題。楊致遠認為將香港發展為一個資訊城市，方向正確。

4 月 16 日

◆ 中國科學院紫金山天文台將所發現的"3297"號小行星命名為"香港星"的命名儀式在香港舉行。中國科學院院長路甬祥和董建華夫人董趙洪娉等主持儀式。

4 月 18 日

◆ "港澳地區連戰之友會"成立，由香港中山學會主席陳之望任召集人。國民黨出版的《海外通訊》估計，該會將有成員逾千人。

4 月 19 日

◆ 董建華在前總督府宴請首次訪港的荷蘭女王貝婭特麗克絲（Queen Beatrix）和親王克勞斯（Prince Claus）。董建華致詞時説，1998 年荷蘭是香港的第十二大貿易夥伴，總體貿易額約 370 億港元。也是歐盟列國在香港的第二大投資者。顯示荷蘭公司對香港的未來充滿信心。中國加入世界貿易組織後，位處要衝的香港將擔當重要角色，協助荷蘭企業抓緊在中國大陸湧現的商貿良機。

◆ 由中國十所大學組成的"大學校長聯誼會"在香港中文大學舉行"大學校長論壇 —— 全球高等教育趨勢"研討會。來自中國內地、英國、澳大利亞及加拿大的 44 位著名大學的校長，就下一世紀高等教育的發展進行深入探討。這是大學校長聯誼會自 1997 年 11 月成立以來，首次舉行的大型研討會。董建華和教育部副部長韋鈺主持開幕式並致詞。

◆ 洛桑國際管理發展學院發表 1999

年環球競爭力報告，將香港的競爭力世界排名由 1998 年的第三位降至第七位。理由是香港過去一年的經濟增長及出口皆大幅萎縮，而寫字樓的租金仍然昂貴等。

◆ 香港特區政府公佈 1999 年 1 月－3 月的失業率為 6.2%，再創歷史新高。失業人數達到 21.4 萬人，其中以建造業、批發及零售業、飲食及酒店業和通訊業的情況較為嚴重。

4 月 20 日

◆ 香港特區政府暫停賣地九個月後，恢復拍賣土地，三幅住宅用地拍賣收益達 14.9 億港元。

4 月 21 日

◆ 審計署署長發表審計報告，點名批評社會福利署、影視及娛樂事務管理處、路政署、房屋署的某些工作，並提出改正建議。

4 月 22 日

◆ 董建華接受香港《星島日報》專訪時表示，公務員體制的改革是特區政府今年的重點工作，面對世界經濟、政治格局的快速變化，香港公務員隊伍必須面向 21 世紀，一定要形成更加有問責性、更加有承擔及更加公平的文化。對入境事務處拒發簽證給民運人士來香港參加“六四”十周年紀念活動，他表示支持入境事務處處長李少光的決定。他同時指出，特區政府的決定基於兩項因素，一是依據政府入境條例；二是以香港的長遠利益為重。

◆ 中央政策組舉辦題為“他山之石：公務員體制改革縱橫談”的研討會，政府部門管理層人員、公務員團體代表、學者及社會人士 600 多人參加。公務員事務局局長林煥光在會後表示，各公務員團體和部門負責人，都初步支持公務員體制改革的大方向。

◆ 政制事務局局長孫明揚在記者會上介紹《提供市政服務（重組）條例草案》時表示，特區政府就區域組織檢討進行了廣泛的公眾諮詢及討論後，決定在兩個臨時市政局現任議員的任期於 1999 年 12 月 31 日屆滿後，成立一個新的架構提供市政服務。目的是將兩局的職能、財產、權利和責任轉交政府及其他法定機構，廢除《臨時市政局條例》（第 101 章）和《臨時區域市政局條例》（第 385 章），兩局因現時在一些附例條文上有分歧，也藉此機會刪除一些過時的法例條文。並指出，當局早在作出改革區域組織的決定前已考慮過種種理據，根據律政司與獨立法律意見，解散兩個市政局，並無違反基本法有關的規定。香港基本法第 97 條規定："香港特別行政區可設立非政權性的區域組織，接受香港特別行政區政府就有關地區管理和其他事務的諮詢，或負責提供文化、康樂、環境衞生等服務。"法律意見認為這是一條授權條文，用字富有彈性，讓當局可因應實際環境，採取最好的形式為市民提供市政服務。由於並非解散所有民選議會，市民仍可於立法會及區議會選舉享受選舉及被選舉權，解散兩個市政局也無違反《公民權利和政治權利國際公約》中保障的權利。4 月 20 日，行政會議通過這一條例草案。並於 4 月 23 日刊登於政府憲報。

◆ 中國證券監督管理委員會公佈《外國證券類機構駐華代表機構管理辦法》。其中規定，香港特區的證券機構及在中國註冊的中外合資證券類機構在境內設立代表處，比照該辦法執行。

4 月 23 日

◆ 由台灣在港貿易機構和香港中華總商會、香港總商會、香港台灣工商協會聯合主辦的"1999 港台經貿論壇"在香港會展中心舉行。主題是"促進港台兩地經貿合作，共同開創經濟發展新紀元"。台灣"經建會"副主委薛琦、"國科會"副主任薛香川等以私人身份與會。

4 月 26 日

◆ 前立法會議員詹培忠被廉署控以兩項賄選罪名。一項指詹在 1998 年 3 月 27 日利用金融服務界總會有限公司，以舞弊方式向約 90 名可能在立法會選舉委員會金融服務界別分組選舉中投票的選民提供飲食，企圖影響他們在選舉中投票。另一項指控詹在當日，未經該界別分組候選人書面授權，令他們招致選舉開支，而詹本人當時並非候選人。詹培忠後來被押往東區裁判署提訊，他否認控罪。

4 月 27 日

◆ 董建華、曾蔭權分別會見訪港的美國英特爾公司總裁兼首席執行官貝瑞特（Craig Barret）。英特爾與盈科合組的 Pacific Convergence Corp. 將是數碼港的最大租客。貝瑞特在香港大學發表演講指出，香港應利用目前所擁有的優勢，趁着資訊科技行業高速發展的黃金機會，加強在資訊科技業的投資，讓香港成為亞太地區"數碼經濟"的領導者。

4月28日

◆ 保安局局長葉劉淑儀在立法會指出，根據政府統計處調查結果，因終審法院1月29日判決而享有居港權的港人內地所生子女將有167.5萬人。其中第一代合資格子女人數為69.2萬，第二代合資格子女人數為98.3萬。上述估計數字中，第一代合資格人士，很可能是低估了，因為調查還未包括已去世的和已移居外地的原香港永久性居民在內地所生子女這兩類人士。而且仍有不少香港居民有配偶在內地，她們會陸續生兒育女，加上每日因住滿七年而符合居港權資格的人數也在不斷增加。這對香港將會構成非常沉重、甚至可能是不可能承擔的負擔。立法會聽取葉劉淑儀的說明後，投票否決了民主黨議員羅致光和自由黨議員周梁淑怡提出的有關促請特區政府儘快公佈申請居留權證明書的方法，以及於合理時間內安排港人內地所生子女來香港的動議。

◆ 立法會通過議案修訂《立法會議事規則》部分條文。其中將原規定"如法案涉及政府政策"，修訂為"立法會主席如認為該法案涉及政府政策"。政務司司長陳方安生發表聲明表示，《議事規則》此項修訂不符合香港基本法第74條。因為該條的必然含義顯示，裁定法案是否涉及

政府政策的權力屬於行政長官。政府對上述條款持保留意見。

◆ 立法會否決職工盟議員李卓人提出的促請政府訂立最低工資、設立集體談判權以及引入累進利得稅以拉近貧富差距的動議。王永平重申政府反對設立最低工資的立場。指出，設立最低工資會扭曲勞工市場的工資架構，尤其在經濟衰退期間，對工資釐定和調整的限制會帶來不利影響。因為最低工資會成為工資上限。

◆ 台灣"立法院教育委員會"決定，將給予香港五所院校的約新台幣4000萬元補助經費削減1000萬元，以後逐年削減，四年後全部停止補助。這五所院校是向台灣"教育部"登記立案的德明書院、能仁書院、新亞文商書院、珠海書院及新亞研究所。

4月29日

◆ 星島集團舉行股東特別大會，同意由 Lazard Asia 基金以每股1.25港元共2600萬港元收購胡仙持有的50.2%星島集團股權的協議。胡仙不再擔任星島集團主席，改任董事局特別顧問六年。星島集團董事局宣佈，委任 Lazard Asia 亞洲基金行政總裁張定遠、副行政總裁黃秀明等人組成星島集團執行委員會，負責該集團

日常管理工作，包括《星島日報》和《英文虎報》的業務方針。《星島日報》1938年8月由虎標永安堂老闆胡文虎創辦。1948年又創辦《英文虎報》。1953年，胡文虎之女胡仙接任星島系報業有限公司總經理。1972年，星島報業在香港上市。2002年4月，胡仙因拖欠銀行和何英傑家族債務尋求出售星島股權。

4月30日

◆ 香港工會聯合會舉行紀念"五一"酒會。1999年"五一"國際勞動節第一次列為香港法定有薪假期。各界工會代表和嘉賓數百人出席。霍英東、姜恩柱、梁愛詩等主禮。工聯會理事長鄭耀棠致詞，重申該會有關促請全港各階層市民團結，努力加速經濟復甦，促進社會和諧發展及長期繁榮的建議。姜恩柱致詞讚揚工聯會有愛國愛港的光榮歷史。香港回歸後又大力支持特區政府施政。梁愛詩也發表講話。

◆ 行政長官會同行政會議核准大嶼山南岸的分區計劃大綱草圖，土地面積約2449公頃，將分別用作"郊野公園"、"綠化地帶"與"海岸保護區"。

4月30日－5月2日

◆ 董建華率領香港代表團赴昆明出席"世界園藝博覽會"開幕式。5月2日，江澤民會見董建華。

5月1日 "五一"國際勞動節

◆ 香港特區政府在前總督府舉行慶祝"五一"國際勞動節酒會。近300名工會領袖、僱主和工商組織的代表，以及與勞工事務有關的委員會和組織的代表出席。陳方安生代表特區政府致詞。這是特區成立以來，特區政府首次舉行慶祝國際勞動節的活動。

◆ 立法會勞工界議員、勞工顧問委員會勞方代表和職業安全健康局在海城酒樓舉行慶祝"五一"國際勞動節暨職業安全健康講座。勞工處處長張建宗致詞表示，將"五一"國際勞動節列為法定假期，標誌着廣大勞動者對香港的貢獻，是值得慶祝的日子。特區政府將不遺餘力保障工人權益和平衡勞資雙方利益，促進香港繁榮穩定。同日，香港工會聯合會在工人俱樂部舉行"五一"國際勞動節慶祝活動。

◆ "同在國旗下，邁向新世紀 —— 滇穗深港澳五地青年紀念'五四'八十周年活動"在香港開幕。500多名來自雲南、廣州、深圳、澳門及香港的青年參

1999 年起，特區政府將"五一"國際勞動節定為法定公眾假期。圖為香港工會聯合會舉行慶祝"五一"國際勞動節酒會。全國政協副主席霍英東（左三）、新華通訊社香港分社社長姜恩柱（右四），副社長鄭國雄（左一）、王鳳超（右一），特區政府律政司司長梁愛詩（右三）等出席酒會，並與工聯會會長李澤添（左四）、理事長鄭耀棠（右二）和副理事長譚耀宗（左二）一起向與會嘉賓祝酒。

加了活動。

5月2日－5月6日

◆ 葉國華夫婦到台北作私人訪問，在鄭安國的陪同下，先後會見了台北市市長馬英九和台灣"陸委會"主任委員蘇起。

5月3日

◆ 香港青年聯會等150多個青年團體的代表在富麗華酒店舉行"香港五四青年節聚會"，並發表"五四宣言"。宣言表示，"我們將秉承五四精神，愛我祖國，愛我香港，促進民主，提倡科學，共同創造更文明進步的新紀元。"董建華、姜恩柱出席並擔任主禮嘉賓。

◆ 董建華會見前日本首相羽田孜率領的日本議員友好聯盟成員，並就亞洲金融風暴等問題交換意見。

5月4日

◆ 政務司司長陳方安生赴北京拜會國家領導人，並與國務院港澳辦官員會面。國務院總理朱鎔基會見陳方安生，就終審法院於1月29日的判決所帶來的問題交換了意見。

5月5日

◆ 香港特區政府首次將根據《禁止酷刑和其他殘忍、不人道或有辱人格的待遇或處罰公約》提交的報告送交聯合國。該報告是中國政府根據該公約呈交的第三次報告的一個部分。報告表示，實踐該公約的《刑事罪行（酷刑）條例》自1993年實施以來，並沒有報告指稱懲教署、海關及廉政公署施行屬於條例所指的酷刑，但有21宗涉及入境事務處的指控，唯全部個案均不能成立。

◆ 大律師公會發表公開信，反對特區政府提請全國人大常委會就居留權問題解釋香港基本法第24條。

5月6日

◆ 董建華出席立法會會議，就人口及環境保護等問題發表談話。指出，最近，社會各界一直討論如何解決由終審法院的裁決所帶來嚴重人口壓力的問題。既然事情是在特區發生的，若特區能自己尋求一個解決的方法，當然是最好的，政府當然在這方面要努力。但相信這可能性不大。餘下來的辦法，包括由全國人大修改基本法及由全國人大常委會就基本法有關條文做出解釋。政府的法律專家正對不同的方案進行研究。雖然特區政府還沒做出最後的決策，但我向香港的市民保證，政府將會按照基本法，以及香港的長遠利益，果斷、徹底和儘快地解決這問題。

◆ 公安部部長賈春旺在北京會見香港特區警務處處長許淇安率領的香港特區警務處代表團，就終審法院 1 月 29 日判決可能引發的偷渡潮等問題交換意見。

◆ 香港特區政府公佈有關 167 萬港人內地子女若全部來香港，對香港經濟和各項公共服務影響的評估報告。報告表示，如果 167 萬人在未來十年全部來港，政府需動用 7100 億港元非經常開支，為其提供所需的公共服務，失業率可能升至 25%，需開闢 6000 公頃土地興建住宅及提供服務，每年需額外提供 53.3 萬個住宅單位，輪候公屋的時間將延至十年，學額和病床也將嚴重不足，各項服務的素質將大倒退等等。香港社會將為此付出沉重代價。

5月7日

◆ 姜恩柱出席一公開場合時對傳媒表示，在報章上看到特區政府公佈的有關資料，注意到許多香港市民對居留權問題的關注。維護香港的繁榮穩定，要符合香港絕大多數市民的根本利益。有關的問題，由特區政府研究解決。

5月8日

◆ 對美國為首的北約襲擊中國駐南斯拉夫大使館事件，董建華發表聲明，表示香港特區政府支持中央政府在這一事件上的立場。並代表港人對事件中的死者表示哀悼，對其家人表示深切慰問。希望其他傷者能早日康復。

◆ 民主建港聯盟、香港工會聯合會分別組織部分市民到美國駐港總領事館遊行示威，遞交抗議信或發表聲明，對以美國為首的北約轟炸中國駐南斯拉夫大使館表示極大憤慨和強烈抗議。香港協進聯盟、香港青年會、香港教育工作者聯會、紀律部隊評議會、新界社團聯會、香港青年大專學生協會等多個社團，對以美國為首的北約無理襲擊中國駐南斯拉夫大使館並造成多人死傷表示強烈抗議和強烈憤慨，並要求北約放棄霸權主義，以和平方式解決科索沃問題。

◆ 保安局局長葉劉淑儀在立法會內務委員會特別會議上表示，按照中國憲法的規定，中國法律的最高立法解釋權在全國人大常委會，而基本法第 158 條亦指明，該法的解釋權屬於全國人大常委會。因此，特區政府若採用提請全國人大常委會解釋基本法的方法，來解決港人在內地子女的居留權問題，其合法性是毋庸置疑的。

5月9日

◆ 華人革新會、香港華僑華人總會、東區協進社等多個團體約 800 多人分別前往美國駐港總領事館及英國駐港總領事館，抗議美國為首的北約襲擊中國駐南斯拉夫大使館。

5月10日

◆ 國務院港澳事務辦公室主任廖暉、全國人大常委會法制工作委員會副主任喬曉陽在北京會見梁愛詩、葉劉淑儀，就終審法院於 1 月 29 日的判決所帶來的問題交換意見。特區政府保安局發言人表示，此次是特區政府主動約晤中央有關部門，希望就有關問題詳細討論各個解決方案所涉及的程序。任何方案都必須符合基本法。

◆ 全國政協副主席霍英東接受中央電視台駐港記者採訪表示，堅決支持和擁護中央政府對美國為首的北約襲擊我國駐南斯拉夫使館所採取的嚴正立場。港區全國人大代表、港區全國政協委員分別發表聲明，強烈譴責以美國為首的北約部隊襲擊中國駐南斯拉夫大使館。

◆ 新華通訊社香港分社社長姜恩柱對記者表示，近日來，香港許多市民紛紛舉行集會和遊行示威，表達對美國為首的北約轟炸我國駐南斯拉夫大使館、造成人員傷亡的極大憤慨和嚴厲譴責，也表達了支持中央政府的嚴正立場這種愛國主義情操。相信香港廣大愛國同胞，一定會把內心的極大義憤，轉化為熱愛國家、建設國家的動力，自覺維護香港的繁榮和穩定，積極參與中國內地的改革開放和現代化建設事業。

◆ 一二三民主聯盟發表聲明，要求"以美國為首的北約組織必須負起完全的責任，立即向我國作出深切的道歉及賠償"。

5月11日

◆ 香港工會聯合會、香港教育工作者聯會、香港島各界聯合會、九龍社團聯會、新界社團聯會、民主建港聯盟等六個團體聯合舉辦"香港各界譴責北約侵略暴行大會"，400 多個團體參加。會後，5000 多名市民遊行到美國駐港總領事館遞交抗議信，強烈譴責以美國為首的北約侵犯中國主權，強烈要求北約道歉、賠償。這些團體還發動了"強烈譴責以美國為首的北約侵略暴行，堅決支持我國政府嚴正聲明"全港簽名大行動，並於 17 日

1999 年 5 月 11 日，香港各界 5000 多
人在遮打花園舉行集會遊行，強烈譴責
美國為首的北約轟炸中國駐南斯拉夫使
館的野蠻行徑。

將載有 30 多萬個市民簽名的簽名冊和一份聯署聲明遞交給姜恩柱，希望通過新華通訊社香港分社向中央政府表達港人對北約暴行的憤慨和對中國政府四項嚴正聲明的支持。

◆ 自由黨代表到美國、英國駐港領事館遞交抗議書，對北約導彈轟炸中國駐南斯拉夫大使館的暴行表示強烈不滿。

5月12日

◆ 香港特區政府發言人表示，"為悼念中國駐南斯拉夫大使館被轟炸中的死亡者，所有政府建築物今天將下半旗致哀。"立法會通過決議案，強烈譴責北約轟炸我國駐南斯拉夫大使館。

5月13日

◆ 董建華會見歐洲委員會副主席里昂·布里坦（Sir Leon Brittan, 港譯：布里坦爵士）時表示，特區政府將會按照基本法及香港的長遠利益，解決港人內地所生子女的居留權問題。

5月14日

◆ 香港《文匯報》報道，政制事務局向立法會提交一份制訂修改基本法機制的諮詢程序：（1）分析各個問題和總結各方的意見；（2）與中央人民政府／全國人大常委會討論有關事項或問題；（3）預留時間，讓中央人民政府／全國人大常委會研究有關事項或問題、徵詢港區人大代表、基本法委員會委員等有關人士的意見，及擬定他們對有關事宜的看法；（4）與中央人民政府／全國人大常委會舉行會議，瞭解他們的初步意見；（5）向行政會議匯報政府的初步意見和與中央人民政府／全國人大常委會的討論進展；（6）向政制事務委員會匯報進展；（7）政府擬定有關機制的建議和擬備文件，諮詢立法會、法律界人士、學者和市民的意見；（8）徵詢各有關人士對建議機制的意見；（9）與中央人民政府／全國人大常委會進行討論；（10）考慮收集所得的意見，敲定政府的建議；（11）諮詢行政會議對建議定稿的意見；（12）向政制事務委員會匯報建議定稿的內容和向中央人民政府／全國人大常委會作出簡報；（13）草擬和向立法會提出有關法例。

5月15日

◆ 董建華分別與大律師公會、民權黨、前線、民主黨、民建聯、自由黨、港進聯、立法會獨立議員和律師會的代表會面，就解決港人內地所生子女居留權的問題聽取意見。民建聯、港進聯、早餐派（立法會獨立議員主流意見）贊成請全國人大常委會解釋基本法有關條款，自由黨、律師會表示，請全國人大常委會釋法和修改基本法都合法。民主黨、大律師公會認為修改基本法是唯一可行方案。民權黨、前綫表示，政府在決定前應讓立法會或公眾對所有方案進行辯論。

◆ 資深大律師廖長城在香港電台"香港家書"節目中，詳細介紹了尋求全國人大常委會解釋基本法方案及反對修改基本法方案的根據。指出：（1）全國人大常委會行使香港基本法第 158（1）條賦予的解釋權是符合憲法的；（2）全國人大常委會做出的解釋會由 1997 年 7 月 1 日基本法實施起生效，沒有追溯力問題存在，不會影響終審法院裁決案件和已入稟相同案件有限數字的申請人；（3）由全國人大常委會做出解釋，可在較短期內進行（全國人大常委會下次會議在 6 月），香港面對的嚴峻問題可得到迅速果斷解決；（4）沒有歷史根據和理由來猜度全國人大常委會因這次在非常情況下行使解釋權，因而將來會輕易行使解釋權。自 1949 年建國以來，全國人大常委會只行使過八次解釋權。並指出，終審法院於 1 月 29 日的判決對基本法有關條文的解釋，若沒有反映立法意圖，修改的理由便不存在，也沒有理由相信全國人大會同意修改。若符合立法意圖，修改基本法的途徑也未必可行。因為基本法規定本法的任何修改均不得同中國對香港既定的基本方針政策相抵觸。對香港的基本方針政策已由國家在中英聯合聲明附件中予以闡明。其中第 14 節有關港人（中國公民）在香港以外所生子女（中國籍）居留權的條款和香港基本法第 24（2）（3）條是一致的。若修改基本法便會同這些基本方針政策相抵觸。而且修改基本法的程序複雜而費時，全國人大會議於 2000 年 3 月才舉行，在這期間問題依然存在。修改的追溯力問題，也可能會有爭議。他還認為，基本法實施不到兩年，作為憲法性文件，應具穩定性，不應輕易修改。

5月16日

◆ 李澤添等 27 名港區全國人大代表發表聲明，支持由行政長官去信國務院，提請全國人大常委會直接解釋香港基本法第 22（4）及 24（2）條，以解決終審法院在 1 月 29 日就港人內地子女居留權案作出裁決引起的問題。並相信，特區政府這樣做是負責任的表現，符合香港社會的根本利益，對香港的長期繁榮、穩定有利，必定會得到全港市民的支持。

5月17日

◆ 太平洋地區經濟理事會第三十二屆國際年會在香港特區舉行。國務委員吳儀、菲律賓總統艾斯特拉達（Joseph Estrada）、國際貨幣基金總裁米歇爾·蘇德康（Michel Camdessus）等出席。董建華在開幕式上致詞時表示，亞洲經濟復甦及中國經濟增長，香港將從中得益，現在正是投資香港的好機會。特區政府在努力醫治金融風暴痛苦的同時，仍然關注香港的長遠目標，並為此進行多項改革，以提高香港競爭力，迎接 21 世紀資訊時代的挑戰。這些措施包括將聯交所、期交所及結算公司合併上市；提高銀行體系的風險管理能力；進一步鞏固貨幣發行局體制；計劃於 2000 年底推出強制性公積金制度；推動旅遊業發展；改革公務員體系等。

5月18日

◆ 江澤民在北京會見香港長江實業集團主席李嘉誠。對他多年來積極支持國家經濟建設和熱心捐助內地教育、慈善事業表示讚賞，並希望他繼續為香港的長期繁榮穩定多做貢獻。

◆ 董建華宣佈，將經由國務院提請全國人民代表大會常務委員會根據基本法的立法原意，解釋香港基本法第 22 條第 4 款及第 24 條第 2 款第（3）項有關香港居留權的條文。宣佈後董建華召開記者會，說明有關規定。他說，我希望中央政府和全國人大常委會，能夠充分理解我們面臨的困難，接受我們的要求，對基本法兩款條文作出解釋。通過解釋，紓緩我們所承受的人口壓力，尋求有關居留權的法律原意，使困擾我們四個月的問題告一段落，使我們可以集中精力，按照我們既定的、本來的目標，做好很多應該做的事。作為香港第一任行政長官，我深切體會到"一國兩制"的歷史意義，以及基本法所賦予香港獨特的地位。與許多的香港人一樣，我非常珍惜香港的高度自治，並且會竭盡所能維護香港法治制度的延續，使香港能在鞏固的憲制基礎上，繼續保持繁榮安定。

◆ 行政會議決定，由行政長官董建華根據香港基本法第 43 條和第 48 條第 2 項的有關規定，報請中央人民政府予以協助，並請求國務院提請全國人大常委會，根據憲法和基本法的有關規定，對香港基本法第 22 條第 4 款和第 24 條第 2 款第 3 項的立法原意作出澄清。

◆ 梁愛詩在立法會內務委員會特別會議上向議員詳細解釋特區政府請求中央政府協助解決居留權事宜的法律依據。同時政府還提交了一份有關居留權事宜解決辦法的文件，詳列背景、方案、建議和提請全國人大常委會解釋基本法的範圍及解釋的效力。她指出，我們認為透過全國人大常委會解釋基本法是合法及合理的，並有利於維持香港的穩定及整體利益。

◆ 港區全國政協委員發表聲明，支持特區政府提請全國人大常委會解釋基本法，使終審法院判決帶來的問題得到合理合法的解決。

5 月 19 日

◆ 國務院總理朱鎔基在北京會見香港特區金融管理局總裁任志剛率領的香港銀行公會代表團時表示，希望香港金融界積極參與內地的經濟建設和改革進程，促進內地與香港經貿關係的進一步發展。

◆ 中國人民解放軍駐港部隊對外新聞發言組負責人表示，根據中央軍委主席江澤民簽發的命令，駐港部隊副政治委員王玉發升任駐港部隊政治委員。王玉發於 1996 年 7 月晉陞為少將。

◆ 立法會以人比數通過由保安局局長葉劉淑儀代表政府提出的"本會支持行政長官的決定，提請國務院要求全國人民代表大會常務委員會就香港基本法第 22 條第 4 款及第 24 條第 2 款第 3 項作出解釋"的議案。在動議辯論時，梁愛詩發表題為《人大解釋不會損害香港法治》的演詞，葉劉淑儀發表題為《澄清立法原意，解決居權問題》的演詞。

◆ 中華旅行社總經理鄭安國在香港《明報》撰文為李登輝《台灣的主張》一書辯解，聲稱香港報刊對李"七塊論""是明顯的曲解，甚至造成不必要的敵意"。《台灣的主張》一書推出後，香港多家報刊發表專文，嚴厲抨擊其鼓吹將中國分成"七塊"的分裂主張。香港輿論指出，"七塊論""不是'分割政治'而是'分離主義'"；"李登輝再次向世人展示了他希望台灣獨立，希望中國分裂的內心深處的想法"；這種想法"只會加劇兩岸的敵對氣氛，增大兩岸走向武力對抗的危險"。

5 月 20 日

◆ 董建華正式向國務院提交請求全國人大常委會解釋基本法有關條文的報告。

◆ 政務司司長陳方安生會見各外國駐港領事館及 26 個駐港國際商會的代表，就特區政府通過中央人民政府提請全國人大常委會解釋基本法有關居留權條款的決定作詳細介紹。陳方安生表示，特區政府日後仍會繼續捍衛法治、司法獨立及保持香港的高度自治。

◆ 中國外交部發言人就美國駐港總領事館擔心香港特區政府提請全國人大常委會解釋基本法有關條款以解決港人內地子女居留權的問題表示，香港特區政府對港人內地子女居留權問題的處理純屬中國內政，任何外國都無權干涉，對此説三道四，妄加評論是不合適的。

5月21日

◆ 中國外交部發言人就拒絕美國五艘軍艦來香港訪問申請一事表示，是否批准外國軍艦來港，完全是中國主權範圍內的事。在當前形勢下，中國政府不批准美國軍艦到港是正常的。美國駐港總領事館發言人表示，這次是香港回歸後，美國軍艦首次被拒絕來港，以往平均每年約有 70 艘美國軍艦訪問香港。

◆ 立法會內務委員會通過由政制事務委員會聯同相關的事務委員會，組成一個聯合委員會，跟進有關政府提出請求全國人大常委會解釋基本法有關條文，以解決港人在內地所生子女的居留權所衍生的問題。

5月23日

◆ 公務員工會聯合會發起有一萬多人參加的大遊行，反對政府以體制改革為名推行合約制和私營化，以拉低公營及私營機構的工資。

5月25日

◆ 民政部頒發《華僑以及居住在香港、澳門、台灣地區的中國公民辦理收養登記的管轄以及所需要出具的證件和證明材料的規定》。

5月26日

◆ 香港特區政府發言人就新聞界查詢美國考克斯報告提及香港特區一事表示，在"一國兩制"的原則下，香港繼續維持一套獨立及嚴格的戰略品貿易管制制度。"按基本法規定，香港作為一個單獨關税地區，有權自行規管各種貨品包括戰略物品的進出口。香港的戰略品貿易管制制度是建基於具透明度的法律、完備的進出口簽證規定及嚴厲的執法行動。所有在港的公司，不論其背景，均受同樣的法例及規則所約束。""香港與主要的貿易夥伴在打擊非法轉運戰略物品方面維持緊密的合作。基於香港本身的經濟利益，我們會繼續沿用國際武器不擴散組織所制訂的最嚴

香港特區政府決定，從 1999 年起，每
年農曆四月初八佛誕日為法定公眾假
期。當年農曆四月初八為公曆 5 月 22
日。圖為香港離島區在大嶼山寶蓮禪寺
舉行佛誕日慶典活動。

謹的管制標準。"

問題設立通報機制。

5月27日

◆中國外交部發言人就美國考克斯報告中有關中國從美國"竊取"的軍事技術是通過香港轉移到內地的說法表示,香港回歸後,中央政府堅定不移地貫徹執行"一國兩制"、"港人治港"和高度自治的方針。中央駐港機構包括駐港部隊,嚴格遵守包括基本法在內的特區各項法律,絕不從事不符合特區法律的活動,所以,考克斯報告中的有關指責是毫無根據和別有用心的。

◆美國駐港總領事館發言人回應香港記者查詢時表示,一直以來,該館都與香港政府合作,保證香港繼續是一個開放的國際港口,而不會變成一個擴散危險科技的中心。發言人又表示,會在這個問題上繼續與香港政府保持接觸和合作。

◆最高人民檢察院發出通知,要求各級人民檢察院要認真負責地受理香港、澳門、台灣居民和海外僑胞的舉報、控告、申訴,並依法處理。

5月28日

◆保安局局長葉劉淑儀在立法會表示,中央政府已同意就港人在內地被拘留

5月31日

◆董建華出席私營機構關注環保委員會第八屆工商環保會議開幕典禮時表示,改善環境是特區政府未來四年的政策重點,亦是下一世紀每年的政策重點之一。未來十年的首要任務之一,是與毗鄰的廣東省並肩合作,攜手應付共同的污染問題和在環境方面所承受的壓力。

◆台灣進一步簡化港澳居民入出境手續,自即日起,持有效"入台證"進入台灣不超過14日者,可免費申請"臨時入境停留通知單"入境,不用安排,不用註銷其入台簽注,可留待下次使用;另逐次加簽有效期為六個月,未使用者可延期一次。

6月1日

◆董建華會見訪問香港的美國前總統布什,並向他介紹香港回歸後的政治經濟發展情況,表示中美維持良好關係,對兩國、亞太區及全世界都有好處。談到北約襲擊中國駐南斯拉夫大使館一事,董建華說,中國人民對這件事反應強烈是很自然的,美國政府應儘快完成調查報告及向中國政府交代,這將有助改善兩國關係。還

駁斥了考克斯報告中有關香港在監管戰略物品貿易上存在漏洞的指控。

6月2日

◆ 律政司司長梁愛詩、保安局局長葉劉淑儀赴北京與國務院港澳辦主任廖暉、全國人大常委會法制工作委員會副主任喬曉陽舉行工作會議，討論行政長官提交給國務院請全國人大常委會解釋基本法有關條款的報告。

6月3日

◆ 董建華出席華員會八十五周年會慶酒會時致詞指出，公務員體制改革是以穩中求進、循序漸進、通盤構思、群策群力、切實可行和合理合法等六大原則為依歸，而在進行必要改革時，政府會特別強調穩中求進、循序漸進和合理合法三方面。

◆ 立法會政制事務委員會舉行特別會議，簡報特區政府提請國務院請求全國人大常委會解釋基本法的依據。孫明揚表示，根據香港基本法第 43 條及第 48（2）條，行政長官代表香港特區，對中央政府和香港特區負責，而行政長官在執行基本法時遇到問題，向國務院提交報告，這是作為行政長官的職責。副律政專員區義國

指出，律政司認為行政長官引用香港基本法第 43 條及第 48（2）條為提請解釋的法理依據，這是合法的。

◆ 香港特區保安局局長葉劉淑儀、駐北京辦事處主任梁寶榮與中國最高人民檢察院、公安部、國務院港澳辦等有關方面官員舉行工作會議，討論港人在內地遭拘禁的通報機制。會後，葉劉淑儀、梁寶榮向記者表示，內地公安和檢察機構非常重視港人在內地的合法權益，均同意建立通報機制。通報機制建立後，中央政府可以在收到有關被拘留者的資料後，直接或通過國務院港澳辦轉交特區政府駐京辦。會議還商議了關於內地人在香港服刑移送內地和香港人在內地服刑送回香港的事宜，原則上同意這一做法必須經過犯人本人同意才可以進行。

6月4日

◆ 國務院總理朱鎔基在北京會見訪京的香港特區政府財政司司長曾蔭權，並作了重要講話。

◆ 政府憲報刊登董建華會同行政會議根據《申訴專員條例》第 24 條，發佈的《1999 年申訴專員條例（修訂附表一）令》，把申訴專員的職權範圍擴大至僱員再培訓局、香港考試局、香港康體發展局

及強制性公積金計劃管理局四個機構。

◆ 香港特區政府向聯合國人權事務高級專員公署遞交香港人權狀況報告。報告涵蓋多個範疇的概況、進展及面臨的困難，例如歧視、僱傭事宜、社會福利及健康服務、家庭、兒童、青少年和老人、新來港人士、經濟、房屋、環境及污染、教育政策及文化等問題。

◆ 香港《大公報》報道，香港中文大學公佈該校亞太研究所就特區政府提請全國人大常委會解釋基本法有關條款進行調查的結果。超過六成被訪者贊成政府的決定，不同意的只有三成多。

6月5日

◆ 財政司司長曾蔭權訪問阿拉伯聯合酋長國杜拜，開展為期四日的中東商務推廣訪問。他在香港貿易發展局舉辦的晚宴演講時指出，香港和杜拜一樣，是一個自由港口，我們是中國大陸以外的一個獨立關稅區，擁有完全的財政自立和獨立的金融體系，可以"中國香港"的身份，維持和發展與外國和區域的關係。

6月7日

◆ 特區政府發言人回應香港天主教、基督教領袖有關言論時表示，對因終審法院於1月29日的判決而合資格來港定居的人士數目的估計，是基於政府統計處所進行的專業及客觀的綜合住戶調查，政府並沒有誇大數字，或使用恐嚇伎倆。讓港人內地子女大批來港定居只會製造大量的分離家庭，並引發其他社會問題，而政府有責任考慮新人口的承受能力。尋求全國人大常委會解釋基本法也不是試圖去推翻或重新解釋終審法院的判決，不會破壞法治及損害自治。聖公會港澳區主教鄺廣傑表示，他反對尋求全國人大常委會解釋基本法，認為"令人覺得中央干預特區事務。"特區政府應該透過行政手段將問題逐步解決。他說，我們不應該怕人太多，只要他們有資格和有條件來，香港都應該接納，正如香港天主教胡振中樞機主教所言"人間有愛"。5月31日，胡振中頒佈牧函表示，特區尋求人大常委會解釋香港基本法，會破壞特區法治的基石，動搖港人家庭的根基，引發港人對內地人的抗拒，後果堪憂。

6月8日

◆ 朱鎔基總理主持召開國務院第十九次常務會議，討論並通過了國務院提請全國人大常委會解釋香港基本法有關條款的議案。

◆ 公務員事務局局長林煥光宣佈，在 1999/2000 財政年度凍結全部 18 萬公務員的薪酬。四個公務員中央評議會的職方代表均表示接納。

◆ 高等法院原訟法庭就姜恩柱申請司法覆核，要求撤銷劉慧卿指其違反《個人資料（私隱）條例》，未在法定期限內回覆是否持有劉慧卿個人資料一事發出的私人傳票一案作出裁決，裁定劉慧卿敗訴，頒令撤銷傳召姜恩柱出庭就有關劉慧卿個人資料問題應訊的私人傳票，並判劉慧卿支付大部分堂費。主審法官司徒敬在書面判詞中指出，無論事實及法理依據均顯示姜恩柱根本與事件無關，倘無故要他面對刑事檢控程序並不符合公義與法治精神。同時，劉慧卿及其代表律師在申請私人傳票時沒有提及劉慧卿在 1996 年 12 月向新華通訊社香港分社作出查詢時，當時的社長是周南而非姜恩柱；相反，有關文件在結構和用字方面，都會令人以為接獲劉慧卿查詢並掌握其資料者正是姜恩柱，令裁判官受到誤導，有關傳票對姜恩柱來説是不公平也不合理的。故高等法院有責任撤銷傳票，以免濫用司法程序。劉慧卿表示會和律師仔細研究判詞內容，才決定進一步的行動。6 月 21 日，劉慧卿決定不再上訴。

◆ 特區政府召開記者會宣佈，中央政府已接納行政長官董建華就居留權問題所提交的報告，將提請全國人大常委會解釋基本法有關條款。並公佈行政長官呈交國務院報告的全部內容，及附於報告上的社會各界就居港權問題所發表的意見、特區終審法院判詞和特區政府就有關居留權判決的影響所做的評估報告。

◆ 政制事務局回覆立法會司法及法律事務委員會有關中央設立駐港機構的機制時表示，若日後中央各部門、各省、自治區、直轄市如需要在港設立機構，須按香港基本法第 22 條的規定徵得香港特區政府的同意，並經中央人民政府批准，也會於政府憲報公佈。並指出，現時中央駐港機構有四個，分別是外交部駐港特派員公署、解放軍駐港部隊和新華通訊社香港分社。外交部駐港特派員公署是根據香港基本法第 13 條的規定設立的；解放軍駐港部隊是中央人民政府根據香港基本法第 14 條的規定派駐的；新華通訊社香港分社在香港成立已超過 50 多年，它一直作為中央人民政府的派出機構在香港履行有關職責。香港回歸後，新華通訊社香港分社作為中央人民政府授權的工作機構繼續存在。因此，以上三個中央人民政府駐港機構，均不存在須徵得特區政府同意設立的問題。

◆ 董建華在前總督府舉行酒會，招待全體港區全國政協委員。就共同關心的問題尤其是經濟形勢進行交談。陳方安生、曾蔭權、梁愛詩等主要官員和 100 多名全國政協委員出席。

◆ 城市規劃委員會公佈新修訂的中環填海計劃，填海範圍由 38 公頃減至 22 公頃，面積縮減 42%。

6月10日－6月13日

◆ 第十三屆香港國際旅遊展在香港會議展覽中心舉行，有近 500 家來自世界各地的發展商參與。董建華為展覽撰寫賀詞。

6月11日

◆ 解放軍駐港部隊對外新聞發言組負責人就駐軍出入香港海關問題發表談話指出，駐軍法對駐軍的職責規定得非常明確具體。也明確規定了駐軍和駐軍人員不得以任何形式從事營利性活動，不得從事與軍人職責不相稱的其他活動。駐軍法還要求駐軍遵守香港特別行政區的法律。駐軍進駐香港以來，嚴格按駐軍法的規定和要求履行職責。車輛進出香港海關，均自

覺履行與普通車輛相同的通關程式：包括事先向香港海關提供過關的人員和車輛物品的資料，過關時提交相關的資料供香港海關核對等。駐軍有關執法部門與香港海關設有專門的機制，以解決駐軍車輛（艦船、飛行器）通關過程中的相關問題。香港海關如懷疑駐軍車輛（艦船、飛行器）涉及違法問題，即會通報駐軍總部，由駐軍有關人員到場，在香港海關人員在場的情況下，對涉嫌車輛（艦船、飛行器）進行檢查。如有違法行為，依據駐軍法的規定確定管轄，並根據事實，依法予以處理。

◆ 高等法院上訴法庭判決，入境事務處向 17 名聲稱擁有居港權的持雙程證逾期居留或非法入境的內地人士發出的遣返令無效。判詞指，終審法院在 1 月 29 日的判決已清楚確立由特區引進的居權證計劃。除必須與單程證掛鈎的部分外，其他規定都符合基本法。這些規定包括宣稱根據基本法第 24 條（3）擁有居港權的人士，必須而且只能在持有居權證後才能確立其永久性居民身份；而在申請或提出上訴期間，有關人士亦必須留在內地。政府對判決表示失望，決定向終審法院提出上訴。6 月 12 日，律政司發表聲明，指出判決清楚説明，上訴人申請居留權獲核實

前無權在港逗留。

◆ 政府憲報公佈，行政長官已委任王見秋、祁彥輝為高等法院上訴法庭法官（1999年6月7日起生效）。已委任李義、翟克信、馬永新、鍾安德為高等法院原訟法庭法官（1999年6月7日起生效）。

6月12日

◆ 香港海關關長曾俊華在海關關員結業禮後直斥美國考克斯報告中指駐港解放軍利用自由進出香港，將一些戰略性物品偷運到內地的說法是"胡說八道"。他強調解放軍的車輛及人員進出香港均受嚴格限制，從未有駐港部隊車輛在出入境時被懷疑違反香港海關措施，報告對香港的指責全無根據。

6月12日－6月29日

◆ 政務司司長陳方安生赴美國、加拿大及墨西哥二個國家的五個城市訪問。她在會見美國國會議員考克斯（Christopher Cox）時，極力反對把香港說成是一個非法轉移敏感科技的轉運中心。並強調，任何人試圖限制香港獲取高科技，對香港的經濟都會造成致命打擊，因為香港日前以知識及資訊科技的服務業佔了本地生產總

值逾85%。6月29日返回香港時，主動談及特區政府提請全國人大常委會解釋基本法一事，強調她十分理解港人特別是法律界人士，對全國人大常委會釋法此途徑持有非常強烈的不同意見，而特區政府完全認同他們對法治的堅持。她也十分希望日後沒有一個同樣的情況，需要特區政府要求全國人大常委會釋法。

6月13日

◆ 屯門望后石船民羈留中心晚上發生騷亂，近千名華裔和土生越南人，為爭奪營內毒品市場發生混戰。大批警員到場並施放催淚彈，事件中至少有13人受傷。6月17日，外交部駐港特派員公署發言人就此事回覆查詢時稱："滯港越南難民和船民問題是港英政府時期第一收容港的錯誤政策造成的，給香港帶來了沉重的負擔。香港回歸後，中央政府一直積極支持和配合特區政府解決這一問題。我們希望有關各方切實履行責任，使這一問題早日得到解決。中央政府將繼續支持特區政府為解決這一問題作出的努力。"

6月14日

◆ 國務院副總理李嵐清在北京會見由香港總商會主席董建成率領的香港總商會

理事會訪京團，充分肯定香港回歸祖國兩年來，香港工商界為香港經濟的發展做出了積極的努力。

◆ 勞工處處長張建宗出席在瑞士日內瓦舉行的國際勞動監察協會第九屆會議時發言表示，香港在推廣職業安全及健康方面的政策目標是協助企業和負責人履行他們在法律、道德和社會上的責任，以減少工傷和職業病，而所採用的策略是預防而非治療，是推廣和教育而非以檢控為主。

6 月 15 日

◆ 董建華宣佈，委任梁振英為行政會議召集人，由 1999 年 7 月 1 日起，任期兩年。現任行政會議召集人鍾士元將於同年 6 月 30 日的二年任期屆滿時退休。董建華表示，梁振英多年來擔任多項重要的公職，積極參與基本法的起草工作和實施，作為特區籌備委員會副主任，對香港順利過渡功不可沒。憑着他豐富的工作經驗和積極服務社會的精神，對特區將來一定會有很大貢獻。並衷心感謝鍾士元過去三、四十年來對香港作出的寶貴貢獻，和在過去兩年多來在行政會議上提出許多深思熟慮的意見和建議，幫助特區政府解決了很多重要的問題。

◆ 律政司司長梁愛詩覆函回應立法會法律界議員和約 350 名法律界人士就有關居港權事件的聯署信。強調特區政府對維護法治及司法獨立的決心是堅定不移的，行政長官向國務院提交報告，請求提請全國人大常委會解釋基本法有關條文，是合憲合法之舉，亦是為照顧特區的整體利益而採取的行動。

◆ 司法機構副政務長何淑兒在立法會司法及法律事務委員會會議上，回應前綫議員劉慧卿“聽聞”因特區政府請求全國人大常委會解釋基本法，致使部分獲邀任終審法院非常任法官的人士無意再參與聆訊工作時説，現時終審法院 17 位非常任法官中並沒有表示無意再參與終審法院的聆訊工作。參與 1 月 29 日判決的非常任法官梅師賢已答應 10 月再次來港參與多宗案件聆訊。

6 月 17 日

◆ 經濟局發言人表示，特區政府對航權問題一向持開放態度，但由於第五航權是香港的寶貴資產，特區政府在與航空夥伴談判有關第五航權協議時，必須考慮香港能否獲得相應的利益，不宜無條件地“開放天空”。

◆ 香港特區政府宣佈，設立 50 億港元創新及科技基金。這一基金將資助四類專門項目：一是各機構如各間大學、產業支援組織及將成立的應用科技研究所進行的創新及科技支援活動；二是大學與產業的合作活動；三是那些並非與創新及提升科技水平有直接關係，但對提升本港製造業及服務業的素質和推動其未來發展有裨益的一般支援活動；四是科技創業促進活動。

◆ 政府憲報公佈，嶺南學院獲得大學資格並改名為"嶺南大學"。

◆ 中華青少年歷史文化教育基金籌辦的 1000 多名香港師生參加的赴北京"中華歷史文化教育交流團"，在會議展覽中心舉行出發暨授旗儀式。姜恩柱、馬毓真、王永平等主禮並授旗。姜恩柱和基金執行主席伍淑清致詞時，勉勵香港青少年熱愛祖國，熱愛香港，建設香港，報效祖國。6 月 24 日，董建華會見"中華歷史文化教育交流團"12 名師生代表。讚揚交流團得到學生們踴躍參與，受到學生家長和社會各界人士的認同。他期望社會各界支持發展這種有意義的活動形式，讓青少年學生從更深層次認識"一國兩制"的存在價值，懂得一個國家存在的實際意義，共同致力國家繁榮富強。

6 月 18 日

◆ 錢其琛結束對中亞及南非訪問返京途中，在香港停留。董建華、姜恩柱、馬毓真、王玉發等到機場迎接。在香港期間，錢其琛會晤了董建華、李國能、梁愛詩、鍾士元、范徐麗泰及其他行政會議成員和政府主要官員，並共進午餐。

◆ 全國人大常委會香港特區基本法委員會就基本法有關居留權條文的解釋達成一致意見，將提交本月下旬舉行的全國人大常委會會議參考。報告建議規定港人內地子女出生時，其父親或母親必須已取得香港永久居民身份，才能按香港基本法第 24 條第 2 款第（3）項的規定享有香港居留權。而當這些港人在內地的子女來香港時，須按香港基本法第 22 條第 4 款的規定，與其他地區的內地人進入香港時一樣，辦理申請手續。

6 月 21 日

◆ 特區政府與最高人民法院在深圳簽署《關於內地與香港特別行政區相互執行仲裁裁決的安排》（以下簡稱《安排》）。梁愛詩和最高人民法院副院長沈德咏均表示，這項新安排充分體現了"一國兩制"的精神，因為它完全保留了《紐約公約》的精神，同時亦尊重兩地法律制度上的差別。根據這項新安排，內地各省市148間仲裁機構所作出的仲裁裁決可在香港執行，香港根據《仲裁條例》作出的仲裁裁決也可在內地執行。如果一方當事人不履行，另一方當事人可以向被申請人住所地或者財產所在地的有關法院申請執行。雙方商定，本《安排》在內地由最高人民法院發佈司法解釋，在香港特別行政區由特區政府對原有的《仲裁條例》進行相應的修改並公佈執行。

◆ 外匯基金投資有限公司公佈，計劃推出盈富基金，出售政府持有的因去年為抵禦亞洲金融風暴而買入的部分香港上市公司的股票。該項基金將在香港聯交所上市，並交由外匯基金投資有限公司管理。

6月22日

◆ 九屆全國人大常委會第十次全體會議審議委員長會議提出的《全國人民代表大會常務委員會關於〈中華人民共和國香港特別行政區基本法〉第二十二條第四款和第二十四條第二款第（三）項的解釋（草案）》。全國人大常委會法制工作委員會副主任喬曉陽受委員長會議委託，就解釋草案作了説明。

6月23日

◆ 九屆全國人大常委會第十次會議分組審議委員長會議提出的解釋草案。李鵬參加了分組審議。委員們認為，全國人大常委會解釋香港基本法的有關條款，符合憲法和基本法的規定，符合在香港實行"一國兩制"、"港人治港"和高度自治的方針，符合香港的根本利益和廣大香港居民的願望。委員們指出，全國人大常委會對香港基本法有關條款的立法原意作出解釋，有利於維護憲法和基本法的權威，有利於香港的長期繁榮穩定，不僅不會影響香港特區獨立的司法權與終審權，而是維護了香港的法治。由全國人大常委會對香港基本法有關條款作出解釋，是維護香港整體利益和長遠發展的需要，符合民意。委員們對解釋草案普遍表示贊同。出席分組審議並發言的還有應邀列席本次常委會會議的部分香港地區的全國人大代表。

◆ 新華通訊社香港分社副社長劉山在出席香港中資企業協會年會時説，針對亞洲金融風暴後的香港經濟形勢和中資企業的實際情況，香港的中資企業今後工作的思路是：清理整頓、加強管理、穩步發展、有所作為。

◆ 美國駐港總領事包潤石在香港美國商會午餐會上發表離任前最後一次演講。

稱美國一直密切注視居港權事件的發展，關心任何影響香港自治、法治、司法獨立及個人權利保障的問題。認為如果有頻密地或廣泛地出現影響終審法院終審權的事件，將會侵蝕本港的司法獨立，也為香港法治的最終命運帶來疑問。他不同意有人指香港人仍未準備好迎接民主，去年立法會的高投票率反映港人熱切渴望有更多民主。他還說，香港在出口敏感高科技和戰備物資方面保持了符合國際標準的監管體系。但香港政府應就駐港解放軍軍車如何跨越邊界的問題以及對此的政策做出更詳盡解釋與澄清。6月25日，外交部駐港特派員公署發言人答記者問時表示，我們注意到美國駐港總領事的上述講話，香港事務純屬中國內政，任何外國不得干預。

◆ 署理工商局局長蔡瑩璧表示，最近美國參議院通過的防止"敏感科技"經由香港和澳門的公司非法輸入給中國的法案，其中一項內容是要求港方准許美方搜查美國入口的戰略物品。特區政府一直並無阻止美國搜查自美國進口的戰略物品，因此這法案沒有需要存在，應予撤銷。據中央社報道，該法案是由共和黨參議員艾希克多夫特提出的。根據這項法案，如果中國經香港和澳門輸入美國"敏感科技"，特別是具有雙重用途以及對軍事重要的裝備外銷就將受到新的管制。這些項目包括工具機、引爆裝置、化學武器媒介物、軍事用爆炸物、推進燃料以及可能用來發展核子武器的裝備。艾希克多夫特認為，由於最近的報告顯示，美國喪失給中國的機密數量大得驚人，現在必須採取安全措施保護美國。香港美國商會會長馬畋公開反對美國嚴格限制對香港的科技輸出。美國繼續視香港為獨立關稅區十分重要，收緊科技輸港的管制，將損害美港貿易，對現正致力發展高科技的香港特區打擊尤大。

◆ 香港特區政府宣佈耗資85億港元於2001年興建7.4公里長的上水至落馬洲鐵路延綫。

6月24日

◆ 中國外交部發言人表示，在目前情況下，中國不許美國的軍用飛機、軍艦降落、停靠香港。

◆ 董建華決定將前總督府定名為"香港禮賓府"，並於1999年7月1日正式啟用。香港回歸祖國紀念碑及前總督府新名稱工作小組先後兩次就前總督府新名稱向公眾徵集意見，共接獲2300多項建議。工作小組曾經建議以"紫廬"作為前總督府的新名稱，但引起社會爭論。經過第二次徵集公眾意見後，工作小組選取了"香港禮賓府"這個名稱，向行政長官提出建議。工作小組主席梁振英表示，"香港禮賓府"這名稱可顯示該建築物是香港特區行政長官及政府款客和接待貴賓的重要場所。行政長官辦公室新聞統籌專員林瑞麟表示，香港禮賓府除了舉辦官方活動外，也會每月開放三次予非牟利機構舉辦活動。

◆ 公務員事務局局長林煥光在記者會上指出，稅務局局長黃河生沒有根據公務員事務局於 1998 年 9 月頒佈的第八號通告，向特區政府申報涉嫌有利益衝突的投資及其配偶的職業。行政長官已指令審計署署長審核黃河生配偶經營的稅務公司的檔案，並確定黃河生對各項有關條例及內部指示和訓令是否妥為遵守。要求審計署署長在一個月內提交報告。

◆ 高等法院原訟法庭法官祁彥輝在裁定一名曾犯刑事罪被判入獄三年的巴基斯坦籍男子申請香港永久性居民身份證的案件敗訴時表示，入境條例規定，非中國籍人士需要在申請永久居留權當日起計之前通常在港居住滿七年，才符合基本法規定的香港永久性居民的資格，但認為，香港特區籌委會就香港基本法第 24 條有關香港永久性居民定義的意見，在普通法下不能反映立法原意，及用作解釋基本法的工具。

6月25日

◆ 特區政府統計處發表該處於 1999 年 3 月－5 月進行的"有配偶或子女在中國內地的香港居民"專題訪問的最後結果。結果顯示，各類別香港居民內地子女數目為 160.3 萬人。根據終審法院在 1 月 29 日的判決新增享有居留權的各類別香港居民內地子女數目中，有 69.3 萬人

根據香港終審法院裁決新增享有居留權人士人數

類別	第一代	第二代 [1]	總計
登記婚姻子女	188000 （172000）[2]	329000 （338000）	517000 （510000）
登記婚姻以外子女	505000 （520000）	581000 （645000）	1086000 （1165000）
總計	693000 （692000）	910000 （983000）	1603000 （1675000）

1 待第一代合資格人士在香港居留滿七年後可成為合資格人士
2 括弧內是先前發表的中期數字

為第一代子女，91 萬人為第二代子女。這些數字與特區政府在 1999 年 4 月底發表中期數字相近。

統計處處長何永煊指出，統計調查並不包括已去世和已移居外地的香港永久性居民，而他們也或有子女在內地居住，應為數不少。這項統計調查的樣本根據科學設計方法抽選。6 月初，全部完成外勤訪問工作，訪問了 1.93 萬個住戶，4.6 萬名年齡為 16 歲或以上人士回答了有關問題。

◆ 由香港特別行政區政府駐北京辦事處舉辦的反映香港回歸後現狀與發展的"香港邁向新紀元"展覽會即日起一連十天在北京新東安市場舉行。

◆ 高等法院原訟法庭法官祁彥輝在一宗司法覆核中表示，領養子女的法律地位等同親生子女，因而裁定港人在內地領養的子女同樣擁有居留權，撤銷入境事務處對三名由港人在內地領養子女的遣返令。律政司表示正在研究判詞，然後決定是否提出上訴。

6 月 26 日

◆ 九屆全國人大常委會第十次會議通過了《全國人民代表人會常務委員會關於〈中華人民共和國香港特別行政區基本法〉第二十二條第四款和第二十四條第二款第（三）項的解釋》。

◆ 全國人大常委曾憲梓、港區全國人大代表譚惠珠在特區政府駐北京辦事處向香港傳媒介紹九屆全國人大常委會第十次會議通過對基本法有關條款的解釋草案的情況。曾憲梓說，出席會議的 141 名常委中，140 人投了支持票，1 人因未按表決器，作為棄權票處理，解釋草案獲得通過。由特區終審法院於 1 月 29 日的判決所引起的爭論和問題，已經得到很清晰的解決。譚惠珠指出，行政長官向中央政府提交請求全國人大常委會解釋基本法的報告，是行政長官根據基本法第 48 條第二款的規定，行使在香港執行基本法的職權，是在出現了香港不能解決問題時而採取的步驟。根據解釋，任何內地居民不論以何種事由要求進入香港特區，均須向其所在地區的有關機關申請辦理批准手續。她認為這對香港特區是有閘口的控制作用。並認為，解釋也確立了特區籌委會在 1996 年 8 月通過的《關於實施〈中華人民共和國香港特別行政區基本法〉第二十四條第二款的意見》是體現了基本法有關條文的立法原意，特區法院日後解釋有關條文的立法原意時，要考慮特區籌委會這份意見。

◆董建華召開記者會表示，全國人大常委會對基本法有關條文作出解釋，能夠使關係香港市民長遠利益的港人在內地子女居留權問題，在完全合憲合法的情況下得到圓滿解決。通過這次事件，我們再一次看到中央對香港和對香港繁榮穩定的關心。"在'一國兩制'條件下，我對香港的憲制和法治充滿信心。"他並介紹，得悉全國人大常委會的解釋之後，行政會議特別會議立即作出三項決定：一是儘快向立法會提交議案，以便修改入境條例的附表，將規定：港人在香港以外所生的子女，只有在其出生時，其父或母一方已獲得香港永久居民身份，才擁有香港居留權；非婚生港人子女有此條件可以申請居留權；二是根據全國人大常委會的解釋不影響終審法院 1 月 29 日判決的原則，將對那些從 1997 年 7 月 1 日至 1999 年 1 月 29 日在香港並曾向特區政府聲稱擁有居留權的人士，根據終審法院的判決核實其永久居民身份。據統計，這些人士大約有 3700 人；三是其他人士只有在符合全國人大常委會解釋的情況下，才可申請居留權。

◆律政司司長梁愛詩在記者會上表示，終審法院於 2 月 26 日對其 1 月 29 日的判決作出澄清時已明確表示，如果全國人大常委會對基本法作出解釋，香港法院不能質疑，判案時須以此解釋為依據。她不相信終審法院會食言。

◆保安局局長葉劉淑儀在記者會上表示，根據基本法規定，全國人大常委會對基本法有關條款的解釋，將不影響香港法院在此之前作出的裁決，有 3700 人可因此受惠，原因是這批人士被視為與該訴訟有關的人士。受惠人士包括兩類：第一類為 1997 年 7 月 1 日至 7 月 10 日期間在香港及曾聲稱擁有居留權的人士。因終審法院在 1 月 29 日判決裁定特區政府於 1997 年 7 月 11 日頒佈的《入境條例（修訂）（第三號）》並無追溯力，這類中的部分人士已獲入境事務處核實身份並已獲發香港永久居民身份證。第二類為 1997 年 7 月 11 日至 1999 年 1 月 29 日期間在香港，並曾聲稱擁有居留權的人士。約有 2700 人。其中 900 人仍在香港，入境事務處會通知他們完成核實身份程序。其餘 1800 人已返回內地，特區政府會儘快與內地公安部商量，安排他們來港。至於 1999 年 1 月 29 日後來港及聲稱擁有居留權的人士則不可受惠。根據入境事務處記錄這類人士有 2400 多人，由於特區政府正就 17 名持雙程證來香港逾期居留人士的案件向終審法院上訴，上訴期間，入境事務處暫時不會將這批人士遣返。

◆ 港區全國人大代表和全國政協委員分別發表聲明，對全國人大常委會解釋基本法有關居港權條文表示歡迎及支持。

6 月 27 日

◆ 律政司司長梁愛詩出席一個公開場合後表示，雖然希望今後不再出現特區本身不能解決的問題，但是不能承諾今後永遠不會再提請全國人大常委會解釋基本法。

6 月 28 日

◆ 九屆全國人大常委會第十次全體會議閉幕。全國人大常委會委員長李鵬主持會議並作重要講話。

◆ 政府憲報號外刊登全國人大常委會對基本法有關條款的解釋。

◆ 立法會內務委員會舉行特別會議，聽取政府介紹全國人大常委會解釋基本法有關條款的情況。保安局局長葉劉淑儀指出，正如基本法是香港法例一樣，全國人大常委會的解釋自動成為香港的法例。為消除《入境條例》現行條文在終審法院作出裁決和全國人大常委會解釋後可能產生的任何不清楚之處，特區政府將提出修訂《入境條例》及其附件一和《入境規例》

表格第十二款的決議案。梁愛詩指出，這項決議案是根據《入境條例》第 59A 條提出，完全符合立法會的議事規則。

◆ 行政長官辦公室新聞統籌專員林瑞麟出席一個電台節目時表示，全國人大常委會解釋基本法是一個重要的里程碑，一方面替香港解決 160 萬人壓境的難題，另一方面大家可以看到香港的憲制、基本法制度很健全，只要適當及嚴謹地運用，它是可以協助香港解決一些嚴峻的問題。民主黨主席李柱銘透過電話質問林瑞麟是否同意 "一國" 較 "兩制" 重要。林瑞麟回應說，"一國兩制" 是整體的概念，沒有 "一國" 便沒有 "兩制"，沒有 "兩制" 也不能達到香港回歸的成功。香港人必須明白，香港是中國的一部分，香港的 "兩制" 是在中國的憲法下產生，因此 "一國" 是一個先決條件。

◆ 台灣 "陸委會" 發表《香港移交兩周年情勢研析報告》。稱香港已由回歸時的熱鬧 "回復到常軌的運作"。特區政府 "大體在基本法框架下行使自治權"。"去年 7 月以來香港的運作仍稱穩定，但許多引發爭議與不安的問題卻持續出現"，"使香港未來發展契機出現變數"。又稱，"台港關係發展受政治問題影響成分很高，不過台港關係至少仍能持續發展，但想有重大突破並不容易"。報告還稱，大陸當局"有意藉香港順利實施一國兩制，對台灣產生示範作用，不過一國兩制絕無法適用台灣"。

6月29日

◆ 國家副主席胡錦濤受中央人民政府委託，專程赴港出席香港回歸祖國兩周年慶祝活動。國務院港澳辦主任廖暉和中共中央辦公廳副主任陳福今等陪同。胡錦濤一行早上由深圳經落馬洲抵港時，董建華、鄭國雄、馬毓真、熊自仁、陳方安生等前往口岸迎接。下午，胡錦濤參觀香港聯合交易所，並在君悅酒店會見港區全國人大代表、全國政協委員及社會各界人士，即席作重要講話。晚上，行政長官董建華在其私人別墅"香島小築"宴請胡錦濤一行。

◆ 外交部駐港特派員公署發言人指出，全國人大常委會對基本法有關條款的解釋不會影響香港的法制和司法獨立。香港事務純屬中國的內部事務，任何外國不得干預。6月28日，美國國務院發言人稱，中國中央政府擁有對基本法的解釋可能對特區司法獨立產生潛在影響，美國對此表示關切。

◆ 中英聯合聯絡小組英方首席代表辦事處與英國駐港總領事館聯合發表聲明。歡迎香港特區政府重申承諾維護獨立的司法權及終審權原則，並視之為一項極重要的責任，及其保證提請中國全國人大常委會解釋基本法是屬於例外及罕見的情況，希望各界有關人士將承諾維護正確的司法程序。

◆ 中國外交部發言人回答記者提出的美國參議院近日通過一項收緊對香港"敏感科技"產品輸出的議案，要求加強對"敏感科技"產品輸出香港的監管，以防止具有軍民雙重用途的產品被非法輸往中國內地的問題時表示，香港回歸以來，中國中央政府及中央駐港機構包括駐港部隊均嚴格遵守了基本法和香港特區的法律，這是有目共睹的事實。特區政府一貫對戰備品的進出口實行嚴格、有效的監管，擁有良好的紀錄。美國國會有關美國"敏感科技"產品通過香港流入內地的指控是毫無根據的。據此通過立法，收緊對香港"敏感科技"產品的輸出是毫無道理的，將對香港經濟的發展帶來不利的影響。中方要求美國國會立即停止從事破壞香港繁榮、穩定的事情。

◆ 高等法院原訟法庭法官張澤佑裁定"新界"鄉村非原居民有權參選村代表及投票。判決認為元朗八鄉石湖塘村在3

月 2 日進行的村代表選舉限制非原居民參選，違反國際人權公約第 25 章和香港基本法第 39 條。頒令該項選舉無效，八鄉鄉事委員會需進行重選。1998 年 11 月，八鄉鄉事委員會只允許原居民登記和參選，後來決定讓非原居民投票但無權參選。非原居民謝群生向高等法院申請司法覆核。

6月30日

◆ 上午，國家副主席胡錦濤在君悅酒店接見中央駐港機構和主要中資企業負責人，並作重要講話。下午在香港禮賓府會見董建華和特區政府主要官員、行政會議成員、立法會和司法機構負責人，並作重要講話。

◆ 在居港權案中代表港人內地子女方的大律師和大律師公會主席吳靄儀率領 630 名法律界人士由高等法院遊行至終審法院，沉默兩分鐘後散去，以示抗議全國人大常委會解釋基本法及表示對法院的支持。遊行隊伍中，沒有政府律師和法官。

7月1日　香港特別行政區成立兩周年

◆ 上午，香港特區政府在會議展覽中心金紫荊廣場舉行升國旗、區旗儀式和香港回歸祖國紀念碑揭幕儀式。國家副主席胡錦濤在香港特區行政長官董建華及其夫人董趙洪娉陪同下，分別主持這兩項儀式，並在香港回歸祖國紀念碑揭幕儀式上發表重要講話。董建華也發表了講話。出席這兩項儀式的還有霍英東、廖暉、陳福今、姜恩柱、馬毓真、熊自仁、王玉發和李國能、陳方安生、署理財政司司長許仕仁、梁愛詩、梁振英、范徐麗泰等香港各界人士共 1000 多人。中午，胡錦濤一行離港返京。

◆ 胡錦濤等國家領導人在北京人民大會堂出席香港中華青少年歷史文化教育基金與中華海外聯誼會及教育部聯合主辦的"共創美好明天"大型文藝晚會，並祝賀演出成功。近千名香港青少年學生在分別組團訪問了北京、江西、內蒙古、山東、河南、陝西後匯集北京，並與內地演員同台演出。

◆ 特區政府公佈 1999 年行政長官授勳和嘉獎名單，260 人獲授勳及嘉獎。李澤添、陳方安生、楊鐵樑、高登、浦偉士等五人獲得大紫荊勳章。李澤添為香港工會聯合會會長。10 月 9 日，董建華在禮賓府將勳銜和獎狀授予有關人士。

◆ 美國參議院外交關係委員會舉行香港問題聽證會，邀請香港大律師吳靄儀和特區政府代表與會。香港駐華盛頓辦事處請曾就居港權案向港府提供法律意見的美國法律學者傑羅姆·科恩代為出席。科恩大力抨擊香港終審法院濫權，指其對居港權的判決為香港帶來不可承受的後果。

◆ 加拿大駐港總領事羅時樂（Colin Chretien, 港譯：克雷蒂安）在加拿大國慶酒會被問及有關香港居留權的法律紛爭時說，"在加拿大，魁北克採用的法律體系與加拿大其餘地方不同，因此我更能理解在一個國家中，兩個不同法律體系相協調的重要性。我們需耐心與容忍來對待這個問題。"

7月2日

◆ 錢其琛在澳門特區籌委會第九次全體會議上談到香港問題時說，兩年來，香港雖然經歷了一些風風雨雨，但"一國兩制"、"港人治港"、高度自治的方針得到了不折不扣的貫徹落實。最近，全國人大常委會通過了關於香港基本法有關條款的法律解釋，受到了香港各界的廣泛支持。以董建華為首的特區政府，依照基本法施政，為保持香港繁榮穩定的局面作出了卓有成效的努力。香港同胞和各界人士也表現了維護香港繁榮穩定的責任感。中央政府對香港的發展前景充滿信心。

◆ 特區政府憲報刊登政府總部公告，公佈外交部駐港特派員公署、解放軍駐港部隊和新華通訊社香港分社為：中央人民政府在香港特別行政區設立的機構。

◆ 香港旅遊協會在昆明與雲南省旅遊局簽定協議，確定雙方共同拓展國際旅遊市場，並為對方的旅遊宣傳、信息交流及旅遊界人士的來往提供方便。這是香港旅協與內地旅遊局簽定的第一個旅遊合作協議。

◆ 美國助理國務卿羅斯（Stanley Roth）在國會向外交事務委員會屬下的東亞和太平洋小組作證時表示，中國全國人大常委會解釋基本法是合法的，又稱如果經常尋求"人大釋法"，就會向北京拱手相讓香港的司法和自治。羅斯表示，回歸之後，香港在人權、自治、言論自由和法治等方面都十分正面。回歸後香港面對的最大問題，不在政治而在經濟。

7月5日

◆ 香港島各界聯合會在會議展覽中心舉行成立儀式暨慶祝香港回歸祖國兩周年聯歡晚會。新華通訊社香港分社副社長鄭國雄出席主禮並致詞。會長洪清源表示，該會的成立標誌着港島各界的大團結。

◆ 何厚鏵首次以澳門特區候任行政長官的身份非官式禮節性訪港並拜會董建

1999 年 7 月 1 日，香港回歸祖國紀念
碑在香港會展中心新翼廣場揭幕。國家
副主席胡錦濤主持揭幕儀式。圖為行政
長官董建華向胡錦濤贈送紀念碑模型。

1999 年 7 月 1 日，香港特區各界舉行
香港回歸祖國紀念碑揭幕儀式。紀念碑
高 20 米，寬 1.6 米，碑身正面鐫刻着
國家主席江澤民親筆題寫的碑名。

華，主要就加強港澳兩地未來合作和交流等事宜交換意見。

7月6日

◆ 香港特區政府公佈《香港中藥產業未來十年的發展大綱》。建議透過借助內地中醫藥業雄厚的人力和科技資源，輸入內地專才，在基建及科研方面作出配合，鼓勵私人企業投資等計劃，分階段逐步將香港發展成為國際中醫藥中心。

7月7日

◆ 立法會通過《1999 年香港太平洋戰爭紀念撫恤金（修訂）條例草案》。條例將原東江縱隊港九獨立大隊隊員納入現行發放撫恤金的範圍，按同樣的申領準則規限，給予他們一如其他隊伍成員所享有的待遇，包括撫恤金和醫療福利。香港教育工作者聯會會長、立法會議員楊耀忠指出，事實上有資格申領撫恤金的港九獨立大隊隊員只不過 20 餘人，受惠人數雖然不多，但意義十分重大。並促請特區政府儘快將港九獨立大隊英勇抗日的歷史編入教科書，對青少年進行愛國主義教育。

7月8日

◆ 立法會通過《1999 年收入條例草案》。草案中共有八項寬減措施及六項增加特區政府收入的建議。

7月9日

◆ 政務司司長陳方安生在立法會就有關檢討行政會議權責的議案作出回應。指出，為確保行政會議成員在向行政長官提供意見時能做到公正無私，不偏不倚，行政會議設有行之已久的機制，讓議員申報利益。在"保密制"和"集體負責制"的原則下，若要求行政會議成員就每項政策站出來發表個人意見，便可能影響施政，造成混亂。

◆ 政府憲報刊登 1998/1999 財政年度結算：整體支出為 2393 億港元，收入為 2161 億港元，赤字為 232 億港元。

◆ 立法會財務委員會通過撥款 50 億港元，成立創新科技基金。它將取代現時的工業支援資助計劃及服務業支援資助計劃。

7月10日

◆ 香港特別行政區基本法委員會委員、香港大學法律學院院長陳弘毅出席國際司法組織香港分會論壇時指出，全國人大常委會的解釋只涉及基本法第 22 條和第 24 條第（3）項的立法原意，完全不涉及具體實施和措施，顯見全國人大常委會是有意容許特區法院去行使其不超出基本法規定的司法管轄權的。全國人大常委會解釋基本法並沒有干預特區內部事務，無損特區的高度自治和司法獨立。

7月11日

◆ 董建華會見台灣來香港出席"中國和平統一研討會"的海峽兩岸和平統一促進會會長梁肅戎、新同盟會會長許歷農。研討會由海峽兩岸和平統一促進會在香港主辦。會議就達成堅持一個中國立場、加強兩岸的經濟交流與合作、加強兩岸學術文化交流等三點共識發表聲明。全國政協副主席萬國權、張克輝，海協會常務副會長唐樹備，中華台海兩岸和平發展策進會會長林洋港等內地、台、港、澳和海外約190多人出席。

◆ 新世紀論壇宣佈成立，召集人為吳清輝。吳清輝表示希望新世紀論壇可以促進中層人士積極參與社會事務。

7月12日

◆ 入境事務處處長李少光赴北京會晤公安部出入境管理局負責人，就港人內地子女來港定居的具體安排達成共識。雙方宣佈，根據全國人大常委會解釋的規定，公安部出入境管理局繼續擔任香港入境事務處在內地的代理人，代收居權書申請，居權書與單程證掛鈎。並會加快審批速度，儘快安排合資格人士來香港。考慮香港的承受能力，不會增加每日 150 個單程證名額。

7月14日

◆ 立法會通過《中醫藥條例草案》，該條例草案旨在成立中醫藥管理委員會，規管中醫註冊執業以及中藥的使用、製造和買賣事宜。

◆ 法國駐港總領事裴世傑（Jerome Pasquier）在該館舉行的法國國慶酒會上表示，對香港的法治制度有信心，中國內地與香港有權決定他們自己的事情，外國領事並不適宜對此發表評論。

7月15日

◆ 立法會通過《1999 年立法會（修訂）條例草案》。修訂條例是按照基本法有關規定，為 2000 年舉行的第二屆立法會選舉確立法律基礎。審議過程中，醫學界議員梁智鴻和獨立議員李家祥分別提出的擴大醫學界和社會福利界選民基礎的修訂案因涉及政治體制，特區政府以違反基本法第 74 條為由要求提案議員撤回。

梁智鴻放棄提案，但李家祥不肯撤回。立法會議事規則也允許議員對特區政府涉及政治體制的法案提出修訂案。鑒於該修訂案若獲立法會通過，將以議員修訂案取代政府法案，抵觸基本法關於議員不得提出涉及政治體制的法案的規定，有可能引致"憲制危機"。經特區政府全力游説，立法會條例法案委員會僅以一票之差同意不將李家祥議員修正案交付表決。

7月16日

◆ 香港特區行政長官董建華在回答記者提問時表示，最近李登輝發表的兩岸關係是"國與國關係"的言論造成兩岸關係的緊張，這是很不幸的，這番講話也不明智。他強調，堅持一個中國原則是發展兩岸關係的基礎，一個中國的政策也受到國際社會和全世界華人、華僑的普遍認同和支持，所有中國人都希望中華民族和國家的統一能夠得到圓滿解決，這也是大勢所趨。

◆ 立法會通過特區政府提出的修訂《入境條例》附表一的決議案。修訂是根據全國人大常委會的解釋，確定了擁有居港權人士的資格。

◆ 政府鄉郊選舉工作小組與新界鄉議局代表就鄉郊選舉的事宜首次舉行聯席會議並達成初步共識：一是原則同意特區政府制定規例，正式規管村代表選舉；二是原則同意村代表選舉應納入和選舉舞弊有關的條例的規管範圍，並須考慮鄉村的傳統風俗習慣；三是雙方同意通力合作，繼續共同研究改善鄉村選舉的方法，以確保鄉村選舉可在公平、公開及廉潔的情況下舉行。

◆ 台灣第三大銀行台新國際商業銀行在香港成立台新國際財務有限公司，這是第五家在香港設分行的台灣銀行。

7月17日

◆ 中華旅行社總經理鄭安國出席香港電台"香港家書"節目，為李登輝宣揚分裂國家的"兩國論"辯解。

7月19日

◆ 新華通訊社香港分社社長姜恩柱出席香港同胞慶祝中華人民共和國成立五十周年籌備委員會成立大會並發表講話。指出，李登輝公然將兩岸關係定位為"國與國的關係"，進一步暴露了他蓄意分裂中國的領土和主權，妄圖把台灣從中國分割出去的本質。我們堅決反對任何旨在製造"兩個中國"、"一中一台"或"台灣獨立"的言論和行動。

◆ 律政司、保安局、入境事務處和警務處上午召開跨部門會議，決定對自稱擁有居留權的非法留港人士採取遣返行動。入境事務處於下午把 13 名到該處要求在港核實居留權的非法留港人士用車載走，遣返內地。一改自終審法院 1999 年 1 月 29 日判決以來，容許這類非法入境或逾期逗留人士暫時留港的態度。

◆ 立法會主席范徐麗泰根據基本法第 74 條規定作出裁決，指職工盟議員李卓人提出的兩條與勞工有關的私人條例草案因涉及公共開支及特區政府政策，故不可以提出。

◆ 強制性公積金管理局宣佈，8 月 3 日開始接受各類強積金計劃申請；2000 年 12 月 1 日，強積金供款正式實施。

7月21日－7月22日

◆ 董建華訪問美國，考察高科技發展。分別與舊金山、硅谷的政商界、資訊科技和創新科技界以及其他社會知名人士會面。發表演講介紹香港發展創新及資訊科技的最新做法，促請當地的高科技公司考慮以香港作為亞太區運作基地。還強調香港特區政府極重視法治，是根據法律提請全國人大常委會解釋基本法有關條款，得到香港市民普遍支持。當被問及對海峽兩岸問題的看法時，董建華表示，一個中國應該是中央政府和台灣當局討論所有問題的基礎和前提，也得到國際社會的普遍認同及全球華人的支持，偏離這個原則就是錯誤的。他希望能夠牢牢地確立這一原則並朝着這個方向不斷發展，最終實現中國統一這個所有中國人的願望。並表示相信，若"一國兩制"在香港繼續運作良好，對台灣能起一個良好的示範作用。

7月22日

◆ 全國政協副主席霍英東強調，台灣是中國領土的一部分，中國的領土和主權不容分割。李登輝的"兩國論"非常荒謬，嚴重損害了全體中國人民的利益。

◆ 特區政府發言人就民政部宣佈取締法輪大法研究會的決定表示，在"一國兩制"之下，所有在香港註冊活動的團體，均受本地社團條例監管，政府會按特區的法律行事。並表示，香港法輪佛學會是按社團條例註冊的合法社團，只要它仍遵守法律，則可繼續在港運作。當日，民政部宣佈，依照《社會團體登記管理條例》有關規定，認定法輪大法研究會及其操縱的法輪功組織為非法組織，決定予以取締。公安部通告關於取締法輪大法研究會的六項禁令。

7月23日

◆ 新華通訊社香港分社社長姜恩柱表示，特區政府怎樣處理"法輪功"組織在港的活動，特區已經宣佈了，這完全是特區政府的事情。他勸香港的"法輪功"信眾不要到內地請願。國務院新聞辦副主任李冰在北京記者會上說，中央政府嚴格貫徹"一國兩制"方針。在香港地區是否允許練習"法輪功"，特區政府應當按照基本法去決定。

◆ 政府憲報公佈，中央政府已委任下列由行政長官提名的主要官員：黎年任廉政專員（1999年7月15日就職）。

7月24日

◆ 財政司司長曾蔭權率領高層代表團訪問南非。會見南非總統塔博·姆貝基（Thabo Mbeki）和由南非60間最大型機構和主要跨國公司組成的南非基金會成員，討論一系列有關香港和南非之間的貿易及投資機會等事項。姆貝基總統贊同曾蔭權提出的香港與南非發展成為一個策略性的經濟貿易同盟的建議，並認為應該制訂穩定而具明確指引的計劃以落實成立同盟。

7月27日

◆ 港區全國政協委員舉行小組會議，對李登輝提出"兩國論"，進行分裂祖國，助長"台獨"的言行表示極大憤慨，要求李登輝與台灣當局必須認清形勢，立即停止一切分裂祖國的活動。

7月29日

◆ 中央政府批准美國空軍HC－130大力士軍用運輸機來香港停留三日。這是自1999年5月美國為首的北約轟炸中國駐南斯拉夫大使館以後，首次有美國軍機來港。

◆ 就曾有香港居民在台灣停留超過一年被以未服兵役為由限制出境事，鄭安國稱，台當局有關部門已澄清，香港永久居民只要離開台灣七年以上，沒有領取台灣的"護照"，且以香港居民身份證入出台灣，毋須恢復台灣戶籍，也不必再服兵役。

7月30日

◆ 香港聯合交易所與期交所就兩所合併之股權攤分條件達成協議。協議建議，兩所合併組成的新的交易及結算公司將發行10.684億股份，原兩所會員的股權比例為：聯交所佔70%，期交所佔30%。

署理財政司司長許仕仁指出，兩所會員須於 1999 年 9 月中進行投票，及獲法庭批准有關協議。特區政府會繼續着手準備必須的立法工作，以期在 1999 年 10 月中將法案提交立法會，從而兩所股份化和合併的建議能夠如期實施。特區政府也會繼續為有關機構提供一切協助，以便交易可以儘早進行。

◆ 英國外交及聯邦事務大臣庫克在提交英國國會的香港情況半年報告書中指出，香港特區政府正為落實"一國兩制"、"港人治港"而不懈努力，這符合中英聯合聲明的精神。表示歡迎香港特區政府重申請求"人大釋法"是絕對必要與十分特殊的情況下所作出的決定，重申將保持終審法院判決的權威性與司法的獨立性，維持香港現有法治。

8 月 1 日

◆ 胡國興法官為團長的香港法院第一個法官學習團赴京，參加清華大學為期四周的中國語文課程培訓，同時觀摩內地法律制度。

8 月 2 日

◆ 香港《明報》報道，香港律師會出版的《香港律師》1999 年 8 月號發表高等法院法官范達理訪談。范達理指出，有關中央干預香港司法制度的言論"全屬荒謬"及"流於極端"。"不論我們喜歡與否，基本法已就有關事宜（基本法最終解釋權）作出規定。""新制度下出現了一些在普通法環境下長大的人，可能覺得陌生的東西"，"香港或會受中國大陸的法制影響，但這並沒有什麼不妥。任何自閉和不願意接受其他影響的制度，都不是健全的制度。"

◆ 九龍社團聯會、新界社團聯會、香港青年會、東區協進會等多個團體到日本駐港領事館遞交抗議信，抗議日本議員有意組團登上中國領土釣魚島，並插太陽旗向中國挑戰。

8 月 4 日

◆ 外交部駐港特派員公署發言人就中國政府再次拒絕一架美國軍用機來港一事指出，中國政府一直根據國家主權原則和基本法的規定，審批外國軍用船隻和外國國家航空器進入香港特區的申請。這是中國主權範圍內的事。

8 月 5 日

◆ 新的《香港永久性居民在內地所生中國籍子女赴香港定居申請表》在內地啟

用。公安部出入境管理部門表示，只要香港永久性居民在內地所生中國籍子女申請《前往港澳通行證》，即視為申請香港"居留權證明書"。

8月6日

◆政府憲報公佈，行政長官已延長列顯倫終審法院常任法官任期三年（1999年8月7日至2002年8月6日）。

◆新華通訊社香港分社副社長劉山在出席香港青年商會主辦的兩岸四地青年企業家高峰會開幕禮致詞表示，隨着中國改革開放，經濟發展水平不斷提高，國家將會為港、澳、台企業提供更多的投資機會和發展空間，相信港、澳、台地區的中小企業，在新的歷史發展時刻，會抓緊機會，發揮更大的作用。

8月7日

◆8月7日退休的高等法院上訴法庭副庭長馬天敏認為，終審法院對港人在內地子女的居留權作出判決後，全國人大常委會對基本法中有關居留權條文作出解釋，並無影響香港法官的士氣。他在任內審理過居港權案件。退休回國後仍會繼續任香港終審法院的非常任法官。

8月9日

◆外交部駐港特派員公署發言人就教皇訪問香港的報道回答新聞界查詢時表示，教皇是天主教領袖，也是國家領導人，當前梵蒂岡仍然與台灣保持所謂"外交關係"。香港是中國一個特別行政區，教皇訪問香港涉及的問題比較複雜，梵蒂岡對此應該是清楚的。

◆國務院副總理李嵐清在北京接見以香港城市大學校長張信剛為團長的"海外傑青匯中華"訪問團。他肯定了這活動對香港及海外的大學生認識祖國歷史文化，瞭解今日中國將起積極作用。8月4日，該團在香港禮賓府舉行出發禮，董建華主持並講話。該團由73名美國、英國、澳大利亞、加拿大的著名大學的華裔學生和香港的大學生組成。8月4日至8月15日，該團訪問了京、滬、粵等地。

8月10日

◆美國新任駐港總領事高樂聖（Michael Klosson）抵達香港上任，並將成為澳門回歸後，首任美國駐澳門總領事。

8月11日

◆董建華表示，"台灣獨立"是沒有

一個中國人希望看到的，"兩國論"根本是不能接受的，兩岸應儘快回到一個中國的大原則下進一步進行商討。

8月13日

◆ 政府憲報公佈，中央政府已委任下列由行政長官提名的主要官員：李承仕任工務局局長（1999年8月7日就職），鄺漢生停任工務局局長（1999年8月7日）。

8月15日

◆ 由新界社團聯會、西貢區各界抗日紀念碑管理委員會、西貢區鄉事委員會、原東江縱隊港九獨立大隊老游擊戰士聯誼會主辦的紀念抗日戰爭勝利五十四周年活動在西貢斬竹灣抗日烈士紀念碑舉行。新華通訊社香港分社副社長鄭國雄等各界人士出席並默哀、獻花。

8月17日

◆ 金融管理局宣佈成立香港金融研究中心，對香港和亞洲貨幣政策、銀行及金融業具深遠影響的課題進行研究。香港金融管理局助理總裁文偉錠兼任研究中心的主任。董事局成員由財政司司長委仕。任志剛任董事局主席。

8月17日－8月18日

◆ 台灣中國統一聯盟訪問團訪問香港。董建華會見了訪問團。

8月19日

◆ 行政長官公佈審計署署長呈交的有關稅務局局長黃河生違反公務員申報制度的調查報告。報告指出，黃河生自1996年4月24日起，在出任稅務局局長期間，曾處理七宗由其妻經營的稅務公司擔任稅務代表或顧問的個案。特區政府宣佈，以黃河生行為不當為理由終止其出任稅務局局長的合約。

◆ 東區裁判署法庭裁定，前立法會議員詹培忠被控在1998年首屆立法會選舉委員會金融界界別分組選舉中非法款待選民及未經授權招致選舉開支兩項罪名成立，罰款十萬港元，另罰兩萬港元訟費。

8月19日－8月20日

◆ 律政司司長梁愛詩訪問北京。李鵬、錢其琛分別會見梁愛詩，並作重要講話。梁愛詩還分別會見最高人民法院院長蕭揚、最高人民檢察院副檢察長梁國慶和司法部部長高昌禮。

◆ 錢其琛會見梁愛詩前，回答記者問及有人在香港宣傳"兩國論"是否違反

"錢七條"時指出，"當然違反"，這違反了一個中國的原則，"在香港不應該宣傳這個東西"。

8 月 20 日

◆ 特區政府發表聲明指出，"特區政府認為中華旅行社負責人鄭安國先生於 7 月 17 日所發表關於'兩國論'的聲明有違一個中國的原則，是不適當的"。"特區政府重申，根據基本法的規定，香港居民享有言論、新聞、出版的自由。市民和傳媒報道和評論時事的自由均受基本法保障"。

8 月 22 日

◆ 颱風襲港期間，一架由曼谷飛香港的台灣中華航空公司客機在香港國際機場降落時發生重大傾覆事故，造成 3 人死亡，213 人受傷。香港機場各部門及警務、醫療等有關單位迅速提供了緊急救援。董建華和特區政府官員前往機場視察並慰問受傷人員。事後，華航負責人刊登廣告對行政長官及有關單位的馳援救難表示感謝。

8 月 22 日－8 月 23 日

◆ 民主黨副主席何俊仁、楊森等與

"四五行動"、"毋忘六四"成員先後前往特區政府總部，民主黨、前線、香港人權監察發表聲明或致函董建華等特區政府官員，指責特區政府關於不得在香港宣揚"兩國論"是打壓言論、新聞自由，稱各界人士和輿論批評鄭安國有關言論是攻擊言論自由、干預香港電台編輯自主權。民主黨立法會議員還發表文章，稱"一國兩制"對台灣並無吸引力。

8 月 25 日

◆ 台灣"陸委會"主委蘇起會見香港前線考察團時說，"兩國論"這個政治宣傳不會改變台港關係的定位，台灣當局"沒有說'台港間是國與國特殊地區的關係'"。

8 月 26 日－8 月 27 日

◆ 世界貿易組織候任總幹事穆爾（Mike Moore）訪港。先後會見董建華、曾蔭權。並表示，他會盡力促成中國儘快加入世貿。

8 月 30 日

◆ 中小型企業資訊中心開幕。該中心主要協助中小型企業獲取有關各政府部門、工業支援組織及工商團體提供服務的資訊。

8月31日

◆ 行政長官辦公室發言人發表談話表示，特區政府堅決根據基本法保障言論及新聞自由，並會根據這一原則處理法律改革委員會諮詢文件有關成立報業評議會的建議。8 月 20 日，法律改革委員會私隱小組公佈"傳播媒介的侵犯私隱行為"諮詢文件，建議成立一個法定的獨立保障私隱報業評議會，享有主動調查及制裁的權力。該會同時推出《侵犯私隱的民事責任諮詢文件》，建議訂立兩項新侵權行為。

◆ 香港國際機場兩條跑道開始全面運作。

9月2日

◆ 董建華出席國際商務委員會例會，聽取會員對促進香港競爭力和經濟發展的意見和建議。委員會主席是政務司司長，成員為各總商會和駐港的海外商貿協會代表。透過這委員會，特區政府可與國際商界代表商討與香港營商環境有關的事項。

◆ 董建華在禮賓府會見 50 多名特區政府中央評議會職方暨跨部門公務員團體代表，聽取對公務員體制改革及特區政府實施資源增值計劃的意見。希望大家能抱

着開放務實的態度積極參與有關工作，集思廣益，令改革方案可以設計得更完善，確保特區政府各部門能夠靈活有效地應付 21 世紀的挑戰。

9月3日

◆ 特區政府宣佈，董建華諮詢行政會議後，已接納行政長官特設創新科技委員會最後報告的建議。一是設立一個向行政長官負責的常設諮詢組織，以及一個由財政司司長領導的跨部門政策小組；二是將香港科學園、香港工業科技中心公司和香港工業公司合併；三是放寬入境限制，准許內地優秀人才來港工作；四是培養創新科技風氣，透過擴充現有培育計劃和為企業家的科技創業提供等額補助金。

◆ 參加"內地公營機構法律工作人員深化認識普通法的計劃"的中央有關部門 11 位法律工作人員到港，修讀特區政府律政司與香港大學合辦的九個月認識普通法課程。再到特區政府有關部門進行為期三個月實習。律政司表示，這項安排暫定三年，每年 10－12 人，費用約 100 萬港元均由特區政府負責。立法會已批准撥款 300 萬港元。

9月4日

◆ 董建華在香港電台"特首熱綫"節目中表示，"關於台灣非官方、非正式代表在香港的活動，是受到錢副總理的七點限制的，我相信大家都應該知道怎樣做"。作為一個中國人，我們絕對不希望國家分裂，這是每一個中國人應該能夠很強烈感受到的，尤其是在現在的時刻，我們更加要團結在一個中國大原則之下向前進。

9月6日－9月7日

◆ 香港大學法律學院舉辦"一國兩制下的司法合作學術會議"。高等法院首席法官陳兆愷在開幕禮上致詞時表示，過去多宗涉及內地與香港特區司法管轄權的爭議，主因在雙方的司法制度截然不同，容易產生誤解。大家應加強溝通，交換意見，特別針對移交逃犯方面更應加強合作，相信"一國兩制"是一定可以成功實踐的。律政司副國際法律專員紀慧玲表示，目前特區政府是按照《逃犯條例》，落實與其他國家的移交逃犯安排。至今為止，香港已跟12個國家簽訂移交逃犯協議。

9月7日－9月10日

◆ 終審法院首席法官李國能、律政司司長梁愛詩赴漢城出席第八屆亞太首席法官會議和亞太法協第十六屆大會。會議的主題為"21世紀律師在亞太區的角色"。

9月8日－9月9日

◆ 財政司司長曾蔭權赴廈門出席第三屆中國投資貿易洽談會。發表演講表示，港商在內地的投資20年來的累積數字為1427億美元，佔外商直接投資總額大約51%；直接間接僱用的員工，僅在珠江三角洲一帶便有600多萬人。

9月12日

◆ 董建華率香港特區代表團赴新西蘭奧克蘭出席第七屆亞太區經濟合作組織經濟領袖會議。

9月13日

◆ 選舉管理委員會發出1999年區議會選舉活動指引，禁止候選人選舉期間主持電視與電台節目或在報章撰寫專欄。

◆ "中國憲法與內地有關法律"講座在北京舉行。74位香港法律界人士出席。此次活動由香港一國兩制工作室和北京大學共同舉辦、為期三天。兩地法律界人士就中國憲法、中國政治制度、法律制度等內容進行學術方面的交流。全國人大常委會法制工作委員會副主任喬曉陽致詞表示，正確把握和理解基本法各項規定的含意，這是兩地法律界的共同責任。

9 月 15 日

◆ 新華通訊社香港分社社長姜恩柱宴請港區全國人大代表時指出，香港回歸以來，各位代表積極參加“一國兩制”的實踐，積極關心、參與國事和港事，全力支持以董建華先生為首的特區政府按照基本法施政，發揮了重要的作用。

9 月 17 日

◆ 題為“波瀾壯闊 50 年”的中華人民共和國成立 50 周年成就展覽在香港展覽中心開幕。這是首次在香港舉辦的最全面及規模最大的展示祖國 50 年建設成就的展覽會。董建華、姜恩柱、王鳳超、馬毓真、曾憲梓、莊世平、李嘉誠、何鴻燊、陳方安生等出席並參觀了展覽。

9 月 18 日

◆ 新界鄉議局、新界社團聯會、西貢鄉事委員會、宛平紀念群雕海外後援會、香港工會聯合會以及原東江縱隊港九獨立

大隊老游擊戰士聯誼會等 19 個民間社團在西貢斬竹灣抗日英烈紀念碑旁舉行“赤子報國”抗戰雕塑奠基儀式，鄭國雄、曾憲梓、莊世平出席並主禮。

9 月 20 日

◆ “中華人民共和國建國五十周年成就展”在北京展覽館開幕。江澤民參觀香港特區展區。香港特區展區展覽的主要內容是介紹祖國恢復對香港行使主權，以及香港在回歸祖國後成功落實“一國兩制”、“港人治港”、高度自治所取得的多項成就和香港未來的發展計劃。

9 月 20 日－9 月 29 日

◆ 財政司司長曾蔭權訪問美國拉斯維加斯、舊金山、紐約和華盛頓。出席兩個工商界午餐會發表演講，介紹香港的銀行和證券機構改革。並出席在華盛頓舉行的國際貨幣基金組織／世界銀行年會。與國際貨幣基金組織總裁康德蘇、美國財政部長薩默斯等會晤，就國際金融架構改革等問題交換意見，介紹香港最新經濟情況。

9 月 21 日

◆ 港區全國政協委員致函全國政協主席李瑞環，祝賀中國人民政治協商會議

全國委員會成立五十周年。並表示，港區全國政協委員將繼續發揮自己的特點和優勢，在愛國愛港的旗幟下，為落實"一國兩制"，保持香港的繁榮穩定，促進祖國經濟建設、教育文化、社會進步和早日實現祖國和平統一大業，作出更大貢獻！

◆ 中國證券監督管理委員會發佈《關於境內企業申請香港創業板上市審批與監管指引》。

◆ 國際貨幣基金組織發表有關香港《符合國際透明度準則的報告》。該報告讚揚香港在數據公佈、財政政策、貨幣和金融政策以及銀行監管等四個環節上均已達到很高的透明度。

9月21日－9月22日

◆ 中英聯合聯絡小組第46次會議在北京舉行。這是聯絡小組在北京的最後一次會議。中英雙方對香港過去六個月來的形勢予以積極而充分的肯定，認為"一國兩制"在香港得到了很好的落實，並顯示出強大的生命力。

9月21日－9月24日

◆ 9月21日凌晨，台灣發生7.6級強烈地震，造成大量傷亡及財物損失。董建華發表聲明，對因地震死亡人士的家屬致以深切慰問，並決定派出一支消防救援隊赴台參與救災。香港特區政府撥款562萬港元分交香港民間慈善機構用於援助受災同胞。新華通訊社香港分社負責人及台灣事務部向在港台胞及其親屬、廣大台灣同胞表示深切慰問，該社並成立賑災辦公室。9月24日，立法會內務委員會發表"致台灣同胞"的聲明，向地震受災同胞表示慰問。不少政治團體和社團或派員前往災區瞭解和協助救災工作，或致函電慰問、發動捐款，還舉辦義演、義賣等活動。台灣在香港的機構從9月23日起也積極在香港開展賑災籌款活動。

9月22日

◆ 香港道教、孔教、回教、天主教、基督教和佛教等六大宗教團體聯合舉辦茶會，慶祝中華人民共和國成立五十周年。董建華、鄒哲開、梁愛詩、范徐麗泰等應邀參加。

9月23日

◆ 香港報業公會取得《香港商報》、《文匯報》、《大公報》、《明報》、《星島日報》、《天天日報》、《新報》、《南華早報》、《英文虎報》、《英文中國日報》等會員的共識，一致反對法律改革委員會私隱小組有關由行政長官委任成立"保障私隱報業評議會"的建議。建議成立一個包括報業東主與新聞從業員等報業人士為主導的、獨立的"報業評議會"。其主要工作是保障新聞自由,提高報紙的公信力,提升新聞從業員的操守及對侵犯私隱的行為進行評議。該評議會不隸屬於現有任何組織或政府機構,成員也可包括法律界人士及教育工作者等專業人士和社會人士,主席應由獨立的、有聲望的社會人士擔任。評議會可享有法律豁免權。

9月24日

◆ 政府憲報公佈,中央政府已委任下列由行政長官提名的主要官員:楊永強任衛生福利局局長(1999年9月20日就職)。

9月26日

◆ 董建華以中國政府代表團成員身份赴上海出席《財富》雜誌1999年全球論壇。

9月28日

◆ 董建華會見綠色和平、綠色力量和地球之友的代表,就香港的環保工作交換意見。董建華表示,特區政府十分重視環境改善,這是香港邁進新紀元其中一項重要工作。

◆ 金融管理局倫敦代辦處開業。這是該局開設的第二家海外辦事處。

9月29日

◆ 錢其琛在中南海會見香港特區和澳門地區訪京團的負責人。對他們到北京訪問並參加國慶五十周年活動表示歡迎。希望他們通過訪問,進一步加深對祖國50年來各個方面發展成就的瞭解。

◆ 應中央政府邀請,香港特區政府行政長官董建華率香港特區各界人士國慶觀禮團赴北京出席國慶五十周年慶祝活動。觀禮團成員還有政務司司長陳方安生、財政司司長曾蔭權和部分主要官員和部門首長,李國能、陳兆愷等各級法院法官的代表,行政會議成員、立法會主席及其常設委員會、內務委員會和議員個人利益監察委員會主席,以及港區全國人大代表、全國政協委員等社會各界人士200多人。

9月30日

◆ 國務院在人民大會堂舉行盛大國慶招待會,熱烈慶祝國慶五十周年。江澤民、李鵬、朱鎔基、李瑞環、胡錦濤、尉健行、李嵐清等黨和國家領導人同5000

多名中外人士歡聚一堂，共慶佳節。國務院總理朱鎔基發表重要講話。代表黨中央、國務院，向包括香港特區同胞在內的全國各族人民，致以節日的祝賀、表示誠摯的問候。董建華率香港特區國慶觀禮團出席了招待會。

10月1日　國慶日，中華人民共和國成立五十周年

◆ 上午，首都各界群眾慶祝中華人民共和國成立五十周年大會在北京天安門廣場隆重舉行。黨和國家領導人江澤民、李鵬、朱鎔基、李瑞環、胡錦濤、尉健行、李嵐清登上天安門城樓。江澤民乘車檢閱陸海空三軍、武警部隊和民兵預備役部隊組成的地面方隊後，在天安門城樓發表重要講話。指出，我們將繼續堅持"和平統一、一國兩制"的方針，在實現香港和澳門順利回歸以後，最終完成台灣與祖國大陸的統一。實現祖國的完全統一和維護祖國的安全，是中華民族偉大復興的根本基礎，也是全體中國人民不可動搖的堅強意志。在解放軍三軍受閱部隊和"國旗"、"國徽"等儀仗隊方陣之後，是群眾遊行隊伍。香港、澳門、台灣的彩車首次參加國慶彩車方陣，緩緩駛過天安門廣場。香港特區彩車居前，彩車前端鑲嵌的"香港"二字，取自香港回歸祖國時江澤民書贈香港特區"香港明天更好"中的筆迹。

◆ 中央政府對香港特區國慶觀禮團極為重視。霍英東、董建華、姜恩柱、鄭國雄、曾憲梓、陳方安生、曾蔭權、李國能、范徐麗泰、梁振英、李嘉誠、李兆基、鄭裕彤、郭鶴年、邵逸夫、徐四民、張永珍、李東海等獲邀登上天安門城樓，其他成員則在城樓下東側觀禮台觀禮。董建華說："我站在城樓上，感到作為一個中國人很驕傲。"

◆ 上午，香港特區慶祝中華人民共和國成立五十周年升國旗和區旗的儀式在香港會議展覽中心金紫荊廣場隆重舉行，署理行政長官梁愛詩主禮。馬毓真、熊自仁、王鳳超和香港特區政府官員、立法會議員等400多名嘉賓出席。參加觀禮的市民近3000人。

◆ 下午，香港特區慶祝國慶五十周年匯演在大球場舉行。董建華主禮，並發表國慶演詞。

◆ 晚上，天安門廣場舉行盛大歌舞和煙花晚會。江澤民等黨和國家領導人登上天安門城樓，與首都各族各界群眾共度節日之夜。香港特區知名人士和特區國慶觀禮團成員應邀出席晚會。香港也舉行了盛大煙花匯演。

1999 年 10 月 1 日，香港特區行政長官董建華和澳門特區候任行政長官何厚鏵獲邀登上天安門城樓，出席首都各界群眾慶祝中華人民共和國成立五十周年大會。

1999 年 10 月 1 日，香港特區參加中華人民共和國成立五十周年慶祝活動觀禮團的部分成員在天安門城樓觀禮台上。

10月2日

◆ 中國新聞社香港分社就有台灣媒體誣指該社在台灣的採訪記者刺探台灣軍情一事發表談話，指有關報道"完全與事實不符"，該社對此深表遺憾。台灣發生大地震後，該社共派遣三位記者赴台灣採訪。

10月3日

◆ 本地高級公務員協會、香港政府華員會、香港公務員總工會、公務員工會聯合會、政府人員協會等五個跨部門公務員工會在九龍公園舉辦慶祝國慶五十周年嘉年華會。共有 134 個工會及協會參與，佔全港約 200 個公務員工會中的近 70%。

10月4日

◆ 中華青少年歷史文化教育基金在香港體育館舉辦國慶五十周年聯歡晚會。全國人大常委會副委員長彭佩雲、霍英東，姜恩柱、馬毓真、梁愛詩和全國婦聯副主席沈淑濟，以及基金主席伍淑清等及香港各大、中、小學師生 7000 多人出席並表演節目。

10月6日

◆ 董建華在立法會發表題為《培育優秀人才　建設美好家園》的施政報告。指出應讓目前運作中的政制有一個探索和成熟的過程，基本法訂下了十年時間，讓我們可以根據本身的政治實踐，思考下一步的發展。他希望到 2007 年時，社會上對政制發展將出現成熟意見，有助決定發展政制的策略和步驟。

◆ 廣東省省長盧瑞華與董建華就粵港兩地加強環境保護合作發表聯合聲明。雙方同意在粵港合作聯席會議下成立"持續發展與環保合作小組"，協調兩地跨境環保事宜，優先處理防止空氣污染、推動林業發展、保證供水質量、改善珠江口一帶水質等事項。

10月7日

◆ 董建華先後出席由香港電台、商業電台和新城電台聯合舉辦的《施政問答》節目及立法會答問大會，就房屋、基建、支援中小企業、推動創新科技等問題，與市民和立法會議員交換意見。他在回答為何有些民主黨人士不能回內地時表示，希望民主黨能對國家有進一步的認識。

10月8日

◆ 董建華出席香港總商會與 26 家本地及國際商會聯合舉辦的午餐會並發表演

説。他表示，香港正面對三大轉變：一是貿易自由化與資訊科技的興起，全球經濟日益一體化；二是經過 20 年改革開放，中國的崛起勢不可擋，一些內地大城市與香港的差距日益縮小；三是香港內部經濟結構再度轉型，將來的經濟增長依賴於創新科技的進步。只要香港能把握自己的固有優勢，利用資訊科技發展及全球經濟一體化所提供的新契機，積極參與內地經濟發展，奮發圖強，就一定能在 21 世紀繼續發揮其獨特的國際大都會的作用。

◆ 董建華出席午宴會後，對傳媒指出："在過去兩年半內，我同民主黨某些領導是有聯絡的，目的是希望能夠製造一個和諧及融洽的社會，希望大家多溝通，希望他們對祖國更加瞭解。我亦和他們說過，現時是放下"六·四"包袱的時候，因為這樣我們可以為香港建設及為國家建設，一起去努力。大家一起做多一些有建設性的事，為國家、為香港。我的目的是真的希望能夠大家有史好的共識。很不幸，到現時為止，我還未成功。"

◆ 政府憲報刊登上水至落馬洲支綫的鐵路方案。九鐵將斥資 85 億港元興建，預計 2001 年動工，2004 年中竣工。

10 月 10 日

◆ 受李登輝發表 "兩國論" 和台灣 "9·21" 大地震的影響，香港地區 "慶祝雙十節暨辛亥革命" 的活動規模縮減，赴台團組取消。

10 月 12 日

◆ 香港證券及期貨事務監察委員會發表《提升香港的金融基礎設施研究報告》，建議香港應儘快建立一套電子化金融基礎設施，以加強風險管理、提高效率及減低成本，提升香港作為國際金融中心的競爭力。

10 月 13 日－10 月 15 日

◆ 由香港明天會更好基金與商業周刊聯合舉辦的 "國際高級行政人員高峰會" 舉行。會議主題是 "迅捷應變，迎新年代"，將集中討論亞太區商業要維持區內經濟逐步回復增長所採取的決策及領導工作。世界各國和地區 200 多名政商領袖出席。10 月 13 日，董建華致開幕詞。10 月 15 日，美國前總統布什致閉幕詞表示，他相信在基本法的規範下，香港作為中國及世界上獨一無二的國際大都會，將繼續繁榮發展。他認為，雖然香港與台灣問題並不一樣，但香港問題的順利解決，可對解決台灣問題起到示範作用。

10月14日

◆ 解放軍駐港部隊總部舉行"中國人民解放軍駐香港部隊軍史館"揭幕典禮。江澤民題寫館名。廣州軍區司令員陶伯鈞和董建華、姜恩柱、馬毓真、熊自仁、王玉發主持揭幕式。

◆ 董建華在香港工商專聯舉辦的香港經濟前景研討會致詞表示，香港特區政府奉行自由貿易，自由市場、審慎理財和小政府政策。特區政府只會在市場機制出現失誤情況下，才會介入，作出必要和有限的干預。絕對不會干預私營企業任何商業決定。

◆ 政制事務局局長孫明揚在立法會政制事務委員會會議上指出，香港在過去兩年以"中國香港"的名稱參加了1700多次不限以國家為單位參加的國際會議，並以中國代表團成員身份參加了約120次只限以國家為單位參加的國際會議。香港特區目前是100多個國際組織的成員。

10月16日

◆ 百樂門和海裕國際舉行股東特別大會，同意由壹傳媒收購百樂門67%的股權。10月21日，新任百樂門主席黎智英舉行記者會表示，百樂門可能改名為壹傳媒。

10月17日

◆ 特區政府在中環大會堂紀念花園舉行官方儀式，紀念為保衛香港而捐軀的人士。董建華主持儀式並致詞。姜恩柱、馬毓真、熊自仁、李國能和港區全國人大代表、港區全國政協委員、行政會議成員、立法會代表、各國駐港領事，及原東江縱隊港九獨立大隊代表等參加儀式，並向烈士敬獻花圈。董建華代表特區政府首次將原東江縱隊港九獨立大隊115位陣亡戰士名錄存放在紀念龕中。1941年底至1945年，日本佔領香港期間，港九獨立大隊開展了長期的和英勇、頑強的游擊戰爭，是當時活躍在香港地區唯一的抗日武裝力量。港九獨立大隊部分成員為保衛香港而壯烈捐軀。

10月20日

◆ 行政長官辦公室新聞統籌專員林瑞麟接受美國有綫電視新聞網絡訪問時，就張敏儀調職一事表示，有關的人事調動，純粹由特區政府自行作主，沒有來自中央政府的任何壓力。10月19日，特區政府宣佈，現任廣播處處長張敏儀將於12月

1999 年 10 月 17 日，特區政府舉行在
抗日戰爭中為保衛香港而捐軀人士紀念
儀式。圖為特區政府首次將原東江縱隊
港九獨立大隊陣亡戰士名錄存放在紀念
龕中。

中接替梁世華出任香港駐東京首席經濟貿易代表。

◆ 首屆區議會選舉候選人提名期截止。民政事務局局長藍鴻震表示，這次選舉提名是香港有史以來區議會選舉參選人數最多的一次。在為期兩周的提名期內，當局共接獲 799 份有效提名表，爭奪 390 個席位，即平均約 2.09 人爭奪一席位。其中，有 76 名參選者在同選區沒有對手的情況下可望自動當選。這次選舉女性參選者人數也打破了歷年紀錄，達 128 人。

10 月 24 日

◆ 由港台演藝界人士曾志偉、柯受良、成奎安等 20 多人組成的明星足球隊，赴高雄與台灣木蘭女子足球隊舉行"港台足球愛心賑災義賽"，為台灣賑災籌得新台幣 600 餘萬元。

10 月 25 日

◆ 與恒生指數掛鈎的盈富基金公開發售認購，招股日期截至 11 月 4 日。金融管理局於 11 月 8 日宣佈出售 333 億港元盈富基金，相當於總認購 483 億港元的 68.9%；在配售方面，散戶佔 69.9%（233 億港元），機構投資者佔 30.1%（100 億港元）；基金的單位定價為 12.88 港元。

◆ 國家稅務總局發出《關於外籍個人和港澳台居民個人儲蓄存款利息所得個人所得稅有關問題的通知》。

◆ 李光耀來香港出席香港政策研究所四周年晚宴並發表演說。他表示，香港可以儘量擴大同中國內地的聯繫。香港企業家具有實際知識，有能力把中國科學家的發明商品化，轉為利潤。在接下來的 25 年裡，香港同中國內地有關的商業將會增加。香港和新加坡是亞洲兩個商業樞紐，兩地在許多商業和金融服務的方面互相競爭，會促使雙方各自力爭上游，成為最具競爭力、最能適應時代需求的城市。

10 月 27 日

◆ 行政會議召集人梁振英率香港醫生、律師、工程師、會計師、測量師、建築師等十個專業團體的負責人訪問北京。梁振英表示，此次訪問將成為日後各專業團體與內地對口交流、建立關係的良好開端。

10 月 28 日

◆ 外交部駐港特派員公署發言人表示，香港特區的內部事務純屬中國內政，任何外國無權干涉。美國駐港總領事日前對香港內部事務説三道四是不合適的，以所謂的"香港政策法"這一美國國內法作為干預香港內部事務的法理依據更是毫無道理。10月26日，美國駐港總領事高樂聖在香港美國商會午餐會上致詞時，指責"外來控制"香港媒體，聲稱關注那些對普通法制度有重大影響的訴訟，要求香港"經濟開放，見解和言論自由開放"，發展民主和維護人權等。

◆ 新界鄉議局舉行第三十屆就職典禮。董建華主持監誓及頒發鄉議局議員選任證書。董建華表示，鄉議局全體議員與80萬新界原居民，一直是香港重要的穩定力量，他們的愛國愛港的精神，是值得肯定的，而原居民本身的傳統合法權益，受到基本法的保障。新華通訊社香港分社副社長鄭國雄和多名特區政府官員應邀主禮。27個鄉區近萬名鄉民出席。

10月29日

◆ 特區政府宣佈，建議將中小型企業特別信貸計劃可提供的保證額上限倍增至50億港元。

◆ 平等機會委員會、一國兩制研究中心等九個非政府組織的代表以非政府組織身份在瑞士日內瓦與聯合國人權委員會成員會晤，表達對香港人權狀況的意見。但會議主持以事前未安排為由，拒絕一國兩制研究中心總裁邵善波及其法律顧問馮華健發言。10月30日，該中心發表聲明對此表示遺憾，將通過其他途徑向該委員會反映情況，並希望委員們在聽取多方意見後，對1997年後香港人權狀況有較完整瞭解。

10月30日

◆ 特區政府就香港特區實施《公民權利和政治權利國際公約》的情況向聯合國人權委員會提供最新補充材料。民政事務局局長藍鴻震表示，提供的補充材料主要是特區政府對非政府機構關於香港人權狀況發表的最新意見的回應。

10月30日－11月9日

◆ 財政司司長曾蔭權訪問英國和愛爾蘭。分別與英國財務大臣白高敦（Gordon Brown）、英倫銀行行長左毅達（Edward George）、外交及聯邦事務國務大臣貝德禮（John Battle）、金融服務管理局主席大衛斯（Howard Davies, 港譯：戴維斯）和愛爾蘭副總理瑪麗哈尼（Mary Harney）、財政部長查理麥克理維（Charlie McCreevy）、愛爾蘭中央銀行行長奧康內爾（Maurice O'Connell），以及信貸評級機構代表和新聞界會面。並在多個場合發表演説，介紹香港在 21 世紀重新定位成為世界級城市而進行的金融市場改革，強調香港可以為國際投資者提供機會。

11月1日

◆ 聯合國人權委員會就香港履行國際人權公約情況進行聆訊。首先由中國駐日內瓦常駐代表喬宗淮介紹，然後由特區代表團成員逐一回答委員預先提出的書面問題，再由委員輪流發問或回應。這是特區首次向聯合國人權委員會匯報《公民權利和政治權利國際公約》在港落實的情況。藍鴻震發言説，香港現時所享有的新聞自由，可以稱得上是全亞洲最高的。並特別指出，提供審議的這份報告是香港特區政府經過廣泛諮詢非政府機構和廣大市民意見後撰寫的，中央政府並無修改報告的片言隻字。針對人權委員會多數委員提出的對特區政府尋求全國人大常委會解釋基本法問題的質疑，藍鴻震詳細介紹了有關情況。指出，香港終審法院 1 月 29 日的判決，估計可令 160 多萬港人在內地出生的子女十年內來香港定居，使香港人口增加 26%，相當於要美國在十年內增加 6800 萬人口，或法國增加 1500 萬人口。基本法的最終解釋權屬全國人大常委會所有，修改權則屬全國人民代表大會所有。這情況跟歐洲一些大陸法系司法管轄區近似，即立法機關有權通過解釋性的法律，以糾正或阻止法院的錯誤解釋。"人大釋法"並沒有削弱香港終審法院的地位。

◆ 香港警方將 84 輛由台灣走私至香港的失竊摩托車，退運返台。該批贓車是 1998 年 8 月，在台 "刑警局" 通過國際刑警組織要求下，被香港警方扣押的。

11月2日

◆ 董建華宣佈，香港特區政府將與美國華特迪士尼公司合作，在香港大嶼山竹篙灣興建一個佔地 126 公頃的世界級主題公園。

◆ 特區政府批准把油麻地小輪八條離島和內港航綫的渡輪服務牌照轉交新世界第一渡輪服務有限公司。交接工作在 2000 年 1 月 15 日進行。

11月3日

◆ 特區政府發言人就聯合國人權委員會認為特區政府提請全國人大常委會解釋基本法抵觸了《公民權利和政治權利國際公約》一事發表聲明指出：按照基本法，

《公民權利和政治權利國際公約》在香港通過香港特區法律予以實施。自 20 世紀 90 年代初香港採納人權法之後，香港法例經修訂及改良以符合《公民權利和政治權利國際公約》。終審法院對案件的終審權有別於全國人大常委會對基本法的最後解釋權。這兩種不同的憲法權力均受基本法保障和充分受到尊重。由全國人大常委會解釋基本法是完全合法和合憲的。以解釋基本法來處理居留權問題獲得過半數立法會議員支持。民意調查也顯示方案獲得大部分市民的認同。特區政府尊重終審法院的終審權。正因如此，特區政府現正根據終審法院 1999 年 1 月 29 日的判決處理約 3700 名聲稱擁有居港權人士的申請。香港的法治制度、司法獨立和人權均全面受基本法保障，這是無容置疑的。

11 月 6 日

◆ 藍鴻震和律政司法律政策專員區義國在記者會上，對聯合國人權委員會根據《公民權利和政治權利國際公約》對香港人權狀況發表的報告作出回應。指出，報告讚賞作為非公約正式締約國的中國，願意提供特別安排，為香港特區政府提交報告及引領香港代表團出席人權委員會的審議會，迅速回應了香港回歸前聯合國對香港特區成立後人權狀況的疑慮，已正面肯定了"一國兩制"的重要意義。但表示，對報告提出的關注及建議的部分意見，特區政府無法同意。區義國指出，對全國人大釋法問題，當局堅信香港的司法獨立並沒有被削弱。人權委員會關注的《公安條例》、《社團條例》和特區政府根據基本法就顛覆國家罪進行的立法，類似的條例在其他普通法轄區一樣存在，基本法第 39 條已確保人權公約適用於香港特區。

11 月 8 日

◆ 芬蘭、英國、法國、希臘、葡萄牙、西班牙、德國七個國家共 15 人組成的歐盟簽證工作代表團抵港，參觀了香港與內地的邊界管理綫，瞭解香港特區出入境管理情況。

11 月 8 日－11 月 9 日

◆ 內地與香港特區商貿聯委會在北京舉行第一次會議。會議主席由對外貿易經濟合作部部長助理安民和特區工商局局長周德熙共同擔任。決定就貿易、投資、承包工程與勞務管理、技術貿易與條約法律這四個專題成立四個工作小組。會議確認了《關於內地與香港特別行政區建立商貿聯絡機制的方案》，正式宣佈啟動內地與香港特區經貿部門高層次的交流與聯絡機制。國務委員吳儀在中南海會見了以周德熙為團長的香港代表團。

11月9日

◆ 中國外交部發言人就聯合國人權事務委員會最近審議香港實施《公民權利和政治權利國際公約》情況報告發表評論。指出，根據基本法的規定，香港回歸後，《公民權利和政治權利國際公約》適用香港的有關規定繼續有效，通過香港特區的法律予以實施。儘管中國尚不是公約的當事國，但為體現"一國兩制"原則，仍參照公約規定向聯合國人權委員會轉交了香港特區實施公約有關規定情況的首次報告，該報告由香港特區政府自行撰寫。這充分表明了中國政府對香港特區人權狀況的高度重視。

◆ 劉山在出席由香港的華資、中資、台資和外資的銀行高層人士組成的志同會周年大會，並作專題演講表示，在對香港的境外投資中，中資僅次於英資，名列第二。中資企業的經營狀態如何，不僅關係中資企業自身的發展，更與香港經濟的繁榮穩定息息相關。眾所周知，部分中資企業目前在經營上存在一些困難。這些困難，既有主觀原因也有客觀原因，香港

中資企業的素質有好有壞，但總的來講，大部分企業的素質是好的、發展是有前景的。香港中資企業能否儘快擺脫目前的經營困境，銀行的支持很重要。反過來，中資企業繼續發展，也可以為銀行的發展創造更加有利的條件。銀企關係是一個相互依存、相互補充、相互合作、共同發展的關係。他衷心希望香港銀行界能從長計議，與中資企業多溝通，多理解，共渡時艱。

◆ 台灣《聯合報》報道，台"交通部"本月初決定，持有香港駕駛執照者，可免試換領台灣地區同等車類的普通駕駛執照。此前，香港特區政府在8月底批准，持有有效台灣駕駛執照的在港人士，只需填寫一份"台、澳（門）地區駕駛執照換領表格"，即可換領香港駕駛執照。

11月10日

◆ 台灣《中央日報》報道，台"財政部"核准香港東亞銀行在台設立國際金融業務分行（OBU）。這是香港第一家具中資色彩的華資銀行獲准在台開設OBU。

11月11日

◆ 保安局禁毒專員盧古嘉利就美國總統克林頓11月10日向國會提交信件，

指香港是世界的"主要毒品轉運實體"之一的有關陳述，表示強烈反對。她指出，根據美國的界定，毒品中轉地是一個以美國為目的地而且是重要、直接的毒品來源地，或有大量毒品流經該國再轉運到美國的國家，而香港並不在這些類別。聯合國國際麻醉品管制局在過去的年報中，稱許香港在管制可非法轉作製毒用途的化學原料進出口事宜，進行了全面的監控。盧古嘉利強調，美國的結論缺乏充分證據支持。就香港檢獲毒品而言，自 1992 年起，以美國為目的地的毒品轉運活動已日漸式微。

11 月 12 日

◆ 盈富基金在香港交易所掛牌交易。香港特區政府原來持有官股 2160 億港元，在出售盈富基金後，僅餘下官股約 1800 億港元。金融管理局於 12 月 15 日宣佈會在 2000 年首季發售不超過 120 億港元的盈富基金。在 2005 年之前會通過這個持續發售機制或採取其他形式出售 580 億港元官股。

11 月 13 日

◆ 香港交易所與美國全國證券交易商協會簽訂監管協議，交換對方均有用

及有需要的監管資訊，為在紐約納斯達克交易所上市的美國公司日後到香港上市作準備。

11 月 15 日

◆ 董建華發表聲明表示，非常高興得悉我國已和美國就中國加入世界貿易組織達成協議。他熱切期望中國加入世貿組織所需的其他程序可以儘快完成。這將對世界貿易和各有關方面都有利，亦會為香港提供新的商業機會。

◆ 香港聯合交易所成立創業板市場，為新興的公司提供另一個集資途徑，以擴大業務。創業板主席羅嘉瑞透露，共有 16 間公司申請在創業板上市，目前已有 7 間獲批准，估計集資額近 20 億港元。他預計，創業板首年上市公司可達 50－100 間，市值應超過 1000 億港元。3 月 25 日，首間在創業板上市的公司在聯交所正式掛牌。創業板指數將於 2000 年 3 月 20 日開始發佈，基點是 1000 點，以 2000 年 3 月 17 日為基準日。

11 月 17 日

◆ 董建華及特區政府多位官員，與來自各地的 11 位國際顧問委員會成員舉行第二次會議。就世界經濟前景和香港的發

展策略交換了意見。

11 月 18 日

◆ 剛結束對中國內地訪問的英國外交及聯邦事務國務大臣貝德禮，在出席香港英國商會的午餐例會演講時表示，香港回歸後實行"一國兩制"是史無前例的。當年很多人都對香港的前途表示擔憂。現在兩年半過去了，這些憂慮都已消除，"一國兩制"正如實地落實。

11 月 19 日

◆ 廣東省公安廳對香港某些傳媒就內地警方辦理胡文一案報道中的一些不實之處作出澄清。強調在整個胡文案件的偵查過程中，廣東警方始終堅持依法辦案。同日，國際刑警組織中國國家中心局負責人表示，中國政府是依據法律拘捕由泰國政府押回內地的港人胡文。

11 月 21 日

◆ 陳方安生率領高層代表團訪問澳大利亞一周。出席一些公開場合發表演講，並會見了澳大利亞外長唐納（Alexander Downer）等官員。她表示，香港仍是資本主義社會典範，沒有因回歸中國而受到影響。

11 月 21 日－11 月 22 日

◆ 董建華赴京述職。江澤民、朱鎔基分別會見董建華，並作重要講話。

11 月 22 日

◆ 董建華回答記者有關鄭安國調職事表示，"個別人士的調動職位不是特區政府或是特首評論的事"，"我相信台灣與香港關係一定會維持得很好"。保安局發言人也表示，"台灣機構可以繼續在香港運作，但須依據‘錢七條’、一個中國原則及基本法辦事"。葉國華表示，對中華旅行社總經理繼任人最基本的要求是，不違反基本法及"錢七條"，其言論要符合自己的身份，"宜多促進本港及台灣兩地人民交往和經濟發展，令兩地人民增加瞭解，接任人應瞭解自己什麼應做，什麼不應該做"；在台灣問題上，香港作為中國的特區，做法跟中央政府沒有任何分別。

◆ 台灣"行政院"宣佈，鄭安國將調回台灣出任"行政院大陸委員會"副主任委員。據報道，鄭安國在港工作簽注 11 月 30 日到期，未獲延期。

11 月 23 日

◆ 香港科學園在會議展覽中心舉行酒會，宣佈正式展開建園計劃，200 多位特區政府官員及工商界、學術界人士出席。曾蔭權致詞表示,這是香港朝着創新及科技中心的目標邁進的一個里程碑。科學園公司與城市大學、浸會大學、中文大學、理工大學、科技大學和香港大學等六所大學簽訂了合作協議備忘錄。

◆ 原定在台北舉行的"香港—台北經貿合作委員會"第十次聯席會議,應香港總商會要求,延後數月舉行。期間,台灣工商企業聯合會宣佈,該會與中華全國工商業聯合會、香港中華廠商聯合會每年輪流主辦的經貿研討會,原訂於1999年12月初在台北舉行,因受"兩國論"影響,決定延遲舉辦。

11月25日

◆ 香港《文匯報》、新華通訊社解放軍分社主辦的紀念建國五十周年大型畫冊《共和國五十周年》和《世紀大閱兵》首發儀式在香港大會堂舉行。全國政協副主席霍英東致詞時表示,新中國成立結束軍閥割據局面,改革開放和香港、澳門回歸,可概括為新中國成立以來三大成就。

◆ 董建華會見工聯會理事長鄭耀棠、副理事長陳婉嫻等六名代表。工聯會回應特首在施政報告中提出的環保概念,建議本港應發展回收及循環再造工業來創造就業機會。會見後,鄭耀棠説,行政長官表示會研究他們的意見,並承諾在半年至一年時間,研究出香港可以發展什麼類型的環保工業。

11月26日

◆ 解放軍駐港部隊陸、海、空三軍部分建制單位及裝備進行進駐香港後的第二次輪換。28日,1000多名解放軍士兵經皇崗—落馬洲口岸進入香港,補充到駐軍各部隊,接替於11月23日退役離港的1000多名兵員。

◆ 立法會財務委員會通過撥款224.38億港元,進行興建迪士尼主題公園首期計劃。

11月28日

◆ 香港特區首屆區議會選舉投票日,816503名選民投票,投票率為35.82%,為歷屆區議會選舉之冠。晚11時,董建華前往東區點票中心親自開啟票箱。並表示,首屆區議會選舉整個投票過程是在一個公開、公正的氣氛下進行。他對市民熱烈響應特區政府呼籲參與投票感到高興。本屆區議會共519個議席,其中民選議席390個,當然議席27個,委任議席102個。在390個民選議席中，民主黨 173 人參選、取得 86 席，民建聯 176 人參選、取得 83 席，港進聯 30 人參選、取得 21 席，民協 32 人參選、取得 19 席，自由黨 34 人參選、取得 15 席。

◆ 陳水扁在香港兩家銷量最大的報紙刊登全版廣告，宣傳其《中國政策白皮書》。這是台灣民進黨首次在香港傳媒刊登文宣廣告。

11 月 29 日

◆ 范徐麗泰裁定獨立議員張永森對特區政府提出的《提供市政服務（重組）條例草案》提出的"一局一署"修訂案違反《立法會議事規則》。

11 月 30 日

◆ 美國傳統基金會與《華爾街日報》在香港發佈"2002 年經濟自由指數評估"結果，香港連續六年獲評為世界經濟最自由地區。

12 月 1 日

◆ 新華通訊社香港分社副社長王鳳超接受記者專訪時表示，大量調查研究的事實充分證明，"法輪功"就是邪教。依法取締和嚴懲包括"法輪功"在內的各種邪教組織及其活動，維護社會的穩定，保護人民群眾的生命財產安全，是中國政府的責任，也是任何一個負責任的政府都會做的事。按照"一國兩制"的原則，在香港特區對"法輪功"如何處理，這是特區的事情。同時，港人也應該知道，到內地去必須遵守內地的法律。如果有香港"法輪功"信徒或練習者到內地去搞什麼聲援活動，違反了內地的法律，必然會受到內地法律的處罰。

◆ 應特區政府邀請，駐港部隊派遣船隻、飛機參加即日起至 12 月 3 日舉行的特區 1999 年度海上空難搜救演練。駐港部隊對外新聞發言組負責人表示，駐軍參加特區這次搜救演練的目的是熟悉此類活動的海域和空域，加強與特區政府和其他參與活動的組織之間的溝通與協同，以在必要時，按照基本法和駐軍法的規定，協助特區政府有效地進行救助。

◆ 立法會通過《1999 年破產欠薪保障（修訂）條例》。條例規定只要僱主與僱員在減薪時有口頭協議，若公司在減薪後一年內破產，破產欠薪保障基金會以僱員減薪前薪金水平計算遣散費特惠款項。

◆ 英國經濟學人集團與香港明天更好基金聯合舉辦的"香港 2000 迎接機遇與挑戰"研討會在港舉行。150 多位駐港亞太區商界代表出席，共同探討香港未來如何建立及鞏固其作為區內科技、金融中心的地位。曾蔭權出席並發表演講。

12 月 2 日

◆ 立法會通過《提供市政服務（重組）條例草案》。根據條例，特區政府將於 12 月 31 日臨時市政局和臨時區域市政局議員的任期屆滿後，撤銷兩個市政局，從 2000 年 1 月 1 日起在政府內部成立環境食物局、食物環境衛生署和文化及康樂事務署，接管原由兩個市政局負責的食物安全、環境衛生和文化康樂工作。1998 年 6 月 1 日至 7 月 31 日，特區政府就其公佈的區域組織諮詢文件進行公眾諮詢期。10 月 9 日，特區政府公佈區域組織檢討報告書。大部分意見支持把兩個市政局有關食物安全環境衛生的職能收歸特區政府負責，並認為兩層區域組織職權重疊，傾向支持兩層區域架構合併。政制事務局局長孫明揚在立法會恢復條例草案二讀辯論致詞時表示，草案沒有違反基本法，亦沒有違反《公民權利和政治權利國際公約》。有關撤銷兩個市政局的決定，是在過去兩年經過全面諮詢，在廣泛和經過公眾參與的討論後作出的。社會上已有基本的共識，認為現時提供市政服務的架構必須加以改善，讓我們改革和制訂新的政策和執行政策的協調，並提高有關服務成本效益。市政服務架構重組後，並不會削弱市民參與公共事務的機會，市民將繼續透過不同的渠道（包括立法會和區議會），直接和間接參與有關事務。

◆ 香港聯交所與台灣證券交易所等在台北舉辦“增長性企業集資研討會”，介紹香港創業板市場機制。香港聯交所主席利漢釗、台“財政部長”邱正雄等出席。

12 月 3 日

◆ 終審法院首席法官李國能，常任法官列顯倫、沈澄、包致金，非常任法官梅師賢就劉港榕等 17 名逾期居留和非法入境的港人內地所生子女居港權案作出判決。終審法院以四比一多數裁定特區政府上訴獲勝，入境事務處有權遣返 17 名逾期居留和非法入境人士，以及所有未同時持有單程證及香港特區居留權證明書來港而聲稱擁有居留權的內地居民。終審法院表示，全國人大常委會有權主動行使解釋基本法的權力，有關解釋是有效和有約束力的，特區法院有責任依循。由於本案是特區終審法院首次涉及全國人大常委會 6 月 26 日解釋，判決備受各界關注。2 月，劉港榕等 17 名人士向高等法院原訟法庭申請司法覆核，要求頒佈人身保護令，撤銷入境事務處向他們發出的遣返令，以及在新居權證計劃未確立時容許他們留港核實身份。3 月 30 日，原訟法庭法官楊振權判決有關人士敗訴。他們不服上訴至高等法院上訴法庭。6 月 11 日，上訴法庭認為當時未有居權證計劃供有關人士申請，故撤銷入境事務處的遣返令。入境事務處不服向終審法院提出上訴，並首次引用全國人大常委會 1999 年 6 月 26 日對基本法第 22 條及第 24 條第（2）、（3）項的解釋，認為遣返令有效，並要求終審法院頒佈命令，宣佈全國人大常委會解釋對特區法院具約束力。

◆ 董建華、梁愛詩和特區政府發言人分別就終審法院對劉港榕案判決作出回應。董建華表示，困擾了香港約一年時間的問題最終有了結果。有關人士應儘早返回內地，依照合法途徑申請來港。他相信，香港市民是歡迎他們來港定居的。梁愛詩表示，終審法院的裁決確認了全國人大常委會解釋的合法性，亦澄清基本法有關居留權的條文。特區政府發言人表示，判決最深遠的意義，是確認管制內地合資格人士循居留權證明書及單程證計劃來港的憲法基礎。

◆ 香港大律師公會就終審法院對劉港榕案判決發表聲明，肯定判決非常重要、對香港憲制有極深遠影響，澄清全國人大常委會與終審法院在解釋基本法上的不同角色與能力，並認為判決把全國人大常委會對基本法第 22 條第（4）款和第 24 條第（2）款的解釋的有效期追溯至 1997 年 7 月 1 日，符合普通法中法律解釋應追溯至該法律生效日期的原則。但聲稱判決並未就特區政府尋求全國人大常委會解釋基本法是否違法等問題作出結論，期待終審法院對未來案件的判決。

◆ 約 1000 多名港人在內地所生子女及親屬在特區政府總部門外示威請願，不滿終審法院對劉港榕案的判決。示威者與警員發生衝突，導致九人受傷。社會輿論多予批評。保安局、入境事務處、律政司官員代表行政長官與請願人士會面，解釋判決內容，勸喻他們保持冷靜。

◆ 政府憲報刊登 314 名當選區議員名單。他們將連同 76 名在選舉期間因無對手而自動當選的議員、102 位委任議員（其中 100 人在 1999 年 12 月 30 日被委任，2 人在 2000 年 1 月 5 日被委任）及 27 位當然議員，組成特區首屆區議會。本屆區議會 2000 年 1 月 1 日開始運作，任期四年。

12月4日

◆ 律政司司長梁愛詩在一個公眾活動上致詞時表示，終審法院12月3日對劉港榕案的判決，可說是香港新憲制秩序建設的里程碑，預示了香港賴以成功並引以自豪的健全法制，能夠吸納融合源自其他法律制度的元素，並可以在新憲制架構中運作及完善。在經過這一個磨合階段，香港的法律工作者亦積累了經驗及認知，"一國兩制" 在法律範疇的運作，必定會更加順暢。

12月4日－12月5日

◆ "中國憲法講座" 在會議展覽中心舉行。約200多位內地、香港及海外法律、司法界人士參加。此項活動由香港律師會、北京大學及 "一國兩制" 工作室聯合主辦。

12月5日

◆ 特區政府發言人表示，特區政府請求國務院提請全國人大常委會解釋基本法完全合法及符合憲法。也得到大多數立法會議員支持。全國人大常委會6月26日解釋的合憲性已得到終審法院確定。終審法院在12月3日的判決在香港的憲制內具有最高的司法權威性。根據民意調查結果顯示，大部分香港市民亦支持特區政府的做法。居留權事件已困擾香港近一年，現在終可根據法律並以香港整體的利益為依歸而獲得解決。

12月6日

◆ 新華通訊社香港分社社長姜恩柱宴請全體港區全國政協委員，對委員們在參與國家和香港一些重大事件中表現的高度愛國主義精神和強烈歷史責任感、使命感，表示欽佩和敬意。

◆ 公安部出入境管理局負責人在北京表示，他們注意到香港特區終審法院於12月3日對劉港榕案所作的終審判決。這一判決維護了香港基本法和全國人大常委會所作解釋的權威，符合香港居民的根本和長遠利益，相信一定能夠得到廣大香港、內地居民的廣泛支持和擁護。

◆ 高等法院法官楊振權裁定，駁回非法入境者黃小可的司法覆核申請，入境事務處處長針對其發出的遣返令有效。楊振權強調，如果入境事務處處長輕易行使酌情權，將後患無窮，不但會對香港社會造成嚴重衝擊，而且對正在內地合法輪候申請來港的人士不公平。

12月7日

◆ 美國第七艦隊司令、副海軍上將多倫率領美國第七艦隊訪港。並在香港亞洲協會午餐會上發表演講，表示美軍艦隊重新訪港，雖不能稱為中美軍事交流恢復的開端，但畢竟是良好迹象，也表示香港依然是國際都市。

12月7日－12月8日

◆ 董建華訪問韓國。與金大中總統會談時，就中國加入世貿、亞洲經濟的復甦以及香港和韓國最新經濟和金融情況交換意見。

◆ 中英聯合聯絡小組在香港舉行第47次也是最後一次的會議。會議回顧了1985年5月成立以來的各項工作，討論了多項引起關注的事情，雙方代表都同意，聯絡小組的工作對1997年7月1日香港政權順利交接作出了積極貢獻。兩年半過去，香港整體發展仍是十分積極的。

12月8日

◆ 律政司司長梁愛詩在立法會會議上答覆議員提問時表示，特區政府曾研究過《公民權利和政治權利國際公約》是否凌駕於基本法之上的問題。所得結論如下：因《中英聯合聲明》第15條和基本法第39條的規定，適用於香港特區的公約條文仍然有效，但受到一些例外規定和保留條款的規限。當局同意，根據國際法，本地法律應符合公約中適用於香港的條文，但不認同本地法律應符合公約中受例外規定或保留條款所規限的部分。她指出，基本法規定了兩套選舉制度，分別適用於立法會議員的選舉和行政長官的產生。就立法會而言，聯合王國訂立的保留條款繼續適用。該項條款規定："聯合王國政府就第25條（2）項可能規定在香港設立經選舉產生的行政局（行政會議）或立法局（立法會）一事，保留不實施該項條文的權利。"因此，當局不認同立法會的選舉制度與公約中適用於香港的條文不相符。又指出，基本法所訂的行政長官產生制度符合公約中適用於香港的條文。因此，基本法所訂的兩套選舉制度完全符合公約中適用於香港的條文，無須更改。

12月9日

◆ 國務院決定，任命高祀仁、鄭坤生為新華通訊社香港分社副社長，免去孫曉群的新華通訊社香港分社社長助理職務。孫曉群1996年7月任新華通訊社香港分社社長助理。

◆ 中國外交部發言人就香港"法輪

功"練習者在港舉行大規模活動一事表示,中國在香港實行的是"一國兩制"、"港人治港"的政策,香港特區事務是由香港特區政府按照基本法來辦理。在香港進行的活動,都應該在符合香港法律的情況下進行。

◆ 行政長官辦公室新聞統籌專員林瑞麟在記者會上表示,香港十分重視和台灣的關係。希望中華旅行社總經理繼任人,以至所有台灣在港機構的負責人,應按照基本法和錢其琛副總理提出的七項原則辦事。

12月11日

◆ 董建華出席第三十四屆工展會開幕禮後,主動對傳媒表示,他注意到"法輪功"這兩天在香港有很多活動,亦會有"法輪功"學員從海外來港參加這些活動,這些活動必須嚴格遵守香港的法律,主辦者和參加者亦切勿做出不利於國家、香港或"一國兩制"的行為。香港市民到訪內地時亦須遵守內地的法律。梁愛詩也表示,香港法律會約束任何不法行為。據報道,數百名來自十多個國家、地區及香港的"法輪功"學員,聚集在新華通訊社香港分社大樓對面進行"集體練功",並派代表到新華通訊社香港分社遞交請願

信。這批人員來港是要出席所謂"亞太區法輪大法心得交流會"活動的。"交流會"發言人簡鴻章稱,自從中央政府把"法輪功"定性為邪教組織後,香港的"法輪功"學員由 1000 人減少至 700 人。

◆ 新華通訊社香港分社社長姜恩柱在同一場合表示,香港的"法輪功"學員必須按照香港特區的法律來辦事,更不應該到內地鬧事。香港亦不應該成為"法輪功"向內地滲透的基地。12 月 12 日,馬毓真在一公開場合警告"法輪功"組織,"不能把香港作為一個基地"。

◆ 香港特區政府與澳門當局就澳門回歸後該地居民往來香港的入境安排達成協議。澳門居民持現有的旅行證件前往香港的入境安排維持不變。持澳門特別行政區的證件前往香港的入境則作如下安排:(1)持有《澳門特別行政區護照》或《澳門特別行政區旅行證》持有者的澳門身份證已簽發滿兩年,因過境而在香港逗留的,可免簽證在香港逗留最多七大;(2)持有澳門特別行政區發出的《澳門居民往來香港特別行政區旅遊證》前往香港旅遊或探親者,可免簽證在香港逗留最多 14 天。《澳門居民往來香港特別行政區旅遊證》的持有人,如前往香港的目的不是旅遊、探親,而是為了工作、就讀、家庭團

聚等目的，又或有需要在香港逗留超過規定的期限，須預先得到香港入境事務處的批准。

12月11日－12月17日

◆ 由香港律師會每年一度主辦的"法律周99"在旺角新世紀廣場舉行。梁愛詩、李國能等出席開幕式並主禮。該項活動旨在增加市民對法律的認知，瞭解本身應有的權益和責任。

12月15日

◆ 董建華在禮賓府會見五位新當選中國科學院院士的香港學者：香港大學校長鄭耀宗、代首席副校長張佑啟、解剖學系教授蘇國輝和分子生物研究所所長孔祥復及中文大學化學系講座教授黃乃正。目前已獲中國科學院院士或外籍院士榮銜的香港學者還有：中文大學前校長高錕、科技大學副校長張立綱和香港大學化學系講座教授支志明。

◆ 人民日報社和香港"一國兩制"研究中心在會議展覽中心新翼舉行大型文獻畫冊《中國》贈書暨首發式。畫冊由江澤民題名。梁愛詩代表特區政府接受人民日報副社長朱新民致送編號"1997"大型《中國》畫冊。40年前國慶十周年時，中國曾出版由毛澤東題名的同名畫冊。

◆ 政制事務局局長孫明揚出席一公開論壇，發表題為《工商界在政制改革中應扮演的重要角色》的演講。稱特區政府準備於2000年9月第二屆立法會選舉結束後，研究2007年以後的政制發展安排，他會建議透過發表綠皮書形式進行大型及長時間的公開諮詢。並說，立法會所有議席都會由普選產生，在這發展方向下，商界應及早參考，以免"臨時抱佛腳"。12月21日，他出席一酒會時再次強調，立法會全面普選是一個趨勢，商界不要待最後一刻才反應，應從速透過各種渠道參選，組黨是其中一個途徑。

◆ 終審法院首席法官李國能，常任法官列顯倫、沈澄、包致金，非常任法官梅師賢就吳恭劭、利健潤塗污和毀壞國旗、區旗的案件作出最終裁決。裁定特區政府上訴獲勝，《國旗及國徽條例》和《區旗及區徽條例》沒有違反基本法，吳、利兩名毀旗者須負刑事責任。3月23日，高等法院上訴法庭裁定二人勝訴，並撤銷原審有罪判決。指特區上述兩條例禁止市民塗污國旗、區旗的規定違反基本法中有關兩條國際人權公約對言論自由的保障。4月20日，特區政府向終審法院提出上訴。

◆ 交通部發出《關於澳門回歸後內地與澳門、香港航綫有關航運管理問題的通知》。

◆ 國家知識產權局發佈《關於在香港特別行政區知識產權署提出的首次申請的優先權的規定》。

◆ 香港中華總商會等 18 個社會團體在會議展覽中心大會堂舉行"香港各界人士慶祝澳門回歸祖國酒會"。4000 多人出席。霍英東、董建華、姜恩柱發表講話。

12 月 16 日

◆ 高等法院上訴法庭法官梅賢玉、祁彥輝和法官李義裁定長江實業集團、新鴻基地產、恒基地產、恒隆集團、信和置業、太古、會德豐、南豐發展及華懋等九大地產商拒交未發展及空置地盤地租案上訴得直，理由是"未完成的發展地盤，不會為業主帶來任何利益，所以不會有任何應課差餉租值，故地租亦是零或象徵式"。此案是九大地產商與特區政府在土地審裁處爭辯未成功後，聯合興訟至上訴法庭的。

12 月 17 日

◆ 政務司司長陳方安生在官邸向傳媒

說，特區政府仍未研究"部長制"，這是個複雜的問題，必須配合本港整體政制發展一併研究。2000 年新一屆立法會選舉結束後，便是時候開始研究"部長制"。

◆ 輸入優秀人才計劃（簡稱優才計劃）開始接受僱主申請。申請的條件為：一是學歷通常為著名學府有關學科的博士學位，或能提出書面證據證明有超卓而在本港無法物色的才能或成就；二是須具備業內著名機構從事有關研究的經驗，或在著名公司工作的有關經驗；三是須在確實獲聘任後才可來港，並須受僱於與其學歷或才能有關的職位。創新科技委員會認為合適的主要科技範疇：一是資訊和通訊科技、電子、先進製造科技產品設計、包裝設計及物料供應鏈管理；二是中藥研製的健康食品和成藥，及中文軟件；三是為資訊和娛樂事業而開拓的多媒體科技，為紡織製衣、塑膠、金屬和建造業而開拓的材料科技；四是土木工程、電訊和環境科技。優才可攜同配偶及 21 歲以下未婚子女，初期獲准來港一年，經批准可延期二年及三年。在港通常連續居住滿七年後便可享有居留權。第一年內通常不會獲准轉職，其後如繼續受聘或自僱於與其卓越才能或專門知識、經驗有關的行業准予轉職。10 月 16 日，特區政府公佈這項計劃，並宣佈該計劃適用於內地居民、現居海外的內地居民、澳門居民和保加利亞、羅馬尼亞及蒙古國國民。也適用於正在香港大學攻讀的傑出內地研究生。12月9日，特區政府宣佈成立輸入優秀人才計劃遴選委員會。12月16日，入境事務處宣佈，解除對羅馬尼亞、保加利亞及蒙古國國民來港工作的禁制。但越南、老撾、阿富汗、朝鮮、古巴、阿爾巴尼亞及柬埔寨七個國家仍在被禁之列。

◆ 香港電器製造業協會、塑膠原料商會、膠筒業廠商會、機械及金屬業聯合總會、玩具廠商會、壓鑄學會及青年工業家協會等七個商會召開記者會，表示支持特區政府的"輸入優秀人才計劃"，相信借助外來人才可解決香港工業發展中短期需要。並提出"善用本地人才資源"方案，透過培訓本地人才，為香港工業長遠發展鋪路。

12月20日　中華人民共和國政府對澳門恢復行使主權，澳門特別行政區成立

◆ 零時，中葡兩國政府在澳門舉行澳門交接儀式上，中國國歌奏響，中國國旗和澳門特區區旗升起。江澤民發表重要講話，宣佈中華人民共和國政府對澳門恢復行使主權。江澤民、朱鎔基、錢其琛、唐家璇、澳門特區首任行政長官何厚鏵等中國政府代表團成員，葡萄牙總統桑帕約（Jorge Sampaio）、總理古特雷斯（Antonio Guterres）、國務部長兼外交部長伽馬（Jaime Gama）、共和國議會副議長科伊索羅（Narana Coissoro）、最後一任澳門總督韋奇立（Vasci Rocha）等葡萄牙政府代表團成員、中葡兩國觀禮團成員、國際組織代表以及澳門各界人士2500多人出席。鄧小平夫人卓琳和霍英東、董建華也是中國政府代表團成員。香港特區觀禮團應邀出席。中央代表團、內地觀禮團和香港特區觀禮團還出席了澳門特區成立暨第一屆政府宣誓儀式、澳門特區成立慶典和澳門特區政府酒會。此前，12月17日，香港特區政府贈送澳門特區政府一幅反映香港回歸祖國後繁榮安定景象的手織純羊毛掛毯，熱烈祝賀澳門回歸祖國和澳門特區成立，並藉此祝願兩地同胞同心協力，在祖國的關懷及支持下，共創燦爛的新世紀。

12月21日

◆ 中英聯合聯絡小組舉行酒會，標誌任務完結。中方首席代表吳紅波致詞表示，14年的合作增進了雙方相互理解、

尊重及信任，也為發展中英關係創造了有利條件。英方首席代表包雅倫致詞表示，雖然聯絡小組工作正式結束，但英國對香港發展的關注卻不會隨之消減。

◆ 董建華在禮賓府設宴款待中英聯合聯絡小組雙方成員。致詞祝賀聯絡小組成員"功成身退"，並稱香港順利過渡證明，只要雙方和衷合作，歷史遺留下來的複雜問題也可迎刃而解。29 日，董建華在禮賓府會見聯絡小組中英雙方首席代表並與他們話別。

◆ 臨時市政局舉行撤銷前最後一次全體大會。通過將市政局 100 多年歷史資料存放歷史博物館和結束議員辦事處費用等動議。30 日，有 15 年歷史的臨時區域市政局也舉行撤銷前最後一次會議，通過將寬減轄下街市租戶租金 30% 的措施延長一年和結束辦事處費用等動議。

◆ 張敏儀接受日本傳媒訪問時，為李登輝"兩國論"和香港電台邀請鄭安國在該台節目中宣揚"兩國論"辯解。聲稱"李登輝說的是'國與國'的關係……他沒有說是兩個國家，應該是個形容詞"等。香港各界和輿論對張敏儀的上述言論提出批評。徐四民表示，張敏儀"不應發表這些與身份不符的言論"。馬力撰文指出："任何官員代表政府發言，特別是對台灣問題的表態，都只能重申政府的立場，與中央保持一致"；"政府官員不能隨意發表個人意見，這不是言論的自由問題，而是職業操守問題"。12 月 30 日，張敏儀發表聲明表示："我重申香港電台是本着編輯自主的政策來處理有關節目與報道。就'兩國論'的問題，作為香港駐東京經濟貿易首席代表，我的立場與特區政府是一致的"。

12 月 22 日

◆ 香港佛教聯合會發表副會長黎時煖居士和董事區潔名居士的文章，要求特區政府研究取締"法輪功"等邪教組織，以杜絕其利用宗教自由及"一國兩制"的保護罩，繼續欺騙世人，顛覆國家，貽害社會。但天主教香港教區關注邪教小組負責人駱鏗祥神父宣稱，根據該小組搜查得的資料，除"天父的兒女"這個組織外，香港未有發現其他邪教。香港奉行"一國兩制"，有宗教自由，除非有真憑實據，將某一教派定性為邪教要非常小心。

◆ 台灣報紙報道，台灣潤泰集團決定以 7250 萬美元購入香港東亞銀行所持有的東亞安泰保險公司 39% 股權。這是首宗台資企業收購香港壽險公司案，東亞安泰是香港第四大壽險公司。

12月23日

◆ 高等法院原訟法庭法官司徒敬就反對取消兩個市政局的司法覆核許可申請裁定，特區政府提出的《重組市政局條例草案》並無剝奪市民參與公共事務的權利，亦不違反基本法及《公民權利及政治權利國際公約》。12月6日，臨時市政局和臨時區域市政局的民主黨議員黃仲棋、陳樹英向高等法院申請司法覆核《重組市政局條例草案》，要求法庭撤銷草案及政制事務局局長提出該草案在 2000 年 1 月生效的決議。兩名申請人的代表律師、民主黨副主席何俊仁對上述判決感到驚訝，表示會考慮上訴。

12月24日

◆ 高等法院原訟法庭法官司徒敬裁定，一名其父母均不是港人但在港出生的男童莊豐源（以下簡稱"莊豐源案"）擁有居港權，特區《入境（修訂）條例》關於只有出生時父或母是香港永久性居民的中國公民才能擁有居港權的規定違反基本法。因為基本法第 24 條 2 款第 1 項已經清楚列明，凡是中國公民，只要在香港出生便可獲得居港權。司徒敬在判決中表示，雖然全國人大常委會在 6 月 26 日已經就基本法有關居留權條款作出解釋，但

只是為特區政府就香港永久性居民身份的立法作出指引，並非針對中國公民在特區成立以前或者特區成立以後出生享有居留權的條文，因此，全國人大常委會在 6 月 26 日的解釋對這一案件並沒有約束力。而根據普通法的理解，法庭是根據基本法的條文作出裁決，有關條文亦很清晰，絕不含糊。莊豐源現年兩歲，是 1997 年 9 月由其母持雙程證來港探親時出生的。其為香港永久性居民的祖父根據基本法上述條款代其向入境事務處申請居港權被拒不服，向高等法院原訟法庭提出司法覆核。保安局對高等法院原訟法庭上述判決感到失望，並表示準備上訴。

12月26日

◆ 保安局首席助理局長朱曼鈴強調，特區政府基於一個中國的原則，不會承認台灣發出的"中華民國護照"。因此，即使以後實施電子簽證，台灣居民來港仍須持有"護照"以外的許可入境證件。

12月28日

◆ 特區政府發言人發表聲明，指出基本法第 19 條提及的"國家行為"可按照普通法原則解釋並不包括國有企業在香港進行的商業活動。國有企業和其他人士或

機構在香港發生任何商業糾紛，會由特區法院按照香港法律審理。

◆ 香港《蘋果日報》報道，吳光正在《南華早報》撰文，批評於 2007 年政制檢討後推行立法會全面直選只是充滿"憧憬"及"膽大妄為"的想法，並相信這種期望是不會達到的。指出立法會進行全面普選會相當困難。他引述李光耀較早前的說法，擔心在普選下誕生的議會為了取悅民意，只偏重於爭取市民福利及服務，卻忽視平衡社會各方面的需要。他認為，香港不宜普選，60 席的立法會議席，適宜停留在 2004 年基本法規定的模式，即一半直選產生，另外 30 席是功能界別議席；而行政長官選舉亦維持循選舉委員會產生。

12 月 29 日

◆ 澳門特區行政長官何厚鏵訪問香港。香港特區行政長官董建華在香港禮賓府設宴款待何厚鏵一行。董建華表示，隨着澳門回歸祖國，期望加強香港與澳門的合作與交流，在新紀元共同創造繁榮。

◆"宋楚瑜之友會（香港區）"舉行成立大會，約 700 人出席。大會主席由香港廣東同鄉聯誼總會理事長鄔欣餘擔任。

12 月 30 日

◆ 政府憲報公佈，中央政府已委任下列由行政長官提名的主要官員：任關佩英任環境食物局局長（2000 年 1 月 1 日就職）。

◆ 統計處發表的統計數字顯示，1998 年香港本地生產總值為 1.291 萬億港元，較 1997 年下降 3.3%。

◆ 恒生指數年終收市報 16962 點，遠高於 1999 年 1 月開市時的 9809 點。

12 月 31 日

◆ 董建華發表千禧賀詞。表示要使香港在新世紀發展成為舉足輕重的國際大都會，香港在國家強盛背景下，一定能創造更多財富、取得更輝煌的成就。

◆ 即將撤銷的臨時市政局和臨時區域市政局合辦名為"市政兩局迎千禧嘉年華"活動，在迎接千禧之餘，向香港市民告別。

2000年 ····················

1月1日　元旦，21世紀第一天

◆中英聯合聯絡小組中方代表處宣佈：根據中英聯合聲明的規定，中英聯合聯絡小組中方代表處結束工作。

◆全港 600 多萬市民以各種方式，共同慶祝香港邁入新世紀。120 萬市民湧上街頭，在子夜時分齊聲倒數，歡呼新世紀到來。跑馬地馬場是全港千禧活動的中心，近 6 萬市民參加特區政府和香港賽馬會舉辦的"龍騰燈耀慶千禧"大型文娛晚會，董建華主禮。零時 45 分，特設千禧杯賽馬開鑼。賽後董建華頒獎予勝出馬匹的主人。千禧年慶祝活動重點之一，是一條長達 277.2 米的傳統中國巨型彩燈——千禧金龍。5 月 30 日，該彩燈獲"健力士世界紀錄"列為"世界最大的巨龍花燈"。

◆特區政府設立環境食物局，負責監察食物環境衛生署（新設部門）、漁農自然護理署（原名漁農處）和環境保護署的工作，以提供和改進現時由兩個市政局負責的服務。規劃環境地政局正式易名為規劃地政局，並下設專責小組，負責全面檢討有關樓宇安全與預防性以及維修政策與措施。

1月3日

◆特區政府發言人表示，行政長官對民主步伐已明確指出，希望到 2007 年社會對政制發展有比較成熟的意見時，再決定發展政制的策略和步驟。

◆董建華向全港校長及教師發送第一份電子郵件，致新春祝賀。並歡迎對教育改革提出意見或建議。

◆律政司出版香港特區政府首本漢英法律詞典，當中收錄了約 11500 條摘取自香港法例的法律辭彙及用語。

1月4日

◆工商局局長周德熙接受香港《信報財經新聞》訪問時表示，現時的局長實際上已擔任部長工作。他指出，從殖民地港英政府開始，司級官員除了本身部門的工作外，還要負責制定政府政策、向外推銷、向立法機關提交有關法案、確保立法機關通過，以及回答議員質詢等工作。並指出，2002 年董建華若競逐連任又逢敵手，對方勢將通過批評現行政策來攻擊董氏，現時的局長也勢將擔起維護政策的責任，屆時局長們如何維持政治中立？他說，"若對手當選，便好有理由更換官員，就算不是全部撤換，部分也難免，因此政治任命的部長制長遠無可避免。"

一場跑馬賽事在緊張進行中。

◆ 據香港《經濟日報》報道，立法會三大政治團體都認為，香港最快可以在 2008 年實行全面直選，不過民建聯和自由黨都不會催迫特區政府。李柱銘表示，2008 年是一個可以接受的全面直選年份，也都不怕因此減弱民主黨等爭取修改基本法的力量。自由黨主席田北俊也表示，不會以 2008 年這個年份向特區政府施壓。但希望推行全面直選的時候，特區政府可以取消選舉經費上限，以便他們可以在競選的時候，以財力補人力的不足。曾鈺成認為，2008 年可以說是全面直選的最樂觀的時間，但由於修改基本法的機會不大，該黨不會用這個年份作為部署的重心或者向特區政府施壓。據報道，1 月 5 日，曾鈺成在一個午餐會上又表示，他不同意有些政黨建議在一、兩年內就推行全面直選，因為香港現時立法會只是部分直選，但已出現立法與行政的政制性的對立，所以立即推行全面直選的話，看不到有什麼好的結果。他舉例說，在西方的民主國家，直選出來的立法會都是政黨主導，而香港市民是否願意將特區政府交予香港的政黨而民意是否支持這樣做呢？這值得大家考慮。

◆ 檢討法律教育工作小組在記者會上宣佈，香港的法律教育及培訓將進行 30 年來的首次全面檢討，旨在就法律教育及培訓制度應具備的條件提出建議，確保在 21 世紀本港的法律教育能面對行業及社會的需求。是項檢討計劃所需的 200 萬元將由律師會、大律師公會、香港大學和城市大學聯合向創新及科技基金申請撥款資助。

1 月 5 日

◆ 政制事務局局長孫明揚回覆立法會議員提問表示，行政長官特別顧問葉國華與特區政府各政策局及其他政府部門並無正式的工作關係。葉國華不是公務員，不享有任何特權，不屬於行政長官辦公室的編制，不向政府支取薪酬或津貼，也不涉運用政府資源的問題。葉國華與香港其他市民一樣，須受《防止賄賂條例》管轄，但某些指定適用於公務員或公職人員的特定條款，並不適用於行政長官特別顧問。

◆ 立法會通過《電子交易條例草案》，為進行電子交易提供明確的法律架構。使數碼簽署獲得與書面簽署同等的法律地位。

◆ 受到美股急跌與憂慮息口上升，恒生指數急瀉 1226.1 點，至 15846.72 點水平報收，全日跌幅達 7.18%，為歷史上第二大點數跌幅（最大點數跌幅日為

1997 年 10 月 28 日，下跌 1438 點）。成交額急增至 247 億港元，是自 1997 年 11 月 4 日以來最高成交紀錄。

1月6日

◆ 行政長官辦公室新聞統籌專員林瑞麟在回答有關香港行政與立法關係及政制發展時間表的提問時指出，1999 年 1 月，特區政府已經表明現階段無意實行"部長制"，特區政府這一立場現在依然不變。至於立法會普選問題，特區政府會按照基本法規定的循序漸進原則，發展香港的民主政制。

◆ 譚惠珠出席一項公眾活動答記者問時指出，推行"部長制"或"政黨政治"並不符合基本法的立法原意，並有違行政主導原則。基本法的起草結構，是將公務員安排在行政機關之內，行政長官任其領袖，然後由公務員提出政策；至於立法機關則給予制衡，並不是由立法機關主導，或者在立法機關內產生行政機關。

◆ 工商局發言人表示："我們現正向美國政府瞭解有關導彈零件轉運的指稱。如果有資料顯示有公司違反香港的有關法例，我們會不遺餘力地展開調查，若有足夠證據支持，我們會進行檢控。"並說，"香港有一套完善及嚴謹的管制制度規範戰略物品（包括導彈技術）的進出口及轉口。我們堅決維持這制度的完整性，並會嚴厲打擊違反香港戰略物品管制法例的行為。""我們一直不偏不倚及客觀公正地執行有關法律。所有公司，不論其背景、擁有權和附屬關係，均須遵守香港法例，並會在法律之下得到同等對待。我們的執法紀錄清楚顯示我們執法的嚴謹。"此前，美國《華盛頓時報》刊載文章聲稱一間香港公司涉嫌轉運導彈技術往朝鮮。

1月7日

◆ 香港特區政府與國家環境保護總局簽署合作備忘錄，以管制內地與香港兩地間的廢物轉移。根據備忘錄規定的管制模式，除非事先獲得進口地及出口地雙方的管制當局書面同意，否則任何人士不得轉移有害廢物。

1月8日

◆ 董建華在"特首互動綫"電台節目上重申，香港以公務員為主體的架構在可見的將來不會改變，當局雖然會在有需要時向外聘請部門首長，但目前不會考慮採用"部長制"。關於政制發展問題，董建華認為民主的進程必須切合香港實際的情況，尤其應該讓目前運作中的政制有一個探索和成熟的過程。基本法給了香港十年的時間，讓大家根據本身的政治實踐，思考下一步的發展。希望到 2007 年社會上對政制的發展有一個成熟的意見，以有助於制訂將來政治的發展策略和步驟。他強調，依照基本法行事的大原則是不會變的。

1月9日

◆ 田北俊在香港電台"給香港的信"節目中表示，香港未來的政治發展，必須包括現在功能界別的代表。如果立法會缺少自由黨這類功能界別議員，香港可能很快變成社會主義。

1月10日

◆ 代表會計界的立法會議員李家祥在記者會上宣佈，其委託的社會政策研究中心於 1999 年 8 月就有關香港未來的政治發展問題，向香港會計師公會 14755 名會員郵寄問卷，成功收回 586 份。調查結果顯示，55.7% 的被訪者不願意看到基本法所作出的立法會選舉安排被無故推翻；超過六成被訪者認為本港邁向全面直選的步伐應該是循序漸進的。李家祥表示，會計界對於現仕立法會以地區自選及功能組別選舉這種混合模式所持的態度是

溫和、接受及持平的。

1月11日

◆ 香港《文匯報》報道，劉山在表示，新世紀香港經濟結構正進行調整，以高科技為內容的新產業正在崛起，將成為新的經濟增長點。香港中資企業在發展中將受到外部因素變化的更多制約，因此應在加強調整過程中提高企業素質，增強競爭力，適應香港經濟發展的變化，以求取得新的發展。

◆ 加拿大弗雷澤學院、香港經濟研究中心及美國卡托研究所發表的《世界經濟自由度：2000 年周年報告》評定，香港為全球 123 個國家或地區中最自由的經濟體系。這是香港繼 1990 年及 1995 年連續三屆獲評首名。

◆ 行政會議通過房屋委員會建議，未來兩年逐步將七萬多個公屋單位移交予私人公司進行管理及維修工作。

◆ 約 150 名在港台商、留台校友舉行"（港澳）宋楚瑜後援會"成立酒會。一二三民主聯盟主席戴錫崑強調，他是以個人身份參與後援會，該聯盟不會參與這類助選組織，以免觸犯社團條例。

1月12日

◆ 立法會通過劉慧卿提出的促請特區政府儘快就行政與立法關係、"部長制"及普選行政長官與立法會進行公眾諮詢的動議。政制事務局局長孫明揚回應稱，特區政府將詳細研究 2007 年以後立法會產生辦法的檢討程序和步驟，但他沒有提及進行檢討的時間表。

◆ 立法會通過決議案，批准《1999年有組織及嚴重罪行條例（修訂附表 1）令》。該修訂旨在對付嚴重的盜版及偽冒商標罪行。

1月13日

◆ 董建華出席立法會答問大會發表講話並回答了議員提出的有關政制發展、房屋、就業、環保、教育、醫療等問題。他表示：我不會採用"部長制"。並強調，我們大家只要平心靜氣地想一想，基本法只實施了兩年零七個月，對於我們來說，仍然是一個適應和不斷總結經驗的過程。因此，我在施政報告講到，應該給目前運作中的政制有一個探索和成熟的過程。在基本法給我們定下的十年時間裡面，根據日後的政治實踐思考下一步的發展。而這個發展也一定是循序漸進的、為香港各階層都接受的。民主黨議員楊森提問時說：

最近我聽到你有兩位同事公開說過，9月後有政制檢討，還會出綠皮書，那真是一個喜訊。但是現在全部收聲了。如果你有很多意見與你的同事不同的話，他們應怎樣做？董建華回答：每一個組織包括特區政府裡面一定有不同的意見，最重要大家談、大家研究，看看哪個方向最好、哪個辦法最好。這也是一個民主協商的過程，我覺得這是一個很健康的發展。

◆ 蕭炯柱率代表團赴深圳出席跨界大型基建協調委員會轄下的道路與橋樑專家小組會議，簽訂合作興建深港新跨境通道意向書。跨海大橋工程由深圳蛇口直抵香港元朗流浮山鼇磡石，接駁策劃中的后海灣連接公路。

1月14日

◆ 政務司司長陳方安生在出席澳大利亞商會午餐會表示，特區政府將全力爭取申辦 2006 年亞運會。她說，凡是香港說會做的事，都是絕對有信心，有能力去做的，特別是特區政府會盡全力，遞交一份最好的申辦書，贏取 2006 年亞運會的主辦權。

◆ 全港 18 個區議會的正副主席選舉全部揭曉。民建聯 2 人當選主席、7 人當選副主席；港進聯 3 人當選主席、1 人當選副主席；民主黨和民協則各有 1 人當選主席，自由黨 2 人當選副主席。另有 9 名委任議員當選為正副主席。

1 月 15 日

◆ 國務院發出《關於更改新華通訊社香港分社、澳門分社名稱問題的通知》。

1 月 17 日

◆ 新華通訊社公佈國務院決定，任命姜恩柱為中央人民政府駐香港特別行政區聯絡辦公室主任，鄭國雄、高祀仁、王鳳超、劉山在、鄒哲開、陳鳳英、鄭坤生為中央人民政府駐香港特別行政區聯絡辦公室副主任，王如登為中央人民政府駐香港特別行政區聯絡辦公室主任助理。

◆ 姜恩柱舉行茶話會，向香港傳媒介紹新華通訊社香港分社的歷史背景、更名原因和更名後的職責等情況，並回答了與會人士提出的問題。出席茶話會的有 20 多家香港新聞機構的高層人員，以及內地駐香港新聞機構的負責人。姜恩柱說，中央政府駐港機構使用新華通訊社香港分社的名稱，是在香港回歸祖國前特定的歷史條件下形成的。鑒於中國政府已經對香港恢復行使主權，為更好地貫徹 "一國兩制"、"港人治港"、高度自治的方針和基

本法，支持特區政府依照基本法施政，保障中央人民政府駐香港的機構按其授權履行職責，1999 年 12 月 28 日國務院第二十四次常務會議決定，自 2000 年 1 月 18 日起，新華通訊社香港分社更名為中央人民政府駐香港特別行政區聯絡辦公室（簡稱 "中央政府駐港聯絡辦"）。中央政府駐港聯絡辦的職責是：(1) 聯繫外交部駐港特派員公署和解放軍駐港部隊；(2) 聯繫並協助內地有關部門管理在港的中資機構；(3) 促進香港與內地之間的經濟、教育、科學、文化、體育等領域的交流與合作。聯繫香港社會各界人士，增進內地與香港之間的交往。反映香港居民對內地的意見；(4) 處理有關涉台事務；(5) 承辦中央政府交辦的其他事項。

◆ 董建華發表聲明指出，新華通訊社香港分社易名為中央政府駐港聯絡辦是名稱上的更改，充分反映他們在香港根據中央政府授權而履行的職責。特區政府對此表示歡迎。董建華表示，回歸以來，中央政府貫徹執行 "一國兩制"、"港人治港"、高度自治的方針。繼續成功落實 "一國兩制" 是中央和香港特區的共同願望，也是既定的方針政策。"聯絡辦公室" 的職責已清楚列明，不涉及香港特區高度自治範圍內的事務。自特區成立以來，特

區政府在"一國兩制"的原則下，根據基本法與中央政府以及內地有關部門，建立了運作良好和有效的工作關係。我們與中央政府直接溝通的渠道，與外交部駐港特派員公署和解放軍駐港部隊聯繫的機制，將會繼續，不會改變。與此同時，我們將與中央政府駐港聯絡辦在他們職責範圍內的事務保持聯繫和溝通。

◆ 政制事務局局長孫明揚出席一個聚會回答記者提問時表示，新華通訊社香港分社改名為"中央人民政府駐香港聯絡辦公室"之後，與特區政府的工作關係及聯絡方式不會有變，同現時一樣。

◆ 終審法院舉行 2000 年法律年度開啟典禮。李國能、梁愛詩分別講話。

1月18日

◆ 上午 10 時，中央政府駐港聯絡辦舉行簡單而隆重的掛牌儀式。姜恩柱在鄭國雄、高祀仁、王鳳超、劉山在、鄒哲開、陳鳳英、鄭坤生和王如登陪同下，為中央政府駐港聯絡辦的牌匾揭幕。姜恩柱發表講話指出，作為中央政府在香港特區的派出機構，新華通訊社香港分社更名後，將一如既往地繼續堅決貫徹執行"一國兩制"、"港人治港"、高度自治的方針，認真履行中央人民政府所賦予的各項

職責，嚴格遵守基本法和特區法律，積極支持香港特區政府依照基本法施政，不干預香港特區自治範圍內的事務，為全面落實"一國兩制"方針，維護香港的長期繁榮穩定作出新的貢獻。

◆ 中央政府駐港聯絡辦舉行掛牌揭幕儀式後，董建華專程前往祝賀。董建華表示，新華通訊社香港分社更名為"中央人民政府駐香港聯絡辦公室"，順理成章。香港社會各方面總體反應是好的。香港回歸兩年多來，新華通訊社香港分社認真貫徹執行"一國兩制"方針，履行職責做得好，在港人中間有良好的反應。特區政府與新華通訊社香港分社的關係很好。相信今後會與中央政府駐港聯絡辦繼續合作。馬毓真、熊自仁也前往中央政府駐港聯絡辦祝賀。

◆ 王鳳超出席新華通訊社香港特別行政區分社舉行的更名掛牌儀式。王鳳超說，相信新華通訊社香港特區分社將繼續貫徹"一國兩制"方針，全面準確地報道香港特別行政區的事務，支持以董建華先生為首的特區政府依法施政，為香港的繁榮穩定作出新的貢獻。新華通訊社香港特區分社原名為"新華通訊社香港分社總編室"，因新華通訊社香港分社更名而使用新的名稱。仍然是新華通訊社亞太地區分

2000 年 1 月 18 日，中央人民政府駐香港特別行政區聯絡辦公室舉行掛牌儀式，標誌着新華通訊社香港分社正式更名。圖為中央政府駐港聯絡辦主任姜恩柱（右五）、副主任鄭國雄（左四）、高祀仁（右四）、王鳳超（右三）、劉山在（右二）、鄒哲開（左三）、陳鳳英（右一）、鄭坤生（左二）在揭幕儀式後，與專程前來祝賀的香港特區行政長官董建華（左五）合影。左一為行政長官辦公室新聞統籌專員林瑞麟。

新華通訊社香港分社成立於 1947 年。圖為在 2000 年 1 月 18 日更名以前，該機構位於香港皇后大道東 387 號的辦公大樓正門的牌匾。

社。3月23日，新華通訊社亞太總分社在香港舉行掛牌儀式，王鳳超等出席。

◆ 董建華在禮賓府宴請原香港特區籌委會香港委員。安子介、鍾士元、羅德丞、霍英東、李福善、黃保欣、李嘉誠、李兆基、邵逸夫等84名原籌委會香港委員和原籌委會內地委員、現任中央政府駐港聯絡辦副主任王鳳超出席。

◆ 保安局副局長湯顯明在出席立法會保安事務委員會特別會議時表示，所有被拘留等候遣返的非法入境者或逾期居港人士，若申請法援又被接納，則特區政府不能再以"等候遣返"為理由繼續拘留，該等人士將被釋放，直至有關訴訟案件完成為止。他重申，特區政府仍沿用"即捕即解"政策，申請法援不會成為不被遣返或不用拘留的理由，入境事務處已與法律援助署取得共識，入境事務處將維持一般遣返程式，而法援署則需要在遣返行動前決定是否接納有關人士的法援申請。

◆ 特區政府公佈，電訊管理局會發出5個使用無綫網絡的本地固定電訊網絡服務牌照，12個在香港使用衛星的對外固定電訊網絡服務牌照。以及向香港有綫電視公司發出一個固定電訊網絡牌照，准其使用有綫調解器技術，利用其混合光纖同軸電纜網絡提供電訊服務。

◆ 房屋委員會發表《優質居所，攜手共建》諮詢文件。提出50項提高公營房屋質量的建議。

◆ 司法部在北京人民大會堂舉行儀式，向新委託的42名香港律師頒發委託公證人證書。這是香港回歸祖國後司法部首次委託香港公證人。錢其琛和國務委員羅幹會見全體委託公證人。錢其琛高度評價了"一國兩制"下，委託公證人在銜接兩地不同法律制度，處理香港居民和公司在內地的法律事務方面發揮的重要作用。

1月19日

◆ 政制事務局局長孫明揚就立法會否決街工議員梁耀忠提出的修改香港基本法第74條及附件二的決議案重申，議員提出修改基本法決議案的做法，在憲制上是不成熟、不恰當的，特區政府不能夠接納。他指出，基本法中，行政機關與立法機關有不同職能和明確分工，兩者之間既互相制衡，也相互配合。立法會若全面享有提出、審核和通過動用公帑以外其他法案的權力，與基本法規定由行政機關制定政策及提出法案的條文是否相符？彼此之間既互相制衡也相互配合的關係會否失去平衡？並強調不宜倉促就香港基本法附件二中立法會的表決程序通過任何修改建議。

◆ 立法會通過《1999 年有組織及嚴重罪行（修訂）條例草案》。條例旨在加強香港對付清洗黑錢活動的制度。

1 月 20 日

◆ 港區全國人大代表在珠海聽取國家計委、國家經貿委、財政部和中央有關部門負責人關於 1999 年我國國民經濟和社會發展計劃的執行情況、經貿工作情況和財政工作情況的報告。全國人大常委會副委員長鄒家華出席會議，並聽取了港區全國人大代表所提出的意見和建議。

◆ 中國 1999 年度國家科技獎評選結果揭曉，香港浸會大學朱詩堯等人的"自發輻射和受激吸收中的量子涉應"、香港大學劉世齡等人的"強非線性震動的增量諧波平衡法和推廣的攝動方法"、香港中文大學李東的"高速組交換系統"分別獲得國家自然科學獎三等獎；香港科技大學吳雲東的"計算機在有機化學中的應用"獲得國家自然科學獎四等獎。

1 月 21 日

◆ 香港特區政府憲報刊登政府總部公告，公佈新華通訊社香港分社易名為"中央人民政府駐香港特別行政區聯絡辦公室"。並公佈"中央人民政府在香港特別行政區設立的機構"為：中央政府駐港聯絡辦、外交部駐港特派員公署、解放軍駐港部隊。

◆ 房屋署署長苗學禮出席立法會房屋事務委員會會議時承認，沙田圓洲角居屋愉翠苑的短樁情況"嚴重"，但要待取得全部結果後才決定補救辦法。

1 月 23 日

◆ 特區政府發言人發表聲明表示，中央政府駐港聯絡辦的職責已清楚列明，不涉及香港高度自治範圍內的事務。聯絡辦公室及其人員，在香港履行中央授權的職責，會嚴格遵守基本法及特別行政區的法律。此前，立法會前綫議員劉慧卿在香港電台節目"給香港的信"中質疑中央政府駐港聯絡辦"會否成為第二個權力中心"。

◆ 公安部出入境管理局負責人公佈2000 年內地居民赴港澳地區定居審批分數綫，並表示，符合赴港澳地區定居條件的內地居民，凡在 12 月 31 日前達到規定分數綫均可在今年按得分高低逐月均衡有序赴港澳地區定居。

◆ 廣東省委書記李長春、省長盧瑞華、常務副省長王岐山等在廣州與出席廣東省九屆人大三次會議和廣東省政協九屆三次會議的霍英東、鄭裕彤、李兆基、曾憲梓、林百欣等 20 多位港澳地區知名人士舉行座談會，聽取對港商在廣東投資以及粵港澳三地今後加強經濟合作方面的意見。李長春表示，三地的合作要在已經形成的優勢上加以提高，發揮各自在資金、人才方面的優勢，使三地成為發展高新技術產業的基地；要加強基礎設施方面的合作，特別是對有利提高通關能力的設施和有利於發揮三地整體功能的設施的合作；還要進一步聯手打擊各種犯罪活動。並表示，廣東願意把最好的水送到香港。

◆ 香港地區中國和平統一促進會成立大會暨第一屆理事會就職典禮在香港大會堂舉行。海協會會長汪道涵致函祝賀。海峽兩岸和平統一促進會副會長郭俊次自台灣來港出席儀式。

◆ 香港旅遊協會發表統計數字顯示，1999 年全年的台灣旅客來港數字達 200 萬人次，佔訪港旅客總數的 18.7%，台灣是僅次於內地的第二個最多旅客來港的地區。

1 月 24 日

◆ 最高人民法院發佈《關於內地與香港特別行政區相互執行仲裁裁決的安排》。1 月 5 日，立法會通過《1999 年仲裁（修訂）條例草案》，以落實該項《安排》。28 日，最高人民法院負責人就《安排》回答了記者的提問。指出這是香港回歸後內地與香港特區根據基本法第 95 條的規定，在司法協助領域簽署的又一具有重要意義的法律文件。強調兩地開展司法協助必須遵循“一國兩制”原則、協商一致原則、有效原則、參照國際公約和國際慣例原則。2 月 11 日，政府憲報刊登內地各省市仲裁機構名單，供有關人士參考。

◆ 香港《明報》報道，港進聯九龍城區議員王紹爾日前致函廣播處長朱培慶，就香港電台經常轉述“中國人權民運信息中心”發佈的消息，提出三點質疑：“信息中心”的合法性、香港電台引述它的消息前有否核實真訛以及它作為官方電台播放這些訊息的動機和準則。

1 月 26 日

◆ 行政長官會同行政會議通過廣播事務管理局的建議，批准香港有綫電視有限公司（有綫電視）的收費電視廣播牌照，有效期延至 2005 年 5 月 31 日。

◆ 署理政制事務局局長麥清雄在立法會對前綫議員劉慧卿就新華通訊社香港分社更改名稱一事的提問作出書面答覆：

中央政府駐港聯絡辦與前新華通訊社香港分社在職責上基本並無改變。在香港根據中央人民政府授權履行職責，不涉及香港特區自治範圍內的事務。新華通訊社香港分社是本來已在香港存在的機構，不是新成立的機構。儘管如此，中央人民政府曾就更名一事徵詢特區政府的意見。其作為中央政府駐港機構，會嚴格遵守基本法及香港特區的本地法律。在香港特區貫徹執行"一國兩制"是既定的方針政策，不會改變。

◆ 立法會人事編制小組委員會通過特區政府提出的調低公務員入職起薪點的建議。12 日，該議案曾被同一委員會否決。

◆ 高等法院上訴法庭確認"新界"非原居民有權參加村代表選舉。法庭三位法官表示這並沒有損害原居民的利益，不會違反基本法。民政事務局發言人表示要仔細研究判決，才考慮採取適當行動。新界鄉議局主席劉皇發指出，有關判決會影響日後鄉事選舉安排及運作。

1 月 27 日

◆ 香港終審法院裁定，台灣法院對龍祥集團主席丁磊淼發出的破產令可在香港執行。常任法官包致金在判詞中指出，根據最高人民法院在 1998 年 1 月 15 日通過及公佈的規則，台灣法院所作的民事判決，會獲人民法院確認，可見香港終審法院的做法明顯與台灣是中國一部分的原則一致。但終審法院表示，有關裁決並不代表香港承認台灣政權或法院。

1 月 28 日

◆ 中央政府駐港聯絡辦舉辦"香港各界紀念江主席八項主張發表五周年座談會"，姜恩柱發表講話指出，"一國兩制"在香港和澳門的實踐已取得良好開端，在政治上、經濟上、對外聯繫上均為香港同胞帶來了更多的好處。他相信，按照"和平統一、一國兩制"方針，台灣問題一定能夠早日解決，實現祖國的完全統一。

◆ 政府憲報公佈，行政長官已委任胡國興（2000 年 1 月 21 日起生效）、李義（2000 年 1 月 27 日起生效）為高等法院上訴法庭法官。

◆ 香港房屋委員會宣佈，委任三人獨立聆訊小組，調查沙田十四區乙二期（即圓洲角居屋地盤）樁柱不符標準事件，以確定有關責任誰屬。

1 月 28 日－1 月 31 日

◆ 曾蔭權率領由香港商界領袖組成的高層代表團赴瑞士達沃爾出席"世界經濟

論壇"第三十屆周年會議。曾蔭權致詞表示，香港特區經歷了過去兩年半的金融風暴影響後，現已穩步踏上復甦之路。香港銀行業將會進一步開放，為在香港經營的外地銀行提供更自由開放的架構。特區政府正考慮撤銷所有利率規定，同時引入一些如存款保險的機制。我們為香港所設立的是最先進、蓬勃的銀行體系，與世界其他地方現時可提供的最佳制度不遑多讓。香港必會成為在亞洲地區內首屈一指的國際金融中心。

1月31日

◆ 入境事務處宣佈，由即日起，居住在海外的香港居民，可以經中華人民共和國駐外使館、領事館向香港特區入境事務處提出有關國籍變更的申請，包括申報國籍變更，加入、退出或恢復中國國籍。也可直接向香港入境事務處提交申請書。全國人大常委會於 1996 年 5 月 15 日關於《中華人民共和國國籍法》在香港特區實施的幾個問題的解釋，授權香港特區政府指定入境事務處為香港特區受理國籍申請的機關，並規定，香港特區中國公民的國籍發生變更，可憑有效證件向該機關申報。

◆ 保安局局長葉劉淑儀在會見民主黨、前綫、香港人權監察、國際司法組織香港分會、香港人權聯委會和香港記者協會的代表時表示，香港基本法第 23 條提及的七種行為和活動，部分涉及中央事務和國家安全，特區政府會在進行本地立法前，諮詢中央政府意見，再進行本地諮詢。六個與會團體的代表均表示現階段根本毋須為香港基本法第 23 條進行本地立法。特區政府就此發出新聞稿表示，特區政府有需要在政策和法律方面進行研究，探討如何就香港基本法第 23 條進行全面立法，以防範條文所指對安全構成的任何威脅。特區政府目前沒有確實的立法時間表，將來的任何立法建議都會於提交立法會前諮詢公眾。

◆ 選舉管理委員會主席胡國興宣佈，選舉管理委員會有關 2000 年 9 月立法會選舉和 2000 年 7 月選舉委員會界別分組選舉的指引建議，將進行一個月的公眾諮詢。

◆ 香港《大公報》報道，法律援助署署長陳樹鍈接受訪問時表示，1999 年法援署共收到 8500 宗有關居留權的訴訟申請，比 1998 年增加兩倍，其中 60 宗獲得接納，也比 1998 年增加兩倍。有關居留權及其他入境事務案件方面的支出約 400 多萬港元，佔法援署整體開支的

1.1%，而純粹居留權案件方面的開支應少於 1%。他表示，法援處 1999 年共批出法援給 1.2623 萬位申請人。開支達到 6.69 億港元，比 1998 年增加約 30%。

◆ 香港郵政核證機關設立本地的公開密碼匙基礎建設，提供電子核證服務，促進電子商貿的發展。

◆ "港澳地區連蕭後援會"舉行成立大會。國民黨中常委徐立德、海外工作會副主任張景珩、連蕭競選總部副總幹事李慶平、連戰女兒連惠心等專程來香港出席。

2月1日

◆ 董建華在禮賓府宴請原市政局、臨時市政局和原區域市政局、臨時區域市政局的主席，感謝兩個市政局的前任主席及議員多年來致力提供市政、康體及文化服務。並指出，隨着時代變遷，市民期望不斷提高，以及代議政制逐步發展，三層議會架構部分職能出現重疊，因此需要重組及精簡架構。新架構設立後，特區政府會繼續致力改善食物安全和環境衛生，提供更佳協調、更高效率及更符合經濟效益的市政服務。也不會減少市民參與社區事務的機會，特區政府將加強與區議會溝通及合作，務求社區生活更豐富多彩，市民有更多參與機會。

◆ 新界鄉議局轄下 27 個鄉事委員會及法律委員會召開特別會議。召集人林偉強會後表示，出席會議的委員均認為由原居民出任村代表較非原居民更為勝任及適合。此乃傳統選舉習慣法，希望能繼續沿用。

2月2日

◆ 香港美國商會對美國眾議院於 2 月 1 日通過的《加強台灣安全法》表示深切關注。認為該法案將對台灣海峽造成不必要的緊張局勢，同時可能引發亞洲地區的軍備競賽。在美中就中國加入世貿組織簽訂協議以幫助中國入世之際，在美中關係正得以改善的時候，此舉無疑會激怒中國。此外，美中關係的倒退將對仍然疲軟的亞洲及與中國大陸相連的香港經濟復甦造成不良影響。香港美商會將致力於通過促進自由商貿以發展美中關係，繼續向美國政策制定者反映我們對正面接觸的肯定的觀點，在目前緊張的美國總統競選時期為爭取給予中國永久正常貿易關係而努力。

2月8日

◆ 保安局負責人表示，港人移民海

外人數自 1995 年起持續下降，1999 年有 1.29 萬人，比 1998 年的 1.9 萬人下降 33%，為 20 年來最低。與 1990－1994 年間平均每年達到 6 萬人的高峰期相比，跌幅則更加明顯。

2 月 10 日

◆ 特區政府宣佈，以一筆過撥款的模式取代現有對社會服務機構的津貼及資助機制。在新制度下，186 間受津貼及資助的非政府機構當中，111 間將獲得比現有制度更多的資助，使特區政府在 2000/2001 年度內增加 1.5 億港元的支出。其餘 75 間機構，因撥款水平已高於政府指標，暫時可不變，但在 2003/2004 年度資源增值計劃結束後，特區政府會以每年 2% 的幅度削減撥款，直至符合政府指標。資助機構可自行決定人手架構及薪酬開支，不再跟隨公務員薪酬結構和每年增薪幅度及增薪點。特區政府會以公務員薪酬的增幅調整每年的撥款，體制亦容許保留不高於運作支出 25% 的撥款作為儲備，應付未來開支。各非政府機構可在 2000 年 4 月 1 日起的兩年內，選擇合適的時間參加一筆過撥款計劃。

◆ 英國外交及聯邦事務部向國會提交第六份香港半年報告。稱香港立法會通過取消兩個市政局的條例具爭議性；特區政府就終審法院裁決居留權案提請"人大釋法"屬例外事件；完全尊重香港終審法院就塗污國旗區旗案的判決；歡迎董建華就法律改革委員會提倡成立"保障私隱報業評議會"一事，表示不會成立一個打擊言論自由的評議會。報告指出，香港與英國合作的層面及範疇愈見廣泛，包括香港的公務員改革、私營化、律師培訓及交換計劃等。基本法為香港的民主化提供了機會。香港在 2007 年之後推行普選，故英國亦期望香港儘快達致普選的目標。香港司法制度很大程度沒有改變，仍沿用英式普通法。報告表示，由於廣泛關注回歸後的香港會喪失自由，英國政府將繼續關注香港的情況。

2 月 14 日

◆ 由香港專業進修學校統籌、清華大學、香港中文大學和美國 Syracuse University 聯合開辦的"政治及公共行政研習課程"舉行簽約儀式及首班開學禮。行政會議成員兼香港專業進修學校校董會主席譚耀宗致詞時表示，該校開辦此課程是因為香港需要有更多愛國愛港、熟悉港情和國情、瞭解西方民主制度的人才，以便更好地落實"一國兩制"、"港人治港"、高度自治的方針，促進香港的繁榮穩定。該校是應民主建港聯盟的邀請而組織此課程的，首班亦由民建聯包辦，作為民建聯"政治專才培訓計劃"的第一部分。有關課程是一個公開的課程，招收學員不問背景，歡迎各大機構獨立或者聯合開班，使課程更具適切性。

2 月 15 日

◆ 由公務員事務局、公務員培訓處及四個中央評議會員方代表聯合主辦的"基本法十周年巡迴展覽"在特區政府合署舉行開幕典禮。該展覽由即日起至 4 月在特區政府的十個辦公大樓巡迴展出，着重介紹基本法誕生的歷史及實施情況，同時亦介紹國旗、國徽、區旗及區徽的由來及其象徵意義。

◆ 立法會政制事務委員會就香港未來政制發展進行公開諮詢，只收回三份書面意見。其中兩份分別來自民主黨副主席張炳良和香港基督徒學會總幹事郭乃弘牧師，均稱應儘快推行普選行政長官及 60 個立法會議席。前者預期，第二任行政長官當選時，可成立"部長式內閣"。後者建議 2002 年最遲 2007 年行政長官普選，2004 年應普選立法會。

2 月 16 日

◆ 立法會通過《選舉（舞弊及非法行為）條例草案》。條例將行政長官選舉和新界鄉村村代表選舉都納入監管範圍。

◆ 香港《文匯報》報道，政府統計處公佈，截至 1999 年年底，香港人口為 697.48 萬，與 1998 年年底的人口比較，增加 16.92 萬，增長率為 2.5%。其中，人口自然增長（即出生人數減死亡人數）為 1.86 萬人，佔人口增長的 11%。

◆ 2000 年香港藝術節在香港文化中心正式開幕。

◆ 朝鮮人民共和國駐香港特區總領事館正式開館。該館主要為旅客辦理商務簽證和提供投資諮詢服務。

2 月 17 日

◆ 中央政府駐港聯絡辦在會議展覽中心舉行更名後第一個新春酒會。霍英東、董建華、姜恩柱、馬毓真、熊自仁和中央政府駐港聯絡辦其他負責人、特區政府官員、行政會議成員、立法會議員、港區全國人大代表、全國政協委員、外國駐港領事館和中資企業負責人及各界人士 3000 多人出席。姜恩柱致詞時表示，過去的 50 多年，新華通訊社香港分社與廣大香港同胞風雨同舟，為香港的順利回歸和繁榮穩定作出了自己的努力。現在新華通訊社香港分社的名稱變了，但我們堅決貫徹執行"一國兩制"、"港人治港"、高度自治的方針和基本法，維護香港繁榮穩定的宗旨不變；支持香港特區政府依照基本法施政，不干預特區自治範圍內事務的原則不變；增進內地與香港之間交往與合作，促進兩地共同繁榮的服務精神不變。我們將一如既往，與香港同胞一起，為全面貫徹落實"一國兩制"方針，保持香港的長期繁榮穩定作出新的貢獻。

2月18日

◆ 國家副主席胡錦濤在北京人民大會堂裡會見了參加"中華龍騰海內外青年匯長城"活動的港澳台青年、海外華僑華人青年、留學青年及內地青年代表並作重要講話。該項活動由香港"中華龍騰"籌委會和中華全國青年聯合會主辦，特區民政事務局、民政事務總署和香港青年協會協辦。2月13日，董建華、梁愛詩等在香港出席該項活動之一的"龍傳基金"成立典禮。董建華致詞表示，熱切期望社會各界人士以更多不同的形式，培育青年人，使他們透徹地認識祖國，熱愛祖國，積極學習，汲取知識，掌握科學文化，勤奮工作，書寫人生輝煌篇章，也同時推動整個民族文化向前發展。2月15日，行政長官夫人董趙洪娉主持歡送儀式。2月18日，該項活動之一"邁向新世紀中華青年研討會"在北京人民大會堂舉行。陳方安生、共青團中央書記處第一書記周強等和海內外中華青年共1500多人出席。2月20日，5000多名來自全球各地的中華兒女匯聚萬里長城，共同舞動1萬英尺、重1.446萬多公斤的金色巨龍，打破了原有的5550英尺長龍的健力士世界紀錄。

◆ 律政司司長梁愛詩出席國際仲裁中心國際仲裁日研討會時表示，2000年2月1日起，實行內地與香港相互執行商業仲裁裁決的協議，相信將會有更多公司尋求香港國際仲裁中心的協助，以排解商業糾紛。終審法院首席法官李國能在同一場合也表示，自1997年7月1日香港回歸祖國後，紐約公約不再適用，雖然期間內地與香港透過特別安排，繼續以紐約公約的原則處理內地與香港商業仲裁相互執行的問題，但在沒有明確法律條文下，不免讓人擔心。現在內地與香港簽定的協議和紐約公約大致相同，故大家已經有長期執行的經驗，不會因相互的司法制度不同而出現執行困難。因此，法例的生效，將有助香港發展成為國際仲裁中心。國際律師公會仲裁部主席李高登表示，過往的確有部分外國公司擔心香港的司法制度將不能維持獨立性，不過他相信，在香港和內地達成國際仲裁協議後，有部分個案將會由新加坡轉返香港進行仲裁。根據《仲裁條例》，現時共有接近 150 個認可的內地仲裁機構。

◆ 根據《電子交易條例》設立的"核證機關自願認可制度"今日生效。核證機關可自願向資訊科技署署長申請為政府所認可，其發出的數碼證書也可申請為獲認可數碼證書。

◆ 立法會法律小組委員會審議《1999 年法律適應化（第 9 號）條例草案》。法案處理 14 條與隧道及道路有關條例的適應化工作。特區政府建議，將原有法例部分"官方"改為"國家"，以使中央駐港機構與特區政府一樣，在車輛使用上不用購買第三者保險；在執行與隧道有關職務時，毋須繳付隧道費。特區政府解釋，以往英國政府駐港機構，如商貿專員公署亦獲得豁免。但該委員會主席吳靄儀表示要提出修訂，撤銷法案賦予中央駐港機關毋須為車輛購買第三者保險與繳交隧道費的權利。在議員一致反對下，特區政府最終同意修訂法案，將兩項豁免權利剔除。但重申不會改變看法，稍後會將兩項適應化建議透過一條新法案提交立法會審議。

◆ 立法會財務委員會通過從 2000 年 4 月 1 日起，削減新入職公務員薪酬 3%－30% 的建議。預計每年可節省 1.8 億港元。

2 月 19 日

◆ 中央軍委副主席、國防部部長遲浩田在廣州軍區司令員陶伯鈞的陪同下到解放軍駐港部隊深圳基地視察。遲浩田聽取了工作匯報並表示，香港回歸兩年多來，駐港部隊堅決貫徹執行黨中央、中央軍委的指示，堅持把思想政治建設擺在首位，堅持依法履行防務職責，依法從嚴治軍，大力加強部隊全面建設，各項任務都完成得很好，在香港和世人面前展示了我軍威武文明之師的良好形象，為實踐"一國兩制"偉大構想作出了積極貢獻。駐港部隊和駐澳部隊所作出的歷史性貢獻，將永遠銘記在中國人民解放軍的光輝史冊上。

2 月 20 日

◆ 前港督衛奕信接受記者採訪時表示，香港回歸後，中國政府嚴格遵守其承諾，使中英關於香港問題的聯合聲明中所規定的原則得到了完全實施。中國已故傑出領導人鄧小平提出的"一國兩制"構想在香港得到了成功實踐，並為解決歷史遺留問題提供了可借鑒的寶貴經驗。香港特區政府能夠獨立地制定當地的經濟和文化政策，並將香港管理得井井有條，工作很有效率。香港雖然遭到亞洲金融危機的巨大衝擊，但特區政府迅速作出了反應，表現非常傑出。他對香港的未來充滿信心。

2月21日

◆ 策略發展委員會發表香港長遠發展策略大綱《共瞻前景 齊創未來》，對香港的定位及未來 30 年發展目標作出規劃建議，提出四大策略重點：香港必須加強與內地聯繫、增強競爭力、提升生活素質及確立本身的特色和形象，推動香港成為亞洲首要國際都會和中國的主要城市。

◆ 董建華在策略發展委員會舉辦的"共瞻遠景、齊創未來 —— 香港長遠發展需要及目標"論壇的開幕禮致詞時表示，把香港發展成為亞洲的世界級大都會，猶如美國的紐約或歐洲的倫敦，就必須努力落實多項長遠目標。其中之一，是確保政制發展進程切合香港社會需要和期望，並符合基本法所訂的進度和有關規定。

◆ 策略發展委員會委員胡應湘在上述論壇上表示，香港 2007 年全面直選可能使香港經濟衰退十年。

◆ 禁毒專員盧古嘉利表示，數據顯示香港已不再是毒品轉運中心，但美國仍將香港歸入毒品轉運中心名單之列，針對這情況香港將加強解釋工作。另外，特區政府將會成立一個跨部門的特別工作小組，負責就濫用精神科藥物的問題研究執法、教育及預防等相關政策及工作。警務處毒品調查科總警司表示，從 1992 年開始經香港轉運毒品的情況已有改變，因為毒品原產地提煉毒品的能力已增強，交通運輸設施日益發達，所以無需經過香港作轉運。目前香港有 99% 的毒品是供本地市場之需。

2月22日

◆ 行政長官會同行政會議通過讓越南難民和船民融入本地社會計劃，容許 1400 名越南人申請在香港定居，以解決越南難民和船民遺留問題。

2月23日

◆ 政務司司長陳方安生就行政長官與終審法院首席法官的會面問題書面答覆立法會議員時表示，香港終審法院條例第 6（2）條訂明，終審法院首席法官是司法機構之首，負責司法機構的行政管理。司法機構政務長負責向終審法院首席法官提供行政支援。行政長官與終審法院首席法官的會面，使行政長官能更深入地瞭解司法機構所關心的事宜。香港的司法機構在國際間享負盛名。司法獨立是維護法治的中心要素，受基本法所保障及為特區政府所貫徹奉行。1月5日，陳方安生曾書面回覆議員提問稱，過去一年，行政長官與終審法院首席法官會面四次。並稱回歸前港督與香港最高法院首席大法官每年也會面數次。

◆ 立法會通過《地下鐵路條例草案》，就地下鐵路公司部分私有化訂定條文。

◆ 美國交通部（香港稱"運輸部"）部長羅德內·斯拉特（Rodney E.Slater）在香港美國商會舉行的歡迎午餐會上建議，美國與香港有需要檢討雙邊航空協議，就改善雙方關係、擴展兩地的航空服務進行持續商討。並認為，如果香港與美國建立"開放天空"關係，將會對雙方帶來好處。

2月24日

◆ 吳光正在香港《信報財經新聞》發表文章，認為"香港的成功興旺有賴各方均衡參與，2004年後立法會的直選與功能組別議席各30，這個平穩可確保'大不能欺小'、'免稅的不能欺負納稅

人'"。"基本法訂明50年不變，無可否認功能組別在香港社會存在已久，一直給予交稅的少數一族政治代表權，也是香港原有制度重要一環"。

◆ 立法會通過《交易所及結算所（合併）條例草案》。曾蔭權指出，這是香港金融發展的里程碑。

2月27日

◆ 香港新聞工作者聯會、香港新聞行政人員協會、香港記者協會和香港攝影記者協會聯合召開新聞發佈會，提出《新聞從業員專業操守守則》討論稿，徵詢各界意見。

◆ 台灣"經濟部"公佈的對外投資調查報告顯示，目前仍在台灣島外投資營運的台商中，9.4%投資於香港，居第三位。其中超過四成在港台商有贏利，贏利面較在首二位投資地中國大陸和美國的台商為高。

2月29日

◆ 中國外交部發言人就美國國務院《人權報告》對香港人權狀況的指責發表評論時表示，香港回歸後，在基本法的保障下，廣大港人繼續享有廣泛的人權、民主和自由，這是國際社會普遍承認的事

實。美國國務院《人權報告》無視事實，對香港人權狀況進行指責是毫無道理的，香港特區政府和各界人士紛紛對此提出批評。

◆ 董建華在《星島日報》和《英文虎報》合辦的"香港傑出領袖選舉"中繼 1996 年之後再次獲獎。他在一個晚宴上接受該獎項並以"知識型經濟體系的機遇"為題發表演說，表示特區政府會發揮領導角色，致力引進由創新科技帶動的知識型經濟，並會竭力協助每一個人攜手並進。

◆ 盈科數碼動力擊退新加坡電信，成功收購英國大東電報局控制下的香港電訊，涉及資金高達 360-380 億美元，成為香港歷來最大規模收購戰的得勝者。收購後的新公司市值約 700 億美元，盈科數碼動力將成為單一的最大股東。

◆ 新華通訊社報道，公安部出入境管理局近日發出通知，決定自 3 月 1 日起在全國公安機關出入境管理部門實施《內地居民赴港澳地區探親審批管理工作規範》。

◆ 聯合國人權事務高級專員羅賓遜夫人（Mary Robinson, 港譯：魯賓遜夫人）取道香港前往北京出席亞太人權研討會。這是她主管聯合國人權事務後，首次

訪港。董建華會見她時表示，基本法在憲法上確保了《公民權利和政治權利國際公約》及《經濟、社會與文化權利的國際公約》適用於香港的有關規定繼續有效。《香港人權法案條例》讓公民權利公約成為本地的法律，直接在香港予以實施。這些均為保障人權的工作建立穩固的基礎。董建華介紹了香港的最新發展，包括成功落實"一國兩制"，依循基本法的規定安排各項選舉。羅賓遜夫人稱，香港有保障人權的機制，但亦有可能被侵蝕，因此有必要成立一個獨立的人權組織，推廣和保障香港的人權。她又稱，香港是一個可以容納不同聲音的開放民主社會。

3月1日

◆ 政制事務局局長孫明揚在立法會會議上表示，特區政府會制定有關在 2002 年舉行的第二任行政長官選舉的法例，並在 2001 年中提交有關條例草案予立法會審議。對於在 2000 年中為第二屆立法會選舉組成的 800 人選舉委員會，會否是在 2002 年負責選出行政長官的選舉委員會，孫明揚表示，已知悉基本法的有關寫法，但特區政府目前尚未有任何的定論。

◆ 庫務局局長俞宗怡以書面回覆立法會議員提問時表示，特區政府在各部門實

施的資源增值計劃，在 1999/2000 年度共節省 8.18 億港元。

◆ 克林頓向國會提交的《國際毒品管制策略報告》，確認香港是與美國在打擊毒品方面高度合作的地區，也認同香港在執法及立法等方面打擊清洗黑錢均不斷進步。目前，香港特區與美國政府已簽訂司法互助協定、移交逃犯協定及移交被判刑人士協定三份協議以加強雙邊執法合作。

3月2日

◆ 路政署宣佈批出合約，就 10 號幹綫（北大嶼山至元朗公路）包括青龍大橋的一段道路的設計及建造進行顧問研究。

3月3日

◆ 特區政府宣佈成立香港申辦 2006 年亞運會委員會。委任陳方安生為主席、霍震霆為副主席。

◆ 香港海關與國家海關總署在香港簽署《合作互助安排》。主要內容是在打擊走私活動、非法販運毒品和保護知識產權上加強合作。

3月4日

◆ 國家主席江澤民、全國政協主席李瑞環看望出席九屆全國政協三次會議的

港澳特區全國政協委員並參加了委員們的聯組會，分別作了重要講話。聯組會由霍英東主持，錢其琛和全國政協副主席葉選平、王兆國、馬萬祺等參加。

◆ 台灣 "內政部入出境管理局" 宣佈，從 3 月 6 日起向申請赴台的港澳居民增加核發一年有效期多次入出境許可證。持證者在有效期間可入出境 20 次。

3月5日－3月6日

◆ 董建華赴北京列席九屆全國人大三次會議開幕大會。3 月 6 日，江澤民、錢其琛分別會見董建華，並作重要講話。

3月6日

◆ 中央政府駐港聯絡辦主任姜恩柱在九屆全國人大三次會議香港特區代表團討論發言表示，近三年來的實踐使人們清楚地認識到，堅持 "一國兩制"，首先要求 "一國" 之同，也要存 "兩制" 之異。只有在維護國家主權的原則下，才能實行 "兩制" 並存並長期保持不變，也才能真正實現 "港人治港"、高度自治。而 "兩制" 並存，發揮各自的優勢，符合國家的整體利益，符合包括香港同胞在內的全國人民的願望。" 國兩制" 充分顯示出 "海納百川，有容乃大" 的包容性和博大氣

派，給香港帶來了莫大的好處。

　　◆香港交易及結算所有限公司（簡稱"香港交易所"）成立。標誌着香港聯合交易所有限公司、香港期貨交易所有限公司和香港中央結算有限公司的合併正式完成。曾蔭權形容這是特區致力成為亞洲主要證券及期貨市場的里程碑。

　　◆國際貨幣基金組織發佈《工作人員報告》。報告預期香港經濟將會強勁復甦，並把對香港下年度本地生產總值增長預測調高，由原來預測增加 3.5% 調高至 4.3%。報告認為，香港經濟能成功扭轉逆境，歸功於當局經濟管理技巧卓越、決策具公信力，以及經濟體系靈活應變的特性。基金組織表示，1998 年 8 月特區政府在港金融市場入市行動的成功使市場恢復穩定，而這次行動帶來的不良後果亦較預期為小。基金組織對盈富基金的成功推出表示歡迎。曾蔭權表示，"基金組織的正面評價，表明基金組織支持香港特區政府的宏觀經濟政策。"任志剛表示，"基金組織繼續支持聯繫匯率制度，為香港的基本貨幣政策提供強大支持。很高興基金組織對香港銀行體系的穩健性以及銀行業改革計劃的正面評價。"

3月7日

　　◆全國人大常委會委員長李鵬參加出席九屆全國人大三次會議香港特區代表團全體會議，並作重要發言。

3月8日

　　◆國家主席江澤民參加九屆全國人大三次會議香港特區代表團的討論，並作重要發言。

　　◆財政司司長曾蔭權在立法會發表題為《增值創富　節流裕民》的 2000/2001 年度特區政府財政預算案。

3月9日

　　◆全國人大常委會法工委主任顧昂然在九屆全國人大第三次會議上就《立法法（草案）》作說明時表示，香港特區基本法的修改和解釋不在立法法的適用範圍之內。

　　◆中央政府駐港聯絡辦主任姜恩柱在九屆全國人大三次會議香港特區代表團討論發言時表示，香港回歸祖國後，由於實行"一國兩制"，香港特區不實行人民代表大會制度。在"一國兩制"條件下，港區全國人大代表如何發揮作用，這是一個全新的課題，需要不斷探索並且加以完善。李鵬委員長在全國人大常委會工作報

2000 年 3 月 7 日，全國人大常委會委員長李鵬參加出席九屆全國人大三次會議的香港特區代表團全體會議，與代表們一起審議政府工作報告。

告裡對港區全國人大代表的工作給予了充分的肯定和很高的評價，對我們進一步探索港區全國人大代表今後如何發揮作用問題，具有重要的指導意義。會後姜恩柱回應提問時表示，全國人大常委會辦公廳委託中央政府駐港聯絡辦負責聯繫港區全國人大代表的工作，為港區全國人大代表提供服務。中央政府駐港聯絡辦會進一步研究如何改進這項工作。

3月10日

◆ 全國政協辦公廳、中共中央統戰部在北京釣魚台國賓館舉行宴會，招待出席全國政協九屆三次會議的香港、澳門特區全國政協委員。李瑞環、錢其琛、葉選平、王兆國、陳俊生、霍英東、馬萬祺、趙南起等出席。葉選平致詞。

◆ 行政長官發佈《1997 年公務人員（管理）命令 2000 年（修訂）令》。

◆ 董建華在禮賓府宴請各區議會主席。董建華表示，區議會是地區層面上的主要諮詢組織，也是特區政府與市民的重要溝通橋樑。特區政府各部門會加強與區議會的溝通，積極就地區事務諮詢區議會的意見，務求使特區政府的政策更能切合市民的需要。他鼓勵區議會主席致力促進地區建設和發展，並承諾將逐步落實加強

區議會職能的措施。

◆ 公務員事務局局長林煥光表示，公務員新的紀律處分機制將於 4 月 17 日起實施，當局將成立一個中央獨立秘書處，集中處理所有紀律個案，並精簡紀律處分的程序。

◆ 港區全國人大代表吳康民、王敏剛分別向九屆全國人大三次會議議案組提交了各自的議案。這是香港特區成立後香港代表團首次向大會提出議案。

3月11日

◆ 全國人大常委會法工委副主任喬曉陽在九屆全國人大三次會議舉行的記者招待會上就基本法第 23 條立法問題表示，"根據基本法的規定，第一，香港特區必須進行立法，因為這是屬於執行基本法，如果不立法，就是沒有執行基本法。第二，立法需要時間，有一個過程，什麼時間立法，應讓香港特區政府來決定，但是不能不立法。"關於香港特區就香港基本法第 23 條自行立法需不需要徵詢中央政府的意見，喬曉陽表示，"應當是特區自己來立法。但是因為基本法第 23 條的內容涉及的是國家的主權和領土完整，因此，如果特區要向中央徵求一些意見，也完全是情理之中，無可非議的事情，是很

合情合理的。"並表示,香港基本法第159條明確規定,其修改權屬於全國人大,修改的提案權屬於全國人大常委會、國務院和香港特區。香港特區怎樣提出基本法的修改案,也規定了明確的程序。從香港回歸兩年多的實踐來看,基本法符合香港的實際情況,是香港穩定繁榮的一個強大保障。至少,目前看不出來有哪些地方需要修改。

◆ 九屆全國人大香港特區代表團副團長譚惠珠表示,代表團就港區全國人大代表的職能達成四項共識:(1)港區全國人大代表個人與團隊兩種名義應該有所區別。代表的個人身份不能夠有效向全國人大提案,無法律上效力,也沒有特殊地位,因此,發表個人意見是不會干預特區政府的工作。回顧過去,從未發生這類事情;(2)港區人大代表作為香港居民,在香港享有言論自由,什麼都可以談。部分代表在沒有其他名銜的情況下發言被傳媒冠以人大代表職銜,此類情形非個人所能夠控制;(3)港區全國人大代表的職權以基本法及代表法等法律為依據,包括審議國家的法律草案、視察、討論國家事務等;(4)每一位港區全國人大代表同時作為香港居民,都應積極參與香港的社會事務並繼續發揮重要作用。

◆ 立法會通過《1999年教育(修訂)條例草案》,規定資助學校教員除獲教育署署長特別批准外,必須於60歲退休。在審議階段,民主黨議員司徒華提出將草案適用範圍擴大至直接資助計劃學校的修正案,被范徐麗泰裁定違反《立法會議事規則》,不可在立法會提出。

◆ 特區政府宣佈成立香港國際主題公園有限公司董事局,委任財政司司長為董事局主席。

◆ 經濟局局長葉澍堃在立法會回答議員提問時表示,香港1999年共處理1610萬個標準貨櫃箱,較1998年增加10%。

◆ 署理保安局局長黃鴻超在書面答覆立法會自由黨議員楊孝華的提問時披露,按照香港基本法第24條第2款第(4)項有關香港特區永久性居民的規定,由香港回歸至2000年3月2日,共有33468名外籍人士根據有關規定確立其居留權而獲發香港永久性居民身份證。這些人士包括英國6609人,印度5311人,菲律賓3592人,泰國3529人,以及來自巴基斯坦、印度尼西亞、日本、美國、韓國、澳大利亞等。

3月16日

◆ 行政長官辦公室新聞統籌專員林瑞麟在新聞簡報會上回應記者提出有關對台灣地區領導人選舉的態度立場時表示，"如何解決台灣問題，屬於中央政府處理的事務。香港特區政府一向都支持按照'一國兩制'的原則來達成國家的統一。特區政府的責任是在香港貫徹落實'一國兩制'，並且確保'一國兩制'在香港繼續成功。希望香港的經驗對國家的統一有幫助及作出貢獻"。

◆ 房屋委員會建築小組委員會決定把沙田兩棟樁柱不符標準的居屋樓宇拆卸。

◆ 高等法院首席法官陳兆愷與上訴法庭副庭長梅賢玉和法官胡國興一致准許特區政府就坑口布袋澳村及八鄉石湖塘村代表選舉案上訴申請，終審法院將排期審理。

◆ 高等法院上訴法庭就謝曉怡、談雅然、陳偉華等三名港人在內地領養子女案裁定：推翻原訟法庭判決。港人在內地領養子女不能擁有香港居留權。特區政府發言人表示歡迎判決。並表示連同該案三名小童在內，現時共有 22 名港人在內地領養的小童逗留在港，入境事務處將安排遣返他們。

3月17日

◆ 民政事務局向立法會司法及法律事務委員會提交的文件表示，特區政府已在 1999 年中向中央政府提供有關《個人資料（私隱）條例》的資料，其後也進一步向中央政府介紹及解釋了條例中的重要條文。

3月18日

◆ 香港特區政府就台灣地區領導人選舉結果發表聲明表示，"身為中國人，我們都應朝着國家統一的目標繼續努力"。中華旅行社代總經理鍾榮銓表示，台在港機構遵循行政中立原則，不論誰上台，其職能和人員都不會受影響；並強調"絕對反對台獨"。在台灣地區領導人選舉期間，香港民主黨、自由黨、民主民生協進會、前綫、民權黨、公民力量等負責人均率團赴台考察，"陸委會"共接待了 13 個香港團體共 249 人。

3月18日－3月26日

◆ 香港特區政府駐京辦在天津舉辦首個大規模宣傳推廣香港活動"天津香港周"。展示香港回歸後按照基本法貫徹落實"一國兩制、港人治港"的情況，召開商貿研討會，舉行大型綜藝晚會和京劇交流會。

◆ 政制事務局局長孫明揚以書面回覆立法會議員的提問時表示，特區政府與中央政府及其他內地部門之間進行的官式交流活動，主要分為兩類：第一類屬於一般交流和禮節性拜訪；第二類屬會議、業務交流和培訓課程等。根據該局的紀錄，在本財政年度的首三季內，內地部門與特區政府間的官式互訪活動合共 2024 次。其中，特區政府有 1213 個訪問團訪問內地（屬第一類交流活動的有 152 個，屬第二類交流活動的有 1061 個）。而中央政府和其他內地部門方面，有 811 個訪問團來香港（屬第一類交流活動的有 330 個，屬第二類交流活動的有 481 個）。

◆ 香港特區政府駐京辦主任梁寶榮以書面答覆立法會議員提問時表示，1999年，香港特區政府駐京辦與大約 30 個中央部委和 30 個內地省、市、自治區的政府駐京辦建立了聯繫。截至 2 月底，香港特區政府駐京辦共收到 157 宗香港居民求助個案和 121 個公眾查詢。在處理求助個案方面，基於"一國兩制"的原則，特區不干預涉及內地行政或司法的事務，因此，香港特區政府駐京辦扮演一個轉介

和提供申訴渠道資料的角色。

◆ 中央政策組舉辦題為"環保產業，商機共享"研討會。出席研討會的講者包括來自美國、香港的政府官員、學者和企業家。

◆ 政府統計處首次發佈一套完整的香港對外直接投資及香港外來直接投資統計數字。截至 1998 年底，以市值計算的香港向外直接投資總值，為 1.7344 萬億港元，為當年本地生產總值 137%。而同年外來直接投資總值為 1.744 萬億港元，相當於該年度本地生產總值的 138%。數字反映香港是一個高度外向型的經濟體系，及在地區內擁有龐大跨地區投資流動的重要商業中心。其中，截至 1998 年底，香港對內地的直接投資為 5477 億港元，而內地在港直接投資有 2137 億港元。

◆ 港九工團總會主席李國強表示，該會執委舉行會議通過兩個決議，一是繼續支持國民黨，並呼籲國民黨邀請宋楚瑜返回，以避免黨內進一步分裂；二是呼籲民進黨不要放棄香港事務，繼續派駐熟悉香港事務人員來港工作。

3月22日

◆董建華在禮賓府設酒會慶祝法律改革委員會成立二十周年。他表示，要保持法治制度健全，最為重要的是香港的法律須能配合社會和經濟的發展，以乎市民不斷轉變的期望。

3月22日－3月24日

◆民進黨前主席許信良應香港兩岸關係促進會邀請來香港參加一個研討會期間表示，"世界新秩序要求確認一個中國的原則，台灣沒有能力對抗全世界"，"台灣只有按一個中國的原則來處理兩岸關係，才有前途"。如果陳水扁一味堅持"一個中國"只是談判議題而不是前提，那麼兩岸仍有開戰的可能，民進黨必須調整大陸政策立場。

3月23日

◆董建華在香港工業總會成立四十周年晚宴上發表演講指出，香港經濟正經歷第三次歷史性轉捩點，即香港因應亞洲金融風暴、全球經濟一體化的重大衝擊以及科技應用對企業造成的一些我們尚未徹底摸透的影響，開始作出所需的經濟調整。唯一出路就是：善用創新科技，走向知識型經濟。創新科技是推動香港在 21 世紀

持續發展的動力。

◆財政司司長委任周梁淑怡為香港旅遊協會主席，2000 年 4 月 1 日起生效，任期兩年。

3月25日

◆一國兩制研究中心舉辦政制未來檢討研討會。邀請近百名商界及專業界人士出席、董建華擔任主講嘉賓。出席者有陳啟宗、郭炳聯、吳光正、蔣震、查良鏞、劉兆佳、李明堃、黃紹倫等人士。與會者普遍對立法會逐步增加直選表示憂慮。輿論認為，有眾多商界人士參與本港政制問題，為近年所罕見。

◆光華新聞文化中心主任江素惠表示，該中心和中華旅行社、遠東貿易服務中心、台北貿易中心等是"中華民國政府"的機構，並非國民黨的機構，在台灣新領導人上台後仍會照常運作。

◆入境事務處發言人宣佈，由 4 月 1 日起，將停止簽發澳門居民旅遊香港許可證（多次有效）。這種許可證是簽發給持有澳門身份證達兩年及無有效旅行證件的澳門中國籍居民，作為前往香港旅遊的證件。此證持有人每次訪港，通常可獲准逗留 14 天。自澳門回歸後，上述澳門居民可向澳門特區身份證明局申請"澳門居民

往來香港特別行政區旅遊證"。由於上述兩種旅遊證件的功用及入境待遇相同，因此停止簽發澳門居民旅遊香港許可證。

3月26日

◆ 中央政府駐港聯絡辦副主任劉山在接受中新社記者專訪時表示，更加開放的內地，在給香港帶來無限機遇的同時，也給香港帶來了挑戰，主要有三點：一是中國內地發達地區的直接對外，特別像上海、廣州、北京這樣的大城市；二是WTO倡導的公平競爭，使港人喜歡的優惠政策、吃偏飯的時代一去不復返；三是將面臨世界跨國公司的競爭。

◆ 譚惠珠在出席一個研討會時表示，特區政府應立法規限香港政治團體與台灣政治團體建立聯繫。特區政府有責任維護國家統一和領土完整，不論破壞力量來自國外或香港以外的地方，都應對其作出規限。

◆ 約 1800 名社會工作者與市民遊行，抗議特區政府向資助機構推行一筆過撥款計劃。

3月27日

◆ 應用研究局宣佈，委任軟庫亞科網投資管理有限公司為基金經理，負責管理應用研究基金 2.5 億港元。應用研究基金總額為 7.5 億港元，是特區政府的創業資本基金，用以資助香港的科技開發項目。自 1998 年 11 月起，這個基金外判予私人創業資金公司管理。

3月28日

◆ 特區政府宣佈成立跨部門電腦罪行工作小組，主要加強執法機構對付電腦罪行的架構和環境。

◆ 金融管理局宣佈，截至 1999 年 12 月底，香港外匯基金資產值達 1.0144 萬億港元，較上年增加 10.1%。

◆ 總部設於瑞士日內瓦的國際機場委員會所發表的年度全球機場交通報告顯示，香港赤鱲角機場在 1999 年處理的總貨運量在全球 600 個機場中由第四位躍升至第二位，貨運量高達 200 萬公噸，比 1998 年上升約兩成。報告又表示，香港赤鱲角機場入選全球客運量最高的 30 個機場，排行第 23 位，為亞洲區內第 3 個能入選 30 名以內的機場。香港機場管理局統計數字顯示，1999 年，在香港使用機場出入境的人數達 3030 多萬人，比 1998 年上升約 6%。

3月28日－3月30日

◆ 香港總商會副主席蔣麗莉等 29 人組團訪問台灣，與當地的工業總會舉行第十屆"台灣經貿聯席會議暨台港經貿合作研討會"。民進黨"中國事務部"主任顏萬進在工業總會舉辦的歡迎晚宴上表示，不應該、也不會因為政黨輪替，就推翻台港經貿互動原有的基礎；未來台港經貿政策仍在中國大陸政策架構下，基本上會根據"港澳關係條例"。

3月29日

◆ 審計署發表第 34 號報告書，公佈 1999 年 10 月至 2000 年 2 月間完成的衡工量值審計結果。報告書批評路政署、拓展署、民政事務總署、破產管理署、公務員事務局和司法機構等部門監管不足，造成浪費，並針對不足提出多項建議，希望特區政府部門在衡工量值方面能達至更佳的成效。

◆ 郵政署宣佈，香港郵政與中國郵政合作，從 3 月 30 日起推出香港與內地雙向郵政匯款服務。香港的顧客可以在香港任何一間郵政局匯款到中國內地，收款人可以在內地逾五萬間郵政局把匯票以人民幣兌付，或者在指定的 232 間郵政局兌付美元。

3月29日－4月1日

◆ 保安局局長葉劉淑儀率團訪問北京。與國務院港澳辦、司法部、公安部及最高人民檢察院官員會面，就內地與香港在移交逃犯、被判刑人士及為在內地被拘留的香港人設立通報機制等事宜交換意見。

3月30日

◆ 國務院副總理錢其琛在北京會見香港島各界聯合會代表團時表示，港台經貿關係今後還會進一步發展。閩台部分港口之間的"小三通"，不會削弱香港在海峽兩岸間所擔當的重要角色。

◆ 董建華出席香港報業公會主辦的"1999 年度最佳新聞寫作及圖片比賽"頒獎典禮時致詞表示，報紙固然要爭取社會更大的認受，以獲得較多銷量，但長遠而言，追求卓越，提高素質，才能充分滿足社會的要求。報紙是社會公器，負有社會責任。"鐵肩擔道義，妙手著文章"，正好形容受大家敬重的報人風骨。應該承認，過去一段時間以來，公眾對香港報界的一些現象是不滿意的。有時候，報紙上刊登的一些內容極不負責任，任意歪曲，使當事人蒙受損失；有時不理會已經遭受不幸者的處境，侵犯隱私；甚至販賣色情、渲染暴力。雖然這些做法並非遍及大多數報章，卻已足夠引起社會人士深切關注。他殷切期望香港新聞界能夠加強專業操守，真正做到自律，讓廣大讀者能夠滿意。

3 月 30 日－3 月 31 日

◆ 廉政公署及公務員事務局合辦"迎挑戰、創優勢、誠信領導新紀元"會議。特區政府有 15 個政策局、69 個部門及 280 間私營機構共 1000 名代表參加。內地及海外有 20 個機構的代表也參加了會議。與會代表共同探討公營及私營機構如何在面對新世紀的同時，貫徹執行誠信管理的原則。董建華主持會議揭幕禮並致詞表示，特區政府有決心根絕貪污之風，防止貪污分子作惡。

3 月 31 日

◆ 特區政府宣佈，把西貢海下灣一幅約為 1170 平方米的土地，批予世界自然（香港）基金會發展海洋生物中心。

◆ 特區政府宣佈，再度委任梁錦松為教育統籌委員會主席，任期兩年。

◆ 特區政府宣佈，委任規劃地政局局長為城市規劃委員會主席、規劃署署長為副主席，任期兩年。

4 月 1 日

◆ 董建華在特區政府律政司與香港大學法學院聯合舉辦的紀念基本法頒佈十周年研討會發表演講表示，要成功實踐"一國兩制"，我們必須要清楚認識"一國"和"兩制"的含義以及妥善處理兩者之間的關係。香港特區是根據《中華人民共和國憲法》第 31 條而成立的特別行政區，我們要清楚認識香港特區在國家憲法中的地位，以及中央政府與特區政府的相互關係。基本法是"一國兩制"的法律基礎。它不僅是香港特區的憲制性法律，同時也是全國性法律，在全國所有地區都具有法律效力。基本法規定香港特區保留原有的普通法制度，與內地實行的大陸法完全不同，基本法正是兩套不同法律制度的界面。我們在認識香港特區法律之同時，亦應該加深對內地法律制度的瞭解。由於"一國兩制"是前所未有的新理念，並沒有先例可循。在實施基本法的初期，不免會遇上需要解決的問題。政府會細心聆聽各方面不同意見，認真地總結經驗，配合新思維去努力探索"一國兩制"新道路，致力全面實施基本法。

◆ 全國人大常委會法工委副主任喬曉陽在同一研討會發表演講指出，關於基本法解釋問題應明確五點要義：第一，解釋權屬於全國人大常委會，這是我國的憲法制度。如果全國人大常委會作出解釋，香港特區法院在引用該條款時，應以全國人大常委會的解釋為準，這是"一國"的體現和要求；第二，授權香港法院解釋而不是分權，全國人大常委會並不因此項授權而喪失解釋權。授權香港法院解釋，是為了更好地實行"兩制"；第三，除了依法應提請全國人大常委會解釋的情況外，香港特區法院在審理案件時對案件涉及的基本法條文都可以進行解釋；第四，全國人大常委會解釋基本法，只限於明確法律條文的界限和內容，不涉及具體案件的審理；第五，全國人大常委會在對基本法解釋前，須徵詢其所屬的由內地和香港各六位委員組成的香港特區基本法委員會的意見。這五條基本體現了在基本法解釋問題上如何正確理解和處理"一國"與"兩制"的關係。一方面，全國人大常委會既已授權，就相信香港特區法院會嚴格按照基本法的立法原意進行解釋，保證基本法的正確實施。全國人大常委會不會也沒有必要頻繁地對基本法進行解釋；另一方面，即使今後全國人大常委會依照基本法規定再對基本法作解釋，大家都能以一種平常心來對待，因為這本來就是實行"一國兩制"其中應有之義。關於第二屆立法會和行政長官的選舉委員會是一個還是兩個，喬曉陽表示，基本法已有規定，香港基本法附件二的選舉委員會（選舉第二屆立法會議員）就是附件一的選舉委員會（選舉行政長官）。

◆ 基本法推介聯席會議主辦的"一國兩制的歷史意義及國際意義 —— 紀念基本法頒佈十周年研討會"在港舉行。董建華、王鳳超、喬曉陽、政府主要官員和香港、內地、國外法律學者及各界人士數百人出席。

◆ 中國人民大學與香港城市大學共同主辦的紀念香港特區基本法頒佈十周年學術研討會在北京舉行。國務院法制辦副主任曹康泰和內地、港澳地區法律專家、學者等出席。

4月2日

◆ 匯豐控股有限公司斥資 819 億港元全面收購法國商業銀行。

4月2日－4月10日

◆ 董建華訪問加拿大和美國。分別會見了克雷蒂安總理和克林頓總統、奧爾布賴特國務卿及多位美國參眾兩院議員，並出席多個宴會發表演講。重點介紹香港回歸中國以後的情況、闡述中國加入世貿給美國商界帶來的機會、呼籲美國國會給予中國永久性正常貿易關係地位，並強調"一國兩制"行得通，"希望更多台灣人來香港看一看，我們怎樣行得通"。

4月3日

◆ 香港《紫荊》雜誌發表姜恩柱紀念基本法頒佈十周年的文章，強調必須堅決維護基本法的權威。基本法實施過程中出現的一些問題有待研究解決，基本法應當而且必須保持穩定性，不能輕言修改。必須努力創造有利的社會氛圍和條件，以廣泛進行基本法的宣傳、普及工作，使香港市民都能瞭解、掌握和運用基本法。

◆ 香港青年界紀念基本法頒佈十周年圖片巡迴展開幕，姜恩柱、梁愛詩、王鳳超和陳兆愷等出席並主禮。同日，由香港青年會、港島各界聯合會及港島四區民政事務處聯合主辦的紀念基本法頒佈十周年大型圖片展在中銀大廈展覽廳開幕。4月8日，民政事務局開始一連六個月，在全港六大屋邨商場舉行推廣基本法巡迴展覽。

4月4日

◆ 台灣"交通部"民航局公佈，台灣機場在1999年的對外航綫客運量，以來

往香港的旅客最多，達590萬人次，較上年增10.9%。

4月5日

◆ 政務司司長陳方安生在立法會宣佈，鑒於近期出現多宗建造工程不合規格的嚴重事件，政府決定委任一個以唐英年為主席的建造業檢討委員會，負責在九個月內全面檢討建造業的情況及改良業界的運作，並於2000年年底向行政長官提交報告。

◆ 立法會以48票贊成、3票反對，通過2000/2001年度政府財政預算案並通過《2000年撥款條例草案》。

4月7日

◆ 特區政府宣佈，行政會議通過公務員新入職制度及附帶福利方案。按新方案，新入職公務員必須經六年時間觀察，才可轉為長期聘用，以及享受與私營機構大致相同的福利。

4月8日

◆ 特區政府發言人發表聲明指出，特區政府支持根據一個中國原則和"一國兩制"達成國家統一。行政長官在華盛頓發言中表明，在一個中國的原則下，談判可

以開始，希望台灣領導人會朝着這方向處理問題。香港與台灣的情況和背景有別，所以在"一國兩制"的原則下，"台灣的制度"和"香港的制度"不一定是完全一樣的。

◆ 律政司司長梁愛詩在香港電台節目"香港家書"中表示，基本法是一部憲制性法律，關乎香港的根本，與所有國家的憲法一樣，講求穩定性及可預見性，為了照顧社會急速發展的需要，基本法根本不可能寫得太詳細。具體化的規定，要靠一般法例補充，基本法是骨骼，而法例是血和肉。法例可以依照社會的發展修改，但不能脫離基本法的框架。基本法的解釋，不能單看條文的表面，還要研究立法原意。眾多圍繞基本法的訴訟，正是香港新憲制秩序建立初期必經的融合階段，是基本法條文生命力充沛的表現。香港司法及法律界在訴訟中積累的經驗及認知，將會是基本法法理探討進一步完善的基礎。

4 月 10 日

◆ 政務司司長陳方安生在政制事務局和新聞處聯合舉辦的"基本法頒佈十周年紀念巡迴展覽"開幕典禮上表示，特區政府在 2000 年將會舉辦一連串活動，以紀念基本法頒佈十周年。她還說，"基本法是否能夠繼續在香港落實，中央政府的支持是不可缺少的，但關鍵是香港人自己是否能夠真正體會高度自治的意義，及利用基本法賦予香港的特殊地位，保持香港的優勢。"

4 月 12 日

◆ 中央政府駐港聯絡辦副主任王鳳超出席香港新聞工作者聯會主辦的"一個中國原則與台灣問題"講座時表示，當前香港有三個新聞熱點問題。第一個問題：關於徐四民就香港某傳媒專訪呂秀蓮問題的講話。作為一個港人、資深的新聞工作者，在事關國家和民族這個原則問題上發表看法是正常的。第二個問題：關於香港傳媒對台灣問題的報道。用"一國兩制"方針實現祖國的統一，是中國政府的一項基本國策，並載入了中華人民共和國憲法。香港回歸後，香港的傳媒有責任和義務，維護國家的統一和領土完整，不能散佈、鼓吹"兩國論"和"台獨"的言論。在這個關乎國家統一的大是大非問題上，大家的看法應該是一致的。這個問題與"新聞自由"無關。從維護國家統一這個最高利益出發，傳媒不應把"台獨"即分裂國家的言論，當作一般的新聞報道來處理，也不能當作一般的不同聲音來報道。

在涉及國家利益問題上應慎重行事，在編輯方針獨立的同時，在新聞報道上作出有利於國家統一的選擇和處理。在新聞報道對象的選擇上，在新聞的處理上，不管你是否認識到，不管你的主觀意圖如何，客觀效果是有傾向性的。關於如何界定客觀報道和鼓吹的界限，1997 年前就爭論過。應由特區政府自行立法落實香港基本法第 23 條的規定。第三個問題：關於行政長官董建華日前在美加訪問時就台灣問題的發言表示，台灣和香港情況不同，在"一國兩制"原則下，應用在香港的一套制度與台灣的制度不一定完全相同。這沒有什麼不妥。如香港和澳門都已成功實踐"一國兩制"，但兩地的一些具體制度就不完全相同。用"一國兩制"方針解決台灣問題，實現祖國完全統一後，在台灣實行的制度也不會與香港、澳門的制度完全相同，只會更寬鬆。按照中國政府的政策，統一後，台灣可以保留軍隊，台灣當局和各界代表人士，可以擔任全國性政治機構的領導職務，這就與港澳不同。董建華的講話既維護了"一國兩制"，又實事求是，沒有失言。

◆ 行政長官辦公室新聞統籌專員林瑞麟在新聞發佈會上，就記者提出王鳳超指香港傳媒有責任及義務維護國家統一及領土完整，不能鼓吹"兩國論"及"台獨"的問題表示，特區政府支持根據"一國兩制"及一個中國的原則達成國家統一，亦相信這是香港廣大市民認同的立場。基本法規定了港人享有言論、新聞及出版的自由，傳媒按照香港的法律進行報道，是受到基本法所保障的。

◆ 署理行政長官陳方安生發表聲明，強調香港特區政府對台灣問題的立場清楚明確，支持根據一個中國和"一國兩制"原則達成國家統一，並期望國家可以和平統一。她又指出，特區政府對新聞自由的立場非常清晰。基本法保障新聞自由、言論和出版自由。香港傳媒按照香港法律可自由地評論和報道時事。4 月 14 日，美國駐港總領事館發言人稱，注意到陳方安生保證新聞自由受基本法保障，亦關注到不少香港政界及社會領袖支持傳媒報道所有觀點。4 月 15 日，英國外交部發言人表示，歡迎陳方安生重申香港傳媒仍可自由報道和評論有關事項。

◆ 保安局局長葉劉淑儀在立法會表示，台灣及澳門均為中國的一部分，因此，香港基本法第 23 條所指的"外國的政治性組織或團體"，並不包括上述兩地的政治性組織或團體。

4月12日－4月14日

◆ 香港知識產權署與國家知識產權局合辦的 "2000 內地與香港特區知識產權研討會" 在京舉行。知識產權署署長謝肅方率香港特區代表團參加。

4月12日－4月20日

◆ 由終審法院常任法官包致金、高等法院上訴法庭法官司徒冕與祁彥輝等司法人員組成的交流團到北京清華大學修讀一個專為香港特區英語法官而設的法律課程。課程由特區司法機構司法人員培訓委員會與清華大學合辦。除參加學習和研討會外，交流團還參觀了最高人民法院和北京海淀區人民法院。

4月13日

◆ 中國外交部發言人就記者問及中央政府駐港聯絡辦副主任王鳳超有關香港傳媒對台灣問題報道的講話一事表示，在基本法的範圍內，香港享受充分的新聞自由。香港是中國的領土，一個中國的原則在香港也要遵守。在香港鼓吹和散佈 "兩國論"，是不恰當、不應該的。

◆ 保安局局長葉劉淑儀表示，特區政府可望於 2000 年底前與內地就移交逃犯達成協議，協議必須符合的原則是：

（1）必須符合香港基本法第 95 條，香港可與全國其他地區通過協商和依法進行司法方面的聯繫和相互提供協助；（2）必須以香港法例作為依據來實施；（3）必須為兩地司法機關接受，達成的移交安排是雙向的；（4）必須顧及 "一國兩制" 原則和兩地法律及司法制度上的差異，要在防止罪犯逍遙法外及保障個人權利間取得適當平衡；（5）必須符合香港基本法第 19 條，香港法院對香港特區所有的案件有審判權。

◆ 香港交易及結算所有限公司行政總裁鄺其志在亞洲金融市場互聯網及科技研討會上致詞說，到目前為止，逾 230 家（約 30%）在主板上市的公司是投資互聯網或科網公司相關業務的；佔主板市值比重較大的上市公司已由地產股和金融服務股轉為電訊及科技股，電訊類股份佔主板市值的比重已由 1998 年 12 月底的 20% 上升至 2000 年 2 月底的 40%。

4月14日

◆ 中央政府駐港聯絡辦有關負責人就王鳳超有關香港傳媒對台灣問題報道的講話一事表示，王鳳超的講話，符合基本法和 "一國兩制" 方針，我們是完全贊同的。

◆ 國務院港澳辦就記者詢問同類問

題表示，王鳳超的談話是恰當的，並無不妥。

◆ 香港新聞工作者聯會表示，王鳳超於 4 月 12 日在本會主辦的 "一個中國原則與台灣問題" 講座上發表的講話，本會相信不會影響香港的新聞自由。香港的新聞自由受到基本法保障，毋容置疑。該會並注意到，王鳳超在講話中提到，在涉及國家利益問題上應慎重行事，在編輯方針獨立的同時，在新聞報道上作出有利於國家統一的選擇和處理。

◆ 美國駐華大使普理赫（Joseph Prueher）應美國駐港總領事館邀請訪問香港，會晤政務司司長陳方安生並出席香港美國商會的午餐會就美中關係問題發表演講。表示由於美中兩國在歷史背景、文化等方面的巨大差異，雙方在某些價值觀上有分歧是很正常的事，重要的是維持雙方的交流與對話，建立彼此信任關係。中美均關注亞太區的穩定問題，台灣領導人選舉結果令亞太區的形勢出現變數。中國政府採取 "聽其言，觀其行" 的方式是正確的。

◆ 立法會議員蔡素玉宣佈在保留港進聯會籍的情況下加盟民建聯，參與 2000 年 9 月 10 日舉行的第二屆立法會選舉港島區直選。

◆ 新鴻基地產宣佈投資 10 億港元興建佔地逾 200 萬平方英尺的馬灣主題公園。

4 月 17 日

◆ 董建華在禮賓府宴請訪問香港的新加坡總理吳作棟。吳作棟倡議新加坡、香港、上海共創硅谷。

◆ 董建華指出，"台獨" 對兩岸關係、兩岸經濟、中美關係、亞太區內局勢會有嚴重的影響，因此亦可能對香港投資環境及正在復甦的經濟造成不利的因素。所以，在今後的歲月，必須明白 "台獨" 對香港是有切身利益的關係。

◆ 外交部駐港特派員公署發言人就記者詢問美國國務院發言人和英國外交部發言人先後對王鳳超日前有關香港傳媒對台灣問題報道的講話表示 "震驚" 和 "非常關注" 一事指出，香港回歸祖國後，中央政府及其駐港機構堅決貫徹 "一國兩制"、"港人治港" 和高度自治的方針，嚴格按照基本法辦事，不干涉屬於香港高度自治範圍內的事務，這是國際社會普遍承認的事實。香港的新聞自由按照基本法受到保護。香港是中國領土的一部分，一個中國的原則在香港特別行政區也要遵守。在香港鼓吹和散播 "台獨" 言論是不恰當的，不應該的。香港事務是中國的內部事務，外國不應干預。4 月 14 日，美國駐港總領事館發言人接受傳媒查詢時稱，美國國務院發言人對王鳳超的言論表示"震驚"。香港的言論及新聞自由受中英聯合聲明及基本法保障，在中國承諾香港的制度及生活方式 50 年不變之下，保護有關自由是"一國兩制"原則的基石。"在本質上，新聞自由包括報道不同觀點的權利，而非只是報道政府的觀點"。4 月 15 日，英國外交及聯邦事務部發表聲明稱，非常關注王鳳超於 4 月 12 日提出有關香港傳媒報道台灣問題的責任和義務。英國政府認為新聞自由對香港十分重要，這也是中英聯合聲明和基本法所保障的基本權利之一。

◆ 國家旅遊局和特區政府在北京就"香港遊"議題達成多項共識。同意將"香港遊"的每天平均配額由 1500 個增加至 2000 個，將"香港遊"內地指定組團旅行社由現在的 4 家增加至 17 家。

4 月 18 日

◆ 中國外交部發言人在北京表示，香港的新聞自由根據基本法是受到保護的。但是，香港是中國的一部分，一個中國的原則也要在香港得到尊重和遵守。在香港散佈"兩國論"和分裂祖國的言論是不恰當的，也是不應該的，必然要遭到中國人民的譴責和反對。上述問題是中國內部的事務，中國政府不希望任何外國干預中國的事務。不管任何人在任何地方，宣傳分裂國家、宣傳"台獨"主張，中國政府都堅決反對。

4 月 19 日

◆ 中國工商銀行斥資 33.8 億港元收購香港友聯銀行，在 2000 年 8 月 22 日將香港友聯銀行易名為"中國工商銀行（亞洲）"。

4 月 20 日

◆ 特區政府宣佈，委任查懋聲為創新科技顧問委員會主席。同時宣佈香港應用科技研究院成立，主席為黃子欣。任期由 2000 年 5 月 17 日起，直至正式成立有關的法定機構。

4 月 22 日

◆ 特區政府發言人發表聲明表示，台灣機構在香港一向都須依照一個中國原則和以非官方身份運作。在回歸前後，一個中國的原則都是存在的，並廣泛為人接受。國務院副總理錢其琛在 1995 年已宣佈了"錢七條",表明台灣機構在香港須按一個中國原則及基本法辦事。台灣機構及其人員在港從來沒有官方地位,不以官方身份行事。這一情況不會改變。以上原則是很清楚的,台灣方面亦完全瞭解情況。台灣方面現在質疑這些一向被接受的原則,影響了台灣機構在港運作的基礎,特區政府對台方態度表示驚訝,並且重申有關原則不會改變。發言人還表示,特區政府曾向台方解釋簽發台灣機構人員來香港工作簽證的政策,但從來沒有示意台灣機構不要提出申請或拒絕接受其申請。我們希望台方不要再發放與事實不符的消息。發言人是就台灣"陸委會"副主委林中斌在 4 月 21 日關於香港特區政府對候任中華旅行社總經理張良任來香港履新提出的要求"極不合理,不可思議"的指責,作出回應。

4 月 26 日

◆ 民政事務局發言人表示,自《公開資料守則》於 1995 年 3 月推行以來,截至 2000 年 3 月,特區政府共收到 7889 宗根據該守則索取資料的要求。只有 157 宗(2%)要求被拒絕,689 宗轉介到其他組織、申請人要求撤回或在考慮中。巾民若不滿意政府部門根據守則作出的回覆,可要求一名更高級的職員複檢有關情況。複檢後,如果仍認為該部門未有遵照守則的規定,則可向申訴專員投訴。1995 年 3 月至 2000 年 3 月期間,申訴專員共接獲 21 宗投訴。

◆ 中國旅遊協會在香港設立亞洲旅遊交流中心辦事處。

◆ 特區政府發言人表示,在過去一年,特區政府協助港人在內地被拘留事件的範圍或溝通渠道均有所擴大。除了將求助個案轉介與內地有關部門外,保安局與特區政府駐北京辦事處會經常留意個案發展,例如若內地有關部門尚未作出回覆,特區政府駐京辦會主動與內地有關部門跟進反映。此外,入境事務處亦會與家屬保持密切聯繫、通報消息及儘量就他們所提出的訴求提供協助。在過去九個月,特區政府接到不下 11 封求助人或當事人的感謝信,在 4 月中,更有香港居民向保安局和入境事務處致送錦旗,感謝協助他獲釋回港。表示不能以內地是否釋放被拘港人作為衡量個案是否圓滿解決的準繩,港人在內地或外地進行刑事訴訟時,必須以當地的法律為依歸。特區政府在跟進港人在內地因涉嫌觸犯刑法而被拘留的求助個案時,小以要求內地依法辦事及不干預他們規定的執法及司法程序為原則。特區政府發言人表示，為了增加香港市民對內地司法制度和法律程序的理解，保安局 1999 年主動聯絡最高人民檢察院，合作編製了一本《內地刑事訴訟簡介》小冊子，深入淺出介紹內地刑事訴訟的法規及程序，以提高市民對內地法律的一般認識。

4 月 27 日

◆ 香港勞工界舉行慶祝 "五一" 勞動節聯歡晚會，並發表千禧年 "五一" 宣言，呼籲勞資攜手合作，創造香港更美好明天。

◆ 香港科技大學宣佈，吳家瑋已辭去校長職務，將於 2001 年 3 月離職。

◆ 美國國務院發表《美國香港政策法案報告》。該報告稱，香港特區政府就居留權條文要求全國人大常委會解釋基本法，長遠而言，令外界質疑終審法院的權威。雖然國防和外交事務屬於中央政府的管轄範圍，但北京拒絕數艘美國軍艦及飛機訪港以及阻止教宗約翰‧保羅二世（Pope John Paul II, 港譯：若望保祿二世）訪港，對香港作為一個自治、開放的國際大都會城市的聲譽造成負面影響。雖然港人仍享有言論自由和集會自由，但境外人士似乎沒有得到同樣保障。香港傳媒仍享有新聞自由，在很多問題上繼續作出尖銳批評，包括對香港特區和中國政府的領導人。香港政黨在回歸後仍然很活躍，但 "民主派" 投訴特區政府偏袒 "親中黨派"。關於管制戰略物品方面，報告認同香港的制度是各地中最優良的系統之一。港美之間的貿易最大障礙，是香港的盜版和冒牌貨問題，美國政府已要求香港採取行動，立法規定機構使用未經授權軟件屬刑事罪行，以及積極打擊互聯網上的盜版行為。

4 月 28 日

◆ 就有報道指曾有內地公安人員來香港執法，特區政府發言人表示，只有香港特區的執法人員才有權在本地執法。"香港特區以外司法管轄區的執法人員，包括內地公安，都不可在香港進行執法行動，因為這些行動相等於在香港行使司法管轄權。" 在一些情況下，警務人員或有需要到他們的司法區以外的地方，透過當地的執法機關進行案件調查，這些警方之間的合作是常見的。但在進行這些合作時，任何的執法行動都只能由當地執法機關依法進行。同時，雙方都必須嚴格遵守當地的法律規定，及相互尊重對方的司法管轄權。"這些警務合作是雙向的。在 1999 年，香港警方曾接獲內地公安請求協助在香港調查案件共 100 宗，而香港警方亦曾就 82 宗個案，透過同樣的機制派員到內地去，並獲得內地執法部門協助以進行案件調查。"

◆ 美國耶魯法律學院教授保羅·格維茲（Paul Gewirtz）在香港大學法律學院與律政司合辦的憲法研討會上稱，香港終審法院審理首宗居留權案的判決（即 1999 年 1 月 29 日判決）犯了四項錯誤：一是終審法院認為有最終權力判斷涉案的法例是否違憲；二是它沒有將涉案的法例提請全國人大常委會解釋；三是入境事務是政治敏感問題，法院一般儘量避免介入，但香港終審法院卻選擇插手；四是沒有考慮所作出的判決會為社會帶來怎樣的具體影響。關於國旗案，格維茲表示，雖然他本人也反對將毀壞國旗定為刑事罪，但終審法院將國旗定性為唯一特殊需要保護的物件，並沒有違背言論自由原則。他認同終審法院須照顧中央與特區關係的敏感性，這是明智的判決。

4 月 29 日

◆ 香港工會聯合會舉行慶祝"五一"國際勞動節酒會。霍英東、董建華、馬毓真、鄭國雄、高祀仁、劉山在等應邀出席並擔任主禮嘉賓。

5 月 1 日 "五一"國際勞動節

◆ 特區政府在香港禮賓府舉行慶祝"五一"國際勞動節酒會，出席嘉賓有工會領袖與來自僱主協會、業界協會、勞工事宜委員會及組織和培訓機構的代表。行政長官董建華在酒會上致詞。

◆ 行政長官辦公室新聞統籌專員林瑞麟會見傳媒時表示，特區政府瞭解市民就兩間外資拍賣行拍賣國寶級文物問題所發表的意見，亦非常認同國家文物需受保護這一原則。中央政府已於 1999 年簽署了 1954 年海牙所簽定的《關於發生武裝衝突時保護文化財產公約》。該公約 2000 年 4 月起開始在香港實施，並適用於香港。由於公約的範圍牽涉外交層面，如有任何對文物索還的行動，需由中央政府向外國有關政府提出。特區政府會繼續按照基本法及"一國兩制"的原則，依香港法例辦事。林瑞麟又表示，特區政府並沒有與任何拍賣行接觸過，中央政府也沒有要求特區政府與任何有關方面接觸。據報道，蘇富比和佳士得兩間外資拍賣行不理會中國國家文物局的勸止，在香港拍賣四件 1860 年被英法聯軍掠奪的圓明園國寶級文物清乾隆鏤空六角套瓶，圓明園噴泉十二生肖銅像的虎首、牛首及猴首。此事引起香港各界人士譴責。

◆北京文物公司和北京保利集團在拍賣中購得四件國寶級文物。應香港市民的強烈呼籲，保利藝術博物館商請中央政府駐港聯絡辦和特區政府同意後，將其中三件國寶級文物（圓明園十二生肖銅像的虎首、牛首及猴首）在香港公開展出三天，供香港各界人士免費參觀。5月17日，董建華和5000多市民到香港藝術館參觀了該三件國寶級文物。董建華表示，"香港社會對這展覽的濃厚興趣，反映市民的愛國情懷。"

5月2日

◆保安局局長葉劉淑儀與工聯會、民建聯代表會面，就香港、深圳兩地全日通關問題交換意見。會面後，葉劉淑儀發佈新聞稿表示，為便利市民遇上緊急情況可在深夜過境，政府將考慮全日開放落馬洲關卡的可行性，然後再與內地當局跟進。5月8日，民建聯代表赴深圳會見深圳市政府口岸辦主任黃新華，探討深港邊境24小時通關及簡化過境手續等問題，建議在落馬洲實行延長客運通關時間。深圳口岸辦表示對有關建議持積極態度。

◆民建聯、香港索償協會等多個民間團體組織遊行活動，抗議日本右翼團體"日本青年社"再次侵犯中國領土釣魚島，並向日本駐港總領事館遞交抗議函件。

5月3日

◆署理政制事務局局長麥清雄在立法會會議上表示，特區政府從多方面向立法會負責，如政府切實執行立法會通過並已生效的法律；行政長官每年親自出席立法會作施政報告，並於每一個立法年度內出席三次立法會會議，回答議員就政府工作所提出的問題；財政司司長每年提交財政預算案給立法會審議；政務司司長及各政策局局長經常出席立法會會議，不時回答議員提問。麥清雄表示，在基本法的憲制架構下，行政和立法機關擔任不同的角色，雙方在多方面都合作良好。截至2000年4月底，特區政府已提交169條條例草案及500多條附屬法例予第一屆立法會審議，並已完成其中113條條例草案及537條附屬法例的制定。特區政府官員由第一屆立法會開始至今已出席400多次有關的事務委員會會議，答覆超過3000項議員提出的口頭、補充及書面提問。政務司司長也經常與立法會內務委員會的正、副主席舉行會議，討論立法會關注的事項。各政策局局長積極通過不同的正式及非正式渠道和議員保持聯絡及交換意見。

5 月 4 日

◆ 高等法院法官張澤佑裁定，北區區議會鳳翠選區選舉無效，需要進行重選。特區政府須承擔訴訟費用。當事人前綫成員連遂蓮曾在 1992 年 9 月離開香港赴台灣進修，至 1997 年 7 月肄業後，才回香港。連在 1999 年 11 月 28 日擬參選北區區議會選舉，選舉主任指她在選舉前沒在香港通常居住滿三年時間，不能參選。連遂蓮於選舉後入稟法院要求重新確認其參選資格，並頒令有關選區的選舉無效，必須重選。

5 月 4 日－5 月 5 日

◆ 副法律政策專員黃繼兒一行以中國香港代表團身份出席聯合國禁止酷刑委員會在日內瓦舉行的審議會，介紹香港執行《禁止酷刑、其他殘忍、不人道或有辱人格的待遇或處罰公約》的情況。5 月 29 日，黃繼兒接受傳媒採訪時表示，這是香港首次以"中國香港"名義就禁止酷刑國際公約遞交報告書，也是香港首次作為中國代表團的一分子出席有關公約的審議會。在特區政府草擬、諮詢及就報告定稿的過程中，中央政府並沒有作出任何干預，完全由特區政府自行處理，體現了"一國兩制"、高度自治的精神。對此，聯合國禁止酷刑委員會的總結報告作出正面評價。總結報告對香港特區政府計劃加強警監會權力，給予滯港越南船民身份證及針對酷刑問題對紀律部隊人員提供訓練和教育等，也給予正面評價。關注的問題集中在如何在這些正面的因素上加以改進。

5 月 5 日

◆ 金融管理局根據《銀行業條例》第 16（10）條發出"虛擬銀行的認可"指引。這是金管局計劃就電子銀行業務發出的一系列指引的首份。金管局的主要原則是不反對虛擬銀行在香港成立，條件是有關機構必須符合適用於傳統銀行的相同的審慎準則。指引列載"虛擬銀行"是指主要透過互聯網或其他電子傳送渠道提供銀行服務的公司。本地虛擬銀行應由基礎穩固的銀行或其他受監管金融機構持有最少 50% 股本。海外註冊申請人必須來自已設有電子銀行監管制度的國家，其資產總值必須超過 160 億美元。

◆ 十八區區議會主席發表聲明，全力支持香港特區申辦 2006 年亞運會。

◆ 穆迪投資服務公司發表有關香港特

區的年度報告，指出香港的外幣 A3 以及香港特區政府的港幣發行 A1 的評級前景穩定，得到中國大陸類似之評級前景和香港穩固之制度架構的支持。香港特區沒有債務。中央政府承諾執行"一國兩制"政策。報告稱，1998 年由於區內貨幣危機和對港元的投機出現的金融市場波動，導致經濟急劇下降和政府預算赤字，財政儲備因而減少了一些。資產價格下跌以及本地生產總值實際下降也影響到銀行系統的資產素質。但香港的銀行體系相對強勁。報告認為，香港顯示出抵擋得住嚴重外部危機衝擊的能力而沒有嚴重損害其信譽保證的市場機制。

◆ 香港《經濟日報》刊登一篇候任台灣"總統府秘書長"張俊雄的專訪。張俊雄表示，"希望香港是中國跟台灣的一個緩衝的地帶、一個和解的地方"；希望民進黨也能參加研究台港關係。

5 月 6 日

◆ 政務司司長陳方安生宣佈，特區政府決定成立婦女事務委員會，有系統地全面照顧婦女的需要，並處理她們關注的事宜。

5 月 8 日

◆ 教育統籌委員會就教育改革方案進行第三階段，也是最後一輪公眾諮詢。方案提出大幅削減小學自行收生比例，取消學能測驗，逐步取消派位組別和公開試，研究推行高中三年制，大學改為四年制等具體改革建議。教育統籌委員會主席梁錦松表示，教育改革並非要破除精英制，相反仍要培育精英，是要用多元化方法去量度精英。

◆ 傳媒報道位於香港飛鵝山的孫中山母親楊太夫人的陵墓受損，引起有關各方和社會輿論的重視，一些團體曾擬成立陵墓修復委員會，並向海內外華人募捐。其後，經徵得孫中山後人同意，西貢民政處撥款並派人對陵墓進行了臨時修葺工程。

5 月 9 日

◆ 環境食物局局長任關佩英宣佈一系列改善香港空氣污染問題的措施。包括推行減低由柴油車輛排放而引致的空氣污染的新措施，務求在未來二至三年內把主要市區的汽車排放的微粒總量減少 70% 及氧化氮的排放量減少 19%。

◆ 歐洲聯盟委員會、歐盟駐香港與澳門辦事處舉行歐盟日酒會，以慶祝歐盟日及歐洲經濟共同體與中國建立正式關係

25 周年。董建華應邀出席酒會並致詞，希望有更多的歐洲國家利用香港作為投資的基地。

5月9日－5月10日

◆ 內地公安機關與香港警方合作第五次工作會晤在北京舉行。雙方就打擊刑事犯罪、打擊經濟犯罪、打擊毒品犯罪、邊境管理、教育訓練、計算機通訊等內容進行了業務會談，就一些具體問題達成了一致。兩地警方相信，只要嚴格依照雙方達成的"互不隸屬、互相聯繫、互相支持"的原則，和目前採取的"急案急辦、特案特辦、靈活變通"的辦法處理涉及兩地的警務合作問題，兩地警方合作的領域會不斷擴大，程度會不斷加深，形式會更加務實，效果會更加明顯。

5月10日

◆ 文化委員會舉行成立以來的首次會議。董建華出席並表示，香港回歸後對祖國的文化、歷史及傳統方面均有必要加深瞭解，同時繼續吸收與兼容西方文化，令香港成為真正的國際文化交流中心。文化委員會主席張信剛表示，委員會將以發展香港成為國際文化中心作為使命，在重視中國文化基礎的同時，體現香港作為國際多元化文化兼容的特色。

◆ 立法會以 43 票贊成，1 票棄權通過民建聯議員曾鈺成提出的"本會反對'台灣獨立'"的議案。議案表決前，前綫五名議員全部離開會場，民主黨議員李柱銘提前離場避開投票，法律界議員吳靄儀投了棄權票。署理政制事務局局長麥清雄表示，立法會辯論通過這項議案，充分反映了台灣問題深受香港市民關注。特區政府堅決支持國家統一，強烈反對任何"台獨"主張。

5月11日

◆ 特區政府發表聲明，批評英國財經雜誌《經濟學人》的報告，過分考慮政治因素而將香港的營商環境降級。該雜誌以政治因素轉壞為由，將香港未來五年的營商環境排名，從第一降至第六。並指責董建華"喜歡用行政主導模式"，"只打算符合基本法的最低民主化要求，不會進一步推行政治改革"。

◆ 特區政府與廣東省就成立"粵港持續發展與環境合作小組"達成共識。小組隸屬於"粵港合作聯席會議"。下設若干專題小組，各自就有關專題聯合展開工作。

5月12日

◆ 政制事務局表示，已準備諮詢及草擬修改基本法的機制，及制訂有關的時間表。由於過程中所須採取的每個步驟需時多久，實難憑空估計，而且其中多項步驟須和中央商討，實在無法提供完成所有程序的確定時間表。

◆ 香港特區行政長官董建華首次官式訪問澳門特區。與澳門特區行政長官何厚鏵及五位司長會面，就港澳兩地在旅遊業及金融業方面的合作、興建港澳大橋等問題交換了意見。

5月14日

◆ 董建華在禮賓府宴請訪港的丹麥首相拉斯穆森（Anders Fogh Rasmussen）。董建華向拉斯穆森簡介香港經濟復甦的步伐和成功落實"一國兩制"等最新情況。

5月15日

◆ 特區政府就香港迪士尼樂園計劃的選址大嶼山竹篙灣第一期填海工程，簽署一份價值39億港元的合約。

5月16日

◆ 董建華宣佈，特區政府決定邀請梁愛詩延長律政司司長的職務，任期為

兩年。

◆ 特區政府公佈《鐵路發展策略2000》大綱，展示香港未來20年的鐵路發展藍圖。政府計劃由2008年開始，興建包括第四條過海鐵路、西環地鐵延綫及直達邊境高速鐵路等六條客運鐵路及一條連接羅湖與葵涌的貨運鐵路，總投資額估計由800億至1000億港元，預計全部工程可在2016年前竣工。

◆ 香港同鄉會聯合總會負責人舉行記者招待會並發表致陳水扁公開信，聲稱該會與"中華民國"及國民黨的淵源深厚，反對"台獨"，主張一個中國，希望中國在自由、民主、均富的思想下實行統一。該會對民進黨的"台獨"主張深以為慮，要求陳水扁尊重"中華民國法統"，放棄"台獨"立場，否則，該會將切斷與台灣的關係，不參加親台社團的任何活動。該會已要求中華旅行社將公開信轉交陳水扁。

5月17日

◆ 選舉管理委員會主席胡國興表示，第二屆立法會選舉委員會界別分組選舉將於5月31日開始接受候選人提名，為期八天，並定於7月9日選出35個界別分組共664名委員。加上96名當然委員

（港區全國人大會代表和立法會議員）及40名由宗教界6個指定團體所提名的委員組成一個800人的選舉委員會，將於2000年9月10日立法會選舉中選出6名立法會議員。

◆ 特區政府與盈科數碼動力有限公司簽訂數碼港計劃協議，數碼港於本年年中動工，2007年中完成。

◆ 香港交易所通過從2002年4月1日起取消證券及期貨交易最低佣金的硬性規定。此後，證券及期貨經紀將與客戶自由商議佣金收費率。

◆ 立法會通過《區域法院（修訂）條例草案》。否決民主黨議員司徒華提出的"平反六四"動議辯論和職工盟議員李卓人提出的設立最低工資議案。

5月17日－5月18日

◆ 特區政府發言人針對台灣民進黨籍候任"法務部長"陳定南言論指出，香港是中華人民共和國的一個特別行政區，這是不變的事實。5月17日，陳定南以購買相機為名突然訪港，香港入境事務處官員要求他簽署一份承諾書後，准其入境。陳定南逗留三小時即離港返台。有關消息見報後，陳定南不肯證實，卻稱"香港是中華人民共和國的一個特別行政區，當然

屬於另外一個國家"。

5月18日

◆ 歐盟委員會發言人維根（Gunnar Wiegand）在新聞發佈會上表示，歐盟委員會發表的《香港特別行政區與歐盟》的報告，對香港特區實施"一國兩制"方針兩年多來的情況作出積極評價，認為這項方針在香港得到了"完整的貫徹"，"全部執行情況是令人滿意的。"

5月19日

◆ 香港亞運會申辦委員會主辦的"支持申辦亞運大行動"在香港體育館舉行。董建華、馬毓真、陳方安生及有關政府官員、部分立法會議員、全港數十個體育會的代表及市民等6000多人出席。董建華將特區區旗和申辦亞運徽旗，授予亞運會申辦委員會主席陳方安生及副主席霍震霆。

◆ 南非修訂1991年外僑管理法，自2000年6月1日起，不再接納香港身份證明書（CI）為進入南非的有效旅行證件。

5月20日

◆ 特區政府發言人表示："行政長官已經注意到台灣新領導人的就職講話。行

355

政長官表示我們在香港的強烈願望是祖國能夠早日統一。一個中國的原則在香港社會受到廣泛支持。希望台灣新的領導人能清楚表示接受一個中國的原則，使和平統一的目標能夠早日達成"。5月25日，董建華再次重申了上述立場。

◆ 董建華指出，港英時代，來香港的中華旅行社代表都要接受某些條件，包括不要做一些事情使到香港政府尷尬，不要做一些不符合中華旅行社總經理身份的職務，同時也要確認一個中國的原則。既然香港已經回歸，我們加了一項條款，就是中華旅行社代表在香港運作須接受"一國兩制"。據香港《經濟日報》在 2000 年 5 月 10 日的報道，中華旅行社在 1998 年給特區政府入境事務處的信件中，列明該社的業務範圍是：促進台港在文教、經貿等各方面的交流；協助辦理台港居民互訪所需的各項相關手續；及其他各相關服務事項。

5月22日

◆ 政務司司長陳方安生率領香港特區代表團赴巴西里約熱內盧，在國際奧林匹克委員會協會在該市舉行周年會議前，為香港爭取主辦 2006 年亞運會。

◆ 香港各界婦女聯合協進會舉行呈交聯合國 "北京世婦會五年回顧會議" 立場書發佈會，就 "95 年第四屆北京世界婦女大會" 後，特區政府在落實 "行動綱領" 的十個方面做出評估分析。立場書表示，香港婦女在就業、升職、參與政策及家庭崗位的角色上仍未全面享有平等機會，以致婦女在發展個人興趣、才能及潛能受到壓抑。因此，促請特區政府及有關團體加以正視。

5月24日

◆ 香港《信報財經新聞》報道，特區政府建議修改法例，更改目前全港 18 處軍事用地中的 9 個軍營的中文名稱，因其中大部分軍營的原有名稱具有殖民地色彩。並建議將 18 處軍事用地正式列為軍事禁區，部分軍營的建築物列為受保護地方，以及把昂船洲軍營的海上限制區域縮小，以紓緩油麻地航道一帶的海上交通。

◆ 教育統籌局局長王永平向全港教師發信表示，每位在職教師都有全權決定選擇參加語文基準考試或接受培訓來達到基準。5 月 25 日，代表香港 1.4 萬多家公司的工商界教育聯盟及七個教育團體發表聲明，支持政府為教師制定語文基準的政策。但民主黨立法會議員、教育專業人員協會主席張文光聲稱，教師不是要求有權選擇參加語文基準考試或進修，而是要求政府取消這有辱教師尊嚴的考試。教協日前已收集了 32000 多個教師簽名，即佔全港逾七成中小學教師，支持罷考語文基準試。

◆ 立法會以 34 票反對、16 票贊成、1 票棄權否決民主黨議員李柱銘提出的"最近中央駐港聯絡辦公室副主任王鳳超先生就有綫電視訪問和報道呂秀蓮女士而作出的言論，違反基本法、嚴重損害本港的新聞自由、破壞'一國兩制'"的議案。

◆ 立法會分別通過《1999 年證券（修訂）條例》和《2000 年保險公司（修訂）條例》。

◆ 署理政制事務局局長麥清雄答覆立法會議員時表示，特區政府向台灣居民簽發入境許可的政策及程序沒有改變。台灣官員可以用私人身份訪港，特區政府會根據當時的情況對每項申請作個案處理，並在考慮各項因素後作出決定。

5 月 25 日

◆ 董建華就房屋委員會提出的圓洲角短樁問題的報告作出回應，表示政府非常重視這份報告。政府不會容許劣質工程影響公眾安全。對於在事件中失職及貪污的公務員，政府會徹底追究責任，並根據法例和公務員規例嚴懲。

◆ 特區政府發表適用於 2000 年立法會換屆選舉和選舉委員會界別分組選舉的正式選民登記冊。地方選區選民 305.5378 萬人。28 個功能界別的選民 17.4183 萬人，其中 1.3696 萬人是團體選民獲授權代表。選舉委員會 35 個界別分組投票人 17.7536 萬人，其中 1.4148 萬人是團體投票人的獲授權代表。

5 月 26 日

◆ 特區政府宣佈，委任盧鎰輝同時為香港科學園有限公司、香港工業公司和香港工業科技中心公司的行政總裁。2000 年 6 月 1 日起生效。

◆ 特區政府公佈 2000 年第一季度經濟報告。本地生產總值較 1999 年同期上升 14.3%，是 1987 年第三季以來所錄得的最高增長率。特區政府將 2000 年全年的本地生產總值由較早前的 5% 向上修訂至 6%，將 2000 年全年的綜合消費物價指數的預測變動率由早前預測的 -1% 向下修訂為 -2.5%。

◆ 香港《大公報》報道，特區政府完成東南九龍發展計劃的最新規劃，建議把東南九龍（即舊啟德機場加填海一帶土地）建成為一個人車分隔、休息佔地較居住房屋用地更大的旅遊新景點。

5月27日

◆ 大嶼山愉景灣隧道及連接道路正式通車，把愉景灣與東涌新市鎮和機場連接起來。這是一條私營的雙程行車隧道，只供獲得許可的車輛使用。

◆ 香港《東方日報》報道，以美國為首的七大工業國組成的國際財經組織"財經穩定論壇"公佈的一個報告表示，香港無論在法例及監管上均屬第一流的國際財經中心，與盧森堡、新加坡和瑞士同被視為最佳的稅務天堂。

5月30日

◆ 香港特區行政長官會同行政會議決定繼續凍結香港特區公務員薪酬一年。

◆ 中央政府駐港聯絡辦主任姜恩柱出席香港工商專聯的午餐會發表專題演講。80多位工商界知名人士出席。姜恩柱表示，實施西部大開發戰略，是中國中西部地區乃至全國經濟再上一個新台階的重要戰略部署，同時也給香港工商界帶來新的發展機遇。一是將使香港的融資窗口作用進一步發揮出來；二是香港與內地的貿易往來將進一步增加；三是香港在西部直接投資機會將越來越多；四是香港在西部有

發揮優勢的廣闊空間。中央政府駐港聯絡辦將盡力做好兩地交流的服務工作，為香港和西部的合作、交流與發展作出不懈的努力。

5月31日

◆ 七家在美國納斯達克上市的美國公司在香港上市掛牌買賣，這是香港交易所一項試驗性計劃。

5月31日－6月2日

◆ 廉政公署應聯合國駐南非控制毒品及防止罪行辦事處邀請，作為"世界優秀反貪機構"派員以國際專家身份出席在南非比勒陀利亞舉行的"反貪專家圓桌會議"，為南非新成立的反貪機構提供策略及運作方面的建議。

6月1日

◆ 零時，香港最後一個越南難民中心——望后石越南難民中心正式關閉。越南難民問題始於1975年5月，1991年高峰期間，全港共設有14個船民羈留中心，難民及船民人數超過6.4萬人。今年2月，特區政府宣佈容許1400多名沒有機會移民其他地方的越南船民和難民申請在港居留。至此，困擾香港25年的越南

難民問題宣告終結。

◆ 中央政府駐港聯絡辦負責人回應記者查詢表示，香港基本法規定，香港特區實行自由貿易政策，香港的經濟活動受到基本法的保障。外交部駐港特派員公署發言人回答記者問及對英國外交部有關聲明有何評論時表示：香港回歸近三年來，中央政府及其駐港機構嚴格按照基本法辦事，不干涉屬於香港特區高度自治範圍內的事務，這是國際社會普遍承認的事實。香港的經貿活動受到基本法保護。香港特區事務是中國的內部事務，任何外國不應干預。

◆ 特區政府發表聲明說，政府將繼續堅決維護香港的經濟自由和貿易自由原則，這是香港賴以成功的基石，不會改變。香港是國際商貿及金融中心，投資者及商界在香港運作，可自由地選擇他們的商業夥伴。並表示，根據基本法和"一國兩制"原則，香港在經濟、商業事宜上享有自治權。

◆ 教育統籌局與七個主要教育團體就語文基準政策達成共識。特區政府接納語文基準應有豁免安排，重申在職教師均可透過進修達致基準，並一直預留足夠資源作此用途。2000年10月的測試是為新入職教師而設立。設立語文基準的目的，在於提升教師語文水平。學校不應以此為藉口解僱教師。

6月2日

◆ 30多個政府公務員團體聯合發起簽名遊行，抗議政府在回歸以來推行各種公務員改革，損害公務員及政府的長遠利益，要求政府信守承諾，保障公務員之利益。

◆ 特區政府宣佈，成立拓闊稅基新稅項諮詢委員會，委任鄭慕智為該委員會主席。

6月4日

◆ 全國政協副主席、傑出的活動家、著名的愛國人士、香港知名實業家安子介不幸在香港病逝，享年88歲。中央政府駐港聯絡辦主任姜恩柱受中央委託趕赴醫院，向安子介夫人及其親屬轉達黨和國家領導人對安子介不幸病逝的沉痛哀悼。安子介病重期間，江澤民等黨和國家領導人曾委託全國政協秘書長鄭萬通等專程赴香港看望。6月12日，安子介公祭及悼念儀式在香港殯儀館舉行。遺體覆蓋國旗。悼念儀式按國家領導人規格並結合香港風俗習慣舉行，莊嚴隆重。中共中央、全國人大常委會、國務院、全國政協和江澤民、李鵬、朱鎔基等國家領導人致送花圈。全國政協副主席葉選平、王兆國和鄭萬通、廖暉等受中央委託專程來香港參加公祭及悼念儀式。霍英東、董建華、何厚鏵、姜恩柱等及香港各界 500 多人出席有關儀式。葉選平致悼詞，稱安子介的一生，是愛國的一生，是跟隨時代步伐前進的一生。他的逝世，是香港的損失，也是國家的損失。

◆ 喜靈洲懲教所發生囚犯騷亂，至翌晨受到控制。有囚犯、懲教署人員及警務人員等 60 多人受傷。事後警方檢控 53 名囚犯。

6月7日

◆ 香港特別行政區第二屆立法會選舉委員會界別分組選舉截止提名，共接到 980 份提名表格。

◆ 立法會通過《1999 年電訊（修訂）條例草案》。

◆ 第十四屆香港國際旅遊展覽會在會議展覽中心新翼舉行開幕禮，43 個國家及地區的 509 家展商參展。

6月7日－6月13日

◆ 財政司司長曾蔭權訪問加拿大、美國。會晤當地商界和政界領袖及團體，介紹香港最新發展，指出香港經濟正穩步復甦。並多次表示，香港擁有的一流通訊基建，的確為它踏入新經濟打穩了基礎。例如香港郵政早建立了一個良好的機制，為電子商貿提供穩當保密的基礎。香港現有的 200 個互聯網供應商，令香港成為區內數一數二的互聯網社區；又在電子商貿方面，營業額預料會由 1998 年的 600 萬美元，跳升至 2003 年的 24 億美元。這些科技帶來的發展，已將香港經濟轉型，從前依賴資產升值，如今則成為區內創新科技的先導者。香港公司踏進資訊世紀的步伐驚人，其中以地產發展公司表現最突出。這經濟轉型正好證明新一代香港企業家的力拚精神。他相信香港有能力成為數碼世紀中的數碼城市。曾蔭權還表示，在"一國兩制"的原則下香港的經濟及金融事務均享有高度自治，北京並沒有插手香港的金融和貨幣工作。

6月8日

◆ 經濟局推出"香港旅遊業——開拓新領域"策略宣言，旨在發展和推廣香港旅遊業，使香港成為亞洲一流的世界級的度假和公幹的城市。

◆ 立法會政制事務委員會提交《香港特別行政區政制發展報告》。報告建議，政府應儘快展開政制發展的諮詢工作，並就整項檢討訂定一個切合實際的時間表；研究實行更具彈性的合約制，主要官員在制訂或推行政府政策上嚴重犯錯，須自動辭職；探討如何加強行政機關對立法機關的問責性。

◆ 英國政府宣佈委任何進接替貝恩德出任英國駐港總領事。何進是剛卸任的英國駐泰國大使。

6月9日

◆ 香港《信報財經新聞》報道，終審法院常任法官列顯倫在接受《香港律師》訪問時表示，基本法清楚寫明，對涉及中央與特區關係事務的條文，香港終審法院沒有最終解釋權，這一點對中央政府在香港行使主權非常重要。"一國兩制"賦予行政及司法當局不同義務，行政機關是為了良好的管治目的，才依據基本法提請人大釋法，而當局已保證不會經常使用這個機制。並指出，普通法不一定代表司法機關須獨攬大權，英國在加入歐盟之前也是由議會主導，司法機關只是英國和香港文明社會的三條支柱之一。行政、立法和司法這三條支柱，長度必須一樣，否則便會像比薩斜塔般向一邊傾斜。他說："我從未想過法院是至高無上，或爭取法院成為

至高無上。"

◆ 特區政府設立多個失明及視障人士社區數碼站，提供 28 部特別設計的電腦，以配合有關人士的需要。這是特區政府提供免費公共電腦設施計劃的一部分。

◆ 深港聯合治理深圳河第二期工程竣工典禮在深圳河工地舉行。

6月10日

◆ 特區政府發言人表示，制定語文基準的目的是為語文教師提供一套客觀的語文準則，讓學校與教師作為促進教師持續專業發展的基礎。不是要求教師"重新考牌"，也絕不會影響註冊教師的資格。香港教育專業人員協會組織 5000 多名教師到特區政府總部請願，反對政府推行語文基準試。

6月14日

◆ 立法會通過《2000 年仲裁（修訂）條例草案》。條例容許非紐約公約締約方的國家或地區作出的裁決，可在香港循簡易程序強制執行。律政司發言人認為這有助進一步提高香港特區作為國際仲裁中心的聲譽。

◆ 立法會通過由內務委員會主席梁智鴻提出的議案，促請特區政府考慮由立法

會政制事務委員會提交的《香港特別行政區政制發展報告》所表達的意見。署理政制事務局局長麥清雄答辯表示，特區政府將於 2000 年 9 月 10 日立法會選舉結束後，就 2007 年以後的政制發展研究檢討具體程序和步驟，屆時定會通盤考慮委員會報告的建議。但他表示，特區政府目前無意改變以公務員為主體的行政架構。

6 月 15 日

◆ 經濟局針對美國駐港總領事高樂聖有關言論發表聲明指出：為提高香港作為航空中心的地位和增加競爭，特區政府採取開放政策，逐步擴大航空服務市場，首要考慮是香港整體經濟利益。香港是以積極和進取的態度，就航空服務的安排與其他航運業夥伴進行談判，並歡迎航空公司來港拓展業務。並指出，目前有超過 60 間航空公司，每周提供逾 3300 班航機，把香港與約 130 個城市連接起來，在主要的路綫，都有幾家航空公司營運，讓乘客和貨運公司都有很多選擇。日前，高樂聖在香港總商會午餐會上指責香港政府拒絕開放航運業，令國際航運公司對來港投資卻步。

◆ 政務司司長陳方安生率領特區商務代表團訪問比利時，拜會比利時王儲及副

首相兼外交大臣。6 月 16 日起，訪問德國、荷蘭，拜會德國總統、外交部副部長和荷蘭外交部長等政要，並在多個場合發表演講，推廣香港。

6 月 16 日

◆ 政府憲報公佈，中央政府已委任下列由行政長官提名的主要官員：葉澍堃任財經事務局局長（2000 年 6 月 13 日就職），停任經濟局局長。

◆ 香港房屋委員會建議採取減售居屋、穩定樓市的五大措施：一是由 2000 年到 2004 年，將 1.6 萬個居屋單位轉為公屋，讓市民輪候公屋的平均時間由五年縮減至三年；二是 2000 年內不會推出新的居屋單位，縮短出售居屋的樓花預售期；三是從 2004 年至 2005 年開始，房委會興建的樓宇採用 "靈活租售" 設計，以便落成時可以按照當時的社會需要，靈活決定作出售或出租用途；四是相應增加置業貸款名額；五是實行 "可租可買" 計劃及 "重建置業計劃"。

◆ 公安部發出《關於加強對內地公安機關赴港澳調查取證工作管理的通知》。

6 月 19 日

◆ 特區政府統計處公佈 1999 年香港

國際收支平衡表。這是香港第一次公佈詳細的國際收支平衡表。香港在 1999 年錄得 741 億港元國際收支盈餘，相當於本地生產總值的 6%，與 1998 年錄得相當於本地生產總值 4.2% 的 538 億港元赤字相反，進一步顯示香港的經濟已經步入復甦期。1999 年的經常賬盈餘為 720 億港元，較 1998 年的 225 億港元顯著上升。有形貿易赤字由 1998 年的 607 億港元進一步收窄至 1999 年的 245 億港元。無形貿易盈餘由 1998 年的 667 億港元上升至 1999 年的 807 億港元。在直接投資流動方面，1999 年流入的直接投資資金為 1790 億港元，流出的資金為 1543 億港元，直接投資淨流入為 246 億港元；與 1998 年錄得流出資金 1315 億港元，流入資金 1144 億港元，即 170 億港元的淨流出形成強烈對比。

◆ 即將離任的英國駐港總領事貝恩德出席一個午餐會時表示，香港於 1997 年回歸後，成功落實 "一國兩制"。香港過去三年繼續享有高度自治，中國對香港事務表現出克制，法治穩固，大體上 "一國兩制" 是運作成功的。貝恩德相信香港特區政府會繼續努力落實 "一國兩制" 和維護法治，並保證司法獨立。

6 月 20 日

◆ 衛生福利局局長楊永強在立法會福利事務委員會會議上重申，特區政府推行一筆過撥款主要是令社會福利機構可以更靈活運用資源，並非為了省錢。他強調，推行一筆過撥款會令更多機構受惠，因目前 181 個受資助的社福機構中，有 111 間獲得的資助額低於員工薪金中位數的基準。若這些機構願意參加計劃，政府將向他們發放相當於基準的一筆過撥款，它們亦可保留 25% 的開支撥款作儲備。

◆ 高等法院法官鍾安德裁定，《壹週刊》誹謗中國青少年發展基金會罪名成立。《壹週刊》須賠償原訴人中國青少年發展基金 350 萬港元及訴訟開支，成為歷來香港最高誹謗案賠償紀錄。該案為首宗內地機構在香港法院控訴新聞傳媒侵權的個案。1994 年 1 月 21 日出版的《壹週刊》刊登了一篇題為 "千里追查七千萬元下落　希望工程善款失蹤" 的文章。原訴人不滿文章內容失實且帶侮辱性，於 1994 年 6 月興訟，追究《壹週刊》責任。

6 月 21 日

◆ 美國國家毒品管制局局長麥卡費里（Michael Klosson, 港譯：麥卡弗里）訪問香港，就管制毒品問題與香港禁毒機構交換意見。他參觀葵涌海關驗貨場緝毒工作後，高度讚揚香港海關的緝毒工作，認為香港海關的工作做得很成功，並表示回國後會向美國政府建議，將香港從偷運毒品中心黑名單中剔除。

6月21日－6月24日

◆ 行政長官特別顧問葉國華訪問台灣，期間曾與台"國安會"、"陸委會"官員會晤。

6月22日

◆ 立法會通過《廣播條例草案》。

6月23日

◆ 國家主席江澤民在人民大會堂會見以霍英東為團長的香港工商界人士訪京團，並作重要講話。訪京團成員為：邵逸夫、李嘉誠、李兆基、郭炳湘、曾憲梓、吳光正、郭鶴年、黃克立、唐翔千、利國偉、李國寶、利漢釗、何柱國、龔如心、鄭家純、黃志祥、陳啟宗、陳有慶、陳永棋、董建成、羅康瑞、黃宜弘、唐英年、郭炳江、李澤楷、霍震寰、李家傑、查懋成、曾智明。國務院副總理錢其琛、國務院港澳辦主任廖暉、中央政府駐港聯絡辦主任姜恩柱等會見時在座。

◆ 中新社報道，中央軍委最近發佈由中央軍委主席江澤民簽署的命令，授予中國人民解放軍駐香港部隊某部二連"香港駐軍模範紅二連"榮譽稱號。7月4日，駐港部隊在昂船洲海軍基地禮堂舉行"香港駐軍模範紅二連"榮譽稱號命名大會。中央軍委委員、總政治部主任于永波上將代表中央軍委宣讀江澤民簽署的命令，並向二連頒發錦旗，表彰該連官兵發揚人民軍隊優良傳統，為維護香港繁榮穩定所作的貢獻。董建華和廣州軍區司令員陶伯鈞、政委劉書田分別向二連贈送紀念品。馬毓真、高祀仁和廣州軍區副司令員劉鎮武等出席。

◆ 國務院總理朱鎔基會見以霍英東為團長的香港工商界人士訪京團，並作重要講話。國務委員、國務院秘書長王忠禹和廖暉、姜恩柱等於會見時在座。

◆ 董建華出席立法會答問大會發言並回答議員提問。指出第一季度香港經濟復甦很強勁，與1999年相比增長了14.3%。失業率也已從去1999最高的6.3%降至5.1%。2000年的經濟增長可達6%以上。關於短樁問題，他指出，90年代後期建造公營房屋的高峰期，在工程緊迫、承建商競投之下，出現施工質量問題，香港房屋委員會和房屋署是有責任

2000 年 6 月 23 日，國家主席江澤民
在北京人民大會堂會見以霍英東為團長
的香港工商界人士訪京團。

的。兩年前，香港房屋委員會與房屋署發現問題後，積極主動對全部地盤的地基工程進行深入調查，並加強監管工作。香港房屋委員會主席王葛鳴、房屋署署長苗學禮二人是主動公開展開短樁調查的。目前最重要的是確保不再發生類似問題。若果在這重要關頭他們相繼離去，高層會出現行政和法律真空。因此，部分立法會議員要求王、苗二人辭職，不符合香港的整體利益和目前的制度。但在 6 月 24 日，王葛鳴以迫於"愈來愈大的壓力和困擾"為由，謝絕董建華的挽留而宣佈辭職。

6 月 24 日

◆ 全國人大常委曾憲梓參加香港工商界人士訪京團返港後表示，香港回歸三年來所走過的路，是很不平凡的路，雖然發生了金融風暴，社會各階層都面對了不同程度的困難和問題，恰巧又遇上多起突發事件和自然災害，但在中央政府堅決全面貫徹落實"一國兩制"、"港人治港"、高度自治的基礎上，以董建華為首的香港特區政府仍然能夠駕馭複雜局面，帶領香港渡過了一個個難關，正在迎接經濟全面復甦的曙光。

◆ 在第一屆立法會任期月底結束前，內務委員會主席梁智鴻總結過去兩年的工作時表示，本屆立法會由 1998 年 7 月 1 日至 2000 年 6 月 23 日，舉行了 68 次例會及 19 次特別會議。立法會共通過了 136 條法案，還有 21 條法案將在餘下一次會議上處理。議員還審議了政府提交的 624 項附屬法例及 59 項決議案。有 14 條政府法案及 1 條議員議案，由於時間所限未能完成審議工作，當本屆任期完結後，也會失去時效。

6 月 25 日

◆ 財政司司長曾蔭權回應近日遊行示威事件增多時表示，香港是一個新聞自由、社會開放的社會，政府的操作透明度高，自然有更多機會暴露自己弱點。政府可以做得更好，但是經金融風暴後，很多人的心情仍未平伏，對改革有很多意見。當社會中有問題時，負面的聲音一定較大，贊成的大多數多是沉默的。他指出，香港的傳媒受到一定壓力報道負面消息，這只會造成惡性循環。曾蔭權認為，香港經濟正在復甦，比起鄰近國家和地區並不差，目前最重要的是同心協力，渡過這一個關。

◆ 自由黨組織約 2000 名"負資產人士"上街遊行，要求特區政府採取措施穩定樓市。個別示威者高舉要求董建華"下台"的標語，也有人大叫同類口號。自由黨副主席周梁淑怡表示，遊行是開放給公眾參與的，參加者可自由表達意見，但要求董建華下台肯定不是自由黨的立場。

◆ 香港專上學生聯會組織約 1000 名爭取居留權人士及 20 多名學生由灣仔入境事務大樓，遊行至終審法院及政府總部，抗議全國人大常委會去年是日解釋基本法。前綫劉慧卿、何秀蘭、已退出民主黨的曾健成也到場聲援。警方指遊行沒有事先申請，警告參與遊行將觸犯香港法例，但沒有採取行動。6 月 26 日上午，警方驅趕在特區政府總部外舉行非法集會的專上學聯成員（簡稱"6·26 事件"）。

◆ 公共醫療醫生協會組織近 800 名醫生在醫院管理局大堂靜坐，表達對醫管局實施醫生二級制的不滿。

◆ "捍衛社會福利大聯盟"發起請願遊行，反對政府對社會福利資助機構實施一筆過撥款。有 30 個社會福利團體、約 1300 人參與。

6 月 26 日

◆ 香港《大公報》報道，中國外交部部長唐家璇日前致函亞奧理事會主席，申明中國政府支持香港申辦 2006 年第十五屆亞運會。

◆ 保安局局長葉劉淑儀出席一個公開活動就記者問及"6·26 事件"表示，在特區政府總部聚集的群眾所進行的遊行示威，並無根據《公安條例》事前申請，是非法集會。警方為免更多人聚集而影響社會秩序，才驅趕示威人士離開。特區政府對示威人士並無偏見，但任何公眾集會遊行應根據《公安條例》，事前向警方提出申請。她表示，聲稱擁有居港權的人數眾多，其中大部分為成年人，在香港逾期居留已有一段時間，又沒有工作，警方有留意他們可能會宣泄不滿情緒。

◆ 葉劉淑儀書面答覆立法會議員問題時表示，過去三年，香港警務處與內地公安單位一共舉行了 11 次高層定期性工作會議，包括每年兩次的"香港與內地警務合作高層會晤"及每年兩次的"粵港刑事偵緝主管工作會晤"。兩地警方並進行與案件調查有關的工作會晤，以及警方與內地公安單位日常會透過邊境聯絡渠道，就兩地邊境的治安（例如：偷渡、走私）問題、邊境管理，以至過境交通等跨境事項保持緊密接觸和合作。透過上述工作會議，香港警務處與內地公安單位就打擊跨境犯罪、維護兩地社會治安達成了不少共識，主要有：兩地警務合作的模式和範疇；聯絡及合作的渠道和機制；交換罪案情報信息的機制；兩地警務的交流、演練和培訓。

◆ 立法會通過《市區重建局條例草案》，以便成立市區重建局，加快市區重建步伐。

6月27日

◆ 香港交易及結算所有限公司（簡稱"香港交易所"）在香港聯合交易所正式掛牌上市，成為繼澳大利亞及斯德哥爾摩交易所後，全球第三間上市的交易所。董建華出席了上市儀式。香港交易所主席李業廣致詞時表示，過去七年，香港聯交所為國有企業和香港中資企業集資 3500 億港元，其市值目前已達到 1.4 萬億港元，佔香港證券交易總市值的三成二。香港交易所上市後會集中加強本身的競爭力，重組原有的資源，力求達到股份 24 小時交易。該公司暫時未考慮前往紐約上市，但會視乎情況作出研究，另也未有新的交易所結盟對象及無任何與海外結成聯盟的交易所進行股份互換的計劃。現時所有股東均為聯交所及期交所會員，暫時並無"外人"持有港交所股份，港交所也未考慮發行新股以集資發展現貨及期貨的統一交易平台。香港交易所成立於 2000 年 3 月 6 日，由原來的聯合交易所、期貨交易所及

相關結算公司合併而成。這是香港金融改革的一項重大措施。香港交易所股票的正式上市標誌着這一重大改革初步完成。

6月27日－6月28日

◆ 財政司司長曾蔭權訪問北京。6月 27 日下午，國務院副總理錢其琛在中南海會見曾蔭權，並作重要講話。曾蔭權拜會中國人民銀行常務副行長劉廷煥時，就有關人民幣匯率的問題聽取了中央政府的意見。在拜會中國證監會主席周小川時，雙方交換了香港與內地證券市場改革的情況，洽談了日後彼此間合作的空間問題。拜會外經貿部部長石廣生時，瞭解國家"入世"最新情況，並交流中國入世後對香港經濟發展的看法。

◆ 加拿大最高法院首席法官貝法蘭·麥克拉克林（Beverley McLachlin, 港譯：麥克蓮）訪問中國內地後訪港。應李國能邀請在香港特區高等法院發表演講時表示，香港回歸前，不少人都擔心中國政府會干涉香港政策，但回歸三年的情況證實當初的憂慮是多餘的。由於中國政府與特區政府在香港實施的法律上達到共識，香港得以順利回歸，社會安定得到保障。

6 月 28 日

◆ 錢其琛在人民大會堂接見香港中華青少年歷史文化教育交流團時說，回顧近三年的歷史，香港在回歸伊始就遇到了亞洲金融風暴，受到了很大影響。但是香港經受住了考驗，現在已經逐漸恢復了元氣。他說，國際上有很多人曾預言，香港回歸後"一國兩制"無法實現，但"一國兩制"不僅在香港得到了堅持，而且進行得很好。這證明"一國兩制"是正確的，也是可以實現的。

◆ 立法會通過民主黨議員李華明提出的對房委會主席王葛鳴和房屋署署長苗學禮的所謂"不信任動議"。政務司司長陳方安生發言表示，這事件可能損及特區的管治，影響深遠。

◆ 前英國首相梅傑（John Major, 港譯：馬卓安）來香港出席第九屆亞洲領袖論壇發表演說時表示，香港回歸後的轉變都很好。香港擁有優越的港口、通訊、金融和人才，即使中國入世後會跟外國有更直接的來往，香港作為中間和服務中心的角色，也不會被取代。

6 月 29 日

◆ 董建華接受香港《文匯報》訪問。對於國家主席江澤民於日前在接見香港工商界人士時對特區政府工作的高度評價，董建華表示，自從 1996 年 12 月當選行政長官開始，就親身體驗到中央對香港特區很支持，對落實"一國兩制"的信心很強。所以，我們要更加努力，做得更好。對於房屋政策，他強調，特區政府目前正密切關注樓市動向，關鍵是要穩定樓價。特區政府推出的"八萬五"計劃，是在金融風暴前樓價升的環境下制定的。到 1998 年公佈的施政報告，已經因應經濟環境和樓市下跌的實際情況，提出一系列穩定樓市的措施。因此，樓價下跌與"八萬五"計劃是沒有關係的。至於現時樓市下跌的原因，主要受息口上升、房屋供應達高峰期、港人轉向內地置業等因素影響。他預計未來六至九個月，經濟復甦仍然會繼續。

◆《香港特別行政區 1999/2000 年度大事紀要》出版。全書共 32 頁，以中英文版印行。

6 月 30 日

◆ 香港特別行政區第一屆立法會任期結束。立法會主席范徐麗泰總結工作時表示，香港特區成立只有三年時間，"一國兩制"、"港人治港"及基本法的落實時間尚短，如何適應這套憲制，還要慢慢摸索。她認為，行政機關與立法機關都是為香港市民服務，行政機關從行政、管治角度來看問題，立法會議員以選民角度來看問題，希望彼此能互相瞭解，增加溝通，共同為市民服務。

◆高等法院原訟法庭駁回逾 5000 名聲稱擁有居港權人士要求撤銷入境事務處處長發出的遣返令的司法覆核申請。主審法官司徒敬指出，根據全國人大常委會解釋基本法有關條文的歷史、語義及其他基本法的參考資料分析，除終審法院於 1999 年 1 月 29 日的判決的當事人和此前已向入境事務處處長作出聲稱並留有記錄的人士外，所有聲稱擁有居港權人士，都受全國人大常委會解釋基本法的影響，不能受惠於終審法院於 1999 年 1 月 29 日的判決。

◆台灣"陸委會港澳處長"蔡之中說，香港回歸三年來，台港兩地的交流持續發展，台商在香港經濟發展中扮演重要角色；"去年台灣大地震，香港民眾自動自發對台灣施予援手，讓我們非常感動"；但台港官方的接觸管道仍有待突破。

7月1日　香港特別行政區成立三周年

◆上午，香港特區政府在會展中心金紫荊廣場舉行升國旗、區旗儀式。霍英東、董建華、姜恩柱、馬毓真、熊自仁、曾憲梓、李國能、陳方安生、曾蔭權、梁愛詩、梁振英、范徐麗泰和特區政府其他主要官員、行政會議成員、立法會議員、司法機構法官、港區全國人大代表、港區全國政協委員、中央駐港機構代表，外國駐港領事館代表及各界人士約 600 人出席。晚上，香港特區成立三周年紀念音樂會在香港體育館舉行。霍英東、董建華、姜恩柱、馬毓真、熊自仁等與各界人士 6000 多人一起觀賞演奏。

◆香港特區政府公佈 2000 年行政長官授勳及嘉獎名單。306 人獲授勳及嘉獎。列顯倫、沈澄、毛鈞年、查良鏞、饒宗頤等五人獲大紫荊勳章。毛鈞年是原新華通訊社香港分社副社長，曾任香港基本法諮詢委員會秘書長。特區政府表示，毛鈞年致力服務香港，表現超卓，參與成立香港特區的籌備工作，貢獻良多。10 月 15 日，特區政府在禮賓府舉行授勳儀式。董建華頒授勳章和獎狀。

◆工商局及轄下政府部門進行重組。工商局將負責貿易、工業和商業的整體政策。下設創新科技署，負責創新與科技政策及各項有關特區政府計劃的日常管理，接替現時工業署在這方面的職能；設立投資推廣署，掌領特區政府促進外來投資的工作，並取代現時工業署投資促進組的職能。現時財政司司長辦公室轄下的工商服務業推廣處歸併工商局。有關保護消費者權益、競爭政策和規管旅遊代理商的職責，轉交由經濟局負責。目標是推展各項與創新、科技、吸引外來直接投資及支援工商業有關的主要措施。

◆ 專上學聯發起近 3000 人參加的"反董大遊行"。教協和"四五"行動成員也組織了示威遊行。"四五"行動成員在升旗禮場外示威，與警方發生衝突。教協會長、立法會民主黨議員張文光稱，若特區政府一意孤行推行"基準試"，將激起教師對特區政府不信任、不支持。

7月1日－7月3日

◆ 財政司司長曾蔭權訪問澳大利亞。會見當地政府金融管理官員、工商金融界人士等，就金融市場不同監管機構之間的合作、亞太區證券、葡萄酒市場等問題交換意見。

7月3日

◆ 入境事務處發言人表示："法庭裁決聲稱擁有居留權的人士要在 1997 年 7 月 1 日至 1999 年 1 月 29 日期間身處香港並向入境事務處處長聲稱有居留權，而入境事務處處長必須有其聲稱之記錄。聲稱擁有居留權的內地人士如不符合'寬免政策'的條件，就必須在內地申請居留權證明書和單程通行證。他們絕對不可以用雙程通行證來港，或其後逾期逗留來提出聲稱。逾期逗留人士及非法入境者將依法被遣返。入境事務處會繼續嚴格執行有關政策。"約 90 名聲稱擁有居留權的港人在內地所生子女要求入境事務處為他們核實在港身份。

◆ 金融管理局撤銷七日以下的定期存款《利率規則》及存款贈品的限制，但不包括港元儲備及往來賬戶，銀行界可自由釐定利率。

◆ 對外貿易經濟合作部部長助理馬秀紅在香港發表演講指出，港商投資內地經歷兩年下降後，2000 年首五個月恢復增長。新批港資企業增幅為 18.27%，承諾合同投資額增加 10.79%。港商恢復增加投資的原因是香港在亞洲較先恢復經濟增長，加上 1999 年內地對鼓勵外商投資中西部的規定已逐步立法，刺激不少投資者的興趣。同時，中國加入世貿組織的步伐加快，港商普遍看好中國的經濟前景。

◆ 香港特區律政司司長梁愛詩訪問澳門，與澳門特區行政法務司司長陳麗敏及澳門"區際司法協助及國際司法互助工作小組"成員舉行會議,探討兩地司法協助問題。雙方同意按先易後難原則,就有合作基礎的項目達成協議。梁愛詩表示,港方正考慮把移交逃犯條例的效力涵蓋至澳門特區,使兩地移交逃犯的工作規範化。涉及到兩地的司法管轄權問題,遵從屬地原則,案件在當地發生的,當地有司法管轄權,可以按照當地法律量刑判決。

7月4日

◆ 董建華接見本地高級公務員協會、香港公務員總工會、公務員工會聯合會、政府人員協會等四個跨部門主要公務員團體的代表,表示政府願與公務員加強溝通,考慮他們對公務員體制改革的意見。與會代表表示,不會參與將於7月9日由18個公務員工會發起的大遊行。7月7日,有10萬多會員的政府華員會召開特別會議決定不參加大遊行。該會副會長黃河表示,公務員體制改革正在進行中,遊行不單太遲,也不能有效地解決問題。公務員團體當務之急是全面地總結經驗,然後向特區政府反映具前瞻性的意見。

◆ 中央政府駐港聯絡辦副主任王鳳超出席一個活動時,就記者有關近來不斷有人上街遊行對特區政府施政表示不滿的提問作出回應說,香港是個多元化的社會,

香港市民有發表意見的自由。而客觀來講,回歸三年來,香港特區已經取得很大的進步。中央政府對董建華的施政是滿意的。中央政府堅決支持以董建華為首的香港特區政府依法施政。他相信絕大多數香港人仍然支持董建華。

◆ 特區政府宣佈,行政長官會同行政會議已決定2000/2001學年取消學能測驗。同意在2000/2001學年以學校過去三年學能測驗成績的平均值,調整學生的校內成績,並作為劃分升中派位組別的依據。

◆ 特區政府就高等法院於1999年12月24日在"莊豐源案"中裁定在港出生的中國籍人士,即使父母沒有居留權,仍按香港基本法第24條第2款(1)項享有居留權一事提出上訴,認為有關裁決不合立法原意,也會引發大量內地人偷渡來香港產子。

◆ 特區政府批准五個收費電視廣播牌照申請,共提供149條節目頻道。

7月5日

◆ 董建華就房屋政策問題發表聲明指出,由於1997年和1998年經濟環境發生重大變化,特區政府在1998年時相應調整了房屋供應措施,今後,特區政府的

房屋政策將會專注於 1998 年的施政報告中所定下的三個目標，一是特區政府會致力為所有真正有需要家庭提供公屋；二是彈性處理居屋單位的興建和銷售；三是保持房地產市場穩定。1997 年宣佈的每年興建 8.5 萬個房屋單位的目標不再存在。

◆ 政務司司長陳方安生與本地及 20 多個國家的商會代表共進午餐時致詞表示，香港在過去三年多的經濟不景氣以及政府在這期間推出大規模的改革導致近期社會上出現對政府不滿的聲音。當局需要加強對公眾意見的敏感度及有需要時彈性處理新政策。香港公務員保持政治立場中立，是香港公務員制度成功的主要因素。香港特區政府不會罔顧政治現實胡亂推行"部長制"，在推出"部長制"前定會審慎考慮。

7月6日

◆ 香港房屋委員會通過多項公營房屋政策調整。一是從現時起至 2004 年，將大約 1.6 萬個居屋單位改作出租公屋；二是將原本 2000 年落成的 6000 個居屋單位，縮短樓花預售期，留待 2001 年才發售；三是從 2004/2005 年度起，將對公營房屋大量採用靈活租售策略，以提高單位用途的彈性；四是視市場情況和市民需求，並根據房委會本身的財政狀況，考慮相應增加置業貸款名額；五是將本年度可租可買及重建置業計劃下發售的 6000 個單位，減至 2000 個。

7月7日

◆ 政府憲報公佈，中央政府已委任下列由行政長官提名的主要官員：尤曾家麗任資訊科技及廣播局局長（2000 年 7 月 1 日就職）；羅范椒芬任教育統籌局局長（2000 年 7 月 3 日就職）；王永平停任教育統籌局局長（2000 年 7 月 3 日）；藍鴻震停任民政事務局局長（2000 年 7 月 7 日）。

◆ 董建華出席加拿大商會午餐會致詞時表示，資訊科技對商業運作的影響、1997 年香港經濟泡沫爆破和中國內地的迅速發展均促使香港必須奮力向前，尋求進步。特區政府也要處理一些在回歸前由於具爭議性而未觸及的政策。並指出改革涉及很多既有利益，必定會遇到困難，但改革是必須的，否則香港便會落後於其他地方。特區政府已儘量考慮到各項改革的先後及關注到對有關當事人的影響等。

◆ 董建華針對《信報財經新聞》及英文《南華早報》有關報道表示，"我沒有叫或是授權任何人，叫任何機構、大學，或是民意調查者停止做民意調查"。當日,《信報財經新聞》和英文《南華早報》同時發表,香港大學新聞及傳媒研究中心民意研究計劃主任鍾庭耀的文章稱:"特首透過某些管道,不只一次向筆者傳達信息,謂學界不宜就其本人及特區政府的表現進行民意調查,傳話人更建議筆者停止有關工作。"

◆ 美國移民及歸化局局長邁斯納(Doris Meissner)向香港特區政府保安局致送牌匾,表揚香港特區政府打擊國際偷運及販賣人口活動的努力。

7月8日

◆ 行政長官辦公室發表聲明稱:"有關鍾庭耀博士的民意調查,行政長官已明確表示他從來沒有要求任何人,或授權任何人,去干預大學所做的民意調查。在香港,學術自由受到充分尊重。"

◆ 政務司司長陳方安生對記者表示,"昨日,鍾博士的指責的確是非常嚴重,因為這不但有損行政長官的個人誠信,也影響到整個特區政府的公信力,所以我很希望鍾博士能夠盡早作出一個澄清,向公眾作出一個交代,以消除公眾對這方面的疑慮。"

◆ 香港海關代表在布魯塞爾獲選為世界海關組織亞太區副主席。香港海關關長曾俊華說,這是香港特區首次在亞太區擔任如此重要的角色。

7月9日

◆ 第二屆立法會選舉委員會界別分組選舉結束,共有 32823 人參與投票,投票率為 19.49%,較 1998 年選舉下跌 3.89%。投票率最高為保險界,76.16%;最低為衛生服務界,不足一成。這一選舉委員會將負責在第二屆立法會選舉中選出 6 位議員。其中,界別分組選舉產生 482 名委員,無競爭對手自動當選 182 名委員,宗教界 40 名委員,96 名由港區全國人大代表和立法會議員擔任的當然委員。由於立法會議員因張永森已辭職,僅有 59 人;港區全國人大代表中姜恩柱不是香港永久居民,不屬當然委員之列,范徐麗泰、吳清輝、黃宜弘、楊耀忠等 4 人兼任立法會議員而當然委員身份重疊,故選舉委員會實際只有 794 人。

◆ 鍾庭耀出席一電台節目時改口稱,他相信董建華沒有授權任何人要他停止民意調查工作。並稱不希望再在傳媒討論有關事件,以免增加不必要的誤會和爭議。陳方安生主動對傳媒表示,她本人非常希望這件事可以告一段落,以免影響鍾庭耀的民意調查工作。但社會輿論紛紛要求給公眾一個真相,還行政長官和特區政府一個清白。

7月10日

◆ 港區全國人大代表鄔維庸表示,鍾庭耀有關"特首干預民調"的言論,已經損害了香港及行政長官個人的聲譽。此事已對香港形象造成損害。若是從個人層面而言,這種做法已構成"誹謗",可以訴諸法律追究。

7月11日

◆ 高等法院原訟法庭駁回涉及 103 名聲稱擁有居港權人士的司法覆核。他們大部分持雙程通行證來香港逾期居留,出生時,其父母雙方未取得香港永久居民的資格。特區政府對高等法院的裁決表示歡迎,重申"寬免政策"者是指在 1997 年 7 月 1 日至 1999 年 1 月 29 日期間身處香港,並向入境事務處處長聲稱擁有居留權,入境事務處處長必須有其聲稱之記錄。並重申聲稱擁有居留權的逾期逗留及非法入境人士必須返回內地,否則當局將於短期內採取行動將他們遣送離境。

◆ 特區政府駐京辦籌辦的"河北香港節"在石家莊舉行開幕式,梁寶榮和河北省省長鈕茂生等出席。

◆ 香港《文匯報》報道,香港加拿大商會總裁駱思雅(Janet Desilva)日前接受該報採訪時,讚揚董建華為帶領港人走出經濟最困難時期所作的努力,並指政府推出的許多改革,如在環保和教育等方面的改革,符合世界發展的潮流。董建華放棄了作為一個大公司總裁的無憂生活、放棄了為人祖父的天倫之樂,勇敢地承擔起歷史的重任,這本身就需要巨大的勇氣和責任感。特別是在一切都處於過渡時期的關鍵時刻,董建華為香港所作出的承諾和奉獻,應該是所有批評者不應忘記的。

7月12日

◆ 港區全國政協委員視察團赴青海進行為期七天的視察。深入學校、工廠和民族地區瞭解情況、慰問貧困農民。並就青海的教育、旅遊、工業、農業、水利建設等提出了許多意見和建議。

◆ 田北俊接受香港《信報財經新聞》訪問時表示,建議特區政府在 2000 年 9 月第一屆立法會產生後改組行政會議,加入自由黨、民建聯及早餐派成員,民主黨、前綫、工聯會及其他工會領袖則留在憲制外擔任反對黨角色。他認為,"執政聯盟"可解決目前行政立法關係緊張的局面。並說，"最大問題在於公務員不落力推銷及化解危機，不應將責任全推於董先生一人，董先生與陳太及負責局長責任一樣大。"

7月13日

◆中央政府駐港聯絡辦副主任高祀仁出席香港廣州地區社團聯歡晚會時表示，不同階層的不同人士以不同方式表達意見，在香港有很好的傳統，本來無可非議。但近日出現的"反董"、"倒董"遊行，卻是對特區政府三年來施政的不客觀評價。任何正直、客觀的人，只要公正地看待特區政府三年來的政績，自然會有公平的結論。他呼籲大家繼續支持以董建華為首的特區政府，共同為香港的美好明天而努力。

7月14日

◆政府憲報公佈，中央政府已委任下列由行政長官提名的主要官員：林煥光任民政事務局局長（2000年7月10日就職），停任公務員事務局局長。

◆董建華在特區政府總部就"鍾庭耀事件"向記者發表談話指出，"我從來沒有透過香港大學任何人要求鍾庭耀博士停止他的民意調查工作。我也沒有指示任何

人向香港大學傳遞這樣的信息。"

◆特區政府公佈在 2000 年度削減6700 個公務員職位，可節省 13 億港元。這些職位是懸空的空缺，現職公務員不受其影響。

◆政府憲報公佈，行政長官已委任李義、陳兆愷為終審法院常任法官（2000年 9 月 1 日起生效）。列顯倫、沈澄為終審法院非常任香港法官（2000 年 9 月 14日－2003 年 9 月 13 日）。布仁立、艾俊彬、苗禮治為終審法院其他普通法適用地區法官（2000 年 7 月 28 日－2003 年 7 月 27 日）。5 月 10 日，終審法院首席法官李國能曾發表聲明對有關任命表示歡迎，並表示完全有信心他們能勝任。5 月 21 日，特區政府發言人也發表聲明指出，這說明國際司法界對香港的法制充滿信心。

◆鍾庭耀召開記者會稱，他所謂"第三者"是香港大學校長鄭耀宗。指鄭耀宗曾先後兩次透過副校長黃紹倫傳話，要求他停止民意調查。

◆在英國休假的香港大學校長鄭耀宗發表聲明表示，本人從未向鍾庭耀施壓或試圖阻止其民意調查工作。也從未授權任何人這樣做。黃紹倫發表聲明表示，他雖確曾兩次與鍾庭耀討論民意調查的問題，

但從未向對方作出任何威脅，或施以任何壓力，或要求他停止民意調查工作。行政長官辦公室從來沒有透過任何渠道向他傳話，要他向鍾庭耀施壓，鄭耀宗也從未透過他向鍾庭耀傳話。

◆ 香港大學發表聲明表示，根據有關數據顯示，鍾博士於本年度可運用資源比前有增無減。大學過去從未向鍾博士施壓，現時不會，今後亦不會因政治理由向他施壓。聲明提及，鍾庭耀進行民意調查的經費由 1997/1998 年度的 324 萬港元，增加到 1998/1999 年度的 473 萬港元，而 1999/2000 年度為 511 萬港元。

7 月 16 日

◆ 香港《大公報》報道，霍英東約見記者談及對特區政府和董建華施政的看法時表示，回歸三年，港人稱得上「安居樂業」，是很不簡單的。有很多問題是以前英國政府留下，不能算到特區政府頭上。他「希望大家都發揚『香港是我家』的精神，支持董建華依照基本法施政，不要把香港搞到不可收拾的局面。」

◆ 董建華出席第二屆立法會選舉開幕禮，呼籲 305 萬登記選民踴躍參與選舉投票。

◆ 政務司司長陳方安生表示，特區

政府非常歡迎香港大學現在決定成立一個獨立的調查委員會，並希望這個調查委員會能夠儘快展開其工作，調查事件的真相。「在未確實以前，我希望各界人士能夠保持一個開放、冷靜的態度，因為事實未曾確實以前，不應該對任何人士作出定論。」

7 月 18 日

◆ 新華通訊社報道，中央政府駐港聯絡辦副主任劉山在在香港中國企業協會會員大會上致詞表示，希望香港中資企業今後繼續模範遵守基本法，嚴格執行「一國兩制」、「港人治港」、高度自治的方針，尊重和支持以行政長官董建華為首的香港特區政府的工作，自覺接受特區政府的監督管理。同時，中資企業要充分利用香港作為國際金融、航運、貿易、旅遊和信息中心的優勢，為香港的繁榮穩定和內地的經濟建設服務。他還指出，香港中資企業當前的一項重要任務，就是響應中央政府「西部大開發」的號召，為西部大開發做一些實事。

7 月 19 日

◆ 政府新聞處出版的政府年報《香港1999》發表陳方安生署名文章。同日，香港《南華早報》發表該文章英文本。該文章説："隨着基本法訂定的選舉時間表正向 2007 年推進,香港人必須認真思考:現行安排是否長久之計?如果不是,又有何更完善、更可行的方法?""我預期市民大眾對民主發展這個重要問題踴躍發言。辯論的焦點,將是功能界別的間接選舉方法會多快取消、基本法所訂的普選目標將何時實現。"並指出,"若把市民劃分為一等和二等公民,只會導致社會極度分化。"

◆ 新華通訊社報道,國家民航總局、澳門民航局和香港民航處的專家在澳門召開會議,決定成立"粵港澳空中交通管制工作協調組"和"珠江三角洲地區空中交通管理規劃高級專家組"。協調組將主要負責協調日常空中交通管制,制訂和完善日常工作程序。

7月20日

◆ 香港特別行政區第二屆立法會選舉正式接受議員候選人提名。

7月21日

◆ 政府憲報公佈,中央政府已委任下列由行政長官提名的主要官員:李淑儀任經濟局局長(2000 年 7 月 20 日就職)。

◆ 政府憲報公佈,行政長官已延長下列人士出任終審法院非常任香港法官的任期:羅弼時、赫健士、麥慕年、康士、邵祺、傅雅德、郭樂富、麥德高、鮑偉華、黎守律、馬天敏(2000 年 7 月 28 日－2003 年 7 月 27 日)。延長下列人士出任終審法院其他普通法適用地區法官的任期:梅師賢、顧安國、沈穆善(2000 年 7 月 28 日－2003 年 7 月 27 日)、杜偉舜(2000 年 9 月 1 日－2003 年 8 月 31 日)。

◆ 香港申辦亞運委員會與來香港考察的亞奧理事會考察團舉行會議,展開最後游説。

◆ 行政長官辦公室新聞統籌專員林瑞麟對記者表示,對行政長官高級特別助理路祥安會見香港大學校長鄭耀宗,行政長官董建華事前並不知悉,也沒有批示或授權。路祥安約見鄭耀宗前沒有諮詢董建華,他只是為了更好瞭解有關調查的詳情。

◆ 香港大學校長鄭耀宗召開記者會表示,從來沒有向鍾庭耀施壓,要求他停止民意調查計劃。行政長官從來沒有跟他討論過鍾庭耀的民意調查計劃,也沒有要求大學停止這項計劃。不過,確實有行政長官辦公室成員路祥安與他見過一次面,談及鍾庭耀的民意調查計劃。7 月 24 日，路祥安發表聲明稱，其工作是聯絡各界人士，與鄭耀宗見面主要是一般性拜訪，當時認為會面的內容沒有特別的地方要向董建華匯報。

◆ 香港民主憲制研究中心研究員余志然發表致廉政專員公開信，指出李柱銘等五名民主黨立法會議員委託一間名為“唯景有限公司”的空殼公司提供顧問服務，每人按月定期向政府申領顧問費，由 1.7 萬至 2.4 萬港元不等，涉及款項約 600 萬港元。由於該批議員沒有向立法會提供開支的詳情，令人質疑是否有詐騙或挪用公帑之嫌。該中心顧問是前廉政公署執行處副處長徐家傑。

7 月 23 日

◆ 民建聯、民主黨分別舉行參選誓師大會。民建聯主席曾鈺成表示，民建聯是一個有建設性的政黨。市民支持民建聯，就是支持香港的建設力量。

7 月 24 日

◆ 財政司司長曾蔭權等出席 9 號貨櫃碼頭動土儀式。9 號貨櫃碼頭首個停泊位將於 2002 年 5 月啟用。

7 月 25 日

◆ 律政司司長梁愛詩在港區全國政協委員舉辦的一個座談會發言表示，希望大家對行政長官的苦心和辛勞給予支持，同心協力去營造一個理想的社會。“我請大家心平氣和地評價行政長官回歸以來的工作：他使‘一國兩制’史無前例的概念在香港貫徹落實，他獲得中央絕對的信任，中央從沒有干預特區的事務，他使社會在穩定的情況下回歸祖國，他以無比的決心，成功地抵禦了金融風暴，採取入市和一系列的措施，領導香港回到經濟復甦之路。”

◆ 香港報業評議會宣佈成立，成員包括 11 份香港報章、2 個新聞專業團體的代表和 15 名法律界、教育界和社會工作者代表。香港報業評議會主席、嶺南大學校長陳坤耀表示，報業評議會是由香港報界發起的一個自律性組織，其宗旨是提升香港報章的專業性和道德操守。

◆ 灣仔區 26 個社團舉辦“香港回歸祖國三周年座談會”，發表《同舟共濟，建設香港》的五點意見，充分肯定特區政府三年來在內外因素困擾下，沉着果斷處理各種問題，並表示全力支持行政長官董建華依照基本法施政。

◆ 香港大學校務委員會決定，委任三

名校外人士成立獨立調查小組，專責調查"鍾庭耀事件"。小組主席為原港英最高法院署理首席大法官、現定居英國並擔任香港特區終審法院非常任其他普通法適用地區法官的鮑偉華，成員為高等法院特委法官、大律師黃福鑫和消費者委員會總幹事陳黃穗。特區政府發表聲明表示歡迎，並表示行政長官辦公室將與委員會合作，協助瞭解事件並向公眾作全面交代。

◆ 英國外交及聯邦事務部向國會提交第七份香港半年報告書。稱"一國兩制"原則在香港運作良好，香港要成為一個自由開放的國際社會，必須繼續遵守中英聯合聲明承諾的各項原則。對香港當局繼續讓公眾就種種社會問題進行和平示威，以及"法輪功"可以在香港依法請願表示歡迎。又稱英國政府關注香港立法機關全面普選、民主產生行政長官、中央政府駐港聯絡辦官員就傳媒報道"台獨"言論及特區政府表示將就香港基本法第 23 條立法諮詢中央人民政府的意見等。

7月27日

◆ 財政司司長曾蔭權宴請報章編輯時，以"箭豬"、"含羞草"及"猛鬼"等作比喻，評論近期種種風風雨雨包括"鍾庭耀事件"。他不同意問題源於行政長官，認為自己曾與多任港督共事，董建華絕不比他們遜色。董建華是香港人，心在香港，做得好不好可以在天平上秤。曾蔭權認為香港傳媒罵完特區政府後，也引起外國傳媒跟進。美國人原已不信香港在共產主義中國下會有生存空間，認為香港一定衰，什麼都衰。但回歸後，外國傳媒見沒有人自焚，沒有什麼負面新聞，便收縮了它們在香港的辦事處。現在負面新聞多起來，它們又再行擴張。這並非好事。

7月28日

◆ 霍英東出席一個研討會回應記者提問時表示，董建華任勞任怨，其領導的特區政府過去三年的工作包括處理亞洲金融風暴等，卓有成就，成績有目共睹，應予充分肯定。社會不應該有怨氣。並指出，亞洲金融風暴帶來的影響和房屋問題等都是港英政府一手造成的，特區政府正採取積極的態度，處理回歸前未做好的工作，改善問題。

◆ 中央政府駐港聯絡辦主任姜恩柱在同一場合表示，香港是大家的家，維護香港的繁榮穩定，符合大家的共同利益，香港經濟正在復甦，前景很好。並表示，中央政府充分肯定董建華為首的特區政府三年來的政績。

◆ 多個工商界團體聯合在香港舉辦"中國西部大開發的商機"研討會，霍英東、姜恩柱等出席了研討會。國務院西部大開發辦公室綜合規劃組副組長寧吉喆介紹了實施西部大開發戰略的情況。香港貿易發展局總裁施祖祥在研討會上致詞時表示，對於香港工商界來説，中西部是一個非常有潛力的市場。香港貿易發展局將全力為港商投資西部提供服務。

◆ 特區政府宣佈，委任楊家聲為公務員薪俸及服務條件常務委員會主席，2000年8月1日起生效，任期兩年。

7月29日

◆ 財政司司長曾蔭權訪問澳大利亞，分別在悉尼、墨爾本和阿特雷德與當地的商界和政界領袖會晤。

7月30日

◆ 職工盟秘書長李卓人在其參選誓師會上聲言要打倒"一董集團"。誣指"一董集團"的"主席"是江澤民，"總經理"是董建華，"成員"是剛於6月訪問北京的工商界人士，"顧問"是特區政府的行政會議成員。並聲稱支持在同一選區參選的民建聯副主席譚耀宗，就是支持"一董集團"。

7月31日

◆ 第三屆全球華人物理學大會在香港中文大學開幕。會議由華人物理學會和香港中文大學聯合舉辦，300多位海內外華人科學家參加。主講者包括李政道、楊振寧、丁肇中、丘成桐、朱經武、趙忠賢等。

7月31日－8月2日

◆ 大律師公會應司法部邀請訪問北京。分別拜會司法部、全國人大常委會法工委、國務院港澳辦、外經貿部等負責人。

8月1日

◆ 董建華在回覆香港大學"鍾庭耀事件"獨立調查小組的信件中表示，不會接受邀請出席"鍾庭耀事件"聆訊活動。並表示："作為行政長官，我有責任要維護這個職位的尊嚴和確保政府有效率和正常地運作。在沒有充分的理據之下，出席個別的聆訊，我的確是有保留。"

◆ 公務員事務局局長王永平表示，近日有公務員團體上街遊行，表達對特區政府政策的不滿是無可厚非的。但個別人在示威中高叫"打倒董建華"的口號就不適宜，這與公務員的身份不切合。

◆香港會計師公會、香港建築師學會、香港大律師公會、香港牙醫學會、香港工程師學會、香港園境師學會、香港律師公會、香港醫學會、香港規劃師學會、香港測量師學會等十個專業團體組成的"專業聯合中心"成立。召集人為劉炳章。香港生產力促進局負責該中心的管理工作。

8月2日

◆行政長官董建華到東區尤德夫人那打素醫院探訪入境事務處大樓縱火事件受傷者。他表示,今次事件令人震驚及憤怒,政府絕不會容忍這些野蠻、非理性行為,並會依法追究縱火者的刑事責任。中央政府駐港聯絡辦主任姜恩柱委託副主任王鳳超致電保安局局長葉劉淑儀,對該事件表示震驚和關注,並對受傷的入境事務處職員表示親切慰問。中央政府駐港聯絡辦副主任鄭國雄、高祀仁到醫院看望傷員。

◆傍晚6時,30多名聲稱擁有居留權人士在灣仔入境事務處大樓內要求領取身份證被拒絕後,其中數人拿出多瓶預先準備的易燃液體當場引燃,觸發爆炸及火警,導致46人受傷,其中包括23名入境事務處職員。警方把案件列作兇殺和縱火案處理,並對22人提出檢控。事件發生後,社會各界人士紛紛發表聲明,予以強烈譴責,並要求嚴懲兇徒。8月6日,東區裁判署法庭審訊涉嫌縱火蓄意傷人的19名被告,另有3名被告因傷重留醫缺席。8月11日,入境事務處高級事務主任梁錦光及1名聲稱有居港權的人士因傷重不治而去世。董建華、姜恩柱分別發表聲明和發出唁函,對梁錦光不幸殉職感到痛惜和哀悼,並向其家屬表示慰問。

◆高等法院原訟法庭法官楊振權駁回約50名聲稱擁有居留權人士的司法覆核申請,裁定該等人士在出生時父母非香港永久性居民,因此不享有居港權。楊振權表示,全國人大常委會已經就基本法中有關居留權條文作出解釋,包括界定出生時父母未成為香港永久性居民的人士,不享有居留權。即使出生時父母已成為香港永久性居民的人士,依據香港基本法第24條享有居留權,也必須根據香港基本法第22條,向內地有關部門申請並獲批准才能來港行使居留權。終審法院1999年12月3日判決表明,特區法院在處理有關居留權個案時,必須按照全國人大常委會的解釋作出裁決。並表示,以人道理由給予無居留權者居港權的酌情權屬於入境事務處處長,法庭無權干預。

◆董建華在禮賓府會見 200 多名內地、香港和美國的大學生時表示，"最重要的是繼續努力落實'一國兩制'，為台灣樹立榜樣。我們越成功，統一大業成功的機會越大。同時，香港在促進兩岸的人員、文化、貿易、金融等方面的交流，亦可發揮重要作用。"

8 月 2 日－8 月 21 日

◆香港大學"鍾庭耀事件"獨立調查委員會展開聆訊。傳召香港大學新聞及傳媒研究中心民意研究計劃主任鍾庭耀、香港大學校長鄭耀宗、香港大學副校長黃紹倫、行政長官高級特別助理路祥安和香港大學新聞及傳媒研究中心總監陳婉瑩出席。8 月 21 日，聆訊結束，各位證人向調查委員會作總結陳詞。路祥安的代表律師胡漢清指出，"今日是學術界悲慘的一日，因為好多在學術界有地位的人士，都要經歷這個聆訊。"鍾庭耀對行政長官干預學術自由的指控十分嚴重，而部分媒體亦利用事件，達到自己的目的。代表鄭耀宗的資深大律師陳志海稱，多份證供均指鄭耀宗沒有託人向鍾庭耀傳話和施壓，獨立調查委員會應還鄭耀宗一個清白。黃紹倫重申自己從來沒有要求鍾庭耀停止民調，並質疑鍾庭耀為何不斷要尋求行政長官支持他的民調工作，對大學、同事及香港造成這樣的傷害，"他（鍾）欠我們一個解釋！"鍾庭耀稱，如果今次獨立調查委員會也找不到事件的真相，相信即使成立其他委員會，也解決不了問題，他不希望自己和同事再受折磨。8 月 26 日，香港大學"鍾庭耀事件"獨立調查委員會完成調查報告，並將報告呈交校務委員會。

8 月 3 日

◆特區政府與資訊港有限公司（即盈科數碼動力公司為發展數碼港而成立的公司）就數碼港發展計劃住宅部分的地價達成協議。議定價格為 78 億港元。

8 月 4 日

◆政府憲報公佈，中央政府已委任下列由行政長官提名的主要官員：王永平任公務員事務局局長（2000 年 8 月 1 日就職）。

◆董建華在主要官員每周例行會議上表示，根據特區政府統計數字顯示，90 年代有 50 多萬香港人移民外地，主要地點包括美國、加拿大、澳大利亞等地。部分人士其後回流返港。據統計處調查，回流返港人數保守估計最少有 11 萬人。香港"損失"了約 40 多萬人才。近年亦有

40 多萬新移民由內地來香港，當中一半是兒童，一半是成年人，後者以低學歷、低技術的人士佔多。香港有需要引入更多高學歷、高技術人才。特區政府正研究向中央爭取特區政府對審批單程證有發言權，加強輸入專才的可行性，以及增加本地培訓等。

◆ 司法機構發言人就會否加快處理聲稱擁有居留權人士的司法覆核申請一事表示，司法機構一向致力維持獨立、有效率的司法制度，維護法治及以合理的時間處理案件。自 2000 年 1 月以來，法庭共收到 1646 宗就居留權而提出的司法覆核申請，總共涉及 10116 名申請人。至今，法庭已處理 750 宗申請，共涉及 7775 名申請人。關於餘下的申請，其中 91 宗已排期於 8 月進行指示聆訊、25 宗將於 9 月進行申請司法覆核許可聆訊。據瞭解，還有 779 宗申請正為指示聆訊進行準備工作。當準備工作完成後，這些申請可集合一起在數周內進行聆訊。另一宗申請涉及共 1446 名申請人，此宗申請正等候其代表律師進一步澄清某些事項。

8 月 9 日

◆ 香港中華總商會、香港中華廠商聯合會、香港廣東社團總會、香港福建社團聯會、香港各界婦女聯合協進會、香港中華出入口商會等 12 個團體籌辦、301 個社團合辦的 "香港是我家" 系列活動開幕。該活動的委員會主席、中華總商會會長陳有慶在首日舉辦的 "香港是我家" 座談會上宣讀了聯合聲明，呼籲全體香港市民團結一致，繼續支持董建華為首的特區政府的施政，以公正和負責任的態度看待當前出現的問題，客觀分析原因所在，提出建設性意見，謀求解決方法，共同努力，促進香港的持續繁榮與穩定。並表示，在入境事務處大樓發生的縱火暴力事件，引起社會公眾人士的憤怒和不安。我們堅決支持特區政府嚴懲不法分子，維護香港法治、保障社會安寧。

8 月 10 日

◆ 董建華出席香港美國商會主辦的 "傑出商界領袖系列" 午餐會時致詞表示，這段時間發生的事情很多，先是 "短樁事件"，接着是住宅物業價格下跌，一些負資產人士、公務員和學生上街遊行，再是學術自由受質疑和入境事務處辦公大樓縱火等，均令人矚目。這是風暴的前兆，特區政府不會輕視，會以不畏不懼的態度對待。他表示，特區政府進行的改革工作是為了保持香港的競爭力，推動經濟持續發展，改革勢在必行。當香港走向新經濟時，特區政府並沒有忽略處境不佳、技能比人差的市民的景況。但特區政府相信這些結構性失業問題是短暫的，不能以福利國家的方法解決，而須以強勢政府領導和重點計劃相結合，鼓勵處境不幸的人自強不息，自尊自重。

◆ 高等法院原訟法庭法官楊振權裁定：78 宗自稱擁有居留權人士的司法覆核申請個案，因沒有合法依據，予以全部撤銷。楊振權表示，終審法院雖在 1999 年 1 月 29 日裁定所有港人在內地所生子女都有居留權，但這裁決已因全國人大常委會 1999 年 6 月 26 日的解釋而被推翻。董建華在全國人大常委會解釋當天發表聲明，宣佈 1997 年 7 月 1 日至 1999 年 1 月 29 日在香港的港人內地所生子女可獲終審法院 "1·29" 判決保障，不受全國人大常委會解釋的影響。但必須符合：一是在 1997 年 7 月 1 日至 1999 年 1 月 29 日期間；二是親自向入境事務處聲稱擁有居留權；三是在入境事務處留有這一聲稱的記錄。根據入境事務處的記錄，上述 78 宗個案中的大部分申請人是在全國人大常委會解釋之後首次來港，其餘申請人雖然在 1997 年、1998 年間來過香港，但在居期屆滿便離去或入境事務處沒有其聲稱有居留權的記錄。因此，該等人士不受行政長官 "寬免政策" 的保障。

◆ 教育部、國務院港澳事務辦公室發出《關於對因公赴香港、澳門就讀、任教、合作研究人員的暫行管理規定的通知》。

8 月 12 日

◆ 港元官方兌換價保證匯率 500 天的調整期結束，結果調整至 1 美元兌 7.8 港元的水平。

8 月 13 日

◆ 新界社團聯會、原東江縱隊港九獨立大隊游擊戰士聯誼會、香港老戰士聯誼會、西貢鄉事委員會、西貢抗日烈士紀念碑管理委員會、坑口鄉事委員會、香港 "赤子報國" 抗戰雕塑籌建委員會聯合主辦的 "紀念抗日戰爭勝利 55 周年活動"，在西貢斬竹灣抗日烈士紀念碑前舉行。中央政府駐港聯絡辦副主任高祀仁和外交部駐港特派員公署副特派員崔占喬、西貢民政處署理專員何映城、新界社團聯會榮譽會長李連生、原東江縱隊港九獨立大隊老游擊戰士聯誼會會長羅歐鋒、香港老戰士聯誼會會長葉維里、西貢區議會主席吳仕福等，以及數百名抗日老戰士出席。

8月14日

◆ 中國人民解放軍駐港部隊司令員熊自仁在出席一公開活動時，就記者提出"上海市舉行了50年來最大規模的防空演練，駐港部隊對香港空防有何評價"的問題表示，目前全國許多城市都在進行國防教育與防空演練，但香港與上海及內地其他城市不同，沒有必要做效類似的工作。解放軍完全有能力確保香港在未來的戰爭中免受來自任何方面的挑釁。政委王玉發也在同一場合表示，國土的防空要有"整體化"概念，香港作為中國領土的一部分，祖國在進行國防準備時，當然會將其納入保護和防禦的範圍內加以考慮。

◆ 特區政府宣佈，委任吳光正為香港貿易發展局主席，任期兩年。

8月15日

◆ 警方拘捕涉嫌在"6·26事件"中與警察發生衝突的五名專上學聯成員。警務處副處長曾蔭培表示，警方的拘捕行動是根據法律程序進行，並無刻意挑選時間。

◆ 280名區議員聯署發表聲明表示，香港的成功有賴於香港人的團結和勤勞工作，解決問題要用理性、實事求是的態度，只管埋怨是沒有建設性的。他們表示，反對一切非理性衝擊政府的暴力行為，支持特區政府依法施政。

8月16日

◆ 特區政府對執業中醫實施註冊制度。全港約7000名中醫需要在半年內申請過渡期註冊。

8月18日

◆ 董建華在禮賓府主持香港特區奧運代表團授旗儀式。表示為進一步推動體育運動的發展，特區政府正積極爭取2006年亞洲運動會的主辦權，以確立香港在國際體壇的地位。他相信香港運動員今次在奧運會的拼搏精神和積極參與，將有助香港申辦2006年亞運會。

◆ 約5000名市民參加由工聯會主辦、香港同心基金協辦的"支持申辦亞運"巡遊活動。

8月21日

◆ "中國航天科技成就展覽"在香港科學館舉行。董建華、馬毓真、熊自仁、劉山在、林煥光等出席開幕典禮。董建華致詞表示，特區政府不斷提升教育素質，營造合適的科研及投資環境，鼓勵和推動香港的科技發展，創造新的經濟動力。

◆ 獲金融管理局委任為美元結算銀行的香港上海匯豐銀行，首階段啟用美元結算系統，提供美元即時支付結算服務，本地金融機構可在亞洲時區即時結算美元交易，無須等待 12 小時後才在紐約時區結算；第二階段和最後階段美元結算系統分別於 9 月 25 日和 12 月 18 日投入服務。

◆ 賑災基金諮詢委員會批出 136 萬港元給香港世界宣明會，以緊急救援陝西省水災災民。

8 月 21 日－8 月 23 日

◆ 粵港澳三地警方刑偵主管工作會晤在廣州舉行。三方一致認為，三地警方刑偵部門應在不斷增強自身偵查能力的同時，逐步建立靈活、快速、高效的警務合作機制，對一些嚴重特大的跨境犯罪案件以及各自掌握的涉及跨境犯罪人員、物品的情況應及時相互通報，實現情報資料的三方共用。三方還達成共識，今後三地警方刑偵部門將每四個月輪流在粵港澳三地舉行一次工作會晤。

8 月 23 日

◆ 香港《蘋果日報》報道，香港特區第一屆立法會議員、民建聯副主席程介南從 1998 年 1 月開始秘密經營一間名為

富亞顧問有限公司，向至少七間財團提供政治顧問服務，涉嫌金額超過 100 萬港元，他在 1998 年 6 月當選議員後至今，從未向立法會申報，有違立法會議事規則之嫌。報道又指程介南曾憑藉其議員身份從前民政事務局副局長張寶德獲得注有"機密"字句的香港康體發展局文件，並隨即轉交予另一公關公司，之後又向該公關公司收取服務費用。有關情況令人質疑程介南可能濫用議員職權，甚至觸犯《官方機密條例》。當日，程介南即公開承認是富亞顧問公司的股東，他沒有向立法會和民建聯申報是"個人疏忽"。8 月 24 日，又承認曾將一份有關康體發展局新架構草圖傳真予客戶，違反了與民政事務局官員之間的私人承諾。孫明揚出席一公開活動時表示，由於"程介南事件"不涉及保安問題或關乎香港安危的情況，故《官方機密條例》並不適用，特區政府亦無跟進或調查的需要。

8 月 24 日

◆ 15 歲智障少年庾文翰與母親外出時走散，並在沒有持身份證件情況下獨自由羅湖出境後失蹤。其父母指責特區政府有關部門行政失當。董建華致電深圳市市長，雙方同意保持緊密聯繫，盡力尋回庾

文翰。保安局也聯絡廣東省公安廳要求協助。入境事務處及警方會繼續與深圳市公安局積極跟進該宗尋人事件。

8月25日

◆ 國務院辦公廳發出《關於為香港特別行政區政府駐北京辦事處在內地執行公務提供便利等問題的通知》。

◆ 程介南宣佈辭去民建聯副主席職務，並結束顧問公司業務，但表示仍會繼續參加第二屆立法會選舉。8月27日，民主黨公開聲稱，民建聯應在三日內向公眾交代"程介南事件"的調查結果。並要求在新一屆立法會內，成立專責委員會跟進此事件，研究其中有否出現政商勾結。8月28日，選舉管理委員會主席胡國興表示，根據現時立法會選舉的條例，候選人只能在提名期結束前退選。現時並沒有一個容許候選人退選的機制存在。如有候選人在競選期間涉嫌觸犯法例，遭到執法部門調查，一日未定罪，則仍可繼續參選。當選後如不接受立法會議席，可於憲報公佈選舉結果後七天內，以書面通知立法會秘書處，或者在正式當選後提出請辭。

8月26日

◆ 全國政協副主席霍英東率領香港工商界訪問團赴新疆考察。中央政府駐港聯絡辦主任姜恩柱任顧問。新疆維吾爾自治區區委書記王樂泉、新疆維吾爾自治區政府主席阿不來提‧阿不都熱西提等分別會見代表團，並介紹新疆基本情況和高新技術產業、技術改造項目、改善投資環境、"西氣東輸"工程進展等情況。

8月28日

◆ 全長83公里，總投資約47億元人民幣的東江一深圳供水改造工程在東莞塘廈鎮正式動工，整個工程計劃於2003年8月底建成投產。屆時，東深供水工程系統的輸水方式將由現在的敞開式變成封閉式，沿岸所有的污染源將被排斥於管道外。水務署助理署長高贊國表示，香港從20世紀60年代開始就一直依靠東江水資源。香港歷史上曾發生過三次嚴重乾旱，出現過四日供水一次的現象，但自從1980年獲得了東深工程的足量供水後，從此再沒有發生過停供水事件。

◆ 台灣世華銀行在香港發行以港元計價的三年期浮動利率定存單（FRCD）。這是台灣金融機構首次在香港發行債券。

8月29日

◆ 民建聯中央委員會召開會議。一致認為，民建聯副主席程介南在利益申報問題上犯了嚴重錯誤，對民建聯造成重大傷害，民建聯中委會予以強烈譴責，並接受程介南辭去民建聯副主席一職。民建聯主席曾鈺成表示，程介南事件已交由紀律委員會跟進調查，如有結果會儘快向公眾交代，但在調查未有結果前，以及缺乏具體的理據之下，不宜草率判定程介南不適宜當議員，這樣對程本人並不公平。

◆ 各界人士就“程介南事件”發表看法。港區全國政協委員林貝聿嘉表示，程介南是做錯了事，但不應影響整個民建聯。立法會需要愛國愛港力量，選民應繼續支持民建聯成為立法會內第一大黨。港區全國政協委員朱蓮芬表示，“程介南已經承認了自己的錯誤，這幾天來他受到的批評和譴責已經是對他的懲罰和處分，希望大家看在他以前的貢獻，給他多一次的機會。而對於民建聯，我們更加應該支持它，因為它為香港做了很多事情，也提出了很多好的建議，所以選民應從全面的角度去看問題。”譚惠珠說：“我仍會投蔡素玉的票！她像很多民建聯成員一樣，多年來在基層做了許多工作，在立法會裡提出很多好的建議，因此我不管她的夥伴發生了什麼事，仍然會繼續支持她！”香港東區各界協會會長洪清源表示，該會過去一直支持民建聯候選人，希望市民明白程介南的錯誤屬個人的行為，不應該由民建聯來承擔，大家要顧全大局，一如既往支持愛國愛港人士晉身新一屆立法會。立法會主席范徐麗泰表示，立法會議員的申報利益制度是議員自己定出的規矩，如果第二屆立法會議員認為應該加強（這些規矩），就可以加強；如果認為已足夠，則可保持不變。

8月31日

◆ 22個教育團體及589名教育工作者以“我們的憂慮、我們的期盼”為題在報章上刊登聯署聲明表示：“我們只期望社會上能夠多一些建設性的意見，少一些不負責任的指責和鼓勵，以營造尊重多元、和諧共融的社會文化。我們更期盼香港市民能重拾過往之拼搏精神，不怨天，不尤人，以信心和勇氣迎接挑戰，以理性和寬容面對時艱，求大同存小異，化戾氣為祥和，齊心建設，創造更好明天，共享繁榮。”

◆ 香港海防博物館正式開幕。該博物館係由一座建於1887年的舊炮台改建而成。

9月1日

◆ 董建華舉行記者會，表示"作為行政長官和大學校監，我非常關注八間大學的福祉。教育是我的重點施政工作。香港大學創校百年，是亞洲最優秀的學府之一。過去兩個月，有關事件對香港大學造成極大的損害。政府、學術界和香港市民大眾，必須齊心協力，維護香港大學的基業，珍惜它對社會的貢獻。特區政府絕對尊重學術自由，這是香港賴以成功的基石。"並指出，他與路祥安相識多年，知道他為人誠實可靠。路祥安在香港大學調查委員會上的作供完全可信，他完全適合繼續擔任行政長官高級特別助理。

◆ 政務司司長陳方安生發表聲明，"行政長官已經很明確地表示，特區政府歡迎港大校務委員會公開獨立調查委員會的報告。行政長官亦很明確指出不會容許任何人士干預學術自由，所以政府對捍衛學術自由的立場是非常明確而堅定的。"

◆ 香港大學校務委員會公開"鍾庭耀事件"調查報告。報告長達74頁，其中66頁列舉眾證人的證供及對有關證供的可信性加以批注。報告沒有指出任何人需要為"鍾庭耀事件"負責，只是表示調查委員會認為鄭耀宗和路祥安都未能全面提供他們在1999年1月6日會談的內容，

但委員會確信"路先生對鍾博士的民調工作提出的關注引發了校長以下的行動"。

◆ 香港大學新聞及傳媒研究中心民意研究計劃主任鍾庭耀稱港大調查委員會的調查報告是該委員會在許可權範圍下，作出最好的判決。香港大學校長鄭耀宗和副校長黃紹倫均表示對報告內容有嚴重保留。鄭耀宗認為報告的結論指黃紹倫是在他指示下向鍾庭耀傳達一項訊息，該訊息是意圖抑制鍾的學術自由，有嚴重錯誤，將會積極考慮尋求進一步的司法程序。

◆ 渣打銀行斥資102億港元收購美國大通銀行在香港的零售業務，使渣打銀行信用卡發行量由120萬張增至194萬張，成為香港最大的信用卡銀行。

9月2日

◆ 律政司司長梁愛詩對傳媒表示，當局是按照"自然公義法則"（Rule of Natural Justice）代路祥安去信港大校務委員會，事前已諮詢過港大校務委員會主席及有關律師的意見，他們都認同能以書面形式表達意見。當局曾就此事聯絡路祥安，但路祥安沒有提出要求，律政司因此撤回信件。希望外界不要誤認為政府、律政司及路祥安企圖干預校委會的決定。路祥安透過私人律師去信港大校務委員

會，強烈反對及不接納調查委員會對他的指控。

9月4日

◆ 全國政協常委徐四民在香港《明報》發表文章表示，港大調查委員會發表的報告令人失望，充滿偏見，既不公平也不公正，是一篇"糊塗報告"。委員會未考慮鍾庭耀誣告董建華干預學術自由，卻又拿不出證據。"子虛烏有的指控完全不能成立"。

9月5日

◆ 國務院副總理溫家寶在北京會見香港特區金融管理局總裁任志剛、銀行公會主席柯清輝率領的香港銀行公會代表團時表示，希望香港銀行界的朋友繼續支持董建華為首的特區政府的工作，維護香港繁榮穩定的大局。代表團於 2000 年 9 月 4 日至 9 月 7 日訪問北京、上海，就人民幣邁向自由兌換的進程、中國入世後為香港銀行帶來的商機、推動滬港兩地向國際金融中心發展等議題與中央有關部門和上海金融界人士交換意見。

◆ 美國國務院向國會提交了第二份國際宗教自由年報。報告關於香港的部分提出，基本法保障了宗教自由，《香港人權法案條例》亦禁止宗教歧視。並稱"港府在各階層全力保障宗教自由，及不會容許民間危害宗教自由的行為。"

9月6日

◆ 行政長官辦公室發言人發表聲明，"我們知悉香港大學校務委員會已接納校長鄭耀宗和副校長黃紹倫的請辭。我們理解鄭校長和黃教授是基於大學的整體利益而作出這個決定。我們尊重他們的決定。"

◆ 香港大學校務委員會召開會議，通過接受校長鄭耀宗及副校長黃紹倫請辭。校務委員會主席楊鐵樑宣讀一份港大聲明，表示校務委員會知悉校長堅持認為調查委員會對他所作的判斷並不合理。校長清楚表明他的請辭並不表示他本人承認調查委員會的結論，而是本於他對大學利益的關懷而作此決定，因為他覺得在此時退下來會有助大學的復原。過去數星期對大學而言是困難和痛苦的時刻，然而大學必須記取校長對大學的功績，他在過去四年半成就極大，推動改革與新猷，以提升大學的學術地位。校務委員會亦知悉除校長之外，尚有校內其他人士亦對報告書的結論提出異議。校務委員會議決對大學最有利而應採取的最重要行動：是時候把事件視為已成過去。

9月8日

◆ 董建華會見紀律部隊人員總工會、紀律部隊評議會、高級公務員評議會、第一標準薪級公務員評議會和警察評議會的公務員代表，就提高服務素質和公務員改革等聽取意見。董建華表示，"在制定公務員體制改革建議時，我們已充分顧及職方的意見和關注，我們提出的改革，沒有一項會影響在職公務員的就業保障。在實施已通過的改革方案時，採取小心和體諒態度，並會充分諮詢職方。"

◆ 香港《天天日報》停刊。該報控股公司電宇國際有限公司出版的《人人日報》創刊。社長為電宇國際有限公司副主席兼總裁劉信之，副社長為原《天天日報》總編輯鄭經農。《天天日報》1960年11月1日創刊。2000年6月4日，電宇國際有限公司（主席為胡國亨）購入該報70%股權。

9月10日

◆ 香港特別行政區第二屆立法會選舉投票日。分區直選24席共有133.108萬人投票，投票率為43.5%，比1998年的53.29%低了約9.7%；功能團體選舉30席，投票人數92112人，投票率為56.5%；選舉委員會選舉6席，投票人數748人，投票率為95.53%。選舉結果：民建聯取得11席（其中分區直選取得7席，得票391718張，得票率29.68%，比1998年增加4.46%），民主黨取得12席（其中分區直選取得9席，得票462423張，得票率34.7%，比1998年下跌7.9%），自由黨取得8席（全部是功能團體和選舉委員會議席），港進聯取得4席，早餐派取得3席，前線取得2席，職工盟取得2席，新世紀論壇取得2席，工聯會取得1席，勞聯取得1席，民協取得1席，街坊工友服務處取得1席，獨立人士取得12席。

9月10日－9月12日

◆ 英國內閣成員、上議院大法官艾偉儀勳爵訪港，以加強英港兩地司法部門的聯繫，及推動英國法律服務在海外的發展。先後與董建華、陳方安生、梁愛詩、李國能、湯家驊，以及香港法律界代表及在香港的英國律師事務所代表會面。

9月11日

◆ 董建華就第二屆立法會選舉發表聲明，恭賀剛選出的第二屆立法會議員。並表示政府會致力與立法會合作，希望與各位議員建立良好及有建設性的工作關係。指出這次立法會選舉按基本法的規定，在公開、公平和廉潔的情況下舉行，為香港政制發展邁進了一步。

◆ "2000年港台經貿論壇"在香港舉行。香港特區行政長官特別顧問葉國華和國民黨國家政策研究基金會執行長江丙坤任主講嘉賓。

9月12日

◆ 行政長官夫人董趙洪娉率香港各界代表到解放軍駐港部隊海軍基地探訪部隊官兵。中央政府駐港聯絡辦主任姜恩柱和夫人，以及外交部駐港特派員公署副特派員唐國強一同參加了這次活動。

◆ 各界和輿論評論第二屆立法會選舉結果。香港《文匯報》認為選舉結果令不少人感到意外。民建聯整體得票率高達29.68%，較1998年的25.22%，增加了4.6%，增長幅度是17.68%，成為新一屆立法會的唯一一個在席位方面有所增加的政治團體。其中港島是民建聯候選人程介南的選區，因"程介南事件"而最受關注。在這一選區，民建聯參選名單取得了72617票的高票。九龍東選區以陳婉嫻為首的民建聯參選名單得票率達到47.36%，首次超越以司徒華為首的民主黨參選名單而成為"票后"。新界東以劉江華為首的民建聯參選名單也得到66900多票，超越前綫的劉慧卿。劉慧卿上屆在這一選區得票超過10萬，這次只得6.3萬多票。地區直選中，民主黨雖然取得12席，繼續保有立法會第一大黨的地位，但較上屆少了1席。其在地區直選的總體得票率也大幅下跌了近8%，由1998年的總得票率42.6%，下跌至這屆的34.7%，得票下挫接近30%。其中以主席李柱銘為首的港島區參選名單較上屆劇跌11.13%。

◆ 民建聯主席曾鈺成總結第二屆立法會的選舉結果時表示，民建聯能在這次選舉中取得好成績，顯示市民願意整體評估民建聯以往的政績。即使程介南在利益申報上犯了重大錯誤，支持民建聯的市民仍然認同該黨的政綱和過去八年的政績。

◆ 民主黨主席李柱銘表示，對這次選舉結果感到意外。這是因為民主黨的支持者未有盡全力出來投票。民主黨副主席何俊仁針對民建聯在"程介南事件"後，港島區仍然是鐵票如山的現象說："難道選民真的沒思想、沒是非觀念？"

◆ 美國國務院發表聲明稱，香港回歸後的第二屆立法會選舉是香港民主化發展的另一步。觀察家同意這次選舉是"公開、自由而公平"，儘管立法會權力受到基本法許多限制，仍有 43% 以上選民投票，顯示人民致力追求民主化發展。美國期望香港能以市民希望見到的步調加快民主化，並達致基本法規定所有席位依普選方式產生的"最終目標"。

◆ 英國廣播公司在新聞報道中稱，香港民主黨在地區直選中的得票率下滑 17 萬票，最大贏家是民建聯。最大憂慮是投票率大幅下跌 10%，只有 43%。

9 月 13 日

◆ 香港特區體育代表團首次以"中國香港"的名義參加在澳大利亞悉尼舉辦的第二十七屆奧運會。政務司司長陳方安生率領高層代表團前往悉尼，在 2000 年奧林匹克運動會期間推廣香港。

9 月 16 日

◆ 財政司司長曾蔭權率領商界代表團首次訪問匈牙利和波蘭，並出席在捷克斯洛伐克舉行的國際貨幣基金組織／世界銀行周年會議。

9 月 18 日

◆ 香港工會聯合會、紀念抗日受難同胞聯合會、香港索償協會等團體分別舉行毋忘"九・一八"遊行示威及到日本駐港領事館請願，要求日本政府承擔歷史責任，向中國受害民眾謝罪賠償。

9 月 19 日

◆ 董建華會見政府華員會代表。華員會代表向董建華遞交《有關建立面向 21 世紀的員工關係建議書》。

◆ 民建聯中央委員會開會討論該黨紀律委員會提交的關於《程介南事件的調查報告》，並作出撤銷程介南在民建聯的所有職務的決議。

◆ 候任立法會議員程介南去信立法會秘書處，正式要求辭去新一屆立法會議席。並稱，此舉未受民建聯內部壓力，純是個人決定。絕大多數候任立法會議員認為，立法會無需再就程介南事件展開調查，但應檢討現有的利益申報機制。

9 月 19 日－9 月 28 日

◆ 董建華分別會見第二屆立法會各政治團體、"早餐派"、工聯會、獨立人士等候任議員。就香港市民關注的事務聽取意見。

9月20日

◆ 董建華發表聲明，歡迎美國參議院通過法案，給予中國永久正常貿易關係地位。該聲明表示，中國加入世界貿易組織會令香港、亞洲以至全球的經濟受惠。它會為香港帶來機會和挑戰。相信香港會從新的商機中得益，亦有信心香港人可克服這些新挑戰。並宴請參加第十五屆港美商務委員會聯席會議的全體成員。與會人士對美參議院通過給中國永久正常貿易關係地位表示歡迎，認為中美的經貿關係將邁進穩定期。

9月21日

◆ 香港《公正報》創刊。該報社長、副社長分別為原香港《天天日報》社長、副社長。《天天日報》已於 2000 年 9 月 20 日暫時停刊。

9月22日

◆ 特區政府宣佈，委任羅嘉瑞為醫院管理局主席。2000 年 10 月 1 日起生效，任期為兩年。

◆ 特區政府憲報公佈，再度委任胡國興為選舉管理委員會主席，任期為三年。

9月23日

◆ 根據中國人民銀行與國際貨幣基金組織在布拉格的國際貨幣基金組織／世界銀行年會上簽署的諒解備忘錄，國際貨幣基金組織在香港設立了分處，而國際金融公司和國際復興開發銀行也決定在香港設立首個聯合區域辦事處。

9月25日

◆ 粵港合作聯席會議第三次會議在深圳舉行。會議達成五項共識：（1）增加內地旅客來港配額，由每日 1500 名增至 2000 名；（2）發出珠江三角洲地區、144 小時入境旅遊便利簽證予訪港旅客；（3）粵港兩地港幣支票聯合結算；（4）加強兩地中小學語言教育交流培訓；（5）重點改善東江水質及空氣污染。

◆ 金融管理局宣佈與中國人民銀行廣州分行達成設立聯合結算機制的協議，有關以香港銀行作為付款人並在廣東省兌存港元支票的新機制，於 2000 年 10 月 1 日投入運作。

9月26日

◆ 國務院副總理錢其琛在北京會見訪京的香港特區政務司司長陳方安生。錢其琛表示，希望陳方安生和特區政府全體公務員一起，更好地支持行政長官的工作，在董建華的帶領下，繼續為香港的繁榮穩定做出貢獻。國務院港澳辦主任廖暉參加了會見。會見後，陳方安生對記者表示，"我覺得錢副總理和廖暉主任都很欣賞公務員，認為公務員在香港起了一個很大的穩定作用，我亦向錢副總理再三強調：我們會一如既往地支持行政長官"。

9 月 27 日

◆ 董建華出席香港公務員團體慶祝國慶五十一周年聯歡晚會前向傳媒發表談話，表示："錢其琛副總理會見陳太時，談到公務員在回歸後的貢獻，和公務員對行政長官的支持，這是中央一貫的立場。錢副總理之所以表示這個態度，其實是鼓勵性質的。事實上，在一個政策的醞釀和制訂過程當中，政府內總是有不同意見。不同意見是一件好事，我會鼓勵不同的意見。但是當行政長官，或者行政長官會同行政會議，在政策方面作出決定之後，公務員是上下一心去執行的。所以希望你們不要作無謂的猜測。"

9 月 28 日

◆ 高等法院原訟法庭裁決、撤銷逾 600 名聲稱擁有居港權人士的司法覆核申請。法官楊振權指出，案件申請人均於終審法院在 1999 年 1 月 29 日的判決後始來香港，必須受全國人大常委會解釋基本法的規範，也不符合特區政府"寬免政策"的規定。法院無權給予不符合享有居港權資格的人士居港權，同時不能干預入境事務處處長在合理合法的情況下，自行決定是否行使其酌情權。

◆ "民主聯盟"召開會議，討論如何聯手追究行政長官高級特別助理路祥安在"鍾庭耀事件"中的責任。同意由民主黨主席李柱銘先提決議案，成立專責委員會運用權力及特權法徹查事件，若被否決再用動議辯論追究。

9 月 29 日

◆ 國務院副總理錢其琛在北京歡迎海外僑胞、港澳同胞、台灣同胞和外籍華人來京參加中華人民共和國成立五十一周年慶祝活動招待酒會上致詞時表示，中央政府將堅定不移地執行"一國兩制"方針和基本法，堅定地支持香港及澳門特別行政區的行政長官和在他們領導下的特區政府的工作，保持香港和澳門的長期穩定、繁榮和發展。

9月30日

◆錢其琛在北京會見香港高校學者訪問團和香港教育界國慶觀禮團時表示，希望香港教育界人士繼續本着愛國愛港的精神，支持以董建華為首的特區政府施政，為維護香港特區的繁榮穩定發揮積極的作用，為進一步推動香港與內地的教育、科技交流多作貢獻。

10月1日　國慶日，中華人民共和國成立五十一周年

◆香港特區政府在會展中心金紫荊廣場舉行升國旗和區旗的儀式，董建華主禮。霍英東、姜恩柱、馬毓真、王玉發和特區政府官員、各國駐港領事及各界知名人士等 600 多名嘉賓出席。觀禮市民近 3000 人。晚上，特區政府在會展中心大會堂舉行國慶酒會，霍英東、董建華、姜恩柱、馬毓真、王玉發、李國能、陳方安生、曾蔭權、梁愛詩、梁振英等擔任主禮嘉賓。董建華致詞時表示，1999 年底以來，香港的經濟已開始擺脫亞洲金融風暴的陰影，逐步復甦。2000 年上半年，香港的經濟更取得雙位數字的增長，相信全年整體經濟表現會持續向好。他希望全港市民能夠團結一致，以國家和特區的整體利益為大前提，同心協力創造一個更美好

的將來。

◆香港東風衛星電視有限公司正式開播。該公司董事局主席為台灣福隆製作公司創辦人、台灣無綫衛視執行董事葛福鴻，總經理為美國舊金山 66 頻道台長楊盛昱。董事為原香港恒隆集團總經理林宏升、年代集團創辦人邱復生等。內地企業方舟集團也是合資方。

10月2日

◆香港專上學聯未經事前申請發起遊行集會，要求修訂《公安條例》。參加集會的還有民主黨、前綫、“四五行動”、職工盟、教協、落實子女居港權家長會、爭取居港權大聯盟等團體 200 多人。民主黨候任立法會議員李柱銘、楊森、司徒華、李永達等參加非法遊行。李柱銘表示，民主黨將在新一屆立法會內，與其他民主派議員商討，儘快提出私人草案，把《公安條例》修訂回九七回歸前的狀況。

◆社會各界人士紛紛表示，任何遊行示威活動都應該依法進行。任何非理性、不守法的抗爭行動，都是不符合社會大眾利益的。行政會議成員鍾瑞明説，《公安條例》是經過合法的程序制定出來的，一日未作出任何修訂之前，香港市民都有責任按照這一法律辦事。他希望學生能夠按

照法律途徑發表意見。民建聯兩位候任立法會議員陳鑑林、葉國謙認為，在法律面前人人平等，每個人都要遵守法律，任何人對某項法律有不同意見，可以透過理性、和平的方法來表達。學生要表達不同意見，也必須守法。任何非理性的行為，都不符合公眾利益。未依法申請的遊行，如果觸犯香港法律，警方應依法處理。工聯會候任立法會議員梁富華指出，專上學聯示威遊行完全是為反對而反對，其提出的理據根本站不住腳。工聯會社會事務委員會副主任王國興說，專上學聯舉行示威遊行沒有事前提出申請是不合理和不合法的，因為任何人都不能凌駕於法律之上。

10 月 3 日

◆ 特區政府發言人表示，現行《公安條例》並非"還原"該條例於 1995 年前的版本。而是基本保留了 1995 年修訂的《公安條例》所作出的多項放寬措施。"遊行集會事前要通知警方的要求及警方禁止遊行集會的權力，在 1995 年已經存在，並不是 1997 年修訂《公安條例》而實行的新措施。""對於組織公眾遊行的人士來說，現行的'不反對通知書'機制更為清晰。因為現時法例要求警務處處長須表明他是否反對舉行某一次公眾遊行，並陳述反對的理由。"該條例有關公眾集會的條文，是特別以符合《公民權利和政治權利國際公約》而制定的。

◆ 特區政府以優厚條件推出的公務員自願退休計劃申請期限截止。公務員事務局發言人表示，特區政府在 7 月 3 日向 59 個職系逾 7 萬名員工推出的這項計劃，計劃削減 3500 人，佔公務員總數 5%。如果申請人太多，當局將會優先批准年資較長員工的申請。

10 月 4 日

◆ 中央政府駐港聯絡辦有關部門對記者詢問天主教香港教區助理主教陳日君就"封聖"問題發表文章一事，表示梵蒂岡不顧中方的強烈反對，於日前舉行"封聖"儀式，把曾經在中國犯下醜惡罪行的一些外國傳教士及其追隨者冊封為"聖人"。這決不是一次單純的宗教活動，是利用宗教問題干涉中國內政。在這個涉及國家主權和民族尊嚴的重大問題上，每一個尊重自己民族的中國人應該有一個正確的態度。

◆ 香港特區第二屆立法會舉行首次會議，59 名議員宣誓就職，並選舉產生主席。上屆立法會主席范徐麗泰以 38 票當選連任。

10 月 5 日

◆ 首家私營化、屬特區政府擁有的法定機構 —— 香港地下鐵路股份有限公司在香港交易所上市。

10 月 6 日

◆ 董建華接受香港電台節目"香港領袖系列"訪問時表示,自己的治港理念:一是切實落實"一國兩制";二是司法要獨立,在法律面前人人平等,確保言論自由、集會自由、組織政黨的自由、新聞自由;三是政府運作要高度透明兼有問責制。至於政制發展,基本法給了我們十年時間去摸索。

◆ 律政司發言人表示,經審核有關 4 月 20 日學生遊行事件的證據及考慮過所有因素後,決定不對事件中任何人士提出檢控。4 月 20 日,約 60 名專上學生聯合會的學生以強烈反對政府研究在高等院校實施分科收費為由,在沒有知會警方的情況下,發起遊行,並三度與警方發生碰撞(簡稱"4．20 事件")。對"6．26 事件",律政司正根據現行的檢控政策考慮有關事件,現時仍未決定會否起訴事件中被捕的五名專上學聯成員。

◆ 香港獲選為"打擊清洗黑錢財務行動特別組織"2001/2002 年度主席。禁毒專員盧古嘉利將代表香港出任該國際組織主席。

10 月 8 日

◆ 約 1200 人在未經警方同意下,到特區政府總部門外遊行示威,要求政府撤銷對"6．26 事件"被捕的專上學聯學生的起訴,修改現行《公安條例》。還焚燒一張象徵《公安條例》的紙牌。10 月 9 日,香港大律師公會發表聲明,表示關注在現行《公安條例》實施期間,曾有不少公眾集會及示威活動聲稱《公安條例》有關遊行集會前知會警方的時間、警方享有禁止公眾集會的廣泛權力、警方可於什麼情況下拒絕批准遊行和純粹沒有事前獲警方批准進行集會即構成刑事罪行等規定,均為值得關注的問題。請當局儘快就《公安條例》中有關條文進行檢討。

10 月 10 日

◆ 第二屆立法會的 17 個事務委員會選舉產生正、副主席。其中,民建聯取得 8 個職位,民主黨取得 7 個,自由黨取得 5 個,港進聯取得 3 個,前綫取得 3 個,新世紀論壇取得 1 個;另外 7 個職位為獨立人士取得。

10月11日

◆ 董建華發表他擔任香港特區行政長官的第四份施政報告，《以民為本 同心同德》。該報告提出研究建立主要官員問責制。

10月12日

◆ 董建華出席立法會答問大會，就扶貧、教育、房屋及中小企業發展、中國入世後對港商的影響、香港工業發展的前景等問題回答議員提問。董建華表示，主要官員問責制，基本上是響應社會上一些聲音，即是說司局級官員在制訂和推動政策過程當中擔當非常重要和特殊的角色，應該承擔一定的責任。我們會就此進行詳細地研究。有一點要澄清的是，這個問責制，是用作使我們的事情做得更好，而不是去"整人"。然後，董建華又與18個區議會的代表見面，簡介施政報告內容，並聽取有關社區建設、衛生及環保等事務的意見。

10月13日

◆ 特區政府憲報公佈，行政長官已委任司徒敬、郭美超為高等法院上訴法庭法官；朱芬齡、湯寶臣為高等法院原訟法庭法官。2000年10月3日起生效。

◆ 香港特區政府與公安部訂立相互通報機制安排協議。

10月14日

◆ 規劃署公佈香港島西區發展策略，將於2010年把西區發展成新型衛星城市。

10月14日－10月17日

◆ 清華大學台研所、香港大學和台灣亞太綜合研究院在香港舉辦"海港城市城際網絡"學術會議。高雄市市長謝長廷原擬應邀來香港參加，但最終未能成行。對於謝能否以市長身份訪問香港，行政長官特別顧問葉國華表示，"只要承認是一個中國的兩個城市之間交流，我看大家都應該歡迎"。

10月15日

◆ 政制事務局局長孫明揚出席立法會政制事務委員會會議時表示，主要官員問責制就是要承擔責任，假如做得不好，要準備下台。實行問責制的先決條件，就要用合約制取代長俸制。問責制有助改善目前的問題，應該儘早落實。假如有主要官員不願意承擔責任，因而出現空缺，特區政府就會考慮從內部，以及外界招聘。並表示，特區政府的目標，是在 2001 年年中向立法會提交行政長官選舉條例草案。開始研究訂立政黨法的可行性和世界其他地方所採用的政治體制，深入分析不同制度的長處和缺點，考慮是否有值得香港借鑒的地方。也會考慮上屆立法會政制事務委員會就香港政制發展所發表的報告書內的建議。

10 月 17 日

◆《A 報》創刊。該報由電宇國際有限公司出版。該公司於 2000 年 6 月收購《天天日報》後，曾於 9 月暫停該報，另行創辦《公正報》。

10 月 19 日

◆ 全國人大常委會委員長李鵬在北京會見梁振英率領的香港專業人士訪問團。李鵬表示，中央政府很關注香港的情況。我們支持特區政府的工作，支持行政長官董建華的工作。由於香港回歸時間不長，存在很多新鮮事物，相信經過一個磨合期後，特區政府的運作會更成熟。10 月 16 日，董建華在禮賓府為該團舉行出發酒會，預祝訪問成功。該訪問團於 10 月 17 日起前往北京及四川省訪問。並向中央及有關省市反映香港專業團體在內地執業的各種問題，希望在內地推廣執業保險制度等香港行之有效的傳統。

◆ 外交部駐港特派員公署發言人就彭定康在香港訪問期間的言論回答記者提問表示，彭定康作為歐洲聯盟委員會對外事務專員，在訪問香港期間對香港特區的內部事務和台灣問題說三道四，這種做法是十分不合適的。香港和台灣是中國的一部分，香港事務和台灣問題是中國的內政，我們堅決反對任何人以任何名義對中國的內部事務橫加干預。據報道，彭定康於 10 月 18 日在香港發表演講時稱，第二屆立法會選舉結果說明，港人希望加快而不是拖慢民主進程。他期望香港在 2007 年以前可全面直選，並為他任英國最後一任香港總督時於 1995 年修訂的《公安條例》辯護，稱是他為香港留下的"良好法例"。還暗示"鍾庭耀事件"是"港人捍衛令香港成功的因素"等。

10 月 20 日

◆ 財政司司長曾蔭權在主持第二十三次就業專責小組會議後表示，勞工處在 9 月份成功地安排了 5000 多人就業，登記的職位空缺 1.6 萬多個。未來 6 個月，特區政府會諮詢受經濟轉型影響的行業，以設計合適的培訓課程。特區政府已為這些培訓計劃預留 4 億港元撥款，受惠人數約 5 萬人。

◆ 立法會內務委員會以 32 票對 20 票，否決民主黨議員李柱銘提出成立專責委員會調查董建華和路祥安在港大民意調查事件中角色的動議。

10 月 21 日

◆ 香港律師會第十屆法律周"千禧法律周"舉行開幕儀式。律政司司長梁愛詩、終審法院首席法官李國能等出席並主禮。李國能表示，深信透過一年一度的法律周活動，年輕一代定能加深對法律程序的瞭解，在成長的過程中，明白維護法治的重要性。

◆ 新界鄉議局在嶺南大學舉辦 2000 年新界日"跨越世紀，與時並進"研討會。董建華、高祀仁等擔任主禮嘉賓。"新界"27 鄉 400 多名代表和 3 間新界鄉議局中學的學生出席。新界鄉議局主席劉皇發表示，新界日於 1961 年創辦，定於每年 10 月 21 日舉行。1981 年倡議重辦以來，新界日除了為居民爭取權益之外，也為香港順利回歸祖國作出努力。香港回歸祖國之後，"新界"這一個名詞，已經消除"殖民地"的色彩。新界是鄉民植根之地，我們要以"新界人"為榮。

10 月 22 日

◆ 香港教育專業人員協會組織約 2500 名教師遊行到特區政府總部門外集會，要求撤銷"語文基準試"。

10 月 23 日

◆ 政務司司長陳方安生以回信方式答覆立法會內務委員會，否決行政長官及司級官員訪京或往海外訪問後需向立法會匯報的建議。陳方安生表示，在徵詢過行政長官及一些資深同事的意見後，認為訂立常設安排的機制，讓我們每次訪問北京及出訪其他國家後向立法會作簡介，未必是促進行政及立法溝通機會的最有效方法，應視乎個別情況來判斷是否有需要這樣做。

10 月 24 日

◆ 行政長官辦公室新聞統籌專員林瑞麟表示，特區政府在處理主要官員問責制時，不會仿效英式或美式制度，即是不會學美國政府每幾年將官員大換班；也不會學英國"西敏寺式"的"部長制"，即由立法會議員出任主要官員。

◆ 立法會房屋事務委員會決定向內務事務委員會建議，成立專責委員會，就連串公營房屋"短樁事件"展開聆訊。

◆ 金融管理局發表存款保障諮詢文件，對十萬港元以下小額存戶提供全額保障。

10 月 25 日

◆ 律政司決定對因 "6．26 事件" 被捕的專上學聯學生等不予檢控。警方發言人表示尊重律政司的決定，並將該決定通知涉案的人士或其法律代表，同時對其有關行為發出警告信及提醒他們必須遵守法律。保安局局長葉劉淑儀表示，律政司不檢控 "6．26" 示威者是完全獨立作出決定，不存在輿論壓力和個別官員高興與否的問題。保安局尊重該決定。

◆ 特區政府發言人回應歐洲議會香港報告表示，注意到報告結論中指出 "一國兩制" 原則不變，香港亦保持為亞洲最自由的社會。發言人指出，全國人大常委會就居留權作出的解釋完全合憲及合法。張子強、李育輝等案並沒有影響香港法院的司法權。香港特區現行制度已允分保障人權。將數碼港發展計劃批予盈科數碼動力，特區政府和市民的利益已獲得充分保障。特區政府與商業機構交易中，並無偏離公開及公平的原則。就 tom.com 的上市安排而言，交易所已清楚申明，該公司所獲得的豁免，並非該公司所獨有。基本法已為香港政制架構的發展訂下藍圖。基本法同時對最終以全面普選的方法選出所有立法會議員作出保證。基本法亦為我們提供了一個機制，可讓我們決定 2007 年後組成立法會的方法。10 月 25 日晚，歐洲議會通過香港報告。報告就香港特區的法治、人權、政制發展、公平競爭政策及特區護照持有人可獲免簽證進入歐盟成員國等作出評論。

10 月 26 日－10 月 27 日

◆ 行政長官董建華赴北京述職。江澤民、朱鎔基、李瑞環和錢其琛等國家領導人分別會見了董建華，並作重要講話。

10 月 27 日

◆ 外交部駐港特派員公署發言人就歐洲議會通過香港報告表示，歐洲議會的報告無視事實，抹黑香港特區，遭到廣大港人的反對。我們堅決反對任何國家或集團以任何方式干預中國的內部事務。

◆ 特區政府宣佈，行政會議通過興建九廣鐵路尖沙咀支綫和馬鞍山鐵路。

10 月 28 日

◆ 保安局局長葉劉淑儀表示，按照現行《公安條例》，鼓吹國家分裂如 "台獨"和"藏獨"的遊行集會，有可能違反法例，不能舉行。

10 月 29 日

◆ 中央政府駐港聯絡辦負責人就記者詢問中央領導人對董建華表示支持是否"欽定"一事回應說，江澤民主席對董建華為首的特區政府三年多來的政績給予了充分肯定，並特別強調保護香港社會穩定的重要性，希望香港各界人士繼續支持董建華和特區政府依法施政，以利於保持香港的穩定繁榮。江澤民主席的這一講話十分重要，也是中央政府的一貫立場。香港特區第二任行政長官將於 2002 年產生。香港基本法附件一明確規定："行政長官由一個具有廣泛代表性的選舉委員會根據本法選出，由中央人民政府任命"。所謂"欽定"行政長官，純屬無稽之談。

10 月 30 日

◆ 出席悉尼傷殘人士奧運會的香港代表團凱旋而歸，共奪得 18 面獎牌，包括 8 面金牌、3 面銀牌和 7 面銅牌。

◆ 政務司司長陳方安生在東京主持香港電影節開幕禮。

◆ 入境事務處公佈，2000 年 11 月 1 日起，放寬持中華人民共和國護照的海外中國公民來香港工作的海外居住年限，由現時的兩年縮減為一年。入境事務處發言人表示，放寬這項入境政策，可方便更多海外中國公民來香港工作，有助於帶動香港的經濟發展。

10 月 30 日－11 月 1 日

◆ 董建華訪問英國。會見布萊爾（港譯：貝理雅）首相、彭仕國副首相、下議院議長貝嘉和當地 30 多名華人社區領袖。董建華出席香港貿易發展局在倫敦舉行的周年晚宴並發表演講，介紹香港回歸後取得的重大成就和面臨的重大轉變。並表示，香港盡佔地利，英國公司可以通過香港把握亞洲區的商機。

10 月 31 日

◆ 行政署署長黃灝玄表示，為改善行政與立法關係，回應立法會議員加強諮詢作用的訴求，特區政府正與立法會議員商討，考慮在各政策局制定政策之初，即正式文件未出台之前，提交予立法會相應的委員會進行討論，在討論的基礎上，吸納立法會議員的建設性意見，形成正式文件，再提交立法會審議。目的是令各政策局推出的政策得到廣泛諮詢、更切合社會需要。

◆香港大學校務委員會召開會議，以大比數否決再就"鍾庭耀事件"展開討論。會議還通過成立工作小組，就新校長的遴選程序和準則諮詢師生意見。

11月1日

◆行政長官董建華在香港機場接受美國傳統基金會主席費勒（Edwin Feulner）遞交《2001年經濟自由度指數報告》。董建華表示，很高興美國傳統基金會連續七年將香港評為全球最自由經濟體系。

◆政務司司長陳方安生表示，推行主要官員問責制有若干指導性的原則必須緊守。一是新制度必須符合基本法。二是政府也要確保在推行新制度的時候，不會影響政府管治的一致性及延續性。換言之，香港不可能採取美式制度，每隔數年便更換數千名官員；也不會採納"西敏寺式"的部長制，即由立法機關議員出任主要官員。特區政府還必須貫徹香港公務員保持政治中立、客觀持平、在決策過程中保持誠信，以及維持公務員系統的常任等原則。

◆特區政府發言人表示，特區政府在重新檢討機場貴賓室的資源安排後，計劃2001年元旦起，為香港地區全國政協委員提供全面機場貴賓服務。

◆立法會內務委員會主席周梁淑怡在對施政報告致謝議案恢復二讀時表示，致謝動議是英式議會傳統的產物，旨在對君主向議會發表施政報告表示謝意，隨着香港憲制架構的轉變，立法會議事規則委員會應儘快檢討有關做法。

◆工商專聯向行政長官提交建議指出，某些政策範疇有出色表現的資深局長，可獲委任為行政會議成員，這些官員要放棄公務員職位，改以合約制聘用，在過渡期間可兼任決策局局長。繼續維持公務員中立，但加強行政會議成員權責，政府以"市價"聘請全職行政會議成員，負責制定及向外推銷政策，並承擔所屬政策範疇的政治責任。

11月2日

◆董建華在禮賓府會見北京市市長劉淇時表示，北京申辦2008年奧運會是國家的一件大事，全國人民包括香港市民一樣對此十分贊同，能夠成功申辦是我們的心願。並致送一座銅馬擺設，寓意"馬到功成"。劉淇這次來香港主要是主持北京2008年奧運會申辦委員會向一批香港知名人士頒發顧問聘書的儀式。

◆美國政府公佈克林頓總統於11月1日致國會的信件後，決定將香港剔除出主要毒品轉運國家／實體的名單。保安局局長葉劉淑儀對此表示歡迎，並說：“香港與美國在禁毒及打擊清洗黑錢問題上已有良好合作，這種合作精神必定會延續下去。”

◆香港《成報》與香港中策集團有限公司、東方魅力集團合組的 Optima Media Holding Limited 簽署轉讓該報協議。根據協議，中策集團和東方魅力集團將分別持有《成報》65% 和 35% 的股權。《成報》1935 年 5 月 1 日創刊，創辦人何文法。1941 年日本侵佔香港後，該報報館遭封而被迫停刊。1945 年 10 月復刊。

◆衛生部發出《關於港澳人員認定醫師資格有關問題的通知》。

11 月 3 日

◆運輸局局長吳榮奎參加“飛越未來二十年的鐵路發展”展覽開幕典禮時表示，除了六條鐵路將於未來二至五年陸續落成外，運輸局已展開 2008－2016 年的鐵路網絡推廣計劃，預計另外六條新鐵路將於期內完成。屆時香港的鐵路網絡會由目前的 143 公里延長至超過 250 公里，擴展超過七成。鐵路在公共交通中所佔比例亦會由現時約三成增至四成半左右。

◆香港各報刊登消息稱，英文《南華早報》助理總編輯兼中國版編輯林和立被免去中國版編輯職務。11 月 4 日，英文《南華早報》發表文章證實上述消息，稱自 11 月 20 日起，林和立兼任的中國版編輯一職將由該報網絡的王向偉接任，香港與內地的中國新聞，包括該報駐北京、上海、廣州辦事處的記者均由王向偉負責。該報總編輯紀德理表示，此次人事變動是為加強該報及其網絡在英文中國新聞報道上的地位。今後該報將增加一版中國新聞，並使中國新聞多元化。

11 月 4 日

◆董建華會見訪港的歐洲議會中國事務代表團和歐洲議會外事委員會主席庫尼漢（Cushnahan，港譯：顧南漢）時表示，在全國人大常委會解釋基本法的整個過程中，香港終審法院對案件的終審權受到充分的尊重。香港終審法院中有很多英國、澳大利亞、新西蘭法官繼續擔任非常任法官，參與審判工作。10 月 30 日，他訪問英國時，英國政府的大法官也特別提到香港的司法制度很健全，英國方面的法官對可以繼續參與香港的司法工作表示歡迎。他還特別指出，香港經濟的前景是正面的，香港擁有開放和公平競爭的投資環境。

◆ 歐洲議會中國事務代表團與董建華、范徐麗泰、孫明揚和多位立法會議員會面後舉行記者會。負責撰寫"香港特區報告"的庫尼漢表示，對於報告發表後傳媒只擷取其中佔極小部分的"港人意見"並將之視為報告的重點，感到"驚奇"。他說：自己撰寫的報告內容正面而有建設性，其中的結論肯定了香港的"一國兩制"得到落實，讚揚香港作為亞洲最自由的城市，並預期香港的經濟發展會越來越好。

◆ 保安局局長葉劉淑儀出席電台節目時說，《公安條例》在 1997 年修訂時，廣泛諮詢了社會各界人士的意見。香港回歸三年多來，《公安條例》行之有效，目前並沒有必要也無令人信服的理由對之作出修改。

11 月 5 日

◆ 政務司司長陳方安生率領商界代表團出席首次在新西蘭舉行的大型推廣香港活動。會見新西蘭總理克拉克（Helen Clark）及其他政界人物，就共同關注事項交換意見。

11 月 5 日 - 11 月 9 日

◆ 全國政協主席李瑞環訪問香港。在香港期間，李瑞環分別會見了香港特區的主要官員、行政會議成員、立法和司法機構的負責人，中央駐港機構和主要中資企業負責人，香港各界知名人士和港區全國政協委員，並作重要講話。李瑞環還出席香港中華總商會成立一百周年會慶酒會。

11 月 6 日

◆ 國家主席江澤民為香港中華總商會成立一百周年題詞："發揚愛國愛港優良傳統，維護香港長期繁榮穩定。"

◆ 董建華會見訪問香港的中國證監會主席周小川。兩人同意兩地有關機構應在發展兩地證券市場方面加強合作。周小川是根據《監管合作備忘錄》的規定，來香港出席香港交易所第二十六次會議的。

◆ 台灣"陸委會"主任秘書鮑正鋼等人到香港瞭解台灣在香港的機構的情況。這是台灣新領導人上台後，"陸委會"官員首次獲准到香港。

11 月 7 日

◆ 國務院副總理錢其琛在北京會見香港新界社團聯會和新界工商業總會訪京團時表示，香港要在中央政府領導下，保

2000 年 11 月 6 日，全國政協主席李瑞環來香港參加香港中華總商會成立一百周年慶祝活動。圖為李瑞環在慶祝酒會上向來賓招手致意。

留本身的特點，高度自治。並批評有的香港市民濫用民意，以非法集會的方式表達對《公安條例》的不滿。"自己有不滿意，就說要修改，其實他們那種違法的行為才要改一改。"他希望香港的愛國愛港團體繼續發揮作用，協助香港落實"一國兩制"，令香港在中央政府的支持和領導下高度自治，繁榮發展。

◆ 科技部部長朱麗蘭和何梁何利基金信託委員會主席、原國家科技部副部長惠永正教授在香港出席博愛堂舉行的"何梁何利星"命名儀式，分別將"何梁何利星"命名證書銅匾頒授予利國偉博士、何子焯（何善衡博士之子）、王梁潔華博士（梁銶琚博士之女）和何厚浠（何添博士之子）。為表彰何梁何利基金對推動中國科技發展的貢獻，中國科學院南京紫金山天文台將其發現的一顆小行星命名為"何梁何利星"。

11 月 8 日

◆ 立法會否決由法律界議員吳靄儀提出的要求行政長官終止聘用路祥安為行政長官高級特別助理的動議案。

◆ 路祥安透過律師發表新聞稿，指港大校務委員會調查報告對路祥安作出的多項指控，是在未充分考慮路所提出的證供，亦未接納路所希望傳召的證人的情況下作出的。對路祥安的人格及忠誠造成損害，若干表述涉及誹謗，聲稱會對報告保留法律追究權利。港大代表律師回應時指出，公開報告是基於公眾的關注，並非有意損害路祥安的名譽。

11 月 12 日

◆ 董建華就香港未能成功申辦 2006 年亞運會發表聲明："亞洲奧林匹克理事會已選定多哈為 2006 年亞運會的主辦城市，我謹代表香港向多哈致以衷心的祝賀。這是香港首次申辦如此大型的體壇盛事。我們從申辦過程中獲得不少寶貴的經驗。"陳方安生在韓國釜山舉行的亞洲奧林匹克理事會全體大會上就香港申辦 2006 年亞運會作最後發言。

◆ 保安局局長葉劉淑儀在"公安法對話"論壇上指出，現行《公安條例》已經充分保障了香港市民遊行集會的權利，警方在符合國際人權公約規定並有充分理據支持下才能反對活動的進行，接獲反對的人士更可向一個完全獨立的委員會提出上訴，甚至可到法院申請司法覆核，推翻警方的決定。因此，當局不認為條例有修改的必要。但她同意在有關罰則的問題上，有檢討的空間。

11月13日

◆ 環境保護署署長決定不批准《大嶼山連接大蠔灣與梅窩南北道路環境影響評估報告》，理由是要保護該區的生態環境。政府發言人表示，政府仍然認為有需要建造一條既安全而又貫通南北大嶼山的通道。在環保署認為現行路綫不符合環保原則下，政府會從興建長隧道方面尋求解決方法。

◆ 香港特區政府主辦第五屆"亞太區難民、流離失所人士及移民問題跨政府諮詢會議"周年全體會議。18個國家50名代表出席。討論各地政府合作打擊偷運人口活動等多項問題。

11月14日

◆ 董建華出席深圳經濟特區成立二十周年的慶祝活動。指出，香港一定要與深圳和珠江三角洲加強經濟聯繫，創造出更多更好的雙贏局面。

◆ 特區政府對未來五年的人力資源評估研究顯示，香港整體人力需求預計會由1999年的290萬人增至2005年的333萬人，職位增加約43萬個，每年平均增長率為2.4%。若按教育程度劃分人力需求推算，至2005年，約有13.67萬名初中或以下程度勞動人口屬過剩人力，高中程度勞動人口則有1.52萬名過剩人力，技工程度則有7400名過剩人力，但預科至專上程度則有8.55萬名人力短缺，大學學位程度的人力短缺數字約為3.14萬名。

◆ 國際貨幣基金組織訪港工作人員代表團按第IV條款與中國就香港特區進行周年磋商後發表總結聲明，確認香港經濟出現了強勁復甦，支持香港現行貨幣及金融政策架構，包括聯繫匯率制度、財政政策及金融監管架構；認為香港面對的最大挑戰，是如何適應內地即將加入世界貿易組織，確保本身的優勢得以繼續充分發揮。

◆ 台灣工人立法行動委員會執行長吳永毅等50名台灣勞工團體代表來香港，經依法向警方申請後，到中央政府駐港聯絡辦請願，要求中央政府關注台灣工人面臨失業危機。

11月14日－11月20日

◆ 財政司司長曾蔭權訪問美國。出席在紐約、波士頓、亞特蘭大舉行的會議，會見財經分析家、商界行政人員、銀行家、學者及傳媒代表。他表示，隨着中國加入世貿組織，將有無限的商業發展空間可供開拓。香港可成為美國商界進入中國市場的跳板。

11月15日－11月16日

◆行政長官董建華率中國香港特區代表團出席在文萊舉行的第八屆亞太區經濟合作組織領袖會議，與其他經濟體系的領袖一同討論如何推動新一輪世界貿易談判。出席同一會議的國家主席江澤民邀請董建華共進早餐。董建華還會見了文萊蘇丹，並與新西蘭總理舉行雙邊會議，原則上確定開始商談自由貿易協議。會議結束後，董建華表示，香港會繼續透過國際組織，穩定財政架構，在國際上作出貢獻。

11月16日

◆《香港商報》報道，《財富》雜誌選出香港為亞太區最佳經商城市，悉尼、新加坡分別排名第二及第三位。

◆政務司司長陳方安生出席"自由論壇"舉辦的晚宴，向100多名中外新聞界工作者發表演説。她表示，香港傳媒沒有喪失它的刺針，它繼續嚴厲和毫不猶豫地扮演監察政府和官員工作的角色。甚至可進一步説，今天的新聞界，較回歸前更嚴厲地對待政府。絕非對此作出批評，相反，"我樂意接受這種挑戰"。

11月17日

◆國家主席江澤民在文萊接受香港記者訪問時指出，香港和澳門是屬於我們舊王朝跟西方帝國主義的問題，但台灣屬於我們的內政，世界大戰以後本來就在一起。這兩個恐怕不太好比吧。但是我們已經講過多次，對於台灣問題，我們可以採取比香港和澳門更加寬鬆的政策。台灣可以保留軍隊。

11月18日

◆立法會保安事務委員會舉行第一次特別會議，聽取公眾關於集會及公眾遊行和檢討《公安條例》的意見。出席會議的20個團體的代表及個人一致支持保留現行《公安條例》的條文，無須修改。認為它完全合乎基本法和《公民權利和政治權利國際公約》的精神，是確保社會平穩有序，經濟持續發展和市民集會示威遊行權利得到充分保障的法律。持不同意見的人士應該以理性、和平的態度來表達意見，不應以身試法。特別是立法會議員更有責任守法。特區政府應依法追究這批知法犯法者的法律責任。並指出，特區政府準備在立法會動議辯論《公安條例》，使可能影響香港法治和社會穩定的問題得到澄清，是十分必要和及時的。

◆ 區議會首次舉辦"區議會日",以座談會形式探討市政架構重整後的區議會所扮演的角色,及加強政府與地區的溝通。400多名區議員出席。董建華表示,回歸後,區議會除積極推動市民參與區內事務,培養他們的歸屬感及守望相助精神外,更成為政府與市民之間重要的溝通渠道。

11月19日

◆ 特區政府發言人表示,"立法會保安事務委員會提供一個良好的論壇,讓各界人士討論《公安條例》中有關規管公眾集會及公眾遊行的現有條文,以及應否修訂該條例。立法會已邀請各界人士及有興趣的團體以書面方式向保安事務委員會提出他們的意見或出席聽證會以陳述意見。"特區政府呼籲對《公安條例》有意見的公眾人士以合法途徑發表他們的意見。

◆ 大嶼山居民協會發起200多輛汽車慢駛行動,抗議環保署否決興建連接梅窩至大蠔灣的大嶼山南北幹綫和開放東涌道。警方表示,大嶼山居民協會沒有按《公安條例》規定在事前申請,屬非法集會,警方保留追究權利。11月20日,董建華對傳媒表示,是次遊行引致大嶼島上交通嚴重擠塞,遊客和居民都大受影響。在保障公民權利和維持公眾秩序之間取得平衡,是必須和合理的,否則便會對社會上絕大多數人造成不便。

11月20日

◆ 香港生產力促進局與中國發明協會合辦"2000香港國際發明展覽會"頒獎典禮。董建華、世界知識產權組織局長弗拉道米爾約西沃夫、發明者協會國際聯合會主席穆薩出席並主禮。董建華向清華大學發明家安繼剛頒獎。並表示,近兩年來,香港社會對創新科技越來越重視,因為它們可以提升我們的生產力,增強經濟增長。

◆ 東亞銀行斥資43.67億港元收購第一太平洋銀行。

11月20日－11月25日

◆ 公安部與香港警務處首次舉辦"打擊三合會及有組織犯罪對策研討會"。

11月22日

◆ 由香港特區政府主辦、陝西省政府協辦的"陝西香港節"在西安開幕。

◆ 立法會否決民主黨議員李柱銘提出的要求成立專責委員會,調查行政長官董建華及路祥安在民調事件中有沒有干預學術自由的動議案。政務司司長陳方安生表示，所有聲稱受影響的人士都先後發表了他們的意見，進一步調查只會徒勞無功，我們應該讓事件告一段落，使大學繼續其學術工作。

◆ 台灣"民航局"副局長張國政在出席港龍航空公司與台灣復興航空公司簽訂航務訓練合作協定儀式時表示，香港是特別行政區，台灣機師到香港接受飛航訓練，其資格可以獲得承認。

11 月 25 日

◆ 國務院總理朱鎔基在訪問新加坡期間對記者表示，中國入世後，香港一定會有發展，上海作為內地的金融大城市，也要有所發展。香港有其獨特的作用，上海不能夠取代香港。

◆ 立法會保安事務委員會進行第二次特別會議。出席的 17 個團體一致支持保留《公安條例》現有條文。指出世界上大部分國家和地區對遊行集會的規管法例比香港嚴格得多，應保持《公安條例》的嚴肅性。杜葉錫恩強調，1995 年以前的《公安條例》比現在更嚴苛，把臨時立法會 1997 年修訂的《公安條例》稱為"還原惡法"是無稽之談。她批評有個別立法會議員是知法犯法。

◆ 保安局局長葉劉淑儀在立法會保安事務委員會特別會議上表示，大律師公會只舉出一些特例認為《公安條例》的刑罰過重，其實英、美等多個國家的一些大城市如倫敦、紐約等要求更嚴。《公安條例》中，有關刑事懲處的條文是必須的，它們保證公眾集會和公眾遊行有秩序地進行。會上，大律師公會主席湯家驊等三個團體代表聲稱，現行《公安條例》的罰則過重，不合理。並指其有違國際人權公約和基本法，應予修改。

11 月 26 日

◆ 香港特區政府在北京市舉辦的"中國國際城市信息化建設與管理技術展覽會"設立"香港館"，陳設和介紹多項由香港特區政府推行的資訊科技措施。

11 月 27 日

◆ 國務院副總理錢其琛在北京會見以黃石華為團長的香港崇正總會訪問團時說，客家人具有悠久的愛國傳統，為溝通海峽兩岸、促進祖國統一做了很多工作。目前在祖國還沒有完全統一的情況下，兩岸之間的溝通和交流也要靠全球華人共同來推動。

◆ 行政長官董建華會見以國家體育總局局長袁偉民為團長的中國奧運金牌運動員訪問團。訪問團中有 26 名中國奧運金牌選手。他們於 11 月 26 日抵達香港，11 月 27 日、11 月 28 日分別在伊利沙伯體育館和香港大球場表演。

◆ 董建華在禮賓府設酒會款待來香港出席香港貿發局舉辦的"香港論壇"的150 多名世界各地香港協會會員代表。董建華表示歡迎全球香港協會聯會成立，把世界各地 28 個香港協會聯繫起來，讓7700 名會員發揮團結精神。

◆ 財政司司長曾蔭權宣佈，特區政府將會凍結水費、排污費、學費和醫療收費，並會將超低含硫量柴油的優惠稅率繼續延長半年。

◆ 投訴警察課裁定，"6‧26 事件"中，兩名警員被投訴揮拳毆打示威者和不當使用胡椒噴霧的指控"部分成立"，建議向該兩名警員發出口頭警告。律政司研究有關證據後，決定不檢控這兩名警員。

11 月 28 日

◆ 中國人民解放軍駐港部隊陸、海、空三軍部分人員及裝備，進行了進駐香港後的第三次輪換。

11 月 28 日－11 月 29 日

◆ 世界報業協會第 33 屆年會在港舉行。董建華在禮賓府會見了全體會議代表。會議選出新一屆負責人，胡仙連任主席，台灣聯合報董事長王必成任副主席，香港報業公會主席李祖澤為執行委員會主席。

11 月 30 日

◆ 特區政府發言人回應英國下議院外交事務委員會香港事務報告書指出，香港回歸以來，中央政府充分尊重香港的高度自治，從來沒有干預特區內部事務。中央政府鼓勵公務員繼續支持行政長官貫徹落實"一國兩制"是完全恰當和自然的。香港回歸後不久，立法會直選議席即提高至40%。政府會繼續根據基本法進行政制改革。特區政府要求台灣在港機構人員尊重一個中國的原則和基本法是理所當然的。英國下議院的報告反映他們對香港的實況不完全瞭解。11 月 29 日，英國下議院外交事務委員會發表香港事務報告書。抨擊中國政府未有誠心落實中英聯合聲明，指責特區政府未全力捍衛高度自治。建議立法會全部議席應儘早進行全面普選，並指出 2002 年行政長官選舉應向全民普選的方向邁進。還建議英國及歐盟不應支持中國申辦 2008 年奧運會。

◆ 行政長官特設國際顧問委員會舉行第三次會議。國際顧問們認為香港已成功克服亞洲金融風暴，只要掌握中國加入世貿組織的有利時機，確保競爭力不受影響，有信心未來一兩年香港的經濟仍然會持續增長。同時提醒密切留意國際油價波動，美國經濟可能下調等不利因素。對董建華介紹的教育制度改革、再培訓計劃和十年內提高高等教育普及率達到 60% 等多項措施表示歡迎。認為香港必須開放市場才能提升地位成為區內的電訊和資訊科技行業中心。香港應保持低稅率和公平競爭。香港的優勢在於擁有穩健的金融和服務業、國際市場的推廣能力和進入內地市場的渠道，可吸引更多外資流入。港人必須保持高水準的英語運用能力。

◆ 由香港青年工業家協會和香港文匯報聯合舉辦的 "中國入世、十五計劃及香港工業前景研討會" 在港舉行。中央政府駐港聯絡辦副主任劉山在和特區工業貿易署署長羅智光及內地的經濟學者、香港工商界、經濟學界人士 300 多人出席。

12 月 1 日

◆ 強制性公積金計劃正式實施，有 54% 僱主、71% 僱員及 44% 自僱人士登記參加。這是一項強制性退休儲蓄計劃，旨在為香港的工作人口提供退休保障，並有助於推動香港基金業發展。

◆ 檢討策略性污水排放計劃國際專家小組發表《策略性污水排放計劃檢討報告》。該報告指出，把只經過一級處理的污水排放在南丫島的第二期計劃不可行，也不是可持續發展的方案，建議特區政府完全放棄原有第二期、第三期及第四期的計劃。提出四個新方案，重點在摒棄舊式污水處理方法，引進先進的生物處理技術，提升排放污水的水質，取消興建長達 17 公里的深水涵道，改為在維多利亞港附近排放。預計成本總額最多可以節省 100 億港元。

12 月 2 日

◆ 外交部駐港特派員公署發言人就 11 月 29 日發表的英國下議院外交事務委員會有關香港問題的報告書答記者問表示：香港回歸以來，中央政府嚴格遵守基本法的各項規定，不干預香港自治範圍的事務，這是國際社會有目共睹的事實。香港事務純屬中國內政，任何外國對此說三道四和妄加評論都是不合適的。

12月2日－12月5日

◆國務院副總理吳邦國訪問香港，主持國際電信聯盟主辦的 2000 年亞洲電信展開幕式。吳邦國會見董建華和特區政府主要官員時，對特區政府成功地抵禦了亞洲金融風暴的衝擊，使香港經濟得到恢復和發展表示肯定。並表示，中央政府將繼續堅定地支持以董建華為首的特區政府依法施政，相信在董建華和特區政府領導下，香港一定會建設得更加美好。12月 4 日，吳邦國在姜恩柱、劉山在和中銀港澳管理處主任劉金寶等人陪同下視察了香港中銀大廈。

12月3日

◆董建華在 2000 年亞洲電信展開幕式致詞表示，香港十分重視推動資訊科技的發展，目的是提高香港的效率及生產力，維持經濟增長及全面改善生活素質。

◆光大、華潤、招商局和中旅等四家香港中資企業共同簽署《全面合作協議書》。

◆與台灣關係密切的一二三民主聯盟召開特別會員大會，決定解散該組織，理由是會員和經費大幅萎縮。

12月4日

◆行政長官會同行政會議正式批出四個本地收費電視節目服務牌照，分別給香港網絡電視、銀河衛星廣播（無綫）、英國 Yes Television（香港）及台灣太平洋數碼衛星（香港）等四家公司。

◆財政司司長曾蔭權在立法會財經事務委員會表示，香港經濟已由 1998 年的谷底回升，而且上升力驚人，到 2000 年第三季度，本地生產總值增長 10.4%。加上出口貿易、旅遊業表現良好，因此，特區政府較早前預計 2000 年經濟增長達 10%，只是一個保守的估計。但因地鐵上市集資少收 50 億港元，特區政府 2000/2001 年度財政赤字將逾 100 億港元。

12月6日

◆錢其琛會見訪問北京的梁愛詩，並作重要講話。

◆全國人大常委會法工委副主任喬曉陽在北京會見梁愛詩時向記者表示，全國人大常委會在 1997 年 2 月根據香港基本法第 160 條，列出了多項不採用為特區法律的香港原有法例，有些是整項法例都不採用，有些是部分條款不採用。由於《公安條例》屬於後者，臨時立法會才將

《公安條例》修改至現時的版本。《公安條例》的通知制度並非香港獨有，英國、美國和內地都設有類似的規定，因此通知制不可能違反《公民權利和政治權利國際公約》。

◆ 中國人民解放軍駐港部隊和美軍專家一起參加特區政府民航處在南丫島以南舉行的短程搜索及拯救示範。

12月6日－12月7日

◆ 內地與香港特區商貿聯繫委員會第二次會議在香港舉行。該聯委會屬下的四個小組包括貿易、投資、工程承包和勞務管理、技術貿易及條約法律小組，也分別召開會議，並向聯委會提交一年來的工作報告。

12月7日

◆ 新加坡資政李光耀在出席香港中文大學向他頒授法學榮譽學位典禮致詞時說，英國殖民政府過去百多年絕不民主的事實，給完全忽略了，英國人事先並沒有給香港人自治、自定政策的心理準備；本地官員所受的訓練，無非是執行英國高官在香港或倫敦所定的政策。香港回歸中國已有三年半，未見中國政府干預香港事務。但香港人近年愛上了遊行示威，這類抗爭在 2000 年夏天最多，涉及的不是香港和中央政府之間的問題，而是香港本地的問題，不少更是變革的問題。第一任行政長官無論由誰來做，無論是由 400 萬人還是 400 人選出，他的日子都不會好過。港人只有使北京領導層相信，港人願意按中國憲法和香港基本法辦事，香港政制才可以有所進展，讓香港有一個更具代表性和參與性的政府。12 月 8 日，董建華在禮賓府會見李光耀，雙方就亞洲地區的最新發展交換意見。

12月8日

◆ 選舉管理委員會完成 9 月立法會選舉檢討報告並呈交行政長官。該報告提出了約 20 項建議。選舉管理委員會主席胡國興表示，已向特區政府提出應關注參選人退選安排問題，但基於職能所限，選管會未有提出具體建議。

12月9日

◆ 特區政府在互聯網上推行公共服務電子化計劃，為市民提供便捷服務。

12月10日

◆ 因議員程介南辭職，立法會港島區進行補選。共有 278672 名合資格登記選民投票，投票率為 33.2%。以獨立候選人身份參選的前大律師公會主席余若薇以 108401 票當選。這次選舉雖然仍是比例代表制，但因沒有餘數可計算，故與單議席單票制並無分別。

12 月 11 日

◆ 高等法院上訴法庭法官梅賢玉、梁紹中和祁彥輝一致駁回 5000 多名爭取居港權人士提出的上訴，判決他們受全國人大常委會在 1999 年 6 月 26 日解釋的影響而喪失居港權，除非入境事務處處長認為特區政府的"寬免政策"適用於他們。此項判決涉及 3 宗獨立訴訟、27 宗代表個案，共 5342 名港人在內地所生子女。6 月 30 日，原訟法庭裁定他們敗訴。他們不服判決，又向高等法院上訴法庭提起上訴。對上訴法庭的判決，部分爭取居港權人士表示會上訴至終審法院。保安局承諾不會在上訴限期內將他們遣返。

12 月 12 日

◆ 特區政府發表諮詢文件，闡明改革香港醫護制度的政策目標與策略性方針。建議市民從 40 歲開始需從月薪扣除 1% 用作醫療儲蓄。

◆ 特區政府公佈公務員自願退休計劃

收到約 11000 份申請，其中約有 9300 份申請獲得批准。

◆ 高等法院決定受理姜恩柱代表律師李志華對劉慧卿拖欠訴訟費而提出的破產申請。法官裁定，劉慧卿須在 2001 年 3 月 27 日早上 10 時清還拖欠的訴訟費，否則姜恩柱有權即時申請其破產。根據香港基本法第 79 條的規定，立法會議員破產將喪失議員資格。2001 年 3 月 25 日，劉慧卿再向法院清還拖欠的訴訟費 44 萬港元。加上已還的 130 萬港元而清還全部所欠款項。

12 月 13 日－12 月 16 日

◆ 基本法研究中心（原名"一國兩制工作室"）主席、資深大律師胡漢清率領 14 名香港大律師、律師組成的訪問團訪問北京。拜訪中央有關部門和高等院校，討論在內地與香港設立基本法圖書館一事的進展。胡漢清表示，全國人大常委會法工委及司法部等機構負責人表示將會繼續給予中心以鼓勵與支持，兩地將會展開一系列的合作。

12 月 15 日

◆ 政制事務局向立法會政制事務委員會提交文件，簡介特區政府就《行政長官選舉條例草案》提出的初步立法建議。建議負責選出第二任行政長官的選舉委員會，即是 2000 年 7 月為選舉第二屆立法會六名立法會議員而組成的選委會。

◆ 立法會財務委員會通過財經事務局的申請，在七年內分期撥款 1.27 億港元給亞洲銀行亞洲開發基金，協助亞洲區內扶貧工作。

12 月 16 日

◆ 董建華為位於沙田的香港文化博物館主持揭幕儀式。這項工程是展示香港豐富文化遺產的里程碑。

◆ 立法會保安事務委員會舉行第五次特別會議，討論保安局向委員會提交的一份國際律師事務所對美國紐約等 11 個海外城市進行的研究報告。研究發現，這些城市均實行牌照制度或通知制度。針對有議員建議採用分級制，規定在某特定人數的遊行、集會，可以少於七日通知。保安局局長葉劉淑儀表示，全世界都無這個安排。事實上這個安排會引起混亂，目前就算七日前通知，很多時都做不到，市民根本分不清多少人要在多少天前通知。法例應該是越簡單越好，而評估一個集會，除了人數以外，還要考慮時間、地點及活動的議題等。

12 月 20 日　澳門特別行政區成立一周年

◆ 江澤民在澳門會見參加澳門特別行政區成立一周年慶祝活動的香港特區行政長官董建華，並作重要講話。

◆ 江澤民在澳門特別行政區成立一周年慶祝大會上發表重要講話。

◆ 董建華在澳門會見香港傳媒。對於什麼時候立法落實香港基本法第 23 條，他說，"我們作為中國人，看到現在國家這些年來的發展，大家都會感到很高興。我們不會讓香港變成顛覆國家的基地，關於香港基本法第 23 條，我們在適當時候會去做。"對於江澤民主席講話中關於傳媒的內容，董建華說，"所有香港市民對社會都有責任，有權利亦有責任，傳媒當然亦有責任。很高興最近見到報業評議會的工作已經開始，我相信這是一個好的開始，希望大家支持。"對於立法會辯論由保安局局長提出保留《公安條例》的動議問題，董建華說，我最近留意到，香港大多數市民都覺得現有的《公安條例》是有必要存在，我相信亦希望立法會會支持政府的做法。"他批評說，最近注意到一些謾罵式的人身攻擊，這是不好的，香港人是不會接受的。他強調，要真正尊重別人，別人才會尊重你。

12月20日－12月21日

◆立法會經過8個小時辯論，以36票贊成、21票反對，通過保安局局長代表特區政府提出的動議："本會認為現行《公安條例》內有關處理公眾集會及公眾遊行的條文，在保護個人言論自由與和平集會的權利及保障社會大眾的利益之間，取得適當平衡，有關的條文有需要予以保留。"葉劉淑儀作為動議人，作了長達12000字的發言，就特區政府動議的背景、必要性及各項相關條文作出了全面詳盡的闡釋，亦對各種意見作出切實回應。律政司司長梁愛詩致詞時說，要探討現行《公安條例》是否符合基本法和《公民權利和政治權利國際公約》，答案是肯定的，現行《公安條例》合憲、合法，無須修改，特區政府的信念是堅定不移的。民主黨議員涂謹申和前綫議員劉慧卿提出的修訂動議均被否決。特區政府原擬於11月22日向立法會提出此項動議，後應立法會內務委員會要求，同意將動議辯論的日期押後至12月20日。

12月21日

◆江澤民在澳門就記者問及他在12月20日在澳門回歸周年慶祝大會講話中有關傳媒的內容說："我的意思是從整個未來的希望，對整個新聞界來講。第一點，香港有充分的新聞自由；第二點，記者再怎麼有新聞自由，對這個社會也是要負責的。這兩點要結合起來看。當然並不是說因為對社會負責，就沒有新聞自由。但不能因為有了新聞自由，就可以肆無忌憚地如何如何，對社會不負責任。"

12月22日

◆終審法院就兩宗"新界"非原居民村代表選舉案一併作出終審判決。終審法院首席法官李國能，常任法官包致金、李義，非常任法官邵祺、苗禮治一致裁定，"新界"坑口布袋澳村和元朗石湖塘村的非原居民有權參選村代表並有投票權，兩個村的村代表選舉結果不符合《人權法案條例》和《性別歧視條例》，民政事務局局長不得確認選舉的結果。坑口布袋澳村的陳華和元朗石湖塘村的謝群生均非"新界"原居民。陳華在被拒投票選村代表後，於1999年3月申請司法覆核獲勝。三個月後，謝群生在法院又成功取得參選村代表的權利。特區政府西貢民政事務處、坑口鄉事委員會、八鄉鄉事委員會不服裁決，提出上訴。其後，高等法院原訟法庭、上訴法庭先後裁定陳、謝二人勝訴，並指村代表選舉排斥非原居民，違反

《公民權利和政治權利國際公約》所賦予人人平等的政治參與權利的規定。特區政府和鄉事委員會於是又將此案上訴至終審法院。12 月 29 日，民政事務局局長林煥光出席電台節目就判決發表談話，指鄉村選舉明顯屬特區政府的施政範圍，不存在就判決尋求全國人大常委會解釋基本法的需要。

◆ 歷時兩年的粵海企業（集團）債務重組完成，全部債權人在重組協議書上簽字，重組涉及資金達 348 億港元。

12 月 27 日

◆ 民進黨籍台南縣長陳唐山帶領該縣 30 餘人，到香港出席"台灣美食節"。

12 月 29 日－12 月 30 日

◆ 董建華訪問廣東省，會見省長盧瑞華和深圳市市長于幼軍，參觀了廣州、東莞、深圳高科技企業。

12 月 31 日

◆ 中央政府駐港聯絡辦主任姜恩柱在 2001 年元旦前夕接受記者專訪時指出，香港作為中國內地走向世界的一座橋樑，作為連接祖國內地與世界市場的一條紐帶，在國家改革開放的新格局中，其地位和作用非但不會減弱，而且會得到加強。"大家要共同珍惜和維護香港的繁榮穩定，凡是有利於香港繁榮穩定和發展的事就做，否則就不要去做。"

2001 年 ....

1月1日　元旦

◆ 國家主席江澤民在全國政協新年茶話會上發表重要講話指出，香港特別行政區繼續保持穩定發展。事實不斷説明，只要堅持"一國兩制"、"港人治港"、"澳人治澳"、高度自治的方針，香港、澳門不僅完全可以保持長期繁榮穩定，而且必將迎來更加美好的未來。

◆ 董建華接受新華通訊社記者訪問時指出。香港經濟在經歷了一段較困難的歲月之後，已經開始復甦並持續增長，出口增加，旅遊市場暢旺，失業率下調，市民消費意慾增強，預計 2000 年香港的經濟增長可達 10%，2001 年的經濟也會穩步增長。並表示，香港很幸運，能夠在國家強盛發展的背景下回歸祖國。國家加入世界貿易組織之後，內地龐大的市場將會更為開放，有利於香港金融中心、航運中心、旅遊中心及信息中心等各項功能的發揮，有利於香港各類人才在更加廣闊的天地施展才幹。

◆ 中央政府駐港聯絡辦副主任王鳳超在中華總商會元旦酒會致詞説，兩岸"小三通"1 日正式實行，是好的開始，對兩岸和香港都有好處。看不到"小三通"對香港有大影響，事實上"小三通"早已存在。他並重申，兩岸應在"一個中國"原則下儘快恢復溝通，因為這樣對兩岸經貿及民間往來有好處。

1月2日

◆ 鳳凰衛視控股有限公司在香港舉行鳳凰衛視的資訊台及美洲台開台慶祝酒會。董建華出席並祝願"香港好，國家好；國家好，香港更好"。

1月3日

◆ 最高人民法院院長蕭揚在北京召開的全國高級法院院長會議開幕禮上表示，必須做好與香港、澳門特區以及台灣地區的司法互助工作。要嚴格按照香港基本法和澳門基本法的有關規定，通過平等協商，妥善解決好內地與香港特區、內地與澳門特區的司法協助，這是在司法領域切實貫徹"一國兩制"方針的一項重要工作。

1月5日

◆ 政府憲報公佈，中央政府已委任下列由行政長官提名的主要官員：曾蔭培任警務處處長（2001 年 1 月 1 日就職）。1 月 5−7 日，曾蔭培訪問北京、廣東，分別向中央和廣東省有關部門負責人介紹特區警務處新領導層，以利加強合作。

◆ 政府憲報公佈，行政長官已委任

梁紹中為高等法院首席法官（2001年1月1日起生效）。已延長李啟新、賀輔明終審法院其他普通法適用地區法官的任期（2001年1月12日－2004年1月11日）。

◆董建華主持香港船舶註冊總噸位突破1000萬總噸慶典，讚揚航運界貢獻。

◆立法會內務委員會以34票贊成、2票反對、14票棄權，通過成立專責委員會，調查4宗房屋短樁事件，研究徹底改革公屋政策和架構，包括房屋委員會的改組。

1月7日

◆香港泛華科技集團有限公司與Lazard Asia基金簽訂協議，以每股1.65港元共35581萬港元收購星島集團有限公司51.36%的股份。泛華集團主席何柱國出任星島集團名譽主席（何本人原已持有該集團0.34%股份）。星島集團主要從事報章及商業印刷業務，旗下擁有《星島日報》和《Hong Kong iMail》（原名《英文虎報》，2000年5月改此名）兩家報紙企業。

1月8日

◆董建華會見訪港的聯合國經濟社

會文化權利委員會主席丹丹時表示，香港不遺餘力保障個人權利，港人繼續享有基本法所保障的各項自由。"一國兩制"構想的成功落實，對國家和香港特區十分重要。

◆由梁振英牽頭、十大專業團體聯手促成設立的專業聯合中心開幕。

1月10日

◆中央政府駐港聯絡辦舉行"2001香港台灣同胞迎春聯誼會"。姜恩柱向在港台灣同胞致以新春問候。

◆特區政府發言人表示，紀律部隊會全力打擊各種非法罪行，香港近期揭發多宗企圖偷渡"人蛇"往美國的案件，反映香港有完善有效的機制阻止偷渡活動。保安局發表聲明表示，香港不是也不會成為偷渡"人蛇"的中轉站。美國首次透過人造衛星與中國內地及香港特區的官員和傳媒進行越洋視像會議，探討近年越來越多中國內地人偷渡到美國的問題。美國官員指香港是其中一個偷運"人蛇"的中轉站。

◆亞洲環球電訊的海底光纖電纜在香港正式登陸。該電纜提供先進的寬頻通訊服務，將連接香港與27個國家和地區的200多個主要商業城市。全長超過四萬公里，是全球電訊網絡的一部分，使亞太地區首次與全球建立更通暢的電訊聯繫。

1月11日

◆ 國際貨幣基金組織在香港設立分處。該分處是基金組織駐北京代辦處的附屬單位，有助該組織加強監察香港特區的經濟及金融發展。

1月11日－1月16日

◆ 全國數學奧林匹克競賽首次在香港舉行。有來自中國內地、香港、澳門等地的150多名學生參加。香港選手獲得1個二等獎和14個三等獎獎項。競賽優勝者將參加7月在美國華盛頓舉行的國際數學奧林匹克競賽。為促進香港與內地學生交流，大會增設"京港青年學生數學競賽"，96人參加。在獲得優異獎的18人中，4人是香港選手；獲得良好獎的30人中，16人是香港選手。

1月12日

◆ 全國人大常委會辦公廳和全國政協辦公廳在深圳舉辦匯報會。港澳特區的全國人大代表和全國政協委員等140多人出席並聽取國家發展計劃委、經貿委和科技部作工作情況匯報。鄒家華副委員長在講話中高度評價港澳特區的全國人大代表

和政協委員在維護香港、澳門的長期穩定和發展，在香港和澳門的社會事務中，特別是在事關國家整體利益、反對"台獨"言行、維護基本法的貫徹實施等重大問題上，自覺維護國家利益和祖國的統一所發揮的積極作用。

◆ 董建華就政務司司長陳方安生宣佈提前離任事發表談話，並回答記者提問。董建華説，陳方安生"1月6日正式向我提出她想提早退休，我希望她再考慮。我們在1月8日再次傾談，她還是堅決希望能夠提早退休。在那個時候我做了決定，決定後，我向中央作了匯報，得到中央的同意才作出宣佈。"當日，陳方安生宣佈於2001年4月底退休。1999年2月23日，董建華曾宣佈延長她的任期至2002年6月30日。

◆ 中國駐美公使劉曉明接受美國傳媒採訪時説，"法輪功"分子企圖於近日在香港聚會，這是他們上演的又一齣鬧劇，目的不過是騙取國際社會的同情，並擾亂香港的社會秩序。事實再次證明，"法輪功"不僅是徹頭徹尾的邪教組織，而且是以破壞中國社會穩定和經濟發展為目的，危害國家安全的非法政治組織。

◆ 律政司發表聲明，駁斥"立法會議員劉慧卿支持者"在報章刊登與事實不符

的廣告內容。指出，律政司司長梁愛詩從未說過以“公眾利益”為理由不起訴新華通訊社香港分社。1999 年 3 月 11 日，她在立法會會議上談及劉慧卿訴姜恩柱案時指出，香港和其他採用普通法的地區奉行不披露檢控決定原因的政策多年，所以她不能解釋作出有關決定的原因，從而平息猜測。她重申，對這宗案件作出的決定，是嚴格遵守既定的檢控政策，而且絕無偏私。有關廣告稱，1997 年，劉慧卿向個人資料私隱專員投訴新華社香港分社違反《個人資料（私隱）條例》，1998 年 2 月，專員將該案交給律政司司長處理，但“司長以‘公眾利益’為理由，決定不起訴新華社香港分社”。

1 月 14 日

◆ 康樂及文化事務署發表聲明指出，“批准租用場地給法輪佛學會並不等於本署認同或支持該會或其活動”。該署發言人表示：“香港法輪佛學會在租用場地時承諾嚴格遵守租用條款，包括不派發與活動主題沒有直接關係的單張或刊物，並且在未經場地管理人員同意前，不會派發任何圖片或單張。”作為場地租用人，香港法輪佛學會有責任遵守租用條款及按照獲批准活動的目的及性質辦事，其言行不應偏離獲批准活動的目的及性質。1 月 13 日及 1 月 14 日，香港法輪佛學會在香港大會堂舉行的“2001 年香港修練心得交流會”，違反與特區政府達成的租用場地協議，不僅在大會堂範圍內展示內地取締“法輪功”的照片，而且有信徒發表一些侮辱和攻擊性的言詞。他們還在遮打花園集會及舉行新聞發佈會，並分成 12 批遊行至中央政府駐港聯絡辦大樓對面集體練功，派代表遞交請願信。

1 月 15 日

◆ 康樂及文化事務署署長梁世華致函“法輪功”香港區發言人簡鴻章指出：“貴會舉行的‘法輪大法心得交流會’容許台上的個別講者的發言內容，與申請表內所列明及批准在大會堂音樂廳舉辦‘法輪大法心得交流會’的目的和性質不符，違反了租用條約，康文署對此深表遺憾。”

◆ 司法機構舉行 2001 年法律年度開啟典禮。終審法院首席法官李國能主持典禮。政務司司長陳方安生、律政司司長梁愛詩、香港大律師公會和律師會會長及法官、議員、學生等約 1400 多人出席。李國能、梁愛詩分別致詞。

1 月 16 日

◆ 外交部發言人指出，"法輪功"企圖在香港聚會只是他們負隅頑抗上演的又一齣鬧劇而已，意在吸引國際社會的關注，擴大影響，騙取同情和支持，並且也企圖以此來擾亂香港的正常社會公共秩序。"法輪功"的這一卑劣做法，勢必引起廣大香港市民的反感並遭到他們的唾棄。

◆ 董建華會見部分立法會議員時，對劉慧卿提出擔心特區政府收緊對"法輪功"政策時表示，特區政府不會容許香港成為顛覆中國政府的基地。

◆ 入境事務處發言人駁斥有關該處遣返一些自稱"法輪功"學員的人士時曾使用不必要武力的指控。指出："根據《入境條例》，入境事務處職員可以使用武力移走任何阻礙他執行獲賦權執行的逮捕、登上、進入、搜查、扣押、遣送或羈留行動的人或物。"發言人強調，任何人士若沒有有效的旅行證件均會被遣送離境。在執行香港的法例時，入境事務處職員可使用合理及必需的武力以執行職務。據報道，1 月 12 日－1 月 13 日，有 13 位聲稱是"法輪功"學員的人士因無來港簽證或有不良入境記錄在香港機場被拒入境，該批人士已被遣返。

◆ 新界鄉議局主席劉皇發在新界鄉議局執委會會議致詞時說，香港基本法第 40 條指明，"'新界'原居民的合法傳統權益受香港特別行政區的保護"。但終審法院在 2000 年 12 月 13 日關於非原居民村代表選舉案的判決卻將人權法凌駕於基本法之上，有違基本法。並質疑何為原居民的傳統權益，是否包括政治選舉權在內。他指出，原居民擔心，判決將進一步削弱"新界"原居民的權益，令"新界"的鄉村結構全面瓦解，破壞"新界"數百年的風俗傳統。該局執委會會議一致通過舉行村代表大會的決定，及成立一個包括 27 位鄉事會主席及法律界人士在內的委員會，負責就終審法院上述判決商討對策，以及統籌舉行村代表大會的事宜，其中不排除會要求全國人大常委會解釋基本法。

1 月 17 日

◆ 律政司向終審法院送交有關莊豐源聲稱擁有居港權案的《上訴人案由述要》。建議終審法院考慮，就在香港出生、父母均非香港永久性居民的三歲男童莊豐源是否擁有居港權案件，根據香港基本法第 158 條第 3 款，提請全國人大常委會解釋香港基本法第 24 條第 2 款第（1）項。高等法院原訟法庭、上訴法庭先後於 1999 年 12 月 24 日和 2000 年 7 月 27 日判決莊豐源勝訴。入境事務處已決定就有關個案上訴至終審法院。1 月 27 日，律政司司長梁愛詩發表題為《終審法院權威受尊重》的文章，反駁李柱銘有關 "律政司司長不應要求法院提請全國人大常委會釋法" 的言論。她強調，向終審法院提出釋法事宜，是特區政府向法院履行職責，而並不是對法院裁決敏感問題 "施壓"。

◆ 警務處發言人就有報章報道 2000 年 5 月起有 57 批共 148 名內地公安人員來港調查案件一事作出回應："香港與內地在警務方面的合作一直按照國際刑警的做法，並通過國際刑警進行。回歸後，雙方同意繼續沿用相同的合作模式及渠道去打擊跨境犯罪活動。香港與內地的警務合作，均須透過香港警務處聯絡事務科和內地公安機關在事先知會的情況下，作出協調及安排。雙方合作的範圍包括通過合法途徑收集與案件有關的資料，以及會見願意接受查詢的證人或疑犯。2000 年，香港警方共接待 172 個來自內地公安機關的調查代表團，並提供適當協助；同時，香港警方則有 107 個調查代表團以相同模式前往內地，並獲得內地公安機關協

助。上述互相要求提供協助的案件包括商業罪案、毒品案件、與三合會有關案件及暴力罪案等。以上的合作均在行之已久而證明有效的模式下進行。這與香港和其他司法區的警務合作模式一致。"

◆ 民進黨中國事務部主任顏建發以學者身份來港出席 "世貿會籍與兩岸三地經濟前瞻：財經智庫會議 2001" 研討會並發表演講，稱民進黨一直認為香港是兩岸關係非常重要的橋樑，這一角色不會消失。

1 月 18 日

◆ 中央政府駐港聯絡辦副主任劉山在接受中新社記者專訪時指出，西部大開發的實施為港商提供了千載難逢的發展機遇。他認為，香港資金充裕，融資渠道多，可以作為中國西部地區境外籌資和獲取保險、匯兌等其他金融服務的首選和主要窗口。隨着中國加入世貿，在今後相當一段時間內，香港的中介作用不僅不會削弱，反而會得到加強。他還指出，西部基礎設施建設將是港商特別是香港大財團的投資熱點之一，可以充分發揮香港在資金籌措、市場營銷、運營管理上的優勢。

1月23日

◆ 國務院宣佈，任命即將離任的香港證監會副主席史美倫為中國證監會副主席。

◆ 律政司刑事檢控科宣佈，該科已取得國際檢察官聯合會會員資格，並成為該會第七十五個團體會員。

1月29日

◆ 香港《經濟日報》報道，律政司官員表示，1997年前，香港與其他司法管轄區的移交逃犯安排，都是沿用英國的做法。回歸後，特區需要自行與其他國家訂定雙邊協議，才可進行逃犯移交的程序。在臨近回歸及回歸初期，有數宗移交個案，一度引起憲法上的爭論，包括轟動一時的佳寧集團案的袁朗達和走私煙案的呂健康。回歸前，香港申請他們分別由英國及美國引渡返港，兩人卻以香港快將回歸、司法制度會變為由拒絕。也有些個案，逃犯以香港回歸後並非主權國，與其他國家簽訂的移交雙邊協議無效為由，拒絕返回香港受審（John Cheung 案及謝柱輝案）或由香港返回其他地區受審（莊炳強案）。但其後，特區政府以實施"一國兩制"等理據上訴成功，確立了案例。這幾宗重大案件的審理已訂立了一個法律

框架，隨着案件完結，因"一國兩制"而引起的這方面的法律挑戰，料也會告一段落，有關爭議將來也不會出現。

◆ 入境事務處開始為在香港工作或居留的台灣華籍居民簽發一款新的多次入境許可證，以方便他們在獲批准居港期間出入香港。此前，他們須憑律師行開具的"身份陳述書"出入境。

1月30日

◆ 特區政府在禮賓府舉行新春酒會。約 800 名各界人士出席。董建華致詞表示，2000 年跨國公司在香港設立的地區總部及辦事處總數，由 1999 年的 2500 間增加至 3000 間。香港在亞洲區內是中國大陸以外，吸引最多外資的地方，2000 年高達 231 億美元。證券投資方面美國流入香港的淨資金達 53 億美元，遠高於亞洲其他地區。充分證明外資對香港前景充滿信心，也顯示他們用實際行動來支持香港。"但我們也十分瞭解，正當經濟穩步復甦的同時，由於過往泡沫經濟爆破及資訊科技急速發展與經濟全球化所帶來的經濟轉型，社會上仍有不少人士，負資產人士及較低下的階層仍未受惠。他們面對的種種困難，特區政府非常關注。隨着經濟保持向好，樓市穩定，及特區政

府在增加就業和刺激經濟方面的措施逐步落實後，愈來愈多人士的生活會得到改善。"

◆ 中央政府駐港聯絡辦有關負責人接受記者採訪時說，香港"法輪功"組織近期的活動，逐步走上國際化、政治化，撕掉了其"不參與政治、不反對政府、不投靠任何政治勢力"的偽裝，把攻擊的矛頭直接指向中央政府，社會人士和輿論對其所作所為是否符合當初註冊的性質和宗旨已經提出疑問。任何組織、任何人試圖把香港變為"法輪功"活動中心，並利用香港作為反華基地，破壞"一國兩制"，破壞香港社會的穩定繁榮，都是絕對不允許的，也是不會得逞的。

◆ 新華通訊社發表社論《邪教"法輪功"的又一滔天罪行》，以詳盡事實，披露了五名"法輪功"癡迷者於 2001 年 1 月 23 日在李洪志所謂"升天圓滿"的妖言蠱惑下，在北京天安門廣場點燃身上的汽油，其中一人當場被燒死，另外四人嚴重燒傷、面目全非，製造一件駭人聽聞的自焚事件的始末。香港各界人士對"法輪功"組織所作所為提出質疑，表示偽裝的邪教應予取締。

◆ 法籍華人、諾貝爾文學獎獲得者高行健訪問香港期間在香港中文大學演講。

一位香港中學生對其文學凌駕政治、倫理之上的觀點提出質疑，博得全場掌聲。特區政府有關方面表示，高行健訪港純粹是學術性的民間交流活動，並非任何官方機構安排，有關官員參加的活動也都是學術活動。董建華已正式拒絕主辦單位邀請出席歡迎酒會。

◆ 在獲任命一年多後，張良任到香港出任中華旅行社總經理。張良任表示，會遵守香港的法律，依法行事。此前，台灣"陸委會"發新聞稿稱，張良任赴任表明台港雙方能夠相互尊重對方立場，也是港方善意的展現。

1 月 31 日

◆ 保安局發言人就"法輪功"在香港活動一事表示，任何香港的組織，都必須遵守本港的法律規定，在合法的基礎上運作。若有任何超越法律容許的活動，特區政府會依法處理。

2 月 1 日

◆ 特區政府發言人就傳媒有關英國政府回應英國議會外交事務委員會報告的查詢表示，香港的新聞自由、言論自由和出版自由均受基本法的保障。特區政府會致力維護這些自由，這是香港成功的重要因素。基本法確立了民主發展循序漸進的原則，從 1997 年起為香港提供十年的時間，鞏固香港政治體制的根基。香港特區應該按照基本法所列的原則和時間表來辦事。特區政府會在積累經驗之後，決定未來發展路向。同日，英國政府發表對英國議會外交事務委員會於 2000 年 11 月 29 日發表中國問題報告的回應指出，英國政府表示歡迎議會繼續關注香港的發展，以及委員會確認英國與香港繼續保持牢固聯繫。英國政府也表示，整體上，英國政府繼續認為聯合聲明及其價值得到了中國及香港特區政府的支持。

2月4日

◆ 特區政府發言人對有人權組織就"法輪功"問題批評特區政府一事發表聲明：特區政府立場堅定地維護基本法所保障的人權。任何團體在香港的活動，都必須遵守法律。特區政府在處理所有團體的活動時，會嚴守按法律辦事的原則。香港人權聯委會主席何喜華指責特區政府在無足夠證據情況下，高調地針對"法輪功"組織，就如在香港製造白色恐怖。

2月5日

◆ 中央政府駐港聯絡辦在香港會議展覽中心新翼大會堂舉行新春酒會。姜恩柱等中央政府駐港聯絡辦負責人，與霍英東、董建華、馬毓真、熊自仁向 3000 多來賓祝酒。姜恩柱致詞。

◆ 中央政府駐港聯絡辦主任姜恩柱答記者問時指出，"法輪功"組織在香港的活動不斷升級並趨向政治化、國際化，這會對香港社會帶來危害。絕不能允許"法輪功"組織圖謀將香港變為向內地滲透和反對中央政府的基地。中央政府駐港聯絡辦副主任高祀仁表示，無數的事實證明"法輪功"害自己、害家庭、害別人、害社會，任何一個負責任的政府都應嚴肅地對待這個問題。香港特區政府會正確處理好這件事。

◆ 外交部駐港特派員公署發表聲明，強調特區事務是中國的內部事務。堅決反對任何外國政府及其官員利用"法輪功"問題干涉中國內政。指出"法輪功"組織近期的政治活動已撕掉了其"不參與政治、不反對政府、不投靠任何政治勢力"的偽裝，把攻擊矛頭直接指向中央政府。

2月6日

◆ 外交部發言人就"法輪功"在香港進行針對中央政府的活動指出，"法輪功"在香港欺騙了許多善良的人，有些活動完全是針對中央政府搞出的鬧劇。中國政府相信香港特區政府會依法辦事，不允許將香港變成顛覆中央政府的基地。

2月6日－2月10日

◆ 聯合國人權委員會副主席巴格瓦蒂（Justice Bhagwati）和成員沙內（Christine Chanet），應特區政府邀請到港訪問。這是香港回歸後聯合國人權委員會人員首次訪港。巴格瓦蒂和沙內分別會見了董建華、李國能、陳方安生、梁愛詩、林煥光等香港特區的政府官員、法官和一些人權組織負責人。巴格瓦蒂會見後表示，沒有與董建華討論"法輪功"問題和全國人大常委會解釋基本法問題。因行程緊密，不打算與"法輪功"代表見面。他在結束訪港時表示，對香港人權狀況感到滿意。香港的人權狀況較世界上許多地方為佳，而且香港亦是一個享有言論自由的國際都會。特區政府尋求全國人大釋法並沒有違反《公民權利和政治權利國際公約》。

2月7日

◆ 外交部駐港特派員公署舉行新春酒會，霍英東、董建華、鄭國雄、熊自仁、王玉發及各界人士等500多名嘉賓出席。

◆ 中央政府駐港聯絡辦副主任劉山在出席鳳凰衛視春茗並就中國加入世界貿易組織給香港帶來的機遇問題作長篇演講。他認為，中國入世對香港來說，既帶來新的機遇，也存在挑戰，機遇和挑戰並存。並指出，成事在天，謀事在人，現在的機遇就是"天"，希望港商能抓住天時而"謀事"，發揮既有優勢，在中國入世和西部大開發兩件大事中做好"文章"。他還表示，香港要充分利用中國入世的機遇，加快自身經濟的轉型和發展，有以下一些方面需要兩地有關機構認真研究，需要香港工商界去開拓：一是如何從內地進出口貿易這塊越做越大的蛋糕中分得更大的份額，保持香港轉口貿易的持續增長；二是港商在內地的企業如何擴張、升級，向高科技和高增值轉型，並進行新的地區投資佈局；三是香港的金融、貿易、分銷、專業服務等服務業如何將服務地區擴大到珠江三角洲和內地其它地區，將服務對象擴大到內地企業；四是如何充分發揮香港和內地各自的優勢，促進兩地高新技術產業的發展。

2月8日

◆ 董建華出席立法會答問大會，主動談及"法輪功"問題。他指出，"法輪功"多多少少有邪教的性質。特區政府會密切注視"法輪功"在香港的活動，不會容許任何人利用香港的自由和容忍，影響特區的社會秩序與安寧，或內地的社會秩序及安寧。

◆"法輪功"港區發言人簡鴻章表示，董建華將"法輪功"定性為邪教是香港特區政府打壓"法輪功"的前奏。

2月9日

◆ 根據行政長官的提名和建議，國務院決定任命曾蔭權為香港特區政府政務司司長；任命梁錦松為香港特區政府財政司司長；免去陳方安生的香港特區政府政務司司長職務；免去曾蔭權的香港特區政府財政司司長職務。2月15日，行政長官董建華宣佈此項任命。5月1日，曾蔭權、梁錦松就職。

◆《香港商報》報道，香港佛教聯合會會長釋覺光表示，"法輪功"已變了質，魚目混珠地搞政治。如果"法輪功"不搞政治，便不曾被取締。香港道教聯合會總幹事吳連滋表示，中央政府取締"法輪功"有其道理，"為什麼內地這麼多宗教不取締？不被定性為邪教？"該會將在稍後的道教節上，重點宣傳道教真義，以釐清"法輪功"可能帶來的混淆。

◆ 香港各界人士舉辦揭批"法輪功"座談會。中央政府駐港聯絡辦副主任劉山在介紹了中央政府依法取締"法輪功"的事實依據和在天安門廣場"法輪功"癡迷者自焚事件的真相，以及近期香港傳媒披露的"法輪功"組織在教主李洪志及香港幾個骨幹分子的操縱下，同境外反華勢力相互勾結，多次在香港搞事的情況。他指出，香港"法輪功"組織已經越來越偏離其當初在香港註冊的性質與宗旨，淪為國際反華勢力的政治工具，危害了國家和香港的繁榮穩定，危害了香港廣大市民的根本利益。全國人大常委曾憲梓、港區全國人大代表劉佩瓊和全國政協常委徐四民、余國春及劉宇新等30多名香港各界人士一致認為，"法輪功"嚴重危害到國家安全和社會秩序，中央政府依法取締"法輪功"，名正言順。香港"法輪功"近期的連串行動已撕掉了其"不參與政治、不反對政府、不投靠任何政治勢力"的偽裝，將攻擊的矛頭直指中央政府，意圖衝擊"一國兩制"底綫，利用杳港作為反華基地，破壞香港安定繁榮，如此用心應受到全港市民所唾棄。

◆ 標準普爾宣佈把香港特區的長期外幣主權信用評級由（A）調高至（A+），並維持其（A-1）的短期外幣評級。此外，還把香港的長期及短期本地貨幣主權信用評級由（A+）及（A-1）分別調高至（AA-）及（A-1+）。

◆ 葉國華接受中通社記者訪問時表示，回歸前，港台事務由直屬英國外交部派駐香港的政治顧問處理，港府官員只是按指令辦事。回歸後，港台事務由行政長官親自處理，這與英國管治時期相比，層次提高了。葉國華強調，香港回歸後，港台關係成為兩岸關係一個特殊組成部分，港台交往更需遵守一個中國的原則。在這一原則下，港台關係可以比兩岸關係更靈活、更寬鬆、更柔順。台灣各方面的人士可自由來香港，進行科技、文化、經貿、學術等交流。

2月10日

◆ 董建華在禮賓府宴請新界鄉議局成員。宴後，新界鄉議局在立法會的代表立法會議員鄧兆棠表示，鄉議局遞交了一份意見書反映三個問題：一是終審法院 2000 年 12 月關於村代表選舉案的判決，對"新界"鄉事架構造成很大的衝擊；二是特區政府在土地繼承權引入男女平等的原則後，並無在其他有關的法例作出配合，因而影響到原居民的差餉、地租豁免的問題，甚至出現祠堂也要交差餉的怪事；三是由於"新界"土地被凍結用途，一些被劃為綠化帶的土地，其業權人的利益長期被漠視，特區政府應該考慮以租或買的形式，對土地業權人作出合理的補償。新界鄉議局副主席林偉強表示，董建華細心聆聽意見，並重申十分重視保障原居民的合法傳統權益，表示會要求有關部門儘快與鄉議局會面，研究落實原居民的合法傳統權益所包括的具體內容。

2月11日－2月15日

◆ 台北市市長馬英九應香港政策研究所的邀請，來香港參加第二次"'香港－台北城市發展管理'雙城論壇"，並考察香港市政建設，瞭解"一國兩制"落實情況。2 月 13 日，董建華會見馬英九時表示，香港與台灣的交流仍在進步之中，並沒有因為香港回歸而有任何影響。希望在國家開放的環境下，香港與台灣的經貿關係能進一步增強。馬英九認為這是 50 年來首次有香港的首長接見來自台灣的官員，說明港台關係比回歸之前更加好，並希望為台港關係發展起到里程碑作用。他這次訪港能獲董建華接見感到榮幸，表示會邀請董建華訪問台北，並希望台北市能和香港在各方面建立密切的關係。馬英九在另一場合還表示，希望"一國兩制"能在香港成功實現，並同意一個中國的理念，認為兩岸應在 1992 年達成的"一個中國各自表述"的前提下逐步推動統一。

2 月 12 日

◆ 霍英東在廣東社團總會新春宴會致詞時指出，香港"法輪功"組織近期的活動，有越來越國際化和政治化的趨向，引起了社會人士的嚴重關注。為了維護"一國兩制"和香港的繁榮穩定，為了保護港人的利益和安全，各界人士有必要予以正視，防患於未然。

◆ 康樂及文化事務署署長梁世華在記者會上表示，行政長官在立法會答問大會上已清楚表明了特區政府對"法輪功"的立場，康樂及文化事務署有持之以恒的機制批核團體申請租用場地，這機制會維持下去。暫時未收到"法輪功"的申請。任何團體包括"法輪功"租用場地的其中一個最先決的條件，是租場目標和康文署使用場地目標一致。

◆ 地政總署公佈 2001/2002 財政年度賣地計劃及 2002/2003 年度至 2005/2006 年度的土地發展計劃。地政總署署長布培表示，為了更貼近市場情況，新推出的賣地計劃，已經作出調整，面積小的土地，將定期拍賣，分五次推出，大約每兩個月進行一次。至於面積大的土地，則撥入申請售賣土地表內。特區政府希望保持物業市場穩定，提供土地應付社會的長遠需要。

◆ 馬鞍山鐵路舉行動土興建儀式。馬鞍山鐵路是專為居住在馬鞍山區內 40 萬居民而設的一條集體運輸鐵路，將於 2004 年後落成。

2 月 13 日

◆ 香港《大公報》報道，國務院決定，免去鄭國雄的中央政府駐港聯絡辦副主任職務。鄭國雄在 1990 年 7 月任新華通訊社香港分社副社長，2000 年 1 月改任為中央政府駐港聯絡辦副主任。

2 月 15 日－2 月 18 日

◆ 董建華在禮賓府會見訪港的加拿大總理克雷蒂安時表示，中國加入世界貿易組織和推行西部開發，將會為海外和本地公司提供龐大商機。香港作為進入中國內地通道的角色將更為重要。克雷蒂安率領 300 多人的經貿代表團訪港。他出席加拿大商會午餐會致詞表示，香港回歸以來仍能夠保持繁榮，情況比想像中更平穩和順利。香港具有健全的法治和高度透明的監管制度，人民可以公開表達意見，令到加拿大的商人可以放心在香港投資。他不認為香港特區政府近期對“法輪功”問題的講話是壓制言論自由。期間，雙方政府代表簽署了文化、環境保護、教育和司法互助四份協議。

2月16日

◆特區政府宣佈進一步放寬打擊炒賣樓市的多項措施，包括重新容許新建單位以先到先得方式公開發售，將內部認購單位數目由 20% 提高至 30%，而豪宅價格限額則由 700 萬港元調低至 500 萬港元或以上，並且容許置業人士除以本票外，還可以支票、信用卡和電子轉賬等形式支付初步訂金。

2月18日

◆行政長官辦公室新聞統籌專員林瑞麟回應天主教香港教區官方周報《公教報》有關評論時重申，特區政府致力維護宗教自由，香港的主流宗教在香港社會多年以來為市民提供全面的教育及社會服務，得到廣大市民的支持和接受。行政長官於 2 月 8 日在立法會發言所提到的“法輪功”成員在天安門廣場自焚事件，是主流宗教不會提倡的自殺及自殘行動。特區政府有責任維護香港的社會秩序和安寧。《公教報》發表評論聲稱，行政長官關於

“法輪功”的言論，令人擔心天主教團體可能是下一個被打壓對象。

2月19日

◆外交部駐港特派員公署發言人就高樂聖日前在休斯敦發表演講答記者問說，香港特區事務純屬中國內政，高樂聖作為美國駐港總領事對此妄加評論是極不合適的。2 月 15 日，高樂聖出席休斯敦亞洲協會會議時聲稱，關注中國政府駐港官員明確表示禁止任何組織將香港變成“法輪功”和反華活動的中心，香港特區政府也因此聲明將密切注意“法輪功”在港的活動，以及一名最高級公務員以家庭理由決定提早一年退休。

◆國務院宗教事務管理局局長葉小文應邀在香港中文大學發表演講並回答傳媒提問。他指出，中國政府並不是簡單地從所謂的信仰、信念，而是從其嚴重危害社會的行為及其結果，去依法認定“法輪功”是邪教的。“法輪功”一系列違法犯罪事實，充分暴露出它反科學、反社會、反人類的邪教本質。

◆香港《公正報》宣佈暫時停刊。

2月20日

◆立法會民政事務委員會就邪教的性

質舉行辯論會議。香港的佛教、基督教、天主教、孔教、回教等多個宗教團體的代表出席並發言。香港佛教聯合會常務董事兼副秘書長區潔名和常務董事兼弘法工作委員會主任釋衍空指出，"邪教"打着宗教旗號，利用或假借傳統宗教的教理色彩，令人較易接受。邪教活動往往迷惑人心，擾亂社會，令信徒家破人亡，慘不忍睹。一個負責任的政府，對於邪教應防患於未然。對一些未抵觸法律的"高度危險教團"應密切注意，因為沒人能預知哪一個邪教可帶來災難。但基督教協進會總幹事蘇成溢和天主教香港教區助理主教陳日君都認為，香港已有法律處理騙錢、破壞家庭、損害他人性命等問題，不需收緊現行法律限制宗教團體的活動。

2月21日

◆ 中央政府駐港聯絡辦副主任王鳳超會見歐洲僑領促進中國和平統一回國訪問團時表示，現居住在世界各地的廣大華僑華人，表現出了高度的愛國主義傳統和熱情。國務院副總理錢其琛在北京、香港特區行政長官董建華在香港分別會見訪問團，是對各位團員在維護國家統一、促進兩岸關係發展上所作貢獻的充分肯定。

◆ 民政事務局局長林煥光在立法會民政事務委員會表示，特區政府正在就"新界"村代表選舉事宜進行檢討。一定會與新界鄉議局進行深入討論，以確保新的村代表選舉制度符合原居民的傳統權益。並強調，村代表選舉是特區內部事務，鄉議局無需就終審法院較早時裁定非原居民有權參與村代表選舉的判決要求全國人大常委會解釋基本法。

2月22日

◆ 全國政協主席李瑞環在北京會見以陳有慶為團長的香港中華總商會訪問團時表示，香港只有團結穩定，才能發展繁榮；香港只有進一步發展繁榮，才能為國家做出更大的貢獻。這是香港人的願望，也是全國人民的願望。在香港，想問題、辦事情，都應該堅持以"一國兩制"和基本法為根本依據，以有利於保持團結、穩定、發展、繁榮的局面為基本出發點。希望香港中華總商會及各位工商界的朋友，繼續發揚愛國愛港的優良傳統，在新世紀有更大的作為。

2月23日

◆ 東區裁判署法庭裁決"四五行動"成員梁國雄違反國旗及區旗法的罪名成立，須自簽3000港元並須守行為一年。

2000 年 7 月 1 日，在紀念香港回歸三周年升旗儀式會場內，梁國雄展示被塗污的國旗和區旗，被警方依法起訴。

2 月 24 日

◆ 董建華率領陳方安生、葉劉淑儀、林煥光等特區政府官員，到解放軍駐港部隊粉嶺新圍軍營慰問部隊官兵。董建華讚揚駐港部隊官兵忠實履行職責，為香港的繁榮穩定作出了貢獻。熊自仁、王玉發代表駐港部隊感謝特區政府和香港市民的關心與支持。

2 月 25 日

◆ 創新科技署署長何宣威率領香港特區代表團赴北京出席國家 863 計劃十五周年活動。

2 月 26 日

◆ 高等法院法官夏正民裁決陳樹英訴特區政府取消兩個市政局違反基本法和聯合國人權公約的司法覆核案敗訴。陳樹英的代表律師——民主黨副主席何俊仁表示會立即申請上訴。陳樹英是原臨時區域市政局民主黨議員，1999 年 12 月與原臨時市政局另一名該黨議員黃仲棋一起，就特區政府取消兩個市政局的決定，向高等法院原訟法庭提出司法覆核入稟申請，被原訟法庭否決。2000 年 6 月 20 日，高等法院上訴法庭推翻原訟法庭裁決，批准其司法覆核申請。黃仲棋因不能通過法律援助署的經濟審查而退出訴訟。陳樹英以個人名義尋求司法覆核，得到法律援助署撥款援助。夏正民認同特區政府代表律師的說法：一是香港基本法第 97 條指特區政府可成立區域組織，以處理文化、康樂及衛生等事務，只是允許而非硬性規定；二是《公民權利和政治權利國際公約》第 25 條指公民有權參與公共事務，公共事務的定義很廣，並非一定要透過選舉才可參與，單是諮詢也可構成參與公共事務的目的。夏正民表示，現時的立法會已有監察特區政府、批核公共財務的權利；而且全港 18 個區議會均可以討論區域事務，影響特區政府的政策。

2 月 27 日

◆ 國務院防範和處理邪教問題辦公室負責人劉京對記者表示，“法輪功”癡迷者在天安門廣場製造自焚事件後，香港許多市民都感到非常不安，並對“法輪功”練習者在公眾場所強行派發傳單等行為非常反感。相信香港特區政府會依照基本法和有關法律規定，從維護香港繁榮發展，維護香港居民福祉出發，妥善處理好"法輪功"問題。

◆ 特區政府發言人回應美國政府發表的全球人權報告表示，我們注意到美國政府對香港人權情況的看法，與聯合國人權委員會副主席巴格瓦蒂的看法一致。巴格瓦蒂曾表示香港的人權情況比世界上的很多其他地方更為令人滿意。但需澄清報告提及的幾個事項：一是國際及本地社會均廣泛認為新聞自由在香港獲得尊重，事實亦證明香港報章繼續刊載社會上不同的意見，並且自由報道支持或批評特區政府的不同意見；二是香港特區政府竭力防止香港成為偷運人口的中心。我們的執法機構繼續與海外的相應部門合作，彼此交換情報；三是香港擁有專業的警隊，一直以來依法辦事。正如該報告指出警方涉嫌濫用暴力的情況並不普遍，當收到有關投訴時，警方定會認真處理。該報告對 1999 年全國人大常委會解釋基本法所帶來的影響有所誤解。"我們希望重申終審法院的權力未被削弱。終審法院仍然是最高權力司法機構，而其裁決是不容再上訴的。"

2 月 28 日

◆ 九屆全國人大常委會第二十次會議批准我國於 1997 年 10 月 27 日簽署的《經濟、社會與文化權利的國際公約》。同時聲明，該公約適用於香港特區，依據基本法的規定，通過特區法律予以實施。

◆ 外交部駐港特派員公署發言人回應傳媒有關美國國務院人權報告指責香港的問題時說，美國國務院的人權報告不顧事實，對香港人權狀況無端指責是毫無道理的，我們對此表示強烈不滿和堅決反對。香港特區是中國的一部分，香港特區事務純屬中國的內政，別國無權妄加評論，橫加干預。

◆ 律政司司長梁愛詩訪問英國。會見多位英國政府官員，並出席國際大律師公會舉辦的世界女律師會議。

◆ 香港特區政府發言人就英國政府提交英國國會報告關於香港情況的評價回應傳媒查詢時表示，"我們注意到英國政府對香港的整體情況給予正面評價。" 2 月 27 日，英國外交及聯邦事務部向國會提交香港半年報告書指出：英國政府對各項有關香港基本權利及自由的事件的總體評價仍然是正面的。認為香港傳媒能繼續就多項重要政治事件廣泛討論，正顯示香港擁有一個活躍的傳媒。期望香港能以配合香港市民願望的步伐，儘早邁向普選產生立法會和行政長官。

3月1日

◆ 立法會保安事務委員會召開會議，民主黨、前綫立法會議員輪番要求葉劉淑儀解釋保安局關注"法輪功"活動的原因。葉劉淑儀回應説，"法輪功"是一個與眾不同的組織。一是它很有組織性。主要針對中央政府；二是它的財政資源充裕，否則不可能租用尖沙咀某大廈的外牆來作廣告。甚至還準備在中央政府駐港聯絡辦對面的大樓花高價買位置作廣告；三是它的學説是一種左道旁門、導人迷信。作為保安當局，為保障市民的安全和社會秩序，當然要予以留意。內地取締"法輪功"，是根據內地法律辦事，"法輪功"在內地是非法的。由於"一國兩制"，在香港，則依照香港的法律辦事，不會因為思想及言論定罪。

3月2日

◆ 公務員事務局局長王永平致函所有公務員表示，政治經濟策劃有限公司出版的《亞洲訊息報告》對香港公務員給予了高度評價，評其為 2000 年美國、澳大利亞、日本、新加坡等 14 個地方中最不官僚的一支隊伍。消息令人鼓舞。王永平亦指出，關注到接受調查訪問的商界人士投訴香港公務員英語水平日見低落。

◆ 香港特區政府禁毒專員盧古嘉利表示歡迎美國國務院發表的《2000 年國際打擊毒品策略報告》。保安局認為美國認同香港打擊毒品的努力及成果，可提高所有參與禁毒工作人員的士氣。香港在打擊販毒、清洗黑錢及跨國罪行上，將會繼續扮演主要角色。美國國務院上述報告稱，香港的毒品"中轉站"角色正逐步減弱，某種程度上顯示香港特區政府的反毒執法和禁毒工作收效。2000 年將香港從毒品轉運站名單中剔除。但香港的濫用毒品人數正在增加。2000 年首季為 10600 人，比去年第二季約 10300 人上升 3.1%。海洛英仍是香港吸毒者的主要吸食毒品，佔毒品總數約 80%。

◆ 保險業監理處宣佈委任羅兵咸永道會計師事務所為經理人，接管已清盤的澳大利亞 HIH 保險集團在香港註冊的三家附屬公司——興業保險、安興保險及 FAI First Pacific 保險。

3月3日

◆ 國際貨幣基金組織發表有關香港特區的《工作人員報告》，讚揚香港經濟在 1999－2000 年間從亞洲金融風暴中迅速復甦，應歸功於香港市場靈活應變的特性，以及當局在經濟衰退時以務實方式處理財政政策。認為積極不干預政策仍然適用於香港。

3月4日

◆ 九屆全國人大四次會議新聞發言人曾建徽回答記者提問表示,香港特區是中華人民共和國不可分割的一部分,直轄於中央人民政府,同時享有高度的自治權。中央政府非常關注"法輪功"組織在香港的活動。相信香港特區政府會嚴格按照"一國兩制"的方針和基本法辦事,從保護香港居民的利益出發,處理香港的"法輪功"問題。

◆ 特區政府首次舉行教師語文基準試,約有 400 名英語教師和 300 名普通話教師參加。香港教育專業人員協會組織了 300 多名教師遊行反對語文基準試。

3月4日－3月6日

◆ 董建華赴北京列席九屆全國人大四次會議開幕大會。離開北京前,他舉行記者會表示,國家的安寧和香港社會的安寧是我們的共同利益。因此不存在誰給誰施加壓力的問題。特區政府一定要防患於未然,要密切注意香港"法輪功"的所作所為, 定要確保香港社會的安寧和確保不影響到內地社會。

3月5日

◆ 國家主席江澤民在中南海會見赴北京列席九屆全國人大四次會議開幕大會的香港特區行政長官董建華,聽取關於香港當前情況的介紹,並作重要講話。

◆ 江澤民、李鵬、李瑞環在人民大會堂會見出席九屆全國人大四次會議和九屆全國政協四次會議的香港和澳門特區的全國人大代表和全國政協委員。

◆ 國務院總理朱鎔基在九屆全國人大四次會議上作政府工作報告。指出,進入新世紀,國家將繼續按照"一國兩制"方針和基本法,全力支持香港、澳門特區行政長官和特區政府依法施政,維護香港、澳門的長期繁榮穩定。

3月6日

◆ 國務院副總理錢其琛參加出席九屆全國政協四次會議香港、澳門特區全國政協委員聯席會議,並作重要發言。

◆ 外交部部長唐家璇在"兩會"記者招待會上指出,美國國務院的報告有關香港的部分是不顧事實而對香港人權狀況進行的無端攻擊,中國政府對此表示堅決反對和強烈不滿。

◆ 終審法院首席法官李國能,常任法官包致金、陳兆愷,非常任法官列顯倫、梅師賢作出裁定,九大地產商敗訴,須為未發展及空置地盤繳交地租。九大地產商即長江實業、新鴻基地產、恒基地產、恒隆、信和置業、太古集團、會德豐、南豐發展和華懋,於 1997 年聯手就特區政府對其旗下的 59 間附屬公司所持有的 59 個地盤徵收地租提起訴訟,每年共涉及地租 9300 萬港元。終審法院的裁決指出,特區政府差餉物業估價署有權根據地租規則,向任何狀況的土地徵收地租,期間將考慮土地的發展日期,以及日後可能出現的租用用途。判決將成為日後重要案例。目前,香港 6000 個未發展地盤均須繳納地租,涉及金額每年達 3.61 億港元。

3月7日

◆ 錢其琛參加在出席九屆全國人大四次會議香港特區代表團討論,並作重要發言。當被記者問及是否支持董建華連任時,明確表示支持,並且認為董建華連任對香港有好處。

◆ 財政司司長曾蔭權發表特區政府 2001/2002 年度財政預算案《秉要執本 常勤精進》。

◆ 中央政府駐港聯絡辦主任姜恩柱在九屆全國人大四次會議香港特區港區代表團全體會議上發言指出,香港特區要保持穩定,一是必須全面貫徹落實"一國兩制"方針;二是必須依法治港;三是必須維護行政長官依照基本法治港的權威;四是必須有一個和諧的社會環境。

◆ 香港特區政府駐京辦與中央人民廣播電台合辦的"京港直通車"節目開播。主要介紹香港與內地經貿文化交往,闡釋有關法律法規,反映香港政治、經濟、文化、旅遊等方面情況。

3月8日

◆ 朱鎔基參加出席九屆全國人大四次會議香港特區代表團討論,並作重要發言。

3月9日

◆ 政府憲報刊登《行政長官選舉條例草案》,提交立法會審議。

3月12日－3月14日

◆ 英國外交大臣貝德禮訪問香港。會見董建華、陳方安生、曾蔭權等特區政府官員和商界、政界及非政府機構人員。貝德禮在香港中文大學發表演講表示,香港雖然回歸中國,但英國仍然保持與香港的密切關係。港商以英國作為打入歐洲市場的踏腳石,而英國以香港作為據點,開拓中國內地市場。"一國兩制"在香港實施得非常理想，香港贏得國際商業機構的信心。

3月14日

◆ 政制事務局局長孫明揚在立法會就特區政府提出的《行政長官選舉條例草案》二讀動議發言。指出當局建議在第二任行政長官選舉中容許政黨或政治團體成員參選，但候選人要聲明以個人身份參選，一旦當選後，有關人士須退出其所屬的政黨，並承諾在任內不再加入任何政黨和不受任何政黨的黨紀約束。作出有關規定的目的是要保證行政長官在任職期間，能以特區整體利益為依歸，不會只照顧其所屬政黨的少數利益。符合特區社會對行政長官的要求以及目前特區的政治體制的實際情況。條例草案的有關規定在社會整體利益與行政長官個人權利二者之間取得適當平衡，是合理並與目標相稱的，因此完全符合基本法和《公民權利和政治權利國際公約》所保障的結社自由。

◆ 立法會通過《2001年香港旅遊協會（修訂）條例草案》，根據條例，香港旅遊協會將於4月1日起易名為"香港旅遊發展局"，並取消會員制度。現任主席周梁淑怡表示，易名並非"升格"，而是採用世界公認的名稱，反映其為旅遊推廣機構。

◆ 香港巴林商會成立。2000年香港與巴林進出口的貿易額分別為2億港元和4.46億港元。香港在巴林最大投資者是匯豐銀行。巴林的香港人社區約有30個。

3月15日

◆ 財經事務局局長葉澍堃透露，2000年證監會員工流失率為17%，金管局為11%，經紀行業為30%。香港財經人才短缺達一萬個，須從內地輸入專才。

3月16日

◆ 香港《經濟日報》報道，律政司提交立法會的文件指出，自1997年7月起，所有新法例均以中英雙語獨立地草擬和制定，並具相等的法律地位和效力。

◆ 台灣"財政部"證券暨期貨管理委員會發文台灣投信投顧公會，就不得投資的範圍作明確規定，包括大陸企業在香港上市的股票、恒生中資企業指數成分股、大陸資本股權佔三成五的香港紅籌股；已投入者，必須在一年內調整至符合規定。

3月17日－3月19日

◆ 由香港文匯報和中華青少年歷史文化教育基金主辦、37個機構和社會團體協辦的"崇尚文明 反對邪教"大型圖片展覽在香港大會堂舉行。中央政府駐港聯絡辦主任姜恩柱參觀後表示，展覽辦得很好，它進一步向人們揭示了邪教對社會造成的嚴重危害，也同時向人們揭示"法輪功"在內地對社會造成的嚴重危害。它可以使人們提高對邪教組織的認識，這有利於香港社會的穩定和繁榮。

◆ 行政長官辦公室新聞統籌專員林瑞麟參觀"崇尚文明 反對邪教"圖片展時表示，特區政府不會允許任何組織利用香港的寬容和自由，影響香港本身的社會安寧和安定；也不會允許任何組織利用香港影響內地的社會秩序和安寧。民政事務局局長林煥光參觀展覽時表示，有個別團體在特區以外的地方，特別是在中國內地，做了些令人深感不安和震驚的行為，特區政府作為負責任的政府，須防患於未然，小心注意這些團體的活動。

3月20日

◆ 新華通訊社公佈國務院決定，任命吉佩定為外交部駐港特派員公署特派員，免去馬毓真的外交部駐港特派員公署特派員職務。

◆ 民政事務局局長林煥光與新界鄉議局執委會舉行閉門會議，討論鄉村選舉安排問題。劉皇發會後表示，鄉議局執委會初步接納"雙村長制"方案，考慮讓"新界"非原居民可以參與選舉及出任村長。但有關具體細節如選民身份和選區劃分等，仍有待商討。

3月20日－3月23日

◆ 董建華訪問日本。分別會見首相森喜郎、外相河野洋平和日本其他政商界人士。董建華表示，日本的政商界對香港"一國兩制"的成功落實，以及經濟的復甦給予正面評價，並認為香港是日本在亞洲的重要投資地之一。

3月23日

◆ 廉政專員黎年在立法會財務委員會特別會議上表示，內地官員通過與香港廉署簽訂的《個案協查計劃》，2000年來香港查案69次及會見了115名香港證人，分別較1999年上升73%和6%。由於有關調查工作未必能構成檢控，會見數字上升未必代表港人在內地貪污的情況惡化。《個案協查計劃》是1988年由廉政公署和廣東省人民檢察院簽訂，讓港方的廉署人員與廣東省的檢察人員，在取得對方同意下跨境查案。最高人民檢察院亦於 2000 年加入，將計劃的適用範圍擴展至全國。

3月24日

◆ 香港基督教短期宣教訓練中心總幹事馬國棟在該中心舉辦的"日本佛教與法輪功辯識"座談會上表示，"法輪功"是一個危險的宗教，市民在選擇自己的宗教信仰時，應小心作出選擇。該訓練中心已舉辦過三至四個同類座談會，上一次有近 300 多人參加，反應熱烈。

3月26日

◆ 國務院總理朱鎔基在北京會見香港工商界人士代表團。表示中央有關部門會認真研究代表團提出的促進兩地合作的意見和建議。希望兩地繼續加強經濟聯繫和合作，促進香港的繁榮與穩定。

◆ 董建華致函電影《臥虎藏龍》製作人員，祝賀他們在美國第七十三屆奧斯卡金像獎典禮中榮獲四項金像獎，這是華語電影在奧斯卡史上取得的最佳成績。4 月 11 日，董建華在禮賓府舉行酒會，表揚香港電影界人士的成就。

3月27日

◆ 為期 13 天的 2001 年人口普查活動結束。全港 220 萬住戶接受調查。特區政府統計處預計在 2001 年 10 月至 2002 年 6 月間陸續公佈有關資料。

◆ 新界鄉議局舉行全體議員特別大會，討論"新界"鄉村選舉問題。主席劉皇發會後表示，多數議員傾向接受"雙代表制選舉安排"。不過，由於有議員要求進一步諮詢村代表的意見，大會決定把表決押後進行。由於鄉村選舉的問題初步得到解決，鄉議局無須向中央政府反映意見。並表示，大會決定成立一個專責小組，就落實新的選舉制度，繼續與特區政府進行磋商。

◆ 西區裁判署法庭裁定"四五行動"成員梁國雄、古思堯、吳恭劭等三人藐視立法會罪名成立，判監 7 日。2000 年 10 月，立法會召開行政長官答問大會期間，該三人在公眾席高呼口號，破壞會場秩序。

3月28日

◆ 立法會《行政長官選舉條例草案》委員會舉行首次會議。選出葉國謙、黃宏發分別擔任主席及副主席。決定在 5 月份舉行兩場諮詢會，諮詢公眾人士對條例草案的意見。孫明揚表示，特區政府要根據條例草案草擬有關的附屬法例，以落實選舉的細則，因此，期望立法會在 7 月或以前通過條例草案。

3 月 29 日

◆ 香港各界文化促進會舉行成立典禮。霍英東、姜恩柱主禮。約 1500 名來自社會各界人士出席。文化促進會的宗旨是倡導文明，促進文化、藝術，服務社會，團結香港各界人士，促進香港與內地及世界各國之間的科技、文明、文化交流與合作。會長莊世平，理事長李國強，秘書長歐陽成潮，監事長徐四民。該會匯聚香港文化藝術、音樂、舞蹈、攝影、美術、雕塑等界別的代表人物以及主要團體領袖、多家大企業總裁、五大宗教領袖、大學校長、著名作家等。

◆ 台灣 "經建會" 主任委員陳博志、"財政部" 部長顏慶章應邀來港，以演講嘉賓身份出席瑞士信貸第一波士頓投資銀行主辦的 "2001 年亞洲投資說明會"。行政長官辦公室新聞統籌專員林瑞麟表示，特區政府是根據一個中國的原則鼓勵交流，容許有關人士以個人身份到香港參加有關活動。

3 月 30 日

◆ 金融管理局公佈，截至 2000 年 12 月底，外匯基金資產值達 1.0234 萬億港元，較上一年增加 2.1%。

◆ 廣東省公安廳決定，從 2001 年 4 月 1 日起取消使用赴港澳地區探親《出境預約回執卡》。今後凡經批准赴港澳地區探親的居民，憑批准地公安機關出入境管理部門簽發的五年有效的《往來港澳通行證》及有效簽注便可出境。

◆ 廣東省與香港特區就嶺澳核電站事故場外應急事宜達成共識並簽署文件，同意把現時 "廣東核電站事故場外應急事宜粵港合作" 的安排，適用於 "嶺澳核電站事故場外應急事宜粵港合作"，統稱 "廣東核電站 / 嶺澳核電站事故場外應急事宜粵港合作"。位於大亞灣的廣東核電站和嶺澳核電站均採用了法國設計完善的壓水式反應堆。

4 月 1 日

◆《2000 年知識產權（雜項修訂）條例》生效。條例規定，商業機構未經授權影印報章雜誌或使用盜版軟件均屬違法。但豁免教學用途的影印行為。4 月 9 日，多名立法會議員在會議上承認當日審議法案時 "看漏了眼"，要求特區政府考慮刪

除條例中 "複印報章可能要負起刑事責任" 等條文。政府工商局官員表示，特區政府對是否修訂該條例持開放態度。

◆ 新界鄉議局執行委員會舉行會議，民政事務局局長林煥光應邀出席。會議決定採用雙村長制，由全體居民及原居民分別各選一名村長。鄉議局主席劉皇發認為這是雙贏方案，因為既可保障原居民權益，亦都容許非原居民參與日常村務，相信較為社會人士所接受。但有關具體細節，包括界定非原居民在新選舉制度下的選民資格等問題，仍然要同特區政府磋商。並說，鄉議局執委會決定押後原定在4月10日到特區政府總部靜坐抗議終審法院判決的示威，是由於執委會認為局方和特區政府共同商議的新方案可以接受。但行動只是延遲，如果將來鄉議局認為新制度不能接受，就會採取行動，直至有滿意結果為止。林煥光重申特區政府立場，一是將來的選舉制度要符合終審法院日前的判決；二是儘量維護 "新界" 原居民的權益。

4月1日－4月3日

◆ 公安部出入境管理局與特區政府入境事務處在北京舉行工作會議。雙方就如何簡化內地專才來香港的審批程序問題達成共識。

4月2日

◆ 香港工會聯合會近100名成員遊行至美國駐港總領事館請願，強烈抗議美國偵察機入侵中國領空及撞毀中方戰鬥機。民建聯發表聲明指出，美國政府應對美機入侵中國領空及撞毀中方戰鬥機事件負全責，應向中國道歉及賠償，以及停止在中國沿海空域的偵察飛行。4月4日，港區全國人大代表發表聲明，要求美國政府停止發表顛倒是非的言論，立即向中國政府和人民道歉，以及停止一切偵察飛行，防止類似事件再次發生。據新華通訊社報道，4月1日上午，美國一架軍用偵察機飛抵中國海南島東南海域上空活動，中方兩架軍用飛機對其進行跟蹤監視。美機突然向中方飛機轉向，機頭和左翼與中方一架飛機相碰，致使中方飛機墜毀。美機未經中方允許，進入中國領空，降落在海南島陵水機場。發生這一事件的責任完全在美方。

◆ 西鐵大欖隧道貫通。大欖隧道全長5.5公里，將北部的西鐵、輕鐵系統和行走荃灣、美孚的西鐵南段連接起來，是西鐵的骨幹網絡。

◆ 立法會主席范徐麗泰率領11名議

員訪問澳門，並會晤澳門特區行政長官何厚鏵。

4月3日

◆ 立法會早餐派正名為"早餐會"，並表示日後七位核心成員李家祥、吳亮星、勞永樂、陳智思、石禮謙、呂明華和何鍾泰等的投票取向將趨向一致，進一步加強彼此的合作關係和建立分工模式。召集人李家祥表示，該會不會有集體宣言、競選策略和中央組織，無意發展成為政黨，一切會尊重議員的獨立性，不會強求統一投票的立場。副召集人吳亮星稱，"早餐會"不設發言人制度，每位成員均可就各種話題自由發表意見，但投票前大家一定會商討。

4月4日

◆ 立法會通過特區政府 2001/2002年度財政預算案。財政司司長曾蔭權表示，國際金融現在的波動性很強，特區政府要確保有充裕的外匯儲備，數額更要超過貨幣基礎的幣值才可以抵擋炒家在市場的衝擊，保持港元匯率穩定。並表示，特區政府評估 2000 年經濟增長時，已考慮到最近美國經濟放緩的因素。

4月5日

◆ 國際機場協會公佈，香港國際機場在 2000 年共處理 230 萬噸貨物量，名列全球第二大貨運機場，僅次於美國孟菲斯國際機場。

◆ 中國國際貿易促進委員會與香港總商會、香港中華廠商聯合會、香港中華總商會和香港工業總會在北京舉行內地—香港商會聯席會第一次會議，並簽署協議，正式建立內地與香港商會組織間的聯席對話機制。這一機制的建立將為內地與香港商界提供一條重要的民間對話渠道，也將成為香港企業及時和準確瞭解內地經貿政策、法規的有效途徑。

4月8日

◆ 新界鄉議局舉行村代表大會討論村代表選舉制度問題，700 多名"新界"原居民及村代表出席。由於很多與會者分歧嚴重，會議曾兩度中斷。林煥光表示，特區政府沒有就任何方案進行游説。希望新界鄉議局能在 2001 年內就村代表選舉方案達成共識，以便特區政府儘快立法。

4月9日

◆ 中央政府駐港聯絡辦由香港皇后大道東 387 號搬遷至香港干諾道西 160 號

中央人民政府駐香港特別行政區聯絡辦公室位於香港干諾道西 160 號的新辦公大樓。

中央人民政府駐香港特別行政區聯絡辦公室在 2001 年 4 月 9 日以前位於香港皇后大道東 387 號的舊辦公大樓。

办公。

金投資公司共收回 1190 億港元。餘下約 1200 億港元的股票，扣除 500 億港元官股作長期投資，剩下約 700 億港元官股，將只會透過盈富基金持續發售機制出售。

4月11日

◆ 特區政府發言人就中美軍機相撞事件將得到解決表示，"特區政府歡迎事件的解決取得進展：中國人民的尊嚴得到尊重，並基於人道立場，美國機組人員可以儘快離境，與家人團聚。特區政府希望中美關係可以繼續向正面方向發展。" 4月11日，中國政府出於人道主義考慮，決定允許美方機組人員離境。4月18日，中美就美軍偵察機撞毀中國飛機事件及相關問題進行談判。經多輪磋商，中美就美軍偵察機返還問題達成原則協議。

◆ 新加坡發展銀行（DBS）在香港以 452 億港元（100 億坡元）全面收購道亨銀行。DBS 是由新加坡政府控制的。道亨銀行母公司國浩集團透過出售道亨套現逾 300 億港元。

4月12日

◆ 特區政府宣佈，委任王荔鳴接替梁錦松為教育統籌委員會主席。2001 年 5月 1 日起生效，任期兩年。

◆ 財政司司長曾蔭權表示，特區政府在 1998 年 8 月為穩定股市所動用的 1180 億港元，至今已全部回本。外匯基

4月13日

◆ 司法機構發言人表示，自建立雙語法庭制度以來，香港法庭使用中文審訊的案件數目日漸增多。高等法院使用中文審訊的案件由 1997 年的 73 宗上升至 2000 年 363 宗，增加了四倍。原訟法庭審理的上訴案件中，使用中文的比率也由 1997 年的 23% 增至 2000 年的 41%，增加近兩倍。裁判法院現時已有逾 76% 的聆訊是用中文進行。在不得由律師代表出席聆訊的小額錢債審裁處和勞資審裁處，已有超過 90% 的案件是採用中文審理的。發言人表示，司法機構的目標是建立雙語法庭制，使各級法院可兼用兩種法定語文或採用其中一種審理案件。

4月17日

◆ 新西蘭總理克拉克訪問香港。會見董建華。出席由香港貿易發展局舉辦的午餐會並發表演講，希望在中國加入 WTO 之後，香港繼續發揮窗口作用，為新西蘭

的工商界進入中國內地市場提供服務。

4 月 19 日

◆ 政務司司長陳方安生出席亞洲協會在香港舉辦的午餐會發表演講時表示，社會人士在未來數年內，將要就政制發展作出重大的決定，茲事體大，"應儘快進行公開討論，不宜拖延"。又說，"回歸以後，許多香港人越來越着眼於內部事務，我對此不無憂慮"。"有人過於關注香港與內地的接軌，似乎忘記了香港有異於內地之處，不單是我們優勝的地方，也正是'一國兩制'的精髓所在"。

◆ 廣東海關緝私艇隊首次訪港。香港海關在昂船洲海關船隊基地碼頭舉行了歡迎儀式。香港海關關長曾俊華表示，這是香港開埠以來的第一次，是一個歷史里程碑。

4 月 20 日

◆ 外交部駐港特派員公署特派員吉佩定抵達香港履新。吉佩定在來香港前接受香港《文匯報》記者訪問時表示，外交部駐港特派員公署將認真貫徹"一國兩制"的方針，根據香港特區的特殊情況，以創新精神務實而靈活地處理涉港外交事務。

◆ 美國卡托研究所和加拿大費沙爾學會公佈世界經濟自由度 2001 年周年報告，香港再度獲評選為全球最自由經濟體系。署理財政司司長葉澍堃表示歡迎稱，"香港將繼續致力為全球投資者提供開放、方便營商，以及公平競爭的環境。"

4 月 23 日

◆ 錢其琛在北京出席"台灣問題圖片展"開幕式時表示，未來在台灣實行"一國兩制"，可以比香港、澳門更為寬鬆。中國政府相信，隨着"一國兩制"在港澳地區的成功實踐，這一基本方針將得到越來越多的台灣同胞的認同。

◆ 吉佩定拜會董建華。吉佩定表示，中央政府和外交部一直重視公署的涉港的外交工作。外交部駐港特派員公署將繼續嚴格執行"一國兩制"方針和基本法，加強與特區政府的聯絡與溝通，審慎、穩妥地辦理涉港外交事務，以靈活務實的精神處理新問題，繼續為特區開展對外交往創造便利條件。董建華表示，香港特區政府將繼續加強與外交部駐港特派員公署的合作，進一步擴大香港的對外交往。

◆ 亞洲商業、浙江第一興業、廖創興、上海商業、永亨及永隆等六家本地銀行宣佈結盟，成立香港保險有限公司，以旗下 200 家分行作銷售網絡服務，開拓內地及東南亞市場。

4月24日－4月26日

◆ 公務員事務局局長王永平在北京與國家行政學院簽署協議，委託國家行政學院在未來三年繼續為香港特區高級公務員舉辦進階中國事務研習課程。課程目的是加深學員對國家中央體制及政策制訂的認識，以及加強特區高級公務員與內地高級官員的溝通聯絡，進一步提供互相交流與討論的機會。國家行政學院過去二年為香港特區政府舉辦了二期研習課程，約有40名高級公務員參加學習。

4月25日

◆ 董建華發表聲明指出，我們注意到"法輪功"成員25日就兩年前包圍中南海的事件進行公開活動，並向傳媒表示計劃在《財富》全球論壇香港年會舉行期間進行一系列活動。很明顯是刻意挑撥香港和中央的關係，干擾論壇的順利進行，與香港及市民的利益作對，是社會人士不能接受的。特區政府會密切注視"法輪功"在香港的活動，同時不容許"法輪功"利用香港的自由和容忍，影響特區和內地的社會秩序及安寧。

◆ 曾蔭權在官邸與傳媒聚會表示，對即將接任政務司司長的工作充滿信心。並希望公眾不要期望他和現任政務司司長陳方安生一模一樣，因為陳太的工作處於香港過渡期，而現在"一國兩制"在香港已經得到公認，工作開始進入第二個階段。

◆ 審計署向立法會提交第36份"衡工量值審計"報告書。就特區政府多個部門因管理不善而造成浪費提出批評。報告指出，香港電台身為官方電台卻沒有盡責宣傳特區政府政策，甚至比另兩家商營電台更差。建議新聞處長及廣播處長應就此事作出正式安排，使香港電台的播放次數與規定商營電台的播放次數一致。並批評香港電台沒有保存英語頻道播放特區政府宣傳聲帶記錄；且保存的廣東話頻道播放特區政府宣傳聲帶的內部記錄，沒有提供給特區政府新聞處監察。

◆ 洛桑國際管理發展學院將香港全球競爭力的排名從2000年的第12位提升至第6位。"經濟表現"由第25位上升到第4位。"營商效率"由第13位上升到第8位。特區政府發言人表示，"很高興發展學院確認了香港在促進經濟復甦及維護競爭力方面所作的努力取得成效"。

4月26日

◆ 曾蔭權接受電台訪問表示，"一國

兩制"已經在香港實施,並已取得成功,這是事實。他不認為香港過於側重"一國"而忽略"兩制","代表兩制的包括法治、自由經濟體系及廉潔的公務員隊伍等,我不覺得有什麼喪失。"香港只要抓緊"一國",發揮"兩制"的精要,將令香港的經濟前景更美好,並作為中國的一部分發揮更大作用。

4月27日

◆ 特區政府發言人表示,中央政府已於4月20日將香港特區政府發表的《經濟、社會與文化權利的國際公約》適用於香港特區的聲明通知聯合國秘書長。該聲明內容如下:(一)《公約》第6條不排除香港特區根據出生地點或居留資格訂立規定,在香港特區實行就業限制,以保障香港特區本地工人的就業機會;(二)《公約》第8條第1款(乙)項中的"全國性的協會或聯合會"應理解為"香港特區內的協會或聯合會"。同時,該條款不含有職工會協會或聯合會有權組織或參加在香港特區以外成立的政治組織或機構的意思。發言人解釋,"有關《公約》第6條的聲明顯示特區政府一直致力保障本地工人的就業機會,至於《公約》第8條第1款(乙)項的聲明,則清楚訂明職工會組織協會或

聯合會的權利。"

◆ 特區政府宣佈,委任羅仲榮為香港科技園公司董事局主席。該公司根據《香港科技園公司條例》成立,由香港工業公司、香港工業科技中心公司和臨時香港科學園有限公司合併而成。2001年5月7日正式運作。

4月27日-4月30日

◆ 民政事務局局長林煥光率領香港特區代表團出席聯合國就特區政府提交的《經濟、社會與文化權利的國際公約》在香港實施情況報告的審議會。20名香港非政府組織代表也出席了會議。林煥光簡述了香港在近五年來各方面取得的成績,說明《公約》的精神在香港得到充分落實。回答委員提問時指出,"基本法在香港全面落實,北京絕無干預香港任何一項內部事務。在屬於主權國權力範圍的外交事務方面,我們得到內地外交事務代表的友善和積極的協助。""希望委員會成員親臨香港,親身體驗、親眼觀看香港的事物,從而自行判斷香港有否達到高度自治。"聯合國經濟、社會與文化權利委員會主席丹丹表示,香港在修改公約的保留條文和聲明方面取得顯著的正面進展。

4月28日

◆特區政府公佈 2000/2001 財政年度財務狀況的臨時數字。截至 2001 年 3 月 31 日，整體支出為 2328 億港元，收入為 2250 億港元；財政儲備為 4303 億港元，比去年同期的 4442 億港元減少 139 億港元。

◆金融管理局宣佈斥資 37 億港元購買中環國際金融中心 14 層作永久辦事處，預計 2004 年可遷入。

◆特區政府宣佈，委任劉華森為市區重建局董事會主席。2001 年 5 月 1 日起生效，任期 3 年。

4月29日

◆中華全國總工會主席尉健行在北京會見香港工會聯合會和澳門工會聯合會"五一"代表團。對港澳工會兩個代表團來北京表示歡迎，並致以節日問候。

4月30日

◆保安局局長葉劉淑儀回應天主教香港教區官方周報《公教報》社論要求"公僕真正嚴守政治中立"等言論指出，"最高層的政務官素來在政治上都要表態，回歸前人人都要支持彭定康政改（方案），所以政務官和一般公務員不同，高級政務

官一直有政治立場。"

5月1日 "五一"國際勞動節

◆特區政府在禮賓府舉行慶祝"五‧一"國際勞動節酒會，勞工界、商界等 500 多名代表出席。董建華致詞時表示，香港正面對另一次重大的經濟轉型，即走向知識型經濟。知識型經濟的發展中，低技術和低學歷的人士無可避免會遇到困難。只要勞工界、工商界和特區政府三方面一齊努力，充分發揮夥伴精神，憑着港人的幹勁、毅力和靈活頭腦，香港一定能再創高峰。

5月2日

◆董建華會見剛於 5 月 1 日就職的曾蔭權、梁錦松。董建華表示，新領導層的首要事務是改善經濟。面對國家要加入世貿、西部開發、珠江三角洲蓬勃發展，特區政府要研究如何製造更多有利的條件和環境，使整個香港能夠在這方面受惠，使所有香港市民分享到經濟成果。

◆政務司司長曾蔭權接受記者訪問時表示，未來的主要工作有三項：一是協助行政長官真正落實"一國兩制"，為迎接 2007 年政制檢討，需要建立和完善主要官員問責制；二是增強市民對特區政府施

政的信心，要與立法會進行更加密切的溝通，尊重其監察的功能；三是改革公務員體制，加強服務精神和改進服務文化。

◆ 財政司司長梁錦松接受記者訪問時表示，在制定財政預算案時，將堅持審慎的理財原則，並希望能夠廣泛聽取社會各界人士的意見，以確保所花費的金錢能用得其所。

◆ 政制事務局局長孫明揚出席立法會《行政長官選舉條例草案》委員會審議條例草案有關條款會議上表示，中央政府對香港特區行政長官的任命是實質的任命，中央政府有權任命，亦有權撤銷這個任命。條例草案關於中央有權拒絕經選舉產生的行政長官的任命，也可撤銷行政長官的任命的規定並無違反基本法，亦符合普通法的不成文規定。民主黨議員張文光、李柱銘在會上質疑這"等同於向當選人作政治審查"，特區政府的做法違反基本法。

5月4日

◆ 國家副主席胡錦濤在北京會見香港青年領袖才俊訪問團，並作重要講話。

◆ 政府憲報公佈，行政長官已委任關淑馨為高等法院原訟法庭法官，2001年5月2日起生效。

◆ 政務司司長曾蔭權出席香港報業公會主辦的"2000年香港最佳新聞獎"頒獎典禮時表示，今後特區政府將繼續保障新聞自由，確保資訊流通。並批評個別傳媒用嘩眾取寵及煽情的手法，令到報道失實。希望新聞工作者恪守專業精神，以客觀持平的報道和中肯獨到的分析，為廣大市民服務。

◆ 資訊科技及廣播局局長尤曾家麗介紹《2001年數碼21資訊科技策略：數碼香港連結全球》時表示，經修訂的特區政府資訊科技策略包括五個方面：一是增強發展香港優良的電子商務環境；二是建立電子政府；三是培育香港的資訊科技人才；四是加強市民掌握數碼科技的能力；五是促進香港應用資訊科技的技術。

5月5日

◆ 立法會《行政長官選舉條例草案》委員會舉行第一次公眾諮詢會，22個團體代表和8名人士出席。大部分與會者表示，支持特區政府提出的條例草案。指出有關選舉候選人當選後須退黨的條款符合港人利益，公開提名人姓名的做法可提高選舉的透明度。

◆ 原香港房屋委員會主席王葛鳴首次出席立法會公營房屋建築問題專責委員會會議，就公屋短樁問題作證。表示公營房屋出現問題的原因，一是前港英政府給房委會的土地供應嚴重不均，引致近年出現建屋高峰期；二是房屋署內部運作有問題，以致出現建屋質量問題。香港房屋委員會發現屋宇有問題時，已立即向公眾披露。並表示，近年建屋高峰期和公屋質量問題，與董建華1997年訂下的"八萬五"建屋目標沒有直接關係。

5月7日

◆ 香港交易所推出包括部分紅籌、國企及內地B股在內的MSCI中國自由指數期貨，首天成交僅15張。

5月7日－5月10日

◆ "2001年《財富》全球論壇香港年會"在香港舉行。論壇共舉行了25個商業會議。來自全球的800多位大企業家及政府高級官員參加。董建華在開幕式和閉幕式上致詞。《財富》雜誌編輯總監考爾文（Geoffrey Colvin）主持年會。

◆ 5月8日，國家主席江澤民抵達香港出席"2001年《財富》全球論壇香港年會"。國務院副總理錢其琛和中央辦公廳主任王剛、中央政策研究室主任滕文生、國家發展計劃委員會主任曾培炎、國家主席特別助理華建敏、國務院港澳辦主任廖暉、外交部副部長李肇星隨行。中央有關部門，有關省、自治區、直轄市負責人也隨同來香港出席會議。下午，江澤民會見出席《財富》論壇香港年會的世界知名企業家和香港工商界代表。他表示，中國加入WTO後，香港的國際金融、貿易、航運中心的地位將得到加強，以一個更加開放、經濟更有活力的祖國內地為依託，必然會促進香港經濟的發展。香港企業進入內地市場的機遇更多，獲益也會更多。內地與香港的經貿關係既是國家主體與其單獨關稅區的關係，又是WTO成員之間的關係。內地與香港的經濟聯繫會更加緊密，將有利於推動兩地經貿合作的發展和合作水平的提高。晚上，江澤民在"2001年《財富》全球論壇香港年會"開幕式發表重要講話。董建華致詞。5月9日，江澤民出席董建華在禮賓府舉行的午宴。錢其琛代表江澤民在午宴上致詞。董建華致詞表示，江主席應香港特區政府邀請，專程前來出席《財富》雜誌在香港舉辦的國際論壇，又一次反映了中央政府重視香港、關心香港和支持香港。

◆ 5月10日，董建華在禮賓府宴請來港出席2001年《財富》全球論壇香港年會的內地部分省、區、市負責人，並專門為其中西部省市負責人舉行茶敍會。

◆ 美國前總統克林頓在"2001年《財富》全球論壇香港年會"閉幕式發表演講時表示，從全球相互依賴和共同利益的意義上來講，香港是一個很好的例子。從香港的繁榮以及眾多的跨國公司在香港設立亞太總部或分支機構，就可以證明，與中國加強聯繫可以獲得怎樣的商機。其後，董建華在禮賓府與克林頓舉行私人性質會面。

◆《財富》雜誌編輯總監考爾文主持一個論壇後對記者表示，《財富》雜誌四年前以"香港之死（The death of Hong Kong）"為封面故事的預言並未發生，香港未死。如果《財富》仍以香港作為封面故事，最好用"活力充沛（vitality）"這個詞。並指出，《財富》在過去三年內兩次在中國城市舉辦"財富全球論壇"，是看中中國的發展潛力。《財富》此次選址香港舉辦"財富全球論壇"，就是對香港回歸中國四年的肯定。

5月8日

◆ 中央政府駐港聯絡辦舉行新辦公樓啟用儀式。錢其琛揭幕。姜恩柱致詞。霍英東、董建華、吉佩定、熊自仁和隨同江澤民出席2001年《財富》全球論壇香港年會的中央有關部門，內地有關省、自治區、直轄市政府負責人，香港各界知名人士和各國駐港領事機構官員及商會代表等400多人出席。

◆ 立法會《行政長官選舉條例草案》委員會舉行第二次公眾諮詢會。出席的30個團體大多支持條例草案關於行政長官選舉的安排，包括公開提名人姓名，以及當選人一定要退出政黨等。亦有建議要設立行政長官選舉經費上限。

◆ 王葛鳴第二次出席立法會公營房屋建築問題專責委員會會議表示，她曾在1994－1996年間六次去信前港督彭定康，要求當局提供足夠土地興建房屋。雖然彭定康也表示關注此問題，但他的回應不夠積極。

◆ 台灣"財政部"證券暨期貨管理委員會主任委員朱兆銓來香港，參加由香港證監會舉辦的"亞洲全球金融：嶄新的機遇"會議。

5月9日

◆ 董建華在禮賓府會見泰國總理他信（Thakisn Shinawatra）時表示，《財富》全球論壇香港年會舉辦成功，海外商界人士反應熱烈，積極參與，證明大家對區內的營商環境仍然信心十足。

◆ 政務司司長曾蔭權在《財富》全球

2001 年 5 月 8 日，國家主席江澤民在
"2001年《財富》全球論壇香港年會"
開幕式上致詞。

論壇記者會上表示，香港警方日前針對部分示威人士所採取的行動已經相當克制，完全是依法辦事，符合法治原則。

5 月 10 日

◆ 香港中國企業協會舉行成立十周年慶祝酒會，公佈國務院總理朱鎔基批示："值此香港中國企業協會成立十周年之際，謹致熱烈祝賀，並向在港中資企業全體員工深表真摯感謝。多年來，在港中資企業為香港的經濟發展，為加強內地與香港的合作，做了大量富有成效的工作。希望你們再接再厲，自立自強，適應國內外經濟形勢發展的需要，為中國的繁榮富強作出新的貢獻。"

◆ 中央政府駐港聯絡辦副主任劉山在發表文章指出，到目前為止，經國家主管部門批准的香港中資企業已逾 2000 家，總資產規模 17530 多億元，在港累計投資超過 1700 億港元，繳納稅金近 100 億港元，僱用當地員工數萬人。投資領域遍及房地產、航空、海陸運輸、倉儲、碼頭、隧道、電訊、電子、機械、化工、食品、製衣、印刷、酒店、商業百貨及超級市場、高新科技等，在香港經濟生活中扮演着重要角色。在內地投資累計約達 1500 億港元，投資項目超過 3000 個，

為內地引進先進技術和管理經驗、培養人才和提供信息等也作出了積極貢獻。近兩年來，香港中資企業特別是許多大型企業，堅持有進有退、有所為有所不為的原則，加強了自身業務的整頓和調整，做到了"清理整頓、加強管理、穩步發展、有所作為"。

◆ 外交部駐港特派員公署發言人就美、英等國駐港總領事館要求特區政府澄清在《財富》全球論壇召開期間出入境管理方面的一些做法及擔心這些做法可能會影響香港各項自由的問題表示，香港特區政府依法辦事，確保這次會議順利召開並獲得成功，做法是正確的，是無可非議的。

◆ 特區政府耗資 900 萬港元設計出一條具動感的"飛龍"，作為香港在國際的品牌形象，以提高香港作為亞洲國際都會的角色。

◆ 市區重建局召開首次會議，決定設立策略委員會等六個委員會並在 20 年內推行 225 個重建項目。

5 月 11 日

◆ 香港《文匯報》報道，穆迪給予香港的外幣信貸與港元信貸評級上限，分別為 A3 與 AA3。

2001 年 5 月 9 日，《財富》全球論壇香港年會在香港舉行期間，行政長官董建華舉行午宴歡迎國家主席江澤民。錢其琛副總理受江澤民主席委託在午宴上致詞。

2001 年 5 月 8 日，中央人民政府駐香港特別行政區聯絡辦公室舉行新辦公樓啟用儀式。國務院副總理錢其琛（前排左二）為新辦公樓啟用揭幕。全國政協副主席霍英東（前排右二）、行政長官董建華（前排右一）等香港各界知名人士及中央有關部門和內地有關省、自治區、直轄市政府負責人前來致賀。

5月12日

◆ 董建華就香港警方在《財富》全球論壇期間作出的安排發表聲明："香港警隊致力維護社會秩序，服務市民，成績是有目共睹的。我們把《財富》全球論壇辦得這樣成功，實有賴各方面的全力支持和市民的衷誠合作。"

◆ 特區政府發言人就聯合國經濟、社會與文化委員會審議香港特區政府根據《經濟、社會與文化權利的國際公約》首次提交報告的評價表示："我們將在提交聯合國的第二份報告中，向委員會提供詳盡的回應及匯報我們在推行公約方面的進展。"該委員會對特區政府有關報告給予溫和而正面的評價。

5月13日

◆ 特區政府發言人就李柱銘的言論作出回應："《財富》全球論壇在港舉行期間，言論自由受到充分尊重。《財富》全球論壇的負責人也發表了聲明，表示他們極為尊重香港警方。"參與《財富》全球論壇人士可觀察到香港社會任何人都可以自由發表意見，而香港亦是亞洲區充分保障人權和尊重法治的地方。"李柱銘在香港電台一個節目中稱，《財富》論壇香港年會給予外國傳媒和參與者的印象比較

負面，我懷疑他們部分人回國後，會覺得香港政府對於異見人士有過分反應。更不幸的是，他們會認為香港人享有的，只是"有中國特色的自由"。

5月16日

◆ 外交部駐港特派員公署舉行酒會，歡迎吉佩定履新。霍英東、董建華、姜恩柱、熊自仁等各界人士 400 多人出席。

◆ 董建華主持香港中央圖書館開幕典禮。該圖書館啟用當日有 51000 人參觀。

◆ 保安局局長葉劉淑儀分別會見英國、加拿大、美國及澳大利亞四個國家的駐港總領事，就他們關注的本國國民於 5月 8 日至 5 月 10 日香港舉行《財富》全球論壇時被拒入境一事作出解釋。指出，在論壇舉行前夕，當局需實施特別保安措施，以確保論壇的順利進行及與會的各國元首和重要嘉賓的人身安全。因個別人士的入境並不符合公眾利益而拒絕其入境，是整體保安措施的一部分。論壇舉行期間，共舉行 56 宗示威，參與人數達 4800 人。其中約 400 名為"法輪功"成員共舉行了 15 宗集會，還得以展示橫額及標語以表達不滿。這些事實足以證明言論自由在香港獲充分保障，"一國兩制"亦在香港得以貫徹執行。

5月16日－5月19日

◆5月16日，特區政府宣佈關閉三個街市的所有雞檔，並銷毀懷疑感染 H5N1 病毒（禽流感）的雞隻。5月18日，特區政府決定銷毀全港約 120 萬隻食用禽鳥，並封閉全部雞檔三至四個星期。5月19日，董建華表示，殺雞是當局非常果斷的決定。基於市民衛生的考慮，要找出一個徹底解決的方法，包括研究中央屠宰家禽等，以防止禽流感病毒再次出現。

5月18日

◆新界鄉議局和 27 個鄉事委員會的代表首次與民政事務局和民政事務總署官員正式會面，討論村代表選舉的新安排。民政事務總署官員會後表示，大部分代表支持新的村代表選舉安排，只有部分鄉事委員會持反對意見。

5月19日

◆農業部、國家質檢總局、外經貿部聯合發出緊急通知，要求各出入境檢驗檢疫機構要切實採取措施，加強入境檢驗檢疫和對來自港澳的運輸工具的消毒工作。這是針對香港和澳門於近日發生的禽流感疫情做出的決定。

5月20日

◆香港地區中國和平統一促進會舉行"促進海峽兩岸和平統一"座談會，探討團結海內外人士，共同推進祖國和平統一大業進程之道。中央政府駐港聯絡辦副主任陳鳳英在會上發言表示，據不完全統計，目前世界各地包括香港在內，相繼成立了 80 多個促進中國和平統一的民間團體，形成了全球範圍"反獨促統"的聯合陣綫，極大地遏制了"台獨"分裂勢力，有利於維護兩岸關係的穩定與發展。

5月20日－5月29日

◆政務司司長曾蔭權率香港特區西部訪問團訪問西安、北京、成都和烏魯木齊。訪問團由香港特區政府、商界、專業團體、半官方機構等 280 多人組成，是香港有史以來，本地政府組織的規格最高、規模最大的訪問內地團組。中央政府駐港聯絡辦副主任劉山在應邀隨團訪問。特區西部訪問團所到之處，受到中央有關部門、內地有關省、自治區、直轄市的熱情歡迎。特區政府、半官方機構在三個西部城市，與有關省市合辦"香港優勢博覽會"和商貿洽談會。在整個行程中，港商簽訂了 25 個項目共 20 多億港元合約。香港各界和輿論認為，特區政府此舉有助工商界把握內地經濟發展商機，促進兩地經濟合作和香港經濟復甦。

5月15日，董建華會見西部訪問團部分成員時表示，20多年來香港為國家改革開放作出了重要的貢獻，香港也受惠不少。在西部大開發過程中，香港也可以作出重要貢獻。對香港來說，將會有新的商機。特區政府安排這次訪問，是為了使到香港商界能夠更加瞭解中央政府對西部開發的政策，更加瞭解西部，可以找到適當的投資項目。

5月23日，西部訪問團在北京人民大會堂舉行西部大開發座談會，聽取中央政府有關部委官員的情況介紹，並進行了交流。曾蔭權致詞表示，實施西部大開發是國家、民族大事，香港特區政府予以全力支持。國務院有關部門和中央政府駐港聯絡辦負責人李子彬、陳佐洱、劉山在和香港特區財政司司長梁錦松等出席。

5月24日，朱鎔基總理接見西部訪問團全體成員。朱鎔基表示，西部大開發戰略的實施，為有眼光的香港工商、專業界人士提供了一展身手的大舞台。希望香港工商界為開發祖國西部，促進香港與內地經濟的共同發展發揮更大作用。國務院有關部門和中央政府駐港聯絡辦負責人廖暉、陳佐洱、徐澤、李子彬、安民、劉山

在等會見時在座。

5月29日，曾蔭權總結訪問團收穫時指出，這次訪問團得到中央領導和有關省、市領導的重視及熱情、細心的安排，充分顯示出“一國”中的香港特區作為國家的一部分，獲得特別、優先的地位。同時也顯示了在“兩制”下，中央政府沒有向特區政府或其他人士指指點點，應該投資哪一個項目，在哪一個省市多做工作。特區企業採用全商業的原則去判斷這些商機是否適合自己投資。所以，特區政府只是幫助企業開啟大門，不會改變政府不干預的原則，所有商業投資活動完全由市場決定。

5月22日

◆ 香港發生兩名警員被歹徒槍擊受重傷的事件。董建華表示，警隊一定會徹查此事，把不法之徒繩之於法。

◆ 政制事務局副局長葉文輝表示，持入台證的香港居民不會失去參選香港行政長官的資格，“因為入台證並非由中華人民共和國以外主管當局發出的入境證”。

◆ 立法會通過民建聯議員曾鈺成提出的動議，強烈譴責日本文部科學省最近通過右翼團體撰寫的初中歷史教科書，公然篡改日本在第二次世界大戰侵略鄰國的

歷史真相，並認為日本政府須放棄軍國主義，向受害國家和人民作出誠懇道歉和合理賠償。日本駐港總領事館就此發表聲明表示，"以真摯的態度予以傾聽"。

5月24日

◆ 郵政署與上海市電子商務安全證書管理中心有限公司在"交叉認證"及"建立中文化認證系統"上的合作安排在上海舉行簽署儀式。這次合作標誌香港郵政致力推動與內地各公共核證機關建立更緊密的聯繫。

5月25日

◆ 特區政府公佈 2001 年第一季度經濟報告。政府經濟顧問鄧廣堯表示，由於本港經濟受到疲弱的外圍經濟環境影響，導致 2001 年首季的實質經濟增長速度較上季進一步減慢，因此將 2001 年全年本地生產總值的實質增長，由早前預測的 4% 修訂為 3%。

◆ 特區政府發言人就大律師公會執委會一項聲明作出回應："鑒於近年邪教組織的活動，引起世界各地密切關注，作為一個負責任的政府，實有責任留意事態的發展，研究其他地方處理同類問題的經驗。至於是否需要立法，現階段言之尚

早，不宜作任何揣測。"大律師公會執委會聲明稱，反對香港制定任何管制或取締"邪教"或"邪教活動"的法例。

◆ 特區政府成立人類生殖科技管理局。以提供機制持續監察香港現有及未來各項生殖科技活動，保障各有關方面的利益。

5月26日

◆ 由民主黨、前綫、職工盟、街坊工友服務處、民協、社會民主論壇等多個團體組成的"爭取普選特首運動民主聯盟"，在街頭發起簽名運動。並稱，直至 2002 年 3 月行政長官選舉期間，將發起一連串行動，並採取"裡應外合"形式，由立法會議員兼聯盟成員梁耀忠於 6 月 20 日在立法會提出修改基本法議案，動議普選行政長官及全面直選立法會。

5月28日

◆ 政制事務局向立法會《行政長官選舉條例草案》委員會提交的文件指出，中央政府罷免行政長官的權力來自基本法。政制事務局因應議員要求，建議把該條原規定的"中央人民政府可撤銷行政長官的任命"，更改為根據香港基本法第 52 條和第 73（9）條，以及在任何其他情況下

2001 年 5 月 26 日，政務司司長曾蔭
權為團長的香港特區西部訪問團抵達新
疆維吾爾自治區首府烏魯木齊，受到熱
烈歡迎。

將行政長官免職。

◆ 董建華會見訪問香港的美國前總統布什，就亞洲經濟發展等多個問題交換意見。

◆ 保安局證實，日前已獲外交部駐港特派員公署的通知，美國海軍最大的掃雷指揮艦"仁川號"已被拒絕進入香港海域。

◆ 和黃港口控股集團宣佈斥資約 4 億美元成功收購菲律賓國際貨櫃碼頭服務公司的 8 個港口 23 個泊位，8 個港口分佈在墨西哥、阿根廷、沙特阿拉伯、坦桑尼亞、巴基斯坦以及泰國。此次收購行動使和黃在全球各地共擁有 27 個港口 159 個泊位，成為全球擁有最多泊位的單一財團。

5 月 30 日

◆ 香港港聯直升機有限公司、澳門亞太航空公司與深圳機場集團在深圳簽約，決定合作開通深圳和香港、澳門三地之間直升機客運航綫，為往返深、港、澳三地的人士提供一個方便、快捷的服務。

5 月 30 日－6 月 1 日

◆ 台灣"教育部長"曾志朗來香港參加香港城市大學的語言研討會，並參觀了景嶺書院、珠海書院等。

5 月 31 日

◆ 政制事務局局長孫明揚出席立法會《行政長官選舉條例草案》委員會審議條例草案會議時指出，特區政府計劃透過附屬法例的方式，向立法會提交選舉開支限額的建議。

◆ 廉政公署正式起訴前立法會議員程介南五項罪名。6 月在東區裁判署法庭提堂。

6 月 1 日

◆ 立法會財務委員會通過特區政府提交的撥款 2.45 億港元賠償受禽流感事件影響的業界人士的方案。

◆ 台灣"行政院大陸委員會"公佈《宏觀與務實 —— 現階段港澳政策》説帖。稱香港與澳門作為兩岸中介地位的角色以及台港澳民間頻繁的往來，不因"九七"、"九九"港澳地位轉變而有所改變。台灣新當局瞭解港澳地區的特殊性與重要性，未來將努力推動以下工作：一是強化在港機構功能；二是廣泛開展與港澳各界接觸與交流，擴大相互瞭解；三是改善港澳人士來台相關措施。

6 月 4 日

◆ 政制事務局就立法會《行政長官選

舉條例草案》委員會在 5 月份舉行的公眾諮詢會所收集的意見作出回應。諮詢會共有 80 個團體或個人發表意見,其中 70 個表示支持草案,10 個表示反對。

6 月 4 日－6 月 6 日

◆ 第五十四屆世界報業會議在香港舉行,75 個國家與地區 1000 多名代表參加。董建華致開幕詞時指出,香港能夠從一個地區新聞傳播中心發展為國際新聞傳播中心,主要是因為香港擁有國際新聞傳播中心所需的先進基礎設施,如衛星系統、電腦網絡、電訊和光纖科技,而互聯網和手提電話在香港的滲透率也極高。其次,香港擁有國際新聞傳播中心不可缺少的完善法律制度和法制精神。香港的新聞傳播工作者敬業樂業,敢於接受挑戰,令香港成為今天舉足輕重的國際新聞傳播中心。

6 月 6 日

◆ 董建華會見訪港的新加坡資政李光耀,就亞洲地區的經濟發展交換了意見。

◆ 董建華設宴款待訪港的前美國國務卿舒爾茲(George Schultz),向他介紹香港最新發展情況。

◆ 香港的國泰、港龍與台灣的華航、

長榮等四家航空公司以 "換文" 方式,確定將原有的港台航空協議安排延長半年。民進黨 "立委" 王拓於 6 月 20 日指出,這次五年安排的協議未能談成的主因是 "陸委會" 硬將其定位為 "國際航綫",拿 "神主牌" 干擾經濟。

6 月 7 日－6 月 10 日

◆ 第十五屆國際旅遊展在香港舉行。出席開幕式的中國展團團長陳有生表示,香港特區和內地互為重要的旅遊客源市場,也是遊客旅遊路綫進一步延伸或經停的主要配套旅遊目的地。2000 年,內地入境旅遊人數中,香港旅客有 5856 萬人次,增長 10.73%,佔旅遊入境總人數的 70% 以上。香港入境旅客達 1300 多萬人次,比同期增長 15%,其中內地遊客有 340 萬人次,保持第一位。台灣旅遊業者及地方政府觀光單位 125 名代表來香港參會。台灣 "觀光局" 副局長賴瑟珍隨團訪港。

6 月 8 日

◆ 拓展署公佈最新修訂的東南九龍發展計劃藍圖,將把該區域發展成為首個環保新市鎮。

◆ 和黃港口控股集團與寧波港務局

簽署合資 20 億人民幣經營北倫港二期合同，和黃佔 49% 股權。

6月9日

◆ 香港特區駐日內瓦經濟貿易辦事處代表夏秉純出任世界貿易組織理事會主席。這是首位港人出任此職。

6月10日－6月13日

◆ 香港東華三院董事局應台北市市長馬英九邀請，首次赴台灣訪問，參觀了台灣的中醫院、老人中心等。

6月11日

◆ 董建華出席路透社慶祝一百五十周年酒會。

6月12日

◆ 港區全國人大代表活動室正式啟用。該室設在中央政府駐港聯絡辦辦公大樓內。

6月14日

◆ 董建華出席立法會答問大會表示，自從 2000 年第四季度開始，美國經濟放緩，日本經濟持續疲弱，香港經濟增長也開始放緩，又正處於經濟轉型時期。

◆ 房屋委員會轄下策劃小組委員會通過 2001/2002 年度至 2005/2006 年度五年重建計劃，涉及 106 座大廈共約 5.56 萬個單位。

◆ 台灣《中國時報》報道，香港特區政府建議修訂中學四五年級的歷史課程，首次編入台灣的近代史，確認台灣是中國的一部分。

6月18日－6月30日

◆ 國泰航空公司因加薪問題再次引發勞資糾紛。6 月 18 日，在勞工處安排下，香港航空機組人員協會與國泰航空公司管理層舉行首輪談判，要求取消 1999 年勞資雙方達成的甲級機師逐年減薪的協議，並要求加薪 17%－32%。公司管理層只接受 9% 的加薪幅度。6 月 20 日，近 1000 名機師向公司管理層發出"最後通牒"。航機工會宣稱將從 7 月 1 日起發起有限度工業行動。6 月 28 日，雙方再次在勞工處總部舉行談判，因分歧大而沒有結果。6 月 29 日，財經事務局局長葉澍堃表示，國泰航空公司勞資雙方應以香港整體利益為大前提，可以理性、冷靜地儘快返回談判桌，勞工處亦很樂意繼續提供調解服務。如果國泰機師採取工業行動的話，當然對香港旅遊業會有一定影響，有關部門會作出應變計劃。香港是一個航空中心，希望不要對旅客造成任何不便。行政長官辦公室新聞統籌專員林瑞麟也表示，不希望國泰事件打擊香港復甦中的旅遊業。"政府立場是希望勞資雙方冷靜處理事情，同為香港的市民及旅遊業繼續作出貢獻，希望雙方繼續商討。"

6月19日

◆ 行政會議正式通過特區政府提交的公務員加薪方案。6月5日，公務員事務局局長王永平公佈，特區政府已向四個公務員中央評議會的職方代表提出薪酬調整方案，行政長官、首長級和高層薪級公務員的薪酬調幅為4.99%，中低層薪級公務員、司法人員及受資助非政府機構僱員的薪酬調幅為2.38%，4月1日起生效。這次加薪，大約需每年耗資40億港元。7月6日，立法會財經事務委員會批准這一方案。

6月19日－6月20日

◆ "新世紀兩岸關係發展與中國前途"閉門研討會在香港嶺南大學舉行。中國社科院台研所所長許世銓、國民黨中央政策會副執行長張榮恭、民進黨中國事務部主任顏建發、親民黨主席特別助理吳瑞國等兩岸智囊人物專程來港出席。研討會由香港崇正總會、嶺南大學亞洲太平洋研究中心、北京和平與發展研究中心、台北中華歐亞基金會等聯合舉辦。

6月20日

◆ 立法會通過《2001年版權（暫停實施修訂）條例草案》。該條例凍結4月1日生效的《2000年知識產權（雜項修訂）條例》中涉及複製印刷媒體、即報刊與書籍以及廣播、有線廣播和下載互聯網上的資料等屬刑事罪行的條文，但複製電腦軟件、電影產品、音樂產品及具劇情性的電視節目，仍屬違法。4月27日，特區政府憲報刊登這一條例草案。5月2日提交立法會審議。

6月21日

◆ 特區政府發表公眾諮詢文件，就《吸煙（公眾衛生）條例》提出一系列修訂建議，加強香港的控煙架構。諮詢期二個月。

6月22日

◆ 政務司司長辦公室發言人回應傳媒查詢時表示，政務司司長在6月21日的講話，沒有把行政長官在6月14日的立法會答問大會上的聲敍述為董先生的個人意見。政務司司長的回應重點，是宗教自由在香港特區受到保障。據報道，6 月 21 日，曾蔭權在外國記者協會午餐會發表演講時說，香港是一個言論自由的社會，各人可以對什麼是邪教有自己的定義。行政長官定性"法輪功"是邪教，也是發表個人的見解，反映香港可享有言論自由，也是香港珍貴之處。

◆ 民政事務局發表《賭博問題諮詢文件》，諮詢期三個月。《文件》重申特區政府現行賭博政策基本原則是：（1）賭博活動應該經特區政府認可和受到規管，因為不受規管的賭博活動會引致社會問題，為黑社會及其他不法分子帶來可觀的收入；（2）認可賭博途徑的數目應受到限制。

◆ 政制事務局向立法會司法及法律事務委員會提交的文件表示，特區政府內部現正加緊研究如何制定一條可廣泛應用的適用條文，使目前 15 條不適用於中央駐港機構的法例同樣對中央駐港機構具約束力。該文件指出，將《個人資料（私隱）條例》延伸至適用中央駐港機構的複檢工作，曾諮詢中央的意見。有關制定適用條文的事宜涉及中央駐港機構，與中央進行商討跟特區政府一向的做法沒有不同，這是正常而恰當的。國務院港澳辦需要時間進行評估，以確定如把條例的適用範圍擴大至涵蓋中央駐港機構，有關機構的運作會否因而受到影響，以及影響如何，這是可以理解的。特區政府明白議員的關注，並將加快步伐，以儘早就複檢一事達致決定。

6 月 23 日－6 月 30 日

◆ 財政司司長梁錦松訪問英國的倫敦、德國的法蘭克福和柏林、比利時的布魯塞爾等四個城市。會晤當地財經官員和政界、銀行界及商界人士，就香港經濟發展前景，中國即將加入世貿給歐洲帶來的機會，以及香港在中國入世後的角色等問題交換意見。

6 月 25 日－6 月 27 日

◆ 台灣"環保署長"郝龍斌訪問香港，參觀了廢棄物處理設施，瞭解相關法規。

6 月 26 日

◆ 台灣"行政院"核定修正"香港澳門居民進入台灣地區及居留定居許可辦法"第九條，允許"曾進入台灣地區"的港澳居民，只要持有效期六個月以上的香港、澳門護照或永久居留資格證件，以及訂妥回程或離境機、船票，在入境台灣時向"內政部入出境管理局"的機場、港口入出境旅客服務站申請"臨時入境停留通知單"，可憑單入境台灣停留14天。據香港統計，在2000年，香港赴台灣的旅客為47萬人次。

6月27日

◆ 立法會通過《2000年入境（修訂）條例草案》。該條例草案的目的是授權入境事務處處長，以憲報公告形式訂明一套指明的基因測試程序，以供那些聲稱按《入境條例》享有居留權的人士，包括港人在內地的非婚生子女依從。

◆ 中央政府駐港聯絡辦副主任劉山在接受香港《文匯報》專訪時表示，香港中資企業應抓住中國將加入世界貿易組織和開發大西北的機遇，爭取成為內地與香港經濟結合的橋樑，爭取進入一個高速發展的階段。

◆ 中小型企業委員會向行政長官提交報告。建議成立四項基金：即五億港元的"中小企業營運設備及器材信貸保證計劃"、兩億港元的"中小企業發展支援基金"、四億港元的"中小企業培訓基金"和兩億港元的"中小企業市場推廣基金"。

◆ 美國國務院發言人包潤石指出，根據美國國會1992年通過的《香港美國政策法》，美國國務院要在香港於1997年"主權移交"後至2000年，針對香港自治情況提出年度報告。最後一份報告已在2000年5月提出。"我們對香港自治情況仍有高度興趣，因此，行政部門已決定在2001年，主動就香港的發展提出報告。"美國國會1992年通過的《香港美國政策法》，規定美國國務院撰寫報告，監察香港自治情況。美國國務院過去幾年的報告，對香港回歸後的情況大致表示肯定。

6月28日

◆ 特區政府宣佈，行政長官以香港大學校監身份，委任馮國經接替楊鐵樑出任香港大學校務委員會主席，2001年9月1日起生效，任期為三年。

◆ 投資推廣署署長盧維思表示，由2000年6月1日至2001年5月31日，共有74間外資公司在港成立總部或地區辦事處。香港現有3075間外國商家駐港的總部或地區辦事處，外來直接投資總額逾644億美元。

◆ 就有關"高雄市長謝長廷已獲中共高層政策性同意"允許訪港的報道，國務院台灣事務辦公室發言人予以否認。謝長廷得悉不能來香港後，以民進黨主席身份

2001年

473

表示，今後民進黨黨務人員到大陸、香港參訪，要以正式黨務職稱到訪。此前，6月16日－6月18日，高雄市勞工局長方來進、建設局長李文良等18人到香港交流。高雄市考核發展委員會主委洪富峰於6月27日到香港，協調謝長廷訪港行程。

6月28日－6月29日

◆2001年亞太經濟合作組織經濟展望研討會在香港舉行。一百多名經濟專家出席。研討會是為編製2001年亞太經濟合作組織經濟展望報告。

6月29日

◆《香港特別行政區2000/2001年度大事紀要》出版。董建華在獻詞中表示，香港已開展一項長期推行的策略性計劃，向全球傳達香港是亞洲國際都會的訊息。

◆香港申訴專員公署發表2000/2001年度年報。申訴專員戴婉瑩表示，該署於2000年接獲近1.2萬宗查詢及約3700宗投訴，經正式調查的投訴共161宗，當中有近半成立或部分成立。申訴專員公署在2001年4月1日已脫離特區政府架構。

◆立法會議員吳清輝以7月1日將出任香港浸會大學校長難以兼顧立法會工作為理由，向立法會秘書處遞交辭職信，並正式宣佈7月15日起辭去立法會議員議席。特區政府初步預期，有關補選安排可在2001年9月進行。自由黨成員何世柱和新世紀論壇成員馬逢國分別宣佈將參加補選。

6月30日

◆台灣《中央日報》報道，台灣"陸委會"發表"香港移交四周年情勢研析"報告稱，董建華的治港班底正逐步成形，且因經濟情況獲得改善，民意已漸趨平和。同時，國際社會近一年來對香港社會的自由及人權狀況，還算給予肯定的評價；香港對外關係在事務性層面方面，也有持續的進展，不僅特區護照獲接受度有所提升，特區護照持有人在國際間獲免簽證待遇的情況亦有所增加。該報告並稱，台灣在香港的機構"雖尚能順利發揮功能，惟政府在香港的工作礙於客觀環境的限制，並未能取得相關重大突破，因此未來如何加強台港政府間的溝通往來，將是維繫彼此關係的重要課題"。

◆美國一家從事業權保險的公司在香港開設分公司，成為香港首家提供業權保險服務的保險公司。

7月1日　香港特別行政區成立四周年

◆ 特區政府在香港會議展覽中心金紫荊廣場舉行升國旗及區旗的儀式。董建華、高祀仁、吉佩定、熊自仁，特區政府主要官員、各國駐港領事館代表和社會各界人士等 500 人出席。

◆ 特區政府公佈 2001 年行政長官授勳和嘉獎名單。方心讓、李嘉誠、楊光等三人獲頒大紫荊勳章。2001 年 10 月 13 日，董建華在禮賓府舉行的勳銜頒授典禮上向 251 名受勳人士和 3 名已故受勳人士的遺孀頒授勳章和獎狀。

◆ "新界""村代表選舉關注組"發動數千名"新界"村民到特區政府總部請願，向行政長官呈交"堅決反對雙村長選舉制度"萬人簽名冊。7 月 2 日，民政事務局局長林煥光表示，特區政府會繼續向村民解釋村代表選舉新安排，在終審法院判決大前提下盡可能找出不損害村民權益的新方案。

◆ "民主聯盟"發起"普選行政長官"遊行，約有 700 人參加，其中包括民主黨、前綫、街坊工友服務處等 10 名立法會議員。

7月2日

◆ 多位勞工界代表批評有報章對前香港工會聯合會會長楊光獲頒大紫荊勳章作出的不正確、不公平報道和評論。工聯會會務顧問、前會長李澤添表示，"六七事件"是有其歷史原因，主要是當時港英政府對愛國工會採取高壓政策，加上社會民生困苦、市民失業嚴重，所以當發生糾紛時便容易激發社會矛盾。工聯會理事長黃國健表示，特區政府今次授勳給楊光是對他的工作，特別是對他長期服務勞工基層所做貢獻的肯定。港九勞工社團聯會主席李啟明表示，楊光曾任工聯會的理事長，對促進香港工運發展有重要作用，特別當時在殖民統治時期，楊光面對港英政府的排斥、鎮壓，所承受的壓力和困難是很大的。他能在這麼困難的情況下堅持服務勞工基層，實在是難能可貴。港英政府鑒於"六七事件"後，才改變其"大棒子"政策，逐步訂立勞工條例，所以 1967 年也是香港勞工保障的一個重要轉折點。

7月3日

◆ 國務院副總理溫家寶在北京中南海會見徐四民為團長的香港國際投資總商會訪問團。他表示，香港工商界參與內地經濟建設一舉兩得，既支持了中央政府實施西部大開發、開展扶貧工作，同時也可以帶動香港經濟的發展。中央政府、國務院有關部門和中央政府駐港聯絡辦負責人劉延東、徐澤、劉山在於會見時在座。

◆ 外匯基金投資公司推出新一批 120 億港元盈富基金，至今，外匯基金投資公司已推出九次盈富基金，總值達 1192 億港元，但還持有總值達 1000 億港元的官股。

◆ 在香港銀行實施 37 年的利率限制協議全面撤銷。

7月3日－7月31日

◆ 國泰航空公司工潮持續。7 月 3 日，機師開始“有限度工業行動”。7 月 9 日，國泰發表聲明決定即時終止與 49 名機師的僱傭關係。並宣佈向機師提出新的薪酬、福利及編更等制度，包括即時加薪最高達 9%、增加子女教育津貼等。7 月 21 日，國泰勞資雙方在特區政府勞工處協助下恢復會談，但未達成任何協議。7 月 31 日，國泰航空人員協會召開記者會表示，工會共收到 1225 封機師拒絕接受加薪方案的信件，並將轉交國泰管理層。國泰亦發表聲明，說明機師選擇編更的最新情況。國泰企業發展董事湯彥麟表示，現時已有逾 1400 名機師享用新的薪酬制度，沒有任何人拒絕接受福利。他還表示，現時國泰航班運作一切正常。

7月4日

◆ 立法會通過決議案，確定本地第三代流動電話的牌照費，會以出價最高的第五名競投者提出的價格去釐定。

◆ 立法會否決街坊工友服務處議員梁耀忠提出的修訂基本法，以一人一票的方式普選行政長官的動議。梁耀忠提出這一動議是“反董連任大聯盟”計劃一部分。民政事務局副局長麥清雄表示，梁議員在未經各有關方面商定的妥善機制之前，再次聲稱根據基本法第 159 條，把事前未經廣泛諮詢亦未經立法會研究的修改基本法的決議案提上議程，並要求立法會就此表決，這肯定不是一個妥善的做法。因此，特區政府反對梁耀忠的決議案。

7月4日－7月5日

◆ 香港特區行政長官董建華訪問廣東省。與省委書記李長春、省長盧瑞華就兩地邊境管理、加速物流、人流及旅遊、環保等多項議題交換了意見。

7月5日

◆ 律政司司長梁愛詩出席一個午餐會發表演講表示，基本法第 48 條載列行政長官的權力和職能，首項是“領導香港特別行政區政府”。他固然有責任就大眾所關注的事宜發言，更應該提醒市民小心防備香港"法輪功"組織的一些有問題的行為。行政長官的言論，是以李洪志所宣講的教義，以及內地所報道的"法輪功"學員身心受傷、死亡及自毀事件作根據的。如果特區政府就此事裝聾扮啞，便是不負責任。

7月6日

◆ 特區政府公佈 2000 年 4 月 1 日－2001 年 3 月 31 日的政府賬目結算，整體支出為 2328 億港元，收入為 2250 億港元，赤字為 78 億港元。財政儲備在 2001 年 3 月 31 日時為 4303 億港元，比對 2000 年 3 月 31 日時的 4442 億港元減少 139 億港元。

◆ 特區政府宣佈，將容許 1990 年或之後在大學教育資助委員會資助院校修畢學士學位或以上程度課程的內地學生，可無須透過特定計劃而回香港工作。7 月 23 日，入境事務處宣佈，上述內地學生，在符合一定條件後，從 2001 年 8 月 1 日起可申請來香港就業。

◆ 立法會主席范徐麗泰裁決民主黨議員李柱銘提出的修訂《行政長官選舉條例草案》，以普選方式選舉行政長官的動議，違反了《立法會議事規則》的規定，不准李柱銘動議這條修正案。

◆ 立法會財經事務委員會通過行政會議及立法會議員薪津獨立委員會提出的修訂立法會議員酬金和津貼方案的建議，由 2001 年 10 月 1 日起，把議員的辦事處開支實報實銷津貼，在現時每月約 9.6 萬港元，增加至 12.1 萬港元左右。

7月7日－7月8日

◆ 董建華和特區政府 19 名高層官員在香港黃金海岸舉行內部研討會，就策略問題和特區政府工作的優先秩序進行討論。

7月9日

◆ 董建華會見新聞界表示，國泰工潮對香港影響很深，令經濟受損，市民出外旅行不便，對旅遊業也有打擊。每一兩年就有這樣的工潮，我們是不可以接受的，希望雙方會考慮到香港的整體利益，儘快解決問題。並指出，前香港工會聯合會會長楊光幾十年為勞工界作出很大貢獻，他是工運先驅，在爭取工人的福利、工人醫療服務、社會教育服務方面做了大量工作。頒大紫荊勳章給他，肯定他幾十年來為工人、為基層所做的工作，是一件對的事。

◆ 特區政府公佈《區議會角色及職能檢討工作小組報告》，就加強區議會職能及問責等方面提出的 28 項建議進行公眾諮詢。

7月10日

◆ 政制事務局發言人就傳媒查詢特區政府曾就《行政長官選舉條例草案》與中央政府交換意見一事表示，基本法第 15 條及第 45 條規定行政長官須由中央人民政府任命，故此我們需要與中央人民政府交換意見，以確保有關選舉安排與中央人民政府的任命程序互相配合及銜接。

7月10日-7月11日

◆ 行政長官董建華訪問美國。7月11日下午，與美國總統喬治·布什（George W. Bush, 港譯：喬治布什）會晤後，行政長官辦公室新聞統籌專員林瑞麟表示，董建華訪美達到預期目標。美國對中國加入 WTO 及延長正常貿易關係問題表現積極，這對香港也是重要的。美國高層均見到香港已落實"一國兩制"這一事實，除關心香港發展外，也會鼓勵美國商界在香港或透過香港到內地投資。

7月11日

◆ 國務院發言人就美國軍艦訪港問題表示，中國已幾度同意美國軍艦訪問中國的港口。"我們認為香港是個重要的港口，美國海軍艦艇往訪，是代表香港開放的一個重要象徵。"

◆ 政務司司長曾蔭權在立法會回應議員質詢時表示，作為香港特區政府的首長，行政長官出席立法會答問大會，在回答議員對特區政府施政的質詢時所發表的意見，是代表特區政府立場。行政長官當天在答問大會所說的每一句話，均具有權威性及法律責任。

◆ 立法會通過《行政長官選舉條例草案》。該條例規定，政黨人士參選時須聲明，當選後將退出所屬政黨並在任期內不受任何政黨紀律約束。特區政府就草案中界定行政長官出缺情況的條文提出的修正案即中央政府依照基本法免除行政長官職務，也獲得通過。民主黨議員李柱銘和其他兩名議員吳靄儀、余若薇提出的修正案均被否決。

7月12日

◆ 立法會通過《中國銀行（香港）有限公司合併條例草案》。條例規定把中國銀行香港分行，和七家內地成立銀行的香港分行（即：廣東省銀行、新華銀行、中南銀行、金城銀行、國華商業銀行、浙江興業銀行、鹽業銀行）和廣東省銀行與新華銀行的深圳分行，以及在香港註冊的華僑商業銀行的業務，轉讓予香港註冊的持牌銀行寶生銀行。寶生銀行將更名為"中國銀行（香港）有限公司"（簡稱"中銀香港"）。中國銀行其餘兩家香港註冊銀行即南洋商業銀行和集友銀行以及中銀信用卡（國際）有限公司將成為中銀香港的附屬公司，並保留其獨立法人地位。南洋商業銀行和集友銀行將保留原來的銀行牌照和名稱，並與中銀香港保持緊密的業務聯繫。

年多來，香港體育界、特區政府和廣大香港同胞為北京申辦奧運舉辦了萬人簽名、綜藝晚會、歡樂長跑等富有成效的支持活動。以董建華先生為首的特區政府多次發表講話，積極支持北京申奧。霍英東、李嘉誠等十位知名人士出任北京奧申委顧問，成龍擔當北京申辦奧運形象大使，霍震霆為會長的中國香港體育協會暨奧林匹克委員會和廣大香港體育界，為北京申奧做了大量工作，顯示了港人極大的愛國愛港熱情。香港對北京申奧的全力支持必將載入中國體育的光輝史冊！民建聯、港進聯、自由黨均發表聲明，祝賀北京取得2008年奧運會主辦權。

7 月 13 日

◆ 香港特區行政長官董建華在美國舊金山就北京申辦奧運成功發表聲明："我代表香港特區向全國人民，特別是北京市民致以衷心祝賀，祝願北京 2008 年的奧運會，成為有史以來最出色的奧林匹克運動會。"

◆ 北京申奧成功的消息傳到香港後，上萬名在不同地點舉行慶祝活動的市民歡喜若狂。香港體育界為慶祝北京成功申辦 2008 年奧運會舉行聯歡晚會。中央政府駐港聯絡辦副主任王鳳超致詞表示，兩

7 月 14 日

◆ 政務司司長曾蔭權參觀香港、深圳兩地邊境的出入境管制站。親身體驗這些繁忙的邊境口岸的過關程序。

◆ 台灣"陸委會"港澳處長張永山在台灣的電台說，台商利用香港的法制風氣和國際規範，通過香港赴大陸投資，較通過澳門會得到較多的保障。

7 月 16 日

◆ 在莫斯科舉行的國際奧委會第 112 屆年會上，霍震霆當選為國際奧委會委

員。7 月 31 日，民政事務局和中國香港體育協會暨奧林匹克委員會在禮賓府舉辦酒會，祝賀北京申奧成功和霍震霆當選國際奧委會委員。董建華致賀詞。

◆ 香港《信報財經新聞》報道，聯合國經濟、社會及文化權利委員會主席丹丹接受《時事縱橫》訪問時稱，在亞洲的特殊環境下，立法機關是需要保留專業人士，因此功能界別扮演一定的角色。香港在 2004 年產生的第三屆立法會，功能界別及地區直選議席各佔一半，理論上是最理想的模式，要視乎實際情況才可評論。

7 月 17 日

◆ 董建華在特區政府年報《香港2000》撰文提出未來與內地加強合作的五大工作：（1）研究在廣東省設立經濟貿易辦事處；（2）加強與廣東省的合作，推廣香港國際機場和貨運港口，促進香港與珠江三角洲的貿易往來；（3）鼓勵香港公司與珠江三角洲的貿易夥伴合作，建立物流中心；（4）與廣東省及其他省份探討如何簡化內地旅客來港的手續；（5）繼續與深圳當局研究改善和簡化旅客及貨物在邊界的清關手續。

◆ 衛生福利局局長楊永強向立法會提交醫護改革諮詢報告。特區政府在 2000年 12 月－2001 年 3 月諮詢公眾，結果收到超過 730 份意見書。

7 月 19 日

◆ 特區政府發言人就英國外交及聯邦事務部向國會提交第九份香港報告一事發表聲明表示，我們注意到英國政府對香港的情況給予正面評價。英國外交及聯邦事務部發表的最新一期香港半年報告，肯定了香港社會的結社和集會自由。詳細記錄行政長官董建華在立法會定性"法輪功"為邪教，以及一些港區人大代表、政協委員和內地官員要求取締香港"法輪功"的言論。但明確表示，英國政府對"法輪功"沒有評價立場。新任英國外交及聯邦事務大臣施仲宏（Jack Straw）在報告序言中表示，歡迎特區政府公開表明，目前無意制定有關規管邪教的法例。報告稱"法輪功"在香港仍享有自由，代表了"一國兩制"行之有效。

7 月 20 日

◆ 政府憲報公佈，中央政府已委任下列由行政長官提名的主要官員：曾俊華任規劃地政局局長（2001 年 7 月 16 日就職），停任海關關長；黃鴻超任海關關長（2001 年 7 月 16 日就職）。

◆ 終審法院就備受公眾關注的涉及基本法有關居港權條款的莊豐源案作出判決。終審法院首席法官李國能等五位法官均判特區政府敗訴。一致裁定：在香港出生的中國公民，無論其父母是否香港永久性居民，都可根據基本法即時享有居港權。莊豐源於 1997 年 9 月在香港出生、但父母均為內地人。李國能認為，香港法院承認及尊重全國人大常委會對基本法第 24 條第二款第（三）項“港人在內地所生子女的身份問題”作出的解釋，但有關條文和解釋並不涉及在香港出生的中國公民，因此香港法庭有權闡釋有關條文。此案涉及基本法第 24 條第二款第（一）項，有關條文並沒有含糊不清之處。終審法院認為，此案毋須尋求全國人大常委會解釋基本法，也不會導致大量人口湧入香港。高等法院原訟法庭和上訴法庭先後於 1999 年 12 月 24 日和 2000 年 7 月 27 日判決莊豐源勝訴，特區政府不服，上訴至終審法院，並於 2001 年 1 月要求終審法院考慮提請全國人大常委會解釋基本法第 24 條第二款第（一）項的立法原意。2001 年 3 月 5 日－3 月 7 日，終審法院開庭審理此案。

◆ 終審法院首席法官李國能，常任法官包致金、陳兆愷、李義及非常任法官梅師賢對談雅然案以四比一裁定：港人在內地領養的子女不能享有居港權。14 歲的談雅然是內地孤兒，3 個月大時，由香港居民談禎祿夫婦領養。7 月 25 日，保安局局長葉劉淑儀表示，入境事務處將運用酌情權，以特殊的人道恩恤為理由，讓談雅然留港定居繼續學業。對印巴裔人士 Fateh Muhammad 案裁定：被判在香港監禁或羈留的時間，不符合基本法中“通常居住”的意思。同時，根據基本法“通常居住連續七年”申請居港權的人士，該七年必須為緊接申請之前的七年。

◆ 行政會議召集人梁振英就莊豐源案的判決結果表示，特區政府在 2001 年 1 月已經清楚表明尊重法院的判決。相信有關政府部門一定會做好部署，令到不會因為這案件或者其他一些事情，在香港出現一個非法入境的浪潮。

◆ 保安局副局長湯顯明表示，尊重終審法院就莊豐源案的判決。保安局目前首要任務是與廣東省公安廳、出入境管理局等部門加強溝通和合作，以抑制內地婦女持雙程證逾期居留產子的情況。根據入境事務處的數字顯示，由 1997 年至 2001 年 6 月底，該處共錄得 2202 名父母皆非香港永久居民的子女在香港出生。當中有 1821 名的母親是持雙程證來香港逾期居留產子;有 232 名的母親是非法來香港產子;有 140 名的母親是在雙程證有效時間內在香港產子。

7月21日

◆ 全國人大常委會法工委發言人就香港特區終審法院對莊豐源案的判決發表談話。認為香港特區終審法院的有關判決,與全國人大常委會 1999 年 6 月 26 日對基本法的有關解釋不盡一致,對此表示關注。該解釋指出,基本法第 24 條"其他各項的立法原意",已體現在 1996 年 8 月 10 日全國人大香港特區籌備委員會關於實施基本法第 24 條第二款的意見中。該意見認為:基本法第 24 條第二款第(一)項規定的在香港出生的中國公民"是指父母雙方或一方合法定居在香港期間所生子女,不包括非法入境、逾期居留或在香港臨時居留的人在香港期間所生的子女"。

◆ 特區政府發言人就傳媒查詢全國人大常委會法工委關於終審法院對莊豐源案判決的聲明一事表示,我們注意到法工委就終審法院對莊豐源案判決的評論。我們會研究法工委的意見,日後處理其他個案時予以仔細考慮。在莊豐源案的判決中,終審法院清楚表明接受全國人大常委會的

解釋所約束。莊豐源案已完結,特區政府接受並會執行有關判決。特區政府消息人士表示,特區政府無計劃向全國人大常委會提請釋法。雖然,終審法院的判決將可能引致更多人非法入境或逾期居留的問題,但不至於嚴重到需修改基本法來解決問題。特區政府對有關問題的立場清晰:香港特別行政區籌備委員會於 1996 年的意見反映了基本法的立法原意。日後若再有涉及基本法第 24 條的案件時,特區政府仍會依這一立場處理。

◆ 原香港基本法起草委員會委員、預委會委員、籌委會委員蕭蔚雲接受香港《文匯報》記者採訪時表示,終審法院關於莊豐源案判決所依據的理由是難以成立的,不符合基本法立法原意與全國人大常委會對基本法解釋的精神。全國人大常委會在 1999 年 6 月 26 日的解釋提到,香港特別行政區籌委會在 1996 年的意見已明確規定,在香港出生的中國公民,其父母雙方或一方必須是在香港合法定居的。籌委會的決定獲人大批准,是正式文件,決非終審法院判詞中所謂的"外來資料"。莊豐源是父母持雙程證時在香港出生的,不具備居港權資格。終審法院對全國人大常委會解釋作出過鄭重的承諾。如今它對莊豐源案的判決與全國人大常委會

的解釋有差異，沒有尊重解釋的精神，違背了它當初所作的承諾。根本上講，它不符合基本法的立法精神，忽視了香港市民的根本利益。

◆ 經濟局局長李淑儀在香港電台節目表示，香港的航權是寶貴的資產，應該在對等的基礎上和有關民航夥伴商談開放問題。某些國家利用雙重標準，一方面要求別人開放天空，另一方面又不把自己龐大的本地市場列入"開放天空"的範圍之內，從而阻止航空公司之間的公平競爭。香港並不接受這些所謂"開放天空"的口號。

7 月 23 日

◆ 入境事務處公佈因莊豐源案判決而受惠的人士申請在香港居留安排。入境事務處將儘快聯絡他們，安排他們到出生登記處登記，確認其永久居民身份。關於仍留在內地的受惠人士，可以直接到入境事務處的簽證組申請進入香港，但其還需要向內地有關部門辦理出境許可證。

7 月 24 日

◆ 法律政策專員區義國出席一個法律研討會時表示，終審法院就莊豐源案作出的判決，下級法院當然要依循，但特區政府不會因此而禁止其代表律師再次引用籌委會於 1996 年關於實施基本法第 24 條第二款的意見。關於全國人大常委會法工委就香港終審法院莊豐源案判決發表的聲明，區義國表示，這也是一種意見，特區政府不排除在日後的聆訊中加以引用。這樣做並不等於向法院施壓，他說，禁止與訟一方提出某種理據有違公平審訊精神，否則這才是真的"政治干預司法"。

7 月 25 日

◆ 粵港合作聯席會議第四次會議在香港舉行。政務司司長曾蔭權、財政司司長梁錦松等出席。雙方在口岸合作、發展南沙、香港／珠海機場在貨運及客運方面合作、環保合作、向公眾提供更多東江水質的資料以及粵港政府訊息網絡互聯等六個方面達成共識。

7 月 26 日

◆ 國務院副總理錢其琛在北京接受鳳凰衛視訪問時表示，基本法中關於居留權的問題，考慮到香港這個地方人口相當多，地方又不大，如果一時之間湧入幾十萬、幾百萬人口，壓力太大，所以規定得比較嚴格一點，實際上是保護香港現有的地位不受影響。特區終審法院對此提出一些問題，全國人大常委會專門作了一些解釋。這個問題還是清楚的，而且終審法院多次說明對人大常委會所作的解釋，他們是認真執行的。但香港在某些地方還會出問題，比如說，莊豐源案在判案時，終審法院提到遵照全國人大常委會的解釋來辦，但實際情況稍為有一點出入，現在全國人大常委會表明了態度，他相信香港特區政府會很好地處理這件事。關於香港特區第二任行政長官的選舉，錢其琛表示，香港首先是需要穩定，改革要逐步進行。過去的港督都是英國任命，但誰也沒有說什麼。現在香港人都可以討論行政長官選舉問題，這就是一個進步。

7月27日

◆ 首屆"珠江三角洲五大機場研討會"在香港舉行。參加會議的有廣州白雲機場、香港國際機場、深圳黃田機場、澳門機場及珠海機場。負責人討論了各機場在區內的作用和商機，同意在共同關注問題上通力合作。五大機場今後定期舉行會議，並由各機場輪流主辦。

◆ 根據公安部出入境管理局的指令，香港入境事務處、廣東省公安廳出入境管理處決定對親子關係存疑的香港永久性居民在內地所生子女申請人分別在內地和香港進行親子鑒定。

7月28日

◆ 財政司司長梁錦松主持首個超級數碼中心的開幕禮。該中心成立的目的，是協助各界人士更熟悉資訊科技。

7月29日

◆ 由香港工會聯合會、香港島各界聯合會、九龍社團聯會、新界社團聯會四大團體聯合舉辦的"回應國際義工年系列活動"啟動儀式在九龍公園舉行。香港義工領袖、行政長官夫人董趙洪娉，中央政府駐港聯絡辦副主任高祀仁、民政事務局局長林煥光、社會福利署署長林鄭月娥以及20多個社會服務團體負責人和2500名義工出席。

7月30日

◆ 特區政府發言人就美籍華裔學者、香港城市大學副教授李少民被中央政府以間諜罪驅逐出境後又獲准來香港一事回答記者查詢："特區政府不會容許任何人在香港從事間諜活動，損害香港和國家的利益。""特區政府堅決依法辦事，嚴格執行出入境管理條例。"7月31日，董建華表示，特區政府基於第一點是香港的利益，第二點是考慮到整個國家的利益，既要考慮"一國"，又要考慮"兩制"。經深思熟慮後，才作出這個決定。8月2日，入境事務處處長李少光表示，該處准許被中國內地裁定間諜罪而驅逐出境的香港城市大學副教授李少民入境，完全依照香港入境法例處理。他還表示，該事件純屬香港內部事務。准許李少民進入香港，並非代表特區政府不承認內地法例，而是考慮香港及國家整體利益後所作的決定。8月3日，城市大學校董會行政委員會接納校長張信剛的建議，決定不對李少民進行紀律聆訊，並允許李少民繼續履行他與大學的僱傭合約。

◆ 國家科學技術獎（香港特區）秘書處表示，國家科學技術獎中的國家科技發明獎及國家科學技術進步獎，現開始接受取得優異技術成果的香港人士的申請。這是香港特區政府首次獲邀推薦國家技術發明獎和國家科學技術進步獎的候選人，兩個獎項的初步甄選將在香港進行。對這兩個獎項申請人的要求主要包括：在科學發現、技術發明和促進科學技術進步等方面作出創造性突出貢獻的中國籍香港特區永久性居民，或在香港特區從事科學研究、技術開發的其他中國籍人士；申請人的主要科研和技術開發成果必須是在香港特區

進行和完成的。若參與者的項目是與香港特區以外的人合作完成的，該參選者必須是該項目的主要完成人。

8月1日

◆ 香港房屋委員會通過方案，放寬公屋申請人的居港年期規定。申請人只要有過半數家庭成員居港滿七年，便符合居港年期的規定。同時，各項資助自置居所計劃的申請資格也會相應放寬，只要有一名家庭成員居港滿七年，便符合申請購置居屋資格。

◆ 特區政府代表團在日內瓦向聯合國消除種族歧視委員會保證，香港特區政府致力透過所有適合的方法來實踐《消除一切形式種族歧視國際公約》的條文。

◆ 英國渣打銀行宣佈選定香港作為第二上市地點。

8月4日

◆ 規劃署公佈未來十年人口最新推算數字，到 2010 年時，全港人口將增加73.66 萬人，總人口達 750 多萬人。

8月6日

◆ 香港同胞慶祝中華人民共和國成立五十二周年籌備委員會成立大會在中華

總商會禮堂舉行。全港 18 個界別 800 多位知名人士參與了籌委會的工作。會議由霍英東主持,通過了籌委會主席團的 122 人名單,董建華、姜恩柱、吉佩定、熊自仁為名譽主席,霍英東、李嘉誠、李福善、查濟民、梁振英、曾憲梓、鄭耀棠為主席,曾蔭權等 16 人為顧問。姜恩柱在大會上發表了講話。

8月8日

◆ 特區政府就美國國務院一項報告發表聲明表示,香港成功落實了"一國兩制",我們對此感到自豪。美國國務院以年報形式發表一項報告,認為香港回歸後,特區政府致力維持香港的獨特生活方式,加上中央政府的尊重,香港仍享高度自主權,有權根據自己的社會及經濟效益作出各項決定,依舊為亞洲最自由的城市之一。作為一個國際城市,香港社會自由開放,市民享受基本公民自由,包括言論及集會的自由,傳媒亦有報道任何新聞消息的自由。香港在亞洲一片經濟衰退的景象中努力反彈,繼續扮演地區金融中心的重要角色。公平的法律及獨立的司法制度仍舊為香港自由開放社會的重心,法律之下,人人平等。獨立於任何特區政府機構的廉政公署,亦繼續保持香港的廉潔形象,加強外商對在香港營商的信心。美國將繼續以各種形式,包括與香港簽署雙邊協議、加強發展貿易及投資、增強雙方在教育、學術、文化等方面的聯繫交流等,支持香港維持自由民主。

◆ 香港警方完成對"6‧26 事件"檢討報告。認為香港警方當時採取行動是正確的決定,符合法律及《公安法例》,驅逐行動後來使用武力,是因應當時的需要而將行動逐步升級。

◆ 台灣當局即日起實施港澳居民新的入境措施。到過台灣的港澳居民,在抵達台灣時可辦理"臨時入境停留通知單"入境,不必先向中華旅行社申請入台證或辦妥簽注。但有 12 類港澳居民不得申請臨時入境。

8月9日

◆ 財政司司長梁錦松首次就稅基擴闊的新稅項事宜諮詢委員會提出開徵銷售稅等九個新稅項的建議發表意見。認為香港經濟正在減緩,在這時候增加稅種可能不太適宜。8 月 6 日,該委員會發表了《擴闊稅基,改善稅制》諮詢文件,提出 13 個有助擴闊稅基的方案徵詢市民的意見,當中包括 4 個提高現有稅項的徵稅能力的方案和 9 個開徵新稅項的方案。委員會主席鄭慕智說，收集整理市民的意見後，該委員會將於 2001 年 12 月向財政司司長提交報告書。

8 月 10 日

◆ 特區政府接納賑災基金諮詢委員會的建議，從賑災基金批出三宗撥款共 250 萬港元，以緊急援助廣西壯族自治區水災災民。

8 月 13 日

◆ 特區政府統計處發表《香港的女性及男性：主要統計數字》報告。報告顯示，男性接受中學或更高教育程度的比率到 2000 年仍較女性高 8%。就業男性的每月就業收入中位數也較女性高。

8 月 14 日

◆ 財政司司長梁錦松回應英國《經濟學人》大幅調低對香港營商環境的評級時指出，評級過於悲觀，也不認同《經濟學人》指香港營商環境轉壞與香港法制和政治情況改變有關。但表示該雜誌道出香港"人才錯配"並非全無道理。8 月 13 日，《經濟學人》資訊部宣佈，將香港未來五年的營商環境的評級由過去五年的世界排名第三位調低至第十位。並指出調低名次

的主要原因，部分是由於法制及政治上的改變，部分是因為香港勞動市場的技能未能配合本地越來越集中於高增值行業的經濟模式。

8 月 15 日

◆ "2001 年港台經貿論壇"在香港會議展覽中心新翼舉行，港台各界約 400 名知名人士與會。論壇主題為新世紀的港台經貿多元合作與發展。台灣"國貿局"副局長梁國新出席並作專題演講。

8 月 16 日

◆ 香港《文匯報》報道，民政事務局在 7 月底覆信給新界鄉議局，表明會以"雙村長制"為基礎，與鄉議局商討新一屆村長選舉安排，希望可在 2003 年至 2004 年實施。新界鄉議局副主席林偉強表示，超過 60% 的鄉事委員會支持這個安排。

◆ 香港《經濟日報》報道，日本六大著名建築公司之一的熊谷組，宣佈來香港設立亞洲區總部。這是繼日本市值最大銀行集團瑞穗控股在 7 月宣佈考慮來香港設立亞洲總部後，又一間日本大型公司作出類似行動。

8月20日

◆ 特區政府公佈最新一季的失業率為 4.7%，失業人數為 16.5 萬多。這是 2001 年內的首次上升。

◆ "香港政經課程學員清華北京進修課程" 在北京開學，26 名香港特區高級公務員和工商界高層管理人員參加課程，以進一步瞭解內地的發展狀況和有關政策法規。清華大學於 1993 年開始舉辦 "香港高級公務員培訓班"，至今已舉辦 38 期，有 938 位香港公務員參加了為期一個月的培訓。香港工商管理人員研修班從 1995 年開辦，至今已舉辦 80 多期，學員有 1000 多人。

8月22日

◆ 國務院副總理李嵐清在北京會見霍震霆為團長的香港特區體育界人士世界大學生運動會觀摩團。當晚，第二十一屆世界大學生運動會開幕式在北京工人體育場隆重舉行。江澤民等國家領導人出席開幕式。本屆世界大學生運動會歷時 11 天，有 168 個國家和地區 6800 多運動員、教練員和官員參加。總共產生 171 枚金牌。中國代表團獲 54 枚金牌，高踞榜首。

◆ 財政司司長梁錦松訪問北京後在接受傳媒採訪時表示，此行會見了中央政府有關部門負責人，就增加短期旅客，有關增加訪港遊客的數目、簽證有效期及簡化手續等進行討論，有關建議已交給國務院審批。

8月24日

◆ 公務員事務局局長王永平表示，特區政府計劃每年獨立舉行招聘公務員的公開筆試，考試及格者可以在三年內有職位空缺時，獲得面試資格。爭取最快在 2002 年實行。此外，特區政府將會在 9 月底首次全球公開招聘十名高級政務主任。

8月25日

◆ 香港《文匯報》報道，特區政府將會採取新政策招聘官校教師。按照特區政府與教師所簽的合約，新入職教師必須經過三年的試用期、三年的合約期，總共六年的時間，才能成為正式政府公務員，享受公務員福利。

◆ 香港警方首次採取行動，將在中央政府駐港聯絡辦大樓外 "絕食" 而阻塞交通的十名 "法輪功" 人士帶返警署。警方指出，該批人士經過多次勸諭及警告，仍拒絕與警方合作，不肯到指定 "示威區"

內進行靜坐。警方是在接到兩宗投訴後採取行動的。

8月27日

◆ 行政長官董建華會見訪問香港的廣東省省長盧瑞華。雙方一致認為，在世界經濟放緩、粵港兩地都在進行經濟結構調整的情況下，相互必須加強合作，拓展"前店後廠"的合作空間，從而創造一個雙贏的局面。

◆ 行政長官董建華回答有關台灣放寬"戒急用忍"政策對香港的影響時表示，任何能幫助祖國早日統一的，我們都是贊成的；短期來說，有關政策可能對香港有輕微影響，長遠是一件好事。財政司司長梁錦松也表達了類似看法。

◆ 香港旅遊發展局公佈統計數字顯示，2001年首七個月，內地旅客增長12.7%，消費額超過100億港元，增加13.3%，佔整體消費額的31.2%，反映了內地遊客強勁的消費能力。

8月28日－9月1日

◆ 全國政協常委、香港友好協進會主席李東海為團長的友好協進會訪問團，包括多名全國政協委員，應台灣"兩岸經貿交流權益促進會"邀請赴台。中央政府駐

8月29日

◆ 中國人民解放軍駐港部隊陸、海、空三軍400多名官兵到槍會山軍營內的駐軍醫院，為香港市民捐血。這是駐軍進港以來第四次無償捐血活動。四年來，駐軍官兵先後已有1500餘人參加了這項活動，共獻出鮮血近70萬毫升。

◆ 財政司司長梁錦松接受香港《文匯報》記者訪問時強調，董建華、曾蔭權及他自己在內的新領導班子對香港眼前的經濟問題有一致的看法，就是特區政府不能"開倉派米"。儲備可拿出來用，但一定要花在有效益的投資上。他特別提到暫時不能改變的聯繫匯率制度，已成為香港經濟轉型絆腳石的邊界問題，以及必須"減磅"的特區政府財政開支。

◆ 經過六年籌備和製作，香港歷史博物館最新的常設展覽"香港故事"開放予公眾參觀。

8月30日

◆ 政府統計處發佈一份市民認識基本法的隨機抽樣統計資料。結果顯示，在統計的559.06萬名15歲及以上人士中，

約 443.72 萬人（79.4%）表示，他們曾聽説過基本法，另外的 20.4% 則聲稱從未聽説過。至於對基本法的認知程度，不到 10% 的 15 歲及以上人士表示有相當認識，25% 有些許認識，及 54% 只聽説過基本法但完全不知道其內容。

8月31日

◆ 特區政府發表 2001 年第二季經濟報告，指香港經濟在第二季繼續受到全球經濟不景氣影響，本地生產總值（GDP）較 2000 年同期實質增長 0.5%，而第一季則為 2.3%，創 1999 年首季以來的新低。特區政府將全年經濟增長預測由原來的 3% 下調至 1%。

◆ 美國迪士尼公司主席及行政總監邁克．艾斯納（Michael D. Eisner）在香港表示，香港迪士尼樂園計劃將包括兩個主題公園，以及有 5000 間酒店客房及 28000 平方米的購物、飲食和娛樂設施，共提供 36000 個職位。四年後落成的第一期工程將有 18000 個職位，迪士尼會優先考慮聘用本地人。艾斯納充滿信心地表示，預期香港及全世界的經濟在五年內有好轉。香港會是除日本外的迪士尼亞太區總部。艾斯納並表示，迪士尼遲早有一天會在中國另一處地方興建第二個主題公園，但會遠離香港，不構成競爭。8月 30 日，董建華在禮賓府舉行酒會，歡迎艾斯納率領的迪士尼高層代表團。

9月2日－9月4日

◆ "反對邪教　崇尚文明"大型圖片展覽在香港展覽中心舉行。中央政府駐港聯絡辦主任姜恩柱、外交部駐港特派員公署特派員吉佩定和香港政治、文化、宗教等各界人士 1000 多人出席開幕式和觀看展覽。香港各界文化促進會、香港文匯報等 103 個香港各界團體參與舉辦此次展覽。

9月3日

◆ 政務司司長曾蔭權宣佈暫停銷售居屋、房協資助房屋及凍結批出興建居屋土地十個月，期滿後每年銷售的居屋單位不會超過 9000 個，直到 2005－2006 年度為止。董建華就此對傳媒表示，"這是一個深思熟慮的決定，亦是符合香港市民整體利益的決定。"

9月3日－9月29日

◆ 國泰航空公司工潮持續。9 月 3 日，香港航空機組人員協會通知各會員即時將有限度工業行動升級，並指示機師須嚴格遵守 18 項特定安全守則，不須理會航班的升降時間。國泰航空公司對工會繼續進行誤導工業行動表示遺憾，並要求工會取消所有工業行動。9 月 26 日，國泰副主席兼行政總裁唐寶麟指部分機師堅持工業行動，意圖向公司爭取更高薪酬，打擊公司的財政能力。香港航空機組人員協會總幹事范達禮表示，國泰機師仍然會繼續工業行動，但暫時不會將行動升級。他稱，工會願意隨時在沒有任何先決條件下與公司談判。

9 月 4 日

◆ 國務院總理朱鎔基在訪問愛爾蘭期間回答香港記者提問時表示："香港經濟的發展還是要背靠祖國、背靠內地。祖國的經濟好，香港的經濟壞不了。但香港人應該團結一致，很多問題需要討論，發揚民主，大家來討論，香港人現時最重要的是團結。應該研究一些對策。但是也不能老是'議而不決，決而不行'。確定了以後，大家要全力以赴，團結一致，要向前奔。只要有這種精神，香港沒問題。"朱鎔基告訴正在歐洲訪問的保安局局長葉劉淑儀，他所說的"議而不決，決而不行"之語絕不是批評香港特區政府，而是希望香港人團結。

◆ 港區全國政協委員視察團赴銀川對寧夏回族自治區作為期一周的視察。

9 月 6 日－9 月 17 日

◆ 政務司司長曾蔭權率團訪問美國洛杉磯、紐約和華盛頓。期間，他在多個場合發表演講，向當地投資人士及政界人士介紹香港政治、社會及經濟情況，會見現時美國國務院鮑威爾等政府高級官員，並與當地的傳媒及參議院、眾議院的議員見面，瞭解美國的政治及經濟情況。

9 月 7 日

◆ 財政司司長梁錦松赴蘇州出席亞太經合組織財長會議時表示，香港和上海是國家兩個很主要的金融和商貿城市，大家有不同的優勢。香港人以前有些妄自尊大，這當然是不好，但妄自菲薄，太過悲觀亦不好，因為這樣會失方寸。

◆ 教育統籌局展開技能提升計劃的首階段訓練課程。這項計劃耗資四億港元，目的是為低學歷工人提供特別設計的培訓課程。

◆ 金融管理局就存款保險計劃的融資及保費評估安排發出諮詢文件，建議銀行根據分級交付不同的年費率，基金金額則以 15 億港元為目標。

9月7日－9月9日

◆ 遠東貿易服務中心駐香港辦事處主任陳文斌隨香港台灣工商協會赴廈門，參加第五屆中國投資貿易洽談會。

9月11日

◆ 行政長官辦公室新聞統籌專員林瑞麟就美國發生"9‧11"恐怖襲擊事件回應傳媒查詢時稱，行政長官董建華向美國駐港總領事表示對"9‧11"事件感到震驚及關注，對死難者家屬表示慰問。並表示："香港警方正密切留意事態發展，將按需要採取預防措施，保障公眾安全。"政務司司長曾蔭權在華盛頓對恐怖襲擊事件表示震驚和哀痛，並代表香港市民向美國人民致以深切慰問。9月14日，董建華前往美國駐港總領事館簽署弔唁冊，向最近在恐怖襲擊事件中的死難者致意，並向美國駐港總領事高樂聖（Michael Klosson）表達對美國發生恐怖活動事件的關注。

9月12日

◆ 外交部駐港特派員公署新聞稿指出，9月11日，美國紐約和華盛頓地區一些地方受到嚴重的恐怖襲擊後，該署立即與中國駐美大使館、領事館聯繫，暸解香港居民在美國的情況。正密切關注事態的發展，如有進一步的消息，將及時通告。9月13日，保安局局長葉劉淑儀表示，香港一向有與國際合作，打擊恐怖活動，在這方面的工作，特區政府素來都是高度戒備。"9‧11"事件後，香港入境事務處共接獲83個查詢及12個求助電話。12個求助電話中，有8個是要求尋找在美國的親人，當中有3人已聯絡上。特區政府會繼續透過外交部駐紐約和華盛頓領事館，找尋該批未聯絡上的港人。

9月13日

◆ 董建華出席香港第一個"普通話日"活動時表示，學習普通話，是身為中國公民的本分，也有助香港人與內地同胞的聯絡和溝通。他呼籲香港人多聽、多講普通話。國務院在較早時確定每年9月的第三個星期為"全國推廣普通話周"，鼓勵用方言的地區使用普通話。2002年3月7日，香港語文教育及研究常務委員會宣佈，決定撥款800萬港元資助推廣普通話活動。

9月13日－9月15日

◆ 2001年婦女環球高峰會在香港開

幕。近 30 個國家與地區的代表出席會議。9 月 13 日,董建華在禮賓府設酒會歡迎與會婦女代表並致詞。婦女環球高峰會於 1990 年成立,是一項為商業、專業和政府的婦女領袖而設的國際會議。

9 月 16 日

◆ 民政事務局局長林煥光在香港文化中心廣場舉行的歡迎第九屆全國運動會火炬儀式上表示,第九屆全國運動會火炬到香港,象徵九運會不屈不撓的崇高體育精神傳遍香港。希望透過這次火炬傳遞活動,進一步燃起香港特區健兒的無窮鬥志,在九運會爭取優異成績。香港將派出 150 名運動員參加第九屆全國運動會。

◆ 立法會(選舉委員會)舉行補選。因議員吳清輝辭職而舉行的立法會補選,候選人提名期於 8 月 2 日開始。截至 8 月 15 日提名期結束為止,共有 3 人獲有效提名。陳文鴻、何世柱、馬逢國參選。775 名選舉委員會委員中有 694 人前往投票,投票率為 89.6%。馬逢國以 359 票當選。

◆ 霍英東為名譽顧問、中華總商會會長陳有慶為團長的近 100 人代表團赴南京出席第六屆世界華商大會。陳有慶表示,世界華商大會創辦於 1991 年,是全球華商兩年一度之盛事,宗旨是建立一個世界華商經濟聯繫的網絡。中華總商會是大會的三個召集人之一。

9 月 18 日

◆ 保安局局長葉劉淑儀就廉政公署偵破 500 億港元洗黑錢案表示,特區政府有足夠的法例監管,而且有條例可以追查及充公黑錢。

◆ 九廣鐵路提出的落馬洲支綫隧道貫穿塱原的最新方案,獲行政長官會同行政會議通過。

◆ 民主建港聯盟、新界社團聯會、香港教育工作者聯會和香港索賠協會等四個團體在中環遮打花園集會,紀念 "9·18" 事變七十周年,包括抗日老戰士在內的 300 名人士,出席了紀念集會。

9 月 19 日

◆ 保安局局長葉劉淑儀表示,特區政府已經就不同情況例如大災難、恐怖襲擊甚至戰爭等制定不同的應變措施,相信即使不幸出現類似紐約世貿中心的事件,香港也有能力應付。必要時,行政長官更可以根據基本法,報請中央政府,要求駐港部隊協助。9 月 26 日,中國人民解放軍駐港部隊對外新聞組發言人表示,解放軍駐港部隊已設想不少應變的方案，隨時可以應付任何突發的情況。相信特區政府完全有能力維持社會秩序和穩定，但特區政府如果需要駐軍協助，只要向中央政府提出要求，"我們會即時配合，義不容辭。"

◆ 電訊管理局宣佈，由於只接獲香港電話 CSL、和記、數碼通及 Sunday 等四家電訊公司申請第三代流動電話（3G）牌照，與預備發出的牌照數目相同，故牌照將以底價賣出，即是每年專營權費為 5000 萬港元或營業額 5%（以較高者為準）。經營商每年還要繳付頻譜使用費。出賣四個牌照最少會為特區政府帶來 19 億港元收入。

9月20日

◆ 律政司司長梁愛詩在回應記者提問時指出，當局十分關注早前有外籍囚犯以不適應香港環境而獲得法院減刑的判決。她指律政司刑事檢控科正就有關問題進行研究，不排除會就有關案件提出上訴。特區高等法院上訴法庭早前裁定兩名聲稱"不適應中國食物及文化"的外籍囚犯減刑 3-6 個月。事件引起社會爭論，認為有種族歧視。

◆ 律政司司長梁愛詩出席"中國加入世界貿易組織對香港法律教育及培訓的影響"會議致詞時表示，中國入世後，依據民法通則和合同法，大部分涉外合同的當事人可以選擇其他地區包括香港的法院和法律作為適用法律。屆時外商可以選擇香港的法律及律師，相信可以為香港法律界帶來新的機遇。特區政府稍後會向中央政府提出建立相互承認的建議。

◆ 香港《大公報》報道，聯合國委託香港嶺南大學發表的《全球投資報告 2001》顯示，2000 年全球外來直接投資增加了 18%，投資額達到歷史新高的 1.3 萬億美元，增幅主要出現在已發展國家或地區。香港資金流入量由 1999 年的 246 億美元，增加至去年的 644 億美元，在世界位居第五位，在亞洲居首位。

◆ 2001 年世界服務業大會在香港開幕。世界各國逾百名服務業領袖出席會議。財政司司長梁錦松在大會上致詞。

9月21日

◆ 選舉管理委員會公佈《2002 年行政長官選舉／選舉委員會界別分組選舉活動指引》，並展開為期兩周的公開諮詢。《指引》規定：（1）除履行公職、禮節及政黨儀式外，特區政府首長級人員、政務主任、警務人員和新聞主任，不得與行政長官選舉候選人合照；（2）這四類公務員也不得公開表態支持某候選人；（3）特區政府官員出席公開活動時，應避免無意中令候選人得到免費宣傳。選舉管理委員會主席胡國興表示，2002 年行政長官選舉需要特別措施規管現任行政長官參選。對於有建議指現任行政長官若要參選，應在選舉期間暫停職務，他指出，外國既無總統"停職請假"先例，這也沒有實質作用。當有人問及若中央領導人在選舉期間，發表支持某候選人的言論，會否影響選舉公平性，他表示不擔心。並補充說，整個選舉最着重的是"保密投票"，選舉委員會委員投票完全是自主的決定；若有候選人違規，選管會最多只能作公開譴責。

◆ 美國"9．11"事件令全球股市大跌，港股在八天內持續暴跌 1500 點，收市報 8934 點，為 1998 年 10 月以來最低點；市值損失達 4290 億港元，在亞太區僅次於日本。

9 月 22 日

◆ 特區政府首次公開從世界各地直接招聘高級政務主任，入職月薪為 80300 港元，但申請人必須是香港特區永久性居民。

◆ 行政長官夫人董趙洪娉率領香港各界人士中秋探訪團到解放軍駐港部隊軍營看望和慰問全體官兵。

9 月 24 日

◆ 行政會議召開緊急會議，商討保險公司調低對航空公司的第三保險額，可能影響航班的正常運作，以確保香港在美國"9．11"事件後，繼續保持航運中心的地位。特區政府決定向立法會財委會申請撥款。

◆ 立法會財委會通過特區政府文件，為香港的航空公司、機場管理局，以及透過機管局為相關的服務提供者就戰爭、劫機和其他嚴重危險事故所引起的第三者責任，提供一個月的賠償保證。文件建議，由經濟局局長根據《公共財產條例》的規定，為三間在香港註冊的航空公司（國泰、港龍、華民航空）提供第三者責任賠償；由財政司司長根據《機場管理局條例》的規定，為機管局以及航空服務機構提供第三者責任賠償。兩項保證同樣為期六個月。特區政府建議，每宗事故的最高賠償金額分別為香港航空公司 19.5 億美元、機管局 12.5 億美元和機場營運服務提供者 10 億美元。根據計算，假如所有公司及機構同時"出事"，特區政府一次過最多要賠償 620 億美元。

◆香港房屋委員會召開特別會議，同意特區政府關於停售居屋十個月以及在未來四年每年推售居屋不超過 9000 個單位的建議。

◆國泰、華民和港龍等三家航空公司，與私營保險公司達成協議，提供航機意外保險，無須特區政府承擔保險公司調低保額的賠償差額。

9月25日

◆入境事務處等香港特區政府有關部門與中國公安部出入境管理局達成以下共識：（1）公安部出入境管理局爭取於 2001 年年底開始試點簽發載有機讀碼的《往來港澳通行證》；（2）內地公安機關出入境管理部門將於 10 月 1 日開始受理港人在內地領養子女赴港投靠養父母的申請。入境事務處會協助查核養父母在香港居留身份及家庭情況；（3）公安部出入境管理局將採取適當行動，包括嚴格執行現有的監管違規機制，加強宣傳，勸止內地孕婦持雙程證在香港逾期逗留，打擊非法偷渡。

9月26日

◆財政司司長梁錦松在立法會財經事務委員會特別會議上表示，面對目前的經濟形勢，特區政府會積極想辦法。在考慮挽救經濟的措施時，必須符合四個原則：一是對香港有正面的影響；二是不超出香港財政的承擔能力，避免出現經常性的財政赤字；三是不應引起各種經濟或非經濟的問題；四是不對香港財政造成長遠隱蔽性的風險。

◆律政司司長梁愛詩出席一個公開場合表示，雖然特區政府沒有制定專門的法例來對付恐怖分子，但如果恐怖分子在香港犯罪將會受到制裁。她又稱，聯合國的決議將會在香港執行。

◆保安局局長葉劉淑儀表示，香港法例已明確列明，當局可以充公、追查及凍結來自嚴重罪行的金錢利益。如果恐怖活動的資金與嚴重罪行有關，自然可以被凍結。她重申，目前無跡象顯示拉登在香港擁有任何資產。至於香港防備生化襲擊方面，葉劉淑儀強調，香港已有完善及歷史悠久的保安條例，監察生化武器及其原料的進出口情況；當局亦與世界各國保持緊密聯絡，交換情報，以防止生化物品流入香港。衛生署亦有檢疫法例管制生化物品。特區政府已成立以警務處為首的跨部門小組，以隨時處理有關的襲擊，同時亦會考慮是否需要加強演習。

◆前行政會議召集人鍾士元為其著

作《香港回歸歷程：鍾士元回憶錄》舉行出版酒會，梁愛詩、范徐麗泰、李國能等 100 多位特區政府官員和社會知名人士均有出席。鍾士元歷任四屆港英行政局議員和立法局議員及首席議員。他在 1990 年代曾任港事顧問和特區籌委會委員，1997 年 1 月接受行政長官委任，出任特區行政會議召集人，直至 1999 年 7 月正式退休。該書由中文大學出版社出版，有中英文兩種版本。該書記述了鍾士元 1979－1999 年在香港政壇的經歷和體驗。

◆ 特區政府的公共服務電子化計劃在瑞典斯德哥爾摩榮獲國際著名的“斯德哥爾摩科技挑戰獎”中的公共服務及民主制度組別優勝獎。

9 月 27 日－9 月 28 日

◆ 政務司司長曾蔭權訪問廣東省，與廣東省省長盧瑞華和廣州市市長林樹森等會面。雙方達成多項共識，包括成立一個粵港兩地官員組成的聯絡小組。

◆ 由香港崇正總會推動的“全球客屬促進中國和平統一大會”，分別在香港和深圳舉行，600 多名來自世界各地的客家社團代表出席。全國政協副主席周鐵農出席了深圳的大會。

9 月 28 日

◆ 專為金融機構提供國際經濟指數的 NTC 公司，推出香港採購經理指數，以便反映香港私營機構經濟活動的情況。

9 月 29 日

◆ 國務院副總理錢其琛在北京會見香港新聞出版界高層人士訪京團、香港青年工商界人士訪京團、香港社會福利服務界國慶觀禮團和香港資訊科技國慶觀禮團。錢其琛表示，中央對香港目前所面臨的一些暫時困難很關心，並將一如既往地給予特區政府所需的各種支持和幫助。他鼓勵香港各界人士和社會團體加強團結，全力支持行政長官董建華先生和特區政府，同舟共濟，共渡時艱，並祝願香港在經歷“山重水復”之後，迎來“柳暗花明又一村”。全體香港同胞應對香港經濟發展有信心，對祖國作為香港解決經濟困難的強大後盾有信心。越是遇到困難，港人越要團結一致，要對香港的經濟前景保持信心。

◆ 董建華出席香港美國商會舉辦悼念美國“9‧11”事件死難者的儀式，並向 20 名仍然失蹤的港人的家人致以慰問。

◆ 警務處處長曾蔭培在記者會上表示，自“9‧11”美國恐怖襲擊事件後，香港警方已成立專門小組，研究香港內部安全部署。並且不排除在有需要的時候與解放軍駐港部隊商討保安工作。

◆ 司法機構發言人宣佈，司法機構的網頁將節錄各級法庭自 1993 年以來下達的判決書。由 29 日起，市民可於司法機構的網頁內，參閱終審法院自 1997 年成立以來下達的判決書和由高等法院上訴法庭及原訟法庭、區域法庭、家事法庭及勞資審裁處下達的判決書。

◆ 中華全國新聞工作者協會主席邵華澤會見香港新聞界高層訪京團時宣佈，有關部門研究決定，允許香港澳門的新聞機構在內地設立常駐記者站及派遣常駐記者。有關傳媒可向中央政府駐港聯絡辦、中央政府駐澳門聯絡辦辦理申請手續，獲國務院港澳辦批准，再到中華全國新聞工作者協會辦理登記手續。9 月 24 日，中華全國新聞工作者協會發佈《港澳媒體常駐內地記者須知》。

10 月 1 日　國慶日，中華人民共和國成立五十二周年

◆ 上午，特區政府在香港會議展覽中心金紫荊廣場舉行升國旗和區旗的儀式。霍英東、董建華、姜恩柱、吉佩定、熊自仁、王玉發和李國能、曾蔭權、葉澍堃

（署理財政司司長）、梁愛詩、梁振英、范徐麗泰等出席，1000 多名市民觀禮。

◆ 特區政府在香港會議展覽中心新翼舉行慶祝中華人民共和國成立五十二周年慶祝酒會。霍英東、董建華、姜恩柱、吉佩定、熊自仁、王玉發、李國能、曾蔭權、梁愛詩、梁振英等社會各界數千人出席。董建華在酒會上致詞。

◆ 中國銀行（香港）有限公司掛牌開業。中銀香港資產達 8200 億港元，分行、支行達 354 家，規模僅次於香港上海匯豐銀行，在香港銀行業排名第二。

10 月 3 日

◆ 工業貿易署發表聲明指出，特區政府為了保障香港成衣出口的整體利益及維持香港在國際貿易夥伴間的良好信譽，會繼續堅定不移地嚴厲打擊紡織品非法轉運。特區政府呼籲業界自律，切勿參與紡織品非法轉運。該署發言人表示此舉是為了確保香港的成衣出口能夠繼續輸往受限制市場，免受進口國家實施的懲罰措施。工業貿易署和香港海關會繼續緊密合作，核查紡織品出口證及生產通知書上申報的貨物，是否完全符合香港的產地來源規定。

◆ "恒生綜合指數" 系列推出。該指

數系列包括恒生綜合指數、恒生香港綜合指數、恒生中國內地綜合指數以及九大行業分類指數等。

10月3日－10月6日

◆ 律政司司長梁愛詩赴新西蘭基督城出席第十七屆亞太區法律協會會議。她在會上就中國入世對香港律師帶來的挑戰發表演説。

10月4日

◆ 選舉管理委員會關於《2002年行政長官選舉／選舉委員會界別分組選舉活動指引的建議》的諮詢期結束，當局共接獲三份書面意見。選舉管理委員會舉行諮詢會。該委員會發言人表示，2000年7月14日組成並將於2002年3月24日負責選出香港特區第二任行政長官人選的800人選舉委員會中，截至今日已確定由於委員辭職或去世而出現四個空缺。補選將會在1月初舉行。11月16日，將發表選舉委員會界別分組臨時投票人的登記冊和選舉委員會臨時委員登記冊及其兩張相應的遭剔除者名單，供公眾查閱。公眾可以在一個星期的期限內就選舉登記主任在登記冊或遭剔除者名單的記項提出上訴。12月14日，將發表選舉委員會界別分組

正式投票人登記冊。選舉管理委員會發言人說，只有名列在界別分組正式投票人登記冊上的投票人，才可在2002年1月初的補選中投票。

◆ 立法會議員個人利益監察委員會通過修訂《議事規則》，規定今後所有議員在立法會會議或任何委員會或小組委員會上，不得就其有直接金錢利益的任何議題作表決，並需要在大會就有關議題作表決時避席，除非所有或某部分市民均享有該等利益。並增加條文規定，如議員沒有申報利益，不得直接或間接地就該利益相關事宜提出動議或任何修正案或發言。

10月5日

◆ 康樂及文化事務署發言人表示，大埔頭村敬羅家塾修復工程最近榮獲聯合國教科文組織亞太區2001年文物古跡保護獎傑出項目獎。此項修復工程由政府資助，主要是把該古建築修復成清代建築式樣。這次獲獎為香港繼滘西洲洪聖古廟及羅便臣道猶太教堂於2000年獲同類獎項後，再度贏得此項國際殊榮。

◆ 特區政府關於賭波合法化問題的諮詢期結束。6月22日以來的三個半月諮詢期內，特區政府共收到6000份意見書。贊成或反對賭波合法化人數的比率

非常接近。民建聯反對賭波合法化，但表示若有充分民意支持會重新考慮對賭波問題的立場。港進聯要求政府提供更多資料讓社會有更充分討論。自由黨認為政府不能坐視非法賭博，應立法規管足球博彩活動。民主黨仍堅持反對賭波合法化。民政事務局局長林煥光表示，民政事務局在全面分析收集到的意見後，將於 2002 年底公佈結果。

10 月 7 日

◆ 由香港友好協進會與香港各界文化促進會主辦，廣東省中山市海外聯誼會協辦的香港各界紀念辛亥革命九十周年晚會在香港會議展覽中心隆重舉行。霍英東、董建華、姜恩柱等和各界人士 1600 多人出席。中國國民黨中央評議委員會主席團主席梁肅戎等台灣知名人士應邀參加。姜恩柱致詞。

◆ 董建華祝賀中國足球隊取得 2002 年日韓世界盃足球賽入圍資格。

◆ 旅遊發展局宣佈，香港最近奪得五項國際大型會議主辦權，未來九年將有 120 個各類型會議在香港舉行。

10 月 8 日

◆ 財政司司長梁錦松與多名主要銀行代表會面，商討如何協助負資產人士。會後對傳媒表示，在現時的情況下，銀行界的代表均同意要共同合作，協助市民渡過經濟困境。他很高興銀行願意為負資產者提供低於最優惠利率的按揭利息。

◆ 香港《信報財經新聞》報道，民政事務局較早前致函立法會民主黨議員何俊仁和前綫議員何秀蘭等 "公民及政治權利基金" 信託人，指基金向局方申請牌照舉行籌款活動時，是用作推廣人權，結果將捐款直接交予前綫劉慧卿，償還她與中央政府駐港聯絡辦主任姜恩柱興訟敗訴、逾期未付的 160 萬港元堂費，質疑此舉與基金申請籌款所述的目的不符，要求基金解釋原因。何秀蘭承認，基金在報數予民政事務局時確實 "跳了一步"，只填了籌募經費交予劉慧卿。

10 月 9 日

◆ 外交部駐港特派員公署發佈公告指出，美國開始對阿富汗進行軍事打擊後，中央政府和香港特區政府都非常關心當地及周邊地區的港人，特別是前往採訪的香港記者的安全。該署已設法將所瞭解的赴當地採訪的香港記者名單傳送到中國駐阿周邊國家使、領館，在他們及其他港人求助時，中國使館、領事將會給予全力協助。為便於聯繫，該署也已將中國駐有關國家使館、領事館的電話及傳真號碼送到香港特區政府有關部門。目前尚未收到有關使、領館關於港人求助的通報。

◆ 勞工處及僱員再培訓局合辦就業巡迴展覽，提供約 1000 個文職、銷售、推廣、技工和服務行業的職位，月薪介乎 5000－20000 港元，讓市民即場申請。

◆ 由民建聯、港進聯、自由黨、民主黨、早餐會、民協、前綫、職工盟等八個政治團體組成的立法會跨黨派聯席，與財政司司長梁錦松會面，提出七項紓解民困的建議，其中包括免收一年差餉，公屋減租至家庭入息的 13% 的水平，延遲徵收薪俸稅一年，房署商場減租 30%，加快基建工程創造兩萬個臨時職位，並要求政府與銀行商討協助負資產業主等。

10 月 10 日

◆ 董建華在立法會發表題為《鞏固實力 投資未來》的施政報告。這是他第一個任期內第五份，也是最後一份施政報告。報告提出建立主要官員問責制的初步構想。

10 月 11 日

◆ 董建華出席立法會答問大會並回答議員提問。指出，對於經濟轉型所帶來的就業問題，施政報告採納了立法會議員提出七項意見中的六項。最近，特區政府宣佈了一系列與內地合作的協議。正與內地政府就改善邊境貨運狀況積極協商，希望儘快解決所有問題。並表示，主要官員問責制是回應社會訴求。通過建立這一制度，政府更能掌握社會脈搏。讓主要官員參加行政會議工作，對於政策的制定及執行，輕重緩急，或者須妥善處理資源分配等方面都有好處。公務員要分清權力和責任，在問責制下，主要官員就有責任及時跟市民溝通，跟立法會溝通，更加瞭解到民意，對處理行政立法關係肯定有很大幫助。總括來說，推行高官問責制對於整體社會是好事。

◆ 政務司司長曾蔭權會見傳媒介紹施政報告提出的主要官員問責制的構想及背景。強調不是"部長制"，主要是把政治問責與公共行政決策分開，在現行建制基礎上加強行政與立法的溝通與合作。有關構思已向中央政府報告。問責制構思的產生，是總結了香港特區成立四年來的經驗而形成的。並沒有違反行政主導的原則。10 月 14 日，曾蔭權又在香港電台節目"香港家書"中詳細解釋主要官員問責制的內容。指出，新制度可以把公務員政治化的機會減至最低，確保公務員管理制度完整，保存公務員一貫專業、中立和量材錄用的優點。由於權責分明，我深信新制度不僅可以在政府的高層架構加強問責制的文化，各級官員，甚至整個公務員體制也會逐步受到這種文化感染。新制度實在對香港會有好處。

◆中國科學院院長路甬祥在香港接受記者採訪時表示，香港應把發展資訊科技作為其高新科技發展的重點方向。可以更好地配合香港以前的優勢產業如旅遊、金融、服務、航運業等各個行業，從而帶動傳統行業的發展，實現香港經濟的成功轉型和發展。

10月13日

◆香港工會聯合會舉行"祝賀楊光顧問榮獲大紫荊勳章聯歡會"。100多間屬會代表共300多人出席。工聯會會長鄭耀棠致詞表示，楊光把自己的大半生獻給了工會和工人事業，在發展香港工運和服務勞工方面作出了寶貴的貢獻。楊光發言表示，獲特區政府頒發大紫荊勳章，不僅是對其幾十年來為勞工、為基層所做工作的肯定，更重要的是對工聯會50多年推動香港工運、服務勞工基層的肯定，對長期從事工會工作、默默耕耘的工會工作者

的肯定和嘉許。

◆著名環球人才招聘公司 BTI Consultants 選定香港作為其北亞辦事處。盧維思認為，BTI 在香港設立地區辦事處，有助鞏固香港作為亞洲商業中心的策略性位置。

10月15日

◆國務院總理朱鎔基在廣州出席第九十屆中國出口商品交易會開幕式時，接見澳門特區行政長官何厚鏵、香港特區財政司司長梁錦松和多位港澳商人。梁錦松會見後向記者表示，朱總理讚揚香港對廣交會所作的貢獻，並表示"9·11"事件對中國經濟會有影響，但也可能是一個機會。

10月16日

◆財政司司長梁錦松在香港董事學會周年晚宴暨"2001年度傑出董事獎"頒獎典禮上發表演說，向200多位商界或企業界領袖呼籲，不要輕言裁員。

◆入境事務處助理處長（簽證及政策）蕭松傑表示，當局已同內地公安部門商定增加內地商務客訪港數目和延長商務簽注的有效期，最長每次可達三年。預計這項措施每年可增加30萬商務旅客來

香港。

◆ 金融管理局公佈，最新調查估計，香港的負資產業主人數只有 6.5 萬名，遠較市場一般估計的 10－20 萬人為低。按 2001 年 9 月底的市值計，負資產人士佔按揭貸款總人數的 14%，貸款總值 1270 億港元，佔沒償還按揭總額的 23%。而且負資產按揭息率也並非如市場一般估計那樣高。

10 月 17 日

◆ 行政長官董建華在啟程前往上海參加第九屆亞太經合組織領導人非正式會議前，回答記者有關香港電台在 10 月 12 日節目"頭條新聞"將特區政府喻為塔利班政權的問題時表示："我不想評論那些低趣味的製作"。特區政府發言人發表聲明指出，作為公營廣播機構，香港電台的責任是提供平衡及高素質的節目。製作的節目均須遵循其《節目製作人員守則》訂明的專業標準，其中包括"不偏不倚"、"準繩"和"節目品味"等原則。無論節目表達方式為何，都應跟隨這些原則。對於個別節目製作的表達方法及質素的意見，廣播處長作為香港電台的總編輯會仔細考慮，並應切實執行這些標準。

◆ 港區全國人大代表、前廣播管理局主席李鵬飛及香港大公報總編輯楊祖坤均指出，香港電台節目"頭條新聞"以塔利班政權影射特區政府是"非常嚴重"的事件，背離"評論有事實根據"的專業守則。李鵬飛還以早前"美國之音"電台高層因不理會美國國務院指令，播出塔利班領袖講話而遭撤職的事件，指香港電台屬於"政府電台"，卻以"編輯自主"的"公營電台"模式運作，造成角色的混淆。10 月 18 日，全國政協常委徐四民指出，香港電台"頭條新聞"的手法極之荒謬，根本不可與言論自由扯上關係。多位立法會議員指該節目濫用新聞自由，香港電台身為公營機構卻使用不正確比喻報道新聞，誤導市民實在太"離譜"，已超出新聞自由、言論自由及編輯自主的範圍。九龍城區議員王紹爾發表文章指出，香港電台作為特區政府部門及公營機構，在香港面臨各種內外因素形成的嚴重經濟困難之時，不是鼓勵港人團結一致共渡時艱，反而竭盡蠱惑人心、製造混亂之能事，置香港的整體利益於不顧。如何正視及妥善解決這一問題，已經不容迴避。

◆ 機場管理局與商貿港香港有限公司合資興建的香港首個物流中心在機場附近舉行動工儀式。物流中心佔地 1.38 公頃，發展商包括怡和物流、置地、中航興業、法蘭克福機場和荷蘭史基浦機場等，計劃興建三層物流中心大樓。2003年啟用時，可提供貨物儲存、運輸、包裝以及裝嵌服務。

10月18日

◆國家主席江澤民在上海會見了赴滬參加亞太經合組織領導人非正式會議的董建華和應邀參加工商領導人峰會的何厚鏵。江澤民與董建華、何厚鏵親切交談，並共進早餐。國務院副總理錢其琛等參加了會見。會後，董建華對傳媒表示，他與江主席和錢副總理談及世界經濟的發展及亞太經合組織會議的事情，並向中央領導人反映了香港目前的發展及面對的困境。江主席對香港的現況表示瞭解，也相當關注，並問及在目前的情況下，內地有什麼可進一步與香港合作。董建華説，中央非常支持香港，最近一系列的內地政策，包括香港與廣東省在基建及環保方面的合作、旅遊方面的協助等，都顯示中央政府對香港特區的關心。

◆香港中旅集團宣佈，旗下公司中旅國際旅行社正式獲內地發出首家獨資經營旅行社的營業牌照。

◆全球最大的保險公司法國 AXA 集團，在香港設立亞太區總部。財政司司長梁錦松主持該公司開幕儀式並致詞。

◆日內瓦的世界經濟論壇發表《2001年全球競爭力報告》，評估75個地區的經濟增長競爭力和一般經濟競爭力。香港的經濟增長競爭力跌出10位之外，由2000年的第7位大幅下滑至第13位，一般經濟競爭力則由2000年的第16位下跌至第18位。

◆公安部發出《關於對外國人和無國籍人以及港澳台居民採取留置措施有關問題的批覆》。

10月19日

◆董建華在上海分別與新加坡總理吳作棟和新西蘭總理克拉克舉行雙邊會談。董建華與吳作棟主要討論兩地同樣面對全球經濟下調、失業率上升及經濟放緩的問題。與克拉克主要討論雙邊經濟協議。並介紹香港正進行的教育改革。目前，已有一些新西蘭籍教師在香港從事教育工作。

◆立法會就行政長官施政報告致謝動議進行辯論。政府主要官員就議員提出的社會要求公務員減薪和主要官員問責制等意見作出回答和説明。對於自由黨議員田北俊表示減薪10%對其生活水準不會有太大影響，和勞工界立法會議員陳國強、李鳳英、劉千石反對公務員減薪，公務員事務局局長王永平表示，公務員減薪可能紓緩市民的不滿情緒，但如果輕率改變沿用已久的公務員薪酬調整機制，不僅會引起極大爭議，更可能導致需要訴諸法律的嚴重後果，因此當局必須要深思熟慮。對於主要官員問責制，民主黨議員司徒華、李柱銘和獨立議員余若薇表示反對。司徒華稱其為"家奴問責制"，李柱銘認為中央可以透過基本法和《行政長官選舉條例》將行政長官變成"大傀儡"，行政長官又透過問責制將主要官員變成"小傀儡"，余若薇指責問責制只為鞏固行政長官權力，因為他不是普選產生，缺乏民意基礎。但民建聯議員葉國謙認為問責制不會將行政長官的權力放大或縮小，不能將之扭曲為"家奴制"。"早餐會"議員李家祥也認為，問責制效用無窮，應視為完善香港政制的一項重要舉措。政制事務局局長孫明揚指出，由行政長官物色有共同理念的合適人選組成領導班子，並向行政長官負責能避免政策混亂，是理所當然的，不能說是"任人唯親"。律政司司長梁愛詩認為，律政司的特殊獨立性已獲基本法保障，落實問責制不會影響獨立檢控工作。10月24日，立法會以54票贊成、1票棄權通過對施政報告致謝的動議。

◆ 香港報業評議會完成《有限度豁免被起訴權》草案，開始進行為期六周的公眾諮詢，希望在本立法年度內以私人法案形式提交立法會審議。香港報業評議會主席陳坤耀表示，爭取"有限度豁免被起訴權"，可讓報評會按市民投訴作出調查後，公開有關調查及裁決結果，讓公眾自行判斷。但香港記者協會和香港攝影記者協會則反對報業評議會以法律強制執行其制訂的標準，認為此舉將會為特區政府日後修改有關條例箝制新聞自由大開方便之門，是損害新聞自由。並強烈反對將報評會轉化為法定組織。

◆ 香港航空機組人員協會宣佈，為全力協助國泰航空公司面對現時航空業的困境，決定在2001年10月21日中午起，暫停工業行動及按章工作。歷時四個多月的國泰航空工潮，因工會主動"叫停"而暫告一段落。國泰航空公司發表聲明表示歡迎，同時指出，航空機組人員協會長達四個月的工潮，已對該公司及香港社會造成嚴重損失。

10 月 21 日

◆ 董建華在亞太經合組織會議後發言，表示全力支持大會呼籲，儘早展開新一輪全球貿易談判，並譴責"9·11"恐怖襲擊事件，承諾香港會"堅定支持國際間消除恐怖主義的工作。"在談到港滬關係時，董建華同意上海市市長徐匡迪指兩地都是國家經濟發展兩大發動機或前鋒的講法，認為兩地可以優勢互補。

◆ 中央政府駐港聯絡辦副主任高祀仁出席一公開活動時致詞表示，香港要克服當前經濟的困境，實在有賴於港人自己的團結。"家和萬事興"，一個家庭、一個國家、一個地區、一個單位、一個部門，家和就萬事興，就沒有克服不了的困難。香港有一句話："和氣生財"，中國也有一句老話："和睦興邦"。只要有信心，港人能團結一致，同舟共濟，共渡時艱，什麼事情都會成功，什麼困難都可以克服。

10 月 22 日

◆ 九屆全國人大常委會召開第 24 次會議，審議香港特區、澳門特區選舉第十屆全國人大代表的辦法草案。

◆ 入境事務處公佈，2001 年 11 月 1 日起，放寬及簡化海外中國公民申請來香港的手續。中國駐外使領館將可自行簽發 24 個月內多次有效、每次可在香港逗留 14 天的訪客進入許可，給居住在海外的中華人民共和國護照持有人。申請人須為遞交申請的國家或地區的永久居民或在當地通常居住不少於一年，過去在港沒有不良紀錄，在居住的國家或地區有固定工作或正在就讀，並擁有能返回當地的充分證明。

10 月 23 日

◆ 特區政府發言人表示，港深口岸 24 小時通關是特區政府和內地當局的長遠目標。隨着兩地交流漸趨頻繁，延長通關是自然的發展。特區政府會隨着實際需要，逐步延長通關時間。10 月 24 日，深圳市政府口岸辦公室負責人對香港文匯報記者表示，深圳口岸部門已制定計劃分三步延長通關時間，第一步是羅湖口岸在公眾假期延長關閘時間到晚上 12 時；第二步是根據實際情況，適當考慮在周末也延長關閘時間至 12 時，同時考慮在皇崗口岸也延長旅檢和貨運通道的關閘時間至晚上 12 時，延長兩個小時；第三步是全年實施延長關閘時間到晚上 12 時。

10 月 24 日

◆ 政務司司長曾蔭權評論香港電台"頭條新聞"事件指出，作為公營電台，應該與商業電台有分別，在製作方面有一套指引，包括要求不偏不倚、準繩及有適當的品味，而香港電台台長（即廣播處處長）清楚知道有關指引。又稱，新聞自由最為重要，基本法亦寫得十分清楚，在這方面不能有任何妥協。

10 月 25 日

◆ 特區政府在香港大會堂紀念花園舉行官方悼念儀式，紀念二次世界大戰期間為香港捐軀的人士。霍英東、董建華、高祀仁、王玉發、唐國強和特區政府主要官員、行政會議成員、立法會議員、司法界代表、外國使節、原東江縱隊港九獨立大隊老戰士、退伍軍人團體、社會各界人士和學生代表出席。

◆ 立法會自由黨議員周梁淑怡、張宇人在該黨總部召開的記者會上宣佈，該黨八位立法會議員會把 2001 年 10 月－2002 年 9 月薪金的一成合共 56 萬港元退還特區政府庫房，希望政府公務員也跟隨減薪。

10 月 26 日

◆ 終審法院首席法官李國能在一個午餐會上發表演説表示，香港回歸後保持司法獨立，並在新的憲制下繼續延續普通法法制。終審法院自成立以來處理案件的數目一直穩定遞增，顯示社會對法院的信心。面對未來，終審法院將繼續處理充滿困難和挑戰的憲法爭議和各類案件，繼續以 "無懼、無偏、無私、無欺" 的司法精神繼續履行職責。強調必須改革現行民事司法制度；法官必須增進對內地法律發展的瞭解，並加強對中文審訊的掌握。

10 月 27 日

◆ 國家副主席胡錦濤訪問俄羅斯期間接受香港無綫電視訪問時指出，董建華擔任香港特區行政長官以來，工作是得力的，有成效的。相信在董建華和特區政府領導下，香港可以克服困難。他呼籲香港人要團結一致，越是在有困難的時候，越是需要統一思想，越是需要團結一致。

◆ "燦爛的中國文明" 網站（www.chiculture.net）正式啟用，該網站是香港首項應用資訊科技以配合教育及課程改革的大型中國文化工程，該計劃得到特區政府 "優質教育基金" 資助 4500 萬港元，並由董建華擔任督導委員會主席，充分説明特區政府對網絡的支持。

10 月 28 日

◆ 特區政府在灣仔運動場為參加第九屆全國運動會的香港特區代表團舉行授旗典禮暨火炬傳遞活動。這是香港自回歸後第二次參加全運會，將派遣 138 名運動員和 88 名工作人員參與 27 個項目的競技和角逐。政務司司長曾蔭權為運動員代表授旗，並致詞表示衷心希望香港運動員能締造佳績，向全國人民展示香港不只是國際都會，更是孕育運動好手的搖籃。

10 月 29 日

◆ 律政司司長梁愛詩出席立法會司法及法律事務委員會會議，被問及現時各國正在緊急就反恐怖主義進行立法、加強執法機關權力，特區政府有何準備時表示，可循三種途徑對付恐怖分子：即以現有法律執法，使用行政措施如不發簽證或旅遊證件予恐怖分子，以及立法專門針對恐怖活動。

10 月 29 日－10 月 31 日

◆ 世界經濟論壇第十屆東亞經濟高峰會在香港會議展覽中心隆重舉行。高峰會主題為"應對衰退：恢復亞洲的穩定和增長"，菲律賓總統阿羅約夫人（Gloria Macapagal Arroyo）、中國對外貿易經濟合作部部長石廣生和內地部分省市負責人，世界貿易組織候任秘書長素帕猜（Supachai Panitchpakdi）等近 800 名世界各地政府官員、商界領袖及學術界人士出席。是次高峰會是"9．11"事件後首個在香港舉行的大型國際會議。行政長官董建華在開幕晚宴致詞。財政司司長梁錦松表示，亞洲各地既有競爭又可以透過合作爭取雙贏。有共同貨幣才可達至政策一體化，歐盟花了 15 年時間實現單一貨幣，亞洲可以探討是否可行，但這是一個長遠的目標。他重申不會改變香港的聯繫匯率。

10 月 30 日

◆ 正在訪問香港的前港督衛奕信表示，雖然目前香港面對經濟困境，但有中國內地作為後盾，會有很好的發展潛力，港人應該對前景有信心。衛奕信在 1987 年至 1992 年曾任第 27 任港督。

10 月 31 日

◆ 政務司司長曾蔭權回應立法會議員有關辯論時表示，行政長官有權增加或刪除授勳評審委員會推薦的授勳名單。最重要的前提是所有有關人選必須符合既定的授勳條件和準則。這個做法與回歸前的做法無異。

◆ 立法會否決根據《立法會（權力及特權）條例》提出的授權立法會民政事務委員會查閱授勳評審委員會的文件，以確定獲頒大紫荊勳章的楊光有否經過委員會的審核的決議。曾蔭權表示，根本不存在行政長官繞過授勳評審委員會的問題。動輒要求特區政府公開授勳評審委員會的文件及記錄，一旦開了先例，將會嚴重影響評審委員會的坦誠討論，而坦誠的討論對這些決定是甚為重要的。

◆ 香港《新報》報道，美國傳統基金會訂定的 2002 年自由經濟指數報告顯示，在 100 多個國家及地區中，香港所獲得的各項評分，包括貿易、政府財政負擔、政府對市場的干預、外來投資、金融體系的運作，排名第一。

11 月 1 日

◆ 行政會議決定在赤鱲角新機場興建香港第二個會議展覽中心，並公開競投中心的經營權。計劃中的新會議展覽中心佔地約八萬平方米。機場管理局提供土地，特區政府與私人發展商各投放 20 億港元，特區政府、私人發展商及機管局合組公司負責經營，管理權屬於私人發展商。特區政府預期有關項目可創造 3000 個就業崗位，在 25 年內為香港帶來 100 多億港元淨經濟收益。是項工程於 2002 年招標，2003 年動工，2005 年落成啟用。

11 月 2 日

◆ 特區政府就改善《版權條例》的若干條文發表諮詢文件，諮詢期兩個月。新《版權條例》在 2001 年 4 月已生效，但在社會上引起很大爭議，其後有關複印報刊書籍的條文被緊急立例凍結。是次諮詢包括兩個方案：一是仿效美國教育界及出版界自行討論影印有關報章內容，針對不同情況，訂立詳細的非法定指引，經雙方討論後，便不會構成任何刑事及民事責任；二是通過立法，更明確地界定可予免費複製的範圍。

◆ 香港電視廣播有限公司（俗稱"無綫電視"）宣佈與北京中央電視台合夥成立一家合資公司，共同開拓海內外傳媒業務。這是無綫電視成功開拓台灣市場後，又打入中國內地這個最大的華語廣播市場。在這項合作計劃中，無綫電視佔六成控制性股權，開創外資與內地官方傳媒合作的先河。

◆ 職工盟的立法會議員劉千石、李卓人、梁耀忠及獨立議員麥國風組成"勞工聯盟"。

11 月 5 日

◆ 保安局局長葉劉淑儀與部分立法會議員及來自四個非政府組織的代表會面，

就一系列與人權和保安有關的事宜交換意見。出席會議的人士，包括立法會民主黨議員涂謹申、前綫議員劉慧卿，以及香港記者協會、香港人權監察、國際司法組織（香港分會）和香港人權聯委會的代表。葉劉淑儀表示，現行的與內地的相互通報機制大致上行之有效，特區政府會在實施一年後再檢討；關於基本法第 23 條立法建議，當局現正研究其他司法管轄區相類的法律及法律改革建議，在有關建議制定後再進行公眾諮詢；特區政府處理示威人士的策略沒有任何改變，警方一向採取開明與克制的態度；在決定是否准許個別人士進入香港時，入境事務處處長會考慮個別案件的時間、目的及個別情況；特區政府有責任履行聯合國安全理事會針對恐怖主義的決議。

◆ 金融管理局總裁任志剛向立法會簡報金融管理局財政狀況時表示，由於全球經濟受 "9·11" 事件影響急轉直下，投資環境困難，外匯基金的投資收入大幅減少，截至 2001 年 10 月，外匯基金在股票組合有近 380 億港元的虧損；外匯虧損則約有 90 億港元。但債券組合表現理想，約有 520 億港元收入，因此外匯基金總投資收入仍有 61 億港元。

11月6日

◆ 國務院副總理錢其琛在北京會見香港太古集團主席何禮泰一行，對太古集團在香港經濟中所起的積極作用給予肯定。希望包括太古集團在內的工商企業樹立信心，團結一致，與香港特區政府共渡時艱。

◆ 由近百名私樓及夾屋負資產小業主組成的 "負資產大聯盟" 宣佈成立。

11月6日－11月8日

◆ 第十二屆世界生產力大會首部分香港會議召開。會議由香港生產力促進局、中國生產力學會及中國生產力促進中心協會攜手合辦。30 多個國家及地區近 2000 名生產力專家、學者和商政要人出席，是歷屆生產力促進大會規模最盛大的一次。全國 31 個省、市、自治區均有代表參加，顯示中國政府對先進生產力的高度重視。該大會的第二部分會議於 11 月 8 日移至北京舉行。香港特區行政長官董建華主持大會開幕式並致詞。

11月7日

◆ 新華通訊社成立七十周年酒會在香港舉行。董建華、姜恩柱、王玉發、梁錦松等 300 名各界人士出席。姜恩柱致詞。

◆律政司民事法律專員溫法德出席立法會保安事務委員會時表示，以前《入境條例》對"通常居於香港"的定義不清晰，對某些人造成便利。即使修例後也不能免除可能出現的情況，但至少學生或內地投資者就不會獲批准居留香港超過7年。保安局局長葉劉淑儀補充，現行《入境條例》第2（2）（a）條列明八類情況不被視為"通常居於香港"，包括解放軍駐港部隊、外國駐港領事人員等，建議修例將內地駐港機構的人員以公務身份來香港也包括在內。她表示曾與內地商討以行政措施堵塞法例漏洞，但最終認為修例較合適。

◆立法會否決民主黨議員李柱銘對議員余若薇動議提出的修正動議。該修正動議要求特區政府公開發表聲明及作出承諾：以後不會在終審法院對基本法條文作出解釋後，邀請全國人大常委會重新解釋有關條文。

◆民進黨中國事務部主任顏建發會見香港記者協會訪問團時表示，該黨對香港問題認識很少，只要台灣舊當局的港澳政策沒有脫離該黨的理念，他們會蕭規曹隨地處理港澳問題，沒有改動《港澳關係條例》。副主任張國城說，民進黨不會在香港設立支部，但會考慮派人到港居住一

段時間，體會香港實行"一國兩制"後與"九七"前有什麼變化。

11月8日

◆香港特區行政長官特設國際顧問委員會在香港舉行第四次會議，顧問們就全球經濟情況和對香港的影響進行廣泛和深入的討論。國家發展計劃委員會主任曾培炎應邀介紹中國經濟最新情況和發展前景。

◆中央政府駐港聯絡辦主任姜恩柱宴請港區全國人大代表。姜恩柱指出，香港目前面對的困難，是由於受到世界經濟不景氣的影響，預計明年仍然會有困難。香港最重要的是不要失去信心。他相信港區全國人大代表們作為香港社會的成員，會一如既往繼續支持以董建華為首的特區政府堅定不移地按照基本法施政。

◆香港《文匯報》報道，12家香港報紙組成香港複印授權協會，為影印報章需付的版權費訂立收費機制。由2001年11月15日起，機構如複印或傳真該些報章都需要付款，低用量每年年費為500港元，高用量者按傳閱人數及報章自定年費徵收（各報自定版權年費由100港元至250港元不等，大部分為200港元），違例者可被民事起訴。至於個別市民影印

少量報章自用則毋須繳費，認可慈善機構及學校影印報章作內部參考及教學用途，也可豁免繳納版權費。

"反董連任大聯盟"採用的一款標誌是抄襲政府"飛龍"樣式，只是將漸變紅色改為漸變藍色。

11月9日

◆特區政府憲報刊登選舉管理委員會草擬的《選舉程序（行政長官選舉）規例草案》。選舉管理委員會發言人表示，行政長官選舉首次交由選舉管理委員會監督，委員會將會吸取過往監管議會選舉的經驗，採取適當的步驟確保這次選舉進行得公平、公開、誠實。有意參選的候選人必須親自向選舉主任遞交提名表格，或用其他選舉主任批准的方式遞交表格。提名表格必須得到最少 100 名選舉委員會委員的簽署支持，並附有條例所規定的聲明文件。選舉主任將會由高等法院或以上的法官出任。

◆香港《太陽報》報道，政府新聞處發言人強調，特區政府設計的香港品牌"飛龍"受到版權保護，若發現有侵權的行為，該處會徵詢律政司的意見以決定是否控告侵權人士。並指出，香港品牌"飛龍"是用於國際上推廣香港的形象及聲譽，各界人士在採用"飛龍"品牌應先徵詢新聞處，並得到同意後才採用，否則有違反程序之嫌。將於 11 月 11 日成立的

11月10日

◆正在印尼首都雅加達訪問的國務院總理朱鎔基表示，國家入世之後，香港的橋樑角色不會改變，相信對香港的銀行及證券等行業都會有利。外國投資者將來到中國投資，仍然需要透過香港打入中國市場。

◆行政長官董建華發表聲明，衷心熱誠祝賀在多哈舉行的世界貿易組織第四次部長級會議正式批准中國成為世貿組織成員。

◆律政司司長梁愛詩以中國代表團成員身份率團赴廣州出席有 25 個國家及地區參與的亞歐執法機構保護兒童福利會議及亞歐國家總檢察長會議。會議主題為加強國際合作、打擊侵害婦女兒童的罪行。

◆港台青年交流促進會在香港成立。該會由 100 多個團體和各界青年代表組成，全國青聯副主席黃英豪任會長。鄒哲開、國務院台灣事務辦公室主任助理張銘清出席了成立大會。

11月10日－11月13日

◆ 中國人民解放軍"深圳"號導彈驅逐艦和"豐倉"號綜合補給艦編隊在結束對德、英、法、意等歐洲四國訪問後，抵達香港訪問。這是駐港部隊以外的解放軍建制部隊首次訪問香港。霍英東參觀並為該艦題詞："祖國海上長城"。董建華、姜恩柱和專程來香港的中國人民解放軍海軍司令員石雲生上將出席了在昂船洲海軍基地舉行的歡迎儀式。"深圳"號訪問香港期間對外開放，一萬多香港市民一睹先進的國產軍艦和中國海軍官兵風采。

11月11日

◆ 行政長官董建華率領香港特區代表團赴廣州出席中華人民共和國第九屆運動會開幕式。138名香港運動員將參加本屆全運會27個項目的比賽。

◆ 董建華在廣州出席第九屆全國運動會開幕式時首次透露中央政府與香港特區政府早已達成四方面的共識：一是中央政府支持香港與內地一些關係較密切的省市儘快發展新的合作模式，互惠互利；二是中央政府認同香港與珠江三角洲的合作發展構思，當中包括金融、旅遊、貿易、交通、房地產、電訊及其他中介服務，但強調特區政府只能營造良好的環境，一切要視乎私人企業發展；三是中央政府同意有需要增加香港內部需求及消費，支持開放內地人士來香港旅遊，兩地政府還會加強合作，方便旅客來香港；四是雙方會進一步研究鼓勵內地較成功的企業利用香港作為跳板，進軍國際市場，令香港可更好地扮演橋樑及樞紐角色。

◆ 由前綫、職工盟、民主黨、香港教育專業人員協會等團體組織的"反董連任大聯盟"宣佈成立。特區政府發言人回應傳媒查詢時表示，不會評論個別團體的活動，並重申行政長官董建華和特區政府一直都以積極和務實的態度推行各項政策，致力維護香港的整體利益。11月17日，"聯盟"在鬧市舉行反對董建華連任第二任行政長官簽名活動，市民反應冷淡。

11月12日

◆ 董建華出席美國傳統基金會成員午宴時致詞，歡迎該會連續八年把香港評為全球最自由的經濟體系。

◆ 董建華會見了來香港參與孫中山先生誕辰紀念活動的國民黨副主席吳伯雄。吳伯雄是應香港中山學會邀請，由國民黨海外部副主任周春風陪同，在11月11日－11月13日來香港參加有關活動並走訪了一些社團。

◆ 香港各界文化協進會、中國歷史教育學會共同舉辦"紀念張學良將軍暨西安事變"電影晚會，悼念張學良將軍逝世和紀念"西安事變"65 周年，緬懷張學良將軍的卓越功勳和愛國風範。中央政府駐港聯絡辦副主任王鳳超、全國政協常委莊世平和"西安事變"見證人、全國政協委員田益民，張學良侄女、全國政協委員張閭蘅等各界人士 1000 多人出席。

11 月 12 日－11 月 19 日

◆ 港區全國人大代表考察團一行 25 人，赴湖北視察水利工程、堤防建設以及經濟發展情況。

11 月 14 日

◆ 署理資訊科技及廣播局局長鄭汝樺在立法會回應議員提問時表示，因香港電台電視節目"頭條新聞"以塔利班政權比喻特區政府一事，當局至今共收到 28 宗投訴。香港電台編輯自主是透過該局局長與廣播處長簽訂的"架構協議"得以落實。協議訂明廣播處長作為香港電台的總編輯，有責任確保依循"節目製作人員守則"，為市民提供資訊、教育及娛樂節目，新聞及公共事務節目應依循"公平、平衡和客觀"的原則。

◆ 行政長官辦公室發言人表示，董建華目前暫時沒有計劃前往台灣訪問；董建華並希望台灣領導人能夠早日接受"一國兩制"，達成國家統一。台灣領導人陳水扁會見台灣大學香港校友會訪問團時表示，香港在兩岸歷史上一直扮演相當成功的中介者角色，兩岸入世後，香港雖難免受到影響，但仍有不可取代的重要地位。並希望轉達他對董建華訪問台灣的邀請。11 月 15 日，台灣"總統府"稱，目前沒有邀請董建華訪問台灣的計劃。

◆ 香港《文匯報》報道，"新界"地區人士要求特區政府取消禁區政策。"新界"西北區接連內地的邊境地帶，數十年來都被劃為邊境緩衝區，橫跨羅湖、文錦渡、打鼓嶺、沙頭角及落馬洲，涵蓋的土地廣達 30 平方公里。在這禁區內，只有獲警方批發禁區紙的鄉民及從商者才可以入內。

11 月 16 日

◆ 在第九屆全國運動會男子單車場地 40 公里計分賽決賽中，香港選手何兆麟為香港代表團奪取首面金牌。這使香港隊取得一面金牌、一面銀牌，總成績超越上屆。董建華向香港代表隊及何兆麟致電祝賀。

11 月 18 日

◆ 政務司司長曾蔭權赴倫敦開始為期一周的訪問歐洲行程。期間，曾蔭權在巴黎會見法國總統希拉克（Jacques Chirac），在倫敦、布魯塞爾與政治及經濟領袖會面。

11 月 19 日

◆ 香港交易所推出三年期外匯基金債券期貨。香港交易所營運總裁甘禮德預期，該產品有助香港發展債券市場，亦給予投資者對沖利率的風險。

◆ 財政司司長梁錦松在北京出席"21世紀北京 — 香港中國國債市場論壇"時表示，香港有大量銀行及投資者，如果國家經香港市場發行外幣債券，對香港發展金融中心有好處，亦能幫助國家債券形成一條債券指標參考曲綫（benchmark yield-curve），減低發債成本。香港最有條件能夠成為亞洲的債券發行中心。據財政部官員透露，梁錦松已向中央政府提出了有關建議。

11 月 21 日

◆ 教育部為滿足港澳台人士攻讀內地高等院校研究生（碩士學位和博士學位）的要求，特別為香港、澳門和台灣人士設立全日制獎學金研究生。面向香港、澳門和台灣人士設立獎學金的內地院校包括北京大學、清華大學、中國人民大學、北京師範大學等 20 所高校。

◆ 行政長官董建華會見了出席"香港 — 台北經貿合作委員會"第十二次聯席會議的 10 名台灣代表，包括工業總會理事長林坤鍾。董建華介紹了"一國兩制"在港成功落實的情況，歡迎台灣人士到香港旅遊投資。

◆ 台灣"衛生署長"李明亮稱，不滿香港特區政府要求他以個人身份來香港出席"全球心血管臨床試驗研討會衛生部長論壇"專題會議，因而取消來香港，改由該署"國民健康局長"翁瑞亭出席。

11 月 22 日

◆ 董建華會見記者時表示，我注意到審計署發表的報告。我要強調特區政府不會容忍散漫的員工，不會容忍浪費公帑，也不會容忍不合理散漫的管理。我已要求各局長及部門首長徹查，積極跟進，我覺得賞罰分明是很重要的。審計署署長日前發表報告書，批評多個政府部門行政失當，浪費公帑。

◆ 稅務局公佈申請暫緩繳薪俸稅的有關程序及時間表。市民可以基於失業、收入減少超過 10% 及申請扣除剛出生子女的免稅額等理由申請暫緩繳稅。據稅務局的資料顯示，2001 年 4 月 1 日－10 月 31 日，共收到 8900 宗申請暫緩繳薪俸稅的個案，較 2000 年同期的 6600 多宗，上升達三成半。

◆ 香港特區政府與歐洲聯盟在比利時布魯塞爾草簽首份收回未獲授權居留人士的協議。負責簽署有關協議的曾蔭權說，"草簽協議清楚反映出國際間對香港在'一國兩制'下擁有高效率及完善的出入境管制，以及香港入境事務處打擊非法移民活動的能力充滿信心。"

11 月 23 日

◆ 行政長官董建華在入境事務處處長李少光陪同下，檢閱入境事務處成立四十周年紀念會操隊伍。

◆ 中央政府駐港聯絡辦主任姜恩柱宴請港區全國政協委員。霍英東等 97 位港區全國政協常委和委員應邀出席。姜恩柱表示，中央政府支持行政長官董建華為首的特區政府維護香港社會穩定的立場是堅定的，中央希望香港繼續穩定繁榮。

◆ 署理政務司司長孫明揚透過立法會內務委員會向議員重申，倘若必須透過立法才可達到執行某項政策，特區政府絕對不會透過行政措施，以達到有關的政策目的。政府一定會按基本法行事。他指出，行政長官只曾在 1997 年根據基本法第 48 條第（四）款發出公務人員管理命令，以行政命令處理關於公務員的聘用、解僱、停職和紀律處分等程序。此命令是迄今行政長官唯一按基本法第 48 條第（四）款發出的行政命令。該條款規定，行政長官有權"發佈行政命令"。

11 月 24 日

◆ 香港大學商學院四名學生在美國德克薩斯州大學一年一度的國際商業挑戰賽上，擊敗包括美國加州大學和德克薩斯州大學等 17 間世界著名大學生隊伍，囊括學生推選大獎，成為首支奪魁的香港隊伍。

11 月 25 日

◆ 中國人民解放軍駐港部隊成功進行進駐香港後的第四次正常輪換。

◆ "反董連任大聯盟"舉行"反董連任大遊行"，參加者約 500 人，與該聯盟提出遊行申請時估計的 2000－3000 人相去甚遠。

11 月 28 日

◆ 董建華在太平洋經濟合作議會全體大會開幕典禮致詞表示，受全球經濟下調及美國 "9．11" 事件的負面影響，香港可能出現出乎意料的龐大赤字，而特區政府也將調低對香港生產總值的預測。

◆ 財政司司長梁錦松為耗資 158 億港元的數碼港計劃的首幢辦公大樓主持平頂儀式。

11 月 30 日

◆ 國家主席江澤民在北京會見香港中華電力集團主席米高‧嘉道理。對香港中華電力集團在內地的投資建設成果表示讚賞。希望香港中華電力集團發揮其優勢，擴大投資領域，為西部大開發作出更大努力。嘉道理表示會繼續與中國有關政府部門積極配合，參與內地的基礎建設。

◆ 特區政府宣佈，自 2001 年 12 月 1 日起，鄭維健停任中央政策組首席顧問。他在 1999 年 2 月 1 日獲委任該職，任期三年。董建華感謝鄭維健過去三年來在制定政府政策等方面所給予的支持及貢獻。

◆ 金融管理局宣佈，撤銷對境外銀行及境外有限制牌照銀行開設分行數目的限制，並且不設上限，即日生效。分行數目

限制起源於 1978 年，訂定境外註冊的銀行及有限制牌照銀行在港開設分行的數目不能多於三間。現在撤銷該等機構設立分行的數目限制，是金管局在 1999 年公佈的銀行業改革方案的部分措施。

11 月 31 日

◆ 長江實業集團副主席李澤鉅透露，旗下經營了兩年的長江生命科技國際公司，未來會投資數十億至百億港元發展生物科技業務，生產產品總值將逾 1500 億港元，期望成為全球發展生物科技的重要參與者。該公司在 2001 年的科研投資額已達 10 億港元，已超過 100 種產品在 5 個市場推出，並在 20 個國家開拓推銷渠道。

12 月 1 日

◆ 董建華會見港區全國人大代表、全國政協委員，聽取對香港經濟形勢以及與內地經濟配合的看法。董建華表示，香港目前經濟形勢嚴峻，還面對四個問題：一是財政赤字很大；二是通縮持續，三年來通縮已達 9%；三是政府需要加強資源增值，一定要設法提升工作效率；四是要建立社會的共同價值觀。不過，香港仍然有很多優勢，其中一個就是有內地的支持，

港人對前景應該要有信心。

◆即日起,內地居民赴港澳商務簽注,有效期限由半年延長至三年。有效期在三個月以下的商務簽注申請,更可取消納稅、創匯數額的限制。同時,取消赴港澳旅遊的配額限制。11月22日,中國新聞社報道,中央政府2001年起推動六項重大出入境管理措施,包括上述放寬內地人士來港規限。11月23日,入境事務處處長李少光表示,內地來香港旅遊的配額限制在12月取消後,香港代辦香港遊的旅遊公司會由現時的4間劇增至67間,有利調低內地來香港的團費,提高香港旅遊業競爭力。入境事務處會增加邊境口岸人手,應付香港遊旅客增加。對於現時內地來香港的旅客要到指定櫃位辦理清關手續,也會在12月取消,方便旅客。

◆即日起,羅湖口岸和皇崗口岸的開放時間延長半小時至午夜12時,即全天開放時間由早上6時半至午夜12時。皇崗口岸的通宵貨車通道,皇崗往落馬洲增開3條,落馬洲往皇崗增開1條。

12月2日

◆特區政府推出總值19億港元的4個中小型企業基金供中小型企業申請,並有40家金融機構參與該計劃。

◆香港《文匯報》報道,重慶市舉辦"重慶-香港周"和"香港邁向新紀元"專題展覽。

◆港區全國政協委員、張學良侄女張閭蘅在香港寶蓮禪寺舉行"張學良追思法會",寶蓮禪寺監院釋智慧主持儀式。港區全國人大代表、全國政協委員,以及張氏宗親和香港地區中國和平統一促進會負責人等約30人出席。

◆10425名太極愛好者雲集跑馬地遊樂場,一起演練太極30分鐘,嘗試創造"健力士世界紀錄"。

12月3日

◆行政長官董建華在香港薈英社成立儀式致詞時表示,香港作為國際城市,需要加強市民的英語能力。特區政府會增撥資源,讓學生改善英語能力。特區政府在1998年起已引入400名英語教師,希望為學生提供一個說英語的環境。薈英社是獨立的、非政治的及非牟利的英語教育團體,有83年歷史,在全球40多個國家和地區設有辦事處。

◆香港《文匯報》報道,中國工商銀行(亞洲)(股票編號:349)已用4.74億港元收購了中保國際(股票編號:966)9.9%權益。工銀亞洲是目前內地四大國有銀行中，唯一一家在香港上市的公司，母公司工商銀行擁有工銀亞洲的 75% 的股份，工商銀行的客戶網點和人民幣資源在內地均獨佔鰲頭。

12 月 4 日

◆ 國家質量監督檢驗檢疫總局公佈《供港澳用水生動物檢驗檢疫管理辦法》。

12 月 5 日

◆ 台灣"國防部長"伍世文稱，台灣並無飛彈瞄準香港，台灣的飛彈也打不到香港。

12 月 7 日

◆ 特區政府憲報公佈，行政長官已委任馬道立為高等法院原訟法庭法官，2001 年 12 月 3 日起生效。

12 月 8 日

◆ 行政長官董建華在"香港獻禮"歡迎酒會上致詞表示，特區政府正投入大量資源，發展多項大型旅遊設施，包括：迪士尼樂園主題公園、東涌吊車、香港濕地公園等，以配合整套旅遊業長遠發展策略。對於內地和台灣這兩個最重要的客源市場，特區政府已採取一系列配套措施。

2002 年 1 月起，將取消內地"香港遊"配額制度，並將內地的組團旅行社數目由 4 間大幅增加至超過 60 間。特區政府也已把簽發台灣居民入境許可證所需的時間進一步縮短，還將在 2002 年為台灣旅客推出網上辦證，提供手續簡便快捷的簽證服務。董建華還宣佈，中央政府已同意有香港永久性居民身份的外籍人士將會獲發一至三年多次有效的進出內地簽證，每次停留時間可達 30 天。

12 月 9 日

◆ 中國科學院院長路甬祥透露，在 2001 年新當選的 56 名中科院院士中，有六位是香港科學家，即香港理工大學陳新滋，香港中文大學麥松威，香港科技大學葉玉如（女），香港大學梁智仁、唐叔賢、任詠華（女），佔本年度增選總人數的近 1/9，其中任詠華為最年輕院士。

◆ "反董連任大聯盟"在街頭設立投票板，收集市民對董建華應否連任的意見。數百名市民投票表示支持董建華連任，認為董建華過去四年多政績很不錯，又說特區政府面對種種不利因素，如金融風暴、全球經濟衰退及"9·11"事件等，都能穩定香港。指斥"反董連任大聯盟"是"假民主"，有意搞亂香港。此前一周，該聯盟舉辦的基礎教育論壇也曾出乎聯盟召集人劉慧卿的預料，獲邀講者多數對特區政府教育改革方向和各項措施持肯定態度。

12月10日

◆ 中央政府駐港聯絡辦主任姜恩柱出席"西藏珍寶展"回答記者提問時明確表示，如果董建華先生宣佈參選，他一定支持。他強調，保持行政長官的穩定性和連續性非常重要。

◆ 許多知名人士和團體紛紛表示，支持董建華參選連任。全國人大代表、中華廠商會會長陳永棋表示，董建華這幾年為香港做了許多事情，鞠躬盡瘁，忍辱負重，香港特區第二任行政長官人選，董建華是最好的選擇，不作他求。並説這不是他一個人的想法，而是大部分客觀地、冷靜地看事情的人的看法。行政會議成員譚耀宗、唐英年、方黃吉雯、錢果豐、李業廣、鍾瑞明等表示，董建華是很適合的人選，若決定競選連任，他們會全力支持。行政長官特別顧問葉國華表示，應該儘量讓人們知道董建華過去這麼多年的工作成就及今後將如何做好工作。基本法委員會委員鄔維庸、黃保欣都表示會支持董建華。鄔維庸還説香港有個這樣好的特首，

是港人的幸福。香港工會聯合會會長鄭耀棠説，他會協助董建華助選，曾建議董建華與工人真情對話，董建華已表示會積極考慮。恒基地產主席李兆基表示，董建華"盡心盡力，任勞任怨，做得非常好。我絕對支持他連任"。立法會議員吳亮星、張華峰表示，董建華對香港有承擔，做了很多工作，已經見到成績，值得全力支持。澳門旅遊娛樂有限公司董事總經理何鴻燊表示，董建華工作盡心盡力，令他十分欣賞，並承認自己是董建華助選團成員。香港青年社團聯盟、學友社、青年大專學生協會等、十多個青年學生團體發起聯署支持董建華角逐連任。此前，港區全國人大代表楊耀忠讚揚董建華做得好，人才難得，應繼續做下去。全國政協常委胡鴻烈也表示支持董建華連任。

◆ 新華網報道，國務院台灣事務辦公室每月例行新聞發佈會日前首次由香港東風衛視，向台灣地區、香港特區、澳門特區和新加坡、馬來西亞、印尼、澳大利亞等國家做全程實況轉播。據瞭解，東風衛視今後將開闢固定時段，對國務院台灣事務辦公室的新聞發佈會進行常態性的直播。

◆ 淨化海港計劃第一期建造工程順利完成，工務局局長李承仕稱譽為香港污

水處理工作以及改善維多利亞港水質的里程碑。

12 月 11 日

◆ 特區政府宣佈成立香港物流發展局，39 位成員由財政司司長委任，主席由經濟局局長兼任。

◆ 由多位港區全國人大代表和全國政協委員，以及社會各界知名人士主辦的"從基本法看行政長官選舉"座談會在會議展覽中心舉行。200 多名各界人士出席。李東海、莊世平、徐四民、譚惠珠、鄔維庸等發言強調，新一任行政長官選舉是根據基本法的規定進行，以符合香港發展實際情況、循序漸進的方式發展民主。社會上一小撮人要求馬上採用"一人一票"的選舉方式，是罔顧現實，不符合香港整體利益，更不符合基本法的精神。

◆ 金融管理局發表檢討進入香港銀行業市場的準則，以及三級發牌制度的文件，並向業內公會諮詢。檢討的建議包括撤銷在香港設立分行的海外註冊銀行資產規模的限制，由目前準則為 160 億美元（約 1248 億港元），降至與本地銀行一樣，總資產及客戶存款規模，分別為 50 億美元及 40 億美元，下降約達 96%。金融管理局亦建議，放寬現行對本地註冊有限制牌照銀行及接受存款公司升格為持牌銀行的準則，包括把必須以有限制牌照銀行或接受存款公司的形式，在港經營至少十年的期限，縮短為只需三年，並撤銷"與香港有緊密聯繫並有密切關係"的規定。同時，金融管理局考慮需要避免過多小型銀行進入香港市場，又建議將持牌銀行的最低繳足股本要求，由 1.5 億港元增加至 3 億港元。這是在 1989 年調整後考慮期內通貨膨脹的因素再次提出的建議。

12 月 12 日

◆ 政制事務局局長孫明揚在立法會會議上發言，明確反對民主黨議員張文光提出修訂《選舉開支最高限額（行政長官選舉）規例》的議案。指出特區政府訂立 950 萬港元為行政長官選舉開支上限，是基於所有候選人競逐的行政長官職位所帶有的職權以及候選人所建議的施政方針，對於特區所有市民都影響甚大，候選人需要透過選舉委員會的成員，向全港 670 萬市民解釋他們的治港理念，並不是只向 800 人解釋。值得注意的是，立法會選舉五個地方選區的開支上限合共是 1000 萬港元。行政長官候選人進行全港性宣傳應包括五項開支：一是租用辦公室作為競選總部；二是聘請工作人員；三是聘請顧問；四是政策研究工作；五是宣傳及推廣的工作。

◆ 國務院頒佈《外資保險公司管理條例》（國務院令第 336 號）。其中規定香港特區的保險公司在內地設立和營業的保險公司，比照適用該條例。

◆ 香港旅遊業議會主席袁家齊一行十人訪問台灣，期間曾拜會"陸委會"等，就兩岸直航後香港作為兩岸轉運站變化等問題交流看法。

12 月 13 日

◆ 正在緬甸訪問的國家主席江澤民在仰光國賓館接受香港電視記者採訪時說，"董建華是我們香港特區的行政長官，他今天將在香港宣佈競選連任下一屆行政長官，我祝願他當選連任，我相信他會當選連任香港特區行政長官。"陪同江澤民訪問的外交部部長唐家璇表示，由衷祝願董建華能夠連任特首，全中國人民都支持董建華。同行的外經貿部部長石廣生亦表示支持董建華連任。

◆ 香港各界"支持董建華連任"大會在香港會議展覽中心新翼演講廳舉行。董建華正式宣佈參選香港特區第二任行政長官。選舉委員會委員等各界人士 1000 多人出席。霍英東首先發言表示，董建華獲

得中央政府的充分信任和大多數香港市民的支持，沒有一個人比董建華更適合做特首工作，所以他投董建華信心的一票。戴希立、黃金寶、王于漸、陳智思、譚詠麟、鄭耀棠、季桑分別代表教育、專業、體育、文藝界、工會、學生等界別發言。有的感謝董建華對教育的投入和對體育事業的支持，有的稱讚他在巨大的經濟困難下勇於承擔的精神，有的強調自己被他"親切、隨和"的人格魅力所感染，有的為他對基層民眾的關懷而感動。發言者均對董建華的未來施政寄予厚望。董建華隨後發表題為《施政與時並進 強化競爭優勢》的參選連任演說。

◆ 中央政府駐港聯絡辦負責人接受中通社記者採訪時表示，我們高興地看到董建華先生宣佈參選香港特區第二任行政長官，對此我們表示完全支持。

◆ 廣播事務管理局表示，該局接獲的 28 宗有關香港電台電視節目"頭條新聞"諷刺行政長官董建華及特區政府的投訴當中，有 4 宗證實與廣播有關，有關投訴是成立的。廣播事務管理局將會向香港電台發出勸諭。香港電台發表聲明，表示尊重廣播事務管理局的意見，但對裁決表示失望。

12 月 14 日

◆ 正在緬甸訪問的國家主席江澤民再次表示有信心董建華可以成功連任。當記者問及江澤民對董建華在 12 月 13 日提到自己的政策有不足之處的看法時,江澤民表示,沒有人能保證做任何事都是對的,他認為董建華的工作總的來說是好的。他有信心董建華會成功連任。錢其琛被記者問到同一問題時說:"董建華這樣說是很謙虛,每個人都曾經有一些問題。"並表示"一國兩制"的實施需要一個過程。他相信董建華有了經驗,更有利於未來的施政,今後施政一定會有改善。

◆ 標準普爾宣佈,給予香港交易及結算所 8.3 分(最高為 10 分)的企業管治評分。該評分反映了香港交易及結算所強健的整體企業管治架構。香港交易及結算所對標準普爾的評分表示歡迎。主席李業廣表示,該份評分報告為香港交易及結算所帶來裨益,推動香港交易及結算交所進一步發展。

12 月 15 日

◆ 外交部駐港特派員公署發言人表示,香港的穩定和行政長官的連續性對於特區非常重要,我們完全支持董建華先生參選。

◆ 香港第 36 屆國際工業出品展銷會(俗稱"工展會")於添馬艦正式開幕。霍英東、董建華、姜恩柱、吉佩定等嘉賓主持了開幕儀式。

◆ 董建華競選辦公室首次正式開放予傳媒參觀。董建華競選辦公室主席梁振英、主任鄭維健、聯絡組主任譚惠珠和公關組主任丘李賜恩等會見傳媒。梁振英表示,董建華在這次選舉中會打開所有面向全社會的渠道,聽取不同的聲音,同時不排除直接接受公眾的質詢。目前已收到不少市民的要求,希望董建華親自參加他們的活動,聽取他們的意見。這方面,競選辦公室會儘量安排,但由於時間上的限制,當中需要作出一些取捨。譚惠珠表示,辦公室會小心行事,一切依據選舉法規做事,一步也不會過界。鄭維健強調,所有競選支出都會依據法例申報,屆時亦一定會公開。

12 月 17 日

◆ 特區政府發言人重申,根據入境條例,無證兒童(即沒有居港權又滯港不歸的港人在內地所生子女)屬逾期居留,入學便是違法,並力指僅得約 60 名兒童參與居留權訴訟,與外界所指多達 180 多人距離甚大。特區政府發言人又指出,

2001 年

187 宗拒絕入學申請的個案中，只有四宗在 2000 年 2 月前提出申請，因此外界指不少無證兒童長達五年無法入學，是"全無事實根據"。特區政府正重新評核所有無證兒童被拒入學的個案，由教育署長參考入境事務處意見後，再逐一決定能否入學。特區政府發言人強調，任何上述入學安排均不應被視作有關兒童已獲入境事務處處長的批准，可在香港逗留接受教育；也不應被視為入境事務處處長已作出不會進行或不會繼續進行遣送離境程序的承諾。

◆ 台灣"警政署"稱，已查出 144 名警察違反《警察機關、學校所屬人員進入香港澳門》等規定，未經核准赴港澳地區，將給予記過、申誡等處分。

12 月 18 日

◆ 董建華接受電視台訪問總結過去四年半的施政時表示，特區政府已經成功落實"一國兩制"，克服亞洲金融風暴的影響，但特區政府仍需時刻提醒自己，具有居安思危的思維，能夠更好地應付環境的急速變化。他擔任行政長官的首要也是最大的任務是落實"一國兩制"。並表示，經過反省，特區政府所做的有不足之處，例如在政策落實、改革、掌握民意、民情

等方面的工作，特區政府做得不足夠。至於如何可以做得更好，董建華強調，特區政府落實問責制，就是希望整個特區政府、高官能更努力地為市民服務。

◆ 董建華出席香港大學九十周年校慶致詞時表示，我們現在應重新考慮一下對於在教育方面實行精英主義的態度，以及整體來說，對精英這個概念所持的態度。他認為，應提倡一種新的精英主義，即這些精英分子開明開放、用人唯才、奉公忘私，來自社會各界，即使取得個人成就但仍不忘本身的出處，並明白到在自我提升後，也須協助別人提升。董建華深信這種新精英主義是大多數市民都會擁護的，因為本質上這就是香港精神。

◆ 公務員事務局局長王永平宣佈，特區政府決定全面檢討公務員薪酬政策和制度。檢討工作將分兩個階段進行。

◆ 應香港台灣工商協會邀請，台灣親民黨副主席張昭雄及多名該黨"立委"來香港出席該會九周年會慶，並會晤了個別香港立法會議員。張昭雄在會慶上代表親民黨主席宋楚瑜感謝香港台商對台灣的關心和支持，希望此行能增進台港兩地相互瞭解。國民黨中常委、"立委"朱鳳芝，民進黨籍"立委"鍾碧霞也應邀來香港出席該會會慶活動。

12 月 19 日

◆ 財經事務局副局長何淑兒在立法會表示，受到 "9‧11" 事件的影響，再保險公司將於 2002 年 1 月 1 日起，不再為僱員因恐怖活動而引起的傷亡作保險安排，特區政府將申請 100 億港元的財務安排，以確保僱員和僱主能夠繼續獲得現有僱員補償保險的保障，以便一旦發生上述傷亡事件，保險公司得以繼續向受害人提供賠償。特區政府在提供 100 億港元保障的同時，保險公司亦須從其每年僱員保費中繳交 3% 予特區政府，按照 2001 年度保費計算，預計特區政府每年可獲 9000 萬港元。特區政府將於 2002 年 1 月 11 日，向立法會財務委員會申請 100 億港元的撥備。

◆ 董建華競選辦公室主任鄭維健接受記者訪問時透露，正式宣佈參選香港特區第二任行政長官的董建華，目前已經獲得超過 500 名選舉委員會委員簽名支持，由於合資格在第二任行政長官選舉中投票的選舉委員會委員不足 800 人，上述資訊表明董建華已經得到逾 60% 的選委支持，只要不出現意外情況，董建華已鐵定當選。據報道，自董建華於 2001 年 12 月 13 日宣佈參選香港特區第二任行政長官以來，前往董建華競選辦公室送交支持函的團體代表和各界人士絡繹不絕，其中許多是選舉委員會委員。明確表達對董建華連任第二任行政長官的全力支持。不少人還對 "反董連任大聯盟" 提出批評，認為他們不提建設性意見，只會抹黑特區政府，干擾行政長官選舉。

◆ 香港中醫藥管理委員會主席謝志偉在記者會上公佈，全港共有 7707 名申請人獲接納成為表列中醫。有關法例在 2002 年 3 月 1 日生效後，只有表列中醫才可在香港特區作中醫執業，直至成為註冊中醫，或直至衛生福利局局長公佈過渡性安排的終結日期為止。表列中醫須遵守由管委會制定的《表列中醫守則》，以確保專業操守及執業水準。表列中醫如涉嫌違反守則，可能受到紀律處分，最高罰則為從中醫名單上除名。香港中醫藥管理委員會將於 2002 年上半年公佈經直接註冊的首批註冊中醫的名單。註冊審核預計於 2002 年下半年舉行，首次執業資格試於 2003 年舉行。

◆ 香港恒生銀行獲准在台灣設立代表人辦事處，成為繼香港上海匯豐銀行、東亞銀行、亞洲商業銀行之後在台灣設立分支機構的第四家港資銀行。

12月19日－12月20日

◆香港特區行政長官董建華赴北京述職。江澤民、朱鎔基、錢其琛分別會見董建華，並作重要講話。董建華在述職後告訴記者，他向國家領導人介紹了他最近提出的有關加強內地和香港經貿合作的建議，中央政府非常重視這些建議，表示會積極研究，以具體的政策來支持香港國際金融中心、貿易中心、物流中心、旅遊中心的地位，會繼續充分利用香港這幾方面的優勢，使香港能夠發揮不可取代的作用。

12月20日

◆資訊科技及廣播局局長尤曾家麗表示，全港680萬市民將從2003年年中開始，申領多功能的智能身份證。這種新身份證除包括持證人的基本資料外，還具有圖書證及駕駛執照等其他功能，甚至可用作網上交易。市民日後若遺失身份證，亦無須逐項申請補領。

◆國務院頒佈《外資金融機構管理條例》（國務院令第340號）。其中規定香港特區的金融機構在內地設立和營業的金融業務機構，比照適用該條例。

◆對外貿易經濟合作部公佈《供港澳地區雞肉產品出口管理試行辦法》。

12月21日

◆選舉管理委員會宣佈《選舉程序（行政長官選舉）規例》開始實施。根據規例，香港特區第二任行政長官選舉定於2002年3月24日（星期日）舉行，候選人提名期為2002年2月15日－2月28日。

◆被裁定包括收受賄賂及身為公職人員行為失當等四項罪名成立的前立法會議員程介南，被區域法院判處即時入獄18個月。

12月22日

◆特區政府統計處每兩年出版一冊的《香港社會及經濟趨勢》顯示，1990年香港人口570萬，現時達673萬，十年增長了103萬。勞動人口由1990年的275萬人增至2000年的337萬人。五年來的社會福利開支也增加了一倍，由1995年的141億港元增至2000年的284億港元，其中房屋及教育部分的開支分別上升71%及54%。旅遊業收益，由1990年380億港元消費額，增至2000年593億港元，訪港旅客的主要來源，也由十年前的日本、美國等地，改為近年的內地及台灣等地為主。

12 月 23 日

◆ 香港政策研究所最新政治信心調查結果顯示，市民對董建華的支持度大幅上升。近千名受訪者對"行政長官表現"的信心，由上月的 79.3 點大幅增加至本月的 89.9 點，升幅超過一成，也是該調查自 3 月以來錄得的最高點數。

12 月 24 日

◆ 據《香港商報》報道，特區政府禮賓處剛發表的領事及官方認可代表名冊顯示，全球有 100 個國家在香港設立總領事館、領事館，派駐的總領事、領事、副領事、名譽領事達 510 人。東歐各國近幾年相繼在港設領事館。各國駐港外交官員最多的仍是美國，其次是英、日、加、澳。還有五個國際組織在港設辦事處，即歐洲聯盟歐洲委員會香港辦事處、國際清算銀行亞太區辦事處、國際金融公司東亞及太平洋地區辦事處及世界銀行東亞及太平洋地區私營發展部辦事處、國際貨幣基金組織香港特別行政區分處、聯合國難民事務高級專員署香港辦事處。

12 月 25 日

◆ 新華網報道，由世界經濟論壇和哈佛大學聯合進行的一項最新研究表明，香港的創造力指數在世界上位列前 10 名。由世界經濟論壇公佈的全球競爭力排名，香港的經濟創造力進入全球前 10 名，比上一年度的第 12 位，上升了至少 2 位。

12 月 27 日

◆ 對外貿易經濟合作部、國家質量檢驗檢疫總局發出《關於供港澳地區肉類產品出口管理有關問題的通知》。

◆ 光華新聞文化中心主任江素惠舉行"光華十載"告別酒會，她表示自己是台灣人，也是香港人，更是中國人，今後會留港繼續推動兩岸及香港的文化交流工作，為廣大的中國人服務。台灣當局宣佈其繼任者是現為無黨籍"無任所大使"的女作家路平。

12 月 28 日

◆ 董建華競選辦公室發出消息，董建華從下周開始按既定計劃，分批與不同界別的選舉委員會面，並於稍後舉行公開諮詢會。

◆ 香港國泰、港龍航空公司與台灣華航、長榮航空公司協商並簽署協議，再次將原有港台航空協議安排的有效期延長至 2002 年 6 月。這是繼 2001 年 6 月港台航空協議安排到期、續約商談不果被迫延

香港聖誕彩燈。

中國人民解放軍駐香港部隊根據中華人民共和國憲法賦予中國人民解放軍的使命，依照
特別行政區基本法和駐軍法的有關規定，從 1997 年 7 月 1 日零時起，擔負起香港特別
行政區防務的神聖職責。解放軍駐港部隊堅決貫徹中央軍委江澤民主席於 1997 年 6 月
30 日頒佈的進駐命令，堅持人民解放軍全心全意為人民服務的宗旨，發揚優良傳統，忠
實履行職責，遵紀守法，依法治軍，把部隊建設成為 "政治合格、軍事過硬、作風優良、
紀律嚴明、保障有力" 的威武之師和文明之師。圖為解放軍駐港部隊位於香港中環軍營
（原名 "添馬艦軍營"）的總部大廈（原名 "威爾斯親王大廈"）。

約至 2001 年 12 月的又一次展延。

<u>12 月 30 日</u>

◆ 中國人民解放軍駐香港部隊對外新聞組發言人宣佈，根據立法會於 5 月通過的《2000 年軍事設施禁區（修訂）令》，解放軍駐港部隊的添馬艦 "威爾斯親王軍營" 將於 2002 年元旦正式改名為 "中環軍營"；"威爾斯親王大廈" 改為 "中國人民解放軍駐香港部隊大廈"。軍方即日在大廈東西兩側掛起新名牌。

◆ 董建華競選辦公室發言人表示，所有對董建華競選連任的捐款，必須是自願及自發的。競選辦公室也收到一些市民的捐款。發言人引述董建華的話稱，董建華對這些市民，尤其是來自基層市民的支持，深表感激。董建華同時希望基層市民毋須以捐款形式來表達支持。

2002年 ·····················

1月2日

◆ 霍英東出席一公開場合時表示，董建華在過去四年積累不少管理經驗，成功落實"一國兩制"，而且香港經濟環境亦較亞洲其他地區好，一旦成功連任，處事將更成熟。曾憲梓也表示，若 800 名選委會成員全在香港，會有 700 人願意簽名提名董建華。他相信董建華可較首屆競選特首時贏得更漂亮。

◆ 香港特區第二任行政長官參選人董建華開始與選舉委員會各界別委員會面。他首先在其競選辦公室與選委會部分勞工界別委員及金融服務界委員會面，聽取他們的意見與建議。

◆ 第二條連接香港與非洲的航綫開通。該航綫由香港到埃塞俄比亞首都亞的斯亞貝巴。另一條香港與非洲的航綫是從香港到南非首都約翰內斯堡。

1月3日

◆ 行政長官董建華約見各區議會主席，就急需解決的地區性問題聽取意見。17 位區議會主席參加了會見。

1月4日

◆ 香港特區政府宣佈，在三個月內，全面檢討證券及期貨事務監察委員會、機場管理局、市區重建局、香港旅遊發展局、九廣鐵路公司、地鐵有限公司、香港貿易發展局、強制性公積金計劃管理局、金融管理局等九間法定公營機構及其附屬公司約 100 名高層管理人員的薪酬和福利制度，是否與私人市場脫節。並為每個機構制定指引，確保日後釐定及調整薪酬時，能完全反映市場情況，薪酬水平擬訂在私人機構類似職位的薪酬中位數。

1月6日

◆ 香港特區第二任行政長官選舉委員會界別分組補選結束。在 2000 年 12 月 14 日－12 月 20 日的選舉委員候選人提名期內，共有七人獲有效提名角逐四個委員空缺。經補選填補這些空缺，選舉委員會共有 796 名委員。因四名港區九屆全國人大代表身兼第二屆立法會議員而出現的四個空缺，按照《行政長官選舉條例》有關規定，不予填補。

◆ "負資產再生產組織"成立，免費為負資產業主提供專業的財務顧問、法律意見及心理輔導等一站式服務。

1月7日

◆ 金融管理局宣佈，香港在 2001 年 12 月底的官方外匯儲備資產為 1112 億美元。外匯儲備額在全球排行第四,僅次於日本、中國內地和台灣。

1月7日-1月10日

◆ 香港地區中國和平統一促進會訪問台灣。這是全球百餘個促進中國統一組織中,首個獲准以"促統"名稱訪台的團體。訪問團走訪了台灣"陸委會"、"經濟部"、台北市政府與台北市議會等機構,以及海基會、中國統一聯盟、海峽兩岸和平統一促進會、台灣工商企業聯合會等團體。介紹了香港實施"一國兩制"的情況與感受。

1月8日

◆ 中央政府駐港聯絡辦社會工作部舉行新年酒會。中央政府駐港聯絡辦主任姜恩柱、副主任高祀仁、劉山在和各部門主要負責人出席了酒會。高祀仁致詞表示,中央政府駐港聯絡辦會嚴格履行中央政府賦予的職責,密切聯繫香港各界人士,聽取、反映各界人士對內地工作的意見,推動香港與內地在經濟、技術、科學文化等方面的交流與合作。並以姜恩柱名義,代表中央政府駐港聯絡辦及各部門對香港各界長期以來給予的支持、關心、幫助及合作表示衷心感謝。

◆ 香港特區第二任行政長官參選人董建華在其競選辦公室分別會見選舉委員會資訊科技界別委員和建築、測量及都市規劃界別委員,聽取他們的意見和建議。

1月9日

◆ 運輸局局長吳榮奎在立法會表示,為配合香港長遠發展的需求,以及維持香港作為區內運輸和商業中心的地位,特區政府會投資約 2000 億港元建設 12 個鐵路項目。12 個項目會在 2016 年年底之前相繼落成。屆時,香港的鐵路網會擴展約 100 公里或 75%,路軌總長度將超過 250 公里。

◆ 首屆"中國民營企業發展(香港)論壇"在香港舉行。300 多位內地、港澳、東南亞地區的工商界人士與會,探討中國民營企業的發展方向及其如何拓寬與港澳民營企業的合作。全國政協副主席、中華全國工商聯主席經叔平發表演講指出,改革開放 20 多年來,內地的民營經濟對 GDP 的貢獻率從 1989 年的 0.57% 上升到 2000 年的 20.2%。內地企業與香港企業具有很強的互補性,合作前景廣闊。中華全國工商聯有 160 多萬個會員,香港的幾十家商會也聯繫着數十萬個企業,通過兩地商會的牽綫搭橋,可以實現低成本、高效率的合作。

<u>1 月 10 日</u>

◆ 終審法院首席法官李國能和終審法院常任法官陳兆愷、李義及非常任法官梅師賢,以多數意見(常任法官包致金持不同意見)就涉及五千多名港人在內地所生子女居港權的司法覆核案,作出終局判決。裁定:所有五千多名申請人均不屬於終審法院 1999 年 1 月 29 日有關居港權案判決的訴訟當事人,除非另有原因,都應受全國人大常委會在 1999 年 6 月 26 日對基本法有關條款解釋的影響而沒有居港權。入境事務處處長發出和執行遣送離境令不構成濫用法律程序。

◆ 行政長官董建華就終審法院上述判決對傳媒表示:"我尊重法治精神,我希望申請居留權的人士接受法庭裁決。""為了給他們一些時間安排返回內地,同時他們也希望在香港過農曆新年,經過我們與內地商議,內地有關部門會安排'寬限期',容許有關人士 3 月底前返回內地,不會追究非法來港或在港逾期居留。"保安局局長葉劉淑儀呼籲那些未能受惠於法院裁決的人士自願返回內地。1 月 13 日,入境事務處發言人稱,現時有 8000 多名聲稱擁有居港權的內地人滯留香港,當中 1/3 是在終審法院於 1999 年 1 月 29 日判決之後來香港的,根據終審法院的判決,他們要返回內地後再申請來香港。特區政府無意增加單程證名額來縮短這批人士申請來香港的時間。

◆ 針對台灣領導人陳水扁詆譭香港行政長官是"北京當局的傀儡"的言論,特區政府發表聲明指出,香港回歸以來,成功落實"一國兩制"。香港的行政長官是根據基本法由各界選出來的。香港的政制將循序漸進地發展。

<u>1 月 11 日</u>

◆ 董建華透露,在未來十年內,除每年撥款 500 億港元投資教育外,還將增撥 1000 億港元落實所有教育改革建議。

◆ 入境事務處表明,對沒有居港權的逾期居留人士,在 2002 年 3 月底"寬限期"前,不會遣返他們。稱可向他們發出證明函件,證明他們是因為涉及居港權訴訟而留港,內地有關部門不會追究他們"非法來港或在港過期居留"的行為。

◆ 香港電訊管理局宣佈,從 2003 年 1 月 1 日起全面開放固定電訊網絡服務市場,發牌不設上限,由 1 月 11 日起接受牌照申請。

1月13日

◆ 1000 多名來自泰國、印尼、尼泊爾和菲律賓的外籍傭工發起遊行,抗議香港特區政府打算降低外傭的最低工資。

1月14日

◆ 2002 年法律年度開啟典禮在香港會議展覽中心新翼舉行。李國能、梁錦松、梁愛詩和行政會議成員、立法會議員、各級法官、司法人員、資深大律師及外國駐港領事等 1400 多人出席。終審法院首席法官李國能主持並首先致詞。律政司司長梁愛詩也發表講話。

◆ 第二任行政長官參選人董建華在其競選辦公室會見選舉委員會香港中國企業協會委員和衛生服務界委員,聽取他們的意見與建議。

◆ 特區政府宣佈,委任何志平為香港藝術發展局主席,2002 年 1 月 1 日起生效,任期為三年。

1月15日

◆ 香港金融管理局與內地中央國債登記結算公司達成原則性合作方案,將雙方的債券結算系統聯網,使內地經批准可經營外匯業務的金融機構能通過聯網,持有及結算在香港的債券,以及透過聯網進行港元及美元即時交收,減低因地域或時差引起的結算風險。

1月16日

◆ 國務院總理朱鎔基在訪問印度期間回答香港傳媒提問時表示,香港特區政府的財政赤字不算嚴重,也不存在違反基本法量入為出規定的危機。他表示,過去幾年香港累積大量儲備,因此香港特區政府有辦法解決赤字問題。

◆ 第二任行政長官參選人董建華在其競選辦公室會見選舉委員會全國政協委員和社會福利界選舉委員,聽取他們的意見和建議。

◆ 全國政協常委徐四民表示,他熱誠支持董建華參選第二任行政長官,將投給董建華神聖一票。

◆ 保安局局長葉劉淑儀接受路透社訪問時,對港人黎廣強因運送 1600 本《聖經》往內地而被拘控一事表示,此案香港沒有司法權,因為黎廣強是在內地涉嫌觸犯法律而被捕的。

1月17日

◆ 港區全國人大代表和政協委員在珠海與中央政府有關部門舉行座談會,聽取國家發展計劃委員會、財政部等部門介紹過去一年國民經濟及國家財政預算的執行情況和對今年經濟情況的初步展望。

◆ 香港政策研究所發表的最新民意調查顯示，香港市民對董建華和香港特區政府的信心比上月分別大幅攀升 17% 和 18%。

◆ 香港特區政府公佈最新的失業率達 6.1%，失業人數 21 萬人。

◆ 香港金融管理局公佈 2001 年外匯基金投資收入 70 億港元，較 2000 年減少八成半，回報率是自 1994 年以來最低。

1 月 18 日

◆ 香港特區第二任行政長官參選人董建華在其競選辦公室會見記者，談及當前需要解決的問題及未來施政理念。董建華認為財政赤字問題，情況非常嚴重。一定爭取用三年或五年時間，消滅財赤，達到收支平衡。並表示，為了香港的未來，需要制定比較周全的人口政策。香港不宜興建拉斯維加斯式的賭城。董建華表示，過去幾個星期，他會見了選舉委員會很多界別的委員，選舉委員也向政府提出許多很好的意見。他很開心選舉委員認同特區政府過去五年的施政方向，希望第二屆（如果他連任）可以繼續貫徹執行。

1 月 19 日

◆ 香港《成報》創辦人何文法在香港逝世，享年 91 歲。何文法於 1939 年創立《成報》，出任社長一職達 60 年，直至 2000 年底將《成報》易手給中策集團，始淡出報壇退休。中央政府駐港聯絡辦副主任王鳳超向何文法夫人及家屬發唁函表示深切哀悼。

1 月 19 日－1 月 22 日

◆ 香港貿易發展局主席吳光正率香港商業代表團訪問台灣。在貿發局與台外貿協會共同舉辦的"台港企業座談會"上，代表團與台金融、製造、物流和基礎建設四大行業的代表進行了交流，雙方同意建立兩地企業定期交流機制。吳光正等還拜訪了台北市馬英九、外貿協會董事長許嘉棟、"經建會"主委陳博志、工業總會理事長林坤鍾等。

1 月 20 日

◆ 義務工作發展局舉辦"國際義工年暨 2001 國際義工日嘉許禮"，大會頒發了近 500 個義工嘉許獎項予長期服務和表現優秀的義工。聯合國將 2001 年訂為"國際義工年"，每年 12 月 5 日為"國際義工日"。

1月21日

◆中央政府駐港聯絡辦主任姜恩柱設晚宴歡迎來香港參加邵逸夫贈款儀式的內地教育代表團全體成員，邵逸夫伉儷應邀出席。姜恩柱致詞對邵逸夫十多年來對內地捐資助學的慷慨義舉表示敬意和感謝。1985年以來，邵逸夫先後15次向內地教育事業捐款共24億港元，興建項目3228個，遍佈內地各省、自治區和直轄市。

1月22日

◆中央政府駐港聯絡辦副主任劉山在內地與香港物流及航運合作發展研討會上發言表示，香港與內地物流及貨運業務將顯良性競爭態勢，可以互相推動，互相協作，把"蛋糕"做大，加強合作，共同發展。

◆香港特區第二任行政長官參選人董建華在其競選辦公室會見身兼選舉委員的立法會議員。對民主黨、前綫、街坊工友服務處等十多名議員杯葛會面感到失望，表示他們身為800名選舉委員之一，應該履行職責。

◆美國標準普爾信貸評級機構發表香港企業管治評估報告，認為香港整體企業管治水平良好，是亞洲區內的領先者。

1月23日

◆保安局局長葉劉淑儀表示，從香港特區成立到2001年7月19日，共有6762人受終審法院在2001年對莊豐源案件判決的影響而獲得居港權。

1月25日

◆教育統籌委員會主席王蔃鳴在教育改革進展簡佈會上表示，教育統籌委員會於2000年9月向特區政府提交教育制度改革建議，把課程改革、語文教育、支持學校、專業發展、收生機制、評核機制和增加專上教育機會列為教改工作重點。並於當年10月推行教改，至今已有一年多時間。並指出，教育改革工作雖剛起步，但已取得一定成效：一是特區政府用於教育的開支比回歸前增加了四成半；二是香港大專教育普及率由去年約32%提升至38%；三是具學位學歷的小學教師由回歸前約兩成的比例，增至現時超過40%；有學位學歷的中學教師由回歸前約80%比例，增至現86%；四是現時近70%的小學及近80%的中學設有家長教師會。

◆財政司司長梁錦松與對外貿易經濟合作部副部長安民就董建華在2001年底赴京述職時提出成立類似自由貿易區的建議，在北京進行磋商。雙方同意將有關建議定名為"內地與香港更緊密經貿關係安排",範圍將涵蓋商品貿易、服務貿易,以及貿易投資便利化。雙方並就磋商原則達成以下共識:(1)符合WTO的規則和"一國兩制"的原則,是國家主體同其單獨關稅區之間的經貿關係安排;(2)適應兩地經貿關係發展的趨勢,考慮兩地產業結構調整和提升的要求,當前與長遠目標相結合,達到互惠互利效果;(3)遵循先易後難,逐步推進的工作方式;(4)廣泛聽取兩地政界、工商界、學術界等領域的意見;(5)共同努力,積極推進該項安排,不斷取得進展。

◆ 行政長官特別顧問葉國華表示,歡迎台灣民進黨成員以適當身份來香港參觀,加深對"一國兩制"的認識,但他們如以"國與國"身份來香港,就無法忍受。

1月28日

◆ 香港特區第二任行政長官參選人董建華發表《我對香港的承諾》,詳述如果連任行政長官未來五年將會推行的施政方略。

◆ 香港長實集團旗下的和記黃埔宣佈,與新加坡政府旗下的科技企業合作以現金58.5億港元(7.5億美元),收購環球電訊(Global Crossing),從而取得貫通全球200個主要城市的光纖電纜網絡,進一步擴大"和黃"的全球電訊業務。

◆ 高等法院首席法官梁紹中和上訴法庭法官胡國興、張澤佑就涉及在德國出生並定居的香港永久性居民中的中國公民所生子女謝耀漢加入德國國籍後申請香港特區護照的司法覆核上訴案,作出二審判決。裁定撤銷原訟法庭判決,香港中國同胞在外國所生子女的中國國籍不因其自願加入外國國籍而自動喪失,謝耀漢有權領取特區護照。

1月29日

◆ 九廣鐵路董事局決定委任畢馬域會計師樓,就西門子事件以及其他27項補充協議作獨立調查。行政長官董建華表示關注這一事件,特區政府會密切注意調查結果並及時跟進,希望市民不要猜測。政務司司長曾蔭權表示,對九鐵公司就西門子事件作獨立調查表示歡迎,並承諾若調查報告不涉商業敏感資料,特區政府會公開報告內容。據傳媒披露,2001年年底,九廣鐵路發現,以2.8億港元超低價投得"西鐵"資訊及電訊系統合約的承辦商西門子有限公司,工程嚴重延誤。九鐵不僅不追討賠償,反而額外花費1億港元公帑補貼。九廣鐵路董事局主席田北辰召開董事局會議，隨後在記者會上透露，類似西門子一類要額外撥款的“西鐵”工程補充協議達 27 項，涉及 18 份合約，涉款 15.36 億元，佔西鐵工程總額的 9.2%。

1 月 30 日－1 月 31 日

◆香港特區第二任行政長官參選人董建華連續出席四場諮詢大會，回應選舉委員會四大界別委員的提問。450 名選舉委員應邀出席。董建華表示，如果當選香港特區第二任行政長官，未來五年裡，將會重點做好四項工作：一是務求施政與時並進，包括改革政府架構，改進政府辦事作風，落實問責制，培育適應時勢的問責文化、服務文化。確保在政策制訂過程之中，能夠掌握民意，使各項政策在落實和執行時，能夠順利展開；二是積極推動經濟轉型，尤其是充分利用國家加入世貿的機會，加強和內地的合作，強化香港的競爭優勢。創造更好的營商環境，吸引內外的投資者，製造更多的就業機會；三是為市民創造更多就業機會。對適應變化有困難的人，幫助他們接受培訓和再培訓。對於最終無法適應的，政府透過穩定完善的安全網，盡力給他們有基本的照顧；四是帶動社會，弘揚自強不息、逆境創業的優良傳統，倡導追求卓越、團結向上的精神。為配合香港經濟轉型和未來發展，需要正視通縮帶來的問題，需要長遠解決財赤，需要制訂人口政策。這些都是第二屆政府的重要工作。董建華還回答了選舉委員提出的有關爭取和吸納專才、改革、簡化政府架構和培養新的政府文化、如何看待和解決財政赤字、就業、維護人權和法治、發展香港文化事業和香港發展物流中心，以及重視市民精神健康及品德教育等問題。

1 月 31 日

◆國家發展計劃委員會和香港特區政府政務司在北京召開“內地與香港特區大型基礎設施協作”會議。曾培炎主任會見曾蔭權司長時表示，在交通、能源等大型基礎設施領域，雙方應進一步加強協作，避免重複建設。曾蔭權和國家計委副主任張國寶會後會見記者時宣佈，會議就加快深港西部通道前期工作、修建廣東向香港輸送液化天然氣管網和港深穗區域快綫等項目取得共識，並決定：（1）兩地加強實地掌握基建情況的工作；（2）成立專家小組，就道路、鐵路、集裝箱碼頭、機場與港口等項目建設和雙方關注要點進行專題研究，加強協調和配合；區域快綫則由鐵道部牽頭組成專家小組做專題研究。

2002 年 1 月 30 日，董建華在競選連任諮詢大會上回答選舉委員會委員提出的問題。

2月1日-2月4日

◆ 財政司司長梁錦松出席在紐約舉行的世界經濟論壇。梁錦松發表演説並會見信貸評級機構及投資銀行高級管理人員。還與 20 國集團（G20）的財政、貿易及發展部長以及中央銀行行長會面。

2月2日

◆ 入境事務處縱火謀殺案陪審團以大比數裁定首被告施君龍罪名成立。其餘六名被告被裁定兩項誤殺罪成立。七人同時被裁定縱火罪名成立。

2月3日

◆ 香港國際機場獲著名航空貨運雜誌《Air Cargo News》選為 2001 年最傑出貨運機場。該雜誌總部設在倫敦。過去 19 年每年均選出全年最傑出航空公司，但選出全年最傑出的貨運機場卻屬首次。香港國際機場亦同時獲選為遠東區優秀機場。

2月5日

◆ 董建華出席一個公開活動時指出，內地放寬商務簽證及取消"香港遊"配額的限制後，2001 年下半年，內地訪港旅客急升，2001 年全年增長高達 17.5%，達 443 萬人次，使香港能夠在"9‧11"

事件的衝擊下，全年訪港旅客總數錄得 5.1% 的增長，達到 1370 多萬人次的歷史新高峰。

◆ 中央政府駐港聯絡辦舉行 2002 年香港台灣同胞迎春酒會。姜恩柱主任祝酒。鄒哲開副主任致詞。居港的台胞、台屬及香港各界人士共 400 多人出席。

◆ 晚上 8 時，環境食物局局長任關佩英臨時召開記者會宣佈，香港的禽流感有不斷擴散的跡象，該局下屬漁農自然護理署當日巡查了全港的 144 個農場，再發現四個農場的雞隻健康有問題，為防止病毒擴散，特區政府決定將 24 個農場封閉。這是香港四年內第三次發生禽流感事件。過去兩次禽流感事件中，特區政府因"殺雞"而支付賠償四億多港元。

◆ 國際貨幣基金組織訪港代表團在結束與特區政府的年度磋商後，發表報告指出，香港財政赤字上升，反映經濟大幅衰退的現實，也顯示香港近數年財政狀況出現結構性問題。但由於香港坐擁龐大財政儲備，足以緩衝短期衝擊。因此，特區政府暫時不適宜採取效果強烈的措施去抵銷因經濟周期而引致的收入減少。該報告還認為，在長遠增加收入方面，特區政府可考慮某種形式的低稅率和擴闊稅基的消費稅。該報告預期香港的經濟短期內會出現輕微復甦，但亦要視乎外在需求能否回升，如果美國下半年回復增長，香港 2002 年的本地生產總值可能會增長為 1%。長期經濟發展亦要視乎香港能否把握內地經濟騰飛所帶來的機遇。該報告表示會大力支持香港的聯繫匯率制度，認為聯匯制度是香港規範化政策架構的支柱，也是"一國兩制"原則的重要特色。該代表團 2002 年 1 月 11－24 日在香港與特區政府進行每年一度的磋商，還與部分私營機構進行有關討論。

2月6日

◆ 立法會討論由民主黨議員李柱銘提出的休會辯論"回顧行政長官在任內之施政"。發言的 28 位議員中，大部分均讚揚董建華在中央及香港市民的支持和信任下，落實了史無前例的"一國兩制"、"港人治港"、高度自治，為香港社會及經濟發展建立了進一步的基礎。這點是過去抱着批評態度及疑慮的外國政客及個別香港人士，都不得不承認的事實。他們相信董建華能夠總結過去四年多的經驗，在未來更好地帶領香港邁向更光輝的前景；又呼籲市民同心協力，同渡難關。

2月7日

◆ 行政長官董建華出席立法會答問大會，就特區政府管治哲學、內地與香港更緊密經貿關係安排、主要官員問責制、房屋政策、創新科技等問題回答了議員提問。在回應民主黨議員李柱銘的發言時，董建華指出，李柱銘只懂批評，他的無建設性建議於香港無益。

2月8日

◆ 公務員事務局發表文件指出，截至 2002 年 1 月 1 日，公務員編制約為 18.43 萬個職位，較 2000 年 3 月減少 7%，其中首長級編制為 1433 個職位，佔整體公務員編制約 0.8%。自 2001 年 7 月實施自願退休計劃以來，已批准 9400 宗申請，約 8000 名員工已經離職，估計該項計劃可以使特區政府在 2004/2005 年度節省約十億港元。

◆ 由香港社區組織協會、職工盟、民主黨、民協、街工、前綫、教協、社工總工會、香港房屋政策評議會等九個團體發起的"民生聯盟"宣佈成立。

2月9日

◆ 律政司法律政策專員區義國接受訪問時指出：基本法第 63 條規定，律政司刑事檢控工作不受任何干預。已經保障了律政司司長的獨立檢控權力。律政司司長的任免、職責在基本法中也有明確規定，這些都不會因推行問責制而改變。他還認為，若將刑事檢控職權轉交刑事檢控專員，會減少律政司司長的問責性，因為作為部門首長，律政司司長必須為司內所有工作負責。

2月10日

◆ 陽光文化主席兼行政總裁楊瀾宣佈，將以4500萬港元收購台灣衛星娛樂公司60%的股權。台灣衛星娛樂由吳健強等台灣電視人士與日本東京放送等三家電視台合資。此次收購將擴展陽光文化旗下電視頻道在全球華人世界的覆蓋範圍，除在中國擁有三個有限落地頻道資格的頻道外，也能在台灣直接或間接地營運三個電視頻道。

2月11日

◆ 行政長官董建華發表農曆新年賀詞。強調香港最大的優勢是有國家的大力支持和國家高速發展為我們帶來的新機遇。並指出新的一年況，特區政府的首要任務是推動經濟增長、創造就業和時時刻刻關心弱勢社群。

◆ 國務院頒佈《指導外商投資方向規定》（國務院令第346號）。其中規定香港特區的投資者舉辦的投資項目，比照該規定執行。

2月12日

◆ 特區政府統計處資料顯示，截至2001年6月1日，已有3237家外資公司在香港設立地區總部及地區辦事處，比2000年同期增加7.9%，與1999年同期比較，增幅高達29%。

2月15日

◆ 台灣"財政部"宣佈，局部開放台灣銀行業與大陸銀行業直接通匯。對此，香港金融管理局銀行監理部助理總裁蔡耀君表示，不擔心兩岸金融業加強聯繫後，會影響香港金融中心地位。花旗銀行香港分行行長陳子政認為，由於香港金融業安全性較高，台商不會即時將放在香港銀行體系的資金撤走，因此短期衝擊不會太大，但長遠將會影響香港作為中介人的角色。

2月15日－2月28日

◆ 香港特區第二任行政長官選舉候選人提名期。按照有關規定，參選人士至少要獲得 100 名選舉委員會委員的提名。截至 2 月 14 日，負責選舉香港特區第二任行政長官的選舉委員會共有 794 名委員（2002 年 1 月 6 日補選後，又有兩名委員去世）。

2 月 16 日－2 月 18 日

◆ 國際清算銀行亞洲顧問委員會會議和國際清算銀行特別行長會議在香港舉行。該會議的主題是國際經濟形勢和亞洲匯率問題。參加會議的有國際清算銀行行長、歐洲中央銀行行長、亞洲國家和地區的中央銀行行長。2 月 18 日，中國人民銀行行長戴相龍在晚宴致詞時指出，中國的資本市場遲早要開放，人民幣也遲早會自由兌換，如果有任何新的金融產品可以幫助中國推動資本市場的發展，會首選香港。並表示，人民幣早已在港澳獲得普遍接受及使用，當局正考慮將來如何為香港持有人民幣的人提供方便。他說，有人建議讓香港銀行接受人民幣的存款，當局對此將予研究。

2 月 16 日－2 月 24 日

◆ 立法會議員呂明華為團長的香港特區立法會代表團訪問加拿大。與加港議會友好組織、政府官員和華商會、港加商會等會面。

2 月 18 日

◆ 香港交易所已修訂《主板上市規則》和《創業板上市規則》，准許發行人派發財務摘要報告，代替完整年報。新規定適用於會計期在 2001 年 10 月 31 日以後結束的公司年報。

◆ 台灣《聯合報》報道，台灣"法務部"認為有必要在港澳設立緝毒聯絡官，以利兩岸共同打擊毒品犯罪。

◆ 世界衛生組織在香港首次發現一種全新的乙型流感病毒，已命名為"乙型 / 香港 /330/2001"。

2 月 19 日

◆ 香港特區第二任行政長官參選人董建華帶着 700 多名選舉委員會委員的提名，正式報名參選香港特區第二任行政長官。他在提交報名表格後指出，他獲得超過 700 名選舉委員提名參選行政長官，這代表着香港社會各界的支持和很高的期望。他強調，如果他成功當選並獲得中央委任為香港特區第二任行政長官，將徹底落實承諾，貫徹施政，加強團結，扶助弱勢社群，帶領香港再創高峰。

◆ 董建華指出，特區政府正在研究

長遠人口政策，並在教育領域投入了大量的資源，希望可以全面提高香港人口的質素。

2月19日-2月23日

◆ 政務司司長曾蔭權訪問北京。2月21日，朱鎔基、錢其琛在中南海紫光閣分別會見曾蔭權，並作重要講話。曾蔭權分別拜會了國務院港澳辦主任廖暉、國務院台辦副主任周明偉、全國人大常委會法工委副主任喬曉陽、國家發展計劃委員會副主任張國寶和公安部副部長趙永吉。

2月20日

◆ 董建華在主持"建設活力香港"展覽開幕禮時表示，在未來十多年，特區政府和兩間鐵路公司將在六大基建重點上投資 6000 億港元，進行超過 1600 項大小工程。並表示，香港有條件成為亞洲郵輪中心。希望吸引到更多的郵輪公司把香港作為旗下郵輪的停泊地。

2月21日

◆ 中央政府駐港聯絡辦在香港會議展覽中心新翼舉行盛大新春酒會。霍英東、董建華、姜恩柱、吉佩定、熊自仁、王玉發和特區政府主要官員、行政會議成員、立法會議員、港區全國人大代表、港區全國政協委員，外國駐港領事館官員、中央和內地駐港機構負責人及香港社會各界人士 3000 多人出席。姜恩柱在酒會上致詞。

◆ 由庫務局局長俞宗怡領導的檢討公共財政專責小組公佈檢討結果。俞宗怡表示，香港公共財政已出現結構性改變，預計在經濟平穩增長及在開支和收入政策不變下，特區政府未來五年每年都會出現 500 多億港元的赤字。到 2008/2009 年度，更會用盡儲備，特區政府須借債經營，2011 年，有 3000 多億港元債項，再多十年，便要達 2600 多億港元。俞宗怡指出，現時的收入及開支政策明顯不可行，因此專責小組建議政府應首先控制開支增長，在名義增長即現金計算增長方面，應與經濟名義增長趨勢增長一致。在未來五年，每年減少開支或增長收入達 350 億港元，至 2006/2007 年度，令收支達致平衡。

◆ 律政司司長梁愛詩出席香港駐悉尼經濟貿易辦事處晚宴發表講話表示，如果在中國內地發生的糾紛在香港排解，海外商人就會抱有信心，深信他們的合約獲得可靠、獨立和公正的法律保障。梁愛詩還出席了 2 月 23-24 日在悉尼舉行的全球反獨促統大會，並發表演講。

2月24日

◆民主黨內的前匯點成員召開記者會，宣佈成立新的論政團體"新力量網絡"。其64名創會會員中，除民主黨成員外也包括部分有公職的成員。"新力量網絡"主席張炳良表示，該新組織的性質並非政黨，也不是傳統論政或壓力團體，成立目標只是希望增加對政策及香港中長期發展計劃的研究，根本沒有考慮對其他政黨的影響。但最重要的是不要出現雙重黨籍。"新力量網絡"堅持不參加選舉、不做政黨等原則，希望以突破形式帶領香港走"第三道路"，創會宣言為"重建希望、再造香港"。前匯點兼民主黨成員批評，民主黨最高領導層縱容"少壯派"，為求黨內完整而苟且處事，故促成新力量的出現。民主黨的少壯派成員陳偉業更指責曾任民主黨副主席的"新力量網絡"主席張炳良"出賣"民主黨，令該黨陷於內憂外患困局。他批評新組織企圖在民主黨內爭取更大影響力。學者也指此舉正是民主黨無法協調內部矛盾的證明。但張炳良聲言，得悉民主黨內部支持"新力量網絡"的成立，民主黨副主席李永達也祝賀該組織"蒸蒸日上"。

2月25日

◆亞太經合組織"促進《與貿易有關的知識產權協定》研討會"在香港舉行。澳大利亞、文萊、菲律賓、泰國等地的政府官員出席。主題是亞太經合組織的成員應當如何調整自己的知識產權制度，以提高履行1995年生效的世界貿易組織的《與貿易有關的知識產權協定》的能力。

◆最高人民法院頒佈《關於涉外民商事案件訴訟管轄若干問題的規定》。其中規定，涉及香港特區當事人的民商事糾紛案件的管轄，參照該規定處理。

2月26日

◆國務院副總理錢其琛會見訪問北京的香港特區律政司司長梁愛詩，並作重要講話。

◆環球指數服務供應商富時指數有限公司與香港恒生國際有限公司聯合宣佈，將於2月28日共同推出恒生／富時指數系列，主要為亞洲投資者提供市場參考。富時指數有限公司由英國《金融時報》及倫敦證券交易所共同持有，該公司每天計算的指數超過1.5萬隻，涵蓋全球主要市場，服務77個國家及地區。恒生國際有限公司為恒生銀行全資附屬機構。

◆人民網報道，澳門旅遊娛樂有限

公司創辦人霍英東決定在 2002 年 3 月 31 日該公司的專營賭牌到期之日全數出售其所持股份（約佔該公司全部股份的 30%），成立"澳門霍英東慈善文化基金會"，以另一種形式繼續參與澳門旅遊、康樂、文化、體育等事業。

2月27日

◆ 全國人大常委會委員長李鵬會見訪問北京的香港特區律政司司長梁愛詩，並作重要講話。

◆ 董建華競選辦公室表示，董建華至今獲得 714 個選舉委員會委員提名支持競選連任。在全部 794 選舉委員會成員中，董建華已經得到 89.92% 的支持率，遠遠超過了他在上一任的 70% 的支持率。

◆ 全國人大常委會法工委副主任喬曉陽會見香港特區律政司司長梁愛詩時表示，香港特區政府有責任儘快立法禁止顛覆及叛國等行為。對於立法的期限，喬曉陽說："瓜熟蒂落"、"水到渠成"。

◆ 台灣"陸委會"召開諮詢委員會會議，就"如何促進港澳在兩岸之中介角色"進行探討。"陸委會"聯絡處長陳崇弘強調，過去一年，台港澳關係有相當程度的進展。認為在兩岸直接三通前，港澳不僅發揮緩衝兩岸關係及降低兩岸直接經貿互動風險的作用，也是觀察兩岸關係的重要試點。

2月28日

◆ 下午 5 時，為期 14 天的香港特區第二任行政長官選舉候選人提名期結束。選舉主任彭鍵基法官在提名期間只收到一份由候選人董建華於 2002 年 2 月 19 日提交的提名表格。彭法官核實過提名表格內的各項資料後，確定董建華完全符合行政長官選舉候選人的法定資格，已於 2002 年 2 月 19 日裁定董建華的提名為有效。由於在提名期結束時只有一位候選人的提名有效，彭法官根據《行政長官選舉條例》，宣佈董建華自動當選。董建華總共獲得 714 名選舉委員會委員的提名。

◆ 正在越南訪問的國家主席江澤民接受香港電視台訪問時表示，祝賀董建華當選為香港特區第二任行政長官。他說，相信董建華日後會做得很好。並致電祝賀董建華當選。

◆ 選舉管理委員會主席胡國興表示："選管會依法履行了有關選舉工作的各項職責。選舉的各項安排和程序符合《香港特別行政區基本法》、《行政長官選舉條例》及其他有關的選舉法例的規定。這次選舉結果是合法有效的。"選舉管理委員會已將此次選舉結果通知特區政府，以便特區政府按照基本法第 45 條向中央人民政府報告。

◆ 特區政府憲報公佈，董建華為參與 2002 年行政長官選舉而獲有效提名候選人，並公佈了提名該候選人的選舉委員名單。

◆ 董建華當選為香港特區第二任行政長官後，根據《行政長官選舉條例》的規定，發表公開聲明：「本人董建華，謹以至誠鄭重聲明：根據《行政長官選舉條例》（第 569 章）第 31 條第（2）款所載有關‘政黨’的釋義，本人不是任何政黨的成員。本人謹憑藉《宣誓及聲明條例》（第 11 章）衷誠作出此項鄭重聲明，並確信其真確無訛。」並發表講話表示：「衷心多謝各位選舉委員、各位香港市民再一次給了我高度的信任和榮譽。香港正面對困難，但是，我不會在困難面前退縮；我有信心，困難是完全可以克服的。香港需要團結，我期待同廣大市民一起，同所有支持我的人，追求和實現‘香港明天一定更好’這個共同的目標。我期待中央政府的任命，繼續用我的忠誠、智慧和堅定的信念，服務香港，服務市民。」

3 月 1 日

◆ 中央政府駐港聯絡辦和外交部駐港特派員公署特派員吉佩定、解放軍駐港部隊司令員熊自仁、政委王玉發分別致函董建華，對他在香港特區第二任行政長官選舉中順利當選表示祝賀。

◆ 香港工業總會、香港中國企業協會、民建聯、港進聯、行政管理文職人員協會、佛教聯合會、孔教學院、香港青年社團聯盟等多個工商、政治、宗教、青年團體和各界人士，對董建華順利當選均表示歡迎。盛讚董建華在過去四年多的任期內對香港貢獻良多，並認為他在第二任任期內將繼續帶領香港克服困難、促進香港的繁榮安定。不少團體刊登廣告祝賀董建華連任。

◆ 特區政府決定就 22 間政府資助機構高層管理人員的薪酬進行深入檢討。其中包括消費者委員會、平等機會委員會、康體發展局及醫院管理局等。

◆ 美國總統布什向國會提交的「國際毒品管制策略報告」，對香港在打擊販運毒品及清洗黑錢活動方面付出的努力表示認同。

3 月 2 日

◆ 香港特區和澳門特區的全國人大代

表、全國政協委員及隨行人員共 121 人分別抵達北京，參加 3 月 3 日開幕的九屆全國政協五次會議和 3 月 5 日開幕的九屆全國人大五次會議。3 月 4 日，港區全國人大代表團舉行閉門會議，初步討論會議程序，並選出吳康民為代表團團長，譚惠珠、袁武、吳清輝為副團長。

◆ 內地與香港大型基礎設施交流與協作會議在港召開。會議就成立港口及物流規劃和發展小組，研究華南地區物流業現時的數量、增長程度和流向，以及區內各個港口將來在物流業發展方面的功能、定位和港口合作模式，達成一致意見。2 月 28 日，國家發展計劃委員會副主任張國寶率代表團訪問香港，考察香港特區大型基礎建設。3 月 24－27 日，曾蔭權應張國寶邀請，率特區政府代表團赴廣東省考察珠江三角洲大型基礎建設的佈局與發展。

3 月 4 日

◆ 朱鎔基主持召開國務院第八次全體會議，審議並決定對董建華的任命。朱鎔基隨後簽署第 347 號國務院令，任命董建華為香港特區第二任行政長官，於 2002 年 7 月 1 日就職。朱鎔基並作重要講話。

◆ 赴北京列席九屆全國人大五次會議開幕大會的董建華抵京後向記者發表談話表示，衷心感謝中央政府委任他為香港特區第二任行政長官，感謝中央的信任，感謝香港的選舉委員會和香港市民的支持。未來五年，他會和廣大市民站在一起，急大家所急，想大家所想，對香港所作的承諾將會成為實際行動，會努力確保政府的施政與時並進，會藉國家發展的好勢頭，帶領香港成功轉型，盡力增加就業機會，幫助弱勢社群。

◆ 九屆全國人大五次會議新聞發言人曾建徽明確表示，港區人大代表換屆選舉辦法將出現三大變化：一是增加港區全國人大代表選舉會議的人數；二是採用絕對多數當選制；三是不再授權香港特區選舉會議制定選舉辦法。

◆ 特區政府公佈 2002/2003 年度的賣地計劃，以及 2003/2004 年度至 2006/2007 年度的土地發展計劃。按照新的賣地計劃，特區政府會在 2002/2003 財政年度內，舉行五次定期土地拍賣，出售十幅私人住宅用地，面積共五公頃，並且會招標承投十幅合共約兩公頃的汽油站用地。

3月5日

◆ 國務院總理朱鎔基在九屆全國人大五次會議作政府工作報告。指出，中國政府會全面貫徹落實"一國兩制"方針和香港、澳門兩個基本法。維護香港、澳門長期穩定和繁榮發展，是中國政府堅定不移的目標。中央政府將繼續全力支持香港、澳門兩個特區政府和行政長官依法施政，進一步加強內地與香港、澳門在經貿、科技、文化、教育等領域的交流和合作。

◆ 全國政協常委莊世平聯同53名港區全國政協委員聯署向大會提供的書面發言，要求正視"法輪功"的危害活動。簽名支持該聯署的有全國政協常委李東海、胡鴻烈、黃克立、唐翔千等。

◆ 特區政府發言人就美國政府發表的全球人權報告中涉及香港部分的內容作出回應。對美國政府有關香港民主發展的指稱作出澄清，強調香港的政制發展根據基本法所訂下的模式逐步進行。

◆ 英國外交及聯邦事務部向國會提交最新一期香港半年報告，肯定香港在落實"一國兩制"方面所取得的進展。該報告認為，整體而言，"一國兩制"的概念繼續在香港得以落實，法治及司法獨立得到維護，港人的基本權利及自由受到保護，不同意見及言論可以充分及自由表達。

3月6日，特區政府發言人表示，我們注意到英國政府對香港情況再次給予正面評價。並對報告提及的有關問題作出回應。

◆ 香港旅遊發展局總幹事臧明華公佈，在世界旅遊業普遍下滑的大背景下，2001年香港旅遊業逆勢上升。全年吸引遊客1373萬人次，同比增長5.1%；旅遊整體收益643億港元，增長4.5%。據統計，2001年訪港遊客中內地遊客為448萬人次，佔總量的32.4%，同比增長17.5%，繼續保持第一客源的地位。2001年內地遊客的平均在香港消費第一次躍居首位，人均消費達5169元，超過美洲遊客的5072元。

◆ 規劃地政局局長表示，特區政府將耗資240億港元，在西九龍建造世界級的綜合文娛藝術文化城市，採用奪得設計冠軍的一家英國公司的規劃設計，建造長約1300米巨龍式的天篷連貫西九龍填海區，預計首幢建築物於2008年落成。

3月6日

◆ 國務院副總理錢其琛在人民大會堂會見董建華，祝賀他當選並獲任命為香港特區第二任行政長官。並作重要講話。

◆ 董建華在北京飯店舉行酒會，招待來京參加全國人大和全國政協會議的港區全國人大代表和港區全國政協委員，感謝他們代表香港參與國家事務。60 多位港區全國人大代表和港區全國政協委員出席。

◆ 姜恩柱在九屆全國人大五次會議香港特區代表團討論發言表示，香港回歸以來貫徹落實"一國兩制"方針取得巨大成功，有六點啟示：中央的堅強領導、全國人民的關心和支持是決定性因素；全面理解和貫徹執行"一國兩制"方針是基本前提；認真實施基本法是法律保障；堅決維護行政長官依法施政的權威是重要條件；充分發揮香港同胞的愛國愛港精神是強大動力；加強香港社會各界的團結是深厚社會基礎。並以"明確定位、固本創新，對內融合、對外拓展"這四句話表示對香港未來發展的看法。

◆ 財政司司長梁錦松發表 2002/2003 年度財政預算案。這是他在 2001 年 5 月上任以來第一份預算案。正在北京列席九屆全國人大五次會議開幕大會的董建華表示，梁錦松發表的預算案是一份切合香港當前經濟情況，照顧民生的預算案，很值得所有市民支持。

◆ 梁錦松在記者會上重申，公務員減薪 4.75% 是由 1997 年以來公務員不同的加薪幅度計算得來。是他編制財政預算案時作出的假設，不是特區政府的決定。公務員事務局局長王永平致函全體公務員表示，特區政府會沿用現行機制，考慮私營機構薪酬趨勢調查結果及其他因素。近半年來，很多公務員都反映願意在有需要時，接受合理減薪，他有信心公務員會在合法合理合情基礎下，支持特區政府的決定。

◆ 台灣"陸委會"以發新聞稿方式，祝賀董建華連任第二屆行政長官。表示"和諧穩定、繁榮互利的台港關係，不僅有利彼此良性發展，對兩岸關係亦有正面意義"。期望董建華在第二任內"能以更寬宏務實的態度處理台港關係"，"建立雙方正常化的聯繫協調機制"。

◆ 台灣"內政部"發佈港澳居民進入台灣地區及居留定居許可辦法部分修正條文，規定港澳居民中"現任職於中共行政、軍事、黨務或其他公務機構或其於香港、澳門投資之機構或新聞媒體者"，"得不予許可"進入台灣地區。

3月7日

◆ 國家主席江澤民在北京會見董建華。對他當選並獲任命為香港特區第二任行政長官表示衷心的祝賀，並作重要講話。

2002 年 3 月 7 日，國家主席江澤民在
中南海親切會見香港特區行政長官董建
華，對他當選並獲任命為香港特別行政
區第二任行政長官表示衷心的祝賀。

◆ 國務院總理朱鎔基在北京會見董建華。向他頒發國務院任命其為香港特區第二任行政長官的國務院令，對他成功連任表示祝賀，並作重要講話。

◆ 董建華離京返港時表示，兩天半的北京之行，成果豐碩。3月25日，香港特區政府駐京辦主任梁寶榮透露，董建華在"兩會"期間與北京市政府達成共識，設立經濟合作溝通協調會議，以促進兩地資訊流通與相互交往。

◆ 外交部駐港特派員公署發言人批駁美國國務院人權報告對香港人權狀況的無理指責。指出，特區政府依法施政，廣大香港同胞安居樂業，繼續依法享有廣泛的人權、民主和自由，這是國際社會普遍承認的事實。"我們對美國利用所謂'人權'問題粗暴干涉中國內政的行徑表示強烈不滿和堅決反對。我們要求美方尊重國際關係基本準則，停止利用所謂'人權'問題干涉中國的內政。"

◆ 政務司司長曾蔭權在會見考察香港會議設施和環境代表團時表示，由現在至2005年，將會有超過150項國際大型會議在香港舉行。這個代表團的30多名成員都是世界各地的大型國際組織和專業團體的主席或高層行政要員。會議展覽已經成為香港旅遊業的重要收入來源。

◆ 國務院總理朱鎔基、全國政協主席李瑞環參加九屆全國政協五次會議港澳地區政協委員聯組會議，聽取與會委員的意見。

◆ 國務院副總理錢其琛參加出席九屆全國人大五次會議香港代表團討論，並作重要發言。

◆ 財政司司長梁錦松在電台節目中反駁《亞洲華爾街日報》社論，重申自己是"忠實的市場經濟擁護者"。3月7日，該報社論批評梁錦松在預算案中有關政府經濟角色新定位的闡述，違背香港一貫的自由經濟原則，是香港"黑暗的一天"。梁錦松指出，預算案中不用"積極不干預"，是因為這幾個字往往使人產生誤解，以為政府什麼都不做，這是不對的。因此我提出政府的角色應是"掌握經濟趨勢，積極推動市場發展"。尤其是對於一些准入的市場，特區政府更應為香港商人和專業人士積極開拓。3月19日，《福布斯》雜誌總裁史提夫福布斯表示，他也不認同《亞洲華爾街日報》對香港特區政府最新財政預算案的批評。並讚揚預算案所採取的措施都很正面。

◆ 立法會"八黨聯盟"召集人田北俊表示，八個政治團體的代表均對預算案內提出的多項紓解民困措施表示歡迎及支持。據報道，財政預算案也得到學者歡迎。香港中文大學經濟系主任宋恩榮教授讚賞梁錦松"理財哲學"，認為財政預算案只提出"一次過"寬減措施，並沒有在面臨財赤之際，作不能回頭的"永久性"寬減。宋恩榮曾批評以前的財政預算案"過分慷慨"。

3月9日

◆ 全國人大常委會提請全國人大審議《香港特別行政區選舉第十屆全國人民代表大會代表的辦法（草案）》的議案。全國人大常委會秘書長何椿霖就草案作説明。

◆ 香港工會聯合會舉行紀念香港海員大罷工勝利八十周年大會。中央政府駐港聯絡辦副主任高祀仁和中國海員工會負責人及香港各界人士近400人出席。

3月10日

◆ 馬力、楊耀忠等31名港區全國人大代表在九屆全國人大五次會議上聯署提出的《關於建立高級公務員的申報制度》提案，獲全國人大常委會提交內務司法委員會審議，成為港區全國人大代表首個有機會被列入全國人大會議議程的提案。

◆ 律政司副法律草擬專員毛錫強出席一個基本法論壇後回應提問表示，特區政府正考慮參考1936年時曾用過的一條法例，以起草公務員減薪的法例。該法例在20世紀30年代世界經濟蕭條時期訂立，當時的香港政府在嚴峻經濟形勢下根據該法例對公務員實行減薪，有的公務員減薪幅度達到10%。為了避免減薪引發訴訟控告特區政府，特區政府決定由立法會通過一條法例，再按照法例減薪。公務員事務局局長王永平表示，即使公務員減薪，但64%薪金已達頂點的公務員，將來領的退休金，不會因減薪而減少。政府假設減薪水平定在4.75%，在法律上最穩妥，確保符合基本法的規定。

◆ 一個由300多名學者、宗教領袖、民間團體、社區領袖等組成的政治團體"民主發展網絡"在報章刊發聯署廣告，就董建華獲700多名選舉委員提名連任一事發表聲明，強烈要求特區政府儘快推行普選行政長官和立法會議員。民主黨沒有以該黨名義聯署，該黨核心成員司徒華、楊森、何俊仁等人和前綫召集人劉慧卿名列聯署名單。

3月12日

◆ 成功當選連任香港特區第二任行

政長官的董建華舉辦茶會答謝各界人士。1300 多名嘉賓出席。董建華致詞時表示，香港需要一個穩定的政治環境，這樣會有利於香港將精力集中到恢復經濟增長的議題上。他希望繼續同各界保持聯繫，聽取意見，繼續得到熱愛香港、關心香港的各界人士和廣大市民的幫助、支持。

◆ 董建華競選辦公室主任鄭維健表示，董建華參選香港特區第二任行政長官共花費競選經費 800 多萬港元，這一數位低於選舉開支最高限額 950 萬港元。董建華競選辦公室共收到捐款 900 餘萬港元。捐款者來自香港普通市民等各個階層，捐款人數超過 1000 多人，捐款額最高十萬港元，最少十港元。這些捐款主要用於競選辦公室工作人員的薪金、辦公室租賃以及宣傳等費用。剩餘約 100 萬港元競選經費將用於慈善事業。

◆ 政務司司長曾蔭權在接受專訪時強調，對於公務員減薪問題，當局一定要按機制辦事，做到"合情、合理、合法"。他強調公務員薪酬與私人機構不能相提並論。

◆ 西區裁判署法庭裁定"四五行動"成員梁國雄及古思堯玷污及侮辱區旗罪名成立。兩人被控於 2001 年 5 月 12 日財富論壇年會在香港舉辦期間，在遊行的過程中侮辱香港特區區旗。法官說，區旗應受合法保護，兩人蓄意塗污，故判罪成。3 月 26 日，判處各罰款 3000 港元。裁判官表示，判案時參考終審法院 1999 年 12 月 15 日對吳恭劭和利建潤塗污國旗區旗案的終局判決。

◆ 醫院管理局屬下的 148 名醫生向勞資審裁處提出申訴，向醫管局追索超時工作補假，成為首宗醫管局醫生集體向該局索償（補假）案。

3 月 13 日

◆ 全國人大常委會委員長李鵬在人民大會堂與出席九屆全國人大五次會議的香港和澳門特區的全國人大代表座談，並作重要講話。晚上，李鵬宴請香港和澳門特區的全國人大代表團。

◆ 司法部公佈《關於香港、澳門特別行政區律師事務所駐內地代表機構管理辦法》。

3 月 14 日

◆ 立法會凌晨以 18 票贊成，29 票反對，否決由立法會議員劉慧卿提出所謂第二任行政長官產生辦法不民主，要求當局儘快展開政制改革諮詢工作的動議。

◆ 香港《文匯報》報道，立法會行政

管理委員會原則上通過，曾在會議期間喧嘩或叫口號擾亂會議進行，而被帶離公眾席的人士，日後要簽署遵守立法會規則的承諾書，同意在公眾席上遵守秩序，及接受保安人員安排的座位後，才可以進入立法會大樓。

3月15日

◆ 九屆全國人大五次會議通過《香港特別行政區選舉第十屆全國人民代表大會代表的辦法》。

◆ 國務院總理朱鎔基在九屆全國人大五次會議舉行的記者招待會上，兩次強調香港具有不可替代的優勢地位，指沒有任何一個內地的城市可以在近期超過香港。相信香港完全能夠保持自己在亞洲的金融中心地位，特別是在中國參加了 WTO 以後，機遇更大。他又表示，隨着今後世界經濟的發展，香港的地位應該作一些調整。

◆ 香港警方正式檢控 16 名 "法輪功" 學員兩項阻街罪，首次將 "法輪功" 成員告上香港特區法院。法官將案件押後再審，各被告准以 500 港元保釋，但在保釋期間不准離境。案情指出 3 月 13 日早上 8 時 30 分，四名瑞士籍人士及 12 名華裔被告到中央政府駐港聯絡辦大門外聚集，開始進行所謂絕食靜坐。稍後，警方接到有關示威人士造成阻礙的投訴，派人抵達現場，告知在場請願者靜坐已違反了《簡易程序治罪條例》，並多次勸喻他們移至附近地方繼續靜坐。但他們不予理會。下午 1 時正，警方發出最後口頭警告後，便依《簡易程序治罪條例》，以 "在公眾地方造成阻礙" 為理由，把該 16 名人士拘捕。拘捕過程中，由於有人反抗，令 5 名警員受輕傷。警方表示，由於這些 "法輪功" 學員阻礙中央政府駐港聯絡辦職員出入及基於保安理由，才採取拘捕行動，並在徵詢律政司意見後作出有關檢控。警務處處長曾蔭培強調，各類人士均須守法，警方是依法行動。

3月16日

◆ 保安局局長葉劉淑儀會見六位立法會議員時重申，特區政府處理居港權問題將會依法辦事，不會對那些無權留港的內地人士給予特赦。3 月 31 日，寬免期結束後，政府會在適當時候依法進行遣返行動。

◆ "亞洲企業領袖協會" 宣佈正式成立。協會由亞洲地區多間大型公司的行政總裁組成，旨在代表亞洲區部分商界領袖的聲音，以及透過專注區內經濟事務，制定集體意見，以影響企業及政府，並增強亞洲的活力及未來發展。協會總部設在香港，陳啟宗任主席。現有會員 28 名，其中理事會成員 8 名，會員來自亞洲區 11 個國家和地區。

3 月 18 日

◆ 財政司司長梁錦松主持就業專責小組會議後表示，特區政府將繼續改善香港營商環境，以創造更多的就業機會。但推動香港本土經濟發展主要依靠市場主導，特區政府將推行適當政策予以配合。為此，特區政府已成立一個跨部門工作小組，探討如何在執行層面上有更好的協調。

◆ 金融管理局向立法會提交截至 2001 年 12 月底負資產按揭貸款的最新情況。調查顯示，由於 "9·11" 事件後樓價進一步下調，負資產宗數由 2001 年 9 月底的 6.5 萬宗增至 7.3 萬宗；但因利率持續低企減輕供款負擔及客戶成功轉按重組貸款時償還了部分本金，故負資產貸款總值較上次調查減少 1.6%，達 1250 億港元。

◆ 入境事務處對台灣訪港旅客提供的網上電子簽注服務正式啟用，整個申請手續只需數分鐘，旅客可在兩個月內憑這種證件進入香港兩次。隨着國泰、港龍、中華、長榮四家航空公司於 2002 年 4 月 12 日加入提供服務後，在台灣的電子簽注申請點共逾 180 個。

3 月 19 日

◆ 民航處處長林光宇向中富航空有限公司頒發航空營運許可證。這是香港特區成立以來發出的首張航空營運許可證。

3 月 20 日

◆ 香港海關成功向法庭控告一家美術設計公司老闆使用盜版電腦軟體，成為自 2001 年 4 月 1 日，香港新版權條例生效後首宗機構侵犯版權罪成案件。

◆ 廣東省資訊產業廳、香港郵政總署、廣東省電子商務認證中心聯合主辦的 "粵港雙向認證合作簽署儀式" 在廣州市舉行。這是中國首例境內外電子商務雙向認證，標誌着粵港現代物流合作從傳統的跨地域實物流通向高級跨地域電子商務流通邁進上獲得重大突破。

3 月 21 日

◆ 董建華出席香港報業公會 2001 年度最佳新聞寫作和圖片比賽頒獎典禮，並致詞。

◆財政司司長梁錦松在官邸宴請 18 個區議會主席，表示希望區議會支持特區政府推動本土經濟，協助收集各區的文化資料，協助特區政府以本土地區文化刺激旅遊的發展。而出席的區議會主席都表示支持財政預算案，讚揚這份預算案基本上體察到民情。

◆財政司司長梁錦松在亞洲投資會議午餐會上致詞時表示，美國"安龍事件"令企業監管制度問題受到舉世關注。香港自 1998 年開始已經透過不斷改善企業監管架構，預防類似事件發生，並會因應需要不斷進一步完善現有制度。

◆保安局、入境事務處和社會福利署官員會見爭取居港權敗訴人士後重申，當局將依法處理爭取居港權人士的個案，並強調香港不會給予爭取居港權人士任何特赦安排。當局將以"理性克制但堅定"的態度進行遣返行動。保安局又透露內地有關部門基本上已同意增加持雙程證者每年來香港的次數。並表示，已向爭取居港權敗訴人士表明，將依法在 2002 年 3 月 31 日後遣返逾期居留人士。他呼籲有關人士利用此限期，領取識別函件返回內地，免被內地公安當局因其非法來港及逾期居留進行處理。截至 3 月 21 日，已有超過 2000 人向入境事務處領取識別函件，其中有接近 1400 人已離開香港。

◆特區政府完成賭博問題公眾諮詢報告。特區政府在 2001 年 6 月至 10 月間推出《賭博問題諮詢文件》，向公眾諮詢賭波合法化意見。諮詢結果和民意調查均顯示社會上大致認為足球博彩在香港非常普遍，亦認同單憑收緊法例和加強執法不足以解決這問題，但對應否為足球博彩設規範途徑作為解決問題的辦法，大眾的意見則非常分歧。民政事務局消息透露，由於現時沒有明確的民意支持以及考慮政治現實，所以不急於就足球博彩規範化作出決定，但會在世界盃期間，加強打擊非法賭波活動。

◆香港城市大學拒絕因間諜罪被中國政府驅逐出境的該校市場營銷學系副教授李少民要求停職一年以便到美國作訪問教學的申請。該校校長張信剛說，城大對李少民已"仁至義盡"。

◆特區政府駐廣州經濟貿易辦事處候任處長梁百忍表示，他在 4 月上任後的重點工作是為粵港兩地建立經貿平台。初步擬定五大工作範疇：一是代表特區政府加強與廣東省各級政府的溝通；二是為四萬多個在廣東省投資的港商提供支持；三是搜集各地特色，瞭解內地商機和發展潛力；四是吸引更多內地企業和外商來港投資；五是提升和加強香港在內地的形象。

◆ 深圳與香港、澳門的直升機客運試航成功。4 月初正式開通提供載客服務，初期定為每天深圳飛澳門三班，香港一班，出入境共八架次。

3月26日

◆ 大學教育資助委員會宣佈完成教育統籌局委託的"高等教育檢討 2002"，並發表《高等教育檢討報告》。上次進行高等教育檢討是在 1996 年。

◆ 律政司司長梁愛詩在香港大學舉行的自由貿易區法律制度研討會上指出，香港的法律制度已很容易讓其他司法管轄區的律師進入，任何其他司法管轄區（包括內地）的律師通過海外律師資格考試後，便符合資格獲認可為律師。香港很快會制定相類考試制度，以便其他司法管轄區的律師可以取得在香港執業的大律師資格。她說，其他司法管轄區（包括內地）的律師和律師行，亦可以外地律師或外地律師行的身份註冊執業。這些律師可透過兩個途徑與本地律師合作。一是註冊的外地律

師行可與香港的律師行結盟，一同分擔費用、分享利潤、共用辦公室、管理人員或僱員；二是若符合某些條件，香港的律師行可聘用其他司法管轄區的律師。

◆ 由清華大學與香港大學共同開發的中國國家知識基礎設施工程在香港設立資料交換服務中心。透過這一服務中心，香港讀者可在網上檢索世界最大的中文全文資料庫。

3月27日

◆ 特區政府宣佈，再度委任周梁淑怡為香港旅遊發展局主席，2002 年 4 月 1 日起，至 2005 年 3 月 31 日，任期為三年。

◆ 特區政府宣佈，委任羅嘉瑞為醫院管理局主席。2002 年 4 月 1 日起生效。

◆ 內地與香港就建立"更緊密經貿關係安排"所進行的高層磋商第二次會議在香港舉行。會議由中國對外貿易經濟合作部副部長安民和香港特區財政司司長梁錦松共同主持。

◆ 由國家文物局、北京國際友誼博物館等單位籌組的"我們的朋友遍天下——中國國務珍貴禮品大展"在香港會議展覽中心開幕。董建華、姜恩柱、高祀仁、吉佩定、梁愛詩、范徐麗泰以及曾憲梓等

400 多知名人士出席並參觀了展覽。中央政府駐港聯絡辦副主任高祀仁在儀式上致詞。這次展出的 300 多件外交國務禮品是近 120 個國家和地區向中國領導人贈送的，也是第一次在中國內地以外的地區展出。

3 月 28 日

◆ 金融管理局宣佈調低該機構職員於 2002 年的浮動薪酬（即花紅）預算，幅度為 40%，職員的固定薪酬則會凍結。這是首個公營機構宣佈減薪行動。總裁任志剛更主動減薪一成，並追溯至 2001 年 10 月。

3 月 29 日

◆ 特區政府公佈太平洋經濟合作香港委員會的成員名單，陳坤耀教授為主席。2002 年 4 月 1 日起生效，任期為兩年。該委員會 1990 年 3 月成立，成員由商界領袖、學者及政府官員組成，負責向政府就本港參與太平洋經濟合作議會的事宜提供意見。香港在 1991 年 5 月成為太平洋經合議會成員。

3 月 31 日

◆ 下午，英國王太后逝世，享年 101 歲。董建華致函英國駐港總領事，對英國王太后逝世，向英國王室致以深切慰問。

◆ 在寬限期屆滿前，近千名爭居港權敗訴人士及其家屬，在中區遮打花園通宵舉行燭光晚會，要求政府酌情讓他們留港。

◆ 午夜，居港權敗訴人士滯港寬限期屆滿。2002 年 1 月 11 日以來至今日傍晚，已有 4885 人領取入境事務處識別信，其中 3727 人已返回內地。保安局重申不會延長寬限期，也不會有特赦。

4 月 1 日

◆ 特區政府在香港會議展覽中心金紫荊廣場開始舉行比平日更為隆重莊嚴的升國旗、區旗儀式：先由 46 人組成的香港警察樂隊演奏着《慶典進行曲》入場，然後 10 名持槍隊員和 5 名旗手在《歌唱祖國》的旋律下護送國旗與區旗步入現場，隨着《中華人民共和國國歌》奏響，開始升旗。隨後，警察樂隊吹着風笛進行隊列表演。特區政府宣佈，以後逢每月的 1 日、11 日、21 日均照此儀式升旗。7 月 1 日（香港特區成立紀念日）和 10 月 1 日（國慶日）則另行安排。

◆ 香港《文匯報》報道，人律師公會表示，居港權敗訴人士再沒有任何法律理據去申訴。大律師公會主席梁家傑建議居港權敗訴人士儘快根據裁決返內地。

◆ 東亞銀行宣佈正式與第一太平銀行合併。根據兩家銀行的合併條例，第一太平銀行在香港的所有資產和負債及適用於香港法律的權利和義務，均轉歸東亞銀行；它在香港 24 間分行改名為東亞銀行，以東亞銀行的品牌從事銀行服務。

4月3日

◆ 全國政協主席李瑞環在北京會見由伍淑清率領的香港中華歷史文化教育交流團。希望有關方面重視加強對青少年一代的中國歷史文化宣傳教育工作，把類似活動持之以恒、富有成效地開展下去。

◆ 香港《文匯報》報道，董建華向選舉事務處申報：在三個半月的第二任行政長官選舉期內，他共接獲各界支持者的選舉捐贈達 900 多萬港元。選舉開支總額為 687.8 萬港元，其中 350 萬港元為競選辦的人工開支。扣除實際動用開支後，餘下的 210 多萬港元按法例規定捐贈予公益金、香港紅十字會等十個慈善團體。

◆ 保安局局長葉劉淑儀表示，居港權敗訴人士申請法援不會影響政府的遣返行動，政府的決心是堅定的。所有沒有法律訴訟在身或 "行街紙" 到期的人士都將會被遣返。她又提醒甘浩望神父，不要再傳播 "內地警方將對逾期居港人士實施一萬元罰款" 此類虛假消息。

◆ 民建聯主席曾鈺成接受香港《明報》訪問表示，應由加入行政會議的政治團體代表，就個別與政府理念相近的範疇與局長共同制定政策。特區政府不但可以成功在立法會 "箍票"，政治團體更可 "理直氣壯" 替特區政府推銷政策。4月 4 日，自由黨主席田北俊接受同一報章訪問時，表示認同曾鈺成提出的 "半執政聯盟"。

4月4日

◆ 特區政府宣佈，委任洪承禧為康體發展局主席，任期由 2002 年 4 月 1 日起，至 2003 年 3 月 31 日。

4月6日

◆ 香港基本法推介聯席會議舉辦 "回歸五周年看 '一國兩制'" 研討會，紀念香港基本法頒佈十二周年。姜恩柱出席並致詞。

◆ 原基本法起草委員會委員、北京大學法律系教授蕭蔚雲在上述研討會發言表示，"香港特區法院的司法管轄範圍是很廣的。但應當指出，司法權也不是無限的，不能是司法獨大"。"在起草基本法時，沒有寫香港特區法院享有美國式的司法審查權，即無權宣佈法律違反基本法而失效。法律是否違反基本法應依基本法第17條、第19條處理，而不是由法院審查，廢除法律"。

◆ 特區政府宣佈，委任鄔維庸為社區投資共享基金委員會主席，2002年4月1日起生效，任期三年。行政長官在去年施政報告中公佈成立三億港元社區投資共享基金，旨在提供資助予社區自發舉辦的計劃，進一步建立社區支持和網絡，鼓勵和推動社區參與，提升對弱勢社群的支持。

◆ 工務局局長李承仕表示，特區政府為了支持康樂文化事業的發展，未來五年內，將撥款87億港元用於康樂文化設施建設。

4月7日－4月10日

◆ 應香港一國兩制研究中心邀請，台灣的中國統一聯盟主席王津平率領"'一國兩制'參訪團"訪問香港。董建華在禮賓府會見參訪團，並回答了有關"一國兩制"、香港與內地經貿關係和香港特區司法制度等方面問題。董建華希望參訪團深入香港各界瞭解"一國兩制"落實情況。

律政司司長梁愛詩會見了參訪團。中央政府駐港聯絡辦副主任鄒哲開會見該團時表示，香港在兩岸之間繼續發揮着重要的中介和橋樑作用，香港回歸祖國後，港台關係已成為兩岸關係的特殊組成部分。

4月11日

◆ 國務院總理朱鎔基赴海南省出席"博鰲亞洲論壇"首屆年會時表示，一直有留意到香港即將推行的主要官員問責制，他認為推行問責制不會影響到公務員的穩定。4月12日，朱鎔基表示，中央政府支持香港特區政府即將推行的主要官員問責制。

◆ 行政長官董建華率香港特區代表團赴海南省出席"博鰲亞洲論壇"首屆年會。

◆ 行政長官董建華覆函紀律部隊職方團體聯席會議表示，這次薪酬檢討是一項非常複雜的工作，要取得成功有賴職方的支持。政府在進行檢討時，會充分考慮私營機構薪酬趨勢調查結果、經濟情況、公務員士氣等各項因素，並聽取員工的意見後再作出決定。

◆ 政務司司長曾蔭權、公務員事務局局長王永平、政制事務局局長孫明揚會見100多名副局長級以上的政務主任，解釋主要官員問責制的好處和肯定原有的升遷制度不變。有官員表示，會見增加了他們的信心，讓他們對前途充滿希望。

◆ 特區政府就美國國務院《香港－美國政策法報告》發表聲明表示，香港已全面落實"一國兩制"。香港擁有健全的法治，享有各種公民自由。香港一直致力成為一個獨特和卓越的城市，繼續保持國際商業和金融中心，繼續維持進出口管制制度的完整性，繼續積極參加國際組織和參與國際事務，共同推動彼此關心的課題。並表示會根據基本法繼續發展政制。

◆ 中國新聞社報道，電子業巨頭飛利浦公司已決定將其亞太區總部由新加坡遷至香港。飛利浦表示，此次遷移總部意在節省成本，並方便開拓中國內地市場。

4月13日

◆ 國務院總理朱鎔基在海南省博鰲會見前來出席亞洲論壇首屆年會的董建華，並接見與會的香港工商界人士。

◆ 外交部駐港特派員公署發言人表示，中國堅決反對不久前美國國務院發表的關於香港問題的報告。強調香港特區事務是中國的內政，任何外國都無權以任何方式加以干涉。

4月14日

◆ 國務院副總理錢其琛在利比亞接受香港一家電視台訪問時表示，香港特區落實主要官員問責制的程序，包括問責局長的人選問題等，要經過中央政府的審議、批准。

4月15日

◆ 曾被中國判以間諜罪驅逐出境的美籍華人吳弘達由華盛頓飛抵香港時，被香港入境事務處以安全理由拒絕入境。特區政府發言人表示，入境事務處處長作出決定時，會考慮香港整體利益，以前獲准入境，不等於將來亦一樣。

◆ 香港《都市日報》創刊。該報由總部設在英國倫敦、在香港設立亞太總部的全球最大規模免費報章企業 Metro International S.A. 公司在香港創辦，也是該公司在亞洲經營的首份免費報紙。旗下報紙《Metro》自 1995 年在瑞典創刊以來，至今已在 16 個國家和地區發行 20 種不同文字刊物，讀者 1000 多萬人，為全球第四大報章。香港《都市日報》由 Metro 編輯，香港文匯報承印。香港地鐵公司負責在全港 43 個地鐵站出口擺放該報以供人索閱，並管理該報報箱。

4 月 17 日

◆ 行政長官董建華在立法會介紹主要官員問責制方案。方案主要內容是：將現在特區政府最高層的官員，包括各司司長、政策局局長全部列入"問責制"範圍；問責官員全部進入行政會議，強化行政會議職能；問責官員待遇與現在的主要官員大致相同；政策局由 16 個合併為 11 個，這些局長加上 3 位司長，問責官員共為 14 名；現時公務員體制中的局長職級及其薪酬福利待遇保持不變，職稱改為常任秘書長，扮演問責局長與公務員系統之間的重要樞紐角色。

◆ 政務司司長曾蔭權、政制事務局局長孫明揚、公務員事務局局長王永平先後出席電台節目和立法會政制事務委員會會議，推介行政長官剛公佈的主要官員問責制。

◆ 公務員事務局局長王永平致函全港公務員，簡介問責制中有關公務員的政策，並期望他們全力配合將要推行的主要官員問責制。

◆ 立法會通過特區政府的 2002/2003 年度財政預算案。

◆ 香港報業公會舉行第四十八屆會員大會，推選李祖澤連任主席。

4 月 18 日

◆ 社會民主論壇宣佈解散。原召集人馮智活、副召集人陳國梁等 25 名成員，聯同其他 50 人宣佈加入前綫。

4 月 19 日

◆ 董建華向傳媒談及香港失業率達到 7% 的歷史新高時表示，特區政府十分關心就業問題，所有政策都以促進就業為先。新一屆特區政府要做的工作很多，但沒有一件事比令經濟成功轉型，以創造就業機會更重要。

◆ 國家質量檢驗檢疫總局公佈《供港澳蔬菜檢驗檢疫管理辦法》。

4 月 20 日

◆ 全國政協常委徐四民針對原廣播處處長張敏儀發表有關香港電台的言論表示，實行主要官員問責制後，香港電台應以"為特區政府宣傳"為己任。他認為所有問責官員要挑起責任，需要有政府電台幫助他們宣傳政府的施政方針政策。立法會議員蔡素玉指張敏儀不知分寸地高調評論香港電台未來的立場及編輯方向，還在主要官員問責制的政治問題上指指點點，動機很不尋常。九龍城區議員王紹爾表示，張敏儀提及香港電台公司化的言論是陳腔濫調，早於臨時立法會期間已被否決。他指張敏儀發出的議論，是試圖對特區政府構成壓力，影響未來掌管香港電台的問責制局長。張敏儀接受香港電台訪問時表示，希望所有問責制局長瞭解清楚香港電台的編輯自主立場。並稱香港電台公司化是一條發展出路。

4月21日

◆ 特區政府發言人就民主黨主席李柱銘在香港電台發表的有關言論回應強調，主要官員問責制可提高香港的管治和維持公務員體制的完整性。在新制度下，行政長官將權力下放給司長和局長。問責官員將會獲委入行政會議，有利於他們共同制訂、協調和推行政策，由常任公務員隊伍配合協助。這安排與世界其他先進地區非常相近。特區政府現有的制衡安排，包括對行政長官和行政機關的制衡，不會因新制度推行而減少。立法會繼續扮演制衡政府的重要角色。問責官員將致力爭取市民支持他們的建議。由公務員出任的常任秘書長及其同事將繼續組成專業、任人唯才、政治中立的公務員隊伍，不會因未來行政長官選舉後政府換屆而改變。李柱銘在香港電台節目"給香港的信"中，指責推行主要官員問責制後，行政長官將獨攬

大權，成為"獨裁者"。由於行政長官對問責官員的去留操生殺大權，而立法會缺乏制衡的權力，後果只會令所有問責高官變成應聲蟲，同時犧牲了公務員政治中立的優點。並聲稱落實問責制將會出現行政長官及高官向北京，而非向香港市民問責的情況。只有行政長官和所有立法會議員均由直選產生，才能落實真正的問責制。

◆ 香港《文匯報》報道，總部設在香港的政治經濟風險顧問公司，向 13 個國家和地區的外商就營商環境進行的一項調查，結果顯示，香港位列於美國、澳大利亞之後，為第三最安全的地方。該公司的報告稱，由於香港與局勢穩定的中國大陸接壤，所以評分比新加坡好。

4月22日

◆ 司法機構政務長徐志強在立法會司法及法律事務委員會討論任命法官程序的會議上表示，由於律政司掌管香港的法律，同時也是行政長官的法律顧問，加上律政司是香港法院的最大使用者及聘用大量律師，因此就功能及角色而言，律政司司長應繼續成為司法人員推薦委員會當然成員。

◆ 香港互聯網註冊管理公司正式成立，為一家私營及非牟利機構，受香港特

區政府委託處理".hk"的域名事宜，並在國際的互聯網論壇上代表香港出席。

4月23日

◆ 就香港公務員總工會聲言會就公務員減薪問題向政府採取法律行動一事，公務員事務局發言人表示遺憾。強調任何公務員工會及其會員在考慮採取任何行動前，不但要考慮個人利益，更重要的是要顧全社會的整體利益。任何行動都不應損害公務員在市民眼中的正面形象。該工會已為日後提起有關訴訟展開籌款活動。

◆ 新世紀論壇舉辦"主要官員問責制"研討會。出席講者絕大多數均支持特區政府推行問責制，認為方向正確，可令未來特區政府的施政更順暢和更具效率。新世紀論壇公務員事務組召集人藍鴻震希望問責制局長與公務員隊伍好好合作，帶領香港走出困境；希望市民大眾給予機會，不應動輒要求問責制官員下台。港區全國人大代表李鵬飛認為，推行問責制可改變因董建華在特區政府沒有自己班底，導致類似"議而不決，決而不行"現象的局面，並質疑民主黨為何反對問責制。本地高級公務員協會主席彭達材認為，新制度可真正確保公務員保持中立和更有效率，該會百分之一百支持這一制度。

◆ 西區裁判署法庭以藐視立法會罪，判決"四五行動"成員梁國雄、古思堯即時入獄 14 日。2001 年 10 月，在立法會施政報告答問大會上，梁國雄及古思堯大聲叫嚷，擾亂會議，令會議被迫中止。梁國雄、古思堯分別已有八次和五次有關案底。

4月23日－4月26日

◆ 中國人民解放軍駐港部隊參與香港特區政府舉行的搜索及拯救演習。以便在必要時，按照基本法和駐軍法的規定，協助特區政府有效地完成救助任務。

4月24日

◆ 傍晚 6 時，300 多名居港權敗訴人士在立法會大樓外聚集，包圍並損壞保安局局長葉劉淑儀的座駕，致其被困近一小時。警方事後以涉嫌毆打警員及阻街罪名，拘捕八位肇事者。特區政府發言人對此表示譴責和保留追究權利。並指出，任何爭取居留權人士如果以為採取激烈手段，便可以達到獲得居留權的目的，是非常不智的，這些激烈手段只會徒勞無功。特區政府會堅決執行終審法院 1 月 10 日判決，所有無權留港人士，均會被當局依法遣返。4 月 25 日，行政長官董建華、政務司司長曾蔭權、保安局局長葉劉淑儀、警務處處長曾蔭培均作出嚴詞譴責，並呼籲爭取居留權敗訴者儘快返回內地，不要在香港浪費時間。

◆ 就英國《經濟學人》調查報告以政治不明朗及勞動力素質轉差等為理由，將未來五年香港的營商環境評級由全球排名第 5 位調低至第 11 位，居亞洲第 2 位，落後於新加坡。曾蔭權、梁錦松均指出，有關報告並不中肯，相信報告不會影響外商投資香港的信心。曾蔭權指報告以西方理想政治為模式，戴上有色眼鏡對香港作出評估。梁錦松不同意報告指主要官員問責制令政治不穩定，但表示香港需要提高自己的人力素質。

◆ 審計署署長發表第 38 號報告書，批評十多個政府部門在 2000/2001 年度資源管理及分配不當，導致 14 億港元公帑被浪費或者未能加以善用。

◆ 香港貿易發展局首次舉辦“香港專利授權展 2002”，希望以此為起點，逐漸發展成為每年一次具規模的展覽，促進香港成為“亞太區專利授權中心”。

4 月 25 日

◆ 警務處、入境事務處出動 300 多人對佔據中環遮打花園多日的爭取居港權人士採取清場行動。警務處處長曾蔭培表示，警方是在評估昨晚部分爭居權人士的暴力行為後，認為有可能再發生同類事件，以及根據公安法確認有人違反示威條件後，才採取清場行動。他還解釋了在行動中有記者被鎖上手銬的原因。

◆ 瑞典著名資訊科技公司“奧卡軟件”（Orc Software）宣佈在香港設立其首家亞洲辦事處。

4 月 26 日

◆ 立法會財務委員會通過撥款 50 億港元，成立“持續進修基金”。該基金旨在資助有志進修的人士，讓香港勞動人口更好地適應知識型經濟。

4 月 27 日

◆ 香港《信報財經新聞》報道，律政司從基本法角度，就推行主要官員問責制向立法會提交文件作出解釋。該文件指問責制完全符合基本法。該文件指出，重組決策局可透過行政方式進行。而決策局重組涉及法定權力轉移至有關的問責制主要官員，則須透過立法解決，可循《香港法例》第一章第五十四 A 條以決議方式達到。

◆ 瑞典國王卡爾十六世以世界童軍基

金名譽會長的身份訪港，出席香港童軍總會舉行的"貝登堡會士會盟"，向新加盟的 36 名新會士頒發徽章。

◆ 香港《東方日報》報道，瑞士洛桑管理學院公佈全球競爭力評估報告指出，香港的排名由 2001 年全球第五跌至第九。亞洲經濟競爭力以新加坡表現最好，但排名由 2001 年第兩名滑落至第五名。該評估以經濟表現、政府效率、貿易效率和基礎設施等四項指標作為準則。

4 月 29 日

◆ 資訊科技及廣播局發言人就廣播處處長朱培慶發表有關香港電台公司化的言論重申，香港電台的長遠運作模式不變，特區政府在現階段沒有具體計劃將香港電台私有化或公司化。4 月 28 日，香港《明報》報道，朱培慶表示，香港回歸五年一切已穩定，現時是一個很好時機將香港電台公司化再次拿出來討論。香港電台將進行一連串研討會，"測試"公眾對香港電台公司化的支持度。

4 月 30 日

◆ 特區政府宣佈，將在添馬艦空地興建新的特區政府總部大樓和新立法會大樓。工程造價約為 64 億港元，預計2007 年竣工。

◆ 國務院港澳辦官員表示，目前已有九家香港新聞機構獲准在內地設立常駐記者站，分別為：鳳凰衛視、有綫電視、香港電視廣播有限公司（俗稱"無綫電視"）、《文匯報》、《大公報》、《香港商報》、《南華早報》、《經濟導報》和《紫荊》雜誌。獲批准駐站人數共 43 人。

◆ 金融管理局發表年報指出，2001年香港銀行信用卡撇賬率由 2000 年的3.88% 升至 5.47%，拖欠率由 0.76% 升至 1.28%，主要是經濟下滑及個人破產案增加所致。

5 月 1 日　"五一"國際勞動節

◆ 香港特區政府在禮賓府舉行"五一"國際勞動節酒會。董建華、曾蔭權、梁愛詩等特區政府官員和主要勞工團體和工商界代表出席。董建華致詞。

◆ 香港工會聯合會舉行紀念"五一"國際勞動節集會，主題是"就業、權益、互助、自強"。近千人出席。

◆ 職工盟 500 名成員和街工 20 名代表分別上街遊行和到政府總部請願，要求特區政府解決失業問題，承認集體談判權和訂立最低工資制。

◆ 台灣"行政院"宣佈，自 2002 年

5 月 10 日起，放寬在香港、澳門工作的內地人士到台灣旅遊的限制，由以前必須在港澳地區取得永久居留權者，放寬為在港澳居住四年以上者，並可一併帶同居港澳的配偶和直系親屬前往；上述人士必須經由台灣指定的旅行社，組成七人以上團組赴台灣。

5 月 2 日

◆香港天主教教區揭發，過去 27 年發生三宗神父性侵犯兒童事件。教會事後並未報警，只對三名教父進行內部聆訊，輕易"放走"三名涉嫌神父，私下賠償受害人了事。事件引起各界震驚，警方已表示將介入調查。

◆香港房屋協會推出兩項紓困措施，協助因為經濟困難而無法償還貸款的"首次置業貸款計劃"及"夾心階層住屋貸款計劃"的借款人。紓困措施包括上述借款人暫停還款 12 個月，以及為已出售物業或其物業被收回的人士，提供未能清還欠款的還款安排。

5 月 3 日

◆政制事務局局長孫明揚在立法會發言指出，基本法規定行政長官有提名及建議任免主要官員的權力，我看不到以立法方式推行主要官員問責制的事實根據。基本法也沒有規定行政會議有制衡行政長官的功能。前綫議員何秀蘭和民主黨議員張文光分別提出政府為何不立法推行問責制和行政會議有制衡行政長官的功能。

◆特區政府發言人針對《財富》雜誌的封面專題文章《誰要香港？》發表談話指出，《財富》雜誌在七年前曾預言"香港已死"，但過去發生的事見證了《財富》的論點完全言過其實。如今它又問"誰要香港？"，答案早就擺在作者的面前：跨國公司已用他們的資金投下信任票，目前有超過 3200 家公司在香港設有地區總部或辦事處，數目比 1998 年增加 32%；此外，數以萬計在 1997 年前移居海外的前香港居民也回流香港，以實際行動作出表態。

◆太平洋大律師公會第十二屆年會暨 2002 年會在香港召開。中國司法部部長張福森和香港特區的終審法院首席法官李國能、律政司司長梁愛詩、保安局局長葉劉淑儀及 500 名世界 65 個司法管轄區的法律專業人士出席。香港特區行政長官董建華致詞表示，香港享有國際仲裁中心美譽，有關判決也可在內地執行。規定以香港作為解決糾紛地點，可讓在內地經商的人士放心。

5月4日-5月5日

◆ 上海浦東 70 多家企業連續兩天在香港舉行人才招聘會。首日吸引近 2700 人入場。

5月5日

◆ 香港各界文化促進會舉辦為期兩天的"中國發展與精神文明論壇"。來自內地和香港的知名人士就弘揚優秀文化、剔除"法輪功"邪教異端邪說發表演講,從科學、文化、歷史、法律及宗教等角度,闡述精神文明對社會發展的重要意義。論壇得到 232 家機構和團體協辦。

5月6日

◆ 公務員薪俸及服務條件常務委員會轄下薪酬研究調查小組公佈公務員薪酬趨勢調查結果。過去一年,近百間受訪企業中、低層僱員的平均薪酬減幅為 0.6%-0.79%,高層僱員薪酬減幅為 3.39%。在扣減公務員的增薪點後,高、中、低層公務員 2002 年的薪酬調整參考指標分別下調至 4.42%、1.64% 和 1.58%。5 月 13 日,薪酬趨勢調查委員會開會審議並一致確認薪酬趨勢調查結果。該委員會包括四個公務員評議會的代表。

◆ 特區政府宣佈,行政長官委任陳祖澤接替羅康瑞為香港科技大學校董會主席。2002 年 4 月 1 日起生效,任期為一年。

◆ 經營 20 多年的敦煌酒樓全部 11 家分店宣告清盤,拖欠 2100 名員工薪金達一億港元。這是香港歷來員工追討欠薪最高的金額。

5月7日

◆ 粵港兩地警方展開代號"火百合"的聯合行動,成功摧毀以香港"14K"黑社會組織成員鄭惠強為首的組織內地婦女跨境賣淫犯罪集團。

5月8日

◆ 入境事務處由警務處配合展開行動,入屋拘捕潛逃的無權留港的居港權敗訴人士。

◆ 規劃地政局副局長張少卿宣佈,特區政府將向市建局注資 100 億港元,計劃在未來 20 年展開 225 個市區重建項目,對市區大批樓宇進行重建、複修及保存。

◆ 國際評級機構標準普爾宣佈,維持香港特區評級不變,包括長期外幣"A+"評級、長期本地貨幣"AA-"評級、及維持前景評級為穩定。

位於香港大嶼山赤鱲角的香港國際機
場。2002 年 5 月，它再次被國際知名
的英國航空業研究機構評為全球最傑出
機場。

◆ 香港國際機場連續第二年獲選為全球最傑出機場，國際貨運量居世界第一；國際客運量居世界第五。

5月9日

◆ 香港友好協進會主辦、中華海外聯誼會協辦的"慶祝香港回歸五周年紀念晚會"在會議展覽中心舉行，香港和內地逾 1400 人出席。霍英東、董建華、姜恩柱、吉佩定主持鳴放禮炮儀式。

◆ 警方拘捕"四五行動"成員梁國雄及學聯成員馮家強，另一個學聯成員盧偉明由律師陪同下投案，被控協助組織非法集會的罪名。他們涉嫌於 2002 年 2 月 10 日組織一個未經批准之公眾集會，由遮打花園遊行至警察總部，聲援因襲警罪成被判入獄的福利工作員梁俊威。曾蔭培強調警方的拘捕行動並沒有政治考慮，只是按一般的程序去做。

◆ 中華旅行社在香港國際機場設立的辦事處正式啟用。台灣"入出境管理局長"曾文昌、"觀光局長"張學勞來港主持啟用儀式。今後所有經香港赴台灣的內地居民，一律到該辦事處換領入台證件的正本。

5月10日

◆ 行政會議通過香港金融管理局提出的放寬部分進入銀行業市場準則的建議。取消境外註冊申請機構須有 160 億美元資產規模的準則，代之以適用於本地註冊申請機構的較低的資產負債表規模準則（現時為客戶存款 30 億港元及總資產為 40 億港元）；將本地註冊的有限制牌照銀行及接受存款公司獲准升格為持牌銀行所需的期限由 10 年縮短為 3 年，以及撤銷有關"與香港有緊密聯繫"的規定；將本地註冊申請機構的最低資本要求由 1.5 億港元調高至 3 億港元。

◆ 警方拒絕支聯會於 2002 年 5 月 26 日在特區政府總部門外舉行集會的申請。警方向公眾聚會與遊行上訴委員會提交的威脅評估文件證實，由 2002 年 1 月 1 日起，警方已下令拒絕所有團體及人士到政府總部門外示威請願。

◆ 政府憲報公佈，行政長官已委任楊振權、袁家寧為高等法院上訴法庭法官，2002 年 5 月 6 日起生效。

5月11日

◆ 立法會主要官員問責制及相關事宜小組委員會召開首場公開聽證會，諮詢公眾對主要官員問責制的意見。出席諮詢大會的團體及個人約有 40 個，分別反映了勞工界、商界、專業界、體育界、學者、公務員、新界鄉議局、地區組織以及普通民眾的意見。發言的團體和個人普遍支持如期實施主要官員問責制。

5 月 13 日

◆ 香港大學教務委員會及校務委員會一致同意任命國際著名基因研究學者徐立之為校長。

◆ 2002 年粵港經濟技術貿易合作交流會在香港會議展覽中心開幕。霍英東、曾憲梓、高祀仁、劉山在等各界人士 600 多人參加。這是廣東省在中國加入世貿組織後，到香港舉行的第一場招商會。霍英東致詞表示，20 多年來，粵港之間形成了“前店後廠”的經濟合作模式，在新的經濟形勢下，希望兩地的經濟合作更上一層樓。劉山在説，經濟全球化的大潮中，區域經濟將成為新的亮點，粵港應以“滾雪球”的發展方式，致力成為亞洲區域經濟的核心。

5 月 14 日

◆ 國際信貸評級機構穆迪投資發表有關香港的年報，給予香港外幣債務和外幣銀行存款的評級分別是 A3 及 Aa3，並且維持前景評級正面。但穆迪對香港的結構性財政赤字表示關注和憂慮。

5 月 16 日

◆ 董建華在外國記者協會的晚會致詞時反駁英國《經濟學人》訊息部指主要官員問責制令香港政經前景不明朗的説法，強調主要官員問責制能加強政府管治，同時保持公務員中立。

◆ 九廣鐵路公司公佈“西鐵”工程中“西門子事件”調查報告。報告批評九鐵高層在發現“西鐵”工程出現延誤時未能及時向管理局匯報。九鐵三名高層管理人員：楊啟彥、詹伯樂及唐仕謙在立法會集體道歉，承認責任。特區政府歡迎九廣鐵路公司管理局決定落實執行安永會計師事務所在西鐵工程合約調查報告內提出的建議。

5 月 17 日－5 月 24 日

◆ 政務司司長曾蔭權訪問倫敦、米蘭、羅馬、布魯塞爾和維也納等歐洲城市，向當地的政界及工商界人士介紹香港特區政府成立五年來，成功落實“一國兩制”的最新情況，並解釋主要官員問責制方案。曾蔭權還與香港總商會主席鄭維志和英商會主席黎樂民（Noman Lyle）約見

《經濟學人》訊息部六名經濟師及編輯，指出跨國公司目前在香港投資較 1997 年上升了近三成。這些資料顯示，"全球各地的商人，正通過引入資金加重在香港的投資來投香港一票。"《經濟學人》的六名主管承認從來沒有聽過這些資料，表示十分認同曾蔭權的看法。

5 月 18 日

◆ 交通部組織國內專家學者對《深港西部通道工程可行性報告》的評審會議在深圳結束。這次評審是西部通道前期工作的最後一次國家級審查會議，標誌着工程前期工作全部完成，工程設計即將開始實施。

◆ 立法會主要官員問責制及相關事宜小組委員會召開第二場公眾聽證會。由於出席團體及個人代表反應踴躍，公聽會要分三節舉行。50 多個團體及個人代表中大部分表示支持早日推行主要官員問責制。

5 月 19 日

◆ 公務員事務局局長王永平表示，一旦公務員需要減薪，立法是最有效的方法，令措施能夠合理、切實地執行，特區政府也可免於面對經年累月的訴訟。

◆ 警方發表聲明表示，警隊絕對支持廉政公署的反貪工作及配合廉政公署對個別有關警務人員的偵查行動。但警隊認為廉政公署有責任在事件未澄清之前不公開一些未經證實的指控。廉署應儘早向公眾及警隊就有關事件作出一個明確的交待。5 月 17 日，廉政公署以涉嫌收受賄賂、包庇色情場所和在警方採取"掃蕩"行動前向黑幫組織通風報訊為由，拘捕高級警司冼錦華等三名警務人員。這是廉署在近年偵查警隊貪污案件中拘捕的最高級別的警官。

◆ 廉政公署發表回應聲明稱，廉署已知會警方有關其高層案件涉及的指控詳情及對被捕警務人員所採取的行動。廉署就其調查的案件發出新聞公報的目的，主要是向公眾交待有關行動的性質，因為行動往往會在公眾地方進行。廉署一貫的政策是疑犯被落案起訴後才會公佈他們的名字。

5 月 21 日

◆ 行政長官辦公室新聞統籌專員林瑞麟證實，董建華非常關心廉署與警方的事情。當日見過廉政專員，也與警務處處長通過長途電話，兩個部門的首長都重申他們會加強溝通，繼續合作，共同打擊貪污。相信兩個部門繼續加強溝通對他們服務市民與嚴正執法是有幫助的。

◆ 警務處處長曾蔭培在廣州記者會上表示，對廉署回應表示滿意，同時感謝廉署提供個案材料。在 20 日已與廉署高層溝通過，事件不僅不會影響彼此的合作，今後還要加強聯繫。並重申警隊不允許任何人有不法的勾當。廉政專員黎年表示，與正在內地訪問的曾蔭培通過電話。目前警廉關係良好，市民毋須擔心，我們也會保持良好的溝通和合作，曾蔭培也說會全力支持廉署反貪工作。

5 月 22 日

◆ 新華社報道，特區政府發言人日前宣佈，特區政府已預留位於紅磡灣、九龍灣、石門、將軍澳等五幅土地作為發展專業教育用途，將以私人協約方式批給申請獲接納的專業教育機構，只會收取象徵性地價。承批機構必須與特區政府簽訂服務合約，並須按申請批地建議書所載的課程內容和質素目標開辦課程。這些院校校舍估計可於 2005－2008 年間落成，提供 1－1.2 萬個額外學額。

◆ 立法會通過《賭博（修訂）條例草案》。2002 年 5 月 31 日生效。此後，市民用長途電話或互聯網向境外賭博機構下注，最高可判監九個月及罰款三萬元，而任何人"推廣或便利收受賭注"，可判監七年。

◆ 旅遊發展局統計，2001 年訪港的內地旅客達 444 萬人次，每人平均消費 5100 多港元，成為所有訪港旅客消費額之冠，為香港帶來 230 億港元收益，比 2000 年增加 25%。2002 年 1 月，內地訪港旅客較去年同期增加 22.7%。

5 月 23 日

◆ 中央政府駐港聯絡辦副主任劉山在表示，香港實行"一國兩制"的成功實踐，為解決台灣問題提供了有益的啟示和值得借鑒的經驗。"一國兩制"可以在香港和澳門順利實施，也一定能適用於台灣。歡迎廣大台灣同胞多來香港走走看看，實地瞭解"一國兩制"的實施情況，作出自己的判斷和選擇。

5 月 25 日

◆ 行政長官董建華發表聲明，對中華航空公司 CI611 班機的空難事故表示深感傷痛和關注，對香港遇難者的親屬致以深切慰問。指示入境事務處、民航處及機場管理局緊密合作，全力為涉及是次空難人士在香港的親友提供所需協助。5 月

25 日下午，台灣中華航空公司 CI611 航班客機在由台北至香港的飛行途中於澎湖海域失事，機上 225 名機員和乘客全部罹難。

5 月 26 日

◆財政司司長梁錦松表示，由於公務員減薪幅度遠遜於預期，考慮將未來四年的特區政府開支實質增長限制在每年 1.5% 的指標內；在下一個年度的財政預算案中，特區政府可能需要提出開徵新稅的措施。

5 月 27 日－6 月 2 日

◆財政司司長梁錦松率 100 多人組成的香港特區代表團赴濟南出席"山東‧香港周"活動。中共中央政治局委員、山東省委書記吳官正和山東省省長張高麗會見代表團。

5 月 28 日

◆行政會議決定，依照薪酬趨勢調查結果的淨指標，2002 年 10 月 1 日起削減公務員薪酬。即高級公務員減 4.42%，中級公務員減 1.64%，低級公務員減 1.58%。特區政府強調，透過立法是落實這次減薪的唯一途徑。律政司司長梁愛詩表示，立法減薪的決定有理據支持，即使面對有團體在法律上挑戰，特區政府也有信心此一決定站得住腳。公務員事務局局長王永平表示，在決定這次薪酬調整幅度時，特區政府已審慎考慮了現行公務員薪酬調整機制下各項有關因素。現在根據薪酬趨勢調查的指標，是非常合情合理和溫和的減幅。

5 月 28 日－6 月 3 日

◆香港特區政府首次邀請中央媒體及中央駐港媒體代表團訪問香港一周。

5 月 29 日

◆政務司司長曾蔭權解釋，將律政司司長納入問責制，主要是因律政司司長負責制訂和法律有關的政策，一樣須為其政策負責，因此要求其為主管範疇承擔全面責任，這是合理的做法。將公務員事務局局長納入問責制，這是行政長官經過仔細考慮才決定的。因政府的政策大多由公務員落實和執行，負責公務員政策的局長，與其他問責制局長無異，都應負上全責，並接受高度問責，這樣才可完整地體現問責制的精神。

◆公安部出入境管理局宣佈，2002 年 5－7 月，各省、自治區、直轄市陸續為用新版前往港澳通行證、往來港澳通行證及貼紙簽注。上述兩種通行證載有國際標準機讀碼及中文機讀碼，便於口岸邊檢機關查驗，提高旅客通關速度。同時該局還推出幾項短期往來港澳的改革措施。

5月30日

◆ 立法會經過兩天辯論，以34票支持、19票反對、1票棄權大比數通過特區政府提出的"支持主要官員問責制"的議案。民主黨議員李柱銘提出的問責制以民主普選政制為基礎並向立法會負責的修正案，在民建聯、港進聯、自由黨、早餐派議員和部分獨立議員的反對下被否決。

◆ 香港《文匯報》報道，國家民航總局、香港民航處及澳門民航局在北京簽訂相互承認航空器維修機構許可證，香港的飛機可以在國家民航總局及澳門民航局核許的維修機構進行維修。

◆ 香港國際旅遊展覽會在會議展覽中心開幕。50個國家和地區的450名展商參加。

◆ 立法會否決民主黨議員司徒華提出的平反"六四事件"動議。

5月31日

◆ 特區政府公佈，一季度GDP比去

年同期下降0.9%。特區政府預計2002年全年經濟增長幅度將為1%。

◆ 星島集團宣佈，英文報章《Hong Kong iMail》正式易名為"The Standard"，同時恢復中文名為《英文虎報》。

6月1日

◆ 董建華宴請香港傳媒負責人，就行政長官的第二個任期的施政聽取意見。

◆ 公務員事務局局長王永平在香港電台"香港家書"節目中表示，特區政府與絕大多數現職公務員的合約安排，沒有明文規定特區政府可以減薪，假如不通過立法程序明確授權，特區政府便可能面對法律訴訟。一旦法院就某宗訴訟個案裁定特區政府沒有足夠法律理據減薪，特區政府便無法落實有關公務員2002年減薪的決定，且大大影響特區政府的有效管治和公務員隊伍的穩定。

◆ 特區政府宣佈，再度委任馮國經為機場管理局主席，任期由2002年6月1日至2005年5月31日。

◆ 財政司司長梁錦松表示，為加強特區政府部門協調發展本土經濟，特區政府目前正計劃加大民政事務專員的權力，讓其協調各部門為各區"鬆綁"。他強調，特區政府推動本土經濟所扮演的角色是在

香港擁有全球效率最高的貨櫃碼頭。回歸以來，仍保持全球最繁忙貨櫃港的地位。圖為香港貨櫃碼頭繁忙景象。

政策上"鬆綁"、"促進"、及"協調"，由地區提出發展本土經濟的建議。

6月1日－6月2日

◆ 警務處、消防處、懲教署、入境事務處、香港海關、民眾安全服務處、醫療輔助隊和政府飛行服務隊在尖沙咀文化中心露天廣場舉辦"紀律部隊慶祝香港特別行政區成立五周年匯展"。這是首次所有紀律部隊及輔助部隊聯合舉辦活動。

6月3日

◆ 行政長官董建華會見香港工會聯合會的六名代表，聽取如何改善失業情況及加強再培訓等問題的意見。

6月3日－6月7日

◆ 財政司司長梁錦松訪問美國，與美國聯邦儲備局主席格林斯潘（Alan Greenspan）等政界、商界及財經界人士會面，瞭解美國經濟的發展情況，並介紹香港的最新形勢。

6月4日

◆ 民政事務局副局長余志穩會見新界鄉議局及 27 個鄉事委員會代表，就特區政府提出的村代表選舉安排新方案進行諮詢。方案內容：（1）原居民村只有原居民村代表；（2）非原居民村可多選一名村代表。原有的原居民村代表數目保持不變，新增的村代表（居民代表）由整體村民（原居民及非原居民）選出；（3）非原居民在某村住滿三年享有投票權，住滿五年有參選權；（4）男女原居民的配偶將一視同仁，全部不享有投票權；（5）居於海外的原居民不能委託他人投票。余志穩表示，有關方案必須在年底前以立法或政府行政指令方式落實，並於 2002 年 3 月前為現有 600 多條鄉村選出村代表。鄉議局主席劉皇發會後稱，與會代表"大致滿意"村代表選舉安排新方案，但在參選、投票居住年期及原居民配偶不享投票權方面仍有分歧。

6月5日

◆ 特區政府宣佈，2002 年 7 月 1 日起恢復出售居屋。停售居屋九個月的計劃正式結束。

◆ 特區政府紀律部隊人員總工會、本地督察協會等 19 個紀律部隊職方團體聯合在香港《蘋果日報》刊登廣告，聲稱政府透過立法減薪違反基本法。

6月6日

◆ 立法會人事編制委員會以 12 票對 6 票，通過特區政府有關在 2002 年 7 月 1 日開設 14 名問責制主要官員及 1 名行政長官辦公室主任的職位申請。有關職位合共年薪 4223 萬港元。

◆ 美國駐港總領事高樂聖在香港美國商會午餐會發表演講時表示，香港為基本法第 23 條顛覆罪立法，將是一個重大挑戰。此例一定不能被用作打擊政治敏感活動，否則"香港的國際形象亦將陷於生死攸關的境地"。

6月7日

◆ 政務司司長曾蔭權就立法減薪問題約見四個公務員中央評議會職方代表和四個跨部門工會代表，解釋政府立場。有的團體代表中途離場表示不滿。曾蔭權在會後表示，作為政務司司長，當然很不希望公務員採取激烈的行動，因為今次減薪的建議是合情、合理的，也得到很多公務員同事的認同，可以看到，特區政府今次在公務員利益和社會上的利益之間採取一個平衡的做法。

◆ 高等法院原訟法庭接受董建華的申請，批准剔除其競選辦公室在香港特區第二任行政長官選舉中，錯誤為其申報三項合共約 92700 多港元的選舉開支。

6月8日

◆ 董建華出席安老事務委員會主辦的"人口老齡化：機遇與挑戰"研討會時表示，香港要保持經濟活力和競爭力，就必須因應經濟發展的方向、人才需求及土地資源、移民進出包括內地人士來香港的數量和保障本地工人就業機會等因素，制定一套全面的人口政策，吸納人才，提升人口素質。

◆ 政治團體"民主動力"宣佈成立，其前身是"反董連任大聯盟"。34 名創會會員主要來自前綫、民主黨、職工盟。召集人是香港城市大學講座教授鄭宇碩。

6月10日

◆ 台灣"內政部"公佈"香港澳門居民進入台灣地區及居留定居許可辦法"第九條修正案。增列"香港或澳門居民在當地出生"，"申請臨時入境停留 14 日內離境者"，得於入境時申請並憑"臨時入境停留通知單"入出境，從 2002 年 6 月 12 日起實施。

◆ 香港上海匯豐銀行一份亞洲區貨幣研究報告顯示，過去 12 年港元兌香港主要貿易夥伴地區貨幣的匯價升值逾五成，

2002 年 6 月 8 日，世界杯足球賽中國
對巴西一戰，三萬多名香港市民自發湧
到香港大球場觀看比賽，並在比賽開始
前自發地高唱國歌。圖為香港球迷手持
國旗為中國足球隊加油。

成為區內最強的主要貨幣。

6 月 11 日

◆董建華決定，不會應高級公務員評議會職方的要求，委任調查委員會研究 2002 年公務員薪酬調整事宜。6 月 4 日，由香港公務員工會等 60 多個公務員工會組成的高級公務員評議會職方向全體立法會議員發出聯署聲明，要求行政長官根據現有薪酬調整機制成立獨立調查委員會，對本年度薪酬調整作出仲裁，並承諾會接受仲裁結果而不向特區政府提出法律訴訟。公務員事務局局長王永平回應說，今年薪酬調整是按沿用機制釐定，沒有足夠理據成立獨立調查委員會仲裁。但公務員事務局十分尊重評議會，會提交行政長官考慮。多個公務員團體對特區政府決定表示失望和遺憾。有團體聲稱會控告政府立法減薪違反基本法。

6 月 12 日

◆《大公報》在香港會議展覽中心舉行酒會慶祝創刊一百周年。江澤民、李鵬分別為《大公報》百年報慶題詞。江澤民題詞：〝發揚百年愛國傳統，與時俱進開創未來。〞李鵬題詞：〝為一國兩制港人治港愛國愛港做出新貢獻。〞全國人大常委會副委員長成思危和霍英東、董建華、姜恩柱以及國家有關部門負責人及香港各界人士 1000 多人出席了酒會。

◆亞洲電視宣佈，原行政總裁封小平將持有的 46% 的亞視股權，全數售予香港鳳凰衛視主席兼行政總裁劉長樂和中華廠商聯合會會長陳永棋合資的 Vital Media Holdings Limited（VMH）控股公司。該公司的主要股東為〝今日亞洲〞。陳永棋即時出任亞洲電視行政總裁。他在記者會上表示，亞視運作方式不會受到影響，暫時不會裁減任何員工。1957 年，英國〝麗的呼聲〞在香港創立〝麗的有綫廣播〞。1993 年，〝麗的〞獲香港政府頒發無綫電視廣播牌照；1981 年，為澳大利亞財團收購；1982 年，為邱德根任主席的香港遠東集團收購，易名為〝亞洲電視〞。1988 年，為林伯欣、鄭裕彤財團收購；1994 年，林伯欣取得亞視控股權；1998 年，為封小平任主席的龍維有限公司收購並取得控股權。

6 月 13 日

◆香港《大公報》主辦的〝世界報業發展論壇〞在香港會議展覽中心舉行開幕式。全國人大常委會副委員長成思危、香港特區行政長官董建華和國務院新聞辦主任趙啟正、《人民日報》社長許中田等主禮。15 個國家和地區 50 多家著名報紙的 200 多名負責人和資深編輯出席。

◆ 民主黨中央委員會決定，鼓勵黨員登記成為港區十屆全國人大代表選舉會議成員，並積極參選。民主黨副主席李永達會後表示，該黨會以 1997 年參選人大的政綱為基礎，包括依法設立專門調查委員會調查"六四"事件等。

6 月 14 日

◆ 行政長官會同行政會議根據《鐵路條例》，批准上水至落馬洲支綫的鐵路方案。預計該支綫於 2007 年中完成，將可紓緩羅湖關口的擠塞問題。

◆ 特區政府宣佈，連續第五年凍結大學學費。

6 月 16 日

◆ 行政會議召集人梁振英在接受香港有綫電視訪問時表示，香港特區政府已經成立五年，正是時候就基本法第 23 條有關分裂及顛覆國家罪行自行立法。

6 月 16 日－6 月 21 日

◆ 港區全國人大代表赴遼寧省視察。

6 月 18 日

◆ 微軟香港有限公司宣佈，2002 年 10 月遷入數碼港第一期其中兩層，約四萬平方英尺。

6 月 19 日

◆ 立法會通過特區政府提出的"局長法定職能轉移決議案"。6 月 20 日，政務司司長曾蔭權在一封公開信中説："立法會通過這一決議案，為特區政府在憲制發展歷史上樹立一個重要的里程碑。"

◆ 特區政府公佈問責制下 11 個決策局的最新架構安排。每個局都有一名局長和一名政務助理，及數目不等的常任秘書長和常任副秘書長。

6 月 20 日

◆ 政務司司長曾蔭權公佈房屋架構檢討結果：未來的房屋規劃地政局局長掌管房屋政策事宜，成為香港房屋委員會的當然主席，也是特區政府房屋政策的唯一發言人，常任秘書長則兼任房屋署署長。新房屋機構將加強和立法會之間的聯繫。

6 月 21 日

◆ 依照香港特區基本法的有關規定，根據行政長官董建華的提名和建議，國務院任命了香港特別行政區第二屆政府主要官員,同時免去一批現任主要官員的職務。

6月22日

◆ 深港兩地正式開通港幣支票雙向聯合結算業務。兩地的票據結算將由過去的國際結算變成同城結算,資金在途時間可由過去的 7−14 天縮短為 2 天。

6月23日

◆ 董建華在禮賓府會見台灣"立法委員"、"中國台商發展促進協會"理事長章孝嚴一行 33 人,就香港回歸後的經濟、法律、司法及"一國兩制"等範疇進行了交談。雙方認為,兩岸三通對香港可能有短暫的影響,但長遠來說,對兩岸及香港都有積極正面的作用。

6月24日

◆ 國務院副總理錢其琛在北京接受《南華早報》訪問時表示,香港是一個商業城市和中國的一個特別行政區,不可抄襲海外國家的政治制度。過往的實踐經驗證明,功能團體選舉能有效令各行各業市民平衡地參政。因此,功能團體選舉制度在 2007 年後仍需要繼續保留。香港的民

主發展應按照實際環境一步一步進行,基本法說明了這一點。對於這個關乎香港長期繁榮穩定的重要課題,相信特區政府和香港市民會作出明智的判斷和選擇。

◆ 錢其琛在北京接受鳳凰衛視訪問時表示,香港特區實行主要官員問責制是董建華的創意,對這個中央政府從來沒有具體的意見,因為這完全是屬於"港人治港"的範圍,是特區的內部事務。中央政府對香港實行"港人治港",主要依靠港人來治港,並不是派了一個總督在那兒說什麼就是什麼,所以中央政府不必對行政長官或者特區政府天天指揮,天天批案子。中央政府正式行文批的案子,一是中央政府有權任命的官員;二是在外交方面需要經過中央政府決定的,由外交部下文處理。其他日常工作都是由特區政府處理,包括問責制。

◆ 董建華公佈特區第二屆政府主要官員、行政會議成員及列席人員名單。所有行政會議成員的任期均自 2002 年 7 月 1 日起生效,不超過五年。

◆ 特區政府宣佈各政策局常任秘書長名單。

◆ 董建華率領特區第二屆政府主要官員、行政會議成員和各政策局常任秘書長在禮賓府會見記者。董建華表示,新

班子標誌着主要官員問責制的建立，而國務院對香港特區第二屆政府主要官員的任命，標誌着香港特別行政區的施政進入了新的階段。新班子來自社會各界，反映特區政府決心廣泛招納英才，確保在每一個政策範疇都有社會上最有能力的人帶領，達到凝聚社會各方面的力量、融合社會各方面利益的目標。"新的班子，清楚表明了我實踐對香港承諾的決心，展示我推行新的、有利於香港發展的施政路向的抱負。"

◆ 董建華就實施問責制致函全體公務員表示，公務員隊伍是特區管治的基石，是香港有效管治的先決條件，也是香港在全球化競爭中的制勝因素。確保公務員體制的完整性和公務員隊伍的穩定性，對他個人、特區政府和香港至關重要。他要求大家本着與市民休戚與共的精神，勇於為香港服務。

◆ 香港特區第二屆政府的三位候任司長分別就即將履新發表談話。政務司司長曾蔭權表示，在未來的日子裡，特區政府肩負重大的責任。他會全力以赴，不辜負中央政府及董建華對他的期望及信任。財政司司長梁錦松表示，將與其他的問責官員及常任秘書長一起，努力服務香港、服務市民。律政司司長梁愛詩表示，將致力改善與立法會議員溝通和合作。並會繼續就法律教育檢討和民事司法制度改革，與兩個法律專業團體和司法機構合作，以提高香港法律服務水準，及把香港發展成為區域法律服務中心。

◆ 保安局局長葉劉淑儀表示，香港是國家重要的一部分，實在有責任根據基本法保障國家安全。未來數年內，該局應落實基本法第 23 條防止顛覆國家的條例。

◆ 自由黨主席田北俊、民建聯主席曾鈺成和香港工會聯合會會長鄭耀棠分別就獲行政長官任命加入行政會議一事發言。田北俊認為，這既有助加強立法會與行政機關的協調，又有助香港的政黨政治發展。他表示，會在行政會議內反映黨內及立法會內其他黨派的好意見，期望起溝通作用。曾鈺成和鄭耀棠則表示，雖然他們出任行政會議成員，但在重要政策問題上，一旦與特區政府意見有分歧時，都會以所屬政黨或屬會的意見為依歸。曾鈺成又表示，要改善行政立法關係先決條件是，各個問責官員在醞釀政策初期，便要諮詢立法會內各政黨意見，否則就未必能夠達到預期效果。

6月25日

◆ 國務院副總理錢其琛在北京接受

香港無綫電視台訪問時表示，香港回歸已近五年，特區政府有必要就基本法第 23 條立法。"關於基本法第 23 條的立法問題，有些港人非常擔心，其實不用擔心，它不是限制民主。而是限制反對國家和破壞統一，這些事一般香港人是不會幹的，但是要有那麼一條法律，有幾條條例明確指出，哪些事能幹，哪些事是不能幹。""基本法第 23 條要針對的，不是一般港人，也不是在香港居民中愛發牢騷、說怪話的人。而是要針對反對、顛覆中國政府的人。"至於怎樣界定顛覆活動，是否只限於付諸行動，或將有關言論亦包括在內，錢其琛表示，由香港法律界及各界人士探討。他希望新法例能被絕大多數港人所接受。

◆ 第一屆行政會議舉行最後一次會議。董建華表示，感謝全體成員於過去五年，就香港落實"一國兩制"、平穩過渡以及如何面對挑戰性問題等方面，給予他很多寶貴意見，並期望大家今後在各自的崗位上繼續為香港努力，作出不同貢獻。

◆ 行政長官會同行政會議通過，將沙田至中環第四條過海鐵路的營辦權批予九廣鐵路，工程造價為 260 億港元。預計鐵路工程於 2004 年展開，最快在 2008 年建成通車。將會創造 1.2 萬個職位。

◆ 中央政府駐港聯絡辦主任姜恩柱接受中新社專訪時指出，中央強調"一國兩制"是一項基本國策，必須長期堅持。他說，變與不變要辯證地看。香港實施"一國兩制"方針長期不變，同時，在世界科技進步和經濟全球化的大趨勢下，在國家現代化建設發展和進一步對外開放，特別是加入 WTO 的新形勢下，香港也要與時俱進，尋求發展。這種變，有利於香港的繁榮穩定，同樣符合港人的根本利益。

◆《香港商報》報道，中國人民解放軍駐港部隊司令員熊自仁日前向外界介紹了駐港部隊五年來的訓練及防務情況。他表示，部隊自 1997 年 7 月 1 日進駐香港後，依照香港特別行政區基本法、《中華人民共和國香港特別行政區駐軍法》，先後組織有關人員實地瞭解香港的兵要地誌和軍事地理環境，熟悉了香港的地形、海域和空域，制訂完善了重點目標警衛、海上空中巡邏警戒，外國艦艇、飛機進港處置，以及協助香港特區政府維護社會治安、自然災害救助等 16 種行動方案和保障計劃，並在實踐中有計劃有目的地組織訓練。各級各類值班，艦艇、飛機始終保持高度戒備狀態，確保一有任務能迅速出動。同時，駐軍與香港特區政府行政長官辦公室、警務處、律政司、香港海關等

18個部門建立了良好順暢的工作關係，有效提高了部隊快速反應能力、三軍協同作戰能力和整體保障能力。部隊連續四年應邀參加香港特區政府組織的有美國及周邊國家參加的大型國際海、空難搜救演習。並承辦了128批299艘外軍艦艇、197批348架外軍飛機來港休整補給事宜，以及先後為香港各界人士進行了40多場軍事表演。

◆ 加拿大弗雷澤學院與美國嘉圖學院發表2002年全球經濟自由報告，將香港評為世界最自由的經濟體系的第一名。這是香港連續第六年獲此排名。新加坡、美國、英國分獲第二位、第三位、第四位。

6月26日

◆ 特區政府公佈機場管理局、香港金融管理局、香港旅遊發展局、香港科技園公司、香港貿易發展局、九廣鐵路公司、強制性公積金計劃管理局、地鐵有限公司、證券及期貨事務監察委員會和市區重建局等十間法定機構行政總裁的薪酬檢討報告。政務司司長曾蔭權在立法會向議員介紹報告內容後對記者表示，顧問報告所調查的法定機構，在本質上與操作上都很類似商業機構：它們並非政府資助機構，更不是政府部門，沒有受到公帑的直接資助。而且它們的組成法例大部分要求這些法定機構用商業原則營運，所以絕對不應該用公務員薪酬的標準來量定這些高級管理人員的薪酬。

6月27日

◆ 行政長官董建華出席香港科學園揭幕禮時表示，推動創新科技，讓香港經濟走向高增值，切合經濟全球化、國際市場激烈競爭和科技廣泛應用所需，是他一貫的重要施政方針。

◆ 律政司司長梁愛詩在會見傳媒時表示，香港特區政府就基本法第23條有關叛國、分裂國家等罪行立法的原則是建基於原有法律基礎。有關叛亂、煽動罪等概念，在香港現行法例中已經存在，例如在刑事罪行條例中，已經界定了叛亂及煽動等罪行，官方保密法則就竊取國家機密作出了定義。當局在為第23條立法時，絕不會將現行的法例"連根拔起"。梁愛詩表示，由於現行法例中並沒有分裂國家的罪行概念，故當局會在為基本法第23條立法時補充有關內容。她重申，基本法已經提供了雙重保障，不但有明確條文保障香港市民的言論自由、集會自由和結社自由等權利，任何立法都不能抵觸這些條文。同時，基本法第39條也規定兩條國際人權公約繼續適用於香港，故她認為部分人士的擔心是過慮了。她又強調有關立法工作並非針對個別團體。任何團體都要遵守香港的法例，倘違反法例便要受到法律的制裁。在時機成熟時，特區政府會就草案進行廣泛而全面的諮詢。

◆《香港商報》報道，外交部駐港特派員公署特派員吉佩定近日在接受採訪時表示，做好涉港外交是落實"一國兩制"的重要組成部分。外交部駐港特派員公署是一個新生事物，不同於中國駐外使領館，也不同於地方外事辦公室。中央政府在香港設立特派員公署，任務是負責與香港有關的外交事務。外交部駐港特派員公署的主要精力是管好涉及國家主權的大事，不是所有涉及香港對外事務都由公署管。屬於特區政府依法管轄範圍內的事務，外交部駐港特派員公署既不發表意見，更不干預，以實際行動支持"港人治港"。外交部駐港特派員公署與特區政府的關係是"互相尊重、互相信任、互相支持，密切合作"的關係。通過雙方的共同努力，五年來，外交部駐港特派員公署與以董建華為首的特區政府已建立起良好合作關係和有效工作機制。吉佩定表示，五年來，外交部駐港特派員公署處理了大量涉及香港的外交事務，包括香港特區與有

關國際組織、國際公約的關係，香港特區政府與外國談判簽署雙邊協定，外國軍機軍艦和國家航空器來香港申請，涉及香港的重大領事事務和大量涉及香港同胞利益的領事案件等許多工作。

◆ 香港首個科技工業區科學園正式揭幕，興建費用高達 120 億港元的科技園出租率為七成，達到全年目標。行政長官董建華在揭幕儀式上表示，該園成立的目的是為了吸引更多外國企業在香港建立高科技企業，推進香港的知識水平、高增值科技及工業的發展。

◆ 英國首相布萊爾（港譯：貝理雅）為香港特區政府駐倫敦經濟貿易辦事處即將在倫敦舉行的"香港節"撰序。他表示，"五年來，我為香港繼續繁榮感到高興。香港作為一個大約 700 萬人口的城市，擁有全球第九大的貿易經濟，實在令人讚歎。"

◆ 中國人民銀行公佈《外資金融機構駐華代表機構管理辦法》。其中規定，香港特區的金融機構及其在內地設立的獨資銀行、合資銀行、獨資財務公司、合資財務公司設立代表機構，比照適用該辦法。

6月27日－6月28日

◆ 中國人民解放軍駐港部隊首次安

排香港傳媒參觀海、陸、空三軍演習。6月28日，熊自仁、王玉發接受傳媒聯合採訪。熊自仁表示，解放軍駐港部隊落實"一國兩制"方針可用三句話概括：一個目標——不斷提高香港駐軍的防務能力；兩個堅持——堅持依法駐軍、堅持依法治軍；三個尊重——尊重香港的社會制度、尊重香港特區政府、尊重香港市民的生活方式和風俗習慣。王玉發表示，為適應香港不同於內地的環境，解放軍駐港部隊編設了法律處，專責為解放軍駐港部隊提供法律服務，處理涉法事務。還設立對外新聞發言人，及時向香港社會公佈駐軍重大的公開活動。五年來，解放軍駐港部隊共舉行了 90 多次新聞發佈活動；開通了面向香港市民、社會的熱線電話和傳真；每年組織軍營對外開放，五年累計接待香港市民八萬多人次；每年參加香港的義務植樹，先後共派出官兵 2000 多人次；每年為香港社會無償獻血，共捐獻鮮血 70 多萬毫升。

6月28日

◆ 香港特區政府在北京中華世紀壇舉行"回顧過去，展望未來"的主題展覽會。錢其琛、廖暉、陳佐洱、趙啟正、喬曉陽、曾蔭權等出席開幕禮。

◆ 全國人大常委會法工委副主任喬曉陽出席香港特區政府主題展覽會開幕禮後表示，基本法第 23 條禁止七種行為，是為了維護國家的安全和統一。不僅利於國家的安全和穩定，更有利於香港社會的長期繁榮和穩定。香港居民行使個人的自由和權利需要健全的法制、良好的社會秩序予以保障。相信特區在立法過程中會清楚界定上述七種行為，會考慮"一國兩制"和香港作為一個多元化社會的實際情況而進行。他並指出，"法輪功"是一個邪教組織，相信特區政府會根據"一國兩制"、基本法和香港法律來處理這個問題。

◆ 政府憲報刊登《問責制主要官員守則》。

◆ 香港交易所總裁鄺其志在上海"2002 滬港技術與資本聯動研討會"發言表示，目前已有 150 多家 H 股及紅籌股在香港的主板和創業板市場上市，佔有香港證券市場大概 25% 的市值。內地企業歷年融資量高達 7000 億港元，佔同期香港證券市場融資總量的 64% 左右。反映了內地企業在香港證券市場舉足輕重，也提高了香港交易所的國際地位。中國證監會主席周小川表示，香港創業板為內地中小型高科技企業的發展提供了新機遇。截至 2002 年 5 月底，內地企業有 130 多家公司在香港主板市場上市，累計籌資263億港元，有32家企業在香港創業板上市，共籌資46億港元。他預測，近年內地將陸續湧現出大量較好的中小企業，其中一部分會尋求到香港創業板上市，這將會給香港創業板注入新的內容和活力。

◆ 中央電視台與香港有綫電視就中央電視台英語頻道（CCTV-9）於2002年7月1日將在香港有綫電視數碼平台24號頻道播出一事，在香港君悅酒店聯合舉行開播儀式。

◆ 台灣"陸委會"發表《香港移交五周年情勢研析報告》稱，五年來，香港政治運作尚稱平穩，惟經濟環境自金融風暴後始終低迷。台港關係大體而言仍有突破，兩地互動更為活絡。此前該會於2002年5月出版的《港澳季報》發表文章稱，五年來，台港的經貿、社會、文化交流持續維持，香港許多政、經、學術界人士來台交流未因"九七"香港地位轉變而有所改變。

6月29日

◆ 全國人大常委會通過關於香港特別行政區和澳門特別行政區第十屆全國人民代表大會代表選舉會議組成的補充規定。

◆ 董建華接受新華社記者專訪時表示，"香港回歸祖國的五年，是'一國兩制'方針的實踐取得成功的五年，是香港特區政府依照基本法施政並取得成效的五年，是全體香港市民勇敢面對各種挑戰奮發有為的五年，是香港與祖國內地緊密合作促進共同繁榮的五年。這五年的成就來之不易，經驗尤為寶貴，這為香港特區的進一步發展奠定了堅實的基礎，正激勵着每一位港人為香港更加美好的未來而不斷奮鬥。"他還指出，推行主要官員問責制，是香港回歸以來進行的最大的行政改革。

◆ 特區政府公佈2002年度行政長官授勳及嘉獎名單。294人獲授勳銜及嘉獎。曾蔭權、梁愛詩、鍾逸傑、田長霖獲頒授大紫荊勳章。

◆ 行政長官辦公室發言人證實，在香港特區第二屆政府任期內，不再設立行政長官特別顧問一職。因此葉國華不獲延任，香港與台灣的溝通事務轉由政制事務局負責。特區政府繼續依照"錢七條"處理港台關係，台灣在香港的機構地位並無改變。台灣"陸委會"表示，歡迎香港特區政府的新安排，認為改由特區政府體制內政策局作為與台在港機構聯繫的單位，顯示香港特區政府對台灣關係的重視。

◆ 香港與台灣兩地航空界簽署新的

2002 年 6 月 30 日，國家主席江澤民來港參加慶祝
香港特區成立五周年暨香港特別行政區第二屆政府
就職典禮活動。圖為江澤民主席在香港禮賓府會見
特區第二屆政府主要官員和部分香港知名人士。江
主席隨行人員和澳門特區行政長官何厚鏵、中央駐
港機構主要負責人參加了會見。

"有關港台之間空運安排"。從 2002 年 7 月 1 日起，飛航兩地的航空公司各自從兩家增為三家；雙方分階段各自增加客運 49 班、貨運 1100 噸。

6 月 30 日

◆ 國家主席江澤民和夫人王冶坪下午乘專機抵港參加慶祝香港回歸五周年暨香港特別行政區第二屆政府就職典禮活動。國務院副總理錢其琛及夫人周寒瓊，解放軍總後勤部部長王克，中央辦公廳主任王剛，中央政策研究室主任滕文生和國務院港澳辦主任廖暉等隨行。

◆ 江澤民在香港君悅酒店會見董建華，對香港回歸祖國五年來成功落實"一國兩制"的情況表示滿意。江澤民表示，中央政府將會始終按照"一國兩制"的方針，全力支持和幫助香港保持繁榮穩定。他勉勵董建華和香港特區政府在第二屆任內再接再厲，把各項工作做得更好。

◆ 董建華在禮賓府設晚宴款待江澤民及其隨行人員。曾蔭權、梁錦松等特區政府主要官員和部分香港知名人士出席。董建華致詞表示，在首任行政長官任內有三個體會：一是確保政治和社會環境的穩定非常重要；二是集中精力發展經濟非常重要；三是國家的發展和支持非常重要。錢其琛致詞。

◆ 香港工會聯合會在中環遮打花園舉行"慶祝香港特別行政區成立五周年歡樂大巡遊"。該會屬下百多間工會和機構近 3000 人參加。

◆ 香港青年會、香港中國企業協會青年委員會舉行"慶回歸、萬千青年心連心"巡遊，近千名來自香港和內地的青年由維園巡遊到修頓球場，並獲萬人簽名。

◆ 教育署與教師會等 23 個教育團體聯合在維多利亞公園舉辦"展才華頌回歸學界馬拉松文體藝大匯演"。來自 99 間中小學和幼稚園的 3500 名師生，由上午 9 時直至晚上 10 時，相繼演出音樂、舞蹈、歌唱、朗誦、短劇、體操及武術等節目，以創造一項世界紀錄。

7 月 1 日　香港特別行政區成立五周年

◆ 上午，特區政府在香港會議展覽中心金紫荊廣場舉行升國旗和區旗禮。霍英東、姜恩柱、董建華、吉佩定、熊自仁、王玉發和特區政府主要官員、行政會議成員、立法會議員、司法機關法官和各界人士 800 人出席觀禮。

◆ "慶祝香港回歸祖國五周年大會暨香港特別行政區第二屆政府就職典禮"在會議展覽中心大會堂舉行。國家主席江澤

2002 年 7 月 1 日，第二任行政長官董建華在慶祝香港回歸五周年大會暨香港特別行政區第二屆政府就職典禮上宣誓就職，國家主席江澤民監誓。

2002 年 7 月 1 日，國家主席江澤民在香港君悦酒店會見中央政府駐港聯絡辦、外交部駐港特派員公署、解放軍駐港部隊和部分香港中資企業主要負責人，並作重要講話。

民主持慶典。董建華並引領特區第二屆政府主要官員和行政會議成員先後宣誓就職，江澤民監誓。江澤民發表重要講話。董建華發表就職演説。就職宣誓儀式結束後，內地與香港的藝術家和表演團體表演了精彩的文藝節目，表達了全國人民對香港回歸五周年的喜悅與歡慶。江澤民夫人王冶坪和其他隨行人員、霍英東、何厚鏵、姜恩柱、吉佩定、熊自仁和王玉發及香港各界代表、特邀嘉賓 2000 多人，包括 20 多名台灣知名人士出席了慶典。

◆江澤民在君悅酒店會見中央政府駐港機構和部分在香港中資企業的主要負責人並作重要講話。會見後，江澤民乘專機返回北京。

◆香港各界為慶祝回歸五周年，舉行各種重要紀念活動。晚上香港青年聯會主辦"燃點青春耀香港"盛大煙花匯演。7 月 2 日晚，在紅磡體育館舉行"龍聲飛揚——萬人青年音樂會"，來自內地、香港、澳門及台灣的萬名青年樂手參演，以六種敲擊樂器合奏一首"萬人敲擊顯同心"，創下健力士世界紀錄。7 月 6 日晚，在紅磡體育館舉行"中國人民解放軍軍樂團慶祝香港回歸祖國五周年大型軍樂隊表演"。解放軍軍樂團與駐港部隊官兵和文藝工作者為香港市民作精彩演出。

後記

　　本書收錄材料的起迄日期，分別為 1997 年 7 月 1 日和 2002 年 7 月 1 日。這期間的大事，依時間先後排列。同一日期內有多項事件的，大致按中央與特區關係，特區內部事務，特區與內地、台灣、澳門關係和特區對外事務等排序。其中特區內部事務，又以行政、立法、司法和其他事項為序。

　　本書對香港和內地的機構、團體或組織的名稱，按各自習慣使用全稱或簡稱。對外國人名，主要採用內地譯法，並於本書首次出現時注明外文；部分輔以香港譯名。對人物的職務，在一定時間跨度內作必要省略。還加插了一些圖片。為便於查找，本書目錄逐月簡要提述了一些大事及其日期，並在單數頁的書眉標示出年份。

　　自 2001 年 3 月開始收集資料，至 2002 年 9 月以約 50 萬字書稿付梓，歷時一年又半載，處理資料 1000 餘萬字。如實反映香港回歸祖國最初五年的歷史進程，客觀記錄期間發生的事實和事件，為實踐和探索"一國兩制"這一全新事業提供參考材料，是我們編著《香港回歸以來大事記（1997－2002）》這本書的目的。書中收入的材料，全部取自香港和內地報刊或政府出版物。由於資料浩繁，我們只能擇要擷取。限於水平和時間，難免錯漏，可能還有遺珠之憾。這是特別要讀者見諒的，並敬希指正。謹此對參與本書編著工作，包括編寫、核校文稿和選輯、錄入資料，審閱本書部分書稿並提出寶貴意見，以及支持、指導和幫助本書的編著出版工作的所有人士，表示誠摯的謝意！衷心感謝香港聯合出版集團及轄下三聯書店（香港）有限公司對本書的精心編輯和印製！並感謝為本書提供圖片的機構和人士！

編著者

2002 年 9 月於香港

責任編輯		李玥展
封面設計		陳德峰
版式設計		鍾文君

書　　名		香港回歸以來大事記 1997–2002
編　　著		袁求實
出　　版		三聯書店（香港）有限公司
		香港北角英皇道 499 號北角工業大廈 20 樓
		Joint Publishing (H.K.) Co., Ltd.
		20/F., North Point Industrial Building,
		499 King's Road, North Point, Hong Kong
香港發行		香港聯合書刊物流有限公司
		香港新界大埔汀麗路 36 號 3 字樓
印　　刷		中華商務彩色印刷有限公司
		香港新界大埔汀麗路 36 號 14 字樓
版　　次		2003 年 1 月香港第一版第一次印刷
		2015 年 1 月香港第二版第一次印刷
規　　格		16 開（170 × 230 mm）604 面
國際書號		ISBN 978-962-04-3637-6

©2003, 2015 Joint Publishing (H.K.) Co., Ltd.

Published in Hong Kong